Markus Gabriel

An den Grenzen der Erkenntnistheorie

ALBER PHILOSOPHIE

Über dieses Buch:

Im Zentrum der gegenwärtigen Erkenntnistheorie steht das Problem des Skeptizismus: Wie können wir die Kompatibilität der Formen unserer Erkenntnis mit der Welt selbst sicherstellen? Wie können wir Erfolgsbedingungen der Erkenntnis festlegen, ohne damit unsere diskursive und mithin fallible Natur auf unzulässige Weise zu transzendieren? Indem verschiedene Formen des Skeptizismus unterschieden werden, wird zugleich gezeigt, daß alles objektive Wissen auf den Diskurs des Anderen hinweist und deswegen notwendig korrigierbar sein können muß, um objektiv sein zu können. Der Skeptizismus wird als eine Lektion über die Endlichkeit des Diskurses interpretiert, was Raum für eine Reintegration des solipsistischen Subjekts in die Gemeinschaft schafft. Dabei stellt sich im Ausgang von Hegel, Wittgenstein und Brandom heraus, daß Intentionalität als solche öffentlich und nicht privat ist. Der Autor konzediert dem Skeptizismus, die notwendige Endlichkeit des objektiven Wissens bewiesen zu haben, sieht darin aber keine Aporie, sondern eine Grenzziehung des neuzeitlichen Projekts der Erkenntnistheorie. Dieses begrenzt sich selbst, weil es durch eine skeptische Übung begründet wird. Auf diese Weise wendet sich der Autor mit einer Reihe prinzipieller skeptischer Argumente gegen überzogene, totalisierende Wissensansprüche.

Über den Autor:

Markus Gabriel, geb. 1980, ist Assistant Professor of Philosophy am Department of Philosophy der New School for Social Research in New York City; 2005 in Heidelberg promoviert; 2008 in Heidelberg habilitiert.

Markus Gabriel

An den Grenzen der Erkenntnistheorie

Die notwendige Endlichkeit des objektiven Wissens als Lektion des Skeptizismus

Verlag Karl Alber Freiburg / München

Originalausgabe

Gedruckt auf alterungsbeständigem Papier (säurefrei)
Printed on acid-free paper

www.verlag-alber.de
Satz: SatzWeise, Föhren
Druck und Bindung: Difo-Druck, Bamberg

ISBN 978-3-495-48318-3

Was den philosophischen Betrachter an unserer Sprache am meisten befremdet, ist der Unterschied zwischen Sein und Schein.
(Wittgenstein)

Inhaltsangabe

Vorwort

Die wesentlichen Grundzüge dieser Abhandlung sind während eines einjährigen Forschungsaufenthaltes am *Department of Philosophy* der *NYU* im akademischen Jahr 2005/2006 entstanden. An erster Stelle möchte ich deshalb dem *DAAD* für die freundliche Unterstützung meines Forschungsaufenthaltes durch ein Postdoc-Stipendium danken. Mein besonderer Dank gilt Crispin Wright für die Einladung an die *NYU*, die meinen Aufenthalt ermöglicht hat. Dieses Buch wäre ohne seine Anregungen und ohne die Konfrontation mit seinem überbordenden Scharfsinn nicht möglich gewesen, von dem ich zum ersten Mal während seines Kompaktseminars über Varianten des Skeptizismus in Heidelberg beeindruckt wurde. Außerdem gilt mein herzlicher Dank Thomas Nagel. Unsere regelmäßigen Gespräche in New York haben stets dazu beigetragen, daß ich tiefere Dimensionen scheinbar einfacher Probleme erfassen konnte. Ohne seine Präzision und sein unermüdliches und unbestechliches Streben nach Klarheit im Gespräch wäre vieles unklar geblieben, was ich im folgenden zu erhellen hoffe. Ihm und Jörg Volbers verdanke ich außerdem die Anregung, mich eingehender mit Stanley Cavells Existenzialanalyse des Problems des Skeptizismus zu befassen. Zudem gilt mein Dank Wolfram Hogrebe für seine unzähligen Aperçus und bestechenden Intuitionen, die auf die eine oder andere Weise in dieses Buch eingegangen sind. Darüber hinaus hat er mich davon überzeugt, meine Projektskizze zu diesem Buch auszuarbeiten und dieses hiermit zur Publikation vorzulegen.

Nach meinem Forschungsaufenthalt an der *NYU* konnte dieses Buch insbesondere durch meine Förderung im Rahmen des *Eliteprogramms für Postdoktorand(inn)en* der *Landesstiftung Baden-Württemberg e.V.* abgeschlossen werden. Aus diesem Grund gilt mein Dank der Landesstiftung für die großzügige Förderung meines Projektes über *Skeptizismus und Idealismus in der Antike* sowie für die Übernahme des Druckkostenzuschusses. In diesem Rahmen verdienen selbstverständlich auch die Mitarbeiter des Projekts, Herr Marius Bartmann, Herr Julian Ernst und Herr Stephan Zimmermann ein besonderes Lob für ihre kritischen philosophischen Beiträge sowie für die unzähligen Stunden, die wir mit der gemeinsamen Besprechung des gesamten Manuskripts verbracht haben. Außerdem danke ich Ihnen für die mühselige Arbeit des Korrekturlesens und für die Hilfe bei der formal korrekten Erstellung des endgültigen Manuskripts.

Schließlich möchte ich Thomas Buchheim, Axel Hutter, Anton Friedrich Koch und Wilhelm Vossenkuhl dafür danken, daß ich auf ihre Einladung hin einige Thesen des Buches schon vorab in Vortragsform präsentieren konnte. Vor allem die kritischen Rückfragen Anton Friedrich Kochs bei stundenlangen Diskussionen in Tübingen haben zur Schärfung meiner Überlegungen erheblich beigetragen. Zu guter Letzt möchte ich Axel Hesper erwähnen. Unsere Gespräche und E-Mails während der Entstehungszeit dieses Buches sind maßgeblich in meine Konzeption des Verhältnisses des einsam urteilenden Subjekts zur Gemeinschaft eingegangen.

New York, im Sommer 2008

Einleitung

Wir beziehen uns grundsätzlich auf die objektive Welt so, *als ob* sie im wesentlichen unabhängig davon wäre, *daß* wir uns auf sie beziehen. Diese Einstellung zur Welt beschreibt der Begriff des objektiven Wissens bzw. der Erkenntnis. Die Welt scheint der Inbegriff dessen zu sein, was unserer doppelten epistemischen Anstrengung ontologisch vorhergeht, einerseits zu erkennen, was der Fall ist, und diese Erkenntnis andererseits gegen etwaige Einwände abzusichern. Der Weltbegriff ist demnach unabdingbar dafür, wie wir uns verständlich machen können, was es ist, das wir erkennen. Denn wenn wir etwas erkennen und dies dadurch zum Ausdruck bringen, daß wir einen Wissensanspruch erheben, den wir auf kritische Nachfrage gegen Einwände verteidigen können müssen, dann erkennen wir gemeinhin, wie die Welt ist.

Wenn wir verstehen wollen, was dies bedeutet, stoßen wir auf einen Weltbegriff, der für den Einheitshorizont alles dessen steht, was der Fall ist. Die Welt ist somit das Objekt einer jeden gelingenden Repräsentation dessen, was der Fall ist; bzw. genauer: Die *Zustände der Welt*, und gerade nicht die Welt selbst bzw. die Welt *als* Welt, sind das Objekt einer jeden gelingenden Repräsentation dessen, was der Fall ist. Dies ist die intuitive Basis dessen, was Bernard Williams den absoluten Begriff der Realität *(the absolute conception of reality)* genannt hat.[1] Die Welt selbst ist demnach für unsere Wissensansprüche das Absolute, das vom Wissen Unabhängige und dem Wissen Vorgegebene, im Unterschied zu unseren Wissensansprüchen, die sich der Bedingung unterstellen, entweder zu beschreiben, wie die Welt ist, oder auf kritische Einwände hin revidiert werden zu

---

[1] Williams, B.: *Descartes: The Project of Pure Enquiry.* Sussex 1978, 65. Die Idee einer Welt als »object of any representation which is knowledge« (ebd.) und damit der absolute Weltbegriff folgt scheinbar lückenlos aus der Überlegung, daß, »if knowledge is what it claims to be, then it is knowledge of a reality which exists independently of that knowledge, and indeed (except for the special case where the reality known happens itself to be some psychological item) independently of any thought or experience. Knowledge is of what is there *anyway.*« (ebd., 64)

müssen. Unsere Bezugnahme auf die objektive Welt macht uns fallibel und zwar genau deshalb, weil die Welt auf eine bestimmte Weise ist, die jeweils unabhängig von unserer Bezugnahme besteht. Ansonsten wäre unsere Bezugnahme nicht fallibel und mithin keine Bezugnahme auf die objektive Welt.

Die skizzierte Überlegung theoretisch einzulösen, ist allerdings ungleich problematischer, als dies auf den ersten Blick zu sein scheint. Sie operiert nämlich bereits auf zwei theoretischen Ebenen: *Einerseits* soll in einem ersten Anlauf verständlich gemacht werden, daß es die *Welt* ist, die wir erkennen, wenn wir empirische Erkenntnis haben. *Andererseits* überschreiten wir mit dieser Behauptung bereits die Grenzen des objektiven Wissens bzw. der empirischen Erkenntnis, und zwar in doppelter Weise. Denn die Erkenntnis, was Erkenntnis ist, ist keine empirische Erkenntnis darüber, wie die Welt ist, ebenso wenig wie die Welt *als* Welt jemals zum Objekt einer empirischen Erkenntnis werden kann. Ansonsten wäre diejenige Erkenntnis, deren Inhalt die Proposition ist, daß die Welt unseren Wissensansprüchen vorhergeht, auf dieselbe Weise fallibel wie die Erkenntnis eines bestimmten Weltzustandes. Dies ist allerdings unmöglich, da die Erkenntnis der Bedingungen der Fallibilität der Erkenntnis (zumindest *prima facie*) auf einer anderen theoretischen Ebene operiert als die von ihr thematisierte fallible Erkenntnis. Sie muß von der Fallibilität ausgenommen werden, da wir ansonsten fallibel in der Frage wären, ob wir fallibel sind.

Wie es nun aussieht, können wir uns empirische, und d. h. fallible Erkenntnis somit nur von einem theoretischen Standpunkt aus verständlich machen, auf dem wir selbst keine empirische Erkenntnis beanspruchen. Die Erkenntnis der empirischen Erkenntnis (im Sinne eines *genitivus obiectivus*) ist mithin selbst nicht empirisch. Jede minimale Einsicht in das Verhältnis von Welt und empirischer Erkenntnis läßt sich offenkundig nicht selbst induktiv verifizieren oder falsifizieren. Dies führt auf die Unterscheidung zweier theoretischer Ebenen, der Ebene des objektiven Wissens und der Metaebene der Erkenntnis dessen, was objektives Wissen ist. Wie unscheinbar diese Ebenendistinktion auch zunächst auftreten mag; in der gesamten folgenden Abhandlung wird es darum gehen, ihre weitreichenden Konsequenzen auszubuchstabieren und für die zeitgenössische Erkenntnistheorie – insbesondere für die Skeptizismus-Debatte – fruchtbar zu machen. Als Theorie, die Wahrheitsansprüche untersucht, beansprucht die Erkenntnistheorie selbst Erkenntnis, indem sie Wissensansprüche darüber erhebt, worauf uns der Wissensbegriff verpflichtet. Die Wissensansprüche der Erkenntnistheorie sind allerdings problematisch, wie die Auseinandersetzung mit dem Problem des Skeptizismus lehrt. Wenn es dem Skeptiker gelingt, uns davon zu überzeugen, daß wir nicht wissen können, was objektives Wissen ist und wie es möglich ist, dann droht das objektive Wissen selbst zu kollabieren, da ohne einen Begriff des objektiven Wissens auch nicht sichergestellt werden kann, ob es objektives Wissen überhaupt gibt. Man muß sich daher die Frage stellen, was es eigentlich heißt, etwas zu erkennen bzw. von etwas zu wissen. Die Möglichkeit des Wissens muß dabei methodisch jederzeit für empirische Erkenntnis vorausgesetzt werden, obwohl sie selbst nicht empirisch erkannt werden kann.

Als die vermutlich wichtigste methodologische Einsicht der neuzeitlichen Erkenntnistheorie seit Descartes kann festgehalten werden, daß die theoretische Einstellung der Erkenntnistheorie durch den Skeptizismus motiviert ist. Der Skeptizismus gehört zu den Bedingungen der Erkenntnistheorie, da er die Frage ermöglicht und in Gang hält, was es heißt, etwas zu wissen. Diese Frage wird erst durch die Konfrontation mit der Möglichkeit verständlich, daß wir einiges *nicht wissen* bzw. nicht wissen können. Philosophische Fragen der »Was ist X«-Form erlangen (wie alles andere auch) nur dadurch ihre Bestimmtheit, daß sie X von irgend etwas unterscheiden können.[2] Wissen unterscheidet sich aber von Nichtwissen genau so, daß alles Wissen sein Profil durch das Nichtwissen erlangt.

Dies äußert sich bspw. in der erkenntnistheoretischen Grundeinsicht des jüngst von Jonathan Schaffer in die Debatte eingeführten *Kontrastivismus*.[3] Diesem zufolge ist der Inhalt alles (propositionalen) Wissens jeweils dadurch bestimmt, daß er zu einer Klasse von Propositionen gehört, die sich von einer Kontrastklasse unterscheidet. Statt »S weiß, daß p«, müsse es eigentlich stets heißen, daß »S weiß, daß p – im Unterschied zu q«. Dabei enthält die Kontrastklasse (q) all diejenigen Propositionen, deren Wahrheit die Falschheit der

---

[2] Vgl. zu diesem Zusammenhang neuerdings Cassam, Q.: *The Possibility of Knowledge*. Oxford 2007.

[3] Vgl. etwa Schaffer, J.: »From Contextualism to Contrastivism in Epistemology«, in: *Philosophical Studies* 119 (2004), 73–103; ders.: »Contrastive Knowledge«, in: Gendler, T. S./Hawthorne, J. (Hrsg.): *Oxford Studies in Epistemology* 1, Oxford 2005, 235–71; vgl. auch ders.: »Skepticism, Contextualism, and Discrimination«, in: *Philosophy and Phenomenological Research* 69 (2004), 138–55.

Propositionen der Wissensklasse (p) impliziert.[4] So gehört die Proposition, daß ich, Markus Gabriel, jetzt gerade mein Notebook vor mir sehe, zur Klasse der Wahrnehmungspropositionen. Wenn es der Fall ist, daß alle Wahrnehmungspropositionen falsch wären, wenn niemand etwas wahrnähme, da wir etwa alle nur träumten (oder Gehirne im Tank wären oder …), dann ist die Klasse der Traumpropositionen eine Kontrastklasse der Wahrnehmungspropositionen.

Im allgemeinen kontrastiert Wissen mit Nichtwissen, so daß es seit den Anfängen der Erkenntnistheorie bei Platon eine der zentralen Fragen der Erkenntnistheorie ist, was Irrtum (ψεῦδος) bzw. Nichtwissen sei, eine Frage, die Platon v. a. im *Theaitetos* und im *Sophistes* aufgeworfen hat. Und es dürfte kaum ein Zufall sein, daß die Frage nach dem Wissen im Kontext der vorsokratischen Metaphysik aufkam, die paradigmatisch zwischen Sein und Schein unterschied, womit eine zugleich ontologische wie epistemologische Differenz markiert wurde.[5] Die Bestimmtheit des Wissens, auf die der Erkenntnistheoretiker angewiesen ist, verdankt sich somit der Möglichkeit des Nichtwissens, was philosophiehistorisch in der Entwicklung von der vorsokratischen Metaphysik hin zu den Sophisten zum Ausdruck kam, gegen die Platon seine Theorie des Nichtwissens – seine Pseudologie – aufbot. *Omnis determinatio est negatio* – gilt demnach auch für die Bestimmtheit des Wissensbegriffs. Wer nämlich zu wissen beansprucht, was Wissen ist, generiert damit einen logischen Raum der Opposition, in dem Wissen mit Nichtwissen kontrastiert, was die beständige Möglichkeit des Nichtwissens zum wandernden Schatten des Wissens macht.

Im folgenden werde ich den skizzierten Zusammenhang so ausdrücken, daß der Skeptizismus eine *Intelligibilitätsbedingung*, d. h. eine Bedingung der Verstehbarkeit der Erkenntnistheorie ist. Die Erkenntnistheorie bezieht in der ständigen Konfrontation mit dem Nichtwissen den spezifischen Standpunkt einer Metatheorie, wobei sie die Frage untersucht, was Wissen (erster Ordnung) ist, und damit selbst Wissen (zweiter Ordnung) beansprucht. Wir haben damit begonnen, Wissen erster Ordnung (empirische Erkenntnis) vom er-

[4] Schaffer selbst möchte diese Konsequenz freilich vermeiden, da er die jeweilige Opposition von Wissensklasse (p) und Kontrastklasse (q) als »lokal« (»From Contextualism to Contrastivism«, 91 ff.) versteht. Auf diese Weise möchte er die Gültigkeit des Prinzips der Geschlossenheit restringieren. Dagegen vgl. unten, 146 f.

[5] Vgl. dazu ausführlich Gabriel, M.: *Antike und moderne Skepsis. Zur Einführung.* Hamburg 2008.

kenntnistheoretischen Wissen dadurch zu distinguieren, daß das Objekt des Wissens erster Ordnung Weltzustände sind. Die Erkenntnistheorie selbst hingegen bezieht sich sowohl auf die gelingende Einheit (Wissen) als auch auf die Differenz (Nichtwissen) von Welt und Wissensanspruch und ist damit fortwährend über alle empirische Erkenntnis hinaus. Die Welt als Welt ist nämlich ebensowenig wie das objektive Wissen selbst ein gewöhnliches *Objekt*, was eine zentrale Einsicht ist, die man in der Auseinandersetzung mit dem Skeptizismus gewinnen kann, wie wir in der Folge sehen werden.

Das gesamte erste Kapitel der folgenden Abhandlung beschäftigt sich mit der *Funktion des Skeptizismus in der dialektischen Ökonomie der Erkenntnistheorie.* Unter »Dialektik« verstehe ich dabei eine Reflexion auf den Zusammenhang der Motivation einer Theorie und ihrer Durchführung. Es wird darum gehen, die grundlegende methodische Funktion des Skeptizismus im Aufbau der (neuzeitlichen) Erkenntnistheorie herauszuarbeiten. Die §§1–4 beschäftigen sich mit der Frage, wie der Weltbegriff mit dem Skeptizismus zusammenhängt. In diesem Kontext werden drei Skeptizismus-Begriffe unterschieden, was für den weiteren Verlauf der Argumentation zentral sein wird: *Negativer Dogmatismus, Cartesischer Skeptizismus* und *methodischer Skeptizismus.* Der Begriff des negativen Dogmatismus wird insbesondere in einer Auseinandersetzung mit den skeptischen Grundlagen von Kants transzendentalem Idealismus gewonnen. Kants Weltbegriff wird kritisch vor dem Hintergrund seiner *Widerlegung des Idealismus* diskutiert. Es soll gezeigt werden, daß Kants Grenzziehung des Wissens (d. h. sein negativer Dogmatismus, der zu wissen beansprucht, daß wir einiges nicht wissen können) zwar deutlich zwei theoretische Ebenen, eine empirische und eine transzendentale, unterscheidet. Gleichwohl gelingt es Kant nicht, die skeptische Motivation seines Theoriestandpunktes so durchzuführen, daß die empirische Erkenntnis unangetastet bleibt. Bei Kant droht die Welt in der Erkenntnis, d. h. die Objektivität in der Subjektivität zu verschwinden, was ihn dazu angeregt hat, seinen transzendentalen Idealismus mit einer *Widerlegung des Idealismus* zu verteidigen und zu zeigen, daß die Objektivität der Erkenntnis durch seinen transzendentalen Idealismus nicht ins Wanken gerät, sondern vielmehr sichergestellt werden kann. Im Unterschied zu einem subjektiven Idealismus *à la* Berkeley sei der transzendentale Idealismus mit der Annahme der Existenz von in Raum und Zeit ausgedehnten Dingen oder Gegenständen kompatibel. Allerdings führte Kants eigener Idealismus ihn dazu, die These seiner transzendentalen Ästhetik zu weit zu treiben. Denn letztlich gelingt es ihm (jedenfalls im engeren Rahmen seiner *Widerlegung des Idealismus*) nicht mehr, einen Unterschied zwischen einer *räumlichen Vorstellung* und der *Vorstellung von etwas Räumlichen* zu treffen, wie zu zeigen sein wird. Um diesen Unterschied zu treffen, bedarf es der Einführung eines Publizitätskriteriums und damit anderer Subjekte bzw. Personen in Raum und Zeit, die sich auf dasselbe Räumliche beziehen können und imstande sind, dies mitzuteilen.

Die Problematik des Idealismus wird im gesamten Buch im Ausgang von einer Distinktion diskutiert, die auf Robert Brandom zurückgeht, nämlich die Distinktion zwischen einer These der *Sinn-Abhängigkeit* der Objektivität von Subjektivität und der These einer *Referenz-Abhängigkeit* der Objekte von Subjekten. Diese Distinktion fungiert bis zum letzten Paragraphen der Abhandlung als eine Leitdifferenz meiner Überlegungen. Ein Begriff P ist von einem Begriff Q Brandom zufolge *sinn-abhängig* genau dann, wenn wir P nicht verstünden, wenn wir Q nicht verstünden. P zu verstehen, setzt voraus, Q zu verstehen. Im Unterschied dazu ist ein Begriff P von einem Begriff Q Brandom zufolge *referenz-abhängig* genau dann, wenn es nichts gäbe, was unter P fällt, wenn es nichts gäbe, was unter Q fällt.[6] Der Begriff des »Idealismus« kann nun offenkundig mindestens auf zweierlei Weise verstanden werden, einerseits als eine These der Sinn-Abhängigkeit und andererseits als eine These der Referenz-Abhängigkeit.[7] Der sinn-abhängige Idealismus behauptet lediglich, daß wir keinen Begriff der Objektivität hätten, wenn wir diese nicht von unserer Subjektivität unterschieden. Diese These ist eine Behauptung zweiter Ordnung (also eine Behauptung der Metatheorie) über eine Bedingung unseres Weltzugangs. Der referenz-abhängige Idealismus behauptet hingegen, daß es keine Objekte gäbe, wenn es keine Subjekte gäbe, was eine These erster Ordnung darüber

---

[6] Vgl. Brandom, R.: *Tales of the Mighty Dead: Historical Essays in the Metaphysics of Intentionality.* Cambridge, Ma./London 2002, 50: »Concept P̲ is *sense dependent* on concept Q̲ just in case one cannot count as having grasped P̲ unless one counts as having grasped Q̲. Concept P̲ is *reference dependent* on concept Q̲ just in case P̲ cannot apply to something unless Q̲ applies to something.«

[7] Man kann den Unterschied auch als einen Unterschied zwischen ontologischem (= sinn-abhängigem) und einem ontischen (= referenz-abhängigen) Idealismus fassen. Vgl. dazu meine Ausführungen in Gabriel, M.: »Endlichkeit und absolutes Ich – Heideggers Fichtekritik«, erscheint in *Fichte-Studien.*

ist, was es gibt bzw. auf welche Weise es etwas gibt. Kant oszilliert zwischen beiden Behauptungen. Zwar hat niemand so deutlich wie Kant mit einer Unterscheidung von Theorieebenen operiert, was der Unterschied zwischen empirisch und transzendental auf den Punkt bringt. Allerdings gelingt es ihm nicht durchweg, die Theorieebenen konsequent zu unterscheiden, weshalb er letztlich zum Opfer seines negativen Dogmatismus wird (vgl. §§1–2). Seine Unterscheidung von Theorieebenen führt Kant nicht immer konsequent durch, was die Achillesferse seiner *Widerlegung des Idealismus* zu erkennen gibt.

Anschließend wird Moores Überreaktion auf Kants negativen Dogmatismus – seine naive Einzeldingontologie – diskutiert (§§3–4). Diese unterbietet die Kantische Reflexion (und zwar absichtlich), wobei Moore einen entscheidenden Einwand gegen die *Widerlegung des Idealismus* vorgetragen hat, den ich mir in der Auseinandersetzung mit Kant selbst zu eigen machen werde. Moore kommt hierbei allerdings weder auf Kants Weltbegriff noch auf die Unterscheidung von Theorieebenen zu sprechen. Darüber hinaus kann es ihm nicht gelingen, die grundlegende Kategorie seiner naiven Einzeldingontologie, das sogenannte »physikalische Objekt«, gegen Einwände zu verteidigen, die sich aus der begrifflichen Relativität unseres Weltzugangs ergeben. Dagegen wird erneut Kants Weltbegriff aufgeboten, ohne daß der Common-Sense-Punkt angetastet werden soll, daß alle wahren Urteile die Welt beschreiben, wie sie an sich, d.h. unabhängig davon ist, daß es Wesen gibt, die sie beschreiben. Kants Weltbegriff aus der *transzendentalen Dialektik*, der leider in der *Widerlegung des Idealismus* keine Rolle spielt, weil diese an einem systematisch ungünstigen Punkt durchgeführt wird, muß dabei aufgegriffen und übernommen werden, da er in Kombination mit der Unterscheidung von Theorieebenen eine Verwirrung im Weltbegriff auflösen kann. Mit Kant ist es möglich, zwischen der Welt als Einheitshorizont und als Objekt unseres Wissens deutlich zu unterscheiden.

An diesem Punkt setzt der Cartesische Skeptizismus an (§§5–6). Unter dem »Cartesischen Skeptizismus« wird in diesem Zusammenhang freilich weder ein Skeptizismus verstanden, den Descartes selbst vertreten hätte (da er selbst alles andere als ein Cartesischer Skeptiker war), noch wird darunter die konkrete Form seiner skeptischen Überlegungen in den *Meditationen* verstanden. Descartes ist gleichwohl der Namensgeber des Cartesischen Skeptizismus, da er dessen logische Struktur als erster in ihren Grundrissen erkannt und methodisch kontrolliert eingesetzt hat. Bevor der Cartesische Skeptizismus in §6 als ein generelles Paradoxon des Wissensbegriffs bzw. des Begriffs des guten Grundes entwickelt werden kann, werden in §5 methodologische Kautelen getroffen. Dabei führe ich den Unterschied von *logischer* und *dialektischer* Analyse skeptischer Argumente ein. Beide Methoden werden anschließend eingesetzt, um den Impetus des Cartesischen Skeptizismus besser einschätzen zu können. Die *logische Analyse* skeptischer Argumente untersucht diese im Hinblick auf ihre logische Struktur. Dabei zeigt sich in der Analyse des Cartesischen Skeptizismus, daß er sich am besten als ein *Paradoxon,* d.h. als eine Menge anscheinend akzeptabler (und gut motivierbarer) Prämissen, anscheinend akzeptabler (und gut motivierbarer) Schlußregeln und einer offenkundig inakzeptablen Konklusion, analysieren läßt.

In der Auseinandersetzung mit dem Paradoxon bzw. den Paradoxa des Cartesischen Skeptizismus kann man es i.allg. allerdings nicht dabei belassen, nach (Auf-)Lösungen des Paradoxons zu suchen, indem man etwa eine seiner Prämissen bestreitet oder ersetzt, um dem Paradoxon aus dem Weg zu gehen. Vielmehr muß stets die Frage gestellt werden, in welchem theoretischen Kontext das Paradoxon entsteht und unter welchen Theoriebedingungen es eingeführt, d.h. motiviert werden kann, was in der zeitgenössischen Erkenntnistheorie unter dem Stichwort einer »theoretischen Diagnose« firmiert.[8] Diese Frage nach der Funktion der Prämissen des Cartesischen Skeptizismus im Kontext bestimmter Theorien bezeichne ich als *dialektische Analyse*. Beide Methoden, die logische und dialektische Analyse, werden in einer kritischen Auseinandersetzung mit Crispin Wrights genialer antiskeptischer Strategie der *Implosion* erprobt. In §6 allerdings wird sich herausstellen, daß Wrights Implosion im Falle ihres Gelingens nicht nur den Cartesischen Skeptizismus außer Kraft setzte, sondern auch und v.a. den erkenntnistheoretischen Standpunkt als solchen bedrohte, den sie selbst in Anspruch nimmt. Denn ihr eigener Standpunkt wird durch Prämissen moti-

---

[8] Vgl. etwa Williams, M.: *Unnatural Doubts. Epistemological Realism and the Basis of Scepticism.* Princeton 1996, 37. Vgl. dazu unten, 127 f. Williams beabsichtigt mit seiner theoretischen Diagnose letztlich zu bestreiten, daß der Cartesische Skeptizismus ein genuines Paradoxon darstellt, da er die Annahmen, welche in die Prämissen einfließen, keineswegs für natürlich hält, sondern als anspruchsvolle erkenntnistheoretische Positionen zu desavouiren sucht.

viert, die zur Formulierung des Cartesischen Skeptizismus führen. Das gesamte erste Kapitel endet sodann mit der Aufstellung eines generellen Paradoxons des Cartesischen Skeptizismus, das die diskursive Rationalität im ganzen intrinsisch bedroht, da es von einigen ihrer grundlegenden Prämissen aus generiert werden kann.

Das zweite Kapitel über *Kontextualismus und Endlichkeit* versucht die Erkenntnistheorie auf einer kontextualistischen Diskurstheorie wiederaufzubauen, wofür Wittgensteins und Sextus Empiricus' Versuche einer Grenzziehung des Wissens paradigmatisch herangezogen werden. Es stellt sich heraus, daß es einen gemeinsamen Nenner des Pyrrhonismus und der freilich *anti*skeptischen, gegen den hyperbolischen Zweifel gerichteten Strategie in Wittgensteins Spätphilosophie gibt. Dieser gemeinsame Nenner ist der *Kontextualismus,* den ich als eine Lektion über die notwendige Endlichkeit des objektiven Wissens verstehe. Zunächst (§7) wird der Pyrrhonische Skeptizismus systematisch umrissen, ohne dabei auf alle historischen Details des späten Pyrrhonismus bei Sextus einzugehen. Es geht mir lediglich darum, die grundlegende Operation der Selbstanwendung, die περιτροπή oder Retorsion, systematisch zu rekonstruieren. Diese besteht darin, die Einsicht in die Endlichkeit des Wissens auf sich selbst anzuwenden und damit auch noch die Einsicht in die Grenzen des Wissens auf paradoxe Weise zu begrenzen.

In den §§8–10 wird Wittgensteins Kontextualismus als eine Theorie des assertorischen Gehalts rekonstruiert. Es wird sich herausstellen, daß alle diskursive Bestimmtheit, d. h. aller assertorische Gehalt, allein dadurch zustande kommt, daß Diskurse Betriebsbedingungen voraussetzen, über die sie *in ipso actu operandi* nicht reflexiv verfügen können. Dies wird insbesondere unter Rekurs auf das Problem des Regelfolgens und den Regelregreß begründet. Dabei wird Wittgensteins Position mit einigen Grundbegriffen der Systemtheorie (v. a. Luhmann'scher Provenienz) zusammengebracht. Wittgenstein und Luhmann kommen nämlich in dem Punkt überein, daß sie für die notwendige Endlichkeit aller Beobachtungs- bzw. aller Bestimmtheitsoperationen argumentieren: Was auch immer etwas Bestimmtes für eine diskursive Gemeinschaft sein kann, gilt *als* Bestimmtes nur unter Voraussetzung historisch variabler Parameter, die jeweils festlegen, was eine Gemeinschaft registrieren kann. Die Gemeinschaft konstituiert einen Diskurs genau dadurch, daß Angeln festgelegt werden, um die sich alle einzelnen Züge im Diskurs drehen, was in der Optik meiner Überlegungen die wichtigste These von Wittgensteins *Über Gewißheit* darstellt. Diese Beobachtung wird als eine Behauptung der notwendigen Endlichkeit des Diskurses gedeutet, die auch Sextus bereits unter anderen Bedingungen aufgestellt hat.

Um die Konsequenzen der Endlichkeit alles diskursiv vermittelbaren Wissens genauer evaluieren zu können, wird in den §§ 9–12 Wittgensteins Privatsprachenargument im Kontext diskutiert. Die hier vorgeschlagene Deutung, die sich v. a. an Crispin Wright, Saul Kripke und Meredith Williams orientiert, versucht nachzuweisen, daß alles diskursiv vermittelbare Wissen endlich ist, da es auf die Stabilität eines Diskurses angewiesen ist, der als Kontext einer Wissenszuschreibung feststehen muß. Gleichwohl können die Teilnehmer des Diskurses nicht *innerhalb* ihres Diskurses bestimmen, worin die Grundlagen ihres Diskurses bestehen, ohne damit einen Metadiskurs zu initiieren, der seinerseits wiederum Voraussetzungen, Betriebsbedingungen, mit sich führt. Es ist demnach unmöglich, von einem absoluten Standpunkt aus zu bestimmen, wann und ob jemand etwas weiß. Diese partiell skeptische These läßt sich mit Wittgenstein allerdings zur Konstruktion eines Kontextualismus einsetzen, der den Skeptizismus als eine harmlose Lektion über unsere diskursive Endlichkeit rekonstruiert.

In diesem Kontext wird in § 11 John McDowells Disjunktivismus als antiskeptische Strategie diskutiert. Der Disjunktivismus versucht, Wissen bzw. Erkenntnis unter den Bedingungen einer Theorie der Intentionalität zu entwickeln, die im Unterschied zu Wittgenstein als eine Theorie des kognitiven – d. h. nicht notwendig sozialen und in diesem Sinne diskursiven – Verhältnisses von Geist und Welt auftritt. In Anlehnung an Wittgenstein ist der Anspruch zu zeigen, daß McDowells Disjunktivismus als antiskeptische Strategie in Schwierigkeiten gerät, da er die sozialsemantische Dimension der Subjektivität nicht *a limine* in seinen Ansatz integriert, weil er das Subjekt als kognitive Intentionalität und nicht als (stets auch sozial eingebundene) Person in Raum und Zeit bestimmt.

In § 13 wird die Frage aufgeworfen, wie sich der Vorstellungsbegriff, der bekanntlich in die gut untersuchten skeptischen Aporien des mentalen Repräsentationalismus führt, zum Cartesischen Skeptizismus verhält. Da Wittgenstein mit seinem Kontextualismus genau besehen die Grundlagen des methodischen Solipsismus der neuzeitlichen Erkenntnistheorie untergräbt, die von vielen Erkenntnistheoretikern seit Descartes (aber auch schon in der Antike) akzeptiert worden sind, eröffnet der Kontextualismus einen Ausweg aus dem generellen Paradoxon des Cartesischen Skeptizismus. Dem solipsistischen Ich wird durch das Regelproblem und seine kommunitaristische Auflösung (die in §10 eingehend behandelt wird) der Ausweg aus dem »Fliegenglas« (PU, §309) gewiesen. Damit verschwindet der Vorstellungsbegriff, was allerdings einen hohen Preis kostet, da unsere Subjektivität sowie unser metatheoretischer Standpunkt bedroht sind, die wir aber in Anspruch nehmen müssen, wenn wir *über* Diskurse überhaupt sprechen.

Dies wird besonders deutlich, wenn man Wittgensteins liberalen Naturalismus (§14) näher in Augenschein nimmt. Damit die Möglichkeit der Verständigung zwischen verschiedenen Diskursen (Sprachspielen) nicht aufgehoben wird, führt Wittgenstein die zweite Natur des Menschen ein, die als Einheitshorizont aller Diskurse fungiert. Menschen können sich verständigen, weil sie eine gemeinsame Naturgeschichte haben und »sehr allgemeine Naturtatsachen« (PU II, S. 578) Sorge dafür tragen, daß alles Humane sich in allem Humanen wiedererkennen kann. Und so heißt es bei Wittgenstein *expressis verbis* auch, daß alles Wissen nur »von Gnaden der Natur« (ÜG, §505) sei. Diese Position ist allerdings inkompatibel mit Wittgensteins eigener Motivationstheorie des Kontextualismus und der skeptischen Lektion der Endlichkeit, wie gezeigt werden soll. Denn sie stellt nicht mehr eigens die Frage nach den Betriebsbedingungen desjenigen Diskurses, in dem es eine gültige Behauptung ist, daß unsere Natur so-und-so ist. Mit anderen Worten wendet Wittgenstein seinen Kontextualismus nicht noch einmal auf sich selbst an (Retorsion). Daher versuche ich, den Pyrrhonischen Skeptizismus konsequent zu Ende zu führen und auch noch den Diskurs *über* Endlichkeit als *endlichen* Diskurs aufzufassen, was natürlich das Problem aufwirft, daß die Metatheorie sich selbst unter den Vorbehalt der Revidierbarkeit stellt und ihre Kontingenz eingesteht. Dies bedeutet zwar nicht, daß sie falsch ist oder sich selbst (etwa im Sinne eines performativen Widerspruchs) aufhebt. Aber sie begrenzt sich gegen ein Anderes, von dem sie freilich nichts wissen kann, da sie ihre eigene Kontrastklasse nicht kennt. Die Einsicht, daß alle Bestimmtheit im logischen Raum binäre Oppositionen erzeugt, führt im Falle einer Selbstanwendung der Erkenntnis der Endlichkeit des objektiven Wissens zur Begrenzung *dieses* Wissens gegen ein nicht bestimmbares, aber anzunehmendes Nichtwissen.

Schließlich (§ 15) wird im Ausgang von Brandoms Hegel-Deutung ein Versuch unternommen, den Weltbegriff gegen die Kontingenz der Metatheorie zu retten. Dabei stellt sich heraus, daß Brandoms Hegel-Deutung dem absoluten Idealismus der *Wissenschaft der Logik* nicht adäquat Rechnung trägt und einen Weltbegriff in Anspruch nimmt, über den Hegel weit hinausgeht. Hegels Reflexionslogik wird in einigen ihrer Grundzüge systematisch gegen Brandoms Version eines objektiven Idealismus ausgespielt. Letztlich soll auf diese Weise gezeigt werden, daß es möglich ist, eine Diskurstheorie auf der Basis des Pyrrhonischen Skeptizismus zu entwickeln, deren Aufgabe ›lediglich‹ darin besteht, gegebene Diskurse auf ihre dialektische Konsistenz hin zu untersuchen. Dies kann man als eine Hegel'sche These verstehen, wobei zuvor der absolute Idealismus von einigen absurden Vorurteilen freigesprochen werden muß, was im Rahmen dieser Abhandlung nurmehr ansatzweise geleistet werden kann. Die Anknüpfung an Hegel dient als Grundlage für das systematische Projekt einer Methodologie der Erkenntnistheorie, das nicht versucht, vermeintlich ernsthafte skeptische Probleme zu lösen, sondern allein die dialektische Topographie möglicher Lösungen absteckt, um deren Erfolgsaussichten evaluieren zu können. Dieses Modell einer Methodologie, die sich in der Reflexion auf die Endlichkeit des Wissens erzeugt, betrachte ich als eine Rezeption der Hegel'schen Rede von einem absoluten Wissen im engeren Sinne seiner *Phänomenologie des Geistes*. Ich versuche damit letztlich zumindest im Ansatz nachzuweisen, daß das Paradigma der Philosophie als Einheit von Methode und Gegenstand, d. h. der sich-denkende Vollzug im Medium des reinen Denkens, in der zeitgenössischen Skeptizismus-Debatte auf eine Weise wiederkehrt, die Hegels Programm eines absoluten Wissens unter erneuerten Vorzeichen bestätigt. In diesem Zusammenhang sei vorab darauf hingewiesen, daß »absolutes Wissen« kein unendliches Wissen ist, sondern daß auch und gerade das absolute Wissen an seiner höherstufigen Unmittelbarkeit und damit Endlichkeit scheitert, weshalb das absolute Wissen bei Hegel bekanntlich keineswegs das letzte Wort ist.[9]

Da die folgende Abhandlung ohnehin bereits sehr umfangreich geraten ist, erlaube ich es mir, es hier bei dieser kurzen Inhaltsübersicht zu belassen. Zur Orientierung des Lesers kann man noch hin-

[9] Vgl. dazu die Skizze von Jay Bernstein in: »Hegel's Ladder: The Ethical Presuppositions of Absolute Knowing«, in: *Dialogue* XXXIX (2000), 803–818.

zufügen, daß das erste Kapitel weitgehend *destruktiv* mit dem Wissensbegriff und möglichen antiskeptischen Strategien umgeht, während das zweite Kapitel *konstruktiv* den Kontextualismus auf den Trümmern des ersten Kapitels aufbaut, ohne gegen die Wahrheit des (Pyrrhonischen) Skeptizismus, d. h. seine Lektion über unsere notwendige Endlichkeit, Einwände zu erheben. Erkenntnistheorie konfrontiert uns mit unserer diskursiven Endlichkeit, die wir nicht transzendieren können. Dies bedeutet allerdings keinen Einwand gegen die Möglichkeit einer metaphysischen Theorie des Unendlichen, sofern diese sich nur richtig versteht, wie ich in an anderer Stelle zu zeigen versuchen werde.[10]

Was meine Methode der Darstellung betrifft, so gehe ich davon aus, daß es legitim ist, Ansätze aus der analytischen Philosophie, insbesondere aus der Erkenntnistheorie und teilweise aus der Philosophie des Geistes, mit traditionellen Fragestellungen der Erkenntnistheorie und Metaphysik zu verbinden. Die weit verbreitete Entgegensetzung von analytischer und kontinentaler Philosophie ist systematisch ohnehin nicht mehr ohne weiteres aufrechtzuerhalten. Deshalb wird hier kein Versuch unternommen, der sich einer bestimmten Schule zurechnet oder auch nur davon ausgeht, daß sich Methoden und Schulen vor dem Hintergrund übergeneralisierender Titel wie »analytische« oder »kontinentale« Philosophie hinreichend unterscheiden lassen. Die überbordende Professionalisierung des philosophischen Betriebs unserer Zeit bedeutet nicht, daß die Philosophie selbst eine professionalisierte und in klar umgrenzte Disziplinen mit vorgegebenen Methoden gegliederte Wissenschaft ist. Die Ordnung des philosophischen Diskurses mag zwar zur Organisation des akademischen Betriebs bis zu einem gewissen Umfang akzeptierbar sein. Sie steht der Philosophie selbst als diskursiver Praxis der Freiheit aber potentiell entgegen. Zur Bestimmung der Funktion des Skeptizismus in der Erkenntnistheorie habe ich aus diesem Grunde auf Ansätze verschiedenster Denker zurückgegriffen, um auf dieser Basis meine eigene Position zu entwickeln, ohne dabei den Versuch zu unternehmen, »modisch korrekt« zu philosophieren.

[10] Zum Verhältnis von Skeptizismus und Metaphysik am Beispiel des Begriffs des Unendlichen bei Schelling und Hegel vgl. bereits meine Skizze in Gabriel, M.: »Die metaphysische Wahrheit des Skeptizismus bei Schelling und Hegel«, in: *Internationales Jahrbuch des Deutschen Idealismus* 5 (2007) (i. Ersch.); vgl. auch Gabriel, M.: »The Dialectic of the Absolute – Hegel's Critique of Transcendent Metaphysics«, erscheint in: Limnatis, N. (Hrsg.): *Hegel's Dialectic.* Chicago 2009.

I. Die Funktion des Skeptizismus in der dialektischen Ökonomie der Erkenntnistheorie

§1. Negativer Dogmatismus und methodischer Skeptizismus

Die Wissenschaft lehrt, daß die Welt in beträchtlichem Maße von dem abweicht, was wir im Stande der Unmittelbarkeit über die Welt zu glauben geneigt sein mögen. Wissen und Zweifel sind also nicht nur miteinander vereinbar, sondern kommen nicht einmal isoliert voneinander vor. Das bezeugt nicht nur der bekannte Effekt, daß man mit zunehmendem Wissen vor allem ein Wissen darüber erlangt, was man noch nicht weiß, also ein Wissen seines Nichtwissens. Genau besehen ist Wissen im anspruchsvollen Sinne eines wissenschaftlichen Wissens ohne einen Zweifel daran, daß die Welt genau so ist, wie sie sich uns präsentiert, gänzlich undenkbar. Wir müssen also aus dem alltäglichen Wissen hinaustreten, um überhaupt die Möglichkeit des Wissens wahrnehmen zu können. Die Möglichkeit des Wissens impliziert aber die Möglichkeit seiner Unmöglichkeit, d. h. den Skeptizismus, mit dem man also stets zu ringen hat, sobald man auch nur die geringste Frucht vom Baum der Erkenntnis gekostet hat. Wissen impliziert also Zweifel und auf Zweifel reagiert die Erkenntnistheorie. Diese ist deswegen stets eine Reflexionstheorie, die sich über die Voraussetzungen ihrer eigenen Theoriekonstruktion Rechenschaft ablegen muß. Der Skeptizismus läßt sich nämlich so konstruieren, daß er von der Destruktion einzelner Wissensansprüche zur Destruktion von Wissensansprüchen als solchen übergeht.

Als theoretische Distanznahme von unseren alltäglichen Wissenszuschreibungen impliziert die Erkenntnistheorie die Möglichkeit des Skeptizismus und damit die Möglichkeit ihrer eigenen Unmöglichkeit. Diese muß daher innerhalb der Erkenntnistheorie selbst abgewehrt werden.[1] Der Skeptizismus ist eine ureigene *Möglichkeit* aller theoretischen Distanznahme von der Welt. Daß er ein besonderes Problem der Erkenntnistheorie darstellt, hat darin seinen Grund,

---

[1] Zu den beiden Tendenzen der Erkenntnistheorie, *Konservativismus* und *Skeptizismus*, s. u., 112 f.

daß die Erkenntnistheorie ein selbstreferentielles Unternehmen und folglich in besonderem Maße paradoxieanfällig ist. Die Erkenntnistheorie strebt nämlich eine Erkenntnis der Erkenntnis an. Stellt sich dabei heraus, daß grundlegende epistemische Begriffe wie »Rechtfertigung«, »Wissen«, »Erkenntnis«, »Begründung« usw. die Möglichkeit eines Skeptizismus implizieren, wird die Erkenntnistheorie selbst bedroht, die wie jede andere Theorie auf die Brauchbarkeit grundlegender epistemischer Begriffe angewiesen ist.

Der Cartesische Skeptizismus ist in der Neuzeit daher als Motivationstheorie der Erkenntnistheorie eingesetzt worden, eine letztlich antiskeptische Strategie, die Descartes eingeführt hat. Zugleich provoziert die antiskeptische Strategie eines methodischen Skeptizismus, die den Skeptizismus als Möglichkeitsbedingung der Reflexion thematisiert, neue skeptische Angriffe zweiter Ordnung auf die Erkenntnistheorie, gegen die sich diese rüsten muß.

Ein Parameter in der Verteidigung der Erkenntnis gegen ihre endogene Möglichkeit des Skeptizismus ist die Berufung auf die Unmittelbarkeit, d. h. die Natur (z. B. Hume), den Common Sense (z. B. Reid, Moore), die Alltäglichkeit (z. B. Heidegger), das Gewöhnliche (z. B. Cavell). Diese wird aber durch den Skeptizismus in Frage gestellt, der nicht nur von der Erkenntnistheorie, sondern auch von den Wissenschaften impliziert wird, die uns stets darüber belehren, daß ein Teil der Welt oder die Welt im ganzen *in Wirklichkeit* nicht so ist, wie er sich uns im Stande der Unmittelbarkeit präsentiert.[2] Die Differenz von Sein und Schein wird daher von den Wissenschaften nicht weniger als von der Philosophie in Anspruch genommen. Man muß

---

[2] Die berühmte Formel »in Wirklichkeit« begegnet prominent bereits bei Demokrit, der Common Sense/manifest image (νόμος) und die wahre Wirklichkeit/scientific image (ἐτεή), die der Atomismus entdeckt, entgegensetzt. Vgl. DK B 9, 125: »Nur dem alltäglichen Gebrauch nach gibt es Süßes, Bitteres, Warmes, Kaltes, Farbe. In Wahrheit aber gibt es nur Atome und das Leere.« (νόμῳ γλυκύ, νόμῳ πικρόν, νόμῳ θερμόν, νόμῳ ψυχρόν, νόμῳ χροιή, ἐτεῇ δὲ ἄτομα καὶ κενόν.) Sextus Empiricus kommentiert diese Aussage folgendermaßen: »Man pflegt zu glauben und anzunehmen, daß es sinnliche Gegenstände gebe, diese gibt es aber in Wahrheit nicht, sondern nur die Atome und das Leere. (M VII 135: νομίζεται δὲ εἶναι καὶ δοξάζεται τὰ αἰσθητά, οὐκ ἔστι δὲ κατ' ἀλήθειαν ταῦτα, ἀλλὰ τὰ ἄτομα μόνον καὶ τὸ κενόν.) Das reimt sich natürlich bestens mit Demokrits eigenem negativen Dogmatismus, dem zufolge der Mensch nichts weiß, da er von der wahren Wirklichkeit durch seine Sinne abgeschnitten ist. Die Sinne nämlich bewirken die Vorstellungen in ihm, deren Wirklichkeit er nicht ausweisen kann. Vgl. insbes. DK B6–10. Demokrit ist freilich nur eine Stimme im bunten Kanon des vorsokratischen griechischen negativen Dogmatismus.

folglich damit rechnen können, daß die Welt anders ist, als sie sich uns präsentiert, wenn man überhaupt in eine wissenschaftliche Einstellung zu ihr treten können will.

Nicht immer gibt es *eine* Sache, wenn *ein* Wort nahelegt, ein einheitliches Phänomen anzunehmen. Philosophische Positionen, die in der Geschichte der Philosophie mannigfaltige Formen angenommen haben wie Idealismus, Realismus, Relativismus usw. bezeichnen oftmals grundlegende Optionen in einem Bereich der Philosophie oder gar fundamentalphilosophische systematische Ansätze, die in der Optik eines ihrer Vertreter geradezu das Ganze des Seienden beschreiben. Und auch »Skeptizismus« ist ein Kandidat für ein Wort, das mehr Einheitlichkeit verspricht, als es tatsächlich hält. Denn die Geschichte der Versuche, konstruktive theoretische Lösungen für philosophische Probleme aller Art zu liefern, läuft traditionell parallel zur Geschichte der Versuche, entsprechende destruktive Gegenprogramme zu entwickeln, welche die Unmöglichkeit der konstruktiven theoretischen Lösungsansätze darlegen wollen. Das Ringen von Dogmatismus und Skeptizismus auf dem »Kampflatz endloser Streitigkeiten« (KrV, A VIII) der Philosophie beginnt nicht erst mit Platons Auseinandersetzung mit der Sophistik, sondern zeichnet sich bereits in der vorsokratischen Philosophie ab.

Was unter »Skeptizismus« geschichtlich jeweils verstanden wird, hängt demnach stets von den herrschenden konstruktiven theoretischen Angeboten ab, weshalb der Skeptizismus gemeinhin als »Parasit« des Dogmatismus aufgetreten ist.[3] »Skeptizismus« ist deshalb ohne weitere Spezifikation ein Begriff, der genau so unklar und undeutlich wie »Philosophie« oder »Wissenschaft« ist. *In abstracto* formuliert, kann man »Skeptizismus« allenfalls als ein destruktives Aussagensystem betrachten, das in der Absicht formuliert wird, ein vorhandenes konstruktives theoretisches Aussagensystem systematisch auszuhebeln. Der Skeptiker philosophiert demnach in Opposition, da er ein negatives Programm verfolgt, das die faktische Existenz eines positiven Programms als Kontrastfolie voraussetzt. Aus diesem Grund bestimmt der antike Meisterskeptiker Sextus Empiricus die »Tätigkeit« (ἀγωγή) des skeptischen Philosophierens auch als »das Vermögen, Erscheinendes und Gedachtes auf jede mögliche Art entgegenzusetzen (δύναμις ἀντιθετικὴ φαινομένων τε καὶ

[3] Vgl. auch Rortys Unterschied zwischen »konstruktiver« und »reaktiver« Philosophie in: *Philosophy and the Mirror of Nature.* Princeton 1979, 366–379.

νοουμένων καθ' οἱονδήποτε τρόπον)« (PH 1.8). Damit verfolgt der Skeptiker erklärtermaßen primär ein praktisches (und damit nicht mehr nur destruktives) Ziel, indem er wie die anderen hellenistischen Schulen das Heilsversprechen der »Seelenruhe« (ἀταραξία) endgültig dadurch einzulösen versucht, daß die Eudämonie nicht mehr in der Kontemplation des Ewigen gesucht wird, worin insbesondere Platon und Aristoteles sie gesehen hatten, sondern im Leben der Gemeinschaft und in ihren Bräuchen (νόμοι). Letztere können dabei prinzipiell philosophisch nicht legitimiert werden, sondern stehen (wie später bei Wittgenstein) für »das Hinzunehmende, Gegebene« (PU II, 572).

Obwohl man in unseren Zeiten manchen Philosophen (etwa Richard Rorty, Robert Fogelin oder Michael Williams) attestieren könnte, Positionen zu vertreten, die sich zumindest in ihren Theoriekonstruktionen bewußt in die Nachfolge des antiken Skeptizismus stellen, vertritt zumindest keiner der genannten Autoren ernsthaft ein skeptisches Heilsversprechen. Ein allerdings ungleich wichtigerer und markanter Unterschied zwischen dem antiken Skeptizismus und der zeitgenössischen Skeptizismus-Debatte, die v.a. in der analytischen Erkenntnistheorie ausgetragen wird, liegt darin, daß der Skeptizismus seit Descartes eine systematische Funktion in der Erkenntnistheorie übernommen hat. Seit Descartes ist es Usus, den Skeptizismus in die Motivation der Erkenntnistheorie einzubeziehen, was Descartes zur Einführung eines konstruktiven Skeptizismus geführt hat, wobei ich unter »Motivation« einer Theorie im allgemeinen eine Menge von Überlegungen verstehe, welche die Durchführung der Theorie zur Folge haben, ohne bereits aus den (noch nicht etablierten) Reserven der Theorie begründet werden zu können. *Motivation* ist demnach eine theoriebedingende Operation, während *Begründung*, d.h. das Geben von Gründen, bereits theoriebedingt ist.

Descartes hat auf eine für die neuzeitliche Erkenntnistheorie maßgebliche Weise einen rein methodischen Gebrauch vom Skeptizismus gemacht. Dadurch wurde er u.a. zum Wegbereiter dessen, was ich im folgenden in Anlehnung an Dietmar Heidemann als *integrativen Antiskeptizismus* bezeichnen werde.[4] Darunter verstehe ich jede antiskeptische Strategie, die den Skeptizismus als *Intelligibili-*

[4] Vgl. Heidemann, D. H.: *Der Begriff des Skeptizismus. Seine systematischen Formen, die pyrrhonische Skepsis und Hegels Herausforderung.* Berlin/New York 2007.

tätsbedingung der erkenntnistheoretischen Grundfrage betrachtet, was Wissen bzw. Erkenntnis ist. Der integrative Antiskeptizismus geht davon aus, daß das Projekt der neuzeitlichen Erkenntnistheorie überhaupt nur verständlich (intelligibel) gemacht, d.h. motiviert werden kann, wenn man mit dem Problem des Cartesischen Skeptizismus konfrontiert wird. Unter *Cartesischem Skeptizismus* verstehe ich dabei im folgenden die Formulierung skeptischer Szenarien, die potentiell einen hyperbolischen Zweifel zur Folge haben, indem sie zeigen, daß die Welt im ganzen anders sein könnte, als sie uns zu sein scheint, so daß die meisten oder gar alle unserer Überzeugungen darüber, wie die Welt ist, falsch wären.[5] Gemeint ist damit also nicht Descartes' eigene egologische bzw. theologische antiskeptische Strategie, die versucht, die skeptischen Szenarien als Kontrastfolie für ihr konstruktives Programm zu verwenden.

Der Cartesische Skeptizismus ist eine Theoriebedingung der neuzeitlichen Erkenntnistheorie. Ein integrativer Antiskeptizismus integriert den Skeptizismus in dem Sinne in das Projekt der Erkenntnistheorie, daß der Skeptizismus die Dimension der erkenntnistheoretischen Grundfrage allererst dadurch eröffnet, indem er die mögliche Unmöglichkeit von Wissen bzw. Erkenntnis inszeniert. Diese Inszenierung dient allerdings nur dazu, um daraufhin das Wissen gegen seine Unmöglichkeit in Schutz zu nehmen und den Skeptizismus zu überwinden. Das Problem des Cartesischen Skeptizismus wird auf diese Weise in der Form eines methodischen Skeptizismus überwunden, der in der Konfrontation mit der möglichen Unmöglichkeit des Wissens entsteht und Klarheit darüber schafft, wie Wissen möglich ist. Die Möglichkeit des Wissens wird demnach genau dadurch verständlich gemacht, daß seine Unmöglichkeit inszeniert wird.[6]

Diese antiskeptische Strategie erlaubt, die Theoriebedingungen der Erkenntnistheorie zu reflektieren, indem sie von vornherein davon ausgeht, daß der Cartesische Skeptizismus eine Intelligibilitätsbedingung ihrer selbst ist. Der integrative Antiskeptizismus führt auf diese Weise zu der Einsicht, daß die Erkenntnistheorie eine Theo-

---

[5] Einen ähnlichen Begriff des Cartesischen (im Unterschied zum Pyrrhonischen) Skeptizismus entwickelt Robert Fogelin in: »The Skeptics Are Coming! The Skeptics Are Coming!«, in: Sinnott-Armstrong, W. (Hrsg.): *Pyrrhonian Skepticism*. Oxford 2004, 161–173, hier: 165.

[6] Die Strategie eines solchen integrativen Antiskeptizismus verfolgt neuerdings auch Kern, A.: *Quellen des Wissens. Zum Begriff vernünftiger Erkenntnisfähigkeiten*. Frankfurt/Main 2006.

rie zweiter Ordnung ist, in der die Möglichkeitsbedingungen der Erkenntnis erster Ordnung thematisiert werden. Die Erkenntnistheorie beansprucht demnach, eine reflexive Einsicht in die Struktur des Wissens und *eo ipso* selbst Wissen, und zwar Wissen zweiter Ordnung zu sein. Der Inhalt dieses Wissens zweiter Ordnung ist das Wissen erster Ordnung, dessen Inhalt im Falle des empirischen Wissens alles dasjenige ist, was unabhängig davon der Fall ist, daß es gewußt wird. Das empirische Wissen selbst wird dabei nicht notwendig von einer Erkenntnistheorie flankiert, weil man vieles wissen kann, ohne darüber hinaus zu wissen, wie es möglich ist, überhaupt etwas zu wissen. Die Erkenntnistheorie muß deswegen motiviert werden. Das bedeutet, daß es Bedingungen ihrer Einführung gibt, die identisch mit den Bedingungen der Reflexion des Wissens erster Ordnung auf sich sind. Die Umstellung von einer Theorie erster Ordnung auf eine Theorie zweiter Ordnung, d. h. die Operation der Reflexion, muß stets motiviert werden, da Wissen primär intentional und demnach an Gegenständen orientiert ist, die es nicht notwendig *als* Gegenstände eines Wissens und damit in Relation auf das Wissen thematisieren muß. Wenn ich weiß, daß ein Glas vor mir steht, so weiß ich nicht schon *ipso facto*, daß ich weiß, daß ein Glas vor mir steht. Dazu bedarf es einer anderen theoretischen Einstellung.

Die Unterscheidung von Wissensebenen wird nur *in der* und nur *für die* Erkenntnistheorie getroffen. Die Reflexion auf die Struktur des Wissens gehört nicht konstitutiv zum Wissen erster Ordnung. Unser gewöhnliches Wissen erster Ordnung setzt vielmehr sogar die Abwesenheit der erkenntnistheoretischen Reflexion voraus, was Myles Burnyeat unter dem Stichwort »Isolierung« untersucht hat.[7] Die Skeptizismus-Debatte der letzten Jahrzehnte zeigt nun deutlich, daß der Skeptizismus zu den Theoriebedingungen der erkenntnistheoretischen Reflexion gerechnet werden muß. Daraus folgt allerdings nicht unmittelbar, daß skeptische Thesen (sei es lokaler Art über eine bestimmte Form des Wissens, sei es globaler Art über Wissen überhaupt) vertreten werden müssen.[8] Eine Erkenntnistheorie, die sich selbst reflexiv als integrativen Antiskeptizismus mo-

---

[7] Vgl. Burnyeat, M.: »The Sceptic in His Place and Time«, in: Burnyeat, M. F./Frede, M. (Hrsg.): *The Original Sceptics: A Controversy.* Indianapolis 1997, 92–126.

[8] So auch Grundmann/Stüber in: Grundmann, T./Stüber, K.: *Philosophie der Skepsis.* Paderborn 1996, 10. Grundmann/Stüber gehen sogar soweit, alle Erkenntnistheorie als solche als »Philosophie der Skepsis« (ebd.) zu verstehen.

tiviert, muß nicht notwendig skeptische Konsequenzen haben. Dennoch kann nicht *a priori* ausgeschlossen werden, daß der methodische Skeptizismus selbst zu Einsichten in Grenzen des Wissens führt, welche das Wissen erster Ordnung ohne ausweisbare Berechtigung bisweilen überschreitet. Sollte sich herausstellen, daß einiges oder gar alles Wissen erster Ordnung Grenzen des Wissens überschreitet, die in der erkenntnistheoretischen Metatheorie reflexiv thematisiert werden, ist die Metatheorie zu Konklusionen berechtigt, die dem Wissen erster Ordnung als skeptisch erscheinen.

Im folgenden wird es zunächst darum gehen, zwei Formen des Skeptizismus prinzipiell zu unterscheiden, nämlich (1) den *negativen Dogmatismus* und (2) den *methodischen Skeptizismus.* Zum Zweck einer ersten intuitiven Annäherung an diese Unterscheidung kann man sagen, daß der *negative Dogmatismus* in der These besteht, daß wir zur *Behauptung* von Aussagen einer bestimmten Klasse und damit zu einer Menge von Wissensansprüchen nicht berechtigt sein können.[9] Der negative Dogmatismus stellt eine Behauptung dahingehend auf, daß man irgendeine Menge von Wissensansprüchen nicht vertreten kann. Er versucht also systematisch zu zeigen, daß man bestimmte Dinge nicht wissen kann und ist eben darin nur negativ. Negativ-dogmatische Aussagen haben demnach stets die Form, daß man weiß, daß man von einigen X nichts wissen kann. Der *methodische Skeptizismus* hingegen führt die mögliche Unmöglichkeit einer definiten Menge von Wissensansprüchen ein, die wir gar nicht aufgeben können, ohne damit bereits alles Wissen aufzugeben. Der methodische Skeptizismus stellt also keine optionale Klasse

[9] Der Terminus stammt aus der Forschungsliteratur zum Pyrrhonischen Skeptizismus. Sextus Empiricus selbst unterscheidet drei Formen der Einstellung zur Erkenntnissuche: 1. Dogmatismus, 2. Akademische Skepsis (negativer Dogmatismus) und 3. (Pyrrhonischer) Skeptizismus. Der Dogmatiker beansprucht, aktuelle Erkenntnis erworben zu haben (εὕρεσις), während der negative Dogmatiker die Erkenntnis beansprucht, daß die Erkenntnis, die der Dogmatiker erworben zu haben beansprucht, unmöglich erworben werden kann (ἄρνησις εὑρέσεως / ἀκαταληψίας ὁμολογία). Der eigentliche (Pyrrhonische) Skeptiker hingegen verlängert lediglich die Suche *in indefinitum* (ἐπιμονὴ ζητήσεως), indem er jede gegebene (scheinbare) Erkenntnis in eine Reihe von Aporien verstrickt, die dazu zwingen, zu einer weiteren Erkenntnis fortzuschreiten, die dann wiederum in Aporien verstrickt wird (vgl. PH 1.1–4). Der Pyrrhonische Skeptiker beansprucht auf diese Weise nicht zu wissen, daß wir irgendetwas Bestimmtes oder gar alles nicht wissen können (insofern ist er undogmatisch), sondern erreicht seinen Zweck durch eine unablässig wiederholte Prozedur der Infragestellung dogmatischer (substantiell) philosophischer Ansprüche.

von Überzeugungen in Frage, die wir haben, aber auch nicht haben könnten, sondern attackiert die Grundlagen der Überzeugungsbildung. Der methodische Skeptizismus geht daher so weit, daß er nicht dogmatisch behauptet werden kann, ohne verheerende Revisionen unseres epistemischen Selbstverständnisses nach sich zu ziehen.

Wird dieser Einsicht in die Funktion des methodischen Skeptizismus für die eigene Theoriekonstruktion Rechnung getragen, spreche ich von *integrativem Antiskeptizismus.* Dieser versucht mithin weder, den methodischen Skeptizismus direkt zu widerlegen noch akzeptiert er in beschränkter Weise lokale skeptische Konklusionen wie der negative Dogmatismus. Der methodische Skeptizismus fungiert nicht immer schon als integrativer Antiskeptizismus. Dazu bedarf es nämlich der methodologischen Einsicht, daß das Projekt der Erkenntnistheorie als solches nur durch einen methodischen Skeptizismus motiviert werden kann, den man daher in die Theoriekonstruktion integrieren muß. Der methodische Skeptizismus kann demnach prinzipiell nicht eliminiert werden, ohne daß sich die erkenntnistheoretische Reflexion selbst mit aufhebt. Der negative Dogmatismus führt im Unterschied zum methodischen Skeptizismus zu einem theoretischen Resultat, das er durch Argumente begründet. Er verpflichtet dabei auf Konklusionen dahingehend, daß man eine Klasse von Wissensansprüchen, zu der man sich zumeist und zunächst berechtigt glaubte, nicht mehr vorbehaltlos behaupten kann. Der methodische Skeptizismus hingegen besteht aus Paradoxa, d. h. aus Argumenten mit anscheinend akzeptablen Prämissen, anscheinend akzeptablen Schlußregeln und einer offenkundig unhaltbaren Konklusion. Paradoxa bilden eine besondere Klasse von Argumenten. Denn obwohl sie allen Bedingungen der Rationalität gerecht werden und meistens sogar am Rande der äußersten reflexiven Möglichkeiten auftreten, können wir ihre Konklusionen aus verschiedenen Gründen nicht akzeptieren, so daß wir uns gemeinhin dazu verpflichtet sehen, Paradoxa aufzulösen. *Argumente* dienen gemeinhin dazu, uns von einer Konklusion zu überzeugen. *Paradoxa* hingegen haben Konklusionen, von denen wir uns nicht überzeugen lassen können bzw. von denen wir uns nur im Notfall überzeugen lassen sollten. Die Zenonischen Bewegungsparadoxien etwa sind Paradoxa, da sie uns nicht davon überzeugen können bzw. uns nur im Notfall davon überzeugen sollten, daß sich nichts bewegt. Denn schließlich ist es offenkundig, daß sich einiges bewegt. Paradoxa müssen daher aufgelöst werden, indem wir die Frage stellen, welche Eigenschaften der in ihnen verwendeten Begriffe oder Schlußregeln aufgegeben werden können.

Der negative Dogmatismus behauptet etwa, daß wir nichts über Gott wissen können, weil die Möglichkeitsbedingungen unseres Wissens inkompatibel mit positivem theologischen Wissen seien. Alle positiven theologischen Wissensansprüche werden auf diese Weise in Frage gestellt, was sogar konkrete institutionelle Reformen nötig machen könnte. Dennoch ist der negative Dogmatismus kein Paradoxon, da es Wege der Reflexion gibt, die uns von einem negativen Dogmatismus überzeugen können. Der methodische Skeptizismus hingegen belehrt uns über die Endlichkeit des Wissens, indem er bspw. aufzeigt, daß wir keinen reflexiven Zugriff auf die Menge aller Bedingungen des Wissens haben, so daß alles Wissen stets darauf angewiesen ist, daß Bedingungen erfüllt sind, die nicht in unserer Hand sind. Er zeigt dies auf, indem er darauf hinweist, daß wir skeptische Szenarien, wie Gehirne im Tank oder überprüfbare empirische Möglichkeiten wie Verschwörungen nicht ausschließen können, da es eine unendlich große Menge skeptischer Szenarien gibt, die wir nicht alle ausschließen können, um auf diese Weise zu garantieren, daß wir tatsächlich etwas wissen. Daraus kann man aber nicht darauf schließen, daß wir überhaupt kein empirisches Wissen haben. Auf diese Weise führte nämlich die Theoriebedingung der Erkenntnistheorie unmittelbar zur Aufhebung ihrer selbst, indem sie alle Gegenstände der Erkenntnistheorie, d. h. alles Wissens erster Ordnung *in toto*, zunichte machte. Der methodische Skeptizismus formuliert Paradoxa, d. h. Argumente mit unhaltbaren Konklusionen, die genau deshalb unter den reflexiven Bedingungen der Erkenntnistheorie unhaltbar sind, weil sie die Erkenntnistheorie aufheben. Das Problem ist also nicht, wie man *prima vista* meinen könnte, daß der methodische Skeptizismus unser Wissen erster Ordnung bedroht, indem er die Frage stellt, ob wir überhaupt etwas wissen können. Das Problem ist vielmehr, daß die Aufhebung des Wissens erster Ordnung zur Aufhebung der Erkenntnistheorie führt, die wir als die Reflexionstheorie des Wissens erster Ordnung eingeführt haben. Die Erkenntnistheorie höbe sich selbst auf, wenn sie zum Resultat hätte, daß es kein Wissen erster Ordnung geben kann, wenn dieses Resultat aus der Intelligibilitätsbedingung der erkenntnistheoretischen Grundfrage folgte. Die Erkenntnistheorie ließe sich auf diese Weise gar nicht mehr motivieren, so daß auch ihr Resultat, die Unmöglichkeit des Wissens erster Ordnung, unmotiviert und mithin hinfällig wäre.

Der methodische Skeptizismus kann daher nicht in der Form skeptischer Thesen über Erkenntnis formuliert werden, weil damit gegen die Auflage seiner methodischen Funktion in der Motivation der Erkenntnistheorie verstoßen würde.

Was auch immer »Skeptizismus« jeweils meint und welche Formen des Skeptizismus man sinnvollerweise unterscheiden sollte: Fest steht, daß Skeptizismus stets nur unter den Bedingungen einer ausgefeilten argumentativen philosophischen Kultur Fuß fassen kann, auf die er mit denselben argumentativen Maßstäben Bezug nimmt, die ihm von der Philosophie seiner Zeit vorgegeben werden. Skeptizismus ist daher ein Problem, das sich erst dort stellt, wo ein Bereich der diskursiven Rationalität oder diese selbst an eine Grenze der Reflexion geführt wird, die so weit von unseren alltäglichen diskursiven Praktiken entfernt liegt, daß diese selbst durch die Zweifel bedroht werden, die sich ergeben, wenn man sich aus den alltäglichen Fremd- und Selbstzuschreibungen von Wissen oder Erkenntnis zurückzieht. Skeptizismus stellt also ebenso wie jede konstruktive Philosophie ein elaboriertes Reflexionsprodukt dar, das man nicht motivieren kann, ohne eine Reihe von Argumenten durchzugehen, die weit ab vom Gewöhnlichen liegen.[10]

Skeptizismus ist also ein philosophisches und kein natürliches Problem. D.h. er entsteht nur unter der Bedingung einer fortgeschrittenen philosophischen Reflexion, deren Resultate entweder unsere natürliche Welteinstellung oder unsere philosophische und wissenschaftliche Welterkenntnis systematisch gefährden. Deswegen hat man immer wieder, am prominentesten natürlich Hume, Philosophie und Natur entgegengesetzt, wobei die Philosophie die Eigenschaft haben sollte, uns in skeptische Reflexionen zu verstricken, die

---

[10] Vgl. Kersting, W.: »Plädoyer für einen nüchternen Universalismus«, in: *Information Philosophie* 1 (2001), 8–22, hier 8f.: »Wo Geltungsansprüche erhoben werden, meldet sich auch der Skeptiker zu Wort. Ihn muss widerlegen, wer die Berechtigung seines Anspruchs nachweisen will. *Am systematischen Anfang aller Philosophie steht daher die Skeptikerwiderlegung.* Das gilt nicht nur für die praktische Philosophie, das gilt auch für die theoretische Philosophie. [...] Der Skeptiker ist eine philosophische Kopfgeburt. Er führt eine reine Schreibtischexistenz; darum trifft man ihn auch nicht in der Wirklichkeit. Hier würde er nicht überleben können. [...] Wir reagieren auf den mit seinem Objektivitätszweifel herumfuchtelnden Skeptiker mit lebensweltlichem Achselzucken. [...] Der spekulative Skeptizismus ist also akademisch und harmlos. Er produziert allenfalls ein nützliches innerphilosophisches Rumoren, das zu begründungstheoretischer Selbstreflexion Anlass gibt und zur Klärung der inneren Architektonik von Überzeugungssystemen führt [...]«.

wir im alltäglichen Leben nicht beim Wort nehmen können. Die Natur selbst und die Notwendigkeit zu handeln (und sich somit *in actu* für eine gewisse Deutung der gegebenen Situation zu entscheiden, die philosophisch nicht gerechtfertigt werden kann), nötigt uns Hume zufolge deshalb Urteile ab, die wir unter den *prima facie* praktisch irrelevanten Bedingungen einer rein theoretischen Reflexion nicht rechtfertigen können.[11] Während der *Philosoph* Hume bekanntlich die objektive Geltung kausaler Urteile bezweifelte, indem er sie auf einen *a priori* nicht zu rechtfertigenden Induktionsschluß zurückführte, konnte sich der *Alltagsmensch* Hume darauf verlassen, daß das Gewöhnliche die Stimmen seines Zweifels zum Schweigen bringen werde. Viele klassische Skeptiker arbeiten mit diesem Unterschied von *Natur* und *Reflexion*.

Das philosophische Problem des Skeptizismus wird gemeinhin von einer natürlichen skeptischen Einstellung unterschieden. Wer skeptisch ist, daß eine neue Regierung die alten Probleme wirklich lösen kann, obwohl sie es scheinbar aufrichtig verspricht, ist noch kein Verfechter eines Skeptizismus. Der alltägliche Gebrauch des Prädikats »skeptisch« ist eine reduzierte Form des erkenntnistheoretischen Prädikats »skeptisch«.[12] Gleichwohl sollte man den Ton von Kritikfähigkeit, der im Alltagsprädikat anklingt, nicht voreilig überhören. Denn er zeigt an, daß wir ohne »skeptisch« zu sein, Gefahr laufen, blind in etwas scheinbar Natürliches einzuwilligen, das einer mehr oder weniger anspruchsvollen Reflexion aber nicht standhalten kann. Das griechische Verb σκέπτομαι bedeutet eigentlich

---

[11] Der *locus classicus* für Humes Naturalismus ist sein *Treatise of Human Nature*, v. a. Part 4, sect. 1. Ein neuerer Vertreter der These, daß jeder Form von Skeptizismus ein unnatürlicher Zweifel zugrunde liege, was die Schwäche des Skeptizismus sein soll, ist Michael Williams (vgl. insbesondere Williams: *Unnatural Doubts*). Ob man darin eine Schwäche oder Stärke des Skeptizismus sehen sollte, kann hier noch nicht als ausgemacht gelten. Vgl. dazu unten, § 14.

[12] So etwa auch Kersting, W.: »Plädoyer für einen nüchternen Universalismus«, 8: »Denn der Skeptiker gibt sich ja nicht mit Einzelbestreitungen ab; jemand, der meine Behauptung, dass ich heute vormittag auf dem Frankfurter Flughafen den amerikanischen Präsidenten gesehen habe, bezweifelte, wäre noch lange kein philosophischer Skeptiker. Zu einem philosophie-erheblichen Skeptiker würde er erst dann, wenn er das bezweifelte, was wir gelegentlich ungläubigen Lebensweltbewohner grundsätzlich nicht bezweifeln, nämlich die Gültigkeit der allen Einzelbehauptungen und Einzelbestreitungen durchgängig unterliegenden Annahmen, z. B. der Annahme der Existenz einer bewusstseinsunabhängigen Außenwelt.« Vgl. auch James Conants Unterscheidung von »hard-headed costumer« und »Skeptiker« in: »Varieties of Scepticism«, in: McManus, D.: *Wittgenstein and Scepticism*. London 2004, 97–135, bes. 132 f.

»genau hinsehen«, was Sextus der dogmatischen »Voreiligkeit (προπέτεια)« entgegensetzt (vgl. etwa PH 1.20, 177, 186, 212 u. ö.). Skeptizismus darf somit nicht mit der pathologischen Haltung der *Zweifelsucht* verwechselt werden, die bspw. Karl Jaspers in seiner *Allgemeinen Psychopathologie* untersucht hat.[13]

Setzt man nun konstruktive und destruktive philosophische Programme in einer traditionellen Terminologie entgegen, ist der Dualismus, auf den man stößt, der klassische Gegensatz von *Dogmatismus* und *Skeptizismus:* Während der Dogmatismus ein philosophisches Aussagensystem mit konstruktiv theoretischer Absicht verkörpert, ist der Skeptizismus sein destruktiver Widerpart. Ein Blick in die Geschichte der Philosophie zeigt, daß die jeweils relevante Variante von Skeptizismus von der jeweils herrschenden Variante von Dogmatismus abhängt. Der Skeptizismus produziert aus diesem Grunde seiner Absicht nach keine eigenständigen theoretischen Gehalte, was insbesondere Hegel hervorgehoben hat, sondern ist »parasitär« gegenüber einem gegebenen philosophischen System.[14] Der Inhalt der skeptischen Aussagen hängt aus diesem Grund jederzeit vom Inhalt dogmatischer Aussagen ab. Die Opposition von Dogmatismus und Skeptizismus gilt freilich nur, wenn man den methodischen Skeptizismus nicht integriert, da dieser kein Skeptizismus mehr im traditionellen Sinne ist, den man vertreten oder gar leben könnte. Der Skeptizismus, der sich dem Dogmatismus entgegensetzt, entspricht eher dem negativen Dogmatismus.[15]

Insofern gilt für den klassischen, d. h. nicht methodischen Skeptizismus das Hegelsche Prinzip der *bestimmten Negation.* Dieses läßt sich so zusammenfassen: Der Gehalt einer dogmatischen Position wird durch deren skeptische Negation im dialektischen Dreifachsinn »aufgehoben«: (1) Die skeptische Negation *importiert* den dogmatischen Inhalt in ihre eigene Reflexion, (2) in der sie ihn zu

---

[13] Vgl. Jaspers, K.: *Allgemeine Psychopathologie.* Berlin ^{4}1946, 112. Den Hinweis auf Jaspers verdanke ich Cohen, A.: »Sextus Empiricus: Classical Scepticism as a Therapy«, in: *The Philosophical Forum* 15/4 (1984), 405–424, hier: 405 f.

[14] Der Skeptizismus »übt seine Dialektik aus nach Zufälligkeit, – wie ihm der Stoff, der Inhalt gerade vorkommt, zeigt er auf, daß er in sich das Negative sei.« (TWA, 19, 350)

[15] Freilich gibt es in der Geschichte der Philosophie nicht nur Dogmatismus und Skeptizismus alias negativer Dogmatismus, sondern auch noch den Pyrrhonischen Skeptizismus, der eine bestimmte Lebensform propagiert, die nicht darin aufgeht, ein erkenntnistheoretisches Problem zu formulieren. Vgl. dazu im Überblick Gabriel: *Antike und moderne Skepsis;* ders.: Skeptizismus und Idealismus in der Antike. Frankfurt/Main 2009.

vernichten sucht. Dadurch lädt sie (3) zu einer dogmatischen Reaktion ein, die den ursprünglichen dogmatischen Inhalt *sublimiert* oder *argumentativ bereichert*. Auf diese Weise entsteht ein dialektisches »Ping-Pong-Spiel«, das Hegel polemisch als »ein Gezänke eigensinniger Jungen« gebrandmarkt hat, »deren einer A sagt, wenn der andere B, und wieder B, wenn der andere A, und die sich durch den Widerspruch *mit sich selbst* die Freude erkaufen, *miteinander* im Widerspruche zu bleiben.« (TWA, 3, 162 f.)

Der Skeptizismus *in genere* macht traditionell auf Paradoxa und Widersprüche aufmerksam, die dem Dogmatismus potentiell eingeschrieben sind. Dadurch lädt er zu einem neuen Dogmatismus ein, der die Schwächen des ursprünglichen Dogmatismus wettmachen soll. Der Skeptizismus hätte in diesem Kontext erst dann das letzte Wort, wenn er eine unauflösbare Paradoxie ausfindig machen könnte, in die jeder einwilligt, der überhaupt ein dogmatisches Unternehmen in Angriff nimmt. Der Dogmatismus hingegen gewönne, wenn er den Skeptizismus endgültig ausräumen könnte, indem er die Notwendigkeit des Dogmatismus dargetan hätte. Doch solange Dogmatismus und Skeptizismus dialektische Gegner sind, die sich wechselseitig ausschließen und bedrohen, wird der Skeptizismus stets nach neuen und immer fundamentaleren Paradoxien Ausschau halten können, während der Dogmatismus nach immer scharfsinnigeren Widerlegungen des Skeptizismus suchen wird.

Vielleicht ist nun der skizzierte Widerstreit von Dogmatismus und Skeptizismus selbst das Problem, das es zu lösen gilt. Es könnte sein, daß es gerade nicht gilt, jeweils einseitig nur den Skeptizismus immer weiter Dogmatismus-zersetzend zu raffinieren oder den Dogmatismus Skeptizismus-resistenter zu machen, sondern stattdessen, diese Einseitigkeiten zu beheben. Wenn sich dafür gute Gründe ausfindig machen ließen, dann lautete das Gebot, ein Theorieprojekt zu entwerfen, das den Skeptizismus in den Dogmatismus integriert. Aus genau dieser Operation ist der methodische Skeptizismus hervorgegangen, der eine theoriebedingende Funktion in der zeitgenössischen Erkenntnistheorie spielt. Es wundert infolge dessen nicht, daß es konstruktive Theorieprojekte gibt, die den destruktiven Impetus des Skeptizismus abfedern und in die Konstruktion der eigenen Aussagensysteme einbauen. Sie konzedieren dem Skeptiker also seine negativen Absichten, sehen in diesen aber gar keine Bedrohung, sondern lediglich eine Belehrung über die Theoriebedingungen der Erkenntnistheorie. Was der Skeptiker sagt, ist für diese Projekte durchaus richtig, aber nicht beunruhigend, da es eine bestenfalls adäquate Beschreibung unserer wirklichen epistemischen Position darstellt.[16]

Obwohl allein der methodische Skeptizismus in die Motivation der Erkenntnistheorie eingebaut ist, ist der negative Dogmatismus eine wichtige Form des Skeptizismus, indem er mit theoretischen Argumenten zu zeigen versucht, daß wir einiges bzw. alles, was wir zu wissen beanspruchen, nicht wissen, da wir es nicht wissen *können*. Auf diese Weise provoziert er nämlich eine dogmatische Reaktion und klärt damit über die Spielregeln des zu überwindenden Dualismus von Dogmatismus und Skeptizismus auf. Negativ-dogmatisch sind nun alle Analysen unserer Erkenntnisfähigkeit, die zu zeigen beabsichtigen, daß wir prinzipiell nicht wissen *können*, was wir zu wissen glauben. In der Beschäftigung mit dem negativen Dogmatismus können wir als Agenten eines Theorieprojekts, das den Skeptizismus in den Dogmatismus zu integrieren sucht, lernen, worauf uns die Annahme eigentlich festlegt, daß wir über Wissen erster Ordnung verfügen.

Der negative Dogmatismus ist eine Variante des Skeptizismus, insofern er eine bestimmte Klasse von Aussagen als falsch erweist und daher negiert und durch bessere Aussagen ersetzen will, wobei er zu beweisen beabsichtigt, daß ein bestimmtes Aussagensystem widersinnig ist, da die Erkenntnisansprüche, die mit ihm verbunden werden, gar nicht eingelöst werden *können*. Es geht also nicht darum zu zeigen, daß sie faktisch nicht eingelöst werden, weil sie etwa unzureichend begründet sind, sondern darum nachzuweisen, daß es prinzipiell gar keinen Weg gibt, sie faktisch einzulösen. So ist der negative Dogmatismus eine *revisionäre* These, die uns dazu bewegen will, über ein gegebenes Verfahren der Erkenntnisoptimierung anders nachzudenken als bisher, da unsere bisherige Betrachtung dieses Verfahrens sich eines massiven systematischen Fehlers schuldig mache, den der negative Dogmatismus aufdecken und durch eine korrigierte epistemische Praxis ersetzen will.

Skeptizismus im Sinne eines negativen Dogmatismus muß man demnach vom *Nihilismus* unterscheiden. Während der negative Dogmatismus beansprucht, für ein gegebenes Aussagensystem zu zeigen, daß es auf einem systematischen Irrtum beruhe, behauptet

[16] Diese Strategien bezeichnet Andrea Kern zutreffend als »Positionen der Ermäßigung«, indem sie dem methodischen Skeptizismus Konzessionen machen. Vgl. Kern: *Quellen des Wissens*, 88 f., 109 ff. u. passim.

der Nihilismus, daß keine Aussage in einem bestimmten Aussagensystem wahr sei, da es nichts gebe, was sie wahr machen könnte, obwohl dies nicht *a priori* ausgeschlossen werden kann.

Man kann die allgemeine Form des negativen Dogmatismus von der allgemeinen Form des Nihilismus folgendermaßen unterscheiden:

a) Negativer Dogmatismus: Genaues Hinsehen zeigt, daß ein Aussagensystem auf die Existenz von X verpflichtet ist, wobei es entweder undenkbar ist, daß es X gibt (hierbei kann für X auch ein Wissensbegriff eingesetzt werden), oder indem es unmöglich ist, irgendeine Berechtigung für die Existenz von X zu erwerben.

b) Nihilismus: Genaues Hinsehen zeigt, daß es zwar denkbar ist, daß es X gibt (wobei für X auch ein Wissensbegriff eingesetzt werden kann), daß es aber de facto *bisher kein X gibt oder gab, und daß es unwahrscheinlich ist, daß es jemals X geben wird, wobei dies nicht* a priori *ausgeschlossen werden kann.*

Argumente der Form (a) haben zur Folge, daß sich der negative Dogmatismus von den Argumenten des Nihilismus dadurch abgrenzt, daß dieser immerhin noch die Regeln eines gegebenen Aussagensystems akzeptiert und innerhalb des Aussagensystems Korrekturen vornehmen kann. Wer eine These der Form (b) behauptet, akzeptiert die Regeln eines Aussagensystems und versucht, ihm sein *faktisches* Scheitern nachzuweisen. Eine These der Form (b) vertreten bspw. alle, die glauben, daß es *de facto* weder Hexen gibt noch gab und daß es unwahrscheinlich oder faktisch (etwa aufgrund gewisser Naturgesetze) in unserer Welt unmöglich ist, daß es Hexen geben wird, obwohl nicht *a priori* ausgeschlossen werden kann, daß es Hexen gibt. Wer der Überzeugung ist, daß es Hexen gibt, hat demnach eine falsche Überzeugung, die er revidieren sollte, wenn er sich der Norm der Wahrheit unterstellt.

Der negative Dogmatismus hingegen versucht, das *prinzipielle* Scheitern eines Aussagensystems nachzuweisen, indem er zeigt, daß keine Berechtigung für die Annahme der Existenz des Gegenstandsbereichs erworben werden kann, über den das Aussagensystem quantifiziert. In diesem Sinne argumentiert Kant prinzipiell dafür, daß die rationale Psychologie gegenstandslos ist. Seine Argumente sollen hierbei nicht darlegen, daß es faktisch keine denkenden Substanzen gibt, denen Prädikate wie Unsterblichkeit und Immaterialität zukommen. Vielmehr zeigt er, daß die kognitiven Zugangsbedingungen zu einer solchen Substanz nicht erfüllt sein können. Die rationale Psychologie verwechsle die synthetisierende Aktivität des Urteils (die »reine Apperzeption« [KrV, B132]) mit einem epistemologisch wie ontologisch ausgezeichneten Gegenstand, einer Seelensubstanz. Kant löst das Aussagensystem der rationalen Psychologie dadurch auf, daß er eine grundlegende Distinktion zwischen der *analytischen* und der *synthetischen* Einheit der Apperzeption trifft (KrV, § 16). Alle Vorstellungen sind *qua* Vorstellungen, die jemandes Vorstellungen sind, in einem Selbstbewußtsein vereinigt. Sie sind begrifflich bestimmte Bezugnahmen auf Gegenstände, die jeweils ein Ereignis in der kognitiven Biographie eines denkenden Wesens, eines Selbstbewußtseins, ausmachen. Nun kann dieses denkende Wesen selbst nicht mit einem einzelnen Ereignis in seiner kognitiven Biographie identifiziert werden. Es ist nicht *eine* Vorstellung, die es sich von sich selbst macht, sondern die vorstellende Aktivität, die alle Vorstellungen in inferentielle Zusammenhänge bringt, wodurch sie begrifflich bestimmt werden. Daher ist die synthetische Einheit der Apperzeption, d.h. die einheitsstiftende Aktivität, selbst keine einzelne analytische Einheit, d.h. kein isoliertes, begrifflich bestimmtes Ereignis in einer kognitiven Biographie.[17] Auf diese Weise argumentiert Kant dafür, daß die Betriebsbedingungen der rationalen Psychologie prinzipiell nicht erfüllt sein können, da diese eine Seelensubstanz, also einen Gegenstand und mithin eine analytische Einheit prädikativ bestimmt. Sie nimmt eine Seelensubstanz an, um die Einheit des Bewußtseinsleben zu garantieren, und macht diese Einheit durch die Annahme einer gegenständlichen Seelensubstanz aber sogar unmöglich.

Es kann im allgemeinen kein Aussagensystem geben, das nicht durch Normen geregelt wird, die zwischen einer korrekten und einer inkorrekten Aussage innerhalb des Aussagensystems unterscheiden. Denn ein Aussagensystem, in dem jede Aussage korrekt ist, impliziert u.a. seine eigene Negation, da es dann kein Verbot gibt, das die Negation des Aussagensystems zu einem ungültigen Zug innerhalb des Aussagensystems erklärt. Gäbe es ein solches Verbot, wäre nicht *jede* Aussage innerhalb des Aussagensystems korrekt. Ein Aussagen-

[17] Vgl. KrV, B 133: »Also nur dadurch, daß ich ein Mannigfaltiges gegebener Vorstellungen *in einem Bewußtsein* verbinden kann, ist es möglich, daß ich mir die *Identität des Bewußtseins in diesen Vorstellungen* selbst vorstelle, d.i. die *analytische* Einheit der Apperzeption ist nur unter der Voraussetzung irgend einer *synthetischen* möglich.«

system besteht demnach notwendig aus erlaubten und aus verbotenen Zügen, wobei alle erlaubten Züge korrekt und alle verbotenen inkorrekt sind. Ein genuiner Diskurs setzt folglich die Möglichkeit voraus, daß eine Aussage in Frage gestellt und korrigiert werden kann.[18]

Man kann somit noch nicht von negativem Dogmatismus sprechen, wenn man lediglich zu zeigen beabsichtigt, daß ein gegebenes Aussagensystem seine Erkenntnisansprüche nicht vollständig einlöst, was soviel hieße, wie zu behaupten, daß es mindestens einige und schlimmstenfalls ausschließlich inkorrekte Aussagen enthält oder impliziert, da *alle* Aussagensysteme inkorrekte Aussagen enthalten *können* müssen, gerade weil sie normative Systeme sind. Wer zeigen kann, daß es Hexen weder gibt noch jemals gegeben hat, was der Nihilismus tut, hat damit zwar erfolgreich die Erkenntnisansprüche des einst verbreiteten und ausgesprochen elaborierten Aussagensystems über Hexen und den Umgang mit ihnen widerlegt. Dies hat aber als solches ebenso wenig mit Skeptizismus zu tun wie ein Paradigmenwechsel innerhalb einer etablierten Wissenschaft, der u. U. gleichfalls ein gesamtes Aussagensystem hinter sich läßt. Es bedarf keines Skeptizismus, um zu zeigen, daß die größte Zahl der empirischen Details der Aristotelischen Kosmologie und Biologie für unsere Naturwissenschaften irrelevant ist. Es gibt bspw. einfach keine 55 unbewegten Beweger, und Arten entstehen und vergehen nachweisbar. Wird ein Aussagensystem ernsthaft *ad acta* gelegt, dann nicht, weil man glaubt, daß skeptische Argumente *a priori* (d. h. ohne Modifikation unseres empirischen Informationsstands) demonstrieren können, daß es letztlich auf einer grundlosen Annahme beruht, die durch eine skeptische Alternative herausgefordert werden kann. Die Verabschiedung eines Aussagensystems ist vielmehr auf eine *Irrtums-Theorie* verpflichtet, der zufolge das gesamte Aussagensystem eines *faktischen* Irrtums angeklagt werden kann, da es nichts von der Art gibt oder jemals gegeben hat, das es wahr oder falsch machen könnte. Eine Irrtums-Theorie ist eine Theorie, die einem Aussagensystem attestiert, auf einem Irrtum darüber zu beruhen, worüber es

[18] Ich glaube, daß es eine der Implikationen von Wittgensteins Privatsprachenargument ist, daß eine private Empfindungssprache gar keine Aussagen enthalten kann, da in ihr nicht zwischen einer korrekten und einer inkorrekten Aussage unterschieden werden kann. Wenn alles korrekt ist, ist nichts korrekt (vgl. PU § 258). Ohne den Unterschied zwischen erlaubten und verbotenen Zügen, d. h. ohne Normativität, kann kein Aussagensystem stabil etabliert werden. Vgl. dazu ausführlich u. § 9.

eigentlich spricht.[19] Es gab niemals 55 unbewegte Beweger, die Gegenstand einer wahrheitsfähigen Theorie sein konnten. Jeder, der 55 unbewegte Beweger annimmt, macht sich eines einklagbaren Irrtums schuldig. Diese Einsicht ist aber nicht das Resultat eines skeptischen Gedankengangs, der behauptet, die Überzeugung, daß es 55 unbewegte Beweger gibt, könne prinzipiell nicht gerechtfertigt werden, weil die Überzeugungsbildung selbst und damit die fundamentalen Regeln des Aussagensystems nicht berechtigt sind. Es hätte 55 unbewegte Beweger geben können, es gab sie aber nicht, wie wir bereits angesichts minimaler Informationen über Astronomie wissen, die heutzutage jedem leicht zugänglich sind.

Sobald man hinreichend über die Gründe informiert worden ist, die zur Verabschiedung der Annahme von 55 unbewegten Bewegern geführt haben, kann man nicht mehr ernsthaft kontern und die Annahme verteidigen, was im Falle einer skeptischen Bedrohung die natürliche Reaktion wäre.[20] Die Annahme von 55 unbewegten Bewe-

---

[19] Der für die zeitgenössische Diskussion um Relativismus und Kontextualismus zentrale Terminus Irrtums-Theorie *(error-theory)* ist von J. L. Mackie eingeführt worden. Mackie vertritt eine lokale Irrtums-Theorie, der zufolge alle moralischen Urteile falsch sind, indem sie zwar Urteile über etwas zu sein scheinen (objektive Werte), es (zumindest für Mackie) aber unmöglich ist, eine Welt zu denken, in deren Struktur *(fabric)* objektive Werte eingebaut sind, die wir mit moralischen Urteilen erfassen. »[T]he denial of objective values will have to be put forward not as the result of an analytic approach, but as an »error-theory«, a theory that although most people in making moral judgments implicitly claim, among other things, to be pointing to something objectively prescriptive, these claims are all false.« (Mackie, J. L.: *Ethics. Inventing Right and Wrong.* Harmondsworth 1977, 35) Der Terminus Irrtums-Theorie ist in der gegenwärtigen Debatte schillernd, indem die einen darunter die *ontologische* These verstehen, daß es irgendetwas nicht gibt oder niemals gegeben hat, wovon ein bestimmtes Aussagensystem handelt, während die anderen darunter die *semantische* These verstehen, daß ein bestimmtes Aussagensystem aufgrund seiner Oberflächengrammatik dazu verleitet, mit einer Klasse von monadischen Objekten zu rechnen, obwohl es in Wahrheit nur eine Klasse polyadischer Objekte gibt. Ein Beispiel für die semantische These ist das Urteil »Die Sonne bewegt sich«, das dazu verleiten könnte, nach einem Objekt »Bewegung« Ausschau zu halten, das einigem zukommt und anderem abgesprochen werden muß. Genaues Hinsehen zeigt aber, daß das Urteil »Die Sonne bewegt sich« die Proposition ausdrückt, »daß die Sonne sich relativ auf einen Parameter P bewegt, der festlegt, was sich nicht bewegt«. Wo ich im folgenden den Ausdruck »Irrtums-Theorie« gebrauchen werde, verstehe ich darunter jede Theorie, die einem Aussagensystem attestiert, auf einem Irrtum darüber zu basieren, worüber es eigentlich spricht, was sowohl als eine ontologische als auch als eine semantische These ausbuchstabiert werden kann.

[20] Ein Relativist könnte hier die skeptische Überlegung anstellen, daß wir nicht wissen können, daß es nicht in der Zukunft oder für höhere Intelligenzen gute Gründe für die Annahme von 55 unbewegten Bewegern gibt, die wir bei unserem jetzigen Informati-

gern oder eines Primats der männlichen Form vor der weiblichen Materie steht bei Aristoteles freilich in einem großen systematischen Kontext, der selbst nicht dadurch obsolet wird, daß einige oder die meisten empirischen Daten offenkundig weder für noch gegen den systematischen Kontext sprechen, da sie schlicht keine genuinen Daten sind.

Ob es 55 unbewegte Beweger oder Hexen gibt, ist keine Frage, auf die eine mögliche erkenntnistheoretische Antwort gegeben werden könnte. Dennoch hat die Modifikation unseres empirischen Informationsstands sowie die Substitution einiger unserer Hintergrundannahmen dazu geführt, daß wir nicht der Überzeugung sein können, man entspreche der Norm der Wahrheit, wenn man trotz allem 55 unbewegte Beweger, Hexen oder eine himmlische Hierarchie reiner Geistwesen annimmt. Wer nun behauptet, daß das Aussagensystem, in dem es um 55 unbewegte Beweger, Hexen usw. geht, deskriptiv leer sei, weil es nichts von dem gibt, worüber es quantifiziert, vertritt einen *lokalen Nihilismus*. Es ist zwar nicht der Fall, daß es dasjenige gibt, dessen Existenz ein lokaler Nihilismus bestreitet, aber es gibt keine Argumente *a priori* gegen die Möglichkeit der Existenz eines entsprechenden Gegenstandsbereiches. Hexen sind logisch und metaphysisch möglich, weil es einige mögliche Welten gibt, in denen es Hexen gibt, da wir verstehen, was es heißt, daß es Hexen geben könnte, aber *de facto* nicht gibt. Die Möglichkeit eines *globalen Nihilismus*, der bestreitet, daß es überhaupt irgend etwas gibt, braucht uns hier freilich nicht zu interessieren, da es lediglich um eine Bestimmung des negativen Dogmatismus *e contrario* geht.

---

onsstand nicht entdecken können. Dies bedeutet aber nicht, daß wir davor zurückschrekken sollten, daran festzuhalten, daß es keine 55 unbewegten Beweger gibt. Es ist wahrscheinlich, daß eine Zukunft unsere Gegenwart als naiv betrachten wird. Das hängt von vielen Faktoren ab, von denen wir uns vorab keinen konkreten Begriff machen können. Die bloße Denkmöglichkeit einer solchen Zukunft ist aber keine Bedrohung der Gegenwart. Unser doxastisches System kann nur von innen heraus umstrukturiert werden, so daß derjenige, der sich auf Paradigmenwechsel u. dgl. zur Begründung eines Skeptizismus beruft, niemanden überzeugen kann, der nicht aus Angst vor Wissen vor der Behauptung zurückschreckt, daß er weiß, daß es weder Hexen noch 55 unbewegte Beweger gibt.

§ 2. Kants negativer Dogmatismus

Ein negativer Dogmatismus, der wiederum lokal oder global sein kann, bestreitet im Unterschied zum Nihilismus nicht die Wirklichkeit der Inhalte, sondern die Möglichkeit eines bestimmten Aussagensystems. Er argumentiert dafür, daß es sich nicht rechtfertigen läßt, da es prinzipiell Unwißbares vertritt. Dabei stützt er sich auf eine skeptische These. Der prominenteste Vertreter einer Variante des negativen Dogmatismus in der neuzeitlichen Philosophie ist sicher Kant.[21] Kant richtet seinen negativen Dogmatismus gegen die rationale Theologie, Kosmologie und Psychologie, insofern diese beanspruchen, etwas über die Existenz und notwendigen Eigenschaften der Substanzen *Gott*, *Welt* und *Seele* wissen zu können. Kants negativer Dogmatismus stellt dabei keinen Nihilismus in dem Sinne dar, daß er die rationale Theologie, Kosmologie und Psychologie *ad acta* legen will, indem er nachweist, daß es weder Gott noch Welt oder Seele gibt, sondern versteht sich vielmehr als eine Aufklärung über die semantische Struktur der genannten Diskurse. Diese Aufklärung bedient sich ausdrücklich einer »skeptischen Methode« (KrV, B 451), indem die genannten Diskurse mit einer skeptischen Herausforderung konfrontiert werden, der sie nicht standhalten können.[22]

Kant akzeptiert die skeptische Herausforderung der frühen Neuzeit (insbesondere Humes), da Kant sowohl den Cartesischen Skeptizismus als auch den Berkeleyschen Idealismus für eindeutig widerlegbar hält, wie die *Widerlegung des Idealismus* zeigt (vgl. KrV B 274–279). Die Einsicht, die Kants negativen Dogmatismus motiviert, wird Kant in der Tat nicht von Descartes, sondern von

[21] Bereits Fichte interpretiert Kants System in der *Aenesidemus-Rezension* als »*negativ* dogmatisch« (GA I, 2, 57) Fichte unterscheidet dabei Humes Skeptizismus von Kants kritischem negativen Dogmatismus anhand des Unterschieds, daß Hume die Unerkennbarkeit des Dings an sich behaupte, das uns affiziert, während Fichte im Ausgang vom Kant zu zeigen sucht, »daß der Gedanke von einem Dinge, das *an sich*, und unabhängig von irgend einem Vorstellungsvermögen, Existenz, und gewisse Beschaffenheiten haben soll, eine Grille, ein Traum, ein Nicht-Gedanke ist: und in so fern ist jenes [sc. Hume'sche] System skeptisch, das kritische aber dogmatisch, und zwar *negativ* dogmatisch.« (ebd.)

[22] Zur skeptischen Methode in den Antinomien und Kants impliziter Anknüpfung an den antiken Skeptizismus vgl. neuerdings Engelhard, K.: *Das Einfache und die Materie. Untersuchungen zu Kants Antinomie der Teilung*. Berlin/New York 2005, 136–142. Vgl. auch die klassische Arbeit von Odo Marquard: *Skeptische Methode mit Blick auf Kant*. Freiburg u. a. 1978.

Hume auferlegt. Auf diese Weise kommt es zu einer raffinierten Variante des negativen Dogmatismus, die ich in Anlehnung an James Conant als *Kantischen Skeptizismus* bezeichnen möchte.[23]

Der Kantische Skeptizismus bezweifelt keineswegs, *daß* Erkenntnis möglich ist, sondern fragt sich, *wie* (also nicht: *ob*) sie angesichts des Humeschen Skeptizismus möglich ist. Dabei operationalisiert Kant den Humeschen Skeptizismus, indem er ihn nicht nur zur Restriktion theoretischer Erkenntnis auf den Bereich möglicher Erfahrung einsetzt, sondern diese Erkenntnisrestriktion letztlich wiederum für eine transzendentale Reinterpretation der rationalen Theologie, Kosmologie und Psychologie brauchbar macht, die sowohl gegen den Humeschen Skeptizismus als auch gegen den negativen Dogmatismus immun sein soll. Kants eigene skeptische Lösung des negativen Dogmatismus, die darin besteht, rationale Theologie, Kosmologie und Psychologie als Aussagensysteme abzuschaffen und ihre grundlegenden Begriffe, also Gott, Welt und Seele in regulative Ideen bzw. in Postulate der praktischen Vernunft umzuwandeln, wird hier dabei nicht mehr eigens thematisiert, da der Kantische Skeptizismus in seiner dialektischen Struktur durchsichtig gemacht werden soll, ohne daß bereits an dieser Stelle eine antiskeptische Strategie gegen ihn empfohlen wird.

Der neuzeitliche methodische Skeptizismus führt die Möglichkeit ein, daß Wissen überhaupt unmöglich sein könnte, weil wir nicht einmal in anscheinend paradigmatischen Fällen von Wissen, in sogenannten *best cases* gewiß sein können, etwas zu wissen.[24] Descartes, Hume und Kant operieren mit der möglichen Unmöglichkeit von Erkenntnis, indem sie sich der fundamentalen Struktur epistemischer Absichten zuwenden. Diese läßt sich folgendermaßen kennzeichnen. Wer sich mit einer epistemischen Absicht auf irgendetwas bezieht, versucht festzustellen, was ohnehin der Fall ist. Was ohnehin der Fall ist, ist aber unabhängig davon, daß sich jemand mit einer epistemischen Absicht: auf es bezieht. Was wir erkennen bzw. worüber wir ein objektives Wissen erwerben können, bestimmen wir als etwas, das unabhängig davon ist, *daß* wir es erkennen wollen. Objektives Wissen kann daher nicht auf Fürwahrhalten reduziert werden, da wir nicht alles wissen, was wir für wahr halten, weil nur einiges von

[23] Vgl. seine Ausführungen in Conant: »Varieties of Scepticism«.

[24] Daß diese Voraussetzung problematischer ist, als sie *prima vista* erscheint, macht Conant deutlich. Vgl. Conant: »Varieties of Scepticism«, 107 f.

dem, was wir für wahr halten, auch wahr ist. Diese Differenz von Wahrheit und Fürwahrhalten bezeichne ich als *Objektivitätskontrast*. Führen wir den Objektivitätskontrast ein, so bestimmen wir dasjenige, was an sich, also unabhängig von unserem Fürwahrhalten der Fall ist, dadurch, daß wir es von etwas unterscheiden, dessen *esse* sein *percipi* ist. Die Objektivität ist demnach durch unsere Operation einer Unterscheidung von Objektivität und Subjektivität definiert, wobei die Subjektivität der Bereich ist, wo *esse* und *percipi* identisch sind. Denke ich mir etwa einen Sommertag in Südkalifornien, ohne mich dort zu befinden und ohne damit irgendeinen epistemischen Anspruch dahingehend zu verbinden, wie es sich tatsächlich verhält, so ist das *esse* des imaginierten Sommertags in Südkalifornien nicht von seinem *percipi* zu unterscheiden.

Das Problem der Objektivität besteht nun darin, daß wir die Objektivität als die Negation der Subjektivität *bestimmen* und diese somit zu einer Intelligibilitätsbedingung der Objektivität erklären. Die Objektivität ist Objektivität nur vor dem Hintergrund einer Subjektivität. Aus der Perspektive der Theorie, deren Ausgangspunkt mit dieser Überlegung motiviert ist, erscheint die Objektivität demnach als die Negation der Subjektivität und zwar so, daß der *Begriff* der Objektivität ohne den *Begriff* der Subjektivität unbestimmt ist. Objektivität und Subjektivität sind daher *sinn-abhängig*, um Brandoms Terminus aufzugreifen: Ein Begriff P ist diesem zufolge genau dann sinn-abhängig von einem Begriff Q, wenn man P nur verstanden haben kann, wenn man auch Q verstanden hat.[25] Wenn Objektivität aber sinn-abhängig von Subjektivität ist, ergibt sich die paradoxieanfällige Situation, daß die Objektivität durch den Begriff der Subjektivität bestimmt und in diesem Sinne *gesetzt* ist. Vom Standpunkt jeder Metatheorie aus, welche die Sinn-Abhängigkeit der Objektivität von Subjektivität einsieht, stellt die Objektivität sich demnach so dar, daß sie als solche von der Subjektivität gesetzt ist. Auf dem Standpunkt der Subjekte, die epistemische Ansprüche auf Wissen erster Ordnung erheben, sieht es hingegen so aus, als ob wir es mit Objekten zu tun hätten, deren Existenz von uns schlechthin unabhängig ist. Diesem Umstand wird theoretisch dadurch Rechnung getragen, daß wir drei Ebenen unterscheiden. (1) Die Ebene der Ob-

---

[25] »Concept P is *sense dependent* on concept Q just in case one cannot count as having grasped P unless one counts as having grasped Q.« (Brandom: *Tales of the Mighty Dead*, 50)

jekte selbst, die wir (2) nur aus der Perspektive der Subjektivität unterscheiden können, was wiederum (3) nur vom Standpunkt einer Theorie aus thematisiert werden kann, für welche Objektivität von Subjektivität sinn-abhängig ist.

Auf diese Weise läßt sich ein Begriff von *Metatheorie* gewinnen. Versteht man unter Subjektivität nämlich ein bestimmtes Aussagensystem, das Anspruch auf Objektivität erhebt, so kann man auch sagen, daß alle Objektivität als *theorie-abhängig* erscheint, sobald wir uns auf den Standpunkt einer Metatheorie begeben, in der die Theoriekonstruktion *als* solche unterschieden und damit beobachtbar wird. Quine hat genau dies in §6 von *Word and Object* auf den Punkt gebracht, wenn er schreibt: »Everything to which we concede existence is a posit [d. h. gesetzt, M. G.] from the standpoint of a description of the theory-building process, and simultaneously real from the standpoint of the theory that is being built.«[26] Für den metatheoretischen Standpunkt gibt es demnach keinen unmittelbaren epistemischen Zugang zu Objekten, da die Objektivität als solche jeweils als eine Setzung der Subjektivität erscheint. Eine Metatheorie ist eine Theorie zweiter Ordnung, mithin eine Theorie über Theorien und Theoriebildungen. Wer nun zwischen Objektivität und Subjektivität unterscheidet und behauptet, daß Objektivität sinn-abhängig von Subjektivität ist, nimmt die Möglichkeit einer Metatheorie in Anspruch, die allerdings begründet werden muß. Kant leistet dies, indem er sich eines methodischen Skeptizismus bedient, der deswegen für seine negativ-dogmatischen Konklusionen konstitutiv ist.

Das Kantische Problem der Objektivität setzt den methodischen Skeptizismus voraus. Kant bedient sich des methodischen Skeptizismus dabei ebenso wie Descartes, um die mögliche Unmöglichkeit von Erkenntnis zur Methode zu machen. Ohne diese Möglichkeit könnte es nicht zur Ausbildung der Erkenntnistheorie kommen. Die Erkenntnistheorie ist nämlich ohne skeptische Argumente überhaupt nicht zu verstehen.[27] In diesem Sinne gehört der Skeptizismus zu den Intelligibilitätsbedingungen der Erkenntnistheorie. Indem Kant auf den Skeptizismus als Möglichkeitsbedingung der Erkenntnis-

---

26 Quine, W. v. O.: *Word and Object*. Cambridge, Ma. 1960, 22.

27 So auch Williams, M.: *Groundless Belief*. Princeton 1999, 2: »[I]f sceptical arguments did not exist, I do not think that any content would be given to the idea of showing that knowledge is possible.«

theorie reflektiert, kommt in seinem negativen Dogmatismus ein integrativer Antiskeptizismus zur Anwendung.

Jede Theorie impliziert Theoriebedingungen, die im besten Falle durch die Theorie selbst *a priori* eingeführt werden, d.h. bevor sie zur empirischen Informationsstanderhebung fortschreitet. Einige Theoriebedingungen sind dabei Intelligibilitätsbedingungen, d.h. Bedingungen dafür, daß eine Theorie überhaupt ein verständliches und sinnvolles Unterfangen darstellt. Wer nun die Frage stellt, was Erkenntnis ist, nimmt bereits eine Distanz zur Erkenntnis in Anspruch, die ihm zuvor fraglich geworden sein muß. Erkenntnis wird prinzipiell durch skeptische Argumente in Frage gestellt, die daher nicht zufällig zum Kanon der erkenntnistheoretischen Reflexion gehören. Im Jargon des nachkantischen Idealismus gesprochen, muß man also Dogmatismus und Kritizismus unterscheiden. *Dogmatische* Theorien der Erkenntnis sind dabei solche Theorien, die den Skeptizismus nicht in ihre Konstruktion integrieren, während *kritische* Theorien der Erkenntnis ihre theoretische Einstellung mithilfe eines integrativen Antiskeptizismus begründen.[28]

Kant übernimmt nun von Descartes und Hume das Problem der möglichen Unmöglichkeit der Erkenntnis und »damit eine Formulierung für die Unwahrscheinlichkeit des Wahrscheinlichen, nämlich für die Fraglichkeit des immer schon gewußten Wissens«[29]. Läßt sich die mögliche Unmöglichkeit nicht motivieren, hindert nichts daran, das Kantische Projekt mit guten Gründen zu umgehen. Die Art und Weise, wie die mögliche Unmöglichkeit der Erkenntnis formuliert wird, definiert demnach ein Erfolgskriterium des theoretischen Unternehmens. Jeder, der aber bereits davon überzeugt ist, daß der Humesche Skeptizismus ein Problem ist, dem man sich stellen muß, kommt um Kant bzw. um transzendentale Argumente im allgemeinen kaum herum.[30] Es ist daher sinnvoll, sich zunächst der fundamentalen Struktur des Humeschen Skeptizismus zuzuwenden,

---

[28] Vgl. zu dieser Distinktion insbesondere Schellings *Philosophische Briefe über Dogmatismus und Kriticismus* (1795).

[29] Luhmann, N.: *Die Wissenschaft der Gesellschaft.* Frankfurt/Main 1992, 127.

[30] Dies bezeugt neuerdings Crispin Wrights Versuch, Kants Widerlegung des Idealismus einen neuen Sinn zu geben und sie über eine genaue Analyse der logischen Struktur des Humeschen Skeptizismus wiederzugewinnen. Vgl. Wright, C.: »Warrant for Nothing (and Foundations for Free)?«, in: *Aristotelian Society Supplementary* 78/1 (2004), 167–212, bes. 201–203.

um zu verstehen, warum Kant das Problem der Objektivität auf dem Boden der Transzendentalphilosophie gestellt hat.

Reduziert man den *Humeschen Skeptizismus* auf eine minimale Einsicht, so kann man diese darin sehen, *daß es für endliche epistemische Wesen eine objektive Realität, also eine Welt an sich nur so gibt, daß sie Daten, die sie nicht selbst erzeugen, verarbeiten und in einen Zusammenhang bringen müssen, wodurch die Daten zu Informationen werden.* Endliche epistemische Wesen sind darauf angewiesen, Einheit im Sinne von Kohärenz herzustellen, da die Datenmenge ihre Verarbeitung transzendiert. Anders gesagt sind endliche epistemische Wesen darauf angewiesen, doxastische Systeme auszubilden und *ipso facto* über ihren jeweils präsentischen empirischen Informationsstand hinauszugehen, um ihn in den weiteren Horizont einer Weltsicht einzuordnen, die niemals vollständig sein kann, da sie als Weltsicht Informationen antizipiert.[31] Da die Welt selbst nicht vollständig ist, insofern sie eine noch nicht realisierte Zukunft hat, kann auch die Weltsicht nicht vollständig sein und muß daher fortfahren, Informationen zu antizipieren, die über ihren jeweils präsentischen Informationsstand hinausgehen. Deswegen sind für endliche epistemische Wesen jederzeit inferentielle Zusammenhänge am Zustandekommen einer stabilen objektiven Welt beteiligt. Endliche epistemische Wesen müssen begriffliche Zusammenhänge, d. h. Inklusions- und Exklusionsbeziehungen zwischen Prädikaten festlegen. Eine objektive Welt gibt es für endliche epistemische Wesen nicht ohne diese Bedingung. Die Lizenz für grundlegende Inferenzen kann aber nicht ohne *circulus vitiosus* dadurch erworben werden, daß man sich dieser Inferenzen zur Informationsverarbeitung bedient, wie Hume gezeigt hat. Folglich gibt es notwendig entweder eine Lizenz *a priori* für unsere einheitsstiftenden Inferenzen oder sie sind willkürliche Annahmen, also logisch, wenn auch nicht praktisch austauschbar.[32] Indem Hume alle Inferenzen nach dem Kausalitätsprin-

---

[31] Vgl. dazu McDowell, J.: »Having the World in View: Sellars, Kant, and Intentionality«, in: *The Journal of Philosophy* XCV/9 (1998), 431–491, hier 435: »the intentionality, the objective purport, of perceptual experience in general – whether potentially knowledge yielding or not – depends [...] on having the world in view, in a sense that goes beyond glimpses of the here and now. It would not be intelligible that the relevant episodes present themselves as glimpses of the here and now apart from their being related to a wider world view«.

[32] Wären sie praktisch austauschbar, müßte Hume fürchten, daß eine Verbreitung seiner Schriften dazu führen könnte, daß die gesamte menschliche Zivilisation zusammen-

zip für willkürliche und damit austauschbare Annahmen hält, unterminiert er unseren epistemischen Zugang zu einer objektiven Welt paradoxerweise dadurch, daß er uns auf unsere Zugangsbedingungen hinweist, die uns gemeinhin nicht bewußt werden, wenn wir uns *intentione recta* auf Objekte beziehen. Humes skeptische Strategie besteht also darin, die mögliche Unmöglichkeit des objektiven Wissens unter Rekurs auf die Zugangsbedingungen zur objektiven Welt einzuführen, die endliche epistemische Wesen charakterisieren. Die skeptischen Paradoxien des Humeschen Skeptizismus resultieren demnach aus einer Spannung zwischen der objektiven Welt und unseren Zugangsbedingungen zur objektiven Welt: Die ontologische und die epistemologische Ordnung bilden kein *a priori* garantiertes Kontinuum, was erklärt, warum endliche epistemische Wesen fallibel sind.

Indem er auf diese Weise zwischen der objektiven Welt und unseren Zugangsbedingungen zu ihr unterscheidet, eröffnet Hume gleichzeitig die Möglichkeit einer Transzendentalphilosophie, d. h. einer Metatheorie über die Bedingungen der Möglichkeit unserer Theorien erster Ordnung. Der Inhalt unserer Theorien erster Ordnung ist die objektive Welt, die vom Standpunkt unserer alltäglichen Theoriebildung als ontologisch autark erscheint. Kant knüpft in der Folge nicht bloß in dem Sinne an Hume an, daß er durch transzendentale Argumente nachweist, daß unsere gewöhnliche Informationsverarbeitung sich selbst zwar keine Rechenschaft über ihre eigene Möglichkeit ablegt, daß wir dies aber in der Metatheorie nachtragen können. Kant konzediert Hume nämlich darüber hinaus, daß einige Diskurse in der Tat leer sind, weil sie keinen Objektivitätskontrast generieren können. Eine von Kants zentralen Absichten in der *Kritik der reinen Vernunft* ist deshalb neben dem Nachweis, daß es synthetische Urteile *a priori* gibt, bekanntlich, »das *Wissen* auf[zu]heben, um zum *Glauben* Platz zu bekommen« (KrV, B XXX). Das Wissen, das er aufheben will, ist aber nicht *jedes* Wissen. Kant ist kein *globaler Skeptiker.* Das aufzuhebende Wissen ist vielmehr auf eine Reihe metaphysischer Annahmen über Gott, die Welt und die Seele bezo-

---

bricht, da diese ohne die Gewohnheit, zwei Ereignisse als intrinsisch verknüpft zu denken, kaum so funktionieren könnte, wie sie funktioniert. Der Unterscheidung logischer und praktischer Austauschbarkeit entspricht bei Hume der Unterschied von Philosophie und Natur. Während wir *logisch* nicht umhin kommen, gewisse Annahmen als austauschbar zu betrachten, sind wir *praktisch* nicht imstande, die Annahmen auszutauschen.

gen, zu deren Affirmation wir Kant zufolge als vernünftige Subjekte notwendig neigen.[33]

Kants negativer Dogmatismus baut auf zwei skeptischen Prämissen auf, die Kant *mutatis mutandis* von Hume übernimmt, die er aber gleichzeitig einer kritischen Reinterpretation unterzieht.

Hume[1]) Wir haben keinen unmittelbaren Zugang zur Welt, weil wir nur vermittels unserer Eindrücke (impressions) *auf die Welt Bezug nehmen können.*

Wenn wir uns auf die Welt beziehen *wollen*, beziehen wir uns demnach nicht direkt auf die Welt, sondern zunächst auf unsere Eindrükke der Welt. Die Welt an sich ist hinter unseren Vorstellungen der Welt potentiell verborgen, so daß uns als Philosophen nichts übrig bleibt, als unsere Vorstellungen und die Art ihrer Verknüpfung (sprich: unsere Zugangsbedingungen zur Welt) zu untersuchen. Wir müssen also damit rechnen, daß unsere Vorstellungen der Welt von dieser potentiell unterschieden sind, womit wir dem Objektivitätskontrast gerecht werden.[34] Nun können wir aber nicht wissen, wie weit der Unterschied reicht, da wir ohne Rekurs auf unsere Vorstellungen der Welt keinen unmittelbaren Zugang zur Welt an sich haben, anhand dessen wir überprüfen könnten, unter welchen Bedingungen ein wie weit gehender Unterschied vorliegt.

Hume[2]) Wir verfügen nicht nur über keinen unmittelbaren Zugang zur Welt ohne Vermittlung unserer Vorstellungen der Welt, sondern können überdies nicht umhin, unsere Vorstellungen der Welt zu interpretieren.

[33] Vgl. den vielzitierten Eingang der *Kritik der reinen Vernunft:* »Die menschliche Vernunft hat das besondere Schicksal in einer Gattung ihrer Erkenntnisse: daß sie durch Fragen belästigt wird, die sie nicht abweisen kann; denn sie sind ihr durch die Natur der Vernunft selbst aufgegeben, die sie aber auch nicht beantworten kann, denn sie übersteigen alles Vermögen der menschlichen Vernunft.« (KrV, A VII) Vernünftige Wesen neigen nach Kant demnach als solche, d.h. aufgrund der Natur der Vernunft, zur Metaphysik, wobei sie irrtümlich glauben, diese Neigung letztlich durch ein Wissen (d.h. durch eine *Beantwortung* ihrer Fragen) befriedigen zu können.

[34] Ich sage: *potentiell* unterscheiden, weil der Punkt nicht ist, daß wir in unseren Vorstellungen gefangen sind und überhaupt keinen Zugriff auf die vorstellbare, die Welt an sich haben. Im folgenden werde ich dafür argumentieren, daß wahre Überzeugungen uns direkt mit der Welt verbinden. Nur falsche Überzeugungen riegeln uns in leerem Fürwahrhalten ab. Hume selbst sieht dies freilich anders.

Humes berühmte Anwendung dieses Prinzips besagt, daß wir zwar unbestreitbar Vorstellungen der Aufeinanderfolge zweier Ereignisse haben (etwa die zeitlich geregelte Abfolge des Eindrucks einer in Bewegung befindlichen Billiardkugel A, die auf eine Billiardkugel B trifft, woraufhin diese in Bewegung gesetzt wird), daß wir diese Vorstellungen aber ohne jede ausweisbare Berechtigung durch einen Kausalnexus verknüpft denken und somit das bloße Nacheinander *(post hoc)* als ein Wegeneinander *(propter hoc)* interpretieren. Aus dem epistemologischen Faktum der Erfahrung lasse sich demnach nicht auf die Struktur der ontologischen Ordnung schließen. Das Prinzip läßt sich allerdings auch unabhängig von Humes Anwendung allgemein formulieren, indem man darauf hinweist, daß unsere Vorstellungen verknüpft werden müssen. Unsere Vorstellungen bilden nämlich in der Tat einen zeitlich geregelten Zusammenhang, indem sie vermittels ihres propositionalen Gehalts auf andere Vorstellungen verweisen, zu denen sie in inferentiell nachvollziehbaren Inklusions- und Exklusionsrelationen stehen. An diesem Punkt knüpft Kant an.

Kant akzeptiert *Hume*^{1}) und *Hume*^{2}) mit einer wichtigen Modifikation, die seines Erachtens den Humeschen Skeptizismus abfedert:

Kant^{1}) *Wenn wir uns in der Tat nur vermittels unserer Vorstellungen der Welt auf die Welt an sich beziehen können, dann hat es* eo ipso *keinen Sinn mehr, die Existenz einer Welt an sich, die mit unserer Vorstellungswelt verglichen werden könnte, überhaupt anzunehmen.*

Die Rede von einer *Welt an sich* unabhängig von unseren Vorstellungen muß als eine falsche Interpretation einer strukturellen Eigenschaft unserer Vorstellungswelt entlarvt werden. Dazu muß gezeigt werden, daß die objektive Realität unserer Vorstellungen nicht davon abhängt, daß sie in Relation zu einer Welt stehend gedacht werden müssen, die ihrerseits so zu denken ist, als ob sie schlechthin unabhängig von unseren Vorstellungen bestände. Denn die objektive Realität unserer Vorstellungen kann nicht dadurch begründet werden, daß wir für einen Moment aus unserer Vorstellungswelt aussteigen und von außen untersuchen, welche Relation zwischen der Welt an sich und unseren Vorstellungen von ihr bestehen muß, damit diese objektive Realität haben können.[35] Wenn es prinzipiell unmöglich

[35] McDowell nennt das Bild einer Welt außerhalb des Geistes, die mit der Welt inner-

ist, sich ohne Vermittlung von Vorstellungen *intentione recta* auf die Welt an sich zu beziehen, verliert die Rede von einer Welt an sich für uns ihren Sinn, da wir keinerlei berechtigte Überzeugungen mehr über sie bilden können.

Kant wendet demnach gegen den mentalen Repräsentationalismus ein, daß er auf eine schlechte Theorie der Intentionalität hinausläuft. Trotz seiner mitunter irreführend naiv erscheinenden repräsentationalistischen Terminologie fällt bei Kant die Unterscheidung von Vorstellung und Vorgestelltem *in* die Vorstellung. Ansonsten ergäbe sich nämlich das Problem eines unmöglichen Blicks von der Seite *(sideways-on point of view)*, der versucht festzustellen, was einer Vorstellung entspricht, ohne dabei einen Vorstellungsakt in Anspruch zu nehmen.[36] Doch es ist, wie Davidson unterstrichen hat, unmöglich, aus unserer Haut zu fahren, um die Welt unabhängig davon zu beobachten, daß wir sie beobachten.[37] Wer feststellt, was seiner Vorstellung entspricht, bedient sich dabei einer Vorstellung zweiter Ordnung, d. h. einer Vorstellung der Vorstellung, was Kant zufolge ein Begriff ist (KrV, B 93): Wir können demnach ohne Begriffe (also ohne Vorstellungen von Vorstellungen) überhaupt nicht überprüfen, ob unseren jeweiligen Vorstellungen ein extramentales Korrelat entspricht. Die Unterscheidung von Vorstellung und Vorgestelltem muß daher aus dem *modus operandi* des Vorstellungsakts selbst erklärlich gemacht werden können, was nicht bedeutet, daß es nichts Vorstellbares gibt, das nicht immer schon vorgestellt ist. Kant vermeidet beides, einen mentalen Repräsentationalismus, dessen skeptische Konsequenzen Hume desavouiert hat, und einen Subjektivismus, der das Vorgestellte mit dem Vorstellbaren verwechselt und demnach zum Opfer der »notorious ing-/ed-distinction« wird.[38] Der Subjektivismus verwechselt die Vorstellung mit dem Vorgestellten, indem er aus der Intentionalität der Vorstellung, die immerhin ein

halb des Geistes verglichen werden soll, ein »Bild von der Seite« *(sideways-on picture)*, das er mit Kant explizit ablehnt. Vgl. McDowell, J.: *Mind and World.* Cambridge, Ma. 1996, 34 ff.

[36] Vgl. auch McDowell: »Having the World in View«, bes. 445, 490.

[37] Vgl. Davidson, D.: »A Coherence Theory of Truth and Knowledge«, in: Ders.: *Subjective, Intersubjective, Objective.* Oxford 2001, 144: »[O]f course we can't get outside our skins to find out what is causing the internal happening of which we are aware. Introducing intermediate steps or entities into the causal chain, like sensations or observations, serves only to make the epistemological problem more obvious.«

[38] Vgl. Sellars, W.: *Empiricism and the Philosophy of Mind.* With an Introduction by R. Rorty and a Study Guide by R. Brandom. Cambridge, Ma./London 2000, 54.

intentionales Korrelat haben muß, darauf schließt, daß wir auch dann etwas vorstellten, wenn es kein extramentales Korrelat, sondern nur ein intentionales Korrelat unserer Vorstellung gäbe. In diesem Falle stellten wir eben ein intentionales Korrelat vor. Dies führt allerdings unmittelbar in die Aporie des Repräsentationalismus, da wir für jede Vorstellung annehmen müßten, daß sie sich direkt nur auf ihr intentionales Korrelat, auf ihr extramentales Korrelat hingegen nur indirekt beziehen kann.[39] Da man aufgrund des Objektivitätskontrastes, den es zu erklären gilt, das Vorgestellte vom Vorstellbaren unterscheiden muß (um der Fallibilität endliche epistemischer Wesen Rechnung zu tragen), kann man das Vorstellbare nicht auf das Vorgestellte reduzieren.

Der mentale Repräsentationalismus, der den Gehalt einer Vorstellung in das Ding verlegt, das die Vorstellung verursacht, reifiziert den Objektivitätskontrast, der für eine Intentionalität charakteristisch ist, die sich mit epistemischen Ansprüchen auf die Welt bezieht. Die Reifikation besteht darin, daß die von Subjektivität sinnabhängige Objektivität für eine Welt an sich gehalten wird, um damit ihre ontologische wie epistemologische Unabhängigkeit von unserem Fürwahrhalten sicherzustellen. Die Vorstellung der Welt wird dabei nicht als eine *Vorstellung*, die wir haben, durchschaut. Auf diese Weise wird die Welt durch die Intentionalität, die ihre eigene Objektivität zu erklären versucht, von der Intentionalität so weit entfernt, daß *ipso facto* eine »schlechthin scheidende Grenze« (TWA, 3, 68) zwischen der Welt an sich und der Intentionalität gezogen wird. Diese schlechthin scheidende Grenze, deren reifizierte Form der Substanzendualismus von *res extensa* und *res cogitans* ist, begreift Kant als notwendige Selbstbegrenzung der Vernunft, d. h. der selbstreferentiellen Theorie der Intentionalität, die sich selbst darüber aufklärt, auf welche Weise der Objektivitätskontrast ein *modus operandi* der Vorstellung ist.

Besinnt man sich darauf, daß man auf eine schlechthin scheidende Grenze zwischen Geist und Welt nur stößt, wenn man eine Theorie gelingender epistemischer Ansprüche aufzustellen sucht, woraus

---

[39] Zur Zurückweisung des Repräsentationalismus in der Antike vgl. meine Ausführungen in Gabriel, M.: »Zum Außenweltproblem in der Antike. Sextus' Dekonstruktion des mentalen Repräsentationalismus und die skeptische Begründung des Idealismus bei Plotin«, in: *Bochumer philosophisches Jahrbuch für Antike und Mittelalter* 12 (2007), 15–43.

unter den Theoriebedingungen des Repräsentationalismus folgt, daß es kein *Kriterium* für gelingende epistemische Ansprüche geben kann, so sieht man, daß die Theoriekonstruktion daran scheitert, daß sie die Möglichkeit der Erklärung des Gehalts von Vorstellungen aufhebt. In einer Analogie gesprochen, könnte man sagen, daß die repräsentationalistische Theorie der Intentionalität sich zu unserer Erkenntnis so verhält wie eine Theorie über Häuser zu Häusern, deren Resultat wäre, daß niemand in Häusern wohnt. So wie eine Theorie über Häuser zumindest dann eine schlechte Theorie ist, wenn sie impliziert, daß alle Häuser unbewohnt oder gar unbewohnbar sind, so ist eine Theorie der Intentionalität zumindest dann eine schlechte Theorie, wenn sie impliziert, daß es kein Kriterium für gelingende epistemische Ansprüche gibt oder geben kann. Wir können zwar nicht *a priori* wissen, welche epistemischen Ansprüche gelingen oder nicht, da wir über kein materiales Wahrheitskriterium verfügen, sondern als informationsverarbeitende endliche Wesen auf Daten angewiesen sind, die wir nicht selbst produzieren. Aber wir können genau dies *a priori* wissen, so daß wir uns *eo ipso* verständlich gemacht haben, daß wir aufgrund unserer epistemischen Endlichkeit kein materiales Wahrheitskriterium besitzen können. Auf diese Weise haben wir uns aber einen Grundzug unserer Erkenntnis verständlich gemacht.[40]

Wir können Kant zufolge von einer Welt an sich nichts wissen, obwohl daraus keineswegs folgt, daß wir epistemische Mängelwesen sind. Denn es liegt nach Kant im Begriff der Welt, auf Vorstellungen bezogen zu sein. Die Welt ist ein Begriff, der die Eigenschaft hat, nicht ostensibel ausweisbar zu sein. Sie unterscheidet sich dadurch z. B. von einem Tisch. Während man auf einen Tisch zeigen kann, um zu beweisen, daß es Tische gibt und daß der Begriff »Tisch« somit nicht leer ist, kann man nicht auf die Welt zeigen, um zu beweisen, daß der Begriff »Welt« nicht leer ist. Denn die Welt ist eine Totalität,

[40] Auf ähnliche Weise reaktualisiert Andrea Kern die Kantische Einsicht in die Endlichkeit des Wissens für die zeitgenössische Erkenntnistheorie in *Quellen des Wissens*, bes. 23–54. Kern führt die Kategorie eines wahrheitsgarantierenden Grundes ein, der die schlechthin scheidende Grenze von Geist und Welt unterläuft. Allerdings unterscheidet sie nicht zwischen einem *formalen* und einem *materialen* Wahrheitskriterium, so daß es bisweilen unklar ist, ob sie zeigen will, daß wir wissen, wann wir etwas wissen, weil wahrheitsgarantierende Gründe reflexiv sind, oder ob sie lediglich sagen will, daß wir jedenfalls wissen, daß wir wahrheitsgarantierende Gründe haben, wenn wir überhaupt etwas wissen.

die niemals in einer Anschauung gegeben werden kann, da alle Anschauungen Anschauungen von etwas Bestimmtem sind, das sich von anderem unterscheidet. Es ist hingegen nicht leicht zu sagen, wovon sich die Welt unterscheiden soll, ohne in die Gefilde des Unsagbaren zu geraten (die freilich nicht notwendig Sümpfe sein müssen).[41] Denn die Welt als die Totalität aller Tatsachen kann nicht wahrgenommen werden, sondern ist vielmehr die Möglichkeitsbedingung dafür, daß alles, was wahrgenommen wird, als ein Ding *in* der Welt, d. h. als ein Weltinhalt wahrgenommen wird. Dinge sind für uns nur dadurch mehr als die Abschattungen, die sie uns jeweils darbieten, daß sie zu einem Ganzen gehören, das für uns nur dann ein Ganzes sein kann, wenn wir Begriffe (Kategorien und Ideen) investieren, die für die Kohärenz der Vorstellungswelt sorgen. Kohärenz und Struktur gibt es nach Kant nicht unabhängig davon, daß sie etabliert und zeitlich aufrechterhalten werden können. Die Etablierung und Aufrechterhaltung von Kohärenz und Struktur, d. h. ihre Identität in der Zeit, gibt es Kant zufolge nur aufgrund dessen, was er »Synthesis der Vorstellungen« (KrV, B 133) nennt.

Ohne eine strukturierende (einheitsstiftende) Tätigkeit, die etwas von etwas Anderem unterscheidet und beides auf diese Weise aufeinander bezieht, kann es gar keine Welt für uns geben, wenn anders *Welt* der Inbegriff der Bestimmtheit ist. In der Welt ist in der Tat alles nur dadurch dasjenige, was es ist, daß es sich von allem anderen, das es nicht ist, unterscheidet. Was alles von allem anderen, das es nicht ist, unterscheidet, sind seine Eigenschaften; diese sind aber wiederum allgemein, weil sie meist nicht nur einem, sondern mehreren Weltinhalten zukommen. Die Eigenschaften der Dinge können daher *prädikativ* expliziert werden, da sie selbst allgemein sind. Eine Eigenschaft, die einem Ding in einem Urteil als Prädikat zugeschrieben wird, ist dabei ihrerseits nur dadurch bestimmt, daß sie in einem differentiellen Zusammenhang mit anderen Eigenschaften steht.

In einer berühmten Fußnote ordnet Kant die Vorstellung einer isolierten Eigenschaft der *analytischen* Einheit des Bewußtseins, die Vorstellung der Bestimmtheit der Vorstellung durch ihren Zusammenhang mit anderen Vorstellungen hingegen der *synthetischen* Einheit des Selbstbewußtseins zu, die im Wortsinne darin besteht,

---

[41] Vgl. dazu ausführlicher Gabriel, M.: *Das Absolute und die Welt in Schellings Freiheitsschrift*. Bonn 2006.

etwas mit etwas zusammenzusetzen, d.h. in einen Zusammenhang zu bringen. Ohne einen Zusammenhang, d.h. ohne Synthesis, läßt sich kein Prädikat bestimmen, so daß die Synthesis jeder Analysis vorhergehen muß.[42] Kant zeigt durch dieses Argument, daß die synthetische Einheit eine Voraussetzung der analytischen ist, was bedeutet, daß die einzelne Eigenschaft »rot« oder »groß« einem Ding genau so zugeschrieben wird, daß damit immer auch eingeräumt wird, daß sie auch anderem zugeschrieben werden kann bzw. könnte. Die Eigenschaften, die wir wahrnehmen, erlangen ihre Bestimmtheit deshalb immer schon dadurch, daß sie Prädikate für mögliche Urteile sind. Die Einheit der Prädikate verweist somit auf Verschiedenes, dem sie zukommen können. Die Verschiedenheit ist aber nicht selbst sinnlich präsent wie etwa eine wahrgenommene Eigenschaft. Die Eigenschaft kann in ihrer Bestimmtheit somit überhaupt nur wahrgenommen werden, indem die Differenz zu anderen Eigenschaften sowie die Möglichkeit impliziert wird, daß dieselbe Eigenschaft verschiedenen Dingen als Prädikat zugeschrieben werden kann. Die vermeintlich einfache Einheit der Eigenschaften erweist sich als ihre vermittelte Allgemeinheit, indem die einzelne Vorstellung immer schon auf eine Totalität verweist, vor deren Hintergrund sie ihre Bestimmtheit erlangt. Dieser Hintergrund ist in unserer Bezugnahme auf ein einzelnes Ding mit diesen oder jenen Eigenschaften abgeblendet. Die kognitiv relevante Präsenz der Einzeldinge verdankt sich somit der Absenz der Totalität, die implizit in aller bestimmenden Erkenntnistätigkeit am Werk ist.

Die Aktivität der Synthesis wird entsprechend von einem Streben nach Bestimmtheit angeleitet, ohne das nicht erklärt werden könnte, warum wir uns überhaupt auf Erkenntnissuche, d.h. auf die Suche nach passenden Prädikaten und damit nach Zusammenhängen

---

[42] »Die analytische Einheit des Bewußtseins hängt allen gemeinsamen Begriffen, als solchen, an, z.B. wenn ich mir *rot* überhaupt denke, so stelle ich mir dadurch eine Beschaffenheit vor, die (als Merkmal) irgend woran angetroffen, oder mit anderen Vorstellungen verbunden sein kann; also nur vermöge einer vorausgedachten möglichen synthetischen Einheit kann ich mir die analytische vorstellen. Eine Vorstellung, die als *verschiedenen* gemein gedacht werden soll, wird als zu solchen gehörig angesehen, die außer ihr noch etwas *Verschiedenes* an sich haben, folglich muß sie in synthetischer Einheit mit anderen (wenn gleich nur möglichen) Vorstellungen vorher gedacht werden […]. Und so ist die synthetische Einheit der Apperzeption der höchste Punkt, an dem man allen Verstandesgebrauch, selbst die ganze Logik, und, nach ihr, die Transzendental-Philosophie heften muß, ja dieses Vermögen ist der Verstand selbst.« (KrV, B133f., Anm.)

begeben. Dieses Streben nach Bestimmtheit ist darauf aus, die Welt als einen durchgängig bestimmten Zusammenhang zu entdecken, was freilich niemals vollständig eingelöst werden kann, da die Welt für uns zu differenziert ist, um jemals begrifflich vollständig erfaßt werden zu können.[43] Obwohl Kant selbst das Gegenteil nahelegt, müssen wir davon ausgehen, daß die Aktivität der Synthesis genau dadurch in Gang gehalten wird, daß die Welt an sich zu differenziert ist. Wir können sie unter unüberschaubar vielen Beschreibungen erfassen und demnach verschieden ordnen. Die Elemente, die wir ordnen, lassen sich dabei nicht unabhängig von unseren Begriffen der Elemente bestimmen, was nicht heißt, daß die Welt nicht aus differenzierten Elementen besteht. Wir haben allerdings keinen begrifflich unvermittelten Zugriff auf die Elemente der Welt, d. h. auf die elementaren Tatsachen. Dennoch zeigt sich uns die Komplexität der Welt innerhalb unserer begrifflichen Aktivitäten als unablässiger Anstoß dafür, damit fortzufahren, die Welt zu erkennen. Die Ordnung der Dinge rührt demnach daher, daß wir – im Sinne Luhmanns – den »Weltlärm« sinnvoll ordnen müssen.[44] Bestimmtheit ist deshalb *kontingente* Komplexitätsreduktion, da andere Begriffe als unsere möglich sind, so daß alle Bestimmungen auch anders sein könnten. Bestimmtheit ist deshalb Komplexitätsreduktion, weil sie das unbestimmt Viele in Zusammenhängen vorstellt, d. h. synthetisiert.

---

[43] Fumerton beschreibt eine Kantische Position genau dort, wo er gegen die vermeintlich Kantische Vorstellung argumentiert, daß wir einem völlig unstrukturierten Weltstoff (dem Mannigfaltigen der Empfindung) eine Form aufdrücken. »But despite the periodic popularity of extreme nominalism and rampant antirealism, it is surely absurd to suppose that it is even in principle possible for a mind to force a structure on a *literally* unstructured world. There are indefinitely many ways to sort the books in a library and some are just as useful as others, but there would be no way to begin sorting books were books undifferentiated. Indeed, it comes to us with far too many differences for us to be bothered noticing all of them. And it is in this sense that the mind *does* impose order on chaos.« (Fumerton, R. A.: *Metaepistemology and Skepticism.* Lanham 1995, 78) Vgl. ebenso Castoriadis, C.: »The Logic of Magmas and the Question of Autonomy«, in: *The Castoriadis Reader.* Translated and Edited by David Ames Curtis, Oxford 1997, 290–318, hier: 306: »This is the old problem of Kantian criticism, which one could never glide over. All organizational forms immanent to the transcendental consciousness […] cannot provide anything if the ›material‹ they are to ›form‹ does not already include in itself the ›minimal form‹ of being *formable*. Let it be noted in passing that the idea of an *absolutely* disordered universe is for us unthinkable«. Ebenso ders.: *The Imaginary Institution of Society.* Cambridge 1987, 12 ff.

[44] Vgl. Luhmanns Interpretation der »order from noise«-Theorie in: Luhmann, N.: *Soziale Systeme. Grundriß einer allgemeinen Theorie.* Frankfurt/Main 1984, 237.

Die metatheoretische Einsicht in die Differenz zwischen den bereits katalogisierten und den noch unerfindlichen, noch nicht einmal geahnten Prädikaten, setzt jederzeit voraus, daß wir mit einem ultimativen Zusammenhang rechnen, der Welt als *omnitudo realitatis.* Dieser Zusammenhang reguliert dabei lediglich unsere Erkenntnissuche und kann selbst weder gesucht noch gefunden werden, da er gerade für die Differenz zwischen unserem Wissen und unserem (Noch-)Nichtwissen einsteht. Die Welt als Möglichkeitsbedingung der Bestimmtheit der Dinge ist selbst kein bestimmtes Ding. Sie gehört mithin zu den selbst unbestimmten Bedingungen der Bestimmtheit.

Unsere epistemische Orientierung in der Vorstellungswelt setzt also die Annahme einer alle bestimmten Gehalte in sich enthaltenden Welt voraus, die unabhängig von allen einzelnen Vorstellungen ist. Diese Annahme kann aber empirisch weder falsifiziert noch verifiziert werden, sondern läßt uns allererst auf Erkenntnissuche gehen. Sie ist als solche die ultimative Annahme, ohne die wir gar kein epistemisches Projekt starten könnten.[45] Die Idee einer Welt wird aber nicht in der Welt vorgefunden (angeschaut). Denn die Welt kann *trivialiter* kein Welt*inhalt* sein.

Die Welt ist nach Kant eine notwendige Annahme, aber keine Entität. Paradox formuliert kann man sagen, daß es Kant zufolge eine Dingwelt nur so gibt, daß wir auf etwas Unbedingtes ausgerichtet sind, dem keine Eigenschaften zukommen, die es von etwas anderem eindeutig unterscheiden.[46] Die Welt ist so die ultimative Möglichkeitsbedingung für die objektive Realität unserer Vorstellungen, da unsere Vorstellungen *ex hypothesi* genau dann gehaltvoll sind, wenn sie sich auf etwas beziehen, das diese Vorstellungen transzendiert, indem es von den Vorstellungen entdeckt, aber nicht erfunden wird, was der Objektivitätskontrast zum Ausdruck bringt. Kant versucht

---

[45] Habermas spricht in diesem Zusammenhang in Anlehnung an Kant von einer »formalen Weltunterstellung« (*Wahrheit und Rechtfertigung. Philosophische Aufsätze.* Frankfurt/Main 1999, 24, 37, 46f.). Diese sieht er in der notwendigen »Unterstellung einer unverfügbaren Welt« (56f.): »Ein gemeinsamer Blick auf die Wirklichkeit als ein zwischen den »Weltansichten« verschiedener Sprachen »in der Mitte liegendes Gebiet« ist eine notwendige Voraussetzung für sinnvolle Gespräche überhaupt. Für Gesprächspartner verbindet sich der Begriff der Wirklichkeit mit der regulativen Idee einer »Summe alles Erkennbaren«.« (73)

[46] An diesem Punkt knüpft Schellings und Hegels Denken des Unbedingten an. Vgl. dazu Gabriel: »Die metaphysische Wahrheit des Skeptizismus«.

dem freilich primär mit seinem Begriff der Anschauung gerecht zu werden, die ohne Empfindungen keinen Gehalt hätte. Dabei macht er allerdings nirgends deutlich, woher der Stoff der Empfindungen kommt. Käme er vom Ding an sich, träfe Jacobis berühmter Einwand zu, daß Kant entgegen seiner eigenen Erkenntnisrestriktion dem Ding an sich Kausalität zuschreibe. Erscheinungen wird zwar Kausalität zugeschrieben, nur gibt es Erscheinungen nicht als extramentales Korrelat von Vorstellungen. Außerdem sind Erscheinungen immer schon begriffliche Vorstellungen und demnach immer schon Resultate der Synthesis. Erscheinungen können also nicht die Ursache dafür sein, daß unsere Empfindungen einen zu synthetisierenden Inhalt haben, da Erscheinungen das Resultat der Synthesis sind. Dinge an sich hingegen können ebenfalls nicht die Ursache der Empfindungen sein, da die Dinge an sich ansonsten in durchgängig determinierten Kausalzusammenhängen ständen, was aber die Kantische praktische Philosophie unmöglich machen würde und überdies die Erkenntnisrestriktion verletzte, der zufolge wir Dingen an sich keine Eigenschaften zuschreiben können.

Es ist also zumindest unklar, woher Kant zufolge der Stoff der Empfindungen kommt, was bekanntlich die Debatte um den ontologischen Status des Dings an sich ausgelöst hat. Ohne *exegetisch* zu einer Lösung des Problems beitragen zu wollen, schlage ich vor, den Kantischen Weltbegriff auf die skizzierte Weise zu übernehmen und die Welt damit nicht zu hypostasieren. Dennoch muß gegen Kant angenommen werden, daß es eine vorstellbare Welt gibt, die wir in unseren Vorstellungen genau dann vorstellen, wenn wir wahre Vorstellungen haben.

Im Ausgang von Kant kann man diesen Gedanken so rekonstruieren, daß die Kohärenz und Struktur der Vorstellungswelt die notwendige Annahme einer vorstellbaren Welt bezeugt, die sich von den jeweiligen Vorstellungen potentiell unterscheidet. Im Unterschied zu Kant kann man die Welt, die hierbei unterstellt wird, als die Welt an sich bezeichnen, die sich von unseren fallliblen Vorstellungen der Welt unterscheidet. Diese Welt an sich kann man im Unterschied zur Welt als Vorstellung als die *vorstellbare Welt* bezeichnen. Die vorstellbare Welt erfassen wir in allen wahren Urteilen, da wahre Urteile behaupten, was der Fall ist. Kant reduziert die vorstellbare Welt auf ihre Funktion in der epistemischen Ökonomie endlicher Wesen, so daß sie ihre ontologische Unabhängigkeit einbüßt. Das Problem ist, daß er dadurch den entscheidenden Schritt zur These der Erscheinungswelt als Vorstellung eröffnet hat, womit allerdings die Objektivität zurückgenommen wird, die wir mithilfe des Weltbegriffs erklären wollen. Die Welt ist keine Vorstellung, sondern der Inbegriff des Vorstellbaren, das in wahren Urteilen in den Diskurs eingeblendet wird. Daraus folgt kein epistemischer Optimismus oder naiver direkter Realismus, da ich nicht behaupte, daß wir ohne komplexe diskursive Vermittlung erkennen können, wie die Welt ist.

Was der Fall ist, können wir zwar nicht unabhängig von Urteilen bestimmen, woraus aber nicht folgt, daß dasjenige, was der Fall ist, von der Existenz urteilsfähiger Wesen referenz-abhängig ist. Daraus, daß alle wahren Urteile die Welt an sich beschreiben, folgt auch nicht, daß wir notwendig wahre Urteile darüber haben, welche unserer Urteile wahr und welche falsch sind. Da wir keinen unvermittelten Zugang zur Welt an sich haben, sind wir auf Urteile angewiesen, wobei der Umgang mit Urteilen, das »Urteilsspiel« (ÜG, § 131), aufgrund der Normativität der Begriffe konstitutiv sozial ist. Wir können demnach nicht auf die Welt an sich blicken, um festzustellen, welche Urteile wahr sind. Wahre Urteile müssen innerhalb des Urteilsspiels anerkannt werden und verdanken sich keiner binären Relation zwischen Geist und Welt. Dennoch müssen wahre Urteile die Welt an sich beschreiben, da wir ansonsten in die Aporie geraten, daß unser prädikativ vermittelter Weltzugang uns die Welt notwendig verstellt, was tendenziell zu einer absurden Verdoppelung der Welt in ein Ding an sich und eine Welt der Erscheinungen führt (wobei es bekanntlich umstritten ist, ob Kant selbst eine solche Zwei-Welten-Lehre vertreten hat oder nicht).

Zumindest in *Anlehnung* an Kants Weltbegriff kann man nun also sagen, daß die Welt *einerseits* von unserer Vorstellungswelt unterschieden ist. *Andererseits* ist sie von unserer Vorstellungswelt aber nur dadurch unterschieden, daß es eine Möglichkeitsbedingung der Vorstellungswelt ist, daß eine Welt angenommen wird, die immer mehr ist, als dasjenige Einzelne, das gerade vorgestellt wird. Wenn Kant selbst auch nicht annimmt, daß es eine Welt an sich unabhängig von der »Idee der absoluten Totalität« (KrV, B 534) gibt, müssen wir auch die *omnitudo realitatis* so denken, daß sie mit der Annahme der Existenz einer vorstellbaren Welt kompatibel ist. Ansonsten drohte wiederum ein Subjektivismus, der die vorstellbare Welt aller Theorien erster Ordnung auf die Vorstellungswelt reduziert, die ein Begriff der Metatheorie ist. Die Welt muß als die Totalität alles Vorstellbaren begriffen werden können, was freilich nicht bedeutet, sie gegen Kants berechtigte Kautelen zu hypostasieren. Eine solche Operation führte wiederum in ein rein kausales Modell der Erfahrung zurück, das alle Erkenntnisse von Einzeldingen als isolierte Episoden betrachtet, ohne in Rechnung zu stellen, daß wir alles Einzelne nur vor dem Hintergrund einer Totalität einblenden können, die selbst unverfügbar bleibt und die uns unmöglich sinnlich affizieren kann, da sie gar kein vorliegendes Ding ist.

Die Bedeutung eines Begriffs ist nach Kant seine »Beziehung aufs Objekt« (KrV B 300), d.h. seine Referenz. Referenz gibt es aber niemals unabhängig davon, daß das Objekt in einer bestimmten Weise gegeben wird, d.h. Bedeutung gibt es nicht ohne (Frege'schen) Sinn. Die Aufgabe der Erkenntnissuche kann man nun darin sehen, die Identität der Bedeutung trotz der Abschattungen des Sinns festzustellen, was aber voraussetzt, daß wir mit der durchgängigen Bestimmtheit der Welt selbst rechnen, die uns stets auf eine bestimmte Weise gegeben wird. Daraus, daß uns die Welt auf eine bestimmte Weise, d.h. als Sinnfeld *(field of sense)*, gegeben wird, folgt aber nicht, daß es sie nicht unabhängig davon gibt, daß sie uns auf eine bestimmte Weise gegeben wird.[47] Die Pluralität des Sinns setzt im Gegenteil eine Singularität der Bedeutung voraus, da ansonsten der Objektivitätskontrast eingeebnet würde. Objektivität ist zwar von Subjektivität sinn-abhängig, was aber nicht bedeutet, daß Subjektivität Objekte konstitutiert oder gar produziert. Die Sinn-Abhängigkeit der Objektivität von der Subjektivität verpflichtet uns lediglich auf die minimale Einsicht, daß wir keinen Begriff der objektiven Realität unserer Vorstellungen hätten, wenn diese nichts vorstellen könnten, was potentiell von der Vorstellung divergiert. Diese potentielle Divergenz muß angenommen werden, um der Fallibilität unserer Vorstellungen Rechnung zu tragen, die epistemische Ansprüche auf empirische Erkenntnis erheben. Die Singularität der Welt ist also der bestimmende Kontrastbegriff zu den multiplen Zugangsweisen zur Welt, die für Subjektivität als Sinnfeld konstitutiv sind.

Da die Welt der Inbegriff der Objektivität ist, liegt die eigentli-

[47] Vgl. Cavell, S.: *The Claim of Reason. Wittgenstein, Skepticism, Morality, and Tragedy.* New York 1979, 62: »Experience must, *sub specie humanitatis,* make sense. »A freak of nature« is one explanation which makes sense of experience; but it is [...] a specific explanation, competent only under certain conditions. And the field of sense, over which explanations range from »I just don't know« to »It's a freak of nature«, is broader than any a priori bargain knows. Science, history, magic, myth, superstition, religion, are all in that field. There is no short-cut across it.«

che Stärke von Kants antiskeptischer Strategie gegen den Cartesischen Skeptizismus in seinem Weltbegriff, der durch eine Analyse der Möglichkeitsbedingungen einer semantisch stabilen Vorstellungswelt gewonnen wird. Der Cartesische Skeptiker unterstellt, daß die Welt ein Aggregat vorhandener Dinge ist, dessen Existenz dadurch in Frage gestellt werden kann, daß wir zu diesem Aggregat nur einen durch unsere Vorstellungen vermittelten Zugang haben können. Dadurch verfehlt er aber das Weltproblem, indem er die Welt im Ausgang von einer naiven Einzeldingontologie (s. u., §3) selbst als Dingaggregat und damit als »Superding« konzipiert, das wir immer nur in Ausschnitten präsent haben. Einer verfehlten Theorie der Vorstellungen entspricht auf diese Weise eine verfehlte Theorie der Welt. Entwirft man eine Theorie der Intentionalität, für die sich das Außen*welt*problem im Sinne eines Zweifels an der Existenz eines Gegenstands genannt »Welt« ergibt, ist man bereits zum Opfer eines unreflektierten Weltbegriffs geworden. Denn die Welt ist kein Gegenstand, sondern allenfalls der Name für einen *Horizont*, innerhalb dessen Gegenstände begegnen können. Kant zieht aus dem Außenweltproblem und der Antinomie des Weltbegriffs, die er entdeckt zu haben glaubt, die richtige Konsequenz, den Weltbegriff transzendental umzudeuten.[48]

Die *res extensa* wird bei Kant allerdings zur raumzeitlich ausgedehnten Erscheinungswelt, die notwendig auf unsere Vorstellungen bezogen ist und außerhalb unserer Vorstellungen nicht existiert, wie Kant *expressis verbis* behauptet.[49] Selbst wenn man Kants pro-

---

[48] Das ist bekanntlich für den phänomenologischen Weltbegriff von eminenter Bedeutung, wie Husserl immer wieder versichert. S. etwa Husserl, E.: *Die Krisis der europäischen Wissenschaften und die transzendentale Phänomenologie. Eine Einleitung in die phänomenologische Philosophie.* Hamburg 1992, 145: »Die Welt ist uns, den wachen, den immerzu irgendwie praktisch interessierten Subjekten, nicht gelegentlich einmal, sondern immer und notwendig als Universalfeld aller wirklichen und möglichen Praxis, als Horizont vorgegeben. Leben ist ständig In-Weltgewißheit-leben.« Zur antiskeptischen Umdeutung des Weltbegriffs bei Kant und im nachkantischen Idealismus vgl. Gabriel: »Die metaphysische Wahrheit des Skeptizismus«.

[49] »Wir haben in der transzendentalen Ästhetik hinreichend bewiesen: daß alles, was im Raume oder Zeit angeschauet wird, mithin alle Gegenstände einer uns möglichen Erfahrung, nichts als Erscheinungen, d. i. bloße Vorstellungen, sind, die, so wie sie vorgestellt werden, als ausgedehnte Wesen, oder Reihen von Veränderungen, außer unseren Gedanken keine an sich gegründete Existenz haben.« (KrV B 518 f.) Das einzige, was Kant in seinen Augen vor einem *esse-est-percipi*-Idealismus rettet, ist die Annahme des Dings an sich, d. h. die *Annahme*, daß etwas unabhängig von unseren Vorstellungen existiert. Daher setzt Kant seinen *formalen* einem *materialen Idealismus* entgegen,

blematischen, wenn nicht gar inkonsistenten Form-Inhalt-Dualismus ablehnt, bleibt seine Einsicht bestehen, daß die Welt nicht in einer Anschauung, d. h. als Weltinhalt gegeben werden kann.

Daß wir eine Welt unterstellen, die das Ganze alles Seienden ist, ist in der Tat eine Möglichkeitsbedingung unserer kognitiven Projekte. Die Welt kann demnach nicht nach dem Modell eines vorstellungsexternen Gegenstands (z. B. als physikalisches Universum) gedacht werden, ohne daß man sich in unlösbare Theorieschwierigkeiten verstrickt, indem man so die Möglichkeitsbedingung von gehaltvollen Theorien überhaupt mit dem Gegenstand einer Theorie verwechselt. Das ist die positive Konsequenz des Humeschen Skeptizismus für den Weltbegriff, die Kant aus dem dogmatischen Schlummer geweckt hat, indem er die Aporien des mentalen Repräsentationalismus manifest macht. Es ist also kein Zufall, daß Kant einerseits Hume, andererseits der Entdeckung der Antinomie im Weltbegriff sein Aufwachen aus dem dogmatischen Schlummer verdankt.[50] Und so spielt der methodische, d. h. integrativ in die eigene Theoriekonstruktion eingebaute Skeptizismus in Kants *Kritik der reinen Vernunft* als »skeptische Methode« (KrV, B451 f.) nicht zufällig im Kontext seiner Behandlung des Weltbegriffs eine zentrale Rolle.[51]

Kants skeptische Depotenzierung des Weltbegriffs zu einer regulativen Idee impliziert seinen transzendentalen Idealismus, der behauptet, daß es keine Welt im Sinne eines großen Ganzen gibt, das in Raum und Zeit ausgedehnt existiert und mit Einzeldingen ausgefüllt

---

der »die Existenz äußerer Dinge selbst bezweifelt oder leugnet« (KrV, B519, Anm.). Kant vertritt also dasjenige, was Marcus Willaschek einen »minimalen« im Unterschied zu einem »qualitativen« Realismus bezeichnet (vgl. Willaschek, M.: *Der mentale Zugang zur Welt. Realismus, Skeptizismus und Intentionalität.* Frankfurt/Main 2003, 13 f.): Zwar muß angenommen werden, daß die Existenz der »äußeren Dinge« von unseren Vorstellungen unabhängig ist (ansonsten könnte man nicht erklären, warum wir nicht vorstellen können, was wir wollen). Wie sie uns aber erscheinen (ihre Qualitäten), hängt von unserer Auffassung der Dinge ab.

50 Vgl. seine nur scheinbar einander widersprechenden Äußerungen: »Ich gestehe frei: die Erinnerung des *David Hume* war eben dasjenige, was mir vor vielen Jahren zuerst den dogmatischen Schlummer unterbrach, und meinen Untersuchungen im Felde der spekulativen Philosophie eine ganz andere Richtung gab.« (*Prolegomena*, A13) Am 21. September 1798 schreibt Kant an Garve, daß ihn die Antinomie im Weltbegriff »aus dem dogmatischen Schlummer zuerst aufweckte und zur Critik der Vernunft selbst hintrieb, um das Scandal des scheinbaren Widerspruchs der Vernunft mit ihr selbst zu heben.« (AA 12, 258)

51 Zu Kants Auseinandersetzung mit dem Problem des Skeptizismus insgesamt vgl. neuerdings Forster, M. N.: *Kant and Skepticism.* Princeton 2008.

ist. Die Welt ist nach Kant nicht unabhängig von der Existenz endlicher epistemischer Wesen, die sich auf Gegenstände mit der Absicht beziehen, zu erkennen, wie sie sind. Kants Weltbegriff ist dabei negativ-dogmatisch in dem Sinne, daß er der rationalen Kosmologie ihren Gegenstandsbereich abspricht, weil es Kant zufolge unter den Bedingungen der These, daß die Welt ein Ding an sich ist, unmöglich wäre, sie zu erkennen. Die Annahme einer reifizierten Welt an sich implizierte nämlich, daß unser Weltwissen bestenfalls dasjenige erfaßt, was ohnehin der Fall ist. Eine solche These versteht Kant als »transzendentalen Realismus« (KrV, A 369 ff.). In Anlehnung an Putnam werde ich sie im folgenden durchgängig als »metaphysischen Realismus« bezeichnen.[52]

§ 3. Der metaphysische Realismus und die naive Einzeldingontologie

Der metaphysische Realismus faßt die Welt *a priori* als die Totalität aller modal robusten Fakten auf. Ein *modul robustes Faktum* ist ein solches, das auch dann der Fall gewesen wäre, wenn es niemals jemand gegeben hätte, der sich mit einem epistemischen Anspruch auf es bezieht. Die Annahme modal robuster Fakten scheint unmittelbar aus der epistemologischen Differenz von Wissen und bloßem Fürwahrhalten, d. h. aus dem Objektivitätskontrast zu folgen, da dasjenige, was gewußt wird, bereits oder ohnehin der Fall sein muß, wenn wir es in unserem Wissen erfassen. Zwar gilt dies genau genommen nicht für alles, sondern lediglich für objektives Wissen. Denn unser Wissen über uns selbst als Subjekte oder über den Staat, in dem wir leben bzw. unser gesamtes Wissen über die Selbstbeschreibung der Gemeinschaft, der wir angehören, ist kein Wissen, dessen Inhalt modal robuste Fakten sind. Staaten, Kunstwerke, Gemeinschaften und Lebensentwürfe sind keine modal robusten Fakten, weil ihre Existenz immer schon von uns abhängig ist.

Dennoch hat man angenommen, all unser Weltwissen habe dasjenige zum Inhalt, was ohnehin da ist. Bernard Williams hat dies als den *absoluten Begriff der Realität (the absolute conception of reali-*

---

[52] Einen guten Überblick über Putnams verschiedene Realismus-Begriffe liefert Heidemann, D. H.: »Metaphysik und Realismus in der Erkenntnistheorie«, in: Gloy, K. (Hrsg.): *Unser Zeitalter – ein postmetaphysisches?* Würzburg 2004, 277–290.

ty) bezeichnet und mithilfe einer Analyse des Wissensbegriffs erläutert. Demnach ist die Welt im Sinne der Totalität aller modal robusten Fakten »der Inhalt einer jeden Repräsentation, die Wissen ist«[53]. Der Wissensbegriff verleitet also offenkundig dazu, mit einer Welt an sich zu rechnen, die unabhängig davon besteht, daß wir uns mit epistemischen Ansprüchen auf sie beziehen. Daraus folgen allerdings unmittelbar zwei Schwierigkeiten.

Erstens gibt es Fakten, die nicht modal robust sind, und die wir nicht dadurch weltlos werden lassen sollten, daß wir die Welt *a priori* als die Totalität aller modal robusten Fakten auffassen. Dazu gehören nicht nur Fakten über die Geschichte, uns selbst als geistige Wesen, den Staat, die Zukunft, (vielleicht) sogar die Vergangenheit, abstrake (zum Beispiel mathematische) Entitäten usw., sondern dazu gehört insbesondere das Faktum (der Gedanke), daß der Inhalt des Weltwissens die Totalität aller modal robusten Fakten ist. *Definiert man den Inhalt alles Weltwissens jeweils als eine Teilmenge der Totalität aller modal robusten Fakten und behauptet darüber hinaus zu wissen, daß dies dem Wissensbegriff genügt, so ist dieses Wissen zweiter Ordnung selbst kein Wissen, dessen Inhalt ein modal robustes Faktum ist.* Denn unser Wissen als Gegenstand eines Wissensanspruchs hätte es *trivialiter* nicht gegeben, wenn es niemals jemand gegeben hätte, der sich mit einem epistemischen Anspruch auf es bezieht. Wenn wir die Beziehung von Welt und Wissen so und so bestimmen, kann diese Bestimmung, d.h. der Gedanke, daß die Beziehung von Welt und Wissen so und so ist, selbst kein modal robustes Faktum sein. Der metaphysische Realist verstrickt sich demnach nicht nur in die Schwierigkeit, geistige Phänomene von der Existenz modal robuster Fakten aus zu verstehen, um sie nicht weltlos werden zu lassen. Sein fatales Problem ist die Behauptbarkeit seiner eigenen Theorie, da diese selbst *ex hypothesi* kein Wissen beanspruchen kann, ohne sich selbst als modal robustes Faktum zu definieren. Wüßte der metaphysische Realist wirklich, daß der Inhalt alles Wissens eine Teilmenge der Totalität aller modal robusten Fakten ist, so wäre der Inhalt seines eigenen Wissens, nämlich das Wissen erster Ordnung, ein modal robustes Faktum und demnach etwas, das es auch unabhängig davon gegeben hätte, daß sich jemals jemand mit einem epistemischen Anspruch auf es bezieht, was absurd ist.

Zweitens impliziert der metaphysische Realismus einen menta-

---

53 Williams, B.: *Descartes: The Project of Pure Enquiry*, 64f.

len Repräsentationalismus. Wer etwas weiß, weiß demnach, was ohnehin der Fall ist. Was ohnehin der Fall ist, kann nicht davon abhängen, daß er es weiß. Sein Wissen kann bestenfalls nur erfassen, was ohnehin der Fall ist. Zu demjenigen, was ohnehin der Fall ist, kann man aber nur einen empirischen Zugang haben, da es unserer epistemischen Aktivität *ex hypothesi* vorhergeht. Nun müssen epistemische Ansprüche nicht notwendig erfüllt sein. Epistemische Ansprüche stehen nämlich konstitutiv unter Erfolgsbedingungen. Aus diesem Grunde sind wir empirisch fallibel. Wir können fehlgehen und uns irren. Nun behauptet der metaphysische Realist aber *a priori* zu wissen, daß die Welt die Totalität aller modal robusten Fakten ist. Daraus folgt, daß er nur empirisches Wissen haben kann. Wenn er aber nur empirisches Wissen haben kann, kann er nicht *a priori* wissen, daß er nur empirisches Wissen haben kann, da er eben nichts *a priori* über die Welt *wissen* kann, was aus seinem Weltbegriff folgt, der folglich dialektisch instabil ist. *Die Voraussetzung, wir könnten nur Ausschnitte der Welt erkennen, weil diese als die Totalität aller modal robusten Fakten zu verstehen ist, vergißt, daß sie damit einen Weltbegriff in Anspruch nimmt, ohne diesen epistemologischen Anspruch zu reflektieren.*

G. E. Moore hat gegen Kants Substitution des metaphysischen Realismus durch seinen transzendentalen Idealismus eingewandt, daß dieser selbst eine skeptische Position darstelle, da er behaupte, daß es keine Welt an sich gibt. Moore wird dabei dem Weltproblem zwar nicht gerecht, wenn er gegen Kant ihre bewußtseinsunabhängige Realität dadurch beweisen will, daß er seine Hände in die Luft streckt und aus der solchermaßen ostensibel ausgewiesenen Existenz mindestens einiger physikalischer Objekte schließt, daß es physikalische Objekte und demnach eine Außenwelt gibt, da das Kriterium für die Existenz einer Außenwelt die Vorhandenheit mindestens eines physikalischen Objekts sei.[54] Moores explizit gegen Kant gewendeter »Beweis« der Existenz einer Außenwelt verfehlt somit die Kantische Formulierung des Weltproblems und ihre negativ-dogmatische Pointe. Seine Einwände treffen dennoch Kants *Widerlegung des Idealismus,* indem sie deren Argumentation untergraben. Moores Argumentation soll uns daher weiterhelfen, die Grundeinsicht des Kantischen Weltbegriffs *e negativo* besser zu verstehen.

---

[54] Vgl. Moore, G. E.: »Proof of an External World«, in: Ders.: *Philosophical Papers.* London/New York 1959, 127–150.

Moore legt Kant zunächst auf die folgenden beiden Äquivalenzen fest, die Kants Argumentation in der *Widerlegung des Idealismus* zugrundeliegen.

1. »Die Existenz der Dinge außer uns« *(the existence of the things outside of us)* ist äquivalent mit »die objektive Realität der äußeren Anschauung/Vorstellung« *(the objective reality of outer intuition).*[55]

2. »Dinge außerhalb unseres Geistes/Bewußtseins« (*things external to* our minds) ist äquivalent mit »Dinge, die im Raum angetroffen werden können« (*things which are* to be met with in space).[56]

Die beiden Äquivalenzen dienen Kant Moore zufolge als Übersetzungshilfe für das Projekt, die Existenz der Außenwelt zu beweisen.[57] Gelingt es nämlich zu beweisen, daß eine der beiden Seiten der Äquivalenz notwendig instantiiert ist, hat man gleichzeitig bewiesen, daß es die andere auch ist. Gelingt es demnach, die objektive Realität unserer Vorstellungen *a priori* durch transzendentale Argumente zu beweisen, hat man Kant zufolge damit auch die Existenz von Dingen außer uns bewiesen. D. h. gelingt es zu beweisen, daß es notwendig Dinge gibt, die im Raum angetroffen werden können, wenn anders es überhaupt Vorstellungen geben können soll, hat man damit die Existenz von Dingen außerhalb unseres Bewußtseins bewiesen, da es Vorstellungen von Dingen außer uns gibt. Kant schließt also aus dem Faktum, daß es immerhin *Vorstellungen* von Dingen außer uns gibt, darauf, daß es Dinge außer uns geben muß.

Durch seine Umdeutung des Begriffs einer Außenwelt will Kant selbst zeigen, daß unseren Vorstellungen von Dingen im Raum etwas entspricht, das wir nicht selbst hervorgebracht haben. Erreicht werden soll dies dadurch, daß aufgezeigt wird, inwiefern es sich dabei um eine Bedingung der Möglichkeit des Selbstbewußtseins, d. h. der reflexiven Beschreibung der Aktivität der Synthesis handelt. Die Man-

---

55 Ebd., 128.

56 Ebd., 130. Kant definiert »*empirisch äußerliche* Gegenstände« in der Tat umstandslos als Dinge, »die im Raume anzutreffen sind.« (KrV, A 374)

57 Kant beabsichtigt natürlich nicht, die Existenz derjenigen Außenwelt zu beweisen, die im mentalen Repräsentationalismus letztlich auf eine mögliche Hypothese zur Erklärung unseres Passivitätsgefühls zusammenschrumpft. Seine eigenen Voraussetzungen, insbesondere der Weltbegriff, gehen in seine Widerlegung mit ein. Damit hat diese freilich ein ganz anderes Beweisziel als Moore. Moore stellt allerdings auch keine exegetische Frage, sondern fragt sich vielmehr, ob Kants Widerlegung des Idealismus und deren Voraussetzungen das Außenweltproblem überhaupt angemessen beschreiben.

nigfaltigkeit des sinnlich Gegebenen soll als die Bedingung der Aktivität der Synthesis thematisiert werden. Kant zeigt nun in diesem Zuge, daß dasjenige, was unseren Vorstellungen von Dingen im Raum entspricht, kein extramentales Substrat ist, das an sich in Raumrelationen steht. Das dem Subjekt Gegebene ist vor dem Hintergrund der kopernikanischen Wende selbst als vorstellungsbezogen zu denken: die Mannigfaltigkeit des in Raum und Zeit sinnlich Gegebenen. In den transzendentalen Grundsätzen spricht Kant in diesem Sinne vom »Realen der Empfindung« (KrV, B 207), im Postulat der Wirklichkeit von der »Empfindung« (KrV, B 272). Die rezeptive Endlichkeit des Erkenntnissubjekts gehört mithin konstitutiv zur Subjektivität, deren Wirklichkeit lediglich ihre synthetisierende Aktivität ist: Unseren Begriffen von Dingen im Raum korrespondiert eine Mannigfaltigkeit aufseiten der Sinnlichkeit, die vom Subjekt gesetzt ist *als* nicht von ihm gesetzt. Diese Mannifaltigkeit ist die Bedingung der Möglichkeit des empirischen Selbstbewußtseins, d.i. der Aktualisierung der Synthesis. Die Synthesis vermag sich nur an gegebenem Material zu vollziehen, was Kant zufolge bedeutet, daß aus dem Faktum des Selbstbewußtseins die Existenz einer gegebenen Außenwelt folgt.

Moore läßt sich nun nicht auf Kants Voraussetzungen ein, sondern fragt, ob es Kant ohne *petitio principii* gelingt, die Existenz von Dingen außer uns zu beweisen. Dabei versucht Moore insbesondere, die zweite Äquivalenz zu untergraben. Er attackiert Kants Identifikation von Dingen außerhalb unseres Bewußtseins mit Dingen, die im Raum angetroffen werden können. Denn, so Moore, Dinge, die im Raum angetroffen werden können, sind nach Kant notwendig immer schon *Vorstellungen* von Dingen, die im Raum angetroffen werden. Kants eigene Prämissen verbieten tatsächlich die Annahme eines direkten epistemischen Zugangs zu Dingen an sich, die eine bestimmte Raum- und Zeitstelle auch unabhängig von unseren subjektiven Registraturen einnehmen.

Nun gibt es aber Vorstellungen, als ob irgendetwas im Raum angetroffen würde, z.B. Halluzinationen oder Nachbilder, die einem erscheinen, wenn man auf helle Farbflecken geblickt hat usw. Es gibt also viele »Dinge«, die so vorgestellt werden, als ob sie im Raum angetroffen würden, die aber nicht im Raum angetroffen werden, was man daran sehen kann, daß andere sie nicht sehen. Denn was im Raum angetroffen werden kann, kann nicht nur von einer Person gesehen werden, sondern ist notwendig öffentlich. Es wird zwar im

Raum bzw. genauer: räumlich vorgestellt, ohne aber im Raum angetroffen werden zu können. Es gibt offenkundig einen Unterschied zwischen Dingen, die »im Raum vorgestellt« *(presented in space)* werden und Dingen, die »im Raum angetroffen« *(to be met with in space)* werden; ein Unterschied, den Kant in der *Widerlegung des Idealismus* nicht berücksichtigt.[58] Während jene entweder veridische Vorstellungen oder Halluzinationen/Illusionen sein können, sind diese öffentliche Objekte (die Möglichkeit einer kollektiven Täuschung vorerst ausgenommen).

Gelingt es Kant nicht, Moores Illusions-Argument zurückzuweisen, scheitert die Widerlegung des Idealismus. Kant selbst ist daher nicht zufällig bemüht, das Illusions-Argument zu entkräften. Dabei begeht er aber eine unverblümte *petitio principii*. In der dritten Anmerkung der *Widerlegung des Idealismus* argumentiert er nämlich mit einer empiristischen Abstraktionstheorie des Gehalts von Träumen und Wahnvorstellungen, indem er behauptet, daß die Einbildungskraft ihre Gehalte niemals frei produzieren könne, sondern »bloß durch die Reproduktion ehemaliger äußerer Wahrnehmungen« (KrV, B 278). Da diese, wie die *Widerlegung* gezeigt habe, »nur durch die Wirklichkeit äußerer Gegenstände möglich sind« (ebd.), sei das Illusions-Argument abgewehrt. Kant setzt also das Gelingen der Widerlegung voraus, um das Illusions-Argument zu entkräften. Dabei unterstellt er *a limine* eine empiristische Abstraktionstheorie des Gehalts von Träumen. Die Möglichkeit der Abstraktion von Gehalten, die uns von einer Außenwelt gegeben werden, wird durch das Illusions-Argument aber gerade in Frage gestellt. Kants Berufung auf die empiristische Abstraktionstheorie von Träumen nimmt deshalb bereits die Widerlegung des Illusions-Arguments in Anspruch, da er Illusionen als Abstraktionen von veridischen Vorstellungen auffaßt. Kants Argumentation gegen das Illusions-Argument ist folglich zirkulär.

Allerdings entgeht Moore die negativ-dogmatische Pointe des Kantischen Weltbegriffs. Stattdessen faßt er die Welt, deren bewußtseins-transzendente Existenz Moore zufolge im transzendentalen Idealismus aufgegeben wird, offenkundig als eine Menge physikalischer (und folglich *öffentlicher*) Objekte auf. Moores Alternative zum transzendentalen Idealismus ist allerdings wenig attraktiv, da er ihn durch eine naive Einzeldingontologie, d. h. durch den Begriff

---

[58] Moore: »Proof of an External World«, 132.

der Welt als Totalität alles dessen ersetzen will, was er als »physikalisches Objekt« bezeichnet. Moore nennt als Beispiele für physikalische Objekte: »my body, the bodies of other men, the bodies of animals, plants of all sorts, stones, mountains, the sun, the moon, stars, and planets, houses and other buildings, manufactural articles of all sorts – chairs, tables, pieces of paper, etc.«[59] Die genannten physikalischen Objekte sind in der Tat in einem weiten Sinne öffentlich, so daß man sie nicht mit Vorstellungen verwechseln darf. Tische sind schließlich keine Vorstellungen, weil Vorstellungen keine Tische sind. Meines Wissens gehören Hände, Tische, Stühle, Katzen usw. allerdings nicht zum Gegenstandsbereich der Physik, die an den meisten Universitäten und sonstigen Lehr- und Forschungsinstituten gelehrt wird. Der Ausdruck »physikalisches Objekt« ist daher zumindest irreführend, weil Moores physikalische Objekte in der Physik nicht vorkommen. An anderer Stelle räumt Moore selbst ein, er sei nicht imstande, den Begriff »physical fact« zu definieren oder auch nur anzugeben, was physikalische Fakten als solche ausmache. Gleichwohl behauptet er, daß sich daraus kein Problem ergebe, da jeder verstünde, was er meine.[60]

Außerdem kann man Moores Liste leicht mit dem *Problem der begrifflichen Relativität* konfrontieren, das insbesondere zeitgenössische Rehabilitationen Kantischer Einsichten bei Goodman und Putnam motiviert hat. Wenn sich nämlich zwei hinreichend normierte Beobachter (z.B. britische *Common-sense*-Philosophen zu Beginn des zwanzigsten Jahrhunderts) gleichzeitig an einem Ort mit einer sichtbaren Auswahl an physikalischen Objekten im Sinne Moores befinden, sollten sie sich auf Nachfrage in der Antwort auf die Frage einig sein, welche Objekte sich vor Ort befinden. Schwieriger wird die Situation, wenn wir einen Physiker, einen Künstler und jemanden hinzufügen, zu dessen religiöser Praxis es gehört, mindestens eines der anwesenden Objekte als Fetisch zu behandeln. Fragte man nämlich den Physiker, welche physikalischen Objekte sich an dem Ort befinden, würden kaum Artikel aus Moores Liste in seiner Ant-

---

59 Ebd., 130.

60 Vgl. Moore, G. E.: »A Defence of Common Sense«, in: Ders.: *Philosophical Papers*, 32–59, hier: 46: »In the case of the term ›physical fact‹, I can only explain how I am using it by giving examples. I mean by ›physical fact‹, facts *like* the following: ›That mantelpiece is at present nearer to this body than the bookcase is‹, ›The earth has existed for many years past‹ […]. But, when I say ›facts *like* these‹, I mean, of course, facts like them *in a certain respect;* and what this respect is I cannot define.«

wort vorkommen. Der Künstler wird sicherlich Objekte sehen, die kein anderer am Ort bemerkt hat, indem er seine Aufmerksamkeit etwa auf die Feinstruktur am Ort befindlicher Materialien richtet, und der Religiöse wird wieder andere Objekte in seine Liste aufnehmen. Daraus folgt, daß zwar *irgendetwas Öffentliches* (mit Kant gesagt = X) an dem Ort ist, das sich von Halluzinationen oder negativen Nachbildern unterscheidet, daß es aber nicht möglich ist, anzugeben, was es unabhängig von den begrifflichen Präferenzen einer Gruppe oder vieler Einzelner ist.

Wer entgegnet, daß auch der Religiöse und der Künstler annehmen, mit einem physikalischen Objekt konfrontiert zu sein, dem sie lediglich andere Eigenschaften als Moore zusprechen, setzt voraus, daß die Dinge der Welt, in der wir leben, zunächst physikalische Objekte sind, die darüber hinaus auch noch weitere Eigenschaften aufweisen, die von der Beschaffenheit des Betrachters abhängen. Moores Hände oder sein Körper sind aber keine physikalischen Objekte, sofern sie *als* Moores Hände oder *als* sein Körper betrachtet werden. Allenfalls könnte man sagen, daß Moores Hände aus physikalischen Objekten (aus Partikeln welcher Art auch immer) bestehen.

Der Begriff des »physikalischen Objekts«, den Moore in Anschlag bringt, gehört zum Genre der philosophischen Fiktion einer basalen Welt aus primären (und bei Moore auch sekundären) Qualitäten, die uns alltäglich problemlos kognitiv zugänglich ist.[61] In den Erzählungen, die in dieser vermeintlichen Welt des Alltags spielen, gibt es auffälligerweise niemals verwirrende Vorkommnisse wie Kunstwerke, Galaxien, physikalische Partikel, Nervensysteme von Elefanten oder Seminare über Erkenntnistheorie. Es wird eine Welt des Alltags unterstellt, in der man es angeblich mit »langweiligen« mesoskopischen Objekten zu tun hat, deren Bewußtseinsunabhängigkeit niemand in Zweifel zieht, weil man zumeist und zunächst nicht in einen Streit darüber verwickelt wird, was sie sind und ob sie unabhängig von unseren begrifflichen Präferenzen so sind, wie sie nun einmal sind.

Doch niemand (auch kein Physiker) lebt in der Konstruktion der

[61] Sellars nennt dieses Bild *the manifest image,* wovon er *the scientific image* unterscheidet, das in einem offenen Konflikt mit dem *manifest image* steht. Vgl. Sellars, W.: »Philosophy and the Scientific Image of Man«, in: Ders.: *Science, Perception and Reality.* Atacadero 1991, 1–40.

Alltagswelt des Common-Sense-Realismus, den Moore zu verteidigen sucht. Nicht nur, daß ein großer Teil der Menschheit tagtäglich fast ausschließlich mit Artefakten umgeht, die ohnehin nicht unabhängig von unseren Begriffen und Interessen das sind, was sie sind und so sind, wie sie sind. Überdies ist es eine keineswegs unzivilisierte Überzeugung, daß das Leben nur ein Traum ist – eine Überzeugung, die eine wichtige Rolle im Hinduismus spielt, um nur ein Beispiel zu nennen.[62] Die These vom Leben als Traum ist freilich Bestandteil beinahe aller religiösen Überlieferungen und Traditionen. Der *philosophische* Alltagsrealismus hat also keine empirische Basis, da er irgendeinen Normalmenschen, den sogenannten »Common Sense«, konstruiert, ohne sich in der Welt umzusehen, was die Menschen tatsächlich glauben. Der Common Sense ist ein Problem und kein Datum, auf das man sich berufen könnte.[63]

Der in der zeitgenössischen Erkenntnistheorie aufgerufene Common Sense ist wohl nichts weiter als eine philosophische Erfindung, mit der man auf skeptische Paradoxien reagiert, um auf diese Weise den Versuch zu motivieren, sie mithilfe einer antiskeptischen Strategie zurückzuweisen. Schon Kant hat dagegen im Rückzug der Common-Sense-Philosophie auf den vermeintlichen *consensus gentium* zu Recht einen »Naturalismus der reinen Vernunft« erkannt, hinter dem sich in seinen Augen nichts Geringeres als eine »Misologie« verbirgt. Wie Kant zu Recht bemerkt, ist der Common-Sense-Philosoph darauf verpflichtet, die Größe und Entfernung des Mondes vom irdischen Betrachter nach dem Augenmaß zu bestimmen.[64]

---

[62] Ein gläubiger Hindu etwa wird bspw. der Überzeugung sein, daß sein Leben ein Schicksalszusammenhang ist, der Teil einer umfassenden Einheit ist, die über Raum und Zeit hinausgeht. Was er erlebt, ist für ihn eine Art Traum, den ein Gott eingibt. Die Lehre von der Maya, der Illusion, in der wir leben, dürfte hinreichend bekannt sein und ist in der Romantik (insbesondere von Schopenhauer im Ausgang von Kant!) verbreitet worden. Wäre Indien repräsentativ für die gesamte Menschheit, sähen die Karten für die Konstruktion eines *Common Sense*, der den Alltagsrealismus vertritt, also schlecht aus. Der Common Sense ist offenkundig kein statistischer Begriff, zumal es nicht klar ist, wie genau man eine Umfrage darüber beginnen könnte, welche Völker und Gruppen der Überzeugung sind, in Moores Welt der öffentlichen physikalischen Objekte zu leben und welche nicht.

[63] Mit Jay Bernstein kann man die Moderne geradezu durch einen Verlust des *sensus communis* definieren, der nur noch für Momente in der ästhetischen Erfahrung im Modus der Abwesenheit erfahren werden kann. Bernstein versteht die moderne Kunst als Trauerarbeit, die den Verlust des Common Sense beklagt. Vgl. Bernstein, J. M.: *The Fate of Art. Aesthetic Alienation from Kant to Derrida and Adorno.* Cambridge 1992.

[64] »Der *Naturalist* der reinen Vernunft nimmt es sich zum Grundsatze: daß durch ge-

Denn die Wissenschaft, die den Common Sense darüber belehrt, daß die Welt gerade nicht so ist, wie sie ihm erscheint, impliziert bereits die Möglichkeit der skeptischen Infragestellung der meisten vorwissenschaftlichen Überzeugungen. Die wissenschaftliche Forschung führt nämlich »in beträchtlichem Umfange zur Delegitimation von Alltagswissen.«[65] Gerade die Wissenschaft lehrt, daß die Welt anders ist, als sie uns und insbesondere als sie dem »Common Sense« erscheint.

Kant weist also auf die Inkompatibilität des sogenannten Common Sense mit der wissenschaftlichen Erkenntnis hin. Wer einen Common Sense konstruiert, um an ihm die Wahrheit oder Falschheit philosophischer Theorien zu bemessen, scheitert an der Existenz der Wissenschaften. Gerade die moderne Naturwissenschaft radikalisiert die Differenz von Common Sense und Wahrheit. Der sogenannte Common Sense lebt in unzähligen Illusionen und läßt sich allenfalls als eine diffuse Menge von Überzeugungen verstehen, die nicht auf einen gemeinsamen Nenner gebracht werden können. Dabei sollte eigentlich offenkundig sein, daß nicht alle Menschen unkritisch auf eine naive Einzeldingontologie oder einen naiven direkten Realismus oder gar auf den metaphysischen Realismus verpflichtet sind. Wer den methodischen Skeptizismus unter Berufung auf den Common Sense diskreditieren will, geht *eo ipso* der kritischen Distanz verlustig, ohne die man nicht einmal bemerken könnte, daß die Welt nicht notwendig so ist, wie sie einem vermeintlich rohen Betrachter erscheint. Ohne eine minimale Differenz von Sein und Schein gäbe es auch keine Wissenschaft.

---

meine Vernunft ohne Wissenschaft (welche er die gesunde Vernunft [Common Sense!, M. G.] nennt) sich in Ansehung der erhabensten Fragen, die die Aufgabe der Metaphysik ausmachen, mehr ausrichten lasse, als durch Spekulation. Er behauptet also, daß man die Größe und Weite des Mondes sicherer nach dem Augenmaße, als durch mathematische Umschweife bestimmten könne. Es ist bloße Misologie, auf Grundsätze gebracht, und, welches das ungereimteste ist, die Vernachlässigung aller künstlichen Mittel, als eine *eigene Methode* angerühmt, seine Erkenntnisse zu erweitern.« (KrV, B 883)

[65] Luhmann: *Die Wissenschaft der Gesellschaft*, 653. Die Wirkungen der Wissenschaft sind nicht zufällig mit denen des Skeptizismus verwandt, wie Luhmann ebenfalls bemerkt. »Die Wissenschaft macht auf unsichtbare Bedrohungen aufmerksam, auf Radioaktivität, auf sagenhafte Ozonlöcher, auf das Unbewußte im Menschen. Sie zerstört den Halt, den man vordem an der Welt zu haben glaubte. Sie reduziert das Normale auf einen extrem unwahrscheinlichen Zufall. Sie relativiert, historisiert, exzeptionalisiert die vertrauten Bedingungen des Menschenlebens, ohne deren Vertrautheit durch ein funktionales Äquivalent ersetzen zu können.« (ebd., 654)

Es stellt deshalb keine gute antiskeptische Strategie dar, die Welt als ein Aggregat physikalischer Objekte (im Sinne Moores) zu betrachten, das sich in Raum und Zeit befindet. Eine solche Auffassung kann man als *naive Einzeldingontologie* bezeichnen. Wer eine naive Einzeldingontologie vertritt, rechnet tendenziell mit einer Normalperspektive auf die Welt dergestalt, daß es genau eine wahre Beschreibung der Welt gibt.[66] Diese Normalperspektive reflektiert dabei eine bestimmte metaphysische Auffassung der Welt und ihrer Beschaffenheit, die durch die simple relativierende Beobachtung in Frage gestellt werden kann, daß Moores Hände für Moore physikalische Objekte (d. h. mesoskopische Einzeldinge), für den Physiker eine Konfiguration von Partikeln, für den Künstler potentielle Kunstformen und für den Religiösen ein Fetisch sein können.[67] Was Moores Hände unabhängig von dieser begrifflichen Relativität sein mögen, läßt sich nicht sagen. Der Gehalt unserer Aussagen über die Welt kann nämlich nicht kontextfrei bestimmt werden, wobei ein

---

[66] Eine wichtige Ausnahme stellt Anton Friedrichs Koch monumentaler *Versuch über Wahrheit und Zeit* (Paderborn 2006) dar, in dem Koch versucht, eine Einzeldingontologie mit der These einer notwendigen Unabschließbarkeit aller kognitiven Projekte zu verbinden. Allerdings ist Kochs Position insofern von der hier in Frage gestellten Einzeldingontologie weit entfernt, als Koch zeigen will, daß es ein System von Einzeldingen überhaupt nur dann gibt, wenn Subjektivität als Einzelding, d. h. als Subjektivität in Raum und Zeit in ihm vorkommt, was Koch als »Subjektivitätsthese« bezeichnet. Diese geht weit über eine naive Einzeldingontologie hinaus, da sie Einzelding und Subjektivität ontologisch voneinander abhängig macht.

[67] Heidegger wendet sich bekanntlich in *Sein und Zeit* gegen die naive Einzeldingontologie, in der er den Ursprung des Skeptizismus sieht, den diese als ihr vermeintlich Anderes bekämpft. Die naive Einzeldingontologie ist seines Erachtens das Resultat einer Verallgemeinerung eines bestimmten Seinsbegriffs, der sich der natürlichen Welteinstellung nahelegt. Philosophisch folgt daraus eine komplexe Position, die Heidegger in Anlehnung an Fichte in seiner Freiburger Vorlesung von 1929 über *Der deutsche Idealismus (Fichte, Schelling, Hegel) und die philosophische Problemlage der Gegenwart* als Dogmatismus charakterisiert und folgendermaßen beschreibt: »Dogmatisches System der Metaphysik: für die Begründung und den Aufbau des Ganzen der Erkenntnis des Seins des Seienden und des Seienden im Ganzen dasjenige zugrunde legen, was dazu als das Selbstverständlichste und Natürlichste sich gibt. Das ist aber das Seiende selbst in der Bestimmtheit, die sich der nächsten und ständig sich erhaltenden Auffassung nahelegt. Das Seiende: die Allheit der Dinge – Naturdinge, Pflanzen, von den Menschen angefertigte Dinge, die Menschen selbst, Dämonen, Götter [Dämonen und Götter passen nicht wirklich in diese Liste, M. G.] – das All des Seienden; und sein Sein ist eben diese Dingheit. (Das so Gegebene und die Art der natürlichen Auffassung nur *verallgemeinern!*).« (Heidegger, M.: *Der deutsche Idealismus (Fichte, Schelling, Hegel) und die philosophische Problemlage der Gegenwart.* Frankfurt/Main 1997, 127)

Kontext durch eine Reihe begrifflicher Entscheidungen individuiert wird, die innerhalb des Kontexts nicht notwendig durchsichtig sein müssen (s. u. Kap. II). Die Quantenphysik, die Aristotelische Kosmotheologie, Spinozas *Ethik* und die Kunst und Religion einer jeden Epoche und Gemeinschaft sind zwar alle auf die Welt bezogen. Was diese aber ist, läßt sich zumindest nicht geradewegs unabhängig von einem begrifflichen Bezugsrahmen sagen, den Habermas als »lebensweltliches Hintergrundwissen«[68] bestimmt. Begriffliche Rahmen legen allererst fest, als was die Welt aufgefaßt werden muß, indem sie festelegen, was als ein Objekt gilt. Der begriffliche Rahmen lebensweltlicher Hintergrundannahmen bestimmt immer schon, wie dasjenige, was uns in der Welt überhaupt begegnen kann, beschaffen sein muß.

§4. Welt und begriffliche Relativität

Abstrahiert man von allen begrifflichen Entscheidungen und versetzt sich auf einen standpunktfreien *view from nowhere*, verliert man die Welt völlig aus dem Blick, weil man gar nichts mehr bestimmen kann. Der »Blick von Nirgendwo« ist notwendig deskriptiv leer, weil er keine begrifflichen Entscheidungen antizipieren kann, die sich von anderen möglichen begrifflichen Entscheidungen unterscheiden. Denn begriffliche Entscheidungen legen unmittelbar eine Art und Weise (unter möglichen anderen) fest, wie wir uns auf einen logischen Raum beziehen, und eröffnen damit alternative begriffliche Entscheidungen. Alle begrifflichen Entscheidungen (d. h. die Wahl eines begrifflichen Bezugssystems) sind *kontingent* (was nicht bedeutet, daß sie willkürlich sind). Damit wir überhaupt irgendetwas als ein Einzelding bestimmen können, müssen wir begriffliche Entscheidungen getroffen haben, die die Verpflichtung auf einen bestimmten begrifflichen Bezugsrahmen einschließen, der festlegt, was wir überhaupt registrieren können.

Die Bezugnahme auf Einzeldinge bestimmt notwendig einen logischen Raum, einen Gegenstandsbereich, über den sie quantifiziert. Über diesen Gegenstandsbereich kann sie selbst nicht unmittelbar ausmachen, da sie ansonsten einen höherstufigen Gegenstands-

---

[68] Vgl. Habermas, J.: »Handlungen, Sprechakte, sprachlich vermittelte Interaktion und Lebenswelt«, in: Ders.: *Nachmetaphysisches Denken*. Frankfurt/Main 1988, 90.

bereich festlegen müßte, der den Gegenstandsbereich, über den sie quantifiziert, selbst zu einem existierenden Einzelding in einem höherstufigen Gegenstandsbereich machte. Dies folgt aus der Funktion des Existenzquantors, der sich auf Dinge in einem Gegenstandsbereich, nicht aber unmittelbar auch auf diesen Gegenstandsbereich beziehen kann, ohne daß ein höherstufiger Gegenstandsbereich generiert wird.[69]

Diese Einsicht beerbt Kants These, daß die Welt der ultimative Horizont aller Erkenntnissuche ist und dabei lediglich als die regulative »Idee der absoluten Totalität« (KrV, B 534) fungiert, ohne die wir nicht unablässig fortfahren würden, die Eigenschaften der Dinge prädikativ zu explizieren. Gleichzeitig darf nicht aus dem Blick verloren werden, daß uns die Welt immer auf eine bestimmte Weise gegeben ist, so daß wir niemals einen sinnfreien, rein referentiellen Zugang zur Welt an sich haben, die daher nur eine notwendige Annahme und ihrerseits kein »Superding« sein kann. An dieser Stelle muß allerdings vorab zwei potentiellen Einwänden Rechnung getragen werden.

1. Wohlgemerkt folgt aus der *Annahme der begrifflichen Relativität* nicht, daß wir die Welt durch begriffliche Präferenzen produzieren. Der begriffliche Bezugsrahmen all unserer Weltbegegnungen ist umgekehrt vielmehr eine Möglichkeitsbedingung dafür, daß wir die Welt entdecken können; daß wir uns entscheiden, was wir entdecken wollen und was als eine Entdeckung gelten soll. Begriffliche Relativität ist also mit einem internen Realismus kompatibel und führt weder auf einen Produktionsidealismus noch auf einen Irrealismus, der die Einheit der Welt zugunsten der Pluralität der Versionen bestreitet, in der sie erscheint.[70] Der interne Realismus behauptet im Unterschied zum metaphysischen Realismus, daß es keine absolute Welt gibt. Dennoch verschwindet die Objektivität nicht in der Subjektivität, sondern wird vielmehr dadurch garantiert, daß begriffliche Entscheidungen getroffen werden und damit eingelöst werden müssen. Die Objektivität (nicht aber die Objekte!) ist damit sinn-abhängig von der Subjektivität, was nicht bedeutet, daß Subjekte Objekte produzieren.

---

[69] Vgl. dazu Zimmermann, R.: *Der »Skandal der Philosophie« und die Semantik. Kritische und systematische Untersuchungen zur analytischen Ontologie und Erfahrungstheorie.* Freiburg/München 1981.

[70] Wie bei Goodman, N.: *Ways of Worldmaking.* Indianapolis 1978.

Unter den Bedingungen einer begrifflichen Entscheidung gibt es je nach Diskurs eine Norm der Wahrheit, die man erfüllen oder verfehlen kann. Die Unabhängigkeit der Fakten von unseren begrifflichen Entscheidungen besteht demnach darin, daß unsere begrifflichen Entscheidungen uns allererst einen Zugang zu dem eröffnen, was ist, zumal es ohne begriffliche Entscheidungen nicht einmal möglich wäre, irgendetwas Bestimmtes zu suchen. Was unsere Erkenntnissuche befriedigt, ist *so* für unsere Begriffe, daß es unabhängig von ihnen ist. Das bedeutet, daß man sowohl der Unabhängigkeit der Welt als auch ihrer Funktion als Horizont unserer Erkenntnissuche gerecht werden muß. Wir könnten ohne begriffliche Entscheidungen keine Erkenntnissuche initiieren, so daß alle epistemischen Projekte letztlich auf eine Entscheidung zurückgehen, die festlegt, was als ein gelungener Fall von Erkenntnis gelten soll und was nicht. Der Pluralität der begrifflichen Entscheidungen entspricht eine Pluralität der Welten im Sinne einer Pluralität der Diskurse. Alle Diskurse finden aber in der *einen* Welt statt und beziehen sich auf die *eine* Welt, sofern sie unter der Bedingung des Objektivitätskontrasts stehen.

Ohne begriffliche Entscheidungen gäbe es überhaupt keine *bestimmten* Weltzustände für uns. Sobald es aber bestimmte Weltzustände für uns gibt, können wir uns sicher sein, daß diese Weltzustände zwar ihre Bestimmtheit für uns den Begriffen verdanken, die wir kompetent verwenden können, was aber nicht heißt, daß die Weltzustände ihrem Dasein nach von uns abhängen, d. h. daß es sie nicht gäbe, wenn es uns nicht gäbe.

Natürlich gäbe es keine Gedanken und damit keine Begriffe, wenn es niemanden gäbe, der imstande wäre, Gedanken zu haben oder Begriffe zu verwenden. Unsere eigene Existenz als endliche epistemische Wesen ist allerdings nicht selbst ein Produkt unserer begrifflichen Präferenzen. Das heißt, daß es zur kompetenten Verwendung des Weltbegriffs gehört zu verstehen, daß die Welt auch dann begrifflich bestimm*bar* und insofern denk*bar* wäre, wenn es niemanden gäbe, der sie begrifflich bestimmen könnte. Diese Annahme kann nicht ernsthaft in Frage gestellt werden, selbst dann, wenn wir für einen subjektiven Idealismus oder die Leibniz'sche Monadologie optierten. Denn auch für einen subjektiven Idealisten wie Berkeley gibt es Fakten über den Zusammenhang Gottes (der uns die Informationen gibt) mit unserer informationsverarbeitenden Registratur, also Fakten darüber, was wir zu einem bestimmten Zeitpunkt vorstellen.

Idealismus und Realismus müssen notwendig davon ausgehen, daß die Welt unabhängig von unserem Fürwahrhalten ist, was nicht bedeutet, daß wir unabhängig von begrifflichen Präferenzen bestimmen können, was der Fall ist. Doch nicht alle Fakten sind modal robust, so daß man sich hüten muß, die Welt als die Totalität aller modal robusten Fakten aufzufassen.

Auch der Idealist muß mit einer potentiellen Divergenz von Fürwahrhalten und Wahrheit rechnen.[71] Der Disput zwischen Idealismus und Realismus sollte daher nicht so verstanden werden, als ob zur Entscheidung stünde, *ob* es die Welt gibt oder nicht. Worum es geht, ist vielmehr die Frage, *was* sie ist: Denn die Welt gäbe es auch, wenn es nichts gäbe außer einem bösen Geist, der uns Vorstellungen eingibt, und unseren Geistern, die von dem bösen Geist manipuliert werden. In diesem Falle bestünde die Welt aus einem bösen Geist und einer Anzahl endlicher Geister sowie aus deren Vorstellungen, die ihnen der böse Geist einhaucht. Eine solche Welt ist freilich weniger heimlich als die vertraute Welt, in der wir zumeist und zunächst zu leben glauben. Aber sie ist immer noch eine Welt. Die potentielle Divergenz von Wahrheit und Fürwahrhalten wird also von Realisten und Idealisten, ja sogar vom Cartesischen und Humeschen Skeptiker geteilt. Gerade das *Genius-malignus*-Argument nutzt die potentielle Divergenz von Wahrheit und Fürwahrhalten aus, indem es die Wahrheit vollständig von dem unterschieden sein läßt, was wir für wahr halten.

Im Problem der Wahrheit zeigt sich die Endlichkeit des Menschen. Da der menschliche Verstand seine Gehalte nicht selbst hervorbringt, sondern ihm diese vielmehr gegeben sind, stellt sich überhaupt erst das Wahrheitsproblem. Menschliches Denken ist endliches Denken. Wenn dem Verstand nämlich Gegenstände gegeben sind, dann kann der Verstand im Denken dieser Gegenstände auch fehlgehen. Gedanken können wahr oder falsch sein. Der endliche Verstand kann nicht umhin, aufgrund seiner Endlichkeit den Anspruch zu stellen, richtig operiert zu haben. Er stellt Wahrheits-, Wissens- oder Geltungsansprüche auf, ist darin aber fallibel. Etwas mit episte-

---

[71] Ansonsten wäre er ein Subjektivist, der Wahrheit mit dem privaten Fürwahrhalten eines Urteilenden identifizierte. Es könnte dann nicht ausgeschlossen werden, daß der Subjektivismus zugleich wahr und falsch wäre, wenn zwei Parteien über den Subjektivismus stritten, nämlich wahr für den einen und falsch für den anderen. Diese Wahrheit (daß der Subjektivismus wahr für einen und falsch für einen anderen sein kann) wäre wiederum wahr für einen und falsch für einen anderen usw. *in infinitum*.

mischem Anspruch für wahr zu halten, setzt dabei voraus, daß wir etwas für wahr halten, das von unserem Fürwahrhalten verschieden ist, so daß unser Fürwahrhalten überhaupt wahr oder falsch sein kann. Der Cartesische und Humesche Skeptizismus versuchen nun einen unüberbrückbaren epistemologischen Graben zwischen Wahrheit und Fürwahrhalten aufzuzeigen, bedienen sich dabei aber ebenfalls des Weltbegriffs im Sinne des Inbegriffs dessen, was unser Fürwahrhalten potentiell verfehlt. Dieser Weltbegriff entspricht dem metaphysischen Realismus, den die Formulierung des Cartesischen Skeptizismus jederzeit in Anspruch nimmt. Sowohl der Cartesische als auch der Humesche Skeptizismus operieren mit der Differenz zwischen der Einheit der Welt und der Pluralität der Bezugssysteme, die Bezugnahme auf die Welt allererst ermöglichen, da sie festlegen, was als Element der Bezugnahme, d.h. was als Gegenstand gelten soll. Deshalb hängen Skeptizismus und Metaphysik immer schon zusammen.

2. Die Pluralität begrifflicher Bezugssysteme impliziert weder, daß sie alle gleichberechtigt sind, noch, daß wir zwischen ihnen wählen können. Die Diagnose einer durchgängigen begrifflichen Relativität führt also nicht notwendig die bekannten Mängel des Relativismus mit sich. Wer auf der Basis der Diagnose einer durchgängigen begrifflichen Relativität für einen *anything-goes*-Relativismus argumentieren will, braucht demnach ein Zusatzargument dafür, daß es keine guten Gründe gibt, um in einem bestimmten Fall oder in allen Fällen ein Bezugssystem gegenüber einem anderen vorzuziehen.

Um nicht etwa eine abstrakte These begrifflicher Relativität an die Stelle der naiven Einzeldingontologie zu setzen, die allein von epistemologischem Interesse ist, genüge vorerst ein Hinweis auf den Begriff des Dings im Kunstdiskurs. Denn in der Welt der Kunst gibt es offenkundig keine physikalischen Objekte im Sinne Moores, sondern Kunstwerke. Wer ein Kunstwerk als ein physikalisches Objekt auffaßt, versteht es nicht als Kunstwerk und faßt mithin gar nicht auf, womit er konfrontiert ist. Diese Einsicht hat nicht erst die ungegenständliche Kunst zum Programm gemacht, wenn bspw. Malewitsch sein »Schwarzes Quadrat« (1915) zur Darstellung des Undarstellbaren erklärt, das Kunst, Religion und Wissenschaft gemeinsam suchen, wobei sie es durch ihre begrifflichen (formalen) Entscheidungen notwendig verstellen.[72] Malewitsch objektiviert auf diese Weise

[72] Vgl. dazu Gabriel, M.: »Kunst und Metaphysik bei Malewitsch – Das schwarze Qua-

die intellektuelle Einsicht der begrifflichen Relativität, indem er gleichsam das Ding an sich ins Bild fängt. Von den großen Lyrikern des letzten Jahrhunderts war insbesondere Rilke sensibel für den Begriff des Dings, was nicht nur seine Dinggedichte zeigen, sondern was vor allem in den *Duineser Elegien* zur Frage führt, wie das Undarstellbare sich gleichwohl in einer poetischen Darstellung der Dinge zeigt. Die poetische Darstellung konkurriert demnach mit der naiven Einzeldingontologie, indem sie für einen Primat der verzauberten Welt vor der Welt der »Zahlen und Figuren« (Novalis), d. h. vor der Welt der physikalischen Objekte *sensu stricto* einsteht. Daß Kunst und Wissenschaft nicht nur um den Dingbegriff, sondern auch um den Begriff der Welt ringen, illustriert das berühmte Novalis-Gedicht, *Wenn nicht mehr Zahlen und Figuren* (1799/1800), das hier zitiert zu werden verdient.

Wenn nicht mehr Zahlen und Figuren
Sind Schlüssel aller Kreaturen,
Wenn die, so singen oder küssen,
Mehr als die Tiefgelehrten wissen,
Wenn sich die Welt in's freie Leben,
Und in die Welt wird zurückbegeben,
Wenn dann sich wieder Licht und Schatten
Zu echter Klarheit werden gatten,
Und man in Märchen und Gedichten
Erkennt die ewgen Weltgeschichten,
Dann fliegt vor Einem geheimen Wort
Das ganze verkehrte Wesen fort.

Der späte Heidegger hat nicht zufällig die Wahrheit in der Dichtung gesucht, um den Begriff des Dings vom Begriff des Gegenstands einer Vorstellung abzusondern, wobei er bei Hölderlin und Trakl sowie bei Rilke und Novalis anknüpft. Und bereits in *Sein und Zeit* attackiert Heidegger den verfehlten Weltbegriff der naiven Einzeldingontologie.

Auch unabhängig von dem hier nur angedeuteten ästhetischen Diskurs über das Ding und die Welt, sieht man leicht, daß der Weltbegriff der Einzeldingontologie ebenso problematisch wie vermeintlich selbstverständlich ist. Der Begriff der Welt als das selbst raumzeitlich ausgedehnte Ganze physikalischer Objekte im Sinne Moores,

---

drat als Kritik der platonischen Metaphysik der Kunst«, in: Gabriel, M./Halfwassen, J. (Hrsg.): *Kunst, Metaphysik und Mythologie.* Heidelberg 2008, 257–277.

mit dem wir alltäglich umgehen, deckt sich nämlich weder mit dem Weltbegriff der modernen Physik, in dessen Einzugsbereich es keine mesoskopischen Objekte, wie etwa G. E. Moore gibt, noch stellt er eine phänomenologisch angemessene begriffliche Fassung unseres alltäglichen Weltumgangs dar, was man wohl am besten bei Heidegger lernen kann. Die Alltäglichkeit ist ein komplexes philosophisches Problem, dem sich die klassische Common-Sense-Philosophie nicht angemessen stellt.

Die Annahme einer durchgängigen begrifflichen Relativität ist daher nicht paradox in dem Sinne, daß sie uns zu einer inakzeptablen Konklusion verleitet. Der begrifflichen Relativität muß vielmehr Rechnung getragen werden, weil sie ein Faktum unseres Umgangs mit der Welt ist, das wir aus dem Blick verlieren, wenn wir unseren Weltzugang auf die theoretische Einstellung reduzieren.[73]

Die These einer durchgängigen begrifflichen Relativität setzt allerdings die ultimative Einheit einer Welt voraus, auf die man Bezug nimmt, wenn man diese Welt auch niemals *in propria persona* antreffen kann.[74] Die Welt selbst kann nicht im Raum angetroffen

---

[73] Eine der Stärken der Position Goodmans ist freilich genau dies, daß er versucht, der Kunst gerecht zu werden, ohne sie epistemologisch zu reduzieren. Auf der Basis einer Ästhetik des Nichtpropositionalen wendet sich auch der gesamte philosophische Ansatz Wolfram Hogrebes gegen die Annahme eines einheitlichen Normaldiskurses nach dem Modell einer rein objektiven Welterkenntnis. Vgl. dazu neuerdings Hogrebe, W.: *Die Wirklichkeit des Denkens.* Vorträge der Gadamer-Professur 2006, hrsg. von J. Halfwassen und M. Gabriel, Heidelberg 2007. Zu Hogrebes Ästhetik des Nichtpropositionalen vgl. Gabriel, M.: »Zum philosophischen Ansatz Wolfram Hogrebes«, in: Hogrebe: *Die Wirklichkeit des Denkens,* a. a. O., 79–101, bes. 89 ff.

[74] Vgl. Davidsons Argumente gegen den linguistischen Relativismus in Davidson, D.: »On the Very Idea of a Conceptual Scheme«, in: Ders.: *Inquiries into Truth and Interpretation.* Oxford/New York 2001, 183–198. Den Weltbegriff kann man prinzipiell nicht konsistent verabschieden, wenn man überhaupt mit einer Pluralität von begrifflichen Entscheidungen oder von Kontexten rechnen können will. Ein neueres Beispiel für den Versuch, die Rede von der Welt durch die Rede von disparaten Versionen der Welt zu ersetzen, ist Nelson Goodmans *Ways of Worldmaking* (Indianapolis 1978). Goodmans Argument für seinen Irrealismus beruft sich darauf, daß es unmöglich sei zu sagen, was die Welt ist, ohne daß man bereits einen Bezugsrahmen festgelegt hätte, der die Welt in einer bestimmten Weise darstellt. Die Frage, was die Welt unabhängig von allen Bezugsrahmen ist, ist demnach entweder sinnlos oder definiert selbst einen neuen Bezugsrahmen (einen Bezugsrahmen ohne Bezugsrahmen): »We are confined to ways of describing whatever is described. Our universe, so to speak, consists of these ways rather than of a world or of worlds.« (ebd., 3) Allerdings ersetzt Goodman den Ausdruck »world« an der zitierten Stelle lediglich durch »our universe« und spricht wiederum so, als ob alle Versionen einen Bezug auf etwas hätten, was man eben ge-

werden. In Anlehnung an Kant kann man die Dinge, die einem unter Voraussetzung eines bestimmten begrifflichen Rahmens begegnen, »Erscheinungen« nennen.[75] Die Welt, die angenommen werden muß, um die verschiedenen begrifflichen Rahmen kommensurabel zu halten, ist hingegen die Welt als Ding an sich oder *das transzendentale Objekt*.[76] Das transzendentale Objekt übernimmt hier demnach die Funktion einer Letzteinheit, auf die alle Prädikate bezogen sind, wobei es nichts weiter als eine leere Objektivität bezeichnet, die uns immer nur in der Form bestimmter Dinge erscheint. Der Weltbegriff fungiert somit als der ultimative Hintergrund der Bestimmtheit, bzw. als »Distinktionsdimension« für Bestimmungen.[77] Das

---

meinhin die Welt nennt, und was er in »our universe« umtauft. Den Weltbegriff als die Einheit, vor deren Hintergrund sich die vielen Perspektiven voneinander unterscheiden, wird Goodman demnach der Sache nach nicht los.

75 Kant selbst operiert natürlich nicht mit einer Pluralität von begrifflichen Rahmen, sondern rechnet vielmehr mit einer endlichen und erkennbaren Menge von Begriffen (Kategorien und Ideen), durch die alle Erscheinungen als solche strukturiert sein müssen, damit sie etwas für uns sein können, auf das Prädikate in Erfahrungsurteilen zutreffen können. Die begrifflichen Entscheidungen, die bestimmen, was eine Erscheinung als solche ausmacht, sind demnach weder variabel noch gar optional.

76 Die verschiedenen begrifflichen Rahmen, von denen hier gesprochen wird, sind von Kant selbst ausgeschlossen worden. Kant rechnet mit einem Monismus der Subjektivität, indem er ein einziges notwendiges und vollständiges Set von Bedingungen zu spezifizieren sucht, die notwendig dafür sind, daß es eine objektive Realität für ein endliches epistemisches Wesen geben kann. Kants Dualismus von Form und Inhalt hat aber seit jeher etliche Philosophen (in unserer Zeit bekanntlich Quine, Goodman, Putnam und Rorty) dazu eingeladen, mit einem Pluralismus der Formen zu rechnen, die uns eine objektive Realität zugänglich machen. Akzeptiert man die Möglichkeit einer Pluralität von Bezugsrahmen (von Formen), und versteht man unter »Erscheinung« alle Inhalte, die nur dadurch zustande kommen können, daß sie durch Begriffe organisiert worden sind, seien diese nun im Kantischen Sinne *a priori* oder nicht, hat es immer noch (bzw. gerade) Sinn, ein Ding an sich anzunehmen. Es geht hier um empirische und daher revidierbare begriffliche Entscheidungen, die uns das, was ist, jeweils anders sehen lassen. Dieselbe Sache ist in einer Hinsicht nicht dieselbe Sache, wenn sie für den einen ein Objekt eines Fetischs und für den anderen ein physikalisches Objekt ist. In der Hinsicht, in der sie dieselbe Sache ist und bleibt, ist sie keiner begrifflichen Entscheidung mehr verfügbar und insofern das Ding an sich. Damit soll hier nicht behauptet werden, daß die nach Kant grundlegenden Begriffe (Kategorien, Ideen usw.) optional und damit ersetzbar sind. Kant sucht nach einem Set von Begriffen, das die Möglichkeit der Bildung verschiedener begrifflicher Entscheidungen allererst ermöglicht. Kants Distinktion von Ding an sich und Erscheinung wird hier also aus dem engeren Kontext seiner Transzendentalphilosophie herausgenommen, um zu zeigen, wie wir die naive Einzeldingontologie durch die These einer begrifflichen Relativität ersetzen wollen, ohne dadurch einen paradoxieanfälligen Relativismus zu vertreten.

77 Vgl. Hogrebe, W.: *Echo des Nichtwissens*. Berlin 2006, 317–330, hier: 317 f.: Hogrebe

transzendentale Objekt ist folglich nichts anderes als dasjenige, was in unseren Vorstellungen vorgestellt wird, ohne daß es dabei jemals als eine bestimmte Vorstellung erscheint. Es befindet sich aber auch nicht in irgendeinem Sinne jenseits, hinter oder außerhalb unserer Vorstellungen, was in die Aporien des mentalen Repräsentationalismus zurückführte. Es wird vielmehr stets unter einer anderen Beschreibung bzw. *sinnvoll* vorgestellt. Auf diese Weise ist es Objekt unserer Protoreferenz, dasjenige, das wir vorstellen wollen, ohne es vorstellen zu können. Das transzendentale Objekt ist folglich zugleich präsent und absent, indem wir es zwar jeweils vorstellen, ohne es dabei unabhängig davon erfassen zu können, daß wir es unter einer bestimmten Beschreibung erfassen und d. h.: vorstellen.

In Freges berühmtem Beispiel von Abendstern und Morgenstern, anhand dessen er die Distinktion von Sinn und Bedeutung erläutert, wäre das transzendentale Objekt die Bedeutung, die Abendstern und Morgenstern gemeinsam ist, ohne daß wir jemals einen Zugang zu dieser Bedeutung haben könnten, die sinnfrei, d. h. ohne bestimmte Beschreibung ist. Selbst wenn wir für die Bedeutung von Abendstern und Morgenstern den Eigennamen »Venus« einführen, erscheint uns die Bedeutung erneut unter einer bestimmten Beschreibung, nämlich *als* Venus. Zur Begriffsgeschichte von Venus gehört es dabei, einerseits als Abendstern und andererseits als Morgenstern zu erscheinen, was für Morgenstern und Abendstern nicht gilt. Der Begriff »Venus« unterscheidet sich demnach von Abendstern und Morgenstern und stellt somit dasselbe unter einer anderen Beschreibung vor, was Abendstern und Morgenstern ebenfalls vorstellen. Welche Beschreibung man nun auch immer an die Stelle der genannten Ausdrücke setzt, es ist unmöglich, etwas ohne begriffliche Präferenz zu beschreiben, was die *These der begrifflichen Relativität* ist. Die These der begrifflichen Relativität setzt aber die Annahme einer Welt an sich voraus, die unser transzendentales Objekt ist, das die Bedeutung aller sinnvollen Ausdrücke ist.

---

nennt den »Raum, den jede Unterscheidung, die wir treffen, spaltet« den »Raum für möglicher Unterscheidungen, und den können wir auch als Distinktionsdimension bezeichnen. Jede Einführung von basalen Unterscheidungen nimmt diese Distinktionsdimension in Anspruch. Sie läßt sich daher von anderen Räumen nicht mehr unterscheiden, ja kann überhaupt nicht positiv gekennzeichnet werden, und doch brauchen wir sie, weil wir sonst kein Universum durch unsere Unterscheidungen erzeugen könnten. Sie ist der semantisch völlig diaphane Hintergrund aller semantischen Kontraste, transzendentale Bedingung ihrer Möglichkeit.«

Das transzendentale Objekt dient zunächst (wie bei Kant) lediglich zur Einschränkung der Sinnlichkeit, d.h. zur Unterscheidung unserer Vorstellungen der Welt von der in diesen Vorstellungen vorgestellten Welt, auf die man prinzipiell keinen wahrheitsgarantierenden Zugriff haben kann, woraus wohlgemerkt nicht folgt, daß uns die Welt durch unsere Vorstellungen verstellt ist. Das transzendentale Objekt (von Kant auch »Noumenon im negativen Sinne« genannt) ist »also bloß ein *Grenzbegriff*, um die Anmaßung der Sinnlichkeit einzuschränken« (KrV, B 310f.). Es ist dasjenige Etwas, von dem wir nicht mehr wissen können, als daß es eine notwendige Annahme ist, um zu garantieren, daß unsere Vorstellungen der Welt sich tendenziell von der vorstellbaren Welt unterscheiden können. Mit anderen Worten ist es eine notwendige Annahme einer Metatheorie, die sich auf den Objektivitätskontrast von Subjektivität und Objektivität bezieht, die alle Theorien erster Ordnung und damit auch das natürliche Bewußtsein in Anspruch nehmen. Die Annahme einer Welt an sich ist demnach eine Konsequenz des Objektivitätskontrasts. Wo auch immer der Objektivitätskontrast gilt, wird eine Welt an sich vorausgesetzt.

Die mögliche Divergenz von Vorstellung und Welt muß eingeräumt werden können, um zwischen einer gehaltvollen und einer leeren Vorstellung überhaupt unterscheiden zu können. Die transzendentalphilosophische Analyse unserer Vorstellungen darf demnach niemals zu dem absurden Ergebnis führen, daß alle Vorstellungen wahr sind. Zwar kann die Metatheorie nicht aus den Vorstellungen aussteigen, um sie mit der Welt an sich zu vergleichen. Dennoch wird der Unterschied von Vorstellung und Welt an sich nur innerhalb der Metatheorie gezogen. Der Unterschied von Vorstellung und Welt an sich gehört also lediglich der Metatheorie an, was bedeutet, daß er nicht als Behauptung einer Theorie erster Ordnung aufgefaßt werden darf, deren Inhalt die Welt selbst ist. Die Annahme einer Welt an sich ist daher nicht ontisch, sondern ontologisch, sie beschreibt nicht dasjenige, was ohnehin da ist, sondern erklärt, wie wir uns auf dasjenige beziehen können, was ohnehin da ist. Die Welthaltigkeit, d.h. die objektive Realität unserer Vorstellungen, kann nur garantiert werden, wenn etwas markiert wird, was nicht darin aufgeht, durch eine Unterscheidung, d.h. durch ein begriffliches Bezugssystem beobachtbar zu sein. Die Welt ist so, wie Luhmann immer wieder betont, »der blinde Fleck des eigenen Beobachtens – das, was man nicht beobachten kann, wenn man sich entschieden hat, mit Hilfe einer bestimmten Unterscheidung zu beobachten.«[78]

Die Position einer Welt, die unabhängig von unseren Vorstellungen ist und in unseren Vorstellungen vorgestellt werden soll, muß also *a priori* besetzt werden. Die Welt gehört demnach notwendig zu unserem begrifflichen Repertoire. Was sie ist, läßt sich hingegen *a priori* nicht weiter spezifizieren, so daß die Welt in unsere Metatheorie allenfalls qua transzendentales Objekt Eingang findet. Die Annahme einer Welt an sich ist eine Konsequenz der Struktur unserer Vorstellungen der Welt, die uns dadurch abgerungen wird, daß unsere Vorstellungen als Vorstellungen *von Etwas* auftreten, wobei dieses Etwas niemals vollständig vorgestellt werden kann.[79] Wir sind deswegen Kant zufolge notwendig erkenntnissuchende oder fundamental heuristische Wesen, die darauf angewiesen sind, die Welt in Vorstellung zu übersetzen, das Bestimmbare aktuell zu bestimmen. Das Etwas, auf das wir dabei ausgerichtet sind, können wir allerdings niemals vollständig erfassen, weil dessen Untersuchung immer noch mehr Bestimmtheit bereitstellen könnte, als wir bereits entdeckt haben. Die empirischen Unterscheidungen, mit denen wir die Welt beobachten, müssen sich daher jederzeit als ungeeignet erweisen können, wenn es Objektivität geben können soll, was dem Objektivitätskontrast entspricht. Damit wir uns aber verständlich machen können, daß die Welt potentiell mehr ist, als wir aktuell über sie wissen, muß mit einem Noumenon im negativen Sinne gerechnet werden, das freilich nicht zum Gegenstand unserer Erkenntnis werden kann. Es ist lediglich ein notwendiges Konstituens des »universellen Suchfelds«, innerhalb dessen wir »assertorisch fündig« zu werden hoffen können, d. h. der Welt.[80]

---

[78] Luhmann: *Die Wissenschaft der Gesellschaft,* 212 f.

[79] Vgl. KrV, A 250 f.: »Alle unsere Vorstellungen werden in der Tat durch den Verstand auf irgend ein Objekt bezogen, und, da Erscheinungen nichts als Vorstellungen sind, so bezieht sie der Verstand auf ein Etwas, als den Gegenstand der sinnlichen Anschauung: aber dieses Etwas ist in so fern nur das transzendentale Objekt. Dieses bedeutet aber ein Etwas = x, wovon wir gar nichts wissen, noch überhaupt (nach der jetzigen Einrichtung unseres Verstandes) wissen können […]. Dieses transzendentale Objekt läßt sich gar nicht von den sinnlichen Datis absondern, weil alsdenn nichts übrig bleibt, wodurch es gedacht würde. Es ist also kein Gegenstand der Erkenntnis an sich selbst, sondern nur die Vorstellung der Erscheinungen, unter dem Begriff eines Gegenstandes überhaupt, der durch das Mannigfaltige derselben bestimmbar ist.«

[80] Vgl. Hogrebe, W.: *Prädikation und Genesis. Fundamentalheuristik im Ausgang von Schellings »Die Weltalter«.* Frankfurt/Main 1989, 49.

Wir können nur deshalb auf Erkenntnissuche gehen, weil es etwas gibt, das wir noch nicht wissen. Diese Einsicht ist *a priori* und kann folglich in die Architektonik der reinen Vernunft als eine Möglichkeitsbedingung von Objektivität eingebaut werden. Das Etwas, auf das alle unsere Vorstellungen bezogen sind, ohne daß es selbst jemals vorgestellt werden könnte, *muß* demnach gedacht werden können, d.h. es ist ein notwendiger Begriff, den man haben muß, um einen zureichenden Begriff von möglicherweise gehaltvollen Vorstellungen entwickeln zu können. Dieser Gedankengang steht meines Erachtens auch im Hintergrund von Kants lakonischer und keineswegs isoliert verständlicher *Widerlegung des Idealismus*, die sich besser auf nichts anderes als den Unterschied beriefe, der zwischen unseren wechselnden Vorstellungen und ihrem beharrlichen transzendentalem Objekt gemacht werden muß, das *qua* Beharrliches Substanz ist.[81] Wollte man Kants ausgesprochen elliptische *Widerlegung des Idealismus* argumentativ rekonstruieren, müßte man ausführlich darlegen, welche Rolle der Weltbegriff für die Begründung des Unterschieds zwischen gehaltvollen und leeren Vorstellungen spielt, was allerdings eine umfangreiche Kant-Exegese verlangte, die hier nicht vorgelegt werden soll. Es geht mir nur darum zu zeigen, daß der Kantische Weltbegriff und seine Widerlegung des Idealismus zueinander gehören. Moores Kantkritik ist allerdings völlig zutreffend, wenn die *Widerlegung des Idealismus* isoliert betrachtet wird. Da Kant diese mit dem Anspruch formuliert, für sich verständlich zu sein (immerhin besteht sie aus einem Lehrsatz und seinem »Beweis«), ist es ein schwerwiegendes Problem, daß sie zirkulär argumentiert, wie Moore zeigt.

Um Kants Wortlaut nicht völlig exegetisch aus dem Blick zu verlieren, muß freilich angemerkt werden, daß es in der *Widerlegung des Idealismus* im engeren Sinne nur um den Begriff der Substanz (des Beharrlichen) und nicht um den Weltbegriff geht, wobei der Substanzbegriff Kant zufolge ohne den Unterschied zwischen einem »*Ding* außer mir« und der »bloßen *Vorstellung* eines Dinges außer mir« (KrV, B 275) gar nicht konzipierbar wäre. Kant bezieht sich hier also leider nicht explizit auf das transzendentale Objekt.

Moores Argument gegen Kant beruft sich darauf, daß die *transzendentale Ästhetik* zeigen soll, daß Dinge außer mir Dinge im

[81] Diese Strategie schlägt neuerdings Crispin Wright ein in: »Warrant for Nothing«, 201–203.

Raum sein müssen. Dinge im Raum sind aber Dinge, die im Raum angeschaut werden. Nun ist die Anschauung des Raums selbst kein Ding, sondern eine Be*ding*ung dafür, daß es Dinge für jemanden geben kann. Denn der Raum ist eine reine Form der Anschauung, die wir immer schon mitbringen müssen, um überhaupt mit irgendetwas konfrontiert werden zu können, das woanders ist, als wir sind. Was im Raum angeschaut wird, wird so angeschaut, daß es nicht dort ist, wo etwas anderes ist. Damit wir darüber unterrichtet werden können, daß irgendetwas sich woanders als irgendetwas Anderes befindet, müssen wir aber bereits die Anschauungsform des Raumes mitbringen, über die wir folglich nicht dadurch zum ersten Mal *(a posteriori)* unterrichtet werden können, daß uns jemand erklärt, daß irgendetwas sich woanders befindet als irgendetwas Anderes. Der Begriff des Raums geht dem Begriff vieler Orte (des eingeschränkten Raums) daher in derselben Weise vorher wie der Begriff der Welt dem Begriff eines Dings.

Das Problem ist nun, daß nach Kant in der *Widerlegung des Idealismus* alles ein Ding ist, was außer mir angeschaut wird. Folglich gilt hier die Mooresche erste Äquivalenz (d.h.: *the existence of the things outside of us* ist äquivalent mit *the objective reality of outer intuition*). Nun wird aber, wie Moore einwendet, vieles im Raum angeschaut, was sich nicht im Raum befindet, was Kant selbst in der dritten Anmerkung zur *Widerlegung des Idealismus* als unproblematisch für seine Widerlegung von der Hand weist. Leider beruft sich Kant dabei auf eine empirisch sehr fragwürdige und systematisch unzureichende (streng empiristische) Anstraktionstheorie des Inhalts von Träumen und Wahnzuständen. Eine unkontrollierte (von ihrem normalen Weltbezug abgeschnittene) Funktion der Einbildungskraft beziehe ihren Gehalt nur »durch die Reproduktion ehemaliger äußerer Wahrnehmungen, welche, wie gezeigt worden, nur durch die Wirklichkeit äußerer Gegenstände möglich sind.« (KrV, B 278)

Damit nimmt Kant in Anspruch, was gegen das Illusions-Argument gezeigt werden müßte. Seine Berufung auf die Informationsquelle von Träumen in der Anmerkung ist also zirkulär, indem sie behauptet, daß Vorstellungen, als ob p, die wir unter den Bedingungen Cartesischer skeptischer Szenarien (als Gehirne im Tank, als Halluzinierende usw.) hätten, nur dadurch möglich wären, daß wir in unserer kognitiven Biographie bereits Vorstellungen, daß p, verzeichnen konnten, die ihrerseits nur dadurch möglich sind, daß p.

Kant argumentiert zwar gegen den Einwand, daß wir unsere Vorstellungen auch nur träumen könnten oder daß wir einiges im Raum durch Halluzination anschauen könnten, ohne daß es wirklich im Raum existiert. Sein Argument setzt die *Widerlegung des Idealismus* aber bereits voraus, die gerade zeigen sollte, daß wir keine Vorstellungen von Dingen haben könnten, ohne daß es Dinge außer uns gibt. Dinge außer uns sind aber Dinge im Raum. Dinge im Raum sind wiederum Dinge, die im Raum angeschaut werden, da der Raum eine Form der Anschauung ist und nichts außer uns sein kann, was nicht außer uns angeschaut werden kann. Folglich sind auch Halluzinationen Dinge außer uns, wenn es für den Begriff eines Dings außer uns hinreichend ist, daß es im Raum angeschaut wird. Damit trägt Kant der notwendigen Bedingung der Öffentlichkeit von Dingen im Raum nicht eigens Rechnung, was Moores Einwand ermöglicht, daß auch Halluzinationen im Kantischen Sinne Dinge im Raum wären.

Etwas *räumlich vorzustellen*, muß davon unterschieden werden, *etwas Räumliches vorzustellen*. Wer etwas Räumliches vorstellt, stellt nämlich etwas vor, was der Öffentlichkeit zugänglich ist, während nicht alles, was wir räumlich vorstellen, auch von anderen vorgestellt werden kann, wie der Fall der Träume und Halluzinationen beweist. Daraus, daß etwas räumlich vorgestellt wird, kann man demnach nicht *a priori* darauf schließen, daß es etwas Beharrliches gibt, das räumlich vorgestellt wird, weil etwas Beharrliches, das räumlich vorgestellt wird, etwas Räumliches wäre, das öffentlich zugänglich ist.

Zwar reicht Öffentlichkeit als Kriterium dafür, daß wir etwas Räumliches vorstellen, noch nicht hin, da wir die Öffentlichkeit, d. h. alle anderen Personen, die sich auf ein vermutlich öffentliches Ding im Raum beziehen, selbst räumlich vorstellen müssen. Was wir räumlich vorstellen, ist aber nicht notwendig etwas Räumliches, das wir vorstellen, so daß wir wiederum ein Kriterium der Öffentlichkeit für unser Kriterium der Öffentlichkeit bräuchten, was in einen vitiösen Zirkel führt. Dennoch ist das Kriterium der Öffentlichkeit Moment unseres Begriffs dessen, was es heißt, etwas Räumliches vorzustellen, da das Kriterium der Öffentlichkeit schließlich verwendet wird, um zwischen Wahnvorstellungen und wahren Vorstellungen dessen zu unterscheiden, was im Raum existiert. Das Kriterium wird hier also nicht als antiskeptisches Kriterium eingeführt, sondern lediglich ins Spiel gebracht, um zu zeigen, daß es notwendig ist, um überhaupt zwischen einer Vorstellung von etwas im Raum und einer räumlichen Vorstellung unterscheiden zu können, eine Unterscheidung, die Kants *Widerlegung des Idealismus* nicht berücksichtigt.

Kants *Widerlegung* zeigt allenfalls, daß es möglich ist, zwischen Produktion und Reproduktion der Inhalte räumlicher Vorstellungen zu unterscheiden. Diese Unterscheidung ist Moment der transzendentalphilosophischen Metatheorie. Sie beweist aber nicht, daß es *tatsächlich* Reproduktionen gibt, was sie einfach unterstellt, da Kant eine empiristische Abstraktionstheorie der Inhalte von Träumen, Halluzinationen usw. und damit bereits voraussetzt, daß es Reproduktionen gibt. Die *Widerlegung* beweist demnach weder das »Dasein der Dinge außer uns« (KrV, BXXXIX, Anm.) noch die Existenz eines beharrlichen Substrats unserer Vorstellungen, was Kant dem Wortlaut nach allerdings zu beweisen beansprucht. Gelingt es ihm lediglich zu zeigen, daß es Reproduktionen geben könnte, hätte er weder einen Einwand gegen den Cartesischen Skeptiker noch gegen den Berkeleyschen Idealisten an der Hand, was allerdings sein Anspruch ist.

Die Theorieanlage der Kantischen Transzendentalphilosophie operiert nicht überall deutlich genug mit der Unterscheidung von Theorieebenen.[82] Daher rührt in meinen Augen die Ambivalenz des Begriffs eines Dings an sich bzw. die Rede von Dingen außer uns, von Substanz usw. Einerseits scheint Kant das Ding an sich als notwendiges Moment einer Metatheorie einzuführen. Andererseits spricht er ihm aber eine selbständige Existenz ab, indem alles bestimmte Dasein kategorial bestimmt und damit durch Subjektivität konstituiert ist. Doch der Begriff der *Konstitution* enthält bereits dieselbe Ambivalenz. Die Frage ist nämlich, ob Objektivität und Subjektivität lediglich sinn-abhängig oder ob sie auch referenz-abhängig sind.[83] Sind sie nur sinn-abhängig, so bedeutet dies, daß der Begriff der Objektivität den Begriff der Subjektivität voraussetzt. Diese Einsicht ist in der Tat eine Behauptung der Metatheorie, in der die Distinktion von Ding an sich und Vorstellung (Erscheinung) getroffen wird. Daraus folgt aber noch keine Referenz-Abhängigkeit, d.h. keine These da-

---

[82] Das ist freilich bereits eine der zentralen Thesen von Prauss, G.: *Kant und das Problem der Dinge an sich.* Bonn ²1977.

[83] Zur Unterscheidung von Referenz- und Sinn-Abhängigkeit vgl. Brandom: *Tales of the Mighty Dead,* 50f.

hingehend, daß es keine Objekte gäbe, wenn es keine Subjekte gäbe. Dafür bedarf es zusätzlicher Argumente.[84]

Kant selbst äußert sich zumindest nicht eindeutig darüber, auf welche Weise sich Theorien erster Ordnung, deren Inhalte Objekte sind, von der Metatheorie unterscheiden. Daher schlage ich vor, die Distinktion von Ding an sich und Vorstellung auf die Metatheorie zu restringieren und somit ausschließlich die These einer Sinn-Abhängigkeit von Objektivität und Subjektivität zu vertreten. Demzufolge stellen wahre Vorstellungen die Welt an sich vor. Diese Einsicht wird von allen Theorien erster Ordnung, die Aussagen darüber enthalten, wie die Welt ist, unkritisch in Anspruch genommen. Die Metatheorie erklärt nun aus einer Theoriewarte, die Theorien erster Ordnung nicht zur Verfügung steht, daß es überhaupt nur inkommensurable, also aufeinander irreduzible Theorien erster Ordnung geben kann, wenn wir einen Unterschied zwischen Vorstellungen und Welt an sich treffen. Dieser Unterschied wird durch den methodischen Skeptizismus induziert, der eine Umstellung von einer Theorie erster Ordnung auf eine Metatheorie motiviert, was unten (209 ff.) als *Metabase* bezeichnet wird.

All dies bedeutet, daß eine Welt an sich ohne Schwierigkeiten und ohne subjektivistische Tendenz im Sinne einer These der Referenz-Abhängigkeit angenommen werden kann. Gleichzeitig wird der metaphysische Realismus durch die These der begrifflichen Relativität vermieden, indem die Welt nicht als die Totalität aller modal robuster Fakten, sondern als Distinktionsdimension verstanden wird, die in allen wahren Urteilen bestimmt wird, ohne jemals vollständig beschrieben werden zu können, da wir sie stets nur unter einer bestimmten Beschreibung, d.h. als sinnvoll erfassen können. Begrifflich unbefleckte *facta bruta* sind uns demnach nicht zugänglich, weil Objektivität und Subjektivität sinn-abhängig sind.

Kant behauptet mit seiner *Widerlegung des Idealismus* gezeigt

---

[84] Vgl. dazu den monumentalen Versuch, eine Referenz-Abhängigkeit von Subjektivität und Objektivität auszubuchstabieren in Anton Friedrich Kochs *Versuch über Wahrheit und Zeit*. Hinter der Frage, inwiefern Subjektivität und Objektivität referenz- oder sinn-abhängig sind, verbirgt sich die sogenannte »Trendelenburgsche Lücke« in einer verallgemeinerten Form. Die Frage ist nämlich, ob irgendeine Analyse der Intentionalität bzw. unsere mentalen Weltzugangs einen Schluß auf die Struktur der Welt selbst erlaubt. Vgl. Trendelenburg, A.: »Über eine Lücke in Kants Beweis von der ausschließlichen Subjectivität des Raumes und der Zeit«, in: ders.: *Historische Beiträge zur Philosophie*. Bd. 3, Berlin 1867, 215–276.

zu haben, daß es überhaupt keine semantisch stabilen Vorstellungen gäbe, wenn es keine Substanz gäbe, d. h. wenn alles halluziniert wäre. Was aber, wenn die Substanz, die unseren Vorstellungen zugrunde liegt, eine Welt wäre, die von ehrgeizigen Wissenschaftlern bewohnt wird, die unsere körperlosen Gehirne mit Informationen dergestalt füttern, daß wir eine Welt von Dingen außer uns halluzinieren? In diesem Fall gäbe es Dinge außer uns (Wissenschaftler, ihre Maschinen, die Welt, in der sie leben), die sogar die Ursache unserer Vorstellungen wären dergestalt, daß unsere Vorstellungen wechseln, während die Dinge außerhalb der Vorstellungen beharrlich sind! Die *Widerlegung des Idealismus* ist also mit jeder beliebigen skeptischen Hypothese kompatibel, in der es etwas Beharrliches gibt. Da sich unendlich viele skeptische Hypothesen aufstellen lassen, in denen es eine beharrliche Substanz gibt, wobei in ihnen alle unsere Überzeugungen bis auf eine (daß es nämlich eine Substanz gibt) falsch sind, steht es schlecht um die Kantische Widerlegung des Idealismus, sofern sie zugleich eine antiskeptische Strategie gegen den Cartesischen Skeptizismus sein will.

Kants Rückzug in die Vorstellungswelt (vermittels seiner Version von Hume^1 und Hume^2, s. o. 50) kann durch die *Widerlegung des Idealismus* allein nicht rückgängig gemacht werden, was wir von Moore lernen können. Jeder Kantianer wird aber einen unwiderstehlichen Drang zum Protest empfinden, wenn man ihn mit Moores Argument konfrontiert. Denn im weiteren Kontext seines Systems stellt sich Kants *Widerlegung des Idealismus* ganz anders dar, indem man sieht, daß Kant mehr Reserven an der Hand hat, um zwischen der Welt als Vorstellung und der Welt an sich *a priori* zu unterscheiden. Allerdings macht er nicht deutlich, daß sich diese Distinktion einer skeptisch induzierten Umstellung auf eine Metatheorie verdankt, was Ambiguitäten nach sich zieht. Eine wichtige Reserve Kants ist aber der Weltbegriff, der – was leider selten betont wird – in der Diskussion um den Außen*welt*skeptizismus meistens zugunsten der Frage nach der Existenz der gewohnten Weltinhalte (Dinge) ausgeblendet wird. So auch in Moores Argument, daß es eine Außenwelt geben müsse, wenn es seine Hände gibt, da Hände Dinge sind und die Welt sich aus Dingen zusammensetzt, was oben als *naive Einzeldingontologie* bezeichnet worden ist. Kant verdankt aber nicht nur Hume sondern auch seiner Auseinandersetzung mit der philosophischen Kosmologie das Aufwachen aus dem dogmatischen Schlummer, was ihn Zeit seines Lebens an den Unterschied von *mundus sen-*

sibilis und *mundus intelligibilis* gebunden hat, den er seit der kritischen Wende lediglich anders interpretiert hat.[85]

Doch Kant begegnet dem zentralen skeptischen Problem in der *Widerlegung des Idealismus* überhaupt nicht, das entsteht, wenn wir akzeptieren, daß unsere Vorstellungswelt gleichermaßen kohärent und objektbezogen sein könnte, wenn es keine Objekte gäbe bzw. wenn die Welt an sich in allen ihren Bestimmungen von der Vorstellungswelt vollständig divergierte. Die eigentliche Widerlegung ist daher unzureichend, da sie das Problem, das sie lösen will, nicht angemessen thematisiert. Das hängt aber damit zusammen, daß Kants Theorie im ganzen als eine *Widerlegung des Idealismus* angelegt ist, indem sie *a priori* zwischen leeren und gehaltvollen Vorstellungen unterscheiden will. Die Schwäche der Widerlegung im engeren Sinne manifestiert sich im globalen Projekt zumindest nicht in derselben Weise.

Der Begriff eines transzendentalen Objekts ist nach Kants Metatheorie der Vorstellungen »nicht allein zulässig, sondern, auch als ein die Sinnlichkeit in Schranken setzender Begriff, unvermeidlich.« (KrV, B 311) Ohne das »unbekannte Etwas« (KrV, B 312) bliebe uns unter den skeptischen Bedingungen Humes, die Kants Ausgangsbasis bilden, nichts anderes übrig als der Solipsismus, weil wir in unseren Vorstellungen, als ob p, gefangen wären, ohne irgendeinen Grund für die Annahme anführen zu können, daß mindestens einige Vorstellungen, als ob p, Vorstellungen, daß p, sein *müssen*.[86] Das käme aber

---

[85] In einem berühmten Brief an Garve vom 21. September 1798 erklärt Kant ausdrücklich, es sei die kosmologische Frage gewesen, die ihn in der Gestalt des Antinomienproblems »aus dem dogmatischen Schlummer zuerst aufweckte und zur Critik der Vernunft selbst hintrieb, um das Scandal des scheinbaren Widerspruchs der Vernunft mit ihr selbst zu heben.« (AA 12, 258) Kant erkennt also explizit zwei Probleme an, die ihn um den dogmatischen Schlummer gebracht haben: den Humeschen Skeptizismus und das Weltproblem.

[86] Das unbekannte Etwas, das allen Gegenständen zugrunde liegt, die wir begrifflich thematisieren können, ohne daß es selbst jemals zum Gegenstand werden könnte, ist nicht nur im engeren Sinne philosophisch, sondern auch ästhetisch bedeutsam. Ich denke hier erneut an Kasimir Malewitschs »Schwarzes Quadrat« (1915), das die ungegenständliche Kunst eingeleitet hat. Der Suprematismus geht ja davon aus, daß sich Kunst, Wissenschaft und Religion (die verschiedenen begrifflichen Rahmen) alle auf irgendetwas beziehen, das sich unabhängig von begrifflichen Entscheidungen aber nicht fassen läßt. Es ist das radikal Ungegenständliche, das aber gleichwohl in allen Gegenständen vergegenständlicht wird. Daher drückt es Malewitsch als eine geometrische Form ohne jeglichen Inhalt aus, womit er letztlich die primordiale Intentionalität ins Bild faßt, die sich auf irgendetwas richtet, ohne irgendetwas bereits in Begriffe gefaßt zu haben. Alle

einem skeptischen Triumph und damit dem von Kant monierten »Skandal der Philosophie und allgemeinen Menschenvernunft« gleich, »das Dasein der Dinge außer uns (von denen wir doch den ganzen Stoff zu Erkenntnissen selbst für unsern inneren Sinn her haben,) bloß *auf Glauben* annehmen zu müssen, und, wenn es jemand einfällt es zu bezweifeln, ihm keinen genugtuenden Beweis entgegenstellen zu können.« (KrV BXXXIX, Anm.)

Damit uns etwas Objektives bekannt werden kann, muß es also etwas Unbekanntes geben, das wir zu bestimmen suchen müssen, ohne die Tätigkeit des Bestimmens jemals abschließen zu können. Als endliche Wesen besteht unser epistemisches Leben daher notwendig darin, Versuche zu unternehmen, die Welt zu verstehen, wobei unser endliches diskursives Leben in dem Augenblick an sein Ende gelangte, wo unsere Erkenntnissuche ihr Ziel einer vollständigen Erkenntnis der Wirklichkeit erreichte. Deshalb empfiehlt der Pyrrhonische Skeptizismus die beharrliche Fortsetzung der Erkenntnissuche (ἐπιμονὴ ζητήσεως), die durch keine definitive Grenzziehung unserer Erkenntnismöglichkeiten unterbrochen werden darf, was Sextus dem negativen Dogmatismus vorwirft. »Wenn alles offensichtlich (πρόδηλα) wäre, dann wäre die Suche und die Unentschiedenheit darüber, was etwas ist, nichts. Denn man sucht nur und ist unentschieden über irgendeine Sache, die einem unbekannt ist, aber nicht über irgendetwas Offensichtliches. Es ist daher Unfug, die Suche und die Unentschiedenheit aufzuheben.«[87]

Moore wäre sicherlich nicht zufrieden, wenn man ihn darauf hinwiese, daß die Außenwelt eine notwendige Annahme zur Erklärung der Möglichkeit veridischer Vorstellungen ist. Einen direkten Bezug auf physikalische Objekte können wir ihm aber auf der Theorieebene der Metatheorie nicht durchgehen lassen. Die Einführung der Distinktion von Welt an sich und Vorstellung in der Metatheorie versucht der Kantischen Einsicht Tribut zu zollen, daß das unbekannte Etwas nicht etwa als eine mysteriöse Größe außerhalb unserer

begrifflichen Rahmen sind darauf aus, etwas zu erfassen, was sich nicht begrifflich erfassen läßt. Daß das Ding an sich auch bei Kant kein existierendes Jenseits bezeichnet, sieht man daran, daß er es in die Konstruktion seiner Theorie der Freiheit und damit in seinen Begriff des *mundus intelligibilis* (im Kontext seiner praktischen Philosophie) einbaut.

[87] M 7.393: εἰ δὲ πάντ' ἔσται πρόδηλα, οὐδὲν ἔσται τὸ ζητεῖν καὶ ἀπορεῖν περί τινος. ζητεῖ γάρ τις καὶ ἀπορεῖ περὶ τοῦ ἀδηλουμένου αὐτῷ πράγματος, ἀλλ' οὐχὶ περὶ τοῦ φανεροῦ. ἄτοπον δέ γέ ἐστι τὸ ζήτησιν καὶ ἀπορίαν ἀναιρεῖν.

epistemischen Intentionalität existiert, sondern dient auf dem metatheoretischen Standpunkt lediglich als eine notwendige Annahme zur Sicherung des Objektivitätskontrasts. Das Ding an sich, wie es hier verstanden wird, ist also eine ontologische Notwendigkeit, stellt aber kein »extramentales Urgestein« vor.

Moore ist erklärtermaßen nicht imstande, Kants Unterschied zwischen Ding an sich (das, was unabhängig von unseren begrifflichen Präferenzen ist und notwendig angenommen werden muß, um die objektive Realität unserer Vorstellung zu erklären) und Dingen, die im Raum angetroffen werden können (Erscheinungen), zu verstehen.[88] Moore entgeht deswegen mindestens zweierlei: Erstens die Rolle des Kantischen Weltbegriffs zur Bestimmung seines Begriffs einer Außenwelt und zweitens die Bedeutung skeptischer Argumente für begriffliche Relativität. Die Argumente für begriffliche Relativität machen uns aber allererst darauf aufmerksam, daß wir keinen unvermittelten Zugang zur Welt an sich haben. Deshalb kann auch die Unterscheidung zwischen Ding an sich und Erscheinung allererst eingeführt werden, wenn man begriffliche Relativität zuläßt. Das Ding an sich fungiert dann als Grenzbegriff, der für die Einheit der Welt (der Referenz) trotz der Vielzahl unserer Zugangsweisen einsteht. Die Unterscheidung zwischen Ding an sich und Erscheinung wird durch eine skeptisch induzierte Umstellung auf eine Theorie zweiter Ordnung motiviert. Nur in einer Theorie zweiter Ordnung kann die Distinktion sinnvoll verwendet werden, d. h. ohne eine revisionäre Theorie erster Ordnung darüber aufzustellen, was es gibt und was es nicht gibt. Das Ding an sich ist nichts Existierendes u. a., sondern der Name für den Umstand, daß wir uns auf Bestimmtes nur so beziehen können, daß ein Gegenstandsbereich ausgewählt wird, über den wir quantifizieren. In diesem Sinne ist Quine zuzustimmen, daß Sein im Sinne von Existenz darin besteht, der Wert einer Variable (nämlich des Existenzquantors) zu sein. Die Distinktionsdimension überhaupt, d. h. die Welt, ist selbst nichts Bestimmtes, das in einem Gegenstandsbereich vorkommt.

Vor diesem Hintergrund setze ich das Ding an sich und die Welt in eins und spreche von der »Welt an sich«. Damit soll allerdings nicht behauptet werden, daß die Welt ein mysteriöses Super-Ding ist, das wir nicht erkennen können. Die Welt ist kein Nooumenon im positiven Sinne. Unter »Welt« verstehe ich lediglich den Umstand,

---

88 Moore: »Proof of an External World«, 138 f.

daß unsere multiplen Zugangsweisen immerhin Zugangsweisen zu etwas, nämlich zur Welt sind. Gelingt es uns, in wahren Urteilen zu sagen, was der Fall ist, erfassen wir durch begriffliche Vermittlung (d. h. unter einer bestimmten Art des Gegebenseins), wie die Welt ist. Zwischen der Wahrheit und der Welt an sich klafft kein unüberbrückbarer epistemologischer oder ontologischer Abgrund.

Die Welt ist nach Kant die Idee einer Totalität, zu der alles Bestimmte gehört, die *omnitudo realitatis* (KrV, B604).[89] Die Vorstellung einer Welt an sich baut Kant deswegen als Idee in die Vorstellungswelt ein: Die Idee der Welt orientiert unseren Umgang mit unseren Vorstellungen, wenn wir ihnen objektive Realität zusprechen. Denn wir haben bestimmte Vorstellungen bzw. Vorstellungen von Bestimmtem nur dadurch, daß alle unsere Vorstellungen sich von allen anderen Vorstellungen angebbar unterscheiden lassen. Eine isolierte Vorstellung hat nach Kant deswegen gar keinen propositionalen Gehalt und ist folglich auch keine Vorstellung von irgendetwas. Um diese Aussage treffen zu können, müssen wir aber mit einer Totalität von Beziehungen zwischen allen möglichen Gehalten rechnen. Diese Totalität nennt Kant »Welt«. Um einen Kantischen Weltbegriff einzuführen, kann man demnach festhalten, daß es ebenso unnötig wie unmöglich ist, den Schleier unserer Vorstellungen zu lüften, und nachzusehen, was hinter den Erscheinungen stattfindet. Es genügt, mit Kant eine hinreichend komplexe Analyse der logischen Struktur der Möglichkeitsbedingungen für den propositionalen Gehalt unserer Vorstellungen vorzulegen, um die objektive Realität unserer Vorstellungen garantieren zu können. Wenn demnach einige Vorstellungen veridisch sein können sollen, muß der propositionale Gehalt aller Vorstellungen eine Funktion der Totalität sein. Dies wird aber durch das Prinzip garantiert, daß die Bestimmtheit eines propositionalen Gehalts sein Unterschied von allen anderen Gehalten ist, d. h. durch die Idee der Welt. Deshalb lassen sich alle Unterschiede als Einschränkungen des Alls auffassen, das uns nur in seiner Abwesenheit als Totalität präsent ist, aus der wir jeweils eines

[89] Die *omnitudo realitatis* ist »die Idee von einem All der Realität« (KrV, B 603 f.). Da alles, was irgendetwas ist, sich von allem anderen unterscheidet, was es nicht ist, und durch eine angebbare Reihe von Unterschieden diskursiv bestimmbar ist, muß Kant zufolge die Annahme eines Alls oder eines »Inbegriffs aller Möglichkeit« (KrV, B 601) gemacht werden können. »Alle wahre Verneinungen sind alsdenn nichts als *Schranken*, welches sie nicht genannt werden könnten, wenn nicht das Unbeschränkte (das All) zum Grunde läge.« (KrV, B 604)

oder einiges herausgreifen, um es durch Explikation seiner Prädikate im Diskurs (Kant würde sagen: im Urteil) zu bestimmen.

Kant²) Die Bestimmtheit von Vorstellungen ist begrifflich und wird in Urteilen expliziert. Es gibt keine bestimmten Vorstellungen ohne Urteile und damit keine bestimmten Vorstellungen ohne begrifflichen Gehalt.

Die transzendentalphilosophische Methode, die Kant *expressis verbis* seiner Auseinandersetzung mit dem Humeschen Skeptizismus verdankt, erlaubt auch, das skeptische Problem der Kausalität zu lösen.[90] Dieses Problem besteht darin, daß wir zwar annehmen, die Welt selbst sei kausal verfaßt, dies aber nur aus unseren Vorstellungen erschließen können. Da diese endlich sind und uns demnach stets nur eine Reihe von Fällen vorführen, aus denen wir auf ein diese organisierendes Gesetz schließen müssen, ist unser Schluß auf die kausale Verfassung der Welt induktiv und daher fallibel. Dabei ist es in unserem Zusammenhang besonders interessant, wie Kant in seiner Lösung des Problems vorgeht. Kant versucht nämlich zu zeigen, daß wir unsere Vorstellungen notwendig so interpretieren müssen, daß dasjenige, was in ihnen vorgestellt wird, kausal verknüpft ist. Genau genommen können wir Kant zufolge gar keine Vorstellungen der Welt haben, ohne diese so zu verknüpfen, daß sie sich vermittels des Kausalbegriffs in eine objektiv geordnete Reihenfolge bringen lassen.

Es ist hier zunächst weniger wichtig, welche Argumente Kant im einzelnen vorträgt, um seine These zu begründen. Wichtiger ist wiederum seine allgemeine antiskeptische Strategie, die ein integratives Moment seines negativen Dogmatismus ist. Diese besteht darin, durch Reflexion auf die Struktur der begrifflichen Bestimmtheit von Vorstellungen auf die Ordnung der vorstellbaren Welt zu schließen. Darin drückt sich der Gedanke aus, daß wir nicht einmal Vorstellungen haben könnten, ohne diese bereits interpretiert zu haben. Denn »Gedanken ohne Inhalt sind leer, Anschauungen ohne Begriffe sind blind« (KrV, B 75). Vorstellungen haben zu können, impliziert somit nach Kant, eine bestimmte Menge von Begriffen (insbesondere

---

[90] Vgl. Kants vielzitiertes Bekenntnis: »Ich gestehe frei: die Erinnerung des *David Hume* war eben dasjenige, was mir vor vielen Jahren zuerst den dogmatischen Schlummer unterbrach, und meinen Untersuchungen im Felde der spekulativen Philosophie eine ganz andere Richtung gab.« (*Prolegomena*, A 13)

reine Verstandesbegriffe *alias* Kategorien und Vernunftbegriffe *alias* Ideen) notwendig zur Verbindung von Vorstellungen verwenden zu müssen. Unsere Vorstellungen müssen verknüpft werden können, um überhaupt einen propositionalen Gehalt haben zu können.

Dabei ist gemäß dem *Prinzip der Bestimmtheit durch Differenz* der propositionale Gehalt einer Vorstellung ihre differentielle oder identifikatorische Verknüpfung mit allen möglichen propositionalen Gehalten. Nun gehört Kausalität zu den Begriffen, die eine durchgängige Verknüpfung aller Weltzustände garantieren. Gleichzeitig gäbe es ohne den Begriff einer kausalen Ordnung der Weltzustände gar keine Objektivität und damit auch keinen propositionalen Gehalt unserer Vorstellungen, da wir uns ohne den Begriff der Kausalität gar nicht verständlich machen könnten, daß sich die Ordnung der Ereignisse in der Welt von der psychologischen Ordnung unserer Auffassung von den Ereignissen in der Welt, d. h. von der zeitlichen Abfolge unserer Vorstellungen unterscheidet.[91] Dazu müssen wir aber auf die Welt als ein Ganzes ausgreifen, um überhaupt die generelle These aufstellen zu können, daß es in der objektiven Welt nichts geben kann, das nicht auf alles andere bezogen ist. Die Idee der Welt ist demnach nach Kant die ultimative Bedingung der Möglichkeit unserer Vorstellungsfähigkeit, da Vorstellungen einen intentionalen, propositionalen Gehalt aufweisen müssen, um bestimmt zu sein. Zu diesem Zweck müssen sie aber auf die Totalität möglicher propositionaler Gehalte, die *omnitudo realitatis* bezogen werden. Diese Totalität ist *für uns* nur ein Horizont, *an sich* aber ein durchgängig bestimmter Zusammenhang. Denn der Horizont einer Welt wird von uns vorausgesetzt, damit wir die Bestimmtheit des Vorstellbaren und damit seine Objektivität garantieren können, die sich in unserer Fallibilität manifestiert. Weil wir uns täuschen können, müssen wir uns verständlich machen können, daß die Welt an sich anders sein kann, als wir sie uns vorstellen. Wie sie jeweils anders ist, können wir nicht

---

[91] Dieser in den Kantischen Analogien der Erfahrung ausbuchstabierte Gedanke ist Strawson zufolge konstitutiv für Kants *Widerlegung des Idealismus*. Vgl. Strawson, P. F.: *The Bounds of Sense: An Essay on Immanuel Kant's Critique of Pure Reason*. London 1966, 125–140. Strawson bringt Kants Argument auf den Grundgedanken, daß »the idea of a subjective experiential route through an objective world depends on the idea of the identity of that world through and in spite of the changes in our experience; and this idea in turn depends on our perceiving objects as having permanence independent of our perceptions of them, and hence being able to identify objects as numerically the same in different perceptual situations.«

a priori, sondern nur durch empirische Untersuchungen feststellen. Die Wahrheit und Falschheit unserer Vorstellungen können wir nicht ohne Rekurs auf Erfahrung feststellen. Um uns dies aber verständlich machen zu können, müssen wir die Welt als Horizont in Anschlag bringen, der seinerseits nichts Bestimmtes, d.h. Objektives sein kann, von dem wir objektives Wissen erlangen können. Die Welt ist für uns keine Tatsache, sondern der Inbegriff der Tatsächlichkeit, der garantiert, daß alles durchgängig bestimmt ist. Wie es jeweils ist, d.h. was der Fall ist, ist eine Bestimmung der Welt an sich, von der wir nur etwas wissen können, indem wir im Urteilsspiel Wissen beanspruchen. Gegen Kants Tendenz, die Welt ausschließlich auf ihre regulative Horizont-Funktion zu reduzieren, scheint es mir wichtig festzuhalten, daß wahre Urteile die Welt an sich beschreiben, und daß der Horizont-Begriff der Welt ein Begriff der Metatheorie ist, die uns über unsere Zugangsbedingungen zur Welt an sich, nicht aber über Zustände der Welt an sich aufklärt. Der Horizont-Begriff der Welt thematisiert die Welt als Möglichkeitsbedingung der Objektivität, während die Welt, die Inhalt aller wahren Urteile in Theorien erster Ordnung ist, die Totalität aller Objekte und ihrer Konstellationen ist. Daraus folgt keine Zwei-Welten-Lehre, der zufolge es einerseits eine Welt als Horizont und andererseits eine Welt als Totalität alles dessen gibt, was der Fall ist. Beide Weltbegriffe gehören verschiedenen Theorieebenen an und führen deswegen zu keiner Verdopplung der Welt. Daraus, daß Objektivität nur vor dem Hintergrund eines uneinholbaren Horizonts möglich ist, folgt nicht, daß es keine Objekte gäbe, wenn es den Horizont (und mithin uns) nicht gäbe.

Kant akzeptiert also sowohl eine Variante von *Hume*^{1} als auch eine Variante von *Hume*^{2}. Die Pointe seines negativen Dogmatismus besteht darin, aus der Not des Humeschen Skeptizismus die Tugend des Kantischen Skeptizismus (d.h. einen negativen Dogmatismus) zu machen. Das Dilemma, das von der Konjunktion der genuin Humeschen Prämissen ausgeht, nämlich daß wir (1) in einer Vorstellungswelt gefangen sind, die wir (2) gezwungen sind zu interpretieren, obwohl wir als Philosophen wissen können, daß Interpretationen unserer Vorstellungswelt keinen objektiven Anhalt haben, wendet Kant ins Positive. Kant zufolge sind wir nicht in der Welt als Vorstellung *gefangen*, weil es widersinnig sei, von einer Welt außerhalb des vermeintlichen Gefängnisses zu sprechen, ohne diese Welt bereits auf das Innere des Gefängnisses bezogen zu haben. Wüßten wir, daß wir in unseren Vorstellungen eingeschlossen sind, wüßten wir *ipso facto*, daß es eine Außenwelt gibt.

Allerdings fällt die gewöhnliche Annahme einer Welt an sich, die die wahren Urteile aller Theorien erster Ordnung wahr macht, Kants transzendentalem Idealismus zum Opfer, der die Welt auf ihre Funktion als regulative Idee reduziert. Kant reduziert die Welt qua Totalität aller Objekte und Konstellationen auf den regulativen Einheitshorizont. Diese Reduktion läßt sich vermeiden, wenn man die Ambiguität des Weltbegriffs, einerseits eine Welt an sich und andererseits die Welt als Vorstellung zu bezeichnen, auf verschiedene Theorieebenen verteilt. Die Welt an sich ist demnach durchgängig bestimmt, wobei die Bestimmungen in wahren Urteilen entdeckt werden, die in Theorien erster Ordnung gefällt werden. Diese Einsicht wird aber in einer Metatheorie getroffen, für welche die Distinktion von Welt an sich und Urteil lediglich eine notwendige Annahme zur Etablierung des Objektivitätskontrasts ist. Die Welt an sich ist demnach für uns stets ein Horizont, was eine Einsicht der Metatheorie ist. Daraus folgt aber, wie gesagt, vorerst nur, daß Objektivität von Subjektivität sinn-abhängig ist, aber nicht, daß Objekte von Subjekten referenz-abhängig sind. Für die stärkere These einer Referenz-Abhängigkeit benötigt man demnach zusätzliche Argumente, welche die Auflage erfüllen müssen, die Einsichten der Metatheorie nicht ohne weiteres als Aussagen einer Theorie erster Ordnung zu deuten, deren Inhalt die Welt an sich ist. Wenn Kants negativer Dogmatismus letztlich bestreitet, daß es eine Welt an sich gibt und den Weltbegriff auf die Vorstellungswelt restringiert, begeht er tendenziell den Fehler, eine Einsicht der Metatheorie als eine negative ontologische These auszuwerten, der zufolge es irgend etwas, in diesem Falle die Welt an sich, nicht gibt. Kant zeigt aber lediglich, daß der Weltbegriff eine unersetzbare Funktion in unserem Zugang zu einer objektiven Welt übernimmt, woraus nicht folgt, daß es keine Welt an sich, d. h. einen durchgängig bestimmten Gesamtzusammenhang gibt, dessen Zustände Inhalt gewöhnlicher Theorien erster Ordnung ist.

Kant operiert demnach Hume gegenüber zwar auf einer Metaebene, indem er nicht mehr unkritisch mit einer gegebenen, aber tendenziell unerkennbaren Objektivität, einer transzendenten Welt an sich rechnet, sondern vielmehr den Objektivitätskontrast selbst thematisiert, der die Differenz von Subjektivität und Objektivität ermöglicht. Daraus schließt er aber auf einen negativen Dogmatismus und auf eine These der Referenz-Abhängigkeit, die man durch Verteilung der Ambivalenz des Weltbegriffs auf verschiedene Theorieebenen umgehen kann. Man kann Kants unbedingt bewahrenswerte Einsicht auch so formulieren, *daß die Annahme eines (objektiven) Seins (im Sinne des Der-Fall-Seins) von der Möglichkeit seiner Erscheinung abhängt, da die Erscheinung wahrheitsdifferent, also wahr oder falsch sein kann, und Wahrheitsdifferenz auf die Objektivität als die Norm ihrer Wahrheit verweist.* Auf diese Weise wird demjenigen Rechnung getragen, was Anton Friedrich Koch als den *phänomenalen Aspekt* des Wahrheitsbegriffs beschreibt.[92] Sein und Erscheinung der Wahrheit gehören für uns zusammen, da die Pluralität der Erscheinungen Indiz der Einheit der Welt ist. Dies drückt sich in der Norm der Wahrheit aus, an der sich die Identität und Differenz von Sein und Erscheinung bemißt.

Kant sieht sich im Zuge seines negativen Dogmatismus genötigt, eine elaborierte Irrtums-Theorie vorzulegen, die erklären soll, wie es in der Ordnung der Begriffe zur Verwechslung von Funktionsstellen im Konstitutionsprogramm unserer Vorstellungswelt mit meta- oder besser hyperphysischen Entitäten, namentlich Gott, Welt und Seele, kommen kann. Gott, Welt und Seele sind reine Vernunftbegriffe, die zwar für die Strukturbildung von Vorstellungen mit möglicherweise objektivem Gehalt notwendig sind. Sie sind aber selber keine objektiven Gehalte. Oben (§ 2 f.) ist Kants These, daß der Weltbegriff eine regulative Idee sei, die eine einheitsstiftende Funktion erfülle, rekonstruiert worden. Die regulative Rolle von Gott und Seele sprengt allerdings den Rahmen der theoretischen Philosophie und wird hier daher vollständig ausgeblendet, zumal es bisher nur darum ging, die Motivation von Kants negativem Dogmatismus explizit zu machen, um deutlich zu machen, daß dieser von der Dialektik des Skeptizismus bestimmt ist. Die Umstellung von einer Theorie erster Ordnung auf eine Theorie zweiter Ordnung wird im Kantischen Programm in der Auseinandersetzung mit dem Cartesischen und Humeschen Skeptizismus begründet.

Um Kants Irrtumstheorie im ganzen exegetisch und systematisch angemessen zu entfalten, müßte sehr weit ausgeholt werden und Kants Lehre von der »transzendentalen Subreption« (KrV, B 537, vgl. 611, 647) in ihren Details vorgestellt werden. Mir geht es hier allerdings lediglich darum, die antiskeptische Strategie Kants

---

[92] Vgl. Koch: *Versuch über Wahrheit und Zeit*, § 5.

in ihren Grundzügen zu exponieren, da sie ein besonders deutlicher Repräsentant des negativen Dogmatismus ist. Grundsätzlich versteht Kant unter »transzendentaler Subreption« das Faktum, daß endliche epistemische Wesen dazu neigen, den begrifflichen Rahmen, der notwendig ist, damit sie überhaupt Vorstellungen haben können, wiederum für eine Vorstellung zu halten, der sie eine besondere Eminenz zusprechen.[93] Die philosophische Aufklärung besteht nun darin, den angeblich eminenten *ontologischen* Status der Möglichkeitsbedingungen von Vorstellungen auf einen funktionalen transzendentalphilosophischen Status zu reduzieren, um so Skeptizismus-immun mit Kategorien und Ideen operieren zu können. Kant ist der Überzeugung, mit seiner restringierten Irrtums-Theorie, welche die Ideen als regulative Begriffe reinterpretiert, eine ungleich fatalere Irrtums-Theorie (d. h. einen Nihilismus) abzuwehren, der zufolge »Gott«, »Welt« und »Seele« überhaupt nichts wären, worüber man vernünftig sprechen kann. Kant verharmlost demnach eine metaphysische *façon de parler*, die mit dem falschen Anspruch auftritt, hyperphysische Behauptungen im Rahmen einer Theorie erster Ordnung treffen und verteidigen zu können, die über Gott, Welt und Seele quantifiziert. Damit wendet er sich unter anderem gegen eine seinerzeit prominente (französische) radikale Auffassung von Aufklärung, die in seinen Augen Atheismus, Fatalismus und Materialismus zur Folge hat, und nicht nur die politische, sondern auch die philosophische Tradition revolutionieren wollte.[94]

Zusammenfassend läßt sich sagen: Das negativ-dogmatische Resultat von Kants »paradoxer Reinterpretation«[95] des Humeschen

---

[93] Vgl.dazu ausführlicher Gabriel, M.: *Der Mensch im Mythos. Untersuchungen über Ontotheologie, Anthropologie und Selbstbewußtseinsgeschichte in Schellings »Philosophie der Mythologie«*. Berlin/New York 2006, § 5.

[94] Durch eine Kritik der reinen Vernunft »kann nun allein dem *Materialism, Fatalism, Atheism,* dem freigeisterischen *Unglauben,* der *Schwärmerei* und *Aberglauben,* die allgemein schädlich werden können, zuletzt auch dem *Idealism* und *Scepticism,* die mehr den Schulen gefährlich sind, und schwerlich ins Publikum übergehen können, selbst die Wurzel abgeschnitten werden.« (KrV, B XXXIV)

[95] Der Terminus »paradoxe Reinterpretation des skeptischen Zweifels« geht auf Andrea Kern zurück, die damit einen Aspekt von Wittgensteins Auseinandersetzung mit dem Skeptizismus hervorhebt. Eine paradoxe Reinterpretation akzeptiert eine oder mehrere skeptische Prämissen, bezweifelt aber, daß aus ihnen irgendein epistemischer Nachteil folgt. Dem Skeptiker wird vielmehr konzediert, einen wesentlichen Zug unserer Rechtfertigungspraxis in einem bestimmten Bereich entdeckt zu haben. Vgl. dazu Kern, A.: »Understanding Scepticism: Wittgenstein's Paradoxical Reinterpretation of Sceptical Doubt«, in: McManus: *Wittgenstein and Scepticism*, 200–217.

Skeptizismus ist das Verdikt, daß unsere metaphysischen Begriffe von Gott, der Welt und der Seele nicht als Faktenwissen interpretiert werden können. Wir können nichts von Gott, der Welt und der Seele *wissen*, da sie gar keine Gegenstände sind, die für objektives Wissen qualifiziert sind. Es kann demnach, so Kant, durch eine Reihe theoretisch suggestiver Prämissen, die ihn selbst zur Konstruktion seines gewaltigen Systems bewogen haben, positiv ausgeschlossen werden, daß wir irgendetwas über hyperphysische Entitäten wissen.

Kants antiskeptische Strategie mündet in einen negativen Dogmatismus und daher in eine Variante des Skeptizismus. Damit soll nicht behauptet werden, daß Kants Anstrengungen vergeblich sind, weil sie auf einen Skeptizismus hinauslaufen. Kant ist kein Skeptiker im gewöhnlichen Sinne des Wortes. Ich habe das Beispiel Kants lediglich gewählt, weil es instruktiv zeigt, wie die Konstruktion eines philosophischen Systems unter skeptischen Bedingungen vollzogen werden kann, ohne die Prämissen des Skeptikers vollständig ablehnen zu müssen. Das Programm der Kritik geht durch den Skeptizismus hindurch. Dadurch gelingt es, der *Prima-facie*-Plausibilität skeptischer Prämissen gerecht zu werden, ohne die der Skeptiker unsere gewöhnlichen Wissensansprüche überhaupt nicht irritieren könnte. Gleichzeitig wird dem Skeptizismus der Stachel gezogen, indem er als eine Belehrung willkommen geheißen wird, die aber keinen Skandal der Philosophie zur Folge hat, sondern der Raserei einer Vernunft Einhalt gebietet, die sich Wissen anmaßt, wo es nichts zu wissen gibt.[96] Kant interpretiert den Skeptizismus somit als eine Lektion über die notwendige Endlichkeit des objektiven Wissens. Er beerbt aber nicht nur Hume, sondern steht *eo ipso* wie dieser selbst auch in der Tradition des Cartesischen methodischen Skeptizismus, den er ausdrücklich für »vernünftig und einer gründlichen philosophischen Denkungsart gemäß« (KrV, B 274) hält.

Die von Descartes methodisch eingesetzte Variante des Skeptizismus bezeichne ich als *Cartesischen Skeptizismus*, ohne damit die philosophiegeschichtliche These zu verbinden, Descartes selbst habe alle Konsequenzen gezogen, die hier aus dem Cartesischen Skeptizismus gezogen werden. Der Cartesische Skeptizismus zeichnet sich dadurch aus, daß eine Form von Skeptizismus entworfen wird, die

96 Metaphysische Schwärmerei ist Kant zufolge »ein Wahn [...], über alle Grenze der Sinnlichkeit hinaus etwas sehen, d.i. nach Grundsätzen träumen (mit Vernunft rasen) zu wollen« (KU, A 124).

droht, uns die Berechtigung zu einer Reihe von Annahmen zu entziehen, die wir nicht ohne massive epistemische Einbußen aufgeben können. Der Cartesische Skeptizismus kann im Unterschied zu einem negativen Dogmatismus nicht affirmiert werden. Bei genauem Hinsehen zeigt sich, daß es eine Besonderheit dieses Skeptizismus ist, daß es keinen ihm entsprechenden Cartesischen Skeptiker, d.h. keinen Vertreter einer Position genannt »Cartesischer Skeptizismus« geben kann. Auch Descartes ist folglich kein Cartesischer Skeptiker, sondern integriert den Cartesischen Skeptizismus vielmehr in seine Theorie, indem er ihn zur Motivation seines eigenen Standpunkts einsetzt, der die Eigenschaft haben soll, den Cartesischen Skeptizismus zu widerlegen. Die Aufgabe in der Beschäftigung mit dem Cartesischen Skeptizismus besteht demnach jederzeit darin zu zeigen, wie wir zu Annahmen berechtigt sein können, zu denen wir in der Tat berechtigt sind, obwohl es eine Reihe von Gründen gibt, die uns unsere Berechtigung zu entziehen drohen. Mit einer Unterscheidung James Conants kann man auch sagen, daß die Auseinandersetzung mit dem Cartesischen Skeptizismus in der Entwicklung der neuzeitlichen Erkenntnistheorie letztlich zu dem Ergebnis geführt hat, daß der Skeptizismus überhaupt keine *Position* darstellt, sondern vielmehr als ein *dialektischer Raum (dialectical space)* behandelt werden sollte, d.h. als das Ganze von Motivation und Konstruktion philosophischer Theorien, die selbstreferentiell den Skeptizismus als ihre eigene Möglichkeitsbedingung integrieren und ihre Theorieoptionen vor diesem methodologischen Hintergrund bestimmen.[97]

Der Cartesische Skeptizismus kann nicht vertreten werden, da er letztlich eine Familie von Paradoxa formuliert, in deren Konklusionen man nicht einwilligen kann. Darauf kann man auf verschiedene Weise reagieren. Akzeptiert man aber, daß der Cartesische Skeptizismus eine ernsthafte Bedrohung für einige oder gar alle Bereiche der diskursiven Rationalität darstellt, muß man mindestens zweierlei erbringen: (1) Eine antiskeptische Strategie und (2) eine Erklärung

[97] Vgl. Conant: »Varieties of Scepticism«, 98: »the term ›scepticism‹ (and its variants, such as ›Cartesian scepticism‹ or ›Kantian scepticism‹) therefore refers not just to one particular sort of philosophical *position* (i.e. the held by one or another sort of sceptic) but rather to the wider *dialectical space* within which philosophers occupying a range of apparently opposed philosophical positions (such as ›realism‹, ›idealism‹, ›coherentism‹, ect.) engage one another, while seeking a stable way to answer the sceptic's question in the affirmative rather than (as the sceptic himself does) in the negative.«

der frustrierenden Wirkung, die von der Auseinandersetzung mit dem Cartesischen Skeptizismus ausgeht. Dies impliziert, daß man sich dem Cartesischen Skeptizismus stellen muß, da er eine ernstzunehmende Provokation bedeutet. Diese resultiert teilweise daraus, daß er sich als ein allgemeines erkenntnistheoretisches Paradoxon formulieren läßt, wie sich in der Folge herausstellen wird. Bevor wir also eine antiskeptische Strategie entwickeln können, muß zunächst die Struktur des Cartesischen Skeptizismus sowie seine Rolle in der dialektischen Ökonomie der Erkenntnistheorie geklärt werden. Unter der *dialektischen Ökonomie der Erkenntnistheorie* verstehe ich das Ganze der Motivationstheorie, die der Erkenntnistheorie zugrundeliegt, sowie der grundlegenden Parameter ihrer Ausführung, man könnte auch sagen: ihre Spielregeln. Die dialektische Ökonomie der Erkenntnistheorie besteht in der Totalität ihrer Intelligibilitätsbedingungen und ihrer Spielregeln. Eine der Spielregeln lautet nun, daß der Cartesische Skeptizismus lediglich eine *methodische* Funktion übernehmen darf und uns prinzipiell nicht zu einem negativen Dogmatismus dahingehend bewegen darf, daß objektives Wissen *tout court* unmöglich ist. Ein solcher negativer Dogmatismus hätte nicht nur eine fatale Verwirrung unserer gewöhnlichen Wissensansprüche sowie eine Reihe semantischer Antinomien zur Folge, sondern wäre dialektisch inkonsistent, indem er eine entscheidende Möglichkeitsbedingung der Erkenntnistheorie aufhöbe. Die Aufgabe der Erkenntnistheorie besteht nämlich darin zu erklären, was Wissen ist bzw. wie Wissen möglich ist. Sollte dies nicht gelingen, wäre die Erkenntnistheorie selbst hinfällig, was aber eine paradoxe Einsicht wäre, da sie nur innerhalb der Erkenntnistheorie erworben werden könnte. Auf diese Weise erzeugte man ein Paradoxon zweiter Ordnung für die Erkenntnistheorie, das man wiederum in einer Metatheorie aufzulösen hätte, die sich nicht von der Erkenntnistheorie *qua* Reflexionstheorie der Erkenntnis unterscheiden kann. Die Erkenntnistheorie kann sich demnach nicht dadurch selbst aufheben, daß sie aus dem Problem des Cartesischen Skeptizismus auf einen negativen Dogmatismus schließt, da diese Selbstzerstörung nicht gelingen kann, ohne daß sich die Erkenntnistheorie damit selbst zugleich auf höherer Theorieebene fortschreibt.

Die Analyse der logischen Struktur und damit des Impetus skeptischer Argumente stellt fraglos ein *sine qua non* der modernen Erkenntnistheorie dar. Dafür gibt es mindestens gute, wenn nicht sogar zwingende Gründe. Freilich wird man heutzutage selten auf einen Denker treffen, der sich mit dem Titel eines (Cartesischen) Skeptikers schmücken würde.[98] Inzwischen ist die Auseinandersetzung mit dem Skeptizismus zu einem Teil der *methodologischen* Reflexion geworden, ohne welche zumal die Erkenntnistheorie nicht auskommen kann. Denn Erkenntnistheorie ist niemals eine Theorie der Objekte unseres Wissens, sondern stets eine Theorie zweiter Ordnung, in der in Frage steht, was Wissen oder Erkenntnis von Objekten überhaupt ist oder ausmacht *(Problem der Definition)* bzw. welche Klassen von Wissen oder Erkenntnis es gibt *(Problem der Klassifikation)*. Die Erkenntnistheorie beansprucht mithin keine Erkenntnis auf derselben Theorieebene, auf der sie ihren Gegenstand situiert. Ihr Gegenstand, die Erkenntnis erster Ordnung, weiß als solcher nichts von der Erkenntnistheorie und ist gegen diese auch (zu Recht) weitgehend gleichgültig. Die eigenen Erkenntnisansprüche der Erkenntnistheorie müssen deswegen von der Erkenntnistheorie selbst anders klassifiziert werden als die Erkenntnisansprüche, die sie thematisiert, wenn sie von gewöhnlichen Wissenszuschreibungen und -ansprüchen handelt. Denn die Erkenntnis, von der die Erkenntnistheorie handelt, ist nicht identisch mit der Erkenntnis der Erkenntnistheorie selbst. Die Erkenntnistheorie handelt zwar tendenziell nicht von sich selbst, sondern von einem Gegenstand, der Erkenntnis erster Ordnung, indem sie fragt, was diese eigentlich ist. Dennoch ist es bisweilen ratsam, eine Reflexion der Reflexion darüber anzustellen, auf welchem Standpunkt wir uns selbst als Erkenntnistheoretiker befinden. Wir werden sehen, daß dies ein entscheidender Zug auf dem Weg zur Beantwortung der Frage ist, welche Rolle der Skeptizismus in der Erkenntnistheorie spielt.

§ 5. Indirekte und direkte skeptische Argumente – Unterwegs zum semantischen Nihilismus

In der Philosophie gibt es mindestens zwei Formen des Umgangs mit einem philosophisch relevanten Aussagensystem. Einerseits kann man das Aussagensystem, mit dem man konfrontiert wird, auf seine *logische* Konsistenz und Kohärenz hin prüfen. Man untersucht die inferentielle Vorgeschichte und die Implikationen von Aussagen

[98] Eine wichtige Ausnahme ist Peter Unger. Vgl. Unger, P.: *Ignorance: A Case for Scepticism.* Oxford 1975.

und Begriffen, die in einem betreffenden System von Aussagen getroffen bzw. angewendet werden, um zu sehen, ob sich unter dem Seziermesser der Analyse logische Inkompatibilitäten einstellen. Logische Inkompatibilitäten bestehen genau dann, wenn ein Aussagensystem implizit oder explizit auf die Behauptung der Konjunktion von p und ~p verpflichtet ist. Die Explikation von Voraussetzungen und Implikationen einer philosophischen Theorie, die der Absicht dient, die Theorie auf ihre gegebene Konsistenz und Kohärenz hin zu prüfen, kann man *logische Analyse* nennen. Bevor eine tiefergehende logische Analyse eingeleitet werden kann, muß geprüft werden, ob die expliziten Aussagen des Aussagensystems oberflächlich, d. h. in der expliziten Formulierung, inkonsistent sind. Sollte dies der Fall sein, ist freilich keine logische Analyse mehr nötig, da sich die Inkonsistenz des betreffenden Aussagensystems *prima vista* zeigt.

Andererseits kann man ein Aussagensystem auf seine Möglichkeitsbedingungen hin untersuchen. Die Frage ist dann nicht, ob die Aussagen, die in einem bereits etablierten Theorierahmen getroffen werden, wahr oder falsch unter den Bedingungen sind, die man unterschreibt, wenn man die Spielregeln der Theorie akzeptiert. Die Frage nach den *dialektischen* Möglichkeitsbedingungen einer Theorie richtet ihr Augenmerk vielmehr darauf, in welcher theoretischen Einstellung sich derjenige befinden muß, der die betreffende Theorie konstruieren will und wie er seine theoretische Einstellung motiviert. Diese Untersuchung kann man *dialektische Analyse* nennen.[99] Die dialektische Analyse eines Aussagensystems thematisiert also den *Zusammenhang von Motivation und Konstruktion* einer Theorie. Dieser Zusammenhang geht über die logische Konsistenz einer Theorie hinaus, da die Motivation einer Theorie die basalen Elemente einführt und begründet, die in der Durchführung eine Rolle spielen, ohne daß die Überlegungen, die dabei eingesetzt werden, not-

[99] In Anlehnung an Richard Fumerton kann man den Unterschied zwischen logischer und dialektischer Analyse mit dem Unterschied zwischen normativer Epistemologie und Metaepistemologie abgleichen. Während die *normative Epistemologie* erkenntnistheoretische Grundbegriffe voraussetzt und zu bestimmen sucht, was wir wissen, glauben oder meinen, untersucht die *Metaepistemologie* die fundamentalen Begriffe des erkenntnistheoretischen Diskurses selbst. Vgl. Fumerton: *Metaepistemology and Skepticism*, 1 f. Ebenso wie Fumerton versuche ich im folgenden die These zu begründen, daß eine dialektische Analyse der Erkenntnistheorie (also die Metaepistemologie) eine Aufklärung des Verhältnisses zwischen Erkenntnistheorie und Skeptizismus erlaubt, die auf der Ebene der logischen Analyse skeptischer Argumente (also in der normativen Epistemologie) letztlich versagt bleibt.

wendig in der Durchführung der Theorie wiederum eine Rolle spielen. Die basalen Elemente einer Theorie können nicht unter den bereits etablierten Bedingungen der Theorie eingeführt werden, sondern können allenfalls nachträglich in die Theorie eingeholt werden.

Jede Theorie ist das Resultat einer Erkenntnissuche. Daher hat jede Theorie sowohl eine *Zielprojektion* (einen Vorgriff auf dasjenige, was sie sucht) als auch ein *Startpotential* (ein methodisches Ideal dessen, wie man sich auf das projizierte Ziel zubewegen kann). Die Zielprojektion und das Startpotential der Theorie werden meist in ihrer Durchführung, d. h. im Akt der Theoriekonstruktion ausgeblendet. Es gehört sogar oftmals zu den Erfolgsbedingungen einer Theorie, daß sie während ihrer Durchführung nicht explizit auf ihre Bedingungen Bezug nimmt. Es gibt demnach in allen Theorien, die nicht ausschließlich selbstreferentiell sind, d. h. deren Gelingen nicht darin besteht, ihre eigenen Bedingungen zu untersuchen, eine Tendenz, die Dimension der Erkenntnissuche zugunsten derjenigen der Erkenntnissicherung auszublenden.[100] Im nächsten § soll anhand einer paradigmatischen Analyse einer allgemeinen erkenntnistheoretischen Paradoxie, die Crispin Wright herausgearbeitet hat und die er allein mit den Mitteln einer logischen Analyse auflösen will, gezeigt werden, warum Wrights logische Analyse dialektische Probleme aufwirft, die sie nicht mehr thematisiert. Auf diese Weise wird die Methode einer dialektischen Analyse exemplifiziert.

Die dialektische Analyse einer Theorie bedient sich unter Umständen der logischen Analyse ihrer Aussagen, um die dialektischen Implikationen der Theorie zu explizieren. Umgekehrt gerät eine logische Analyse unter Umständen in das Fahrwasser der dialektischen Analyse, wobei die logische Analyse als solche keine dialektischen Aussagen treffen kann. Begegnet die logische Analyse einem Paradoxon (und nicht etwa einem logischen Fehler), lohnt es sich meistens zu überprüfen, ob sich das Paradoxon auf der dialektischen Ebene auflösen bzw. ob sich auf der dialektischen Ebene seine Motivation verstehen läßt. Dies gilt jedenfalls für den Fall eines allgemeinen Cartesischen Paradoxons, das in der Folge mithilfe einiger Über-

---

[100] Die Diagnose, daß die Erkenntnistheorie eine Tendenz hat, die Erkenntnissuche zugunsten der Erkenntnissicherung auszublenden, geht auf Wolfram Hogrebe zurück. Diese Diagnose ist besonders deutlich formuliert in Hogrebe: *Prädikation und Genesis*, 47 f.

legungen Crispin Wrights formuliert werden soll, ohne daß Wrights eigene Lösung des Paradoxons übernommen wird.

Ein wichtiger Teil der dialektischen Analyse eines skeptischen Aussagensystems besteht in der Einschätzung der Dynamik seiner Argumente, d.h. des Zusammenhangs von Motivationstheorie und Theoriekonstruktion. Denn oftmals stellt sich nicht nur die Frage, worin der logische Fehler eines skeptischen Paradoxons besteht, sondern vielmehr diejenige, warum wir es überhaupt als ein Paradoxon betrachten, d.h. warum wir seine Prämissen und Schlußregeln zumindest insofern für plausibel halten, als wir akzeptieren, daß wir es mit einem Paradoxon und nicht bloß mit einem Fehlschluß zu tun haben. Unsere Perplexität angesichts eines skeptischen Paradoxons darf demnach niemals aus dem Blick geraten, wenn wir ein skeptisches Paradoxon untersuchen. Die dialektische Analyse skeptischer Paradoxa hat unter Umständen den Vorteil, daß sie deren Motivation thematisiert und nicht bloß versucht, eine oder einige Prämissen des Paradoxons zu negieren.

Nun scheint es ein allgemeines Charakteristikum sokratischer Fragen der »Was ist X?«-Art zu sein, daß sie motivationstheoretische Voraussetzungen in einem unverdächtigen Sinne machen: Wer philosophische Fragen der »Was ist X?«-Art stellt, muß in eine Einstellung zu sich selbst und der Welt geraten sein, die es ihm nicht unmittelbar erlaubt, epistemisch so fortzufahren, wie er es im alltäglichen Leben (was auch immer dieses eigentlich sein mag) gewohnt ist. Die Initiation in philosophische Fragen der »Was ist X?«-Art setzt demnach einen *Bruch mit der Gewohnheit* voraus. Die für die Philosophie unabdingbare theoretische Einstellung ist deshalb eine Form von Entfremdung, ohne die allerdings der eigentümliche, rein theoretische Standpunkt der Reflexion gar nicht bezogen werden könnte.[101] Die Problematisierung des Alltags und seiner Betriebsroutinen

[101] Eine ähnliche Beobachtung macht Robert Nozick für philosophische »Wie ist X möglich?«-Fragen. Damit bspw. die Frage gestellt werden könne, wie Freiheit möglich sei, müsse vorerst die Möglichkeit in Aussicht gestellt worden sein, daß Freiheit unmöglich ist. Es muß mit anderen Worten eine Alternative eingeführt worden sein, was im Falle des Freiheitsproblems der Determinismus ist. Im Kontext der Erkenntnistheorie werde die Frage, wie Wissen möglich sei, entsprechend durch skeptische Alternativen allererst ermöglicht. Vgl. Nozick, R.: *Philosophical Explanations*. Oxford 1981, 8–11. Vgl. auch Heideggers These in §16 von *Sein und Zeit*, daß die Problematisierung unseres Weltzugangs einen »Bruch« (SuZ, 75) und eine »Entweltlichung« (ebd.) voraussetze. Auch die erkenntnistheoretische Grundfrage, was Wissen ist, geht auf eine »Störung der Verweisung« (ebd.) zurück. Wir könnten sie nicht stellen, wenn wir *sensu stricto*

steht bereits außer oder über dem Alltag, wobei diese Problematisierung im Alltag durchaus vorkommt, was allein erklärt, wie es zur Ausbildung einer reflexiven wissenschaftlichen Behandlung dieser Probleme, d.h. zur Ausbildung von Philosophie gekommen sein kann. Wer ein philosophischer Beobachter der zumeist und zunächst reibungslos, man könnte mit Wittgenstein auch sagen: »blind« (PU §219) verlaufenden sprachlichen Praxis menschlicher Agenten sein will, kauft sich damit also unversehens in ein Unternehmen ein, auf dessen Verlustbilanz der Skeptizismus steht.[102]

Wer die Frage stellt, was Erkenntnis oder Wissen eigentlich ist, weiß nicht unvermittelt anzugeben, was Erkenntnis oder Wissen im allgemeinen eigentlich ist, obwohl er im alltäglichen Leben ein durchaus kompetenter Fremd- und Selbstzuschreiber von konkreter Erkenntnis und objektivem Wissen sein mag. Das heißt aber, daß er in Rechnung stellen muß, daß es keine Antwort auf seine Frage, was Wissen eigentlich ist, geben könnte. Wer nämlich eine Antwort auf eine Frage sucht, muß mit der Möglichkeit der Unbeantwortbarkeit der Frage rechnen. Um das Projekt der Erkenntnistheorie starten zu können, muß derjenige, der die (bzw. eine) Erkenntnistheorie konstruiert, in die Lage von jemandem versetzt worden sein, dessen erkennender Umgang mit der Welt nicht reibungslos vonstatten geht, damit ihm dasjenige als fragwürdig erscheint, was er zumeist und zunächst fraglos hingenommen hatte. Der Erkenntnistheoretiker muß also in die Position versetzt worden sein, sich darüber zu *wundern*, daß es so etwas wie Erkenntnis überhaupt geben kann. Im Vollzug der Beantwortung dieser Frage kann allererst geklärt werden,

---

alles wüßten und mithin an keine Grenzen unseres Wissens stießen. Vgl. dazu ausführlicher Gabriel: »Endlichkeit und absolutes Ich«.

[102] Das bekannte Zitat lautet: »Wenn ich der Regel folge, wähle ich nicht. Ich folge der Regel *blind.*« Die Rede von einem blinden Befolgen der Regel ist allerdings insofern irreführend, als man unter Wittgensteinschen Prämissen nur dann überhaupt irgendetwas sehen kann, wenn man der Regel *blind* folgt. In einem gewissen Sinne ist nach Wittgenstein allein der Blinde sehend. Allein dadurch, daß man sich nicht in einen Begründungsregreß hineinzwingen läßt, um Gründe dafür anzuführen, warum man die Regel so-und-so auslegt, ist man imstande, (sprachlich) kompetent zu handeln. An einer anderen Stelle, spricht Wittgenstein mit einer anderen von ihm offenkundig geschätzten Metapher davon, daß man der Regel *mechanisch* folge (GPM, 422): »»Mechanisch«, das heißt: ohne zu denken. Aber *ganz* ohne zu denken? Ohne *nachzudenken.*« (ebd.) Das dahinter stehende Regelregreßargument und seine skeptischen Voraussetzungen werden unten (216ff.) ausführlich untersucht.

was Erkenntnis überhaupt sein kann, wenn wir auf eine positive Antwort auf unsere Frage, was Erkenntnis eigentlich ist, hoffen wollen.

Betrachtet man das Projekt der Erkenntnistheorie auf die hier vorgeschlagene Weise im Lichte einer dialektischen Analyse, geht es zunächst nicht darum, innerhalb der bereits etablierten Erkenntnistheorie eine Reihe gültiger Aussagen zu treffen. Die logische Analyse von erkenntnistheoretischen Argumenten dient mir im folgenden daher auch keineswegs dazu, Züge innerhalb eines akzeptierten Spiels zu machen oder Innovationen auf der Basis vorgegebener Spielregeln zu legitimieren. Die logische Analyse dient vielmehr der dialektischen Absicht, die Möglichkeitsbedingungen der Erkenntnistheorie *als solcher* durchsichtig zu machen. Dabei stellt sich heraus, daß eine im Laufe der weiteren Untersuchung näher zu bestimmende Variante des Skeptizismus zu den Möglichkeitsbedingungen von Erkenntnistheorie gehört. Dieses Resultat darf man nicht mit der v.a. von Barry Stroud und Michael Williams prominent vertretenen These verwechseln, daß der Skeptizismus ein notwendiges *Resultat* der erkenntnistheoretischen Einstellung zur Welt, zu sich selbst und zu den anderen sei.[103] Meine These wird nicht lauten, daß die Erkenntnistheorie eine theoretische Einstellung voraussetzt, welche den Lokkungen des Skeptizismus nicht widerstehen kann und ihm deshalb zum Opfer fällt. Es soll vielmehr umgekehrt gezeigt werden, daß eine unabdingbare Variante des Skeptizismus die Initiation in die Erkenntnistheorie bedingt und nicht, daß der Skeptizismus eine Konsequenz der Erkenntnistheorie ist.[104] Der Skeptizismus geht der Erkenntnistheorie als ihre Intelligibiliätsbedingung voran.

Man kann sich nur schwer vorstellen, daß jeder Erkenntnistheo-

---

[103] Stroud, B.: *The Significance of Philosophical Scepticism.* Oxford 1984; Williams:: *Groundless Belief;* ders.: *Unnatural Doubts;* ders.: *Problems of Knowledge. A Critical Introduction to Epistemology.* Oxford 2001. Die These ist weit verbreitet. Stroud und Williams erschöpfen die Liste keineswegs. Andere prominente Vertreter der These, daß die Erkenntnistheorie hoffnungslos Cartesianisch und damit skeptisch ist, so daß die erkenntnistheoretische Einstellung als solche verabschiedet werden muß, sind Richard Rorty und Heidegger.

[104] Zu einem ähnlichen Resultat kommt Heidemann: *Der Begriff des Skeptizismus,* der den Skeptizismus für »eine Verstehensbedingung epistemischer Ansprüche« (355) hält. Denn wir halten Wissen überhaupt nur für begründungsbedürftig, weil es unter Bedrohung gerät. »Wir rechtfertigen unsere epistemischen Ansprüche, weil wir sie durch den Skeptizismus bedroht sehen. Epistemische Rechtfertigung ist gewissermaßen die angemessene Reaktion auf die Bedrohung unseres Wissens durch den skeptischen Zweifel.« (ebd.)

retiker immer dann, wenn er als solcher agiert, seinen erkennenden Umgang mit der Welt rigoros unterbricht, um sich zu fragen, was Erkenntnis eigentlich ist. Selbst unter den gleichsam antiseptischen Bedingungen der Erkenntnistheorie darf er seinen Untersuchungsgegenstand nicht vollständig neutralisieren. Vielmehr muß auch der Erkenntnistheoretiker in Kontakt mit der Erkenntnis bleiben, die er sich und den anderen zumeist und zunächst zuschreibt. Doch der Rückblick auf das, was vor der Erkenntnistheorie war, d. h. gleichsam der Blick zurück ins Paradies vor dem Sündenfall, wird tendenziell durch den Standpunkt der Erkenntnistheorie verzerrt, obwohl gerade dasjenige Thema werden soll, was wir uns und den anderen zumeist und zunächst zutrauen.[105]

Aus diesem Grunde ist es ein gängiger Zug innerhalb der erkenntnistheoretischen Auseinandersetzung mit dem Skeptizismus, sich darauf zu berufen, daß wir in der Welt der Gewohnheit durchaus kompetente Fremd- und Selbstzuschreiber von Wissen sein können, ohne dabei freilich reflexiv über einen unbestreitbaren Begriff dessen zu verfügen, *was* wir uns selbst und Anderen für gewöhnlich zuschreiben.[106] Die erkenntnistheoretische Reflexion steht somit in einem dialektischen Konflikt mit der Welt der Gewohnheit. Es verwundert daher nicht, daß einige Philosophen Partei für die Welt der Gewohnheit ergreifen und die Erkenntnistheorie verabschieden wol-

---

[105] Die Struktur von Wissen, sich unter dem analytischen Seziermesser in Nichts aufzulösen, hat David Lewis in seinem gleichnamigen Aufsatz als »Elusive Knowledge« bezeichnet. Vgl. Lewis: »Elusive Knowledge«, in: *Australasian Journal of Philosophy* 74 (1996), 549–567.

[106] Strawson hat die antiskeptische Strategie, die sich darauf beruft, daß wir gewöhnlich nicht umhin können, Annahmen zu machen, die sich unter skeptischen Bedingungen als ungerechtfertigt bzw. unrechtfertigbar erweisen, als »Naturalismus« bezeichnet, da die genannte Strategie in der Neuzeit am prominentesten von Hume verfolgt worden ist, der sich bekanntlich darauf beruft, daß uns die *Natur* dazu zwinge, in unserem gewöhnlichen Leben Annahmen zu machen, die sich theoretisch nicht rechtfertigen lassen. Vgl. Strawson, P. F.: *Scepticism and Naturalism: Some Varieties.* London 1985. Daß wichtige Züge in Wittgensteins antiskeptischer Strategie naturalistisch sind, soll unten (§ 14) gezeigt werden. Hier sei lediglich bereits darauf hingewiesen, daß der Naturalismus selbst eine *skeptische* Lösung einer Reihe skeptischer Probleme darstellt und als eines der zentralen Resultate des Pyrrhonischen Skeptizismus gelten kann. Betrachtet man aber Sextus' Behandlung des Naturalismus genauer, sieht man, warum er eigentlich unter skeptischen Bedingungen nicht als gerechtfertigte Annahme auftreten darf und somit keinen Ausweg aus dem Dilemma darstellt. Der Naturalismus ist selbst eine skeptische Position, die sich mit den Standards, die der Naturalismus akzeptiert, nicht rational rechtfertigen läßt.

len, weil sie uns in eine unnatürliche Einstellung versetze, deren skandalöser Auswuchs der Skeptizismus sei.[107]

Um aus der Welt der Gewohnheit heraustreten und Wissen bzw. Erkenntnis überhaupt für ein Problem halten zu können, bedarf es skeptischer Argumente. Dies tritt besonders profiliert in Descartes' *Meditationen* hervor, die einem erklärten methodischen Skeptizismus verpflichtet sind. Um den Leser zur Selbsterkenntnis zu führen, beseitigt Descartes vorerst die Selbstverständlichkeiten der Welt der Gewohnheit, wobei er sich einer Reihe – mittlerweile kanonischer – skeptischer Argumente bedient. Die Konstruktion seines positiven Beitrags zur Erkenntnistheorie setzt seinen methodischen Skeptizismus dabei voraus.

Erkenntnistheorie und Skeptizismus können also nicht voneinander isoliert werden, da Erkenntnis nur dann zum Problem werden kann, wenn sich herausstellt oder zeigen läßt, daß sie systematisch *bedroht ist.* Eine systematische Bedrohung von Erkenntnis liegt aber nicht schon dann vor, wenn wir überzeugt werden, daß eine bestimmte Menge von Erkenntnissen, die wir für gültig hielten, schlichtweg unhaltbar ist, d. h. wenn wir zu lokalen Nihilisten werden. Z. B. wird man vernünftigerweise behaupten können, daß alle positiven Aussagen über Hexen oder das Phlogiston falsch sind, die voraussetzen, daß es Hexen oder Phlogiston gibt, so daß es in einigen ehemals prominenten Gebieten unseres Wissens gar nichts zu wissen gibt. Diese Beobachtung hat als solche aber noch nichts mit Skeptizismus zu tun. Erst dann, wenn es legitim ist, aus der genannten Beobachtung zu schließen, daß möglicherweise *alle* unsere Erkenntnisse derart sind, daß sie sich einst als Hexenzauber erweisen könnten, haben wir es mit einem skeptischen Problem zu tun.

Allgemein kann man festhalten, daß der Erkenntnistheoretiker stets zwei Tendenzen austarieren muß, die für sein Projekt konstitu-

---

107 Heidegger schließt sich Kants Diktum an, daß der Skandal der Philosophie im Problem der Unmöglichkeit eines Beweises der Existenz einer bewußtseinsunabhängigen Außenwelt gesucht werden müsse. »Der »Skandal der Philosophie« besteht nicht darin, daß dieser Beweis bislang noch aussteht, sondern *darin, daß solche Beweise immer wieder erwartet und versucht werden.*« (SuZ, 205) Den Ursprung dieser Verwirrung sieht Heidegger darin, daß ein naiver, ja falscher Weltbegriff angesetzt werde, um das Außenweltproblem anzugehen. Der falsche Weltbegriff sei dabei »ständig am innerweltlichen Seienden (den Dingen und Objekten)« (SuZ, 203) orientiert. Auf diese Weise gerate die eigentliche Seinsart der Welt aus dem Blick. Heideggers Verdikt gegen den falschen Weltbegriff trifft natürlich ins Herz der Mooreschen antiskeptischen Strategie und ihrer physikalischen Objekte!

tiv sind: *Einerseits* ein methodologisch notwendiger Skeptizismus, der es erlaubt, Erkenntnis oder Wissen überhaupt *als* ein Problem zu thematisieren, und *andererseits* die Notwendigkeit, die alltäglichen Fremd- und Selbstzuschreibungen von Wissen bzw. Erkenntnis nicht aus dem Blick zu verlieren oder gar aufgeben zu müssen. Beide Tendenzen sind dem Projekt der Erkenntnistheorie als solchem eingeschrieben und beide sind gleichzeitig tendenziell inkompatibel, worin die Dialektik der Erkenntnistheorie zu sehen ist, die eine potentiell antinomische Verfassung aufweist.[108] Im folgenden werden die beiden Tendenzen als *Skeptizismus* und *Konservativismus* bezeichnet. Während der Skeptizismus unsere Wissensansprüche als solche hervortreten läßt, besteht der Konservativismus darin, daß wir trotz der skeptischen Tendenzen der Erkenntnistheorie versuchen müssen, die Bedingungen unserer alltäglichen Wissenszuschreibungen sicherzustellen.

Man kann den Gedanken auch folgendermaßen formulieren: Das Startpotential (Skeptizismus) und die Zielprojektion (Erkenntnissicherung) der Erkenntnistheorie stehen in einer dialektischen Spannung. Dialektisch und nicht etwa logisch ist diese Spannung, weil sie sich auf dem Niveau skeptischer und antiskeptischer *Argumente* nicht unmittelbar zu erkennen gibt, obwohl sie dort immer schon – gleichsam *incognito* – am Werk ist. Um die Motivationslage der Erkenntnistheorie durchsichtig zu machen, muß man ihr gegenüber den Beobachterstandpunkt einer metatheoretischen Reflexion auf ihre Konstruktions- und Erfolgsbedingungen beziehen.[109] Dieser

[108] In diesem Sinne spricht Robert Fogelin, einer der zeitgenössischen Advokaten eines (Neo-)Pyrrhonischen Skeptizismus, von »epistemology's tendency to destroy its subject matter« (Fogelin, R.: »Contextualism and Externalism: Trading in One Form of Skepticism for Another«, in: *Noûs* 34 (2000), 43–57, hier: 49). Michael Williams, der andere große Neopyrrhoniker spricht vom »Dilemma des Erkenntnistheoretikers«, das er so beschreibt: »[W]e can either accept scepticism, or make changes in our pre-theoretical thinking about knowledge that shrink the domain, or alter the status, of what we previously thought of as knowledge of objective fact.« (Williams: *Unnatural Doubts*, 22) Fogelins und Williams' Diagnose des Problems unterscheidet sich von der hier vertretenen allerdings in wichtigen Punkten, was unten bei Gelegenheit der Behandlung des Kontextualismus deutlich werden wird. Der wichtigste Unterschied ist, daß ich die dialektische Spannung, die zwischen den beiden Tendenzen der Erkenntnistheorie besteht, nicht aus dem Cartesischen Skeptizismus allein ableite.

[109] In Thomas Nagels *The View from Nowhere* (Oxford 1986) findet sich eine ähnliche dialektische Überlegung. Das gesamte Buch arbeitet mit der Spannung zwischen dem subjektiven Standpunkt des jeweiligen Beobachters der Welt und seinem objektiven, unzentrierten Begriff der Welt, die er beobachten will. Diese Spannung ist Nagel zufol-

Beobachterstandpunkt analysiert lediglich die Dialektik der Erkenntnistheorie, ohne selbst eine bestimmte Erkenntnistheorie konstruieren zu wollen.

Die skizzierte Motivationslage gilt nicht nur für Descartes' eigenes Projekt, sondern auch und vor allem für die gegenwärtige Erkenntnistheorie, die ohne einen methodischen Skeptizismus kaum denkbar wäre. Die meisten Beiträge zur Erkenntnistheorie kommen nämlich dadurch zustande, daß sie zunächst eine logische Analyse skeptischer Argumente vorführen, um in einem zweiten Schritt eine oder mehrere Prämissen oder Schlußregeln zu bezweifeln, ohne die das in Frage stehende skeptische Argument nicht möglich wäre. Auf diese Weise sind erhebliche Fortschritte innerhalb der Erkenntnistheorie erzielt worden.[110]

Ein klassischer Weg, eine *systematische* Bedrohung unseres Wissens zu generieren, ist die Verallgemeinerung der Fallibilität unseres Fürwahrhaltens, die zur Formulierung eines *Cartesischen Skeptizismus* führt. Gegeben nämlich, daß wir uns mit einer beobachtbaren Regelmäßigkeit in unserem alltäglichen Weltumgang irren, stellt sich scheinbar unversehens die Frage ein, ob wir ein Kriterium haben, um Fälle von Erkenntnis und Irrtum überhaupt systematisch voneinander unterscheiden zu können. Diese Überlegung steht hinter *Descartes' Klugheitsregel*, niemandem zu trauen, der uns einmal getäuscht hat.[111] Wer uns nämlich einmal getäuscht hat, täuscht uns möglicherweise auch ein zweites Mal und damit – gemäß einer simplen induktiven Operation – im schlimmsten Falle immer. Das Problem einer systematischen Bedrohung unserer Wissensbestände gibt sich dabei umso dringlicher, als der Cartesische Skeptiker einen besten Fall von Wissen (in der Regel empirisches Wissen) als Gegenstand seines Zweifels wählt. Gelingt es nicht ein-

---

ge verantwortlich dafür, daß Realismus (Objektivitätsstreben) und Skeptizismus, der unsere subjektiven Unzulänglichkeiten systematisch ausbeutet, stets gemeinsam auftreten. Das Problem der Erkenntnistheorie sieht Nagel folgerichtig in einer konstitutiven »inability to hold in one's mind simultaneously and in a consistent form the possibility of skepticism and the ordinary beliefs that life is full of« (ebd., 87).

[110] Stephen Schiffer entwickelt in diesem Sinne eine Topographie der Erkenntnistheorie, indem er die grundlegenden Positionen der zeitgenössischen Erkenntnistheorie jeweils als Reaktion auf eine Prämisse des skeptischen Arguments rekonstruiert. Vgl. Schiffer, S.: »Skepticism and the Vagaries of Justified Belief«, in: *Philosophical Studies* 119 (2004), 161–184.

[111] »[P]rudentiae est numquam illis plane confidere qui nos vel semel deceperunt.« (AT VII 8)

mal, triviale Erkenntnisansprüche gegen den Skeptiker zu rechtfertigen, scheinen alle extravaganten Erkenntnisansprüche *a fortiori* nichtig zu sein.

Doch die induktive Generalisierung unserer alltäglichen Fallibilität allein reicht noch nicht hin, um einen Cartesischen Skeptizismus zu generieren. Dazu bedarf es einiger Zusatzüberlegungen, die erst dann relevant werden, wenn nicht nur gezeigt wird, daß wir uns möglicherweise häufiger irren, als uns lieb ist, sondern daß diese Möglichkeit die Funktion unserer alltäglichen Wissenszuschreibungen in einem unvertretbaren Maße stört. Die zumindest *prima facie* verständliche Möglichkeit eines fortwährenden bzw. immer wiederholten Irrtums allein führt zwar bereits auf die Frage, was Erkenntnis eigentlich ist, bzw. wie Erkenntnis möglich ist.[112] Die Generalisierung unserer alltäglichen Fallibilität führt uns also zunächst zu einer philosophischen Frage, die allerdings keineswegs als unbeantwortbar oder paradoxieanfällig gelten kann. Allerdings zwingt uns die mögliche Unmöglichkeit von Erkenntnis dazu, Reflexionen anzustellen, welche die Möglichkeit von Erkenntnis garantieren sollen. Diese Reflexionen beanspruchen eine Erkenntnis der Erkenntnis und gehören damit unmittelbar einer Metatheorie an, d.h. einer Theorie (Erkenntnis), deren Inhalt ihrerseits Theorien (konkrete Erkenntnisse) sind.

Bekanntlich bedient sich Descartes selbst zweier klassischer Argumente oder skeptischer Paradoxa, um die mögliche Unmöglichkeit von Erkenntnis zu motivieren und das Problem der Fallibilität zu einem Paradoxon zu verschärfen, was das Startpotential seines eigenen metaphysischen Projektes in den *Meditationen* ausmacht: Des *Traum*- und des *Genius-malignus-Arguments.*[113] Beiden ist gemein-

---

112 Es gibt einen gewichtigen Unterschied zwischen der Frage, was Erkenntnis eigentlich ist, und der Frage, wie Erkenntnis möglich ist, den man etwa so fassen kann: Wer fragt, was Erkenntnis eigentlich ist, sucht in der Regel nach einem besten oder paradigmatischen Fall von Wissen und untersucht die Bedingungen, die erfüllt sein müssen, damit ein solcher Fall von Wissen attestiert werden kann. Eine solche Analyse des Wissensbegriffs liegt in der triadischen Standardanalyse von Wissen als wahrer gerechtfertiger Überzeugung vor und wird auch von denen angestrebt, welche die triadische Standardanalyse gegen Gettier-Fälle immunisieren wollen. Wer hingegen fragt, wie Erkenntnis möglich ist, untersucht die Bedingungen, die erfüllt sein müssen, damit jemand sich überhaupt auf etwas beziehen kann, das dann in Wissenszuschreibungen eingesetzt werden kann.

113 Das Traumargument findet sich bereits klar und deutlich formuliert in Platons *Theaitetos* (158b8 ff.). Das *genius-malignus*-Argument hat eine lange theologische Vor-

sam, daß sie weder zeigen noch zeigen sollen, daß Erkenntnis *tatsächlich* unmöglich ist, sondern lediglich, daß sie unmöglich sein *könnte.* Auf diese Weise werden Solipsismus und globaler Skeptizismus (negativer Dogmatismus über Wissen überhaupt) als Möglichkeiten eingeführt, deren Zurückweisung unserer Erkenntnis ein absolut gewisses Fundament geben soll.[114] Descartes selbst vertritt demnach keinen negativen Dogmatismus, der Argumente für die Unmöglichkeit von Erkenntnis sammelt, sondern bedient sich skep-

---

geschichte, deren Relevanz für die spezifisch Cartesische Variante des Außenweltskeptizismus von Dominik Perler herausgearbeitet worden ist. Vgl. Perler, D.: »Wie ist ein globaler Zweifel möglich? Zu den Voraussetzungen des frühneuzeitlichen Außenwelt-Skeptizismus«, in: *Zeitschrift für philosophische Forschung* 57 (2003), 481–512; vgl. auch ausführlich ders.: *Zweifel und Gewissheit. Skeptische Debatten im Mittelalter.* Frankfurt/Main 2006. Descartes selbst ist sich natürlich dessen bewußt, daß der Zweifel an der Erkenntnisfähigkeit der Sinne bereits antik ist, worauf bemerkenswerterweise Hobbes in seinem ersten Einwand gegen die *Meditationen* aufmerksam macht. Hobbes merkt *expressis verbis* an, daß der Skeptizismus der ersten Meditation ein antikes Thema aufgreife, das als das Problem des Kriteriums (κριτήριον) bekannt war. Hobbes gebraucht sogar den griechischen Ausdruck und weist explizit auf Platon und »andere antike Philosophen« *(alii antiquorum Philosophorum)* hin, die bereits das Problem der Vorstellungen *(phantasmata)* gestellt hätten, das darin besteht, daß wir an unseren Vorstellungen von der Welt nicht ablesen können, ob ihnen irgendetwas von den Vorstellungen Unabhängiges entspricht. Descartes erwidert darauf zu Recht, daß sein Skeptizismus nicht neu sei, sondern in der ersten Meditation in aller Deutlichkeit als Problem entfaltet werden müsse, um den Leser von den Sinnen abzulenken und ihn rein geistigen Gegenständen *(ad res intellectuales)* zuzuwenden, die von allem Körperlichen unterschieden seien, das man durch die Sinne wahrnehmen könne. Vgl. AT 7, 171f. Descartes selbst räumt also ein, daß der Skeptizismus der ersten Meditation keine Neuerung sei, so daß es verwundert, warum man im Cartesischen Skeptizismus ein Signum der Moderne erkennen will. An anderer Stelle (AT 7, 130) weist Descartes selbst auf die Akademiker und Skeptiker hin. Wie Gail Fine in einem neueren Aufsatz über Descartes und den antiken Skeptizismus zu Recht unterstreicht, muß man also festhalten, daß »unlike many recent commentators […] Descartes himself denies that his skepticism is more radical than ancient skepticism« (Fine, G.: »Descartes and Ancient Skepticism: Reheated Cabbage?«, in: *The Philosophical Review* 109 (2000), 195–234, hier: 204).

[114] Ich behaupte natürlich nicht, daß Descartes selbst einen Solipsismus oder Skeptizismus vertreten hat. Descartes selbst meint schließlich, daß eine genaue Prüfung unserer Denkakte nach der Einführung der möglichen Unmöglichkeit von Erkenntnis dazu führe, die Erkenntnis durch die Gewißheit der eigenen Existenz und derjenigen Gottes wiederzugewinnen. Das wendet Perler zu Recht gegen eine repräsentationalistische Interpretation Descartes' ein, die dabei stehen bleibt, Descartes selbst einen Skeptizismus aufgrund seines Repräsentationalismus zuzuschreiben. Vgl. Perler, D.: *Repräsentation bei Descartes.* Frankfurt/Main 1996, 310–324. Allerdings gehört dies zu Descartes' antiskeptischer Strategie und nicht zu seinem (methodisch eingesetzten) Skeptizismus.

tischer Argumente, um den Übergang vom alltäglichem Weltumgang zur Erkenntnistheorie (bzw. von einer Theorie erster Ordnung in eine Theorie zweiter Ordnung) zu motivieren. Dabei haben beide Argumente eine verschiedene logische Struktur, die sich in Anlehnung an eine von Crispin Wright vorgenommene Unterscheidung zwischen *indirekten* und *direkten* skeptischen Argumenten folgendermaßen analysieren läßt.[115]

1) Indirektes Argument: Wenn wir gerade träumten und unser Traumzustand phänomenal ununterscheidbar von dem Zustand des Wachens wäre, dann wären unsere Überzeugungen darüber, was sich in unserer Umwelt gerade abspielt, zumindest nicht dadurch rechtfertigbar, daß wir uns auf die kausale Verbindung zwischen Geist und Welt verlassen, von der wir üblicherweise ausgehen, wenn wir glauben, *daß* wir etwa einen Tisch sehen, *weil und nur weil* da ein Tisch steht, wo wir ihn sehen. Gleichwohl wäre es möglich, zufällig wahre Überzeugungen über bestenfalls alles zu haben, was der Fall ist, da der Traum, daß dieses und jenes der Fall *sei*, nicht logisch inkompatibel damit ist, daß dieses und jenes der Fall *ist*. Wir können uns daher vorstellen, daß jemand fortwährend die Welt genau so träumt, wie sie ist, ohne deswegen in einer identifizierbaren kausalen Relation zu ihr zu stehen. So wie derjenige, der träumt, daß jemand in sein Zimmer kommt, wenn wirklich jemand in sein Zimmer kommt, nicht notwendig träumt, *daß* jemand in sein Zimmer kommt, *weil* jemand in sein Zimmer kommt, obwohl es *de facto* auch solche Fälle geben kann. *Indirekt* ist dieses Argument, weil es nicht bezweifelt, daß es keine Welt oder keine Welterkenntnis gibt. Die Existenz einer Welt und die Wirklichkeit von Welterkenntnis werden vielmehr vorausgesetzt. Das Argument zeigt lediglich, daß wir kein Kriterium dafür haben, ob wir *hic et nunc* die Bedingungen dafür erfüllen, Welterkenntnis zu erwerben. Es zeigt allerdings nicht, daß wir keine wahren Überzeugungen haben könnten, sondern nur, daß wir möglicherweise nur zufällig wahre Überzeugungen haben könnten.

2) Direktes Argument: Angenommen, jemand würde von einem bösen Geist auf eine solche Weise getäuscht, daß er eine Menge seiner alltäglichen Überzeugungen über eine (Außen-)Welt, das Fremdpsychische, die Existenz der Vergangenheit usw. aufrechterhielte, obwohl sie ihm lediglich vorgegaukelt würden. Da der böse Geist nur

115 Vgl. Wright, C.: »On Putnam's Proof that we are not Brains-in-a-Vat«, in: Clark, P./Hale, R. (Hrsg.): *Reading Putnam*. Oxford 1994, 216–24, hier: 235 f.

die Illusion einer Welt kreiert, steht der betrogene arme Tropf in keinerlei Beziehung zu Dingen außerhalb seines Geistes oder Bewußtseins. Ein solches Szenario stellt eine größere und offensichtlichere epistemische Gefährdung des betroffenen Subjekts dar als das indirekte Argument, da die Praxis des Erkenntniserwerbs vollständig unter Bedrohung gerät, wenn das Erkenntnissubjekt sich nicht einmal mehr des eigenen Bewußtseinshaushalts sicher sein kann. Während indirekte skeptische Argumente ein Außenweltproblem erzeugen, indem sie das Erkenntnissubjekt kausal von der Außenwelt isolieren, erzeugen direkte Argumente ein Innenweltproblem, indem sie das Erkenntnissubjekt von sich selbst isolieren. Darin liegt der Unterschied zwischen dem *Traum-* und dem *Genius-malignus-Argument.* Das Genius-malignus-Argument importiert das skeptische Problem in die Innenwelt. Ein skeptisches Argument, daß uns lediglich den Rückzug auf das Faktum unserer ansonsten unbestimmten Existenz als denkender Subjektivität erlaubte, ohne diese Subjektivität in irgendeinem Sinne näher inhaltlich zu charakterisieren, könnte getrost als ein Triumph des Skeptikers verbucht werden. Direkt ist dieses Argument, weil es uns unmittelbar vor das Problem des *Solipsismus* bringt, während das indirekte Traum-Argument damit vereinbar ist, daß wir hinreichend oft im Wachzustand Erkenntnisse erworben haben, um zu wissen, daß es einen Unterschied zwischen Wachen und Träumen gibt, wobei in der Welt der Wachen andere Subjekte (Personen) außer uns existieren.

Folgt man Crispin Wright, unterscheiden sich 1) und 2) durch ihre logische Struktur. Seine logische Struktur klassifiziert 1) als ein *indirektes skeptisches Argument.* Die logische Struktur läßt sich in Anlehnung an Wright folgendermaßen analysieren.

A) Eine *skeptische Hypothese* wird eingeführt, deren Wahrheitswert prinzipiell nicht ermittelt werden kann und die somit *prinzipiell* evidenz-transzendent ist.[116] Es ist (zumindest für das im skep-

---

[116] In Anlehnung an Sextus Empiricus (PH 2.97–103; M 8.145–158, 316–319) kann man mehrere Formen von Evidenz-Transzendenz (ἄδηλον) unterscheiden: 1. Starke kontingente Evidenz-Transzendenz (καθάπαξ ἄδηλον), 2. Schwache kontingente Evidenz-Transzendenz (πρὸς καιρὸν ἄδηλον) und 3. Prinzipielle Evidenz-Transzendenz (φύσει ἄδηλον). Starke kontingente Evidenz-Transzendenz liegt bspw. vor, wenn man versucht, die Frage zu beantworten, ob die Anzahl aller zu einem beliebigen Zeitpunkt existierenden Sterne gerade oder ungerade ist. (Sextus selbst widerspricht sich hier offenkundig, da er die Anzahl der Sterne einmal [PH 2.97] für stark kontingent evidenz-transzendent und ein andermal [M 8.317] für prinzipiell evidenz-transzendent hält.) Da

tischen Szenario befangene Subjekt) unmöglich, Informationen irgendwelcher Art zu erwerben, die einen rationalen Entscheidungsprozeß einleiten, in dem über Wahrheit oder Falschheit der betreffenden Hypothese zu Gericht gesessen werden könnte. Es ist dabei gleichgültig, ob die Hypothese besagt, daß wir *hic et nunc* träumen oder daß wir unter dem Einfluß eines Halluzinogens stehen könnten, das uns die Welt so halluzinieren läßt, wie sie wirklich ist usw. Es bedarf nur einer geringen Anstrengung unserer Phantasie, um eine indefinit große Anzahl skeptischer Szenarien zu kreieren, die prinzipiell evidenz-transzendent und gleichwohl logisch kompatibel mit allem sind, was der Fall ist. Es genügt, das im skeptischen Szenario

---

es nicht *a priori* ist, daß wir die Anzahl der Sterne nicht bestimmen können, und da es dennoch gute Gründe für die Annahme gibt, daß es uns niemals gelingen wird, kann man hier von starker kontingenter Evidenz-Transzendenz sprechen. Schwache kontingente Evidenz-Transzendenz liegt hingegen vor, wenn wir uns gerade nicht in der Lage befinden, den Wahrheitswert einer bestimmten Hypothese zu ermitteln, es aber keine guten Gründe dafür gibt, daß wir einen solchen Entscheidungsprozeß nicht einleiten könnten. Die genaue Anzahl aller Einwohner New Yorks, die in einem bestimmten Zeitraum vom Times Square zum Union Square fahren, ist bspw. schwach kontingent evidenz-transzendent. Weder starke noch schwache kontingente Evidenz-Transzendenz stellt ein skeptisches Problem dar, obwohl es möglich ist, auf ihrer Basis skeptische Argumente zu formulieren. Man denke nur an Dretskes berühmtes Beispiel eines Zoobesuchers, der zufällig in einen Zoo geraten ist, in dem aus irgendwelchen Gründen alle Zebras durch geschickt verkleidete Maultiere ersetzt worden sind. Dasselbe gilt für Goldmans Scheunen-Staat, so daß es naheliegt anzunehmen, daß der Cartesische Skeptizismus auf die Bedingung prinzipieller Evidenz-Transzendenz verzichten kann. Stewart Cohen unterscheidet zwischen »restricted« und »global skeptical alternatives« (Cohen, S.: »Contextualism and Skepticism«, in: *Noûs* 34 (2000), 94–107, hier: 103), was dem Unterschied zwischen kontingenten und prinzipiell evidenz-transzendenten Alternativen entspricht. Es dürfte aber feststehen, daß die globalen Alternativen stärker sind, obwohl der Skeptiker u. U. gut beraten wäre, sich auf die beschränkten zurückzuziehen. Genuin Cartesische skeptische Szenarien sind hingegen *prinzipiell* evidenz-transzendent, da es *a priori* unmöglich ist, einen Entscheidungsprozeß zur Ermittlung ihres Wahrheitswertes zu initiieren. Nach Sextus sind alle metaphysischen Annahmen *prinzipiell* evidenz-transzendent, deren Wahrheitswert nur vermittels einer Interpretation von vermeintlichen Anzeichen (ἐνδεικτικά) ermittelt werden kann. Als Beispiel kann man hier die von Sextus mit Vorliebe attackierte metaphysische Annahme von Körpern anführen, die unabhängig von unseren Eindrücken (πάθη) außer uns existieren, was Sextus als »Außendinge« (τὰ ἐκτὸς ὑποκείμενα) bezeichnet (vgl. insbes. PH 2.72 f.). Wenn unsere Eindrücke nämlich lediglich Anzeichen externer Substanzen sind, läßt sich nicht ohne weiteres auf die metaphysische Beschaffenheit der externen Substanzen schließen. Sein Begriff des Anzeichens ist verwandt mit dem englischen Begriff »evidence«, der eine unabdingbare Rolle in der gegenwärtigen Erkenntnistheorie spielt.

befangene Subjekt von der üblicherweise angenommenen *Herkunft* seiner Überzeugungen abzuschneiden.

B) Die skeptische Strategie besteht nun darin, zu zeigen, daß die Überzeugungen des betreffenden Subjekts nicht angemessen rechtfertigbar sind, es sei denn, die skeptische Hypothese wäre nachweisbar falsch. Das setzt freilich weiterhin voraus, daß die Gründe für unsere Überzeugungen prinzipiell erkennbar sein müssen. *Da* nun die Gründe für unsere Überzeugungen gerechtfertigt können werden müssen, wenn sie mit einer skeptischen Hypothese konfrontiert werden, die zeigt, daß sie möglicherweise unmöglich sind; und da es *ex hypothesi* weiterhin unmöglich ist, die Gründe für unsere Überzeugungen angesichts einer skeptischen Hypothese zu rechtfertigen, büßen wir die Gründe für unsere Überzeugungen ein.

Allgemein, also für (A) *und* (B) gilt: Wer akzeptiert, daß er nicht grundlos glaubt, daß ein Tisch vor ihm steht, den er nicht bloß halluziniert oder träumt, wird durch die Konfrontation mit einer geeigneten skeptischen Hypothese dazu gezwungen, Stellung zu beziehen, d.h. zu zeigen, daß die skeptische Hypothese irrelevant oder nachweisbar falsch ist. Da sich *per definitionem* kein Entscheidungsprozeß über den Wahrheitswert der betreffenden Hypothese einleiten läßt, da sie ja so konstruiert ist, daß ihr Wahrheitswert prinzipiell evidenz-transzendent ist, scheitert der Versuch einer *ad-hoc*-Zurückweisung der skeptischen Provokation.

Beruft man sich hingegen auf die *Irrelevanz der skeptischen Hypothese,* wird man dazu verpflichtet, zu zeigen, warum eine Hypothese, deren Wahrheit inkompatibel mit den Überzeugungen ist, auf die man festgelegt ist, irrelevant sein soll. Es genügt dabei nicht, die Relevanz einer skeptischen Hypothese dadurch von der Hand zu weisen, daß sie lediglich unter unnatürlichen, weil erkenntnistheoretischen Bedingungen formuliert werden kann. Denn damit trifft man einen philosophisch schwer zu rechtfertigenden Unterschied zwischen dem naiven Gebrauch von Wissenszuschreibungen und deren philosophischer Thematisierung. Zwar unterscheidet sich der Kontext der Philosophie von dem einer alltäglichen Diskussion. Das sieht man z.B. daran, daß die Frage »Weiß er wirklich, was er sagt?« in einem philosophischen Kontext eine durchaus andere Reaktion als etwa in einer dringlichen Sitzung eines Komitees politischer Experten auslöst. Nun ist der philosophische Kontext *als solcher* aber noch nicht als irrelevant von der Hand zu weisen. Dazu bedarf es eigener

Überlegungen, die die selbstreferentielle Eigenschaft haben, selbst philosophisch zu sein.[117]

Das schwerwiegendste Problem für die Berufung auf die Relevanz bzw. Irrelevanz einer skeptischen Hypothese ergibt sich aber daraus, daß derjenige, der behauptet, skeptische Hypothesen seien insgesamt im alltäglichen Kontext irrelevant, während sie im erkenntnistheoretischen Kontext relevant seien, genau besehen einem Widerspruch erliegt.[118] *Derjenige, der nämlich behauptet, die Relevanz bzw. Irrelevanz skeptischer Hypothesen auf verschiedene Kontexte verteilen zu können, trifft diese Aussage wiederum in einem Kontext.* Daraus ergibt sich, daß drei Kontexte eingeführt worden sind: (1) Der Kontext der alltäglichen Wissenszuschreibung (K_A), (2) der Kontext der erkenntnistheoretischen, der skeptischen Bedrohung begegnenden Position der Wissenszuschreibung (K_E) und (3) der erkenntnistheoretische (kontextualistische) Kontext (K_K), in dem der Unterschied zwischen (1) und (2) getroffen wird. Dabei sind K_E und K_K unter anderem deswegen nicht identisch, weil man in K_E nicht behaupten kann zu wissen, daß p, da die skeptischen Alternativen ernstgenommen werden, d.h. relevant sind, während K_K beansprucht, neutral gegenüber dem Widerstreit von Alltag und skeptischer Reflexion zu bleiben. Versetzen wir uns nun in K_K, müssen wir imstande sein zu behaupten, daß $K_A(p)$ und daß $\sim K_E(p)$ widerspruchsfrei bestehen können. In K_K behaupten wir also, daß $K_A(p)$ und daß $\sim K_E(p)$. Im kontextualistischen Kontext wissen wir, daß wir im alltäglichen Kontext wissen, daß p, weil keine skeptische Hypothese relevant ist, während wir gleichzeitig wissen, daß wir im erkenntnistheoretischen Kontext, in dem alle logisch konsistenten skeptischen Hypothesen relevant sind, nicht wissen, daß p. Da wir im kontextualistischen Kontext demnach die Konjunktion von $K_A(p)$ und $\sim K_E(p)$ wissen, folgt, daß sowohl $K_A(p)$ als auch $\sim K_E(p)$. Ansonsten könnten wir von der kontextualistischen Distinktion zwischen relevanten und irrelevanten Alternativen keine antiskeptische Ren-

[117] Außerdem ist es bisher noch keinem Kontextualisten gelungen, eine Theorie der Relevanz vorzulegen, die Kriterien festlegt, die relevante von irrelevanten Alternativen epistemisch und nicht bloß pragmatisch unterscheiden helfen. Vgl. Schaffer: »From Contextualism to Contrastivism«, 87–90.

[118] Das folgende Argument ist eine Variante von Wrights Argument gegen den Kontextualismus als antiskeptische Strategie. Vgl. Wright, C.: »Contextualism and Scepticism: Even-Handedness, Factivity and Surreptitiously Raising Standards«, in: *The Philosophical Quarterly* 55/219 (2004), 236–262, bes. 242–245.

dite erwarten, da diese Distinktion konstatiert, daß skeptische Hypothesen unter Standardbedingungen irrelevant, in skeptischen (also erkenntnistheoretischen) Kontexten hingegen relevant sind. Wissen ist nun aber ein Erfolgsverb, so daß p wahr ist, wenn es wahr ist, daß irgendjemand weiß, daß p. Man kann nichts wissen, was falsch ist (es sei denn, man weiß, daß es falsch ist). Da Wissen ein Erfolgsverb ist, folgt aus der Wahrheit von $K_A(p)$, auf die wir uns in K_K festgelegt haben, daß p. In K_K wissen wir folglich, daß p. Das heißt aber, daß K_A und K_K dasselbe Wissen beanspruchen. Nun wissen wir in K_K aber auch, daß wir in K_E nicht wissen, daß p. Wenn wir dies aber wissen, so können wir getrost behaupten, daß wir in K_E nicht wissen, daß p. Wir behaupten demnach, daß p und daß wir dies in K_E nicht wissen. Wir behaupten folglich gleichzeitig, daß p, und daß wir nicht wissen, daß p.[119]

Daraus ergibt sich unmittelbar ein schwerwiegendes Problem des Kontextualismus. Denn wenn p wahr ist, dann ist p wahr *tout court*, da K_K zwar einen Kontextualismus für Wissenszuschreibungen, aber nicht notwendig einen Relativismus für Wahrheit impliziert. Wenn p aber absolut wahr ist und wir überdies wissen, daß p absolut wahr ist, verliert die skeptische Hypothese für uns auch ihre Relevanz, die sie in K_E *ex hypothesi* haben sollte. Daraus folgt, daß K_K nicht halten kann, was versprochen worden ist, nämlich den Unterschied von relevanten und irrelevanten Alternativen auf verschiedene Kontexte zu verteilen, da aus K_K folgt, daß $K_A(p)$ wahr ist, so daß jede skeptische Alternative falsch sein muß. Stellt sich der Kontextualist umgekehrt auf die Seite von K_E, kann er p nicht behaupten. Die erkenntnistheoretische Relevanz skeptischer Hypothesen läßt sich daher nicht durch Berufung auf ihre alltägliche Irrelevanz eliminieren. Der kontextualistische Standpunkt ist selbst nicht neutral.

Welchen Schaden ein indirektes skeptisches Argument anrich-

---

[119] Brendel meint, man könne den Kontextualismus sogar auf den Widerspruch festlegen, daß K_E (p) und daß ~K_E (p). Vgl. Brendel, E.: »Was Kontextualisten nicht wissen«, in: *Deutsche Zeitschrift für Philosophie* 51 (2003), 1015–1032. Dabei übersieht sie allerdings, daß wir in K_E niemals wissen, daß p. Wir wissen nur in K_K, daß wir in K_A wissen, daß p, woraus u. a. folgt, daß wir K_K wissen, daß p. Wenn wir nun in K_K wissen, daß p, und daß wir in K_E nicht wissen, daß p, gelangen wir auf diese Weise nicht zu einem Widerspruch in einem einzigen Kontext. Gegen Brendels Version des anti-kontextualistischen Arguments kann man demnach einwenden, daß der Kontextualismus mit drei Kontexten arbeitet, da er selbst *ex hypothesi* ein Kontext ist, so daß sich »lediglich« Moore-Paradoxien der Form »P und ich weiß es nicht«, aber keine logischen Widersprüche ergeben. Dies ist auch Wrights Punkt.

ten kann, zeigt das Traumargument, das die paradigmatische Instanz eines indirekten skeptischen Arguments ist.

(1) Angenommen, ein gegebenes Subjekt *x* hat zu einem gegebenen Zeitpunkt *t* keine guten Gründe (G) für die Annahme, daß es sich gerade nicht im Zustand des Träumens (T) befindet: ~Gxt~(Txt).[120]

(2) Angenommen weiterhin, zu träumen, daß *p* (z. B. daß gerade ein Tisch vor mir steht), sei inkompatibel damit, irgendwelche (etwa perzeptuellen) Gründe dafür anführen zu können, daß *p:* Txt ⟶ ~Gxtp.[121]

(3) Da wir keine guten Gründe dafür haben können, daß wir gerade nicht träumen, und da daraus folgt, daß wir keine guten

---

[120] An die Stelle des englischen Ausdrucks »warrant« setze ich absichtlich »gute Gründe«. Übersetzt man »to be warrented that p« mit »berechtigt zu der Annahme, daß p« hat man zwar u. U. den Vorteil, daß man damit rechnen kann, daß jemand zu einer Annahme berechtigt ist, auch wenn er keine guten Gründe zu ihrer Begründung anzuführen imstande sein mag. In gewissen argumentativen Kontexten kann es von Bedeutung sein, daß wir berechtigt sind, Annahmen über die Außenwelt, das Fremdpsychische oder die Vergangenheit zu machen, obwohl wir dafür keine explizite Rechtfertigung unternommen haben. Ein Dogmatiker im Sinne James Pryors bspw. wehrt sich gegen den Cartesischen Skeptizismus gerade dadurch, daß er darauf hinweist, daß wir zu den vom Cartesischen Skeptizismus scheinbar bedrohten Annahmen unmittelbar berechtigt sind, obwohl wir keine guten Gründe für unsere Annahme zitieren können, was Pryor »immediate justification« nennt (Pryor, J.: »The Skeptic and the Dogmatist«, in: *Noûs* 34 (2000), 517–49, hier: 532). Es ist ein Charakteristikum unserer alltäglichen Fremd- und Selbstzuschreibungen von Wissen, daß wir auf Anfrage gute Gründe für unser Wissen anführen können müssen, obwohl es durchaus nicht notwendig ist, daß wir glauben, daß unser Wissen auf guten Gründen beruht, die *expressis verbis* in einem Entscheidungsprozeß verhandelt worden sind. Mit anderen Worten ist es eine notwendige Bedingung von Wissen, daß der Wissende imstande ist, gute Gründe für sein Wissen anzuführen und diese Gründe verteidigen zu können, was nicht impliziert, daß der Erwerb seines Wissens auf einem expliziten Entscheidungsprozeß beruht. Ansonsten könnte niemand beanspruchen, Beobachtungswissen zu haben, dessen Charakteristikum gerade darin gesehen werden muß, nicht-inferentiell erworben worden zu sein. Vgl. Robert Brandoms Ausführungen zum Wissensbegriff in: Brandom, R.: *Making it Explicit. Reasoning, Representing, and Discursive Commitment.* Cambridge, Ma. 1994, 199 ff.

[121] Ein perzeptueller Grund ist etwa eine Wahrnehmung, daß *p.* Wenn jemand zu wissen beansprucht, daß sein Fahrrad auf dem Parkplatz steht, so wird er sich auf kritische Nachfrage gemeinhin zu Recht darauf berufen, daß er sieht oder eben erst gesehen hat, daß sein Fahrrad an dem betreffenden Ort steht, was bedeutet, daß er einen perzeptuellen Grund anführt. Wahrnehmungen gehören damit zu unserem Spiel des Gebens und Verlangens von Gründen und sind selbst keine prärationalen, rein sensorischen Ereignisse.

Gründe für unsere auf Wahrnehmung basierten Überzeugungen haben, ergibt sich: ~G~~Gxtp. In Worten: Wir haben keine guten Gründe für die Annahme, daß es falsch ist, daß wir keine guten Gründe dafür haben, daß *p*.

---

(4) Das ist aber wegen der Eliminationsregel für doppelte Negation äquivalent mit: ~G (Gxtp). In Worten: Wir haben keine guten Gründe dafür, daß wir gute Gründe dafür haben, daß *p*.

Das Problem ist also, daß wir unter der Bedingung der Einführung eines skeptischen Szenarios, das die logische Struktur eines indirekten skeptischen Arguments aufweist, die Gründe dafür verlieren, uns auf die üblichen Begründungsverfahren zu verlassen, die wir im epistemischen Umgang mit der uns umgebenden Dingwelt anwenden. Keine Gründe dafür zu haben, daß wir Gründe für eine bestimmte Menge von Überzeugungen haben, scheint aber so irrational zu sein, wie überhaupt keine Gründe zu haben; zumal wenn man der internalistischen Überzeugung ist, daß jeder, der Gründe für eine Überzeugung hat, diese Gründe wiederum nicht grundlos hinnimmt.[122] Dieser Überzeugung sind aber alle verpflichtet, die ver-

[122] Die internalistische Annahme der Iterativität von Gründen konfrontiert uns mit einem bekannten Regreßargument, aus dem folgt, daß wir niemals irgendeine rational gerechtfertigte Überzeugung haben könnten, wenn rational gerechtfertigt zu sein die Iterativität von Gründen implizierte, da wir alle Gründe wiederum rechtfertigen müßten, was in einen infiniten Regreß führt. Doch das Argument ergibt sich auch für einen Externalismus. Angenommen etwa, ein Externalist behauptete, daß wir ein direktes, nichtinferentielles Wissen über die Außenwelt hätten, ohne daß wir notwendig wissen, daß wir dieses Wissen haben. Er könnte sich darauf berufen, daß eine korrekte Analyse des kausalen Einflusses der Welt auf unsere Sinnesorgane zum Ergebnis führt, daß Halluzinationen und veridische Wahrnehmungen durch völlig verschiedene Prozesse verursacht werden, obwohl es phänomenologisch unentscheidbar ist, in welchem der Zustände wir uns befinden. Durch Introspektion oder durch Analyse der phänomenologischen Struktur der Wahrnehmung können wir demnach nicht wissen, ob wir etwas über die Außenwelt wissen. Ein solcher Externalismus hat aber zwei Probleme. (1) Er begeht eine *petitio principii* gegenüber dem Skeptiker, indem er einfach davon ausgeht, daß es eine Außenwelt gibt und daß allein diese Annahme einen Unterschied zwischen veridischer Wahrnehmung und Halluzination liefert. (2) Er lädt zu einem Skeptizismus zweiter Stufe ein, der nicht behauptet, daß wir kein direktes, nichtinferentielles Wissen über die Außenwelt haben, sondern lediglich behauptet, daß wir keine guten Gründe für die Annahme haben können, daß wir ein direktes, nichtinferentielles Wissen darüber haben, daß wir ein direktes, nichtinferentielles Wissen über die Außenwelt haben. So auch Fumerton: *Metaepistemology and Skepticism,* 168: »Even if we abandon strong access internalism, however, we might find skepticism that maintains that we have no

suchen, durch *philosophische* Argumente Gründe für ihr bedrohtes Vertrauen in ihre perzeptuellen Gründe zu erlangen. Wer sich demnach gegen ein indirektes Argument wendet, indem er eine Skeptizismus-resistente Wahrnehmungstheorie entwickelt, akzeptiert *eo ipso,* daß man Gründe für das Vertrauen auf perzeptuelle Gründe überhaupt benötigt, wenn diese ernsthaft bedroht werden, so daß er einen *Rechtfertigungsinternalismus zweiter Ordnung* (d.h. auf dem Boden der Philosophie) akzeptiert.[123]

Wer einen Rechtfertigungsinternalismus zweiter Ordnung akzeptiert, befindet sich bereits auf Cartesischem Terrain, da er annimmt, daß unser Vertrauen in unseren alltäglichen Weltumgang theoretisch einholbar sein muß. Denn er hat bereits zugestanden, daß man gute Gründe für seine Gründe braucht, um auf vernünftige Weise die Berechtigung seiner Überzeugungen gegen Einwände zu verteidigen, was tendenziell in den skeptischen Regreß führt, daß für alle guten Gründe wiederum gute Gründe eingefordert werden können, sobald eine beliebige skeptische Alternative formuliert worden ist, welche die guten Gründe schlechter erscheinen läßt, als *prima vista* angenommen worden war.[124]

---

justification for believing that we have a justified belief that *P* just as threatening as skepticism that concludes that we are unjustified in believing *P.*«

[123] So auch Grundmann/Stüber: *Philosophie der Skepsis,* 44ff.

[124] So auch Kern: »Warum kommen unsere Gründe an ein Ende? Zum Begriff endlichen Wissens«, in: *Deutsche Zeitschrift für Philosophie* 52 (2004), 25–43, hier: 35: »Der Begründungsregress, auf den der Skeptiker stößt, ist daher ein Regress nicht einfach *im* Begründen – das Verlangen nach Gründen geht unendlich weiter –, sondern *über* das Begründen selbst, weil es um ein Verlangen nach Gründen für Gründe geht. Es ist ein Regress, der in genau dem Moment entsteht, in dem das Begründen sich auf sich selbst bezieht und einen Ausweis für sich verlangt.« Eine Möglichkeit, das indirekte Argument zuzurückzuweisen, besteht darin, ein Gegenargument zu suchen, das zeigt, daß unser Vertrauen auf unsere alltägliche Informationsverarbeitung *a priori* gerechtfertigt ist. Dies bedeutete, den Nachweis anzutreten, daß es »unmittelbare Rechtfertigung« gibt, wobei dies impliziert, daß man den Begriff der »Rechtfertigung« so weit ausdehnt, daß jede implizite oder explizite Berechtigung, daß *p*, bereits als »Rechtfertigung« gelten kann. Diese Strategie hat etwa James Pryor eingeschlagen. Vgl. Pryor: »The Skeptic and the Dogmatist«; ders.: »There is Immediate Justification«, in: Steup, M./Sosa, E. (Hrsg.): *Contemporary Debates in Epistemology.* Oxford 2005, 181–201. Pryor macht demnach keinen Unterschied zwischen »justification« und »warrant« bzw. »entitlement«. Der Begriff des »entitlement«, d.h. eines berechtigten Anspruchs, wird gemeinhin im Sinne einer nichtinferentiellen Berechtigung eingeführt, die wir annehmen müssen, um vitiöse Zirkel bspw. in der epistemologischen Begründung logischer Axiome wie *modus ponens* zu vermeiden. Demnach haben wir berechtigte Ansprüche auf die Annahme logischer Axiome genau dann, wenn sie unentbehr-

Das *Genius-malignus*-Argument ist hingegen ein *direktes skeptisches Argument*. Ein direktes skeptisches Argument weist im Unterschied zu einem indirekten skeptischen Argument die folgende logische Struktur auf.

A) Wie im Falle eines indirekten skeptischen Arguments wird eine skeptische Hypothese eingeführt, die *prinzipiell* evidenz-transzendent ist. Wäre sie wahr, folgte allerdings im Unterschied zu einem indirekten skeptischen Argument *direkt* und *unmittelbar*, daß alle unsere Überzeugungen falsch wären, da es gar nichts gäbe, was sie wahr machen könnte. Eine entsprechende skeptische Hypothese ist das *Genius-malignus*-Argument sowie sein bekannter moderner Urenkel, das *Gehirne-im-Tank*-Argument. Wenn Descartes' *genius malignus* uns alle Inhalte unseres Geistes vorgaukelte dergestalt, daß es nur körperlose Geister und einen *genius malignus* gäbe, der jedem Geist eine Welt zeigte, die unabhängig von dieser Präsentation nicht existierte, gäbe es nichts, was unsere Überzeugungen über die Welt wahr machen könnte. Unsere Überzeugungen über die Welt sind nämlich so beschaffen, daß wir mit einem minimalen Weltkontakt rechnen müssen derart, daß wir im Falle wahrer Überzeugungen diese Überzeugungen nur haben, weil die Welt so ist, wie unsere Überzeugungen sie auffassen. Gäbe es keine Dinge, sondern nur ihre pseudo-perzeptuellen Fragmente, die uns der böse Geist präsentierte, könnte dem minimalen Weltbezug unserer Überzeugungen (und damit dem Objektivitätskontrast) nicht Rechnung getragen werden, da unsere Überzeugungen neben ihrem intentionalen Ge-

---

lich dafür sind, daß wir überhaupt imstande sind, unsere diskursive Rationalität in Anspruch zu nehmen. In der Wahrnehmungstheorie spricht man in diesem Sinne von »perceptual entitlement«, um anzuzeigen, daß wir auf einer basalen perzeptuellen Ebene berechtigte Ansprüche auf Erkenntnis erheben können, selbst wenn es prinzipiell keinen Weg gibt, diese etwa gegen skeptische Einwände zu verteidigen. Es scheint nun, daß Pryors weiter Begriff von »Rechtfertigung« nahelegt, wir seien explizit dazu berechtigt, den Skeptiker einfach abzuweisen, womit man allerdings letztlich wiederum eine *petitio principii* gegen ihn beginge. Pryors antiskeptische Strategie gehört letztlich in die Rubrik der antiskeptischen Strategie des Externalismus, indem er einen weiten Rechtfertigungsbegriff einführt dergestalt, daß es nicht mehr notwendig ist, eine Metarechtfertigung unserer perzeptuell basierten Überzeugungen gegen den skeptischen Einspruch zu erwerben. Daher bezeichnet Pryor seine Position auch als »Dogmatismus«. Zum Begriff des »entitlement« vgl. auch Burge, T.: »Perceptual Entitlement«, in: *Philosophy and Phenomenological Research* 67 (2003), 503–48; Dretske, F.: »Entitlement: Epistemic Rights without Epistemic Duties«, in: *Philosophy & Phenomenological Research* 60 (2000), 591–606; Peacocke, C.: *The Realm of Reason*. Oxford 2004, bes. Kap. 1–2.

halt kein ontologisches Korrelat mehr hätten. Das Genius-malignus-Argument radikalisiert deshalb die Drohung des Solipsismus. Das einsam urteilende Subjekt wird auf sich selbst zurückgeworfen und findet keinen Ausweg mehr aus seinen solipsistischen Repräsentationsabsichten, die aber insgesamt ins Leere gehen.

B) Da wir prinzipiell keine guten Gründe dafür haben können, daß ein direktes skeptisches Szenario falsch ist, können wir keine guten Gründe dafür erwerben, unseren eigenen Überzeugungen weiterhin zu vertrauen. Die Stärke eines direkten skeptischen Arguments besteht genau darin, daß sein skeptisches Szenario unsere Überzeugungen unmittelbar zu untergraben scheint. Wäre die skeptische Hypothese wahr, wäre eine irritierend große Menge unserer Überzeugungen falsch. Da wir nicht wissen können, daß sie falsch ist, können wir auch nicht wissen, ob unsere Überzeugungen in der Weise wahr sein können, wie wir sie vorher für wahr gehalten haben.

Auch im Falle direkter skeptischer Argumente ist es wichtig festzuhalten, daß eine indefinit große Menge direkter skeptischer Argumente konstruiert werden kann, so daß die Schlagkraft *eines* direkten skeptischen Arguments nicht von seiner beliebig wählbaren Formulierung abhängt. Um den Impetus des Cartesischen Skeptizismus einzuschätzen, darf man nicht an seinen materiellen Konkretionen und den mit diesen verknüpften begrifflichen Bedingungen haften. Descartes selbst begeht diesen Fehler, wenn er lediglich zu zeigen unternimmt, daß es unter den Bedingungen eines bestimmten (und sei es notwendigen) Gottesbegriffs unmöglich sei, daß ein böser Geist uns die Welt und alle ewigen Wahrheiten in täuschender Absicht vorgaukelt. Denn damit ist noch längst nicht gezeigt, daß wir keine Gehirne im Tank sein könnten oder daß wir uns die Welt nicht in einer Massenhysterie im Reich der reinen immateriellen Geister halluzinieren usw., obwohl alle diese Szenarien dieselbe logische Struktur aufweisen. Descartes' Gottesbegriff hilft uns daher wenig, wenn wir zeigen wollen, daß wir keine Gehirne im Tank oder reine immaterielle Geister ohne Weltbezug (Leibnizsche Monaden) sind. Wer der Hydra lediglich *ein* Haupt abschlägt, kann sich bekanntlich nicht in Sicherheit wähnen, da er keine angemessene Strategie gewählt hat, das Monster zu bekämpfen. Da wir die Hydra nicht töten können, scheint es geraten, sie auf unsere Seite zu ziehen und den Skeptizismus in unsere Theoriekonstruktion einzubeziehen.

Es ist insbesondere im Anschluß an Michael Williams wiederholt betont worden, daß wir zunächst eine *theoretische Diagnose* der logischen Struktur skeptischer Argumente anstreben müssen, wenn wir verstehen wollen, welcher Zusammenhang zwischen Skeptizismus und Erkenntnistheorie wirklich besteht.[125] Die theoretische Diagnose soll uns davor schützen, eine kontingente Konkretion, d.h. eine beliebige Instanz einer allgemeinen logischen Struktur zu bekämpfen. Denn der Fehler, ein *bestimmtes* skeptisches Szenario zurückzuweisen, vermag nichts gegen das direkte Argument insgesamt auszurichten. Dies zeigt sich beispielsweise, wenn man sich zu Vergleichen des Lebens mit einem langen Traum hinreißen läßt (womit man ein bestimmtes skeptisches Szenario akzeptiert), ohne zu sehen, daß dieselben Überlegungen zum Vergleich des Lebens mit der *Matrix* oder mit einer von Außerirdischen inszenierten Weltverschwörung führen, die darin besteht, daß alle Details unseres personalen Lebens Teil eines Experiments sind, das an uns vollzogen wird! Direkte skeptische Argumente offerieren also nur teilweise ernsthafte Alternativen zu unserer faktischen epistemischen Situation (wenn sie denn annähernd so ist, wie wir glauben) und stellen damit keine substantielle Bedrohung unserer kognitiven Situation dar. Während es schockierend klingen mag, daß wir keine guten Gründe haben könnten, nicht anzunehmen, daß ein böser Geist die Welt regiert, ja, daß die Welt nur das böse Spiel ist, das er mit uns treibt, ist es weniger beunruhigend, wenn uns jemand erzählte, daß wir eigentlich reine Geister sind, deren Vorstellungen nicht durch einen Kontakt mit einer Welt, sondern durch interne Projektionsmechanismen zustande kommen. Letzteres ist sogar eine neuplatonische Überzeugung, die in der Geschichte der Philosophie von zentraler Bedeutung ist und auch im Hintergrund von Leibniz' Monadologie steht. Und die Vorstellung, daß die Welt nur ein Traum ist, den ein Gott uns eingibt, ist gar eine religiöse Vorstellung, die insbesondere im Hinduismus eine wichtige Rolle spielt. So gibt es einige Repräsentationen Shivas, in denen er auf dem Rücken des träumenden Menschen tanzt und ihm auf diese Weise seine Vorstellungen (wörtlich) hinterrücks ein-

---

125 Michael Williams versteht unter »theoretischer Diagnose«: »the strategy of attempting to uncover the sceptic's essential *epistemological* presuppositions. I shall never accuse the sceptic of incoherence. I shall not argue that his problems are pseudo-problems. On the contrary, I think that they are fully genuine, *but only given certain theoretical ideas about knowledge and justification.*« (Williams: *Unnatural Doubts,* 37) Erst wenn die Motivation einer gegebenen Form von Skeptizismus durchsichtig gemacht worden ist, läßt sich über Kohärenz oder Inkohärenz des Skeptizismus entscheiden. Das gilt *mutatis mutandis* für jede Form von Skeptizismus, nicht nur für den Cartesischen.

gibt. Ob direkte skeptische Argumente uns aber von solchen Bildern unserer eigentlichen metaphysischen Situation überzeugen sollten, ist zumindest fragwürdig. Problematisch wird dies zumal dann, wenn man den Gedanken erfaßt, daß skeptische Argumente Paradoxa mit einer allgemeinen logischen Struktur sind, die man nicht dadurch bekämpfen kann, daß man in die Argumente einwilligt.

Den Fehler, eine *Instanz* eines direkten oder indirekten Cartesischen skeptischen Arguments statt der logischen Struktur selbst zu attackieren, nenne ich *Descartes' Fehler.* Descartes selbst begeht diesen Fehler, indem er die *Genius-malignus*-Hypothese unter Berufung auf die Güte Gottes zurückweist. Denn die Güte Gottes hilft uns gar nichts, wenn wir eine weitere skeptische Hypothese konstruieren dahingehend, daß es einen bösen Geist geben könnte, der uns nicht nur unsere Vorstellungen der Welt, sondern auch unseren Begriff der Güte Gottes vorgaukelt. Und selbst wenn wir zeigen könnten, daß uns ein bestimmter, und sei es notwendiger Gottesbegriff von der *Genius-malignus*-Hypothese befreien könnte, wäre damit noch nicht gezeigt, daß es keinen absolut guten Geist geben kann, dessen Eigenschaft es ist, sich uns nur so zu offenbaren, daß wir glauben, daß es notwendig sei, daß es keinen bösen Geist geben kann, obwohl es ihn gibt. Der gute Geist könnte uns bspw. vor der Furcht vor dem bösen Geist schützen wollen.

Selbst wenn auch noch diese Hypothese ausgeschaltet werden könnte, bliebe immer noch eine Reihe skeptischer Hypothesen übrig, die empirische Möglichkeiten in Anspruch nehmen, die wir nicht *a priori,* und demnach auch nicht mithilfe der rationalen Theologie ausschalten könnten. Man denke sich etwa, daß jeder von uns vor wenigen Minuten eine Droge eingenommen haben könnte, die die Eigenschaft hat, daß sie uns unmittelbar vergessen ließe, daß wir sie eingenommen haben, und die zur Folge hätte, daß wir die Welt genau so träumen, wie sie ist, was uns zwar einen praktischen Weltumgang ermöglicht, uns aber gleichzeitig der epistemischen Verantwortlichkeit beraubt, die wir für unsere Urteile haben, wenn wir sie nicht unter Drogeneinfluß fällen.

Eine andere Möglichkeit kann man als das *Truman-Problem* bezeichnen. Wie in Peter Weirs Film *The Truman Show* (1998) könnten nämlich die meisten unserer relevanten Überzeugungen über uns selbst und die Welt durchgängig dadurch zustandegekommen sein, daß wir uns in einer Fernsehshow befinden, in der unser Leben ohne unser Wissen für ein Fernsehpublikum inszeniert wird. Alle Menschen, mit denen wir umgehen, unsere eigene Vergangenheit sowie alle sozialen Rollen, die wir alltäglich auszufüllen glauben, könnten von Schauspielern gespielt bzw. vorgegeben werden, die uns von Kindesbeinen an vorgemacht haben, diejenigen Personen zu sein, für die wir sie halten. Unser gesamtes Leben wäre demnach ein Betrug, was prinzipiell nicht ausgeschlossen werden kann. *Daß* dies nicht ausgeschlossen werden kann, zeigt die Möglichkeit und Wirklichkeit von Ideologien, die denjenigen, die in ihren Bann geschlagen sind, ebenfalls durchgängig falsche Überzeugungen eingeben können, die bestimmen, was sie jeweils glauben. Empirische Möglichkeiten dieser Form können nicht durch antiskeptische Argumente eliminiert werden, obwohl sie Instanzen indirekter bzw. direkter skeptischer Argumente sind und sich daher ihrer logischen Struktur zufolge von der Traum- bzw. *Genius-malignus*-Hypothese nicht unterscheiden. Es hilft daher nichts, der Hydra skeptischer Paradoxa einen oder einige Köpfe abzuschlagen, da man auf diese Weise längst nicht an ihren *nucleus ipsissimus* rührt, der unabhängig von der Möglichkeit böser (beinahe) omnipotenter Geister oder der Möglichkeit ist, daß unser Leben nur ein Traum sein könnte. Descartes' theologisches Argument kann nun unmöglich allen Instanzen des Cartesischen Skeptizismus begegnen, indem es den Fehler begeht, kontingente Eigenschaften einer oder mehrerer Instanzen eines allgemeinen Paradoxons zu attackieren.

Auch Wittgenstein scheint Descartes' Fehlers zu begehen, wenn er an einer Stelle in *Über Gewißheit* lapidar behauptet:

> *Das Argument »Vielleicht träume ich« ist darum sinnlos, weil dann eben auch diese Äußerung geträumt ist, ja auch* das, *daß diese Worte Bedeutung haben. (ÜG, 383)*

Wittgensteins ebenso entschlossene wie lakonische Zurückweisung des Traumarguments muß freilich im Kontext seiner Sprachphilosophie und Philosophie des Geistes gesehen werden, wenn man einschätzen will, welches antiskeptische Potential ihr zugebilligt werden sollte. Dennoch scheint es, daß Wittgenstein auch dann des naheliegenden Fehlers angeklagt werden muß, einen bestimmten Begriff von »Traum« vorauszusetzen, um den Cartesischen Skeptizismus zu bekämpfen, wenn man seine philosophischen Voraussetzungen einmal hypothetisch akzeptiert. Es ist nämlich auf den ersten Blick nicht zu sehen, warum die Bedeutung der Worte, die ich in einem Cartesischen Szenario befangen einsetze, davon abhängen sollte, daß ich nicht träume. Selbst wenn man einen sozialen Externalismus vertritt und folglich der Überzeugung ist, daß Aussagen nur dadurch einen propositionalen Gehalt haben können, daß sie in einem *sozialen* Spiel erworben worden sind, an dem andere Subjekte bzw. Personen teilnehmen müssen, was die Voraussetzung dafür ist, daß Aussagen eingesetzt und von anderen eingeschätzt werden können, folgt daraus nicht ohne weiteres ein Einwand gegen den Cartesischen Skeptizismus. Denn schließlich könnte der Einfluß der anderen Mitglieder meiner Sprachgemeinschaft, meiner Mitspieler im Sprachspiel, geträumt sein, so daß meine Worte zwar aus der Perspektive von jemandem, der außerhalb des Traumes steht, und weiß, daß ich träume, und weiterhin über die Wahrheit des sozialen Externalismus wohl informiert ist, keine Bedeutung haben könnten. Das heißt aber nicht, daß es bloß geträumt ist, daß meine Worte Bedeutung haben.

Außerdem läßt sich eine Variante des Traumarguments denken, der zufolge ich zu keinem bestimmten Zeitpunkt wissen kann, ob ich eben erst eingeschlafen bin und gerade zufällig genau das träume, was ich gerade wachend erleben würde. Das Szenario setzt dann nicht voraus, daß ich möglicherweise niemals wach gewesen sein könnte. Das aber heißt, daß ich durchaus und hinreichend lange Mitglied einer Gemeinschaft gewesen sein kann, um abgerichtet worden zu sein, meine Worte in meinem Traum korrekt anzuwenden. Die Äußerung des Traumarguments widerlegt sich somit nicht unmittelbar selbst, da ich durchaus einen Traumzustand denken kann, in dem ich ein kompetenter Sprecher und Denker bin, gleich, welche Bedingungen ich für erfüllt halten muß, um ein kompetenter Sprecher und Denker zu sein. Die Argumente für den sozialen Externalismus könnten schließlich selbst geträumt sein.[126] Wittgensteins Bemer-

[126] Wittgenstein weist freilich selbst an einer anderen Stelle von *ÜG* auf die Möglichkeit einer zufälligen Koinzidenz von Traum und Wirklichkeit hin: »Wer träumend sagt »Ich träume«, auch wenn er dabei hörbar redete, hat sowenig recht, wie wenn er im Traum sagt »Es regnet«, während es tatsächlich regnet. Auch wenn sein Traum mit dem Geräusch des Regens zusammenhängt.« (ÜG, 676) Mir scheint, daß er damit sagen will, daß die Aussage »Ich träume« niemals richtig sein kann, so daß der Cartesische Skeptizismus die Möglichkeit einer Aussage impliziert, die niemals behauptet werden kann. Dies ist aber kein Einwand gegen den Cartesischen Skeptizismus, sondern bestärkt ihn vielmehr. Die skeptische Hypothese behauptet dann nämlich, daß niemand jemals Recht haben kann, wenn sie wahr ist, da wir im Zustand des Träumens niemals Recht haben können, wenn Recht zu haben ein normativer Status ist, der die Einschätzbarkeit durch andere impliziert, die im Falle des Traumes, in dem wir notwendig solipsistische Subjekte sind, nicht gegeben ist. Wittgensteins Überlegung bekräftigt somit vielmehr

kung gehört in den Kontext seiner Auflösung des Solipsismus. Allerdings ist der Solipsismus genau besehen lediglich ein Symptom des Cartesischen Skeptizismus. Es genügt nicht, den Solipsismus seiner semantischen Schwächen zu überführen, da der Solipsismus nicht der Ursprung des Cartesischen Skeptizismus ist. Szenarien wie die des *Truman-Problems* kommen ohne den Solipsismus *sensu stricto* aus. Truman ist nicht in seinen Vorstellungen (verstanden als repräsentationale Absichten ohne ontologische Korrelate), sondern allenfalls in falschen Überzeugungen gefangen. Deshalb genügt es auch nicht, den Solipsismus zurückzuweisen, um das Problem des Cartesischen Skeptizismus zu lösen.

All dies bedeutet übrigens nicht, daß Träume faktisch so sind, wie sie entworfen werden, um sozial-externalistischen Einwänden standzuhalten. Die Auseinandersetzung mit dem Cartesischen Skeptizismus darf aber auch nicht als Auseinandersetzung mit substantiellen metaphysischen Möglichkeiten mißverstanden werden.[127]

---

den Impetus des Cartesischen Skeptizismus. Denn welche Hypothese sollte skeptischer sein als diejenige, daß wir möglicherweise niemals Recht haben könnten, obwohl es uns so scheint, als ob wir Recht haben können? Einen ähnlichen Einwand hat Thomas Nagel gegen Putnams externalistische antiskeptische Strategie erhoben. Vgl. Nagel: *The View From Nowhere*, 71–73. Duncan Pritchard sieht in *ÜG* §§ 383, 676 einen Versuch, den Skeptizismus zurückzuweisen, da er die Möglichkeit ausschließe, ihn zu verstehen, was eine Antizipation von Wrights Implosion sei. Dies ist aber nur partiell richtig, da »Recht haben« nach Wittgenstein nicht bloß ein mentaler Zustand ist, den man durch kompetentes Denken herbeiführen kann, sondern ein intersubjektiver Zustand, der allein in einer Sprache, die von vielen gesprochen wird, erreicht werden kann, was im Falle des solipsistischen Traumsubjekts *per definitionem* ausgeschlossen ist. Vgl. Pritchard, D.: »Scepticism and Dreaming«, in: *Philosophia* 28 (2001), 373–390, hier: 376. Wittgenstein selbst unterstreicht mehrfach, daß Berechtigung oder Rechtfertigung eine Lebensform und folglich die Existenz anderer Subjekte voraussetze. Vgl. etwa PU, § 378; ÜG, § 271.

[127] Darin gründet diejenige antiskeptische Strategie, die versucht, relevante von irrelevanten (skeptischen) Hypothesen zu unterscheiden. Skeptische Hypothesen scheinen nämlich irrelevant zu sein, weil sie keine Alternativen zur Erklärung unserer Erfahrungen mit der Welt darstellen, die bedacht werden müssen, wenn rational gehandelt oder gedacht werden soll. Das Problem dieser antiskeptischen Strategie liegt nicht nur darin, daß einige Instanzen dieser Strategie eine Mögliche-Welten-Semantik voraussetzen, die selbst philosophisch voraussetzungsreich ist, sondern vielmehr darin, daß es unmöglich ist, die Relevanz skeptischer Szenarien ohne weiteres zu bestreiten, indem der Skeptiker jederzeit erwidern kann, daß seine Hypothesen dadurch relevant sind, daß sie geäußert werden. Es ist schwer, ein Kriterium für die Relevanz von Alternativen anzugeben, das die Einführung skeptischer Alternativen *a priori* verhindert, da skeptische Hypothesen auch so konstruiert werden können, daß sie empirische Möglichkeiten in Erwägung

Wer einen sozialen (oder kausalen) semantischen Externalismus gegen das Traumargument ins Feld führt, gewinnt daher keineswegs die Auseinandersetzung mit dem Cartesischen Skeptizismus, sondern sieht sich nur raffinierteren skeptischen Szenarien konfrontiert. Es reicht nämlich nicht hin zu zeigen, daß wir nicht träumen, wobei wir unter »Traum« dasjenige verstehen, was mir gemeinhin darunter verstehen, ohne eine komplizierte Traumtheorie unterstellen zu wollen. Denn wir könnten schließlich träumen*, wobei ein Traum* sich von einem Traum durch die notwendigen Charakteristika einer skeptischen Hypothese unterscheidet. Cartesische Paradoxa hängen nicht von der Möglichkeit ab, daß wir träumen könnten, es genügt, daß wir träumen* könnten.

Allerdings hat der semantische Externalismus zu Recht auf das Problem aufmerksam gemacht, daß Cartesische Szenarien nicht nur unsere epistemische, sondern unsere gesamte semantische Situation und damit Intentionalität qua Beziehung auf etwas Bestimmtes in Frage stellen, so daß ein semantischer Nihilismus droht.[128] Das Problem ist, daß wir nicht einmal sicherstellen können, ob unsere Bezugnahme auf intentionale Korrelate überhaupt wahrheits*fähig* ist. Während indirekte Argumente lediglich die Frage aufwerfen, ob unsere Überzeugungen *wahr* sind, konfrontieren uns direkte Argumente mit der Möglichkeit, daß es möglicherweise überhaupt keine Wahrmacher unserer Überzeugungen gibt. Auf diese Weise gerät der Begriff repräsentationaler Absichten ins Wanken. Denn diese beabsichtigen, etwas zu repräsentieren, was von dieser Absicht unabhängig ist. Könnten wir aber nicht einmal sicherstellen, daß es ontologische Korrelate (und damit Wahrmacher) überhaupt gibt, gingen unsere repräsentationalen Absichten insgesamt ins Leere.

Das Bedürfnis nach einer theoretischen Diagnose Cartesischer skeptischer Argumente und damit das Bedürfnis einer Klärung der Reichweite eines Cartesischen Standpunkts konnte in der Philoso-

---

ziehen, die nicht *a priori* ausgeschlossen werden können. Es kann prinzipiell kein philosophisches Argument dafür geben, daß wir uns nicht in der *Truman-Show* befinden.

[128] Genau so auch Fogelin, R.: »The Skeptics Are Coming! The Skeptics Are Coming«, 165 f.: »If that is right, then the skeptic's doubt – so the argument sometimes goes – undercuts the very expressability of his doubts. It is hard to see, however, how this threat of semantic (instead of epistemic) nihilism provides solace. Perhaps we just *are* brains in vats and so deeply fuddled semantically that no sense attaches to the skeptical scenarios we formulate – or to anything else either. Standard cartesian doubt pales in comparison with the threat of semantic nihilism.«

phie überhaupt erst aufkommen, als eine Vielzahl skeptischer Szenarien vorlag. Die Verfeinerung antiskeptischer Strategien läuft daher *pari passu* mit der Verfeinerung skeptischer Argumente. Darin kann man sicherlich ein Charakteristikum der zeitgenössischen Auseinandersetzung mit dem (Cartesischen) Skeptizismus sehen. Die eigentliche erkenntnistheoretische Entdeckung der neueren Skeptizismus-Debatte ist demnach, daß skeptische Argumente nicht als Ausdruck substantieller philosophischer Programme, sondern als Paradoxa behandelt werden müssen.[129] Die Analyse skeptischer Paradoxa dient dabei zur Aufklärung über die Konsistenz oder Inkonsistenz der fundamentalen Annahmen, die wir traditionell mit dem Wissensbegriff verbinden. Im folgenden § werden wir nun die Drohung eines semantischen Nihilismus näher untersuchen.

§ 6. Crispin Wrights Implosion des Cartesischen Skeptizismus und ihre Dialektik

Crispin Wright hat mehrere ausgefeilte antiskeptische Strategien entwickelt, um sowohl direkte als auch indirekte skeptische Argumente zu widerlegen.[130] Im folgenden soll gezeigt werden, daß eine seiner raffiniertesten antiskeptischen Strategien, die *Implosion*, das Gleichgewicht zwischen den oben beschriebenen Tendenzen der Er-

---

[129] Vgl. meine Überblicksdarstellung in Gabriel, M.: »Die Wiederkehr des Nichtwissens – Perspektiven der zeitgenössischen Skeptizismus-Debatte«, in: *Philosophische Rundschau* 2007, 149–178.

[130] Wrights antiskeptische Strategien lassen sich grob in zwei Klassen einteilen. Die eine setzt sich mit dem *Cartesischen*, die andere mit dem *Humeschen* Skeptizismus auseinander. Charakteristisch für den Humeschen Skeptizismus ist nach Wright das Problem der Induktion, das die Annahme einer Regularität der Natur zu einer bloßen unbegründbaren Hypothese degradiert. Zur Auseinandersetzung mit dem Cartesischen Skeptizismus vgl. Wright, C.: »Scepticism and Dreaming: Imploding the Demon«, in: *Mind* 100 (1991), 87–116; Wright: »On Putnam's Proof«. Zur Auseinandersetzung mit dem Humeschen Skeptizismus vgl. Wright, C.: »(Anti-)sceptics Simple and Subtle: G. E. Moore and John McDowell«, in: *Philosophy and Phenomenological Research* 65 (2002), 331–349; ders.: »Wittgensteinian Certainties«, in: McManus: *Wittgenstein and Scepticism*, 22–55; ders.: »Warrant for Nothing«; ders.: »Contextualism and Scepticism«. Die Unterscheidung zweier Formen von Skeptizismus und die Einführung entsprechender antiskeptischer Strategien findet sich bereits in Wright, C.: »Facts and Certainty«, in: *Proceedings of the British Academy* 71 (1985), 429–472, wobei er seitdem wichtige Modifikationen vorgenommen hat. Insbesondere in den letzten Jahren hat sich seine Position weiter entwickelt.

kenntnistheorie stört, so daß Wright zwar eine logisch schlüssige Analyse anstellt, um unsere Fremd- und Selbstzuschreibungen von Wissen von skeptischen Paradoxa zu befreien, mit der er aber die dialektische Voraussetzung seines eigenen Ansatzes untergräbt. Mit anderen Worten soll gezeigt werden, daß der von Wright selbst bezogene Beobachterstandpunkt eines erkenntnistheoretischen Theorieagenten nur unter der Voraussetzung der Motivierbarkeit skeptischer Paradoxa bezogen werden kann, die aber von seiner antiskeptischen Strategie *selbst* aufgehoben wird. Anstatt das grundlegende Cartesische skeptische Paradoxon zu lösen, verschärft Wrights Implosion dessen Schlagkraft. Wright zeigt *malgré lui*, daß sich ein generelles Cartesisches Paradoxon formulieren läßt, das einen semantischen Nihilismus begründet.

Wrights Implosion macht einen Widerspruch zwischen der Motivationstheorie und der Durchführung skeptischer Paradoxa aus. Dies gilt wohlgemerkt ausschließlich für Wrights *Implosion* des Cartesischen Skeptizismus. Seine allgemeinere Behandlung des Skeptizismus-Problems im Kontext seiner Theorie des *Berechtigungserwerbs (acquisition of warrant)* mittels informationsabhängiger Beweisaufnahme hingegen operiert bewußt mit skeptischen Argumenten anderer Art, um das eigene Projekt verständlich zu machen. Während der Cartesische Skeptizismus in Wrights Analyse nicht primär dazu dienen kann, uns über unsere Rechtfertigungsmechanismen zu unterrichten, gilt das für eine noch allgemeinere Form des Skeptizismus sehr wohl, die im zweiten Teil dieser Arbeit unter dem Stichwort *Pyrrhonischer Skeptizismus* abgehandelt wird.

Es soll im folgenden also nicht gezeigt werden, daß Wrights antiskeptische Strategie der Implosion *logisch* unschlüssig ist, sondern daß sie *dialektisch* inkompatibel mit der Durchführung eines bestimmten erkenntnistheoretischen Projekts ist. Dies soll letztlich als Hinweis darauf gewertet werden, daß es eine allgemeine dialektische Instabilität gibt, die dem neuzeitlichen Projekt der Erkenntnistheorie als Begründung der *prima philosophia* eingeschrieben ist. Diese drückt sich darin aus, daß ein Beobachterstandpunkt auf Wissenszuschreibungen bezogen wird, der die Möglichkeit des Skeptizismus impliziert, wobei gleichzeitig festgehalten werden soll, daß das thematisierte Wissen selbst Skeptizismus-immun ist. Der Cartesische Skeptiker muß daher als Störenfried aus dem Reich der Erkenntnis verbannt werden, so daß es naheliegt, ihn in der einen oder anderen Form zu widerlegen bzw. einer Reihe von Prämissen zu überführen, zu denen wir nicht notwendig verpflichtet sind. Wird der Cartesische Skeptizismus aber zurückgewiesen, stellt sich in der einen oder anderen Form das Problem ein, daß der *Beobachterstandpunkt* auf unsere alltäglichen Wissenszuschreibungen gefährdet ist. Das Problem ist also nicht, daß unsere alltäglichen Wissenszuschreibungen durch Paradoxa bedroht werden, wie man *prima facie* meinen könnte, sondern vielmehr, daß unser Beobachterstandpunkt auf unsere alltäglichen Wissenszuschreibungen zwei dialektisch inkompatible Tendenzen hat. Die beiden Tendenzen der Erkenntnistheorie lassen sich als *Konservativismus* und *Skeptizismus* bezeichnen (s. o., 112): Die Erkenntnistheorie muß einerseits sicherstellen, daß sie unsere alltäglichen Wissenszuschreibungen und damit den Wissensbegriff (er-)klärt und dabei verständlich macht, wie es möglich ist, daß wir wissen, wie die Welt ist, ohne dadurch ihren Gegenstand, das Wissen erster Ordnung aufzuheben. Andererseits gehört der Skeptizismus zur Motivation der Erkenntnistheorie, so daß diese jederzeit Gefahr läuft, ihren Gegenstand dadurch aus dem Blick zu verlieren, daß sie sich ihm unter skeptischen Theoriebedingungen nähert.

Wright hat in seinem bestechenden Aufsatz *Scepticism and Dreaming: Imploding the Demon* eine verbesserte Form der klassischen antiskeptischen Strategie entwickelt, den Cartesischen Skeptiker einer *contradictio in se* zu überführen. Der erste Schritt, um seine Strategie zu verstehen, besteht darin, »Skeptizismus« nicht als eine philosophische Lehre oder theoretische Einstellung zu behandeln, die von bestimmten Philosophen vertreten und verteidigt wird und eine Reihe von Überzeugungen einschließt, die allesamt inkompatibel mit einer bestimmten Menge von Fremd- und Selbstzuschreibungen von Wissen sind, zu denen man sich gemeinhin berechtigt glaubt. »Skeptizismus«, so Wright, sei vielmehr als eine Klasse von Paradoxa aufzufassen, die in der Form skeptischer Argumente auftreten und nach ihrer je verschiedenen logischen Struktur klassifiziert werden können.

Jede Klasse skeptischer Paradoxa weist eine Reihe von Voraussetzungen und für gültig gehaltene Schlußregeln auf. Jedes skeptische Paradoxon besteht nämlich *qua* Paradoxon aus einer Menge anscheinend plausibler Prämissen, anscheinend akzeptabler Schlußregeln und einer offenkundig unhaltbaren Konklusion. Im allgemeinen sind Paradoxa gültige Argumente mit Prämissen, die rational motiviert werden können und die dennoch eine Konklusion haben, der man nicht vorbehaltlos zustimmen kann, ohne die Berechtigung zur Annahme einer unabdingbaren Klasse von Überzeugungen zu verlieren. Ein Paradoxon verfügt also über alle notwendigen und hinreichenden Bedingungen eines nicht nur gültigen (sprich logisch korrekten), sondern eines schlüssigen (sprich wahren) Arguments. Dennoch übt es eine bestenfalls lokale und schlimmstenfalls globale Bedrohung auf unsere diskursive Rationalität im Ganzen aus.

Oftmals werden Paradoxa bewußt eingesetzt, um eine rationale Paralyse zu produzieren, die sich folgendermaßen manifestiert: Ein Paradoxon ist eine Menge von Prämissen (sagen wir (1) und (2)) und einer Konklusion (3), also: $\{[(1), (2)] \longrightarrow (3)\}$. Die gewöhnliche Reaktion auf die Präsentation eines Paradoxons ist die Negation der Konklusion. Diese aber ist inkompatibel mit der Aufrechterhaltung der Prämissen, da ein Paradoxon *per definitionem* ein gültiges Argument ist. Wer die Konklusion eines Paradoxons negiert, die Prämissen hingegen beibehalten will, willigt in die Konjunktion von $\{[(1), (2)] \wedge \sim(3)\}$ und $\{[(1), (2)] \longrightarrow (3)\}$, d.h. in einen Widerspruch ein.

Die kognitive Paralyse, die ein Paradoxon erzeugt, besteht nun nicht darin, daß wir uns entscheiden müssen, welche der Prämissen wir aufgeben sollen, um konsistent die Negation der Konklusion behaupten zu können. Begibt man sich nämlich auf die Suche nach möglichen Auflösungen des Paradoxons, sieht man leicht, daß man jederzeit ein beliebiges Gegenargument formulieren kann, das mit der Negation der Konklusion anhebt. Das Paradoxon sowie sein Gegenargument haben dabei dieselbe *prima-facie*-Plausibilität. Ein simples Beispiel mag dies illustrieren.

1. Skeptizismus [SK]

(1) Wenn ich meine Hände sehe, dann bin ich kein Gehirn im Tank.
(2) Ich weiß nicht, ob ich kein Gehirn im Tank bin.
(3) Also weiß ich nicht, ob ich meine Hände sehe.

Das Gegenargument beginnt mit der Negation der Konklusion von (SK).

2. ~SK

(1) Ich weiß, daß ich meine Hände sehe. (= (~3))
(2) Wenn ich meine Hände sehe, dann bin ich kein Gehirn im Tank.
(3) Also bin ich kein Gehirn im Tank.

Weder (SK) noch (~SK) sind bisher motiviert worden. Es geht hier allerdings auch lediglich darum zu sehen, daß beide *prima facie* gleichermaßen plausibel zu sein scheinen. (SK) stellt demnach genau deshalb ein Paradoxon dar, weil es eine Äquipollenz zweier Argumente – d.h. klassisch ausgedrückt: eine Isosthenie-Situation (ἰσοσθένεια τῶν λόγων) – herbeiführt.[131] Wenn es willkürlich wäre, welches Raisonnement (ob SK oder seine Negation) wir für schlüssig halten, wiche das Zutrauen in (~SK).

Gelänge es nun, ein *globales* skeptisches Paradoxon zu formulieren und seine Prämissen zu motivieren, wären wir aufgrund unserer diskursiven Rationalität zu einer umfassenden skeptischen Urteilsenthaltung gezwungen. Ein solches Paradoxon träte mit der Wucht der Entdeckung auf, daß wir kraft unserer diskursiven Rationalität dazu genötigt wären, unsere diskursive Rationalität zu verabschieden. Die theoretische Diagnose skeptischer Paradoxa ist deshalb kein harmloser erkenntnistheoretischer Scharfsinn im Leerlauf, sondern die reflexive Verteidigung unserer diskursiven Rationalität gegen sich selbst.

Die Auseinandersetzung mit dem Cartesischen Skeptizismus konfrontiert uns genau mit dieser Möglichkeit eines globalen skeptischen Paradoxons, das eine totale kognitive Paralyse zur Folge haben kann, da es die diskursive Rationalität als solche in Frage stellt, wie wir sehen werden. Es läßt sich nämlich ein generelles skeptisches Paradoxon formulieren und motivieren, das die Betriebsbedingungen der diskursiven Rationalität überhaupt an ihre Grenzen führt. Dieses allgemeine Paradoxon setzt den Durchgang durch die Implosion voraus.

Ganz allgemein lassen sich antiskeptische Strategien danach klassifizieren, ob sie externe Ressourcen bemühen, um die Unhaltbarkeit der Prämissen des skeptischen Arguments zu beweisen, oder ob sie das skeptische Argument mit Hilfe seiner eigenen Prämissen zu Fall bringen. Die Widerlegung oder Abweisung einer, mehrerer oder aller Prämissen eines skeptischen Arguments bezeichnet Wright als *Explosion,* während er die Auflösung eines skeptischen

---

[131] Daß der Cartesische Skeptizismus auf einer Überlegung beruht, die in eine Isosthenie von Skeptizismus und Antiskeptizismus führt, und daher durchaus als eine Instanz des Pyrrhonischen Skeptizismus betrachtet werden sollte, beobachtet auch Mac-Arthur, D.: »Naturalism and Skepticism«, in: De Caro, M./Macarthur D. (Hrsg.): *Naturalism in Question.* Cambridge,Ma. 2004, 106–124, hier: 114f.

Paradoxons mit seinen eigenen Mitteln als *Implosion* bezeichnet. Die Implosion soll zeigen, daß ein Paradoxon seine eigene Motivation durchstreicht, ohne daß externe begriffliche Ressourcen investiert werden müssen.

Geht man weiterhin davon aus, daß skeptische Paradoxa nur dadurch überhaupt eine Bedrohung auf bestimmte Bereiche unserer diskursiven Rationalität ausüben können, daß sie Argumente sind, ist es sinnvoll, ein gegebenes skeptisches Argument auf seine allgemeine logische Struktur hin zu untersuchen. Diese Operation kann man als *theoretische Diagnose* des skeptischen Problems bezeichnen. Ein skeptisches Problem liegt nämlich nicht schon dadurch vor, daß uns jemand bspw. darauf hinweist, daß unsere Gedanken auch von Aliens kontrolliert werden könnten oder daß ein böser Geist uns unsere Vorstellungen einhauchen könnte. Ansonsten könnte man sich mit dem Hinweis auf die Abstrusität der geäußerten Vermutung begnügen. Weder Hollywood noch beliebige Wahnphantasien stellen als solche ein skeptisches Problem dar, das in der Erkenntnistheorie und nicht etwa in der Psychiatrie therapiert werden müßte. Es muß demnach ein Unterschied zwischen der Wahnvorstellung, siebzehn Nasen zu haben, und der skeptischen Hypothese gemacht werden, daß wir unser Leben nur träumen oder daß wir Gehirne im Tank sind usw.[132]

Der Unterschied kann dabei nicht (ausschließlich) darin bestehen, daß skeptische Hypothesen ernsthafter philosophischer Natur sind. Schon Heraklit fragte sich, was der Unterschied zwischen einem Träumenden und einem Wachenden bzw. einem Nüchternen und einem Trunkenen sei, und kam von dort aus auf die Entdeckung fundamentaler Strukturen von Rationalität überhaupt.[133] Schopenhauer

---

[132] Vgl. Schiffer: »Skepticism and the Vagaries of Justifed Belief«, 161 ff. Schiffer macht darauf aufmerksam, daß der Cartesische Skeptizismus nicht auf der bloßen Einführung einer logischen Möglichkeit beruhen kann, da ansonsten die logische Möglichkeit, daß ich siebzehn Nasen haben könnte, auch ein potentielles epistemologisches Problem darstellte (wie kann ich *wissen*, daß ich nicht siebzehn Nasen haben könnte …). Daher muß man zunächst die epistemische Relevanz Cartesischer Szenarien spezifizieren. Es reicht demnach nicht hin, unsere alltägliche Fallibilität in Hinblick auf die bloß logische Möglichkeit eines fortwährenden Irrtums zu generalisieren, obwohl diese Generalisierung durchaus ein notwendiges Moment des Cartesischen Skeptizismus ist.

[133] Eine auffällige Anzahl der überlieferten Fragmente Heraklits bezieht sich auf das Phänomen des Träumens: B21, 26, 73, 75, 88. Bemerkenswert ist Fragment B 89: »Die Wachenden teilen eine einzige allgemeine Welt, während sich jeder Schlafende nur seiner eigenen zuwendet.« (τοῖς ἐγρηγορόσιν ἕνα καὶ κοινὸν κόσμον εἶναι, τῶν δὲ

vergleicht das Leben sogar affirmativ mit einem Traum und Plotin meint, unsere sinnlichen Vorstellungen seien das Resultat einer Art Trunkenheit unserer Seele.[134] Nicht zuletzt legen uns viele Kunstwerke nahe, das Leben als eine Art Traum oder gar als Alptraum anzusehen, und es ist selbstverständlich nicht unbeachtet geblieben, daß es eine Beziehung zwischen skeptischen Hypothesen und Kunst gibt.[135] Sextus Empiricus zitiert sogar mit Vorliebe aus Euripides, um

---

κοιμωμένων ἕκαστον εἰς ἴδιον ἀποστρέφεσθαι) Das Allgemeine ist aber nur dem Denken aufgeschlossen (B 113). Heraklit setzt daher bereits das Private und das Öffentliche entgegen, um zwischen Wachen und Träumen zu unterscheiden. Hier sei nur darauf hingewiesen, daß er explizit eine Methode der Selbsterkundung (B 101, 116) einsetzt, um seine philosophischen Aussagen treffen zu können, eine Methode, die viel später von Descartes eingesetzt wird, um eine Analyse von Vorstellungen einzuleiten. Die Kombination eines methodischen Solipsismus mit einem Cartesischen Skeptizismus ist gewiß keine bloße Idiosynkrasie Descartes', sondern findet sich vermutlich in allen philosophischen Traditionen, jedenfalls aber in der westlichen und indischen Tradition in jeder ihrer Epochen. Daß die Selbsterkundung und nicht das Aufgehen in der Welt ein philosophisches Gebot ist, ist jedenfalls eine in der gesamten Philosophiegeschichte weit verbreitete Auffassung. Eine ausführliche Analyse der skeptischen Argumente, die Heraklits Gnomen zugrunde liegen und ihn zu seiner These geführt haben, daß aus einer absoluten Perspektive (der Perspektive Gottes) alle Widersprüche in einer Alleinheit koinzidieren, vgl. Burnyeat, M.: »Conflicting Appearances«, in: *Proceedings of the British Academy* 65 (1979), 69–111.

134 Schopenhauer erklärt das Leben für »einen langen Traum«, der sich von unseren kurzen (Nacht-)Träumen dadurch unterscheide, daß er durch den Satz vom Grunde organisiert sei. Vgl. *Arthur Schopenhauer, Sämtliche Werke*. Hg. von A. Hübscher, Wiesbaden 1949, Bd. 2, 19 ff. Die sichtbare Welt, in der wir leben, sei »ein bestandloser, an sich wesenloser Schein, der optischen Illusion und dem Traume zu vergleichen, ein Schleier, der das menschliche Bewußtseyn umfängt, ein Etwas, davon es gleich falsch und gleich wahr ist, zu sagen, daß es sei, als daß es nicht sei« (ebd., 496). Nach Plotin verdankt es sich wortwörtlich der Selbstvergessenheit des Geistes, daß wir uns einer Welt gegenüberfinden, die wir nicht selbst gesetzt zu haben glauben. Der Geist verliert sich in die Vielheit der erscheinenden Dinge, von der er wie trunken ist: ἔλαθεν ἑαυτὸν πολὺς γενόμενος, οἷον βεβαρημένος (*Enn.* III 8, 8, 33 f.).

135 Schopenhauer zitiert mit Vorliebe Calderons Drama »Das Leben ein Traum«. Es ist ein unermüdlich wiederholtes Credo der griechischen Religion und Philosophie, das man ebenso bei Homer, Pindar und Sophokles wie bei Platon oder viel später bei Plotin findet, daß wir nur Schatten oder gar nur der Traum eines Schattens sind, wie Pindar einmal schreibt: σκιᾶς ὄναρ ἄνθρωπος (Pyth. VIII 95 f.). Auch Shakespeare ist in dieser Hinsicht deutlich, worauf Stanley Cavell in seinen Studien über Shakespeare und Cartesischen Skeptizismus aufmerksam gemacht hat. Vgl. Cavell, S.: *Disowning Knowledge in Six Plays of Shakespeare.* Cambridge, Ma. 1987. Zum Verhältnis von Skeptizismus und Literatur im allgemeinen vgl. Hüppauf, B./Vieweg, K.: *Skepsis und literarische Imagination.* München 2003. Vgl. auch meine eigenen Ausführungen in Gabriel, M.: »Der ästhetische Wert des Skeptizismus beim späten Wittgenstein«, in:

skeptische Argumente zugunsten eines globalen Relativismus zu begründen.[136]

Die ernsthafte Auseinandersetzung oder gar Affirmation skeptischer Hypothesen in der philosophischen Tradition sollte aber nicht leichtfertig darüber hinwegtäuschen, daß skeptische Argumente nicht an ihre materielle Realisierung gebunden sind, weshalb es möglich ist, eine indefinit große Anzahl skeptischer Argumente zu generieren, die sich aber insgesamt auf eine überschaubare Klasse logischer Formen zurückführen lassen. Daher kann etwa eine Theorie des Traumes, die Unterschiede zwischen Traum und Wachen – sei es psychologisch oder auf irgendeine andere Weise – empirisch untersucht und auflistet, nicht als antiskeptische Strategie gewertet werden, zumal es eine der Pointen des Traum-Arguments ist, die objektive Realität empirischer Begriffe überhaupt in Frage zu stellen. Wer gegen das Traum-Argument einwendet, daß Träume nicht in der Weise erlebt werden wie der Zustand des Wachens, begeht denselben Fehler wie Dr. Johnson, als er Berkeleys Idealismus durch einen schmerzvollen Tritt gegen einen Stein widerlegen wollte.

Der Cartesische Skeptizismus versucht traditionell zu zeigen, daß unsere Vorstellungen, *als ob* p, möglicherweise Vorstellungen von nichts sind, obwohl sie gleichzeitig *qua* Vorstellungen, *als ob* p, etwas zu repräsentieren beabsichtigen. Der Cartesische Skeptizismus versucht mithin zu zeigen, daß unsere Vorstellungen einen intentionalen Gehalt haben, dem allerdings kein extramentales Korrelat entspricht, das unabhängig vom Akt der Vorstellung existiert. Das Traum-Argument soll dabei beweisen, daß jedes Urteil der Art »X scheint mir F zu sein« logisch primär gegenüber dem entsprechenden

---

Gebauer, G./Goppelsröder, F./Volbers, J. (Hrsg.): *Philosophie als Lebensform.* München 2009 (i.Ersch.).

136 Euripides' Tragödien enthalten häufig skeptische Szenarien. Das berühmteste findet sich wohl im *Herakles.* Im Auftrag seiner eifersüchtigen Schwiegermutter Hera versetzt Lyssa (der Wahnsinn) Herakles in einen rasenden Zustand, in dem er seine Familie tötet, die er aufgrund seines temporären Wahnsinns nicht wiedererkennen kann. Überhaupt ist die Kluft zwischen unseren Vorstellungen von der Welt und unserem Verhältnis zu den anderen und den Göttern ein klassisches Thema der (griechischen) Tragödie. Sextus überliefert auch, daß die Philosophen Anaxarchos und Monimos im Dienste des Skeptizismus gearbeitet hätten, indem sie einen Cartesischen Skeptizismus dahingehend vertreten hätten, daß alles Seiende nichts weiter als eine Reihe von Bildern darstelle, die denen vergleichbar seien, die wir im Traum oder im Wahnsinn erfahren: σκηνογραφίᾳ ἀπείκασαν τὰ ὄντα, τοῖς τε κατὰ ὕπνους ἢ μανίαν προσπίπτουσι ταῦτα ὡμοιῶσθαι ὑπέλαβον. (M 7.88) Vgl. dazu Gabriel: »Zum Außenweltproblem in der Antike«.

Urteil der Art »X ist F« ist. Es soll gezeigt werden, daß unser epistemischer Zugriff auf die Welt und damit alles *Ist-Sagen* sekundär ist gegenüber unserem Zugriff auf unsere Vorstellungen von der Welt und damit allem *Erscheint-Sagen*. Es geht also primär um eine Reduktion von Sein auf Schein, von Realität auf Erscheinung.[137] Daß mir X als F erscheint, ist gewiß, obwohl es durchaus zweifelhaft ist, ob der Erscheinung, als ob X F ist, irgendetwas unabhängig von dieser Erscheinung korrespondiert. Auf diese Weise wird Descartes' erklärter und eigentlicher Absicht entgegengearbeitet, nämlich zu zeigen, daß unser Geist uns bekannter *(notior)* als die Welt ist, die er vorzustellen scheint.[138] Der Cartesische Skeptizismus dient demnach zunächst dazu, uns in ein Vorstellungs- bzw. Sinnesdatentheater einzuschließen, zu dem wir einen privilegierten, aber rein privaten Zugang haben.[139] Auf diese Weise garantiert er, daß das Subjektive

---

[137] Die logische Primordialität der Erscheinung vor dem Sein ist der gemeinsame Nenner des Phänomenalismus und des Skeptizismus. Denn der Phänomenalismus behauptet, daß Sätze über Sinnesdaten oder Erscheinungen selbst-evident sind. Der Satz »Der Tisch scheint mir rot zu sein« kann nicht falsch sein, während der Satz »Der Tisch ist rot« wahrheitswertdifferent ist. Das hat zu dem extrem unplausiblen Projekt geführt, die Welt als eine logische Konstruktion aus Sinnesdaten zu betrachten. Dagegen hat Sellars versucht, die Erklärungsrichtung umzukehren und »looks-talk« auf »is-talk« zurückzuführen. Vgl. Sellars: *Empiricism and the Philosophy of Mind*, 32–53. Anthony Palmer hat Unrecht, wenn er den Pyrrhonischen vom Cartesischen Skeptizismus dadurch unterscheiden will, daß der erstere auf dem Dualismus von Erscheinung und Sein, der letztere hingegen auf dem von Innen und Außen beruhe, da der Unterschied nur an der Oberfläche besteht. Vgl. Palmer, A.: »Scepticism and Tragedy: Crossing Shakespeare with Descartes«, in: McManus: *Wittgenstein and Scepticism*, 260–277, hier: 266–272. Der Cartesische Skeptizismus dient nämlich nicht nur zu einer Unterscheidung von Innen und Außen, sondern damit zugleich zur Unterscheidung von Sein und Schein, indem er sich auf eine logische Hierarchie von Erscheint-Sagen und Ist-Sagen festlegt, wie Brandom zu Recht hervorhebt. »Descartes and his tradition claimed that *looks-F* talk, with which it is possible to form a class of statements about which subjects are incorrigible, is a foundation of knowledge, and so must be prior in this sense to *is-F* talk, with which it is possible to express only corrigible, inferred beliefs. This view is the essence of Descartes' foundationalism.« (Brandom in Sellars: *Empiricism and the Philosophy of Mind*, 136)

[138] Vgl. die zweite Meditation, die den Titel trägt: »De natura mentis humanae: quod ipsa sit notior quam corpus«. Descartes will natürlich das Sein wiedergewinnen, wobei ihm Gott Hilfe leisten soll. Es geht hier aber nicht darum, Descartes' eigener Philosophie exegetisch Genüge zu tun, sondern lediglich darum, die logische Struktur des Cartesischen Skeptizismus zu untersuchen.

[139] Vgl. Descartes' programmatische Erklärung am Eingang der *Meditationen:* »Heute habe ich die Gelegenheit ergriffen und meinen Geist von allen Sorgen losgelöst, mir selbst *(mihi)* eine sichere Mußestunde besorgt und ziehe mich in die Einsamkeit zurück

(unsere Vorstellungen, *als ob* p) einen epistemischen Vorsprung gegenüber dem Objektiven (p) hat, so daß das Objektive auf das Subjektive gegründet werden kann.

Freilich geht es Descartes selbst eigentlich darum, zwischen der Skylla des Solipsismus und der Charybdis des Skeptizismus hindurchzusteuern, so daß seine eigene Position weder solipsistisch noch skeptisch ist. Um aber seine antiskeptische Strategie zu begründen, muß er vorerst den Skeptizismus einführen. Dies allein ermöglicht seine »Entdeckung« einer *epistemischen Asymmetrie* zwischen Geist (dem Subjektiven) und Welt (dem Objektiven), was leicht zur Verinnerlichung bzw. Entfremdung des Subjekts von seiner Welt und damit in den Skeptizismus führen kann.[140] Das Glückliche dieser vermeintlichen Entdeckung sieht Descartes – und mit ihm der post-cartesische erkenntnistheoretische Fundamentalismus – darin, daß wir einen privilegierten unmittelbaren Zugang zu unseren eigenen Zuständen (dem Subjektiven) *so* haben, daß wir das Objektive aus dem Subjektiven gewinnen können. Denn eine angemessene Untersuchung des Subjektiven führt Descartes zufolge auf das Objektive zurück, indem die Gewißheiten der eigenen Existenz und der Existenz Gottes sowie der im Gottesbegriff vermeintlich enthaltenen Prädikate dazu führt, daß der *methodische* Solipsismus nicht in einen handfesten *metaphysischen* Solipsismus umschlägt.[141]

(solus secedo)« (AT 7, 17 f., meine Übersetzung, M. G.). Der erste Schritt, um die Meditationen nachzuvollziehen, ist entsprechend die Einkehr des Geistes in sich selbst (*mens humana in se conversa* [AT 7, 7 f.]). Allein im privaten Selbstgespräch der Seele und nicht in der öffentlichen Debatte könne die Wahrheit gesucht werden. Man kann daher zu Recht davon sprechen, daß Descartes einen methodischen Skeptizismus mit einem methodischen Solipsismus kombiniert, wobei stets die Gefahr besteht, daß aus einem methodischen Skeptizismus und Solipsismus ein wirklicher Skeptizismus und Solipsismus wird.

140 McDowell nennt das die *verinnerlichte Konzeption des Raums der Gründe (the interiorized conception of the space of reasons)* in: McDowell, J.: »Knowledge and the Internal«, in: Ders.: *Meaning, Knowledge, and Reality*. Cambridge, Ma./London 1998, 395–413, hier: 404.

141 Perler bringt Descartes' Strategie daher auf den Punkt, wenn er schreibt: »In der Tat ist sich der Denkende in der Zweifelssituation zunächst nur seiner Akte gewiß. Der zentrale Punkt ist aber, daß dies nur die Ausgangssituation ist. Aufgrund der minimalen Gewißheit von den eigenen Akten kann der Denkende Schritt für Schritt ein neues Wissensgebäude errichten. Die beiden Grundpfeiler für dieses Gebäude sind bekanntlich die Gewißheit von der eigenen Existenz und von der Existenz Gottes. Entscheidend ist dabei, daß diese beiden Gewißheiten allein durch eine Prüfung der Akte und dessen, was sie präsentieren, gewonnen werden können. […] Und sobald der Denkende die Gewiß-

Das Paradoxon, das dem Cartesischen Skeptizismus zugrundeliegt, setzt nun zunächst ein unverdächtiges Prinzip voraus, das man mit Wright kurzerhand als *Descartes' Prinzip* bezeichnen darf:

Um irgendeine beliebige Proposition p zu wissen, muß man wissen, daß alle Bedingungen erfüllt sind, die notwendig dafür sind, daß man p weiß.[142]

Der Cartesische Skeptizismus nimmt also eine bestimmte Fassung der Iterativität von Wissen in Anspruch: Wer *etwas* weiß, weiß auch anzugeben, daß er es *weiß*, jedenfalls dann, wenn sein Wissen unter Bedrohung gerät, d. h. wenn er in der Position ist, sich zu fragen, ob er es weiß.[143]

Nun ist Wissen ein Erfolgsverb. Deswegen folgt aus »S weiß, daß p«, daß p. Wer p weiß, weiß demnach, daß p wahr ist. Wäre p falsch, wüßte er p nicht, wenn er annähme, daß es wahr wäre. Wenn es demnach wahr ist, daß S weiß, daß p, dann ist es *ipso facto* wahr, daß p. Daher läßt sich ein gegebener Wissensanspruch bereits dadurch herausfordern, daß man eine Alternative einführt, in der p falsch ist. Gelingt es S nicht, die Alternative abzuweisen, scheint er auch nicht zu wissen, daß p. Diesen Anspruch erheben wir durchaus auch in unserer alltäglichen Praxis des Gebens und Verlangens von Gründen, so daß er als eine basale diskursive Norm betrachtet werden kann. Wer etwas *behauptet*, verpflichtet sich nämlich auf die Wahrheit der behaupteten Proposition. Seine Behauptung kann aber herausgefordert werden, indem eine Alternative präsentiert wird, in der p falsch ist, so daß die Behauptung zurückgenommen werden muß, wenn anders er keine guten Gründe angeben kann, um sie zu verteidigen.

Akzeptiert man diesen Gedankengang in der präsentierten Allgemeinheit, wird man unmittelbar zu der inzwischen kanonischen Formulierung des Cartesischen Skeptizismus geführt, die man als

heit von der Existenz Gottes erreicht hat, verfügt er auch über einen Garanten für die Existenz der äußeren Dinge.« (Perler: *Repräsentation bei Descartes,* 313 f.)

[142] »In order to know any proposition *P,* one must know to be satisfied any condition which one knows to be necessary for one's knowing *P.*« (Wright: »Scepticism and Dreaming«, 91)

[143] Die Iterativität von Wissen ist nicht notwendig identisch mit der unplausiblen internalistischen Annahme, daß jeder, der weiß, daß *p,* auch weiß, daß er weiß, daß *p.* Daher darf man die Iterativität auch nicht mit Transparenz oder gar mit Infallibilität verwechseln. Die Iterativität folgt vielmehr aus dem vernünftigen Anspruch an Wissen, sich gegen Einwände verteidigen zu können.

ein Argument mit zwei Prämissen und einer Konklusion formulieren kann:

(1) Jemand kann nur dann wissen, daß vor ihm ein Tisch steht, wenn er weiß, daß eine gegebene skeptische Hypothese (d.h. eine Alternative, in welcher der Wissensanspruch nicht erfüllt ist) falsch ist; jedenfalls dann, wenn er mit einer skeptischen Hypothese konfrontiert wird.[144]

(2) Skeptische Hypothesen haben die Eigenschaft, daß ihr Wahrheitswert prinzipiell evidenz-transzendent ist, so daß niemand wissen kann, ob sie wahr oder falsch sind.[145]

(3) Also kann niemand wissen, daß vor ihm ein Tisch steht.[146]

---

[144] Der Zusatz »Jedenfalls dann, wenn er mit einer Alternative konfrontiert wird« ist von eminenter Bedeutung. Der Skeptizismus ist nämlich kein natürliches Problem, das sich wie eine Krankheit einstellt, sondern ein Reflexionsprodukt, das einen dialektischen Prozeß von Aussage und Widerspruch voraussetzt. Der Skeptizismus ist ein (erkenntnis-)theoretisches Phänomen. Daher kann ich James Pryor nicht zustimmen, wenn er den Skeptizismus durch Berufung auf die alltägliche Rechtfertigungsstruktur unserer perzeptuellen Überzeugungen aushebeln will. »The skeptic makes claims about *all subjects*, even subjects who haven't heard his argument.« (Pryor, J.: »What's Wrong with Moore's Argument«, in: *Philosophical Issues* 14 (2004), 349–378, hier: 368) Das stimmt so nicht, da die Dialektik des Skeptizismus voraussetzt, daß man mit dem Skeptizismus konfrontiert worden ist. Die Genese des Skeptizismus aus unserem alltäglichen Zutrauen in unserer Erkenntnisfähigkeit ist ein Problem, das uns unten (§ 14) beschäftigen wird. Jedenfalls scheint es mir problematisch, das Gewöhnliche und die Philosophie soweit auseinanderdriften zu lassen, daß nicht mehr verständlich gemacht werden kann, wie die Philosophie unter gewöhnlichen Bedingungen entstehen kann.

[145] Eine Proposition, deren Wahrheitswert prinzipiell evidenz-transzendent ist, kann nicht gewußt werden, da es keine Möglichkeit gibt, eine ausweisbare affirmative oder negative kognitive Einstellung zu ihr zu unterhalten. Das zeigt ein einfaches Beispiel. Angenommen, man wird mit zwei Kartons präsentiert. In dem einem befindet sich ein Würfel, in dem anderen eine Kugel, die beide dasselbe Gewicht haben. Sobald wir einen Karton öffnen, evaporiert sein Inhalt, da die Kartons mit einem entsprechenden Mechanismus versehen sind. Was auch immer man in dieser Situation unternimmt, um eine gerechtfertige kognitive Einstellung zu einer der Propositionen, (a) »daß der Würfel in jener« oder (b) »daß der Würfel in dieser Box ist«, zu beziehen, muß mißlingen.

[146] Wohlgemerkt folgt daraus nicht, daß niemand wissen kann, daß vor ihm ein Tisch steht, weil es möglich ist, daß gar kein Tisch vor ihm steht. Das gilt zwar für das *Genius-malignus* –, aber keineswegs für das Traum-Argument oder das Drogen-Argument. Der Cartesische Skeptizismus ist an keine ontologische These über das Wesen der Außenwelt gebunden. Daher ist er auch indifferent gegenüber Idealismus und Materialismus, wenn man darunter ontologische Monismen versteht. Der Cartesische Skeptizismus ist ein ausschließlich epistemologisches Problem. Sollte er relevante ontologische Implikationen haben, dann jedenfalls nur unter der Bedingung, daß Ontologie eine Theorie über unsere Theorien über die Welt ist, deren Rechtfertigungsmechanismen durch den Cartesischen Skeptizismus bedroht werden könnten. Der Cartesische Skeptizismus hat

Prämisse 1 impliziert die Gültigkeit des *Prinzips der Geschlossenheit* einer Menge von Propositionen im Skopus des epistemischen Operators »Wissen«. Das Prinzip der Geschlossenheit behauptet, daß wir alle Implikationen einer gewußten Proposition zumindest dann wissen müssen, wenn wir wissen, daß sie von einer gewußten Proposition impliziert werden. D. h., wenn ein Subjekt S weiß, daß p, und wenn S weiß, daß p q impliziert, dann *(ceteris paribus)* weiß S auch, daß q.[147] *Descartes' Prinzip* ist, wie man leicht einsieht, eine Instanz des Prinzips der Geschlossenheit, da es fordert, die Negation einer skeptischen Hypothese q begründet annehmen zu müssen, indem offensichtlich aus jedem p (in unserem Fall: daß vor uns ein Tisch steht) eine Menge von ~q folgt, die als skeptische Hypothesen fungieren können.

Da das Prinzip der Geschlossenheit mindestens die folgenden zwei notwendigen Funktionen in unserer epistemischen Ökonomie erfüllt, kann es freilich nicht *ad hoc* aufgegeben werden, um die Gefahr des Skeptizismus abzuwehren.

(1) Die erste Funktion des Prinzips der Geschlossenheit besteht darin, daß es eine Bedingung dafür ist, einen Erkenntnisfortschritt mithilfe des rationalen Mittels der Deduktion zu erreichen, da jeder rational kontrollierte Erkenntnisfortschritt mit Implikationen unseres bereits gegebenen Wissens arbeitet.[148] »The core idea behind clo-

---

daher historisch in der Neuzeit zur Abwendung von der Ontologie zur Erkenntnistheorie geführt, was systematisch in seiner logischen Struktur begründet ist. Vgl. etwa Kants emphatische Absage an die Ontologie, die er durch seine »bescheidene« Transzendentalphilosophie ersetzen will (KrV, B 303).

[147] Die ceteris-paribus-Klausel ist notwendig, um auszuschließen, daß jemand die relevanten Propositionen P und P → Q nicht in der rechten Weise zusammenbringt. Das Prinzip gilt ebenso für »Rechtfertigung«. Wenn ein Subjekt S gerechtfertigt in der Annahme ist, daß (1) daß P, und wenn S gerechtfertigt in der Annahme ist, (2) daß P Q impliziert, dann *(ceteris paribus)* ist S *eo ipso* auch in der Annahme gerechtfertigt, daß Q. Der Cartesische Skeptizismus muß daher nicht als ein Problem des Wissens, sondern kann ebenso gut als ein Problem der Rechtfertigung verstanden werden, was unter Umständen tiefgreifendere Probleme nach sich zieht.

[148] Vgl. Williamson, T.: *Knowledge and its Limits.* Oxford 2000, 117, der gegen Nozicks Ablehnung des Prinzips der Geschlossenheit einwendet, daß seine Ablehnung jegliche informative Deduktion unmöglich macht. Dretske, der die gesamte Debatte um das Prinzip der Geschlossenheit in seinem klassischen Aufsatz »Epistemic Operators« (in: *The Journal of Philosophy* 67/24 (1970), 1007–1023) ausgelöst hat, ist freilich der Überzeugung, daß seine Zurückweisung des Prinzips mit seiner restringierten Anwendung im Erkenntniserwerb kompatibel ist. Dretske glaubt, seine Zurückweisung des Prinzips nämlich auf skeptische Q reduzieren zu können, deren Negation von allem, was wir

sure is that we can add to what we know by performing deductions on what we already know.«[149] Damit soll natürlich nicht gesagt sein, daß jeder Erkenntnisfortschritt mit rationalen Mitteln arbeitet. Die eigentliche Inventionslogik der Erkenntnis funktioniert meistens ohne Rekurs auf rationale Kontrollmechanismen, die uns von einer Überzeugung zur nächsten führen. Die *more-geometrico*-Darstellung einer Theorie ist sekundär gegenüber den kreativen Impulsen, die dazu verführen, abnormal, d. h. anders zu denken. Wirkliche Innovationen setzen voraus, daß man nicht bloß deduktive Ketten knüpft, die aus bereits gesicherten Überzeugungen folgen, sondern daß vorgegebene Überzeugungen unter Druck geraten und durch neue Überzeugungen ersetzt werden müssen. Wirkliche wissenschaftliche Entdeckungen fangen meist mit einem Geistesblitz oder mit einer Ahnung an, die sich unversehens einstellt und erst *post festum* (wenn überhaupt) rational eingeholt werden kann.[150] Man darf die

---

glauben, impliziert wird, ohne daß wir einen epistemischen Zugriff auf Q (oder ~Q) haben können. Vgl. neuerdings Dretske, F.: »The Case against Closure«, in: Steup/Sosa: *Contemporary Debates in Epistemology*, 13–26, hier: 17. Wie John Hawthorne (»The Case for Closure«, in: Steup/Sosa: *Contemporary Debates in Epistemology*, 26–43, hier: 38), zu Recht bemerkt, wirkt Dretskes Restriktion des Prinzips *ad hoc*. Die Frage ist, ob es möglich ist, ein logisches Prinzip im Skopus eines epistemischen Operators anzuerkennen und gleichzeitig einzuräumen, daß es trotz seiner formalen Allgemeinheit für eine Klasse von Fällen nicht gilt, die via *modus ponens* aus ihm abgeleitet werden können. Dretske steht aber der von ihm selbst nicht eingeschlagene Weg offen, das Prinzip auf nicht-skeptische Q zu beschränken: Da jedes skeptische Q evidenz-transzendent ist, verlieren wir immer dann, wenn unsere Deduktion gemäß dem Prinzip der Geschlossenheit bei Q anlangt, unsere Berechtigung zu der Annahme von P. Dadurch wird aber das Konditional unterminiert, das wir für P akzeptieren. Dretske könnte also dahingehend argumentieren, daß skeptische Q die Deduktion gemäß dem Prinzip der Geschlossenheit unterminieren, sobald sie in ein Konditional im Skopus des epistemischen Operators »Wissen« eingesetzt werden.

149 Hawthorne: »The Case for Closure«, 29.

150 So äußert sich sogar Weber, M.: *Wissenschaft als Beruf*. Stuttgart 2006, 14 f.: »Die Eingebung spielt auf dem Gebiet der Wissenschaft ganz und gar nicht – wie sich der Gelehrtendünkel einbildet – eine größere Rolle als auf dem Gebiete der Bewältigung von Problemen des praktischen Lebens durch einen modernen Unternehmer. Und sie spielt andererseits – was auch oft verkannt wird – keine geringere Rolle als auf dem Gebiet der Kunst. Es ist eine kindliche Vorstellung, daß ein Mathematiker an einem Schreibtisch mit einem Lineal oder mit anderen mechanischen Mitteln oder Rechenmaschinen zu irgendwelchem wissenschaftlich wertvollem Resultat käme: die mathematische Phantasie eines Weierstraß ist natürlich dem Sinn und Resultat nach ganz anders ausgerichtet als die eines Künstlers und qualitativ von ihr grundverschieden. Aber nicht dem psychologischen Vorgang nach. Beide sind: Rausch (im Sinne von Platons »manía«) und »Eingebung«.«

erkenntnissichernde Darstellung einer Theorie im *context of justification* deswegen nicht mit ihren erkenntnissuchenden Startpotentialen im *context of discovery* verwechseln.[151] Dennoch ist das Prinzip der Geschlossenheit eine *conditio sine qua non* eines Erkenntnisfortschritts, der Implikationen von bereits Gewußtem entfaltet.

(2) Die zweite Funktion des Prinzips der Geschlossenheit besteht darin, daß jeder, der etwas weiß, immerhin imstande sein muß, sein Wissen auf berechtigte kritische Nachfrage hin zu verteidigen, indem er auf eine Herausforderung seines Wissens damit reagiert, daß er seine Gründe ausweist, die er notwendig für gute Gründe hält, wenn er beansprucht, wirklich etwas zu wissen.[152] Denn er weiß nicht nur dasjenige, was er weiß, sondern er weiß auch, daß er es weiß, in dem Sinne, daß er sein Wissen verteidigen können muß. Deshalb hat eine Aussage wie »Er weiß zwar, daß p, aber er weiß nicht, daß er p weiß« einen paradoxen Anstrich.[153] Und daher rührt auch der alte platonische Anspruch an Wissen, mehr zu sein als eine wahre Meinung (ἀληθὴς δόξα). Denn wer etwas weiß, reagiert auf eine Bedro-

---

[151] Wolfram Hogrebe hat eine anspruchsvolle Erkenntnistheorie der Ahnung vorgelegt, die die Bedingungen der Möglichkeit von Erkenntnissuche und ihre Konsequenzen für die erkenntnissichernde Erkenntnistheorie in ihrer Gestalt als Wissenschaftstheorie untersucht. Der hier vorgeschlagene Begriff einer dialektischen Analyse schließt sich in vielem an Hogrebes Theorie der Erkenntnissuche an. Zum Problem der Kreativität und der Unersetzbarkeit der Ahnung in den Wissenschaften und im situativen Umgang mit der Welt vgl. insbes. Hogrebe, W.: *Ahnung und Erkenntnis. Brouillon zu einer Theorie des natürlichen Erkennens.* Frankfurt/Main 1996.

[152] Freilich gibt es einige Propositionen, die wir für wahr halten und uns vielleicht sogar zutrauen, sie zu wissen, obwohl es prinzipiell unmöglich ist, sie zu *wissen*. Dazu gehören Propositionen wie »Es gibt eine Welt« oder »Die Welt ist nicht erst vor wenigen Minuten mit den Spuren einer weitreichenden Vergangenheit spontan *ex nihilo* geschaffen worden« usw. Da man für diese, in Anlehnung an Wittgenstein als »Angel-Propositionen« bezeichenbaren Propositionen keine Gründe anführen kann, können sie auch nicht in Wissenszuschreibungen vorkommen, »since an appropriate claim to know implies that one can offer relevant grounds in favor of that claim« (Pritchard, D.: »Wittgenstein's *On Certainty* and Contemporary Anti-scepticism«, in: Moyal-Sharrock, D./Brenner, W. H. (Hrsg.): *Readings of Wittgenstein's On Certainty.* Basingstoke 2005, 189–225, hier: 198). Daraus folgt allerdings auch, wie Pritchard bemerkt, daß die Angel-Propositionen, wenn überhaupt, nur in einem sehr uneigentlichen Sinn als »Propositionen« bezeichnet werden können.

[153] Das impliziert, daß ein reiner Reliabilismus unplausibel ist. Wenn jemand immer nur dadurch etwas wissen könnte, daß er in den Augen anderer ein zuverlässiger Richter bestimmter Sachlagen ist, sein Wissen aber in keiner Weise gegen Angriffe verteidigen könnte, wäre es zumindest kontraintuitiv, ihn für einen Wissenden zu halten. So wie man auch keinem Papagei Wissen zuschreibt, der auf das Vorzeigen roter Karten jederzeit mit dem Ausruf »Rot« antwortete.

hung seines beanspruchten Wissensbestandes mit einer Verteidigung seines Wissensanspruchs. Eine solche Verteidigung nennt Platon »Logos«, was man getrost mit »Rechtfertigung« übersetzen kann. Wissen ist deshalb *mindestens* eine wahre gerechtfertigte Meinung (ἀληθὴς δόξα μετὰ λόγου), wobei hier alles am richtigen Begriff der Rechtfertigung hängt.[154] Diesen kann man freilich nicht so ausbuchstabieren, daß man nach *garantierenden* Kriterien Ausschau hält. Aufgrund der diskursiven, auf das Spiel des Gebens und Verlangens von Gründen verweisenden Facette des Wissens können wir allenfalls *autorisierende* Kriterien spezifizieren, die festlegen, wann wir etwas als einen guten Grund für einen Wissensanspruch gelten lassen.[155]

Eine intuitive Basis des Anspruchs an Wissen, iterativ zu sein, kann man demnach darin sehen, daß wir von jemandem, der etwas weiß, verlangen können, sein Wissen gegen relevante Einwände zu verteidigen. Dies verbirgt sich hinter der sokratischen Apologie, dem λόγον διδόναι.[156] In Anlehnung an Platon kann man von einer *apologetischen Dimension des Wissens* sprechen, die das Prinzip der Geschlossenheit motiviert. Zur apologetischen Dimension des Wissens gehört, daß Wissen gegen relevante Einwände verteidigbar sein muß, was das Prinzip der Geschlossenheit zum Ausdruck bringt.

Ohne die apologetische Dimension des Wissens könnten *Überzeugung* und *Verantwortung* nicht in dem Sinne verbunden werden, daß wir jemanden nur dann als epistemisch verantwortlich anerken-

---

[154] Bekanntlich weist Platon im *Theaitetos* (201c7–210b2) explizit die Definition von Wissen als wahre gerechtfertigte Meinung zurück. Bedenkt man aber, daß der richtige Begriff des λόγος erst am Ende des *Sophistes* erreicht wird, kann man das aporetische Ende des *Theaitetos* nach einem bekannten platonischen Muster nicht bloß als eine vermeintliche Widerlegung der Definition von Wissen als wahre gerechtfertige Meinung betrachten, sondern als ein Problem, das auf einer höheren (in diesem Fall auf der eigentlich dialektischen Ebene) gelöst werden muß.

[155] Vgl. dazu Hogrebe, W.: *Echo des Nichtwissens.* Berlin 2006, 336f.

[156] Die Iterativität von Wissen (die der Cartesische Skeptizismus in Anspruch nimmt) ist keineswegs unumstritten. Denn schließlich sagen wir auch von einem Kind, das es weiß, daß es Süßigkeiten bekommt, wenn es einem bestimmten Verhaltensmuster folgt, obwohl man kaum verlangen wird, daß das Kind imstande sein muß, sein Wissen gegen Einwände zu verteidigen. Ein anderer Einwand beruft sich darauf, daß man den Cartesischen Skeptizismus nicht vermeiden kann, wenn man das Prinzip der Iterativität akzeptiert. Diese Strategie verfolgt bspw. der Reliabilismus. Es geht mir hier aber gar nicht darum, das Prinzip zu verteidigen. Denn bevor über es zu Gericht gesessen werden kann, müssen seine Konsequenzen weitgehend transparent gemacht werden. Dazu reicht es, ihm eine vorgängige intuitive Plausibilität zu akkreditieren.

nen können, wenn er auf eine rationale Kritik seiner Überzeugungen mit einer Reflexion auf seine Überzeugungen reagiert, woraus noch nicht folgt, daß er sie ändern muß, sobald er mit den Gründen seines Kritikers konfrontiert wird, auch wenn er nicht unmittelbar antworten kann. Jemand, der sich weigert, seine Gründe auch nur zu überdenken, sobald er von uns mit ernsthaften Gegengründen konfrontiert wird, würden wir aber zu Recht einer Verletzung fundamentaler diskursiver Normen anklagen.[157]

Doch gegen die durch die apologetische Dimension des Wissens motivierte Iterativitätsthese und damit gegen die zweite Funktion des Prinzips der Geschlossenheit im Wissensbegriff läßt sich vieles einwenden. Einer der überzeugendsten Einwände beruft sich darauf, daß wir oftmals zu Recht bei unseren Überzeugungen bleiben, auch wenn sie herausgefordert werden, ohne reflexiv über gute Gründe für unsere Überzeugungen zu verfügen. Niemand wird es für unvernünftig halten, jemandem zu konzedieren, gute Gründe gegen eine Überzeugung vorgetragen zu haben. Nun sind aber nicht alle guten Gründe zwingende Gründe und nicht alle anscheinend zwingenden Gründe wirklich zwingende Gründe. Daher verlassen wir uns oftmals völlig zu Recht darauf, später gute Gründe für unsere guten Gründe anführen zu können oder eine Zurückweisung der scheinbar guten oder zwingenden Gründe vortragen zu können, die unseren Wissensanspruch in Frage stellen.[158] In diesem Sinne wird jemand, der zum ersten Mal mit einem Zenonischen Bewegungsparadoxon konfrontiert wird, kaum konzedieren, er wisse tatsächlich nicht, ob sich ir-

---

[157] Michael Williams formuliert dies als eine *Verteidigungsverpflichtung (Defence Commitment)* für Wissen: »Knowledgeable beliefs must be defensible, but not necessarily derived from evidence.« (Williams: *Problems of Knowledge,* 25) David Macarthur geht sogar soweit, den Unterschied von Wahrheit und Fürwahrhalten auf der Möglichkeit doxastischer Verantwortlichkeit im Lichte der Kritik unserer Überzeugungen zu gründen. »Doxastic responsibility depends upon the fact that, if occasion arises, we are obliged to engage in rational reflection of our beliefs in order to determine whether we are entitled to continue to endorse them. Rational criticism plays a regulative role that we have some control over, helping to ensure that what we think is true is not mere guesswork or accident but genuinely tracks the truth. Our entitlement to regard our beliefs as true thus depends upon their openness to criticism and the way such criticism is conducted.« (Macarthur: »Naturalism and Skepticism«, 122)

[158] Vgl. MacFarlane, J.: »Making Sense of Relative Truth«, in: *Proceedings of the Aristotelian Society* 105 (2005), 321–339, hier: 334 f. MacFarlane sieht darin auch einen Einwand gegen Brandoms Modell des Spiels des Gebens und Verlangens von Gründen, das MacFarlane zufolge eine unzulässige Generalisierung der philosophischen Gesprächspraxis ist.

gendetwas bewege, sondern bei seiner Überzeugung bleiben, in einer Welt zu leben, in der sich einiges bewegt, während anderes feststeht, selbst wenn er keine Auflösung des Paradoxons angeben kann. Dasselbe gilt für jemanden, der darüber belehrt wird, daß die Aussage »Die Sonne bewegt sich« unvollständig ist, wenn man nicht vorgängig ein Bezugssystem definiert hat, in dem einiges feststeht, in Bezug worauf sich die Sonne bewegt. Selbst wenn jemand in einem Physik-Seminar erfährt, daß »Bewegung« komplizierter ist, als er bisher angenommen hatte, führt das nicht unmittelbar dazu, daß er nicht mehr behaupten wird, daß die Sonne sich bewegt. Für alle Wissenschaft und auch für die Philosophie gilt allerdings, »daß wahre Aussagen eine vorausgehende Prüfung und Verwerfung ihrer etwaigen Unwahrheit implizieren.«[159] Dieser Maßstab gilt für alltägliche Wissenszuschreibungen keineswegs, was bekanntlich die *raison d'être* des Kontextualismus ist, der daraus zugleich seinen antiskeptischen Impetus bezieht. Philosophische oder wissenschaftliche Innovationen können schließlich nicht unmittelbar die epistemische Ökonomie erschüttern, die unseren alltäglichen Weltumgang reguliert. Oftmals ist es deshalb durchaus vernünftig, sich darauf zu verlassen, später gute Gründe für unsere Annahmen finden zu können.

Die philosophische Reflexion auf die Struktur alltäglicher Wissenszuschreibungen muß also dem Faktum Rechnung tragen, daß unsere alltäglichen justifikatorischen Praktiken nicht philosophisch sind. Diese Beobachtung kann unter Umständen als dialektischer Parameter in eine skeptische oder antiskeptische Position integriert werden. Denn die Erkenntnistheorie ist stets berechtigt, einen Ausgleich zwischen ihren beiden Tendenzen anzustreben, einerseits unsere alltäglichen Wissenszuschreibungen zu legitimieren, wofür sie aber andererseits unter skeptischen Druck geraten sein müssen, damit sich die dialektische Notwendigkeit der Rechtfertigung unserer Praktiken einstellt. Mißt man der Tendenz der Erkenntnissicherung allerdings zu viel Gewicht bei, droht immer die Gefahr, den Standpunkt des erkenntnistheoretischen Beobachters selbst überflüssig zu

[159] Vgl. Luhmann: *Die Wissenschaft der Gesellschaft*, 274. Daher ist die Wissenschaft auch einer Beobachtung ihrer eigenen Operationen, d.h. der Ausbildung einer Methodologie fähig. Es geht nicht nur darum, *was* beobachtet, sondern auch und vor allem darum, *wie* am besten beobachtet werden kann. Der Skeptizismus kommt nur in Diskursen in Frage, für welche die Umstellung von Was- auf Wie-Fragen konstitutiv ist. Das gilt insbesondere für eine Philosophie, die keine anderen Gehalte kennt als die Prüfung des Wie von Diskursen, die bereits einen Gehalt haben.

machen. Deswegen ist es ein dialektischer Fehler, Erkenntnistheorien von vornherein danach zu bewerten, ob sie eine antiskeptische Strategie versprechen oder nicht, da nicht bereits am Eingang der Theorie ausgemacht sein darf, daß wir unsere alltäglichen Wissenszuschreibungen auch nach dem Durchlauf durch die Theorie aufrechterhalten können.[160]

Eine der Spielregeln eines *philosophischen* Disputs besagt, daß eine These vorerst aufgegeben werden muß, wenn sie nicht verteidigt werden kann. Dadurch unterscheidet sich die diskursive Praxis der Philosophie von derjenigen vieler unserer nicht philosophischen alltäglichen Praktiken der Rechtfertigung unserer Überzeugungen. Das heißt wiederum nicht, daß in Frage gestellte philosophische Überzeugungen nicht später wieder aufgenommen werden können. Das Mindeste, was bei einer gelungenen Herausforderung von einer herausgeforderten und schutzlosen Überzeugung verlangt werden kann, ist aber, daß sie vorerst zurückgezogen und damit unter Vorbehalt gestellt wird. Da der Cartesische Skeptizismus ein philosophisches und kein alltägliches Problem ist, sind wir folglich berechtigt, den Anspruch an philosophisch herausgefordertes Wissen, iterativ zu sein, aufrechtzuerhalten, selbst wenn unsere alltägliche Praxis von Wissenszuschreibungen von anderen Standards bestimmt wird.[161] Selbst wenn sich zeigen sollte, daß sich das Cartesische Paradoxon aufgrund der Differenz alltäglicher und philosophischer Rechtfertigungsstandards nicht für alltägliches Wissen motivieren läßt, sondern auf die Erkenntnistheorie beschränkt bleibt, ergibt sich das gra-

---

160 Fumerton nennt diesen dialektischen Fehler »epistemological commonsensism«. Diese Position setze voraus, daß die Erkenntnistheorie dem Common Sense das Wort reden müsse und begehe damit eine *petitio principii* gegen den Skeptizismus, der aber zum Startpotential der Erkenntnistheorie gehöre. »We might call the view that rules out skepticism from the start and evaluates metaepistemological views in part by the way in which they allow one to avoid skepticism, epistemological commonsensism. […] The most obvious question the skeptic will ask is *why* we should assume at the outset that the beliefs we take to be justified are justified. The answer that we must start somewhere will no doubt not please a skeptic who is disinclined to start a careful reexamination of all of our beliefs with the presupposition that most of those we take to be justified are justified.« (Fumerton: *Metaepistemology and Skepticism*, 42)

161 So auch Macarthur: »Naturalism and Skepticism«, 123: »The deep connection that exists between belief and reason-giving helps to account for the power of the skeptical problem. The skeptic demands a rational justification just where our reasons have given out«.

vierende Problem, das wir uns nicht metatheoretisch darüber verständigen können, was es heißt, Wissenszuschreibungen vorzunehmen. Auf diese Weise problematisieren wir aber notwendig auch unsere gewöhnlichen Wissenszuschreibungen, da wir diese gar nicht mehr distinkt unterscheiden könnten, wenn die Erkenntnistheorie ein allgemeines Paradoxon generierte, das sie aufgrund eines Rechtfertigungsinternalismus zweiter Ordnung nicht lösen kann. Wenn wir innerhalb der Erkenntnistheorie nicht imstande sind, unser gewöhnliches Wissen zu verteidigen oder auch nur klar zu bestimmen, sind wir überhaupt nicht imstande zu wissen, was Wissen ist. Wenn wir aber überhaupt nicht wissen können, was Wissen ist, d.h. wenn wir keinerlei notwendige Erfolgsbedingungen formulieren könnten, die nicht paradoxerweise die Auflösung des Wissens zur Folge haben, dann können wir auch nicht mehr behaupten, daß wir etwas wissen. Wir könnten das Wissensprädikat nicht mehr kompetent verwenden, da es alle Bestimmtheit verlöre.

Wenn man innerhalb der Erkenntnistheorie nicht zeigen kann, daß es gute Gründe für die Berechtigung unserer alltäglichen Wissenszuschreibungen gibt, weil der Skeptizismus droht, dann hat der Skeptizismus bereits gewonnen. Der Skeptizismus muß nicht den Alltag durchdringen, um effektiv zu sein, da er ein vorrangig philosophisches Problem ist und nicht dadurch beseitigt werden kann, daß man ihn im alltäglichen Geschäft des Lebens *de facto* nicht beachtet. Der Skeptizismus ist ein erkenntnistheoretisches Problem. Sollte er innerhalb der Erkenntnistheorie nicht widerlegt oder auf irgendeine andere Weise »domestiziert« werden können, hätte dies zur Folge, daß wir unsere alltäglichen Wissenszuschreibungen nicht unterscheiden könnten, da wir sie in keiner konsistenten Metatheorie beobachten könnten. Denn diese ist stets eine Erkenntnistheorie, die Erkenntnis als solche und damit Wissenszuschreibungen thematisieren können muß. Ist dies aber unmöglich, so können wir nicht wissen, was es heißt etwas zu wissen, woraus unmittelbar folgt, daß wir nicht wissen können, ob wir überhaupt irgendetwas wissen (bzw. wissen können). Sobald man sich auf dem erkenntnistheoretischen Standpunkt befindet, droht demnach eine allgemeine kognitive Paralyse, der man (um Humes »Lösung« aufzugreifen) vermutlich nur durch regelmäßigen Pub-Besuch entfliehen könnte.

Formuliert man die Iterativität unter Rekurs auf den Begriff Rechtfertigung, umgeht man den Einwand, daß man meistens nicht in der Position ist zu wissen, ob man p weiß, da Wissen ein Erfolgsverb ist und teilweise von der Welt abhängt.[162] Ändert sich die Welt ohne Kovariation unseres Informationsstands, können wir weiterhin glauben, p zu wissen, ohne es wirklich zu wissen. Man denke sich jemanden, der zu einem bestimmten Zeitpunkt weiß, daß ein bestimmtes Gebäude in seiner Nachbarschaft steht. Nachdem er am Morgen sein Haus verlassen hat, um eine Reise zu unternehmen, ist das besagte Gebäude abgebrannt. Da er sich auf einer Reise befindet und keine Lokalnachrichten empfängt, weiß er nicht, daß er nicht mehr weiß, daß das besagte Gebäude in seiner Nachbarschaft steht, da Wissen ein Erfolgsverb ist und aus seinem Wissen, daß p, folgt, daß p.[163] Das betroffene Subjekt weiß demnach nicht, daß sein Wissen durch eine Änderung der Weltzustände unversehens in eine falsche Überzeugung umgeschlagen ist.

Formuliert man den Anspruch an Wissen, iterativ zu sein, als Anspruch, sich gegen relevante Alternativen verteidigen zu können bzw. für solche Alternativen offen zu sein, die zeigen, daß das vermeintliche Wissen kein Wissen (mehr) ist, funktioniert der Einwand aus der Faktivität von Wissen nicht mehr, die darin besteht, daß Wissen ein Erfolgsverb ist. Denn die Annahme der Iterativität impliziert, daß derjenige, dessen Wissen auf dem Prüfstand steht, mit einer Alternative konfrontiert worden ist. Die Iterativität wird deshalb nicht von unversehens geänderten Weltzuständen erschüttert. Denn sie verlangt, daß derjenige, der etwas weiß, mit einer Alternative konfrontiert worden ist. Ob er wußte, daß das besagte Gebäude in seiner Nachbarschaft stand, sieht man daran, ob er seine Überzeugung ändert, sobald er mit der Information konfrontiert worden ist, daß es abgebrannt ist.

Diese Sensitivitätsbedingung für Wissen, die Robert Nozick in die Diskussion eingeführt hat, fordert nicht, daß jemand seine Überzeugungen ändert, wenn die Welt sich unversehens ändert. Ansonsten könnten wir niemals irgendeine empirische, kontingente Proposition wissen, da sich die Wahrheitsbedingungen jeder empirischen, kontingenten Proposition jederzeit unbemerkt ändern können. Da aber der größte Teil des Wissens, das für unser (Über-)Leben relevant ist,

---

162 Die Iterativität, die für die Motivation des Cartesischen Skeptizismus in Anspruch genommen wird, deckt sich mit dem von Grundmann/Stüber so genannten *Prinzip des Internalismus der Rechtfertigung.* Vgl. Grundmann/Stüber: *Philosophie der Skepsis,* 29.

163 Vgl. Williamson: *Knowledge and its Limits,* 23 f., der mit einem ähnlichen Beispiel zeigen will, daß wir nicht immer in der Position sind zu wissen, ob wir etwas wissen.

aus empirischen, kontingenten Propositionen besteht, muß die Sensitivitätsbedingung diesem Faktum Rechnung tragen. Die Sensitivitätsbedingung muß daher als ein kontrafaktisches Konditional formuliert werden, das besagt, daß jemand nur dann etwas weiß, wenn er seine Überzeugung der Veränderung der Welt anpassen würde, sobald er von dieser Veränderung informiert würde.

Ob die Spielregeln des philosophischen Diskurses die ultimativen Spielregeln von Diskursfähigkeit oder Rationalität überhaupt darstellen, wiedergeben oder entdecken, steht auf einem anderen Blatt. Klassische Platoniker vertreten etwa die Position, daß die reflexiven Standards des philosophischen Diskurses die einzig wahren Standards zur Einschätzung von Wissensansprüchen sind, so daß alle Nicht-Philosophen lediglich Meinungen (δόξαι) haben, die bestenfalls zufällig wahr sind, während allein ein Philosoph, der weiß, was Wissen (ἐπιστήμη) ist, wirklich irgendetwas wissen kann. Diese Option erscheint heute vielen von vornherein als hyperbolisch, indem sie unserem alltäglichen Fallibilismus widerspricht. Doch wie auch immer man sich zu den Details von Platons Erkenntnistheorie verhalten mag, ihre Verknüpfung von Rechtfertigung (λόγον διδόναι) und Wissen ist sicherlich eine bleibende Einsicht.[164]

Wer sein Wissen verteidigen kann, vermag gute Gründe dafür anzugeben, warum er bei seinem Wissensanspruch verharrt und ihn nicht aufgibt. Um sich zu verteidigen, wird er also gute Gründe für die guten Gründe zitieren, in deren Besitz er sich wähnt. Wer etwas weiß, nimmt es nämlich nicht lediglich *bona fide* an. Da Wissen demnach an mögliche Rechtfertigung gebunden ist und da jemand, der etwas weiß, gute Gründe für etwas hat, muß er auch gute Gründe für seine guten Gründe anführen können, wenn jemand ernsthaft bezweifelt, daß er gute Gründe hat.[165]

---

164 Brandom bringt das »Spiel des Gebens und Verlangens von Gründen« *(the game of giving and asking for reasons)* explizit mit den sokratischen Methoden des λόγον διδόναι und des Elenchos in Verbindung. Vgl. Brandom: *Making it Explicit*, 106, 178, 201.

165 Der Skeptizismus greift daher nicht zufällig insbesondere die Rechtfertigungsbedingung für Wissen, aber nicht die Wahrheitsbedingung an. Skeptische Argumente gegen Rechtfertigung haben die größte Schlagkraft, weil sie nicht durch alternative Wahrheitskonzeptionen umgangen werden können, sondern nur dadurch *ad hoc* vermieden werden können, daß man die Rechtfertigungsbedingung streicht, was aber unhaltbare Konsequenzen nach sich zieht. Schließlich gebrauchen wir den Wissensbegriff so, daß er uns auf eine mögliche Verteidigung unserer Wissensansprüche im Spiel des Gebens und Verlangens von Gründen verpflichtet.

Da wir bereits wissen, daß jedes Cartesische skeptische Argument von der Evidenz-Transzendenz seiner skeptischen Hypothese abhängt, erhalten wir nun die beiden folgenden Prämissen für unsere erste Formulierung eines Cartesischen Paradoxons.

P1) Wir haben keine guten Gründe für die Annahme, daß wir nicht träumen: ~Gxt (~Txt).

P2) Wir haben gute Gründe dafür, daß wir nicht träumen, wenn wir gute Gründe dafür haben, daß *p:* Gxt (Gxtp ⟶ ~Txt). (Eine Instanz von *Descartes' Prinzip*, wobei p hier eine Proposition sein muß, für die wir zu t nur dadurch gute Gründe haben können, daß wir wahrnehmen, daß p)

Die anscheinend plausiblen Schlußregeln, die wir brauchen, um ein Cartesisches Paradoxon zu motivieren, sind weiterhin

S1) Wenn wir gute Gründe dafür haben, daß p, dann haben wir auch gute Gründe für alles, was aus p folgt, sofern wir wissen, daß es aus p folgt.[166] (Prinzip der Geschlossenheit)

S2) Wenn wir gute Gründe dafür haben, daß p, dann haben wir

[166] Das Prinzip der Geschlossenheit unterstellt in meiner Formulierung keineswegs, daß jemand, der irgendetwas weiß, auch alle Konsequenzen dessen weiß, was er weiß, was bereits dadurch absurd wäre, daß jeder, der irgendetwas weiß, *ipso facto* alle notwendigen Wahrheiten wüßte, da alle Wahrheiten alle notwendigen Wahrheiten implizieren. Wenn Thales etwa weiß, daß alles ὕδωϱ ist, dann weiß er nicht notwendig, daß ὕδωϱ auf Deutsch »Wasser« heißt (bzw. einmal heißen wird), oder daß es die chemische Struktur H_2O hat. Außerdem weiß er nicht alle notwendigen Wahrheiten, die logisch aus jeder Proposition folgen. Wrights eigene Formulierung des Prinzips unterscheidet sich von meiner dadurch, daß er mit dem Begriff des *warrant* arbeitet, der gegenüber der intern/extern-Unterscheidung neutral ist. Wrights Formulierung des Prinzips besagt: $(Wxt \{A, \ldots, A_n\}; \{A, \ldots, A_n\} \rightarrow B) \rightarrow WxtB$. In Worten: Wenn jemand berechtigt ist zu einer Reihe von Annahmen und aus diesen Annahmen irgendetwas folgt, dann ist er auch zu demjenigem berechtigt, was aus diesen Annahmen folgt. Nun kann man durchaus zu einer Annahme berechtigt sein, ohne gute Gründe für sie anführen zu können. Z. B. ist jeder Nicht-Philosoph zu der Annahme berechtigt, daß ein Tisch vor ihm steht, wenn er sieht, daß ein Tisch vor ihm steht, wodurch er zu der Annahme berechtigt ist, daß er gerade nicht bloß träumt, daß ein Tisch vor ihm steht. Das bedeutet aber nicht, daß er (in jeder Hinsicht) gute Gründe für seine berechtigte Annahme haben muß. Da meine Absicht die Verhältnisbestimmung von Erkenntnistheorie und Skeptizismus ist, und da die Erkenntnistheorie explizite gute Gründe für unsere berechtigten Fremd- und Selbstzuschreibungen von Wissen sucht, übersetze ich Wrights Behandlung des Cartesischen Skeptizismus in eine Theorie der philosophischen Rechtfertigung unserer Überzeugungen. Wenn es sich im Kontext der Erkenntnistheorie herausstellte, daß wir keine unserer berechtigten Überzeugungen rechtfertigen können, wäre das skeptische Programm vollstreckt, so daß uns die Berufung auf die alltägliche Berechtigung unserer Überzeugungen gegen den Skeptiker ohnehin nicht mehr retten könnte.

auch gute Gründe dafür, daß wir gute Gründe dafür haben, daß p. (Prinzip der Iterativität)[167]

Mit diesen Regeln läßt sich das folgende Paradoxon formulieren:

(1) Wir haben keine guten Gründe für die Annahme, daß wir nicht träumen: ~Gxt (~Txt). (= P1)
(2) Angenommen, wir hätten gute Gründe für p: Gxtp.
(3) Dann haben wir auch gute Gründe dafür, daß wir gute Gründe haben, daß p: Gxt (Gxtp). (aus (2), Prinzip der Iterativität)
(4) Wir haben gute Gründe dafür, daß wir nicht träumen, wenn wir gute Gründe dafür haben, daß p: Gxt (Gxtp ⟶ ~Txt). (= P2)
(5) Da wir gute Gründe für alles haben, was daraus folgt, daß p (denn wir haben ja gute Gründe für p und wir wissen, daß wir gemäß S1 gute Gründe haben müssen für alles, was aus p folgt, sofern wir darüber informiert sind, daß es aus p folgt); und da aus p folgt, daß wir gerade nicht träumen, daß p, müssen wir gute Gründe dafür haben, daß wir gerade nicht träumen. Gxt (~Txt). (Prinzip der Geschlossenheit aus (2) und (4))
(6) Es ist daher sowohl wahr, daß wir keine guten Gründe dafür haben, daß wir gerade träumen, als auch, daß wir gute Gründe

[167] Man kann sowohl die genannten Prämissen als auch die Schlußregeln bezweifeln und auf diese Weise versuchen, das Argument explodieren zu lassen. Die Frage ist dann aber, ob man dem paradoxen Charakter des Arguments hinreichend gerecht werden kann, da dieser gerade darin besteht, daß sowohl die Prämissen als auch die Schlußregeln auf den ersten Blick plausibel erscheinen. Bestreitet man das Prinzip der Geschlossenheit oder schlägt man externalistische Strategien zur Vermeidung der Iterativität ein, konzediert man dem Skeptiker vermutlich bereits zu viel. Denn man räumt mindestens ein, daß der Skeptiker auf seinem eigenen Boden unschlagbar ist. S. a. Cohen: »Contextualism and Skepticism«, 190 f.: »To solve, or perhaps resolve the paradox, it is not enough to simply deny one of the propositions of the set. Such an approach leaves us wondering why, if the proposition is false, we find it so compelling. We are left with no explanation for how the paradox arises.« Obwohl die Zurückweisung einer der Prämissen eines Paradoxons ein logisch befriedigendes Resultat liefert, ist sie demnach dialektisch unzureichend, indem sie das Paradoxon als ein Argument versteht, das falsch sein muß, obwohl nicht unmittelbar klar ist, welche Prämisse falsch ist. Eine der zentralen Aufgaben der Auflösung eines Paradoxons ist aber eine dialektische Diagnose, die erklärt, warum das Paradoxon überhaupt als ein schlüssiges Argument erscheinen kann, obwohl wir überzeugt sind, daß etwas bei seiner Motivation schiefgelaufen sein muß. Paradoxa belehren uns über einen oder mehrere Begriffe (Bewegung, Wissen, Rechtfertigung, Wahrheit usw.), indem sie zeigen, daß es eine Facette dieser Begriffe gibt, die wir noch nicht hinreichend verstanden haben und die mit einer anderen Facette dieser Begriffe kontrastiert, die uns bereits transparent ist.

dafür haben, daß wir gerade nicht träumen, was ein Widerspruch ist. (Konjunktion von (1) und (5))

---

(7) Folglich haben wir keine guten Gründe dafür, daß p, da aus der Annahme, daß wir gute Gründe dafür haben, daß p, ein Widerspruch folgt, wenn wir alle Prämissen und Schlußregeln akzeptieren.

Vereinfacht gesagt, tappt jeder in die Falle eines Cartesischen skeptischen Paradoxons, der sich auf die Konjunktion der folgenden *prima facie* plausiblen Prinzipien einläßt:

1. Wer etwas weiß, weiß zugleich, daß alle Umstände, die verhindern würden, daß er dasjenige weiß, was er weiß, durch sein Wissen ausgeschlossen sind, jedenfalls dann, wenn er mit den besagten Umständen konfrontiert worden ist. Daher muß er wissen, daß er nicht träumt, wenn anders er wissen können soll, daß er gerade irgendetwas *wahrnimmt*. Wer weiß, daß vor ihm ein Tisch steht, weiß daher zugleich, daß er nicht lediglich träumt, daß vor ihm ein Tisch steht.

2. Nun kann man aber nicht wissen, daß man gerade nicht träumt, da es möglich ist, sich im phänomenalen Zustand der Vorstellung eines Tisches zu befinden, obwohl man von einem Tisch nur träumt. Die Vorstellung eines Tisches enthält als solche nämlich noch keinen hinreichenden Hinweis auf ihre kausale Vorgeschichte, selbst wenn sie eine geeignete kausale Vorgeschichte haben sollte.

3. Da man also niemals ausschließen kann, daß man alles, was man wahrzunehmen meint, nur träumt, kann man niemals wissen, ob man dasjenige, was man zu wissen meint, wirklich weiß, so daß man letztlich jeder Äußerung eines vermeintlichen Wahrnehmungswissens immer eine indefinit lange Reihe von Konditionalen der Art »Wenn ich nicht träume«, »Wenn ich kein Gehirn im Tank bin« usf. vorausschicken müßte, was absurd wäre.[168]

Da wir nun gesehen haben, daß die Motivation eines Cartesischen skeptischen Paradoxons eine Reihe allgemeiner Schritte voraussetzt, die eine indefinit große Anzahl von Paradoxa generieren,

---

[168] Vgl. Nagels lakonische Bemerkung: »The thought »I'm a professor at New York University, unless of course I'm a brain in a vat«, is not one that can represent my general integrated state of mind.« (Nagel: *The View from Nowhere*, 88, Anm. 13)

können wir jetzt schließlich die allgemeine Form eines Cartesischen skeptischen Paradoxons folgendermaßen aufstellen.[169]

P1) Prinzip der Aparallaxie (Ununterscheidbarkeit): Wir (x) haben *hic et nunc* (t) keine guten Gründe (G) für die Annahme, daß wir uns nicht in einem skeptischen Szenario (SK) befinden, das phänomenal ununterscheidbar von dem Zustand ist, in dem wir uns zu befinden wähnen: ~Gxt (~SKxtp).

P2) Wir haben gute Gründe dafür, daß wir uns nicht in einem skeptischen Szenario befinden, wenn wir gute Gründe dafür haben, daß p, wobei p eine Proposition ist, für die wir keine guten Gründe haben könnten, wenn wir uns in einem skeptischen Szenario der entsprechenden Art befänden: Gxt (Gxtp → ~SKxt).

Die anscheinend plausiblen **Schlußregeln**, die wir benötigen, um das generelle Cartesische Paradoxon zu motivieren, sind weiterhin:

S1) Prinzip der Geschlossenheit: Wenn wir gute Gründe dafür haben, daß p, dann haben wir auch gute Gründe für alles, was aus p folgt, sofern wir darüber informiert sind, daß es aus p folgt.

S2) Prinzip der Iterativität: Wenn wir gute Gründe dafür haben, daß p, dann haben wir auch gute Gründe dafür, daß wir gute Gründe dafür haben, daß p.

Die Form des generellen Cartesischen skeptischen Paradoxons ist also:

(1) Angenommen, wir hätten *hic et nunc* gute Gründe für p: Gxtp.
(2) Dann hätten wir auch gute Gründe dafür, daß wir gute Gründe dafür haben, daß p: Gxt (Gxtp). (aus (1), Prinzip der Iterativität)
(3) Wir haben gute Gründe dafür, daß wir uns nicht in einem entsprechenden Zustand SK befinden, wenn wir gute Gründe dafür haben, daß p: Gxt (Gxtp → ~SKxt). (= P2)
(4) Da wir gute Gründe für alles haben, was daraus folgt, daß p, sofern wir darüber informiert sind, daß es aus p folgt (= S1); und da aus p folgt, daß wir nicht bloß SKen (d. h. träumen oder

[169] Hier sei darauf hingewiesen, daß meine Darstellung von derjenigen Crispin Wrights erheblich abweicht, obwohl ich glaube, daß ihr dieselbe Überlegung zugrundeliegt. Wrights Darstellung operiert mit mehr technischen Faktoren, die mit dem Begriff des »warrant« zu tun haben, der wiederum in Wrights eigener Wahrheitstheorie eine unerläßliche Rolle spielt. Es geht mir aber nicht darum, der Komplexität von Wrights eigenem Ansatz exegetisch gerecht zu werden, sondern lediglich darum, die m. E. wichtigsten Voraussetzungen seiner Implosion herauszuarbeiten. Gelingt es, diese in Schwierigkeiten zu bringen, ist das Ziel erreicht, das ich anpeile.

halluzinieren usw.), daß p, müssen wir gute Gründe dafür haben, daß wir gerade nicht SKen, daß p: Gxt (~SKxtp). (aus (2) und (3), Prinzip der Geschlossenheit).

(5) Wir haben keine guten Gründe für die Annahme, daß wir uns nicht in einem Zustand SK befinden: ~Gxt (~SKxt).[170] (= P1)

(6) Es ist daher sowohl wahr, daß wir keine guten Gründe dafür haben, daß ~SK, als auch, daß wir gute Gründe für ~SK haben, was ein Widerspruch ist: ~Gxt (~SKxt) $\wedge$ Gxt (~SKxt) ((4) und (5), Konjunktion).

---

(7) Folglich haben wir keine guten Gründe dafür, daß p, da aus der Annahme, daß wir gute Gründe dafür haben, daß p, ein Widerspruch folgt, wenn wir alle aufgelisteten Prämissen und Schlußregeln akzeptieren.

Die formalisierte Version des generellen Cartesischen Paradoxons sieht folgendermaßen aus:

(1) Gxtp
(2) Gxt (Gxtp)
(3) Gxt (Gxtp $\rightarrow$ ~SKxtp)
(4) Gxt (~SKxtp)
(5) ~Gxt (~SKxtp)
(6) ~Gxt (~SKxtp) $\wedge$ Gxt (~SKxtp)

---

(7) ~Gxtp

Es bedarf offensichtlich nur eines geringen heuristischen Aufwands, um zu jeder beliebigen Proposition und damit zu jeder beliebigen Überzeugung ein entsprechendes skeptisches Szenario zu ersinnen dergestalt, daß wir auf Cartesischer Basis einen *globalen Skeptizismus* konstruieren können, der wohlgemerkt nicht alle Überzeugungen *auf einmal*, sondern alle Überzeugungen *nacheinander* zerstört und somit zumindest nicht dem geradlinigen Einwand zum Opfer fällt, daß seine Formulierung als solche einen logischen Selbstwider-

[170] Zur Motivation dieser Prämisse sei nur darauf hingewiesen, daß es unendlich viele empirische Möglichkeiten gibt, die zur Folge haben, daß wir eine ganze Klasse unserer Wissensansprüche aufgeben müssen, obwohl wir (bisher) nicht wissen oder aus kontingenten Gründen nicht wissen können, daß entsprechende empirische Möglichkeiten realisiert sind.

spruch beginge: Wer sich der allgemeinen Struktur des Cartesischen Skeptizismus bedient, um jede beliebige Proposition in Frage zu stellen, ohne *ipso facto* alle auf einmal in Frage zu stellen, verpflichtet sich demnach auf keine semantische Antinomie der Art »Alle Aussagen sind falsch« oder »An allem kann gezweifelt werden«, womit die eigene Aussage sich selbst bzw. ihre behauptende Kraft aufhöbe. Die von Wright vorgeschlagene Implosion setzt eine ungleich subtilere Formulierung des Cartesischen Skeptizismus voraus, die erlaubt, alle Überzeugungen nacheinander zu attackieren, ohne alle auf einmal in Frage zu stellen.

Nehmen wir nun einen Zustand SK, der sowohl ausschließt, daß wir gerade irgendetwas wahrnehmen, als auch, daß wir imstande sind, die Fähigkeiten unserer diskursiven Rationalität kompetent auszuüben. Ein solcher Zustand dürfte etwa ein LSD-Rausch oder eine klinische Psychose sein. Derjenige, der sich in einem LSD-Rausch befindet, kann sich niemals sicher sein, daß dasjenige, was er wahrzunehmen meint, unabhängig davon ist, daß er es wahrnimmt, da er unter dem Einluß einer halluzinogenen Droge steht. Gleichzeitig sind seine diskursiven Strukturen derart gestört, daß er wild assoziiert und keiner Kette von zusammenhängenden Argumenten folgen kann, obwohl er durchaus der Überzeugung sein mag, rational zu denken. Es ergeben sich also die folgenden Prämissen:

P1*) Wir haben keine guten Gründe für die Annahme, daß wir gerade keinen LSD-Rausch durchleben, der phänomenal ununterscheidbar von dem Zustand ist, in dem wir uns zu befinden wähnen (LSD): ~Gxt (~LSDxt).

P2) Wir haben gute Gründe dafür, daß wir uns nicht in einem LSD-Rausch befinden, wenn wir gute Gründe dafür haben, daß p, wobei p eine Proposition ist, für die wir keine guten Gründe haben könnten, wenn wir uns in einem skeptischen Szenario der entsprechenden Art befänden, weil p voraussetzt, daß wir rational denken können: Gxt (Gxtp ⟶ ~LSDxt).

(1) Nun haben wir aber gute Gründe für die Konjunktion der beiden Prämissen. Denn beide Prämissen sind bisher durch eine Reihe von Überlegungen motiviert worden, die ihre *prima-facie*-Plausibilität begründen: Gxt (P1* ∧ P2).

(2) Wenn wir gute Gründe für die Konjunktion der beiden Prämissen haben und ihre Konjunktion akzeptieren, dann können wir uns aber gerade nicht in einem LSD-Rausch befinden, da wir ansonsten gar keine Gründe für irgend etwas haben könnten. Da wir aller-

dings die beiden Prämissen nur aufgrund einer Reihe motivierender Überlegungen akzeptieren können (niemand versteht sie *out of the blue*), folgt, daß wir gute Gründe dafür haben, daß wir uns nicht in einem LSD-Rausch befinden, wenn die beiden Prämissen wahr sind: $(P1^* \wedge P2) \longrightarrow \sim LSDxt$.

(3) Da wir gute Gründe für die Konjunktion der Prämissen haben, haben wir gemäß dem Prinzip der Geschlossenheit gute Gründe für die Negation von P1*. Das Paradoxon hebt demnach eine seiner Prämissen auf, da es voraussetzt, daß wir es verstehen können, was aber unmöglich wäre, wenn wir uns in einem LSD-Rausch befänden, d. h. wenn eine seiner Prämissen wahr wäre. Die Implosion ist somit vollbracht.

So wie es indefinit viele konsistente Instanzen der generellen Struktur des Cartesischen Skeptizismus gibt, gibt es zufolge der Implosion auch indefinit viele Instanzen, die sich selbst aufheben und in einem Widerspruch zwischen ihrer Motivation und den explizit vorausgesetzten Prämissen resultieren. Wer folglich eine der konsistenten Instanzen mit der generellen Struktur des Cartesischen Skeptizismus für ein schlüssiges und gültiges Argument (und demnach für kein Paradoxon!) hält, verabschiedet damit seine gesamte Rationalität, da er sich auf indefinit viele Widersprüche verpflichtet, die er akzeptieren muß, da sie aus der Motivation der von ihm akzeptierten Instanz folgen. Die Implosion scheint also eine geeignete Waffe darzustellen, um den Cartesischen Skeptizismus endgültig loszuwerden – soweit Crispin Wright.

Allerdings erzeugt die Implosion ein allgemeines Cartesisches skeptisches Paradoxon, von dem sich zeigen läßt, daß es das Paradoxon auf die Spitze treibt, anstatt es aufzulösen. Die Implosion verstärkt es nämlich! Welche Konklusion sollte skeptischer sein als diejenige, daß wir nicht nur nicht wissen können, ob wir gerade träumen oder etwas wahrnehmen, sondern daß wir darüber hinaus auch nicht wissen können, ob wir gerade rational imstande sind, Gründe dafür aufzunehmen, daß wir gerade nicht wissen, ob wir träumen? Die implosiven Instanzen des Cartesischen Skeptizismus sind demnach selbst paradox bzw. genauer, sie erzeugen eine *Antinomie der diskursiven Rationalität*: Wenn sie nämlich motiviert werden können, können sie nicht motiviert werden, da derjenige, der ihre Motivation verstehen können soll, mit der Möglichkeit rechnen muß, nicht im Vollbesitz seiner geistigen Kräfte zu sein, was es unmöglich machen würde, die Motivation zu verstehen.

Diese paradoxe Selbstbeziehung ergibt sich in allen Situationen, in denen wir uns fragen, ob wir uns gerade im Vollbesitze unserer geistigen Kräfte befinden oder nicht. Wenn wir uns selbst davon überzeugen können, daß wir uns gerade nicht im Vollbesitze unserer geistigen Kräfte befinden könnten, tun wir dies durch Anwendung unserer geistigen Kräfte. Damit beweisen wir aber nicht, daß wir uns im Vollbesitz unserer geistigen Kräfte befinden, da sich ansonsten niemand, der sich nicht im Vollbesitze seiner geistigen Kräfte befindet, fragen könnte, ob er sich im Vollbesitze seiner geistigen Kräfte befindet. Es gehört also zum Vollbesitz unserer geistigen Kräfte, daß wir uns manchmal fragen können, ob wir uns gerade im Vollbesitz unserer geistigen Kräfte befinden oder nicht. Und wir können auch glauben, uns im Vollbesitz unserer geistigen Kräfte zu befinden, ohne daß dies der Fall ist.[171]

Die implosiven Instanzen des Cartesischen Skeptizismus weisen demnach lediglich eine weitere paradoxe Eigenschaft auf, die den nicht-implosiven Instanzen zumindest *prima vista* nicht zukommt. Sie lassen sich daher nur dann als eine genuine Implosion des Cartesischen Skeptizismus feiern, wenn bereits *vorausgesetzt* worden ist, daß wir uns in dem Augenblick im Vollbesitz unserer geistigen Kräfte befinden, in dem wir uns das Paradoxon vorführen. Entweder wir verstehen die Motivation einer implosiven Instanz des Cartesischen Skeptizismus; dann sind wir im Vollbesitz unserer geistigen Kräfte und durchleben gerade keinen LSD-Rausch. Dabei erfahren wir aber, daß wir nicht ausschließen können, daß wir uns gerade in einem LSD-Rausch befinden könnten. Oder wir verstehen die Motivation

---

[171] Vgl. dazu Conants Analyse des Cartesischen Problems des Wahnsinns in Conant, J.: »The Search for Logically Alien Thought: Descartes, Kant, Frege, and the *Tractatus*«, in: *Philosophical Topics* 20/1 (1991), 115–180, bes. 148 f. Wie Conant (gegen Frege) zeigt, muß die Möglichkeit eingeräumt werden, daß wir uns fragen, ob wir gerade im Vollbesitz unserer geistigen Kräfte sind oder nicht, da dies eine sinnvolle Frage ist, die man stellen kann, sobald man einsieht, daß unsere kognitiven Kapazitäten limitiert sind. Die Struktur dieser Frage bezeichnet Conant als *the Cartesian Predicament:* »We want to frame a thought (about that which cannot be thought) but we run up against the problem that the thought we want to frame lies in its very nature beyond our grasp.« (ebd., 121) Diese Cartesische Schwierigkeit stellt sich unmittelbar ein, sobald wir versuchen, die Grenze zwischen logisch organisiertem und unlogischem Denken überhaupt zu ziehen: »The attempt to say that illogical thought is something that *cannot* be, to say that it involves a transgression of the limits of thought, requires that we be able to draw the limit. But this lands us back in the Cartesian predicament: it requires that we be able to sidle up to the limit of thought.« (ebd., 150)

einer implosiven Instanz des Cartesischen Skeptizismus nicht, weil wir uns gerade nicht im Vollbesitz unserer geistigen Kräfte befinden und folglich die Bedingungen nicht erfüllen, um Paradoxa überhaupt zu verstehen. Wer das Paradoxon versteht, muß also damit rechnen, daß er es möglicherweise nicht verstanden hat, weil er gar nicht imstande sein könnte, überhaupt irgendetwas zu verstehen. Wäre ein solches skeptisches Szenario wahr, folgte nicht, daß es falsch ist, sondern lediglich, daß wir uns in der unglücklichen Lage befänden, niemals irgendetwas wissen oder irgendeine gerechtfertigte Überzeugung haben zu können, nicht einmal über das Paradoxon. Dies ist freilich eine globale und entsprechend verheerende skeptische Konklusion, die nicht dadurch zerstreut werden kann, daß man ausschließt, daß wir uns fragen können, ob wir uns gerade im Vollbesitz unserer geistigen Kräfte befinden, ohne dabei stets die erfreuliche Versicherung zu erhalten, daß wir in der Tat gerade hinreichend rational sind. Denn es ist eine empirische Möglichkeit, daß man sich in einer gegebenen Situation nicht im Vollbesitz seiner geistigen Kräfte befinden könnte, obwohl man der falschen Überzeugung ist, daß man sich im Vollbesitz seiner geistigen Kräfte befindet. Diese Möglichkeit eines in der Tat paradoxieträchtigen Irrtums besteht wirklich und kann deshalb durch kein antiskeptisches Argument entkräftet werden.

Wrights logische Analyse zeigt, daß der Cartesische Skeptizismus eine Reihe von Prämissen kombiniert, die ein rationales, d.h. diskursiv kompetentes Wesen akzeptieren sollte. Sollte es der Fall sein, daß uns diese Prämissen aufgrund ihrer allgemeinen Motivation dazu verpflichten, damit zu rechnen, daß wir keine guten Gründe dafür haben können, überhaupt rational zu sein, wäre dies umso verheerender für die diskursive Rationalität. Denn die allgemeine Struktur des Cartesischen Skeptizismus setzt keine externen Prämissen ein, die ein rationaler Denker nicht akzeptieren kann, sondern nutzt umgekehrt einige Konsequenzen unserer diskursiven Rationalität aus, indem sie zeigt, daß wir als rationale Wesen nicht imstande sein können, gute Gründe dafür anführen zu können, rationale Wesen zu sein.[172]

---

[172] Ein ähnlicher Einwand gegen die Implosion findet sich in Tymoczko, T./Vogel, J.: »The Exorcist's Nightmare: A Reply to Crispin Wright«, in: *Mind* 101 (1992), 543–552. Tymoczko/Vogel sehen im LSD-Argument (Wright spricht freilich von Tagträumen [*maundering*]) keinen Widerspruch, sondern den Versuch zu zeigen, »that, if rea-

Wenn wir rationale Wesen sind, können wir indefinit viele skeptische Szenarien (Traumargument, *genius malignus* usw.) formulieren, die uns genau besehen zur Annahme indefinit vieler Paradoxa verpflichten, die mit der Funktion unserer diskursiven Rationalität inkompatibel sind: Alle Paradoxa des LSD-Typs belehren uns also darüber, daß wir uns in einem Zustand befinden könnten dergestalt, (1) daß dieser Zustand phänomenal ununterscheidbar von einem epistemisch günstigeren Zustand ist, in dem wir uns zu befinden wähnen, und (2) daß dieser Zustand dazu führt, daß wir nicht einmal verstehen können, daß wir in diesem Zustand nichts verstehen können! Denn der Versuch zu verstehen, was daraus folgt, daß wir uns in einem solchen Zustand befinden könnten, ist dadurch zum Scheitern verurteilt, daß wir uns in einem solchen Zustand befinden könnten. Daraus folgt, daß wir uns in einem Zustand befinden könnten, der epistemisch so fatal ist, daß wir ihn nicht mehr rational angreifen könnten, da wir nicht einmal zu verstehen imstande wären, daß es ein Schaden für uns wäre, uns in ihm zu befinden. Wir verlieren somit jeglichen Boden unter den Füßen, wenn wir uns auf diese Konsequenzen einlassen. Gelingt es dem Skeptiker aber, uns in diese Situation zu verstricken, indem er uns eine Reihe graduell schlimmerer Paradoxa vorführt, die mit dem Traum-Argument beginnt und mit einer Variante des LSD-Arguments endet, hat er mehr zerstört, als wir in dem Augenblick befürchten mußten, in dem wir uns dem Skeptizismus zuwandten.

Die Implosion widerlegt den Skeptiker nur, wenn man ihm unterstellt, er sei auf die diskursive Rationalität verpflichtet. Wie Michael Stack in einem Aufsatz über »Self-refuting Arguments« bemerkt: »The believer in knowledge begs the question by trying to impose the concept of good argument on the sceptic. The sceptic need not be bound by this. Since his opponent accepts the concept of good

soning produces warranted belief, it does not produce warranted belief. The premises of the argument, including the claim that we have warrant for the belief that maundering precludes obtaining warrant by intellection, are embraced by the friends of reason, not by the intellectual skeptic [i.e. a skeptic who embraces the maundering-argument, M. G.]. So, the Maundering Argument would make it impossible to maintain, even on its own terms, the view that reasoning produces warranted belief. There will be no comfort at this point in the observation that the argument can be continued so as to generate an explicit contradiction – not if that contradiction still follows from assumptions one is committed to by holding that intellection produces warranted belief.« (ebd., 547 f.)

argument, it is perfectly in order for the sceptic to use this concept and show that the concept of good argument is self-defeating: if there were any good arguments there wouldn't be, which is what a reductio is all about.«[173]

Daß die Implosion vielmehr eine Bekräftigung des Cartesischen Skeptizismus als seine Zurückweisung bedeutet, ist allerdings nur auf den ersten Blick ein bedauerliches Ergebnis. Dies wird deutlich, wenn man einige dialektische Konsequenzen eines möglichen Gelingens der Implosion bedenkt, die für die Erkenntnistheorie noch schädlicher als das allgemeine Cartesische Paradoxon wären. In Anlehnung an eine Unterscheidung Richard Fumertons kann man zwischen einer *formalen* und einer *epistemischen contradictio in se* unterscheiden.[174] Eine *formale contradictio in se* liegt vor, wenn die Prämissen eines Arguments mit seiner Konklusion inkompatibel sind, was aber vermutlich für kein ernsthaftes skeptisches Argument gilt. Wright liegt daher richtig, wenn er versucht, dem Cartesischen Skeptizismus einen *epistemischen* Selbstwiderspruch nachzuweisen. Dieser besteht darin, daß die Motivation des Paradoxons impliziert, daß wir nicht imstande sind, das Paradoxon zu verstehen. Dabei unterstellt Wright, daß der Skeptizismus die diskursive Rationalität, deren er sich bedient, nicht unterminieren darf. Es lassen sich aber eine Reihe von Fällen konstruieren, in denen ein epistemischer Selbstwiderspruch eines skeptischen Arguments nicht nur das skeptische Argument, sondern auch den attackierten Wissensanspruch, d. h. im äußersten Fall die diskursive Rationalität im ganzen mit sich in den Abgrund reißt.

Man nehme etwa an, eine gesamte Kultur halte es für rational, ein Orakel, das lediglich mit »Ja« oder »Nein« antworten kann (und von dem man glaubt, daß es niemals lügt), genau dann zu befragen, wenn sich eine weitgehende Unsicherheit in einer bestimmten Frage eingestellt hat. Denken wir uns nun einen lokalen Orakel-Skeptiker, der behauptet, daß Orakel besser nicht befragt werden sollten, wenn man eine Frage rational beantworten will, und daß es besser sei, in der Unsicherheit zu verharren, als ein Orakel zu befragen. Offensichtlich wäre es epistemisch selbst-widersprüchlich, wenn man den Orakel-Skeptiker das Orakel befragen ließe, nachdem sich in der

[173] Ebd., 332 f.

[174] Vgl. Fumerton: *Metaepistemology and Skepticism*, 50 f. Die folgende Überlegung ist eine Variante von Fumertons Beispiel.

Kultur ein Zweifel darüber ergeben hat, ob der Orakel-Skeptiker Recht hat oder nicht. Nun befragt der Orakel-Skeptiker dennoch das Orakel. Er stellt ihm die Frage, ob Orakel eine zuverlässige Informationsquelle sind und ob sie zu epistemisch kontrollierten, wenn auch für den Fragenden niemals in ihrer Genese durchsichtigen Ergebnissen führen. Auch bei mehrfacher Wiederholung des Experiments erhält er die Antwort »Nein«. Fragt man sich nun, in welcher Position die Orakel-Adepten sind, stellt sich heraus, daß sie schlecht beraten wären, sich darauf zu berufen, daß der Orakel-Skeptiker kein Recht habe, das Orakel zu befragen, um seinen Orakel-Skeptizismus zu überprüfen. Es hilft den Orakel-Adepten folglich nicht weiter, den epistemischen Selbstwiderspruch des Orakel-Skeptikers nachzuweisen, der darin besteht, daß er das Orakel befragt und auf diese Weise zeigen kann, daß Orakel unzuverlässig sind. Der Orakel-Skeptiker bedient sich des Orakels, um von diesem die Bestätigung zu erhalten, daß man sich keines Orakels bedienen sollte, wenn man etwas wissen will.

Der Orakel-Skeptiker erzeugt also eine paradoxe Situation für die Orakel-Adepten genau so wie der offenkundige epistemische Selbstwiderspruch der implosiven Instanzen des Cartesischen Skeptizismus eine paradoxe Situation für die diskursive Rationalität erzeugt. Der Nachweis eines epistemischen Selbstwiderspruchs in unserem skeptischen Paradoxon führt also nicht notwendig zur Lösung des Paradoxons. Das Paradoxon wird vielmehr verstärkt, wenn gezeigt werden kann, daß seine allgemeine Formulierung sowohl Instanzen hat, die nachvollziehbar, d. h. logisch und dialektisch konsistent sind, als auch Instanzen hat, die epistemisch selbstwidersprüchlich sind, obwohl sie uns unserer diskursiven Rationalität im ganzen zu berauben drohen.

Die Implosion setzt weiterhin voraus, daß der Cartesische Skeptizismus grundsätzlich nicht *eklektisch* sein darf: Man kann nicht die Existenz einer Außenwelt unabhängig von unseren Vorstellungen anzweifeln, ohne die Existenz der Vergangenheit oder des Fremdpsychischen in Frage zu stellen, da die Motivation des ersten zur Motivation des zweiten Zweifels hinreicht.[175] Die Grundlage des Cartesi-

[175] Betrachtet man den Cartesischen Skeptizismus als eine Klasse skeptischer Paradoxa, muß man Wright zustimmen, wenn er Descartes' eigenen Eklektizismus moniert: »Anyone encountering Cartesian scepticism for the first time is likely to feel that there is something dubiously eclectic about it – that, by comparison with his treatment of

schen Zweifels ist nämlich eine allgemeine Struktur. Wer sich aber auf die Schlüssigkeit einer Instanz einer allgemeinen logischen Struktur verpflichtet, verpflichtet sich damit zugleich *nolens volens* auch auf die Schlüssigkeit aller anderen Instanzen derselben Struktur. Gibt es aber eine Instanz, die nicht schlüssig ist, da sie ihre eigenen Prämissen aufhebt, ist die Struktur selbst fragil.

Wright unterstellt, daß die Motivation des Cartesischen Skeptizismus selbst durchgängig epistemisch transparent sein muß, um eine ernsthafte epistemische Bedrohung darzustellen, wofür es allerdings wiederum gute Gründe gibt.[176] Wenn der Cartesische Skeptizismus nämlich ein *erkenntnistheoretisch* relevantes Phänomen darstellen soll, dann darf er jedenfalls nicht unmotiviert auftreten, sondern muß eine Reihe ausweisbarer Überlegungen anstellen, die zur Zurückhaltung des Urteils, zu begründetem Zweifel oder (im schlimmsten Fall) zum semantischen Nihilismus führen können.

Wright liegt völlig richtig, wenn er bemerkt, daß es leicht schokkierend wirken kann, daß angesichts seiner Implosion das Ende des Traum-Skeptizismus gekommen sein könnte.[177] Nicht nur, daß wir einer methodischen Übung unserer philosophischen Tradition beraubt würden. Wann immer wir mit einem skeptischen Szenario konfrontiert würden, das sich als eine Instanz des Cartesischen Skeptizismus interpretieren ließe, könnten wir es getrost *ad acta* legen. Damit gingen wir eines kritischen Apparats verlustig, den wir in der Philosophie und überall dort einsetzen, wo wir in einem nicht-terminologischen Sinne »skeptisch« sind. Wir können demnach auf den Cartesischen Skeptizismus nicht ohne weiteres verzichten, da er Teil unseres kritischen Sensoriums ist, das nur funktioniert, wenn wir in

---

perception, Descartes goes suspiciously easy on the faculties essentially involved in his reflective project. One might naturally think that we merely stand to generalise the scope of the scepticism by pursuing the matter. But the fact is, on the contrary, that therein lies the key to the dissolution of the Dreaming Argument and all its ilk.« (Wright: »Scepticism and Dreaming«, 101 f.)

[176] Pritchard behauptet, daß Wrights Einführung eines »consistency constraint on epistemic rationality« (Pritchard: »Scepticism and Dreaming«, 382) lediglich für den Anti-Skeptiker und nicht für den Cartesischen Skeptizismus gilt. Wright geht aber davon aus, daß Skeptizismus ein erkenntnistheoretisches und kein natürliches Problem ist, so daß er zu Recht logische Konsistenz fordern kann.

[177] In einem Handout, das Crispin Wright in einem Seminar über skeptische Argumente ausgeteilt hat, das er im Februar 2004 in Heidelberg abgehalten hat, bemerkt er nach vollstreckter Implosion: »Does that mark the collapse of Dreaming scepticism? It seems slightly shocking that it might.«

Distanz zum alltäglichen Urteilsgeschehen stehen, um es *als solches* einschätzen und prüfen zu können. Die Skepsis ist nicht zuletzt eine radikalisierte Form der Kritik, die im Urteilsspiel angelegt ist. Steht die diskursive Rationalität auf dem Prüfstand, kann einfach nicht *a limine* ausgeschlossen werden, daß sie an den Grenzen ihrer Reflexion einen semantischen Nihilismus generiert.

Allerdings sollte die Redution des Problems des Cartesischen Skeptizismus auf das generelle Cartesische Paradoxon nicht so weit führen, daß alle skeptischen Szenarien, und damit auch diejenigen, denen man in der bildenden Kunst, im Film und in der Literatur begegnet, lediglich eine epistemologische Valenz im engeren Sinne zugesprochen bekommen.[178] Die Phänomene, die in der gegenwärtigen analytischen Erkenntnistheorie die Gestalt von Argumenten und Paradoxa annehmen, haben nämlich durchaus auch eine existentielle, ja religiöse Komponente. Sowohl die Existenz der Welt als auch der Andere und das Problem des Verstehens (d. h. das skeptische Problem des Fremdpsychischen) sind klassische Probleme der Philosophie und der Religionen. Die Auseinandersetzung mit dem Problem des Cartesischen Skeptizismus in der zeitgenössischen Erkenntnistheorie überspringt, daß der Cartesische Skeptizismus ein bestimmtes Stadium in der Geschichte der Subjektivität darstellt und daß er von Descartes selbst im Kontext einer auch theologisch bedeutsamen Folge von Meditationen eingeführt wird. Die Untersuchung des eigenen Selbst und seiner Erkenntnisfähigkeit geht nicht nur auf das delphische γνῶθι σαυτόν zurück, sondern hat eine religiöse Vorgeschichte, die in der griechischen Antike in den »skeptischen« Szenarien der

[178] Zwei aus der Pop-Kultur bekannte Beispiele sind *The Matrix*, ein Film, der bekanntlich von Putnam inspiriert ist, und Josef Rusnaks *The 13th floor*, der mit Descartes' *Cogito* beginnt und zu zeigen versucht, daß unsere personale Identität durch das in ihm entworfene skeptische Szenario erschüttert wird. Auf derselben Linie ist David Cronenbergs *eXistenZ* anzusiedeln. Die bemerkenswerte Alternative zu einem Cartesischen Universum mit privaten Innenräumen ist allerdings Lynch-World. Eine deutlich anti-cartesische Sprache sprechen sowohl David Lynchs *Lost Highway* als auch *Mulholland Drive*. Das Unheimliche in Lynchs Filmen besteht gerade darin, daß wir nicht allein zu Hause (in unserem Geist) sind. Der berühmte Mystery Man in *Lost Highway* ist (wie die Kamera) daher innen und außen zugleich. Zur ästhetischen Dimension des Skeptizismus vgl. Gabriel: »Der ästhetische Wert der Skeptizismus beim späten Wittgenstein«; ders.: »The Art of Skepticism and the Skepticism of Art«, erscheint in: *Philosophy Today* 53 (2009). Vgl. außerdem natürlich die Arbeiten Stanley Cavells, bes. *The Claim of Reason. Wittgenstein, Skepticism, Morality, and Tragedy.* Oxford 1979 sowie *Disowning Knowledge: In Six Plays of Shakespeare.* Cambridge 1987.

griechischen Tragödie kulminierte.[179] Die gegenwärtige Renaissance des Skeptizismus beruht auf einem extremen Traditionsverlust, wenn sie den Skeptizismus auf ein erkenntnistheoretisches Problem *reduziert*. Dadurch geraten große Skeptiker wie Montaigne und Nietzsche völlig aus dem Blick, die sich von vornherein nicht auf die Konsistenzkriterien der diskursiven Rationalität einlassen, der sie vielmehr ein skeptisches Denken entgegensetzen wollen, das sich seiner eigenen Paradoxie stellt, indem es sie in literarischer Form formuliert. Die literarische Form als ironische Reaktion auf den epistemologisch nicht abzuwehrenden Skeptizismus bei Montaigne, Friedrich Schlegel und Nietzsche sollte keineswegs völlig aus dem Blick geraten, wenn man über den Carteischen Skeptizismus spricht.

Die Umstellung von Sein auf Erscheinung, d. h. von Urteilen der Form »S ist P« auf »S scheint, P zu sein«, erlaubt es uns, auf Distanz zu gehen. Während ein Urteil der Form »S ist P« *qua* Behauptung impliziert, daß man für die Wahrheit des Urteils und damit dafür einsteht, daß S P *ist*, impliziert die Behauptung des Urteils »S scheint, P zu sein« lediglich, daß man Gründe für die Annahme hat, daß S P ist, die aber nicht hinreichen, das Urteil »S ist P« vorbehaltlos zu behaupten. Die Erscheinungssprache *(looks-talk)* übt also eine kritische Funktion aus, die der Cartesische Skeptizismus ausnutzt, indem er ein Argumentschema entwirft, das indefinit viele Instanzen hat, die jedes Urteil der Form »S ist P« auf ein Urteil der Form »S scheint, P zu sein« reduzieren, so daß Gründe beigebracht werden müssen, um die ursprüngliche Behauptung gegen die phänomenologische Reduktion zu verteidigen. Unter nicht-skeptischen Bedingungen übt der Hinweis auf mögliche Erscheinungen (Illusionen, Betrug, Unaufrichtigkeit usw.) also eine kritische Funktion aus, die skeptische Szenarien aller Art (*genius malignus*, Dretskes Zebras, Goldmans Scheunen usw.) dazu einsetzen, um die diskursive Rationalität im ganzen in Frage zu stellen.[180]

Was wir tun und was wir sagen, gewinnt sein Profil für uns nur dadurch, daß wir es nicht immer schon verstehen, so daß es einer reflexiven Besinnung auf unser eigenes Profil bedarf. Diese kritische

---

[179] Diese besonders in Cavells Arbeiten zu Shakespeare prominente Beobachtung habe ich ins Zentrum meiner Skizze der antiken Skepsis gestellt in Gabriel: *Antike und moderne Skepsis*.

[180] Zur kritischen Funktion von Erscheinungssprache unter nicht-skeptischen Bedingungen vgl. McDowell: »Knowledge and the Internal«, 398–401.

Reflexion induziert im äußersten Falle eine skeptische Verzweiflung, die man nicht dadurch umgehen kann, daß man die kritische Distanznahme vermittels harmloser skeptischer Szenarien dadurch verunmöglicht, daß man diese *qua* Instanzen eines implosiven Arguments für unvertretbar hält. Denn ohne eine Dimension des Nichtwissens, in der sich unser Wissen abspielt, könnten wir uns nicht einmal auf die Suche nach Wissen begeben. Wenn wir wissen wollen, was wir eigentlich tun, wann immer wir Wissen zuschreiben, d. h. wenn wir uns auf die Suche nach dem richtigen Begriff des Wissens begeben, müssen wir unser Wissen suspendieren. Die von aller Erkenntnissuche implizierte und für gewöhnlich unproblematische (ja heuristische) Ignoranz wird erst dann zu einem *philosophischen* Problem, wenn wir sie generalisieren. Sollte diese Generalisierung letztlich notwendig scheitern, weil ihr eine instabile logische Struktur zugrunde läge, wäre es unmöglich, in ein *philosophisches* Verhältnis zu unserer Fallibilität zu treten und Kriterien gelingender Wissenszuschreibungen zu suchen.

Die Erkenntnistheorie (und letztlich alle Philosophie) wird von einem kritischen Impuls angetrieben, der sich durchaus als skeptisch bezeichnen läßt. Bliebe vom Skeptizismus aber nichts übrig als eine labile logische Struktur mit selbstwidersprüchlichen Instanzen, evaporierte unsere Kritikfähigkeit ins Nichts der Einwilligung in die alltägliche Sprachpraxis, d. h. in denjenigen blutlosen Quietismus *(bloodless quietism)*, den Crispin Wright selbst bekämpft, indem er mit rationalen Ressourcen versucht, den Cartesischen Skeptizismus zu destruieren.

Um zu der von Wright letztlich selbst favorisierten »skeptischen Lösung« des skeptischen Problems vorzustoßen, daß große Teile unserer sprachlichen Praxis auf gleichermaßen grundlosen wie notwendigen Voraussetzungen *(hinge propositions)* beruhen, die harmlose, weil notwendige, obzwar nicht rechtfertigbare Voraussetzungen aller kognitiven Projekte sind, müssen wir skeptische Szenarien *inszenieren* können. Dies heißt nicht, daß wir in das allgemeine Paradoxon mit indefinit vielen Instanzen einwilligen müssen in dem Sinne, daß wir irgendeine oder alle seiner Instanzen für ein schlüssiges und gültiges Argument halten. Wir müssen also keine offenkundig falsche Konklusion akzeptieren. Wäre es aber in der Tat möglich, *jeden* Cartesischen skeptischen Zweifel durch Hinweis auf seine implosiven Konsequenzen unmittelbar zu zerstreuen, beraubten wir uns der Möglichkeit, unsere Erkenntnismöglichkeiten kritisch zu beäugen, was in der Tat zu einem »blutlosen Quietismus«[181] oder einer selbst blinden Einwilligung in die blinde Sprachpraxis führte.

Der erste Schritt zur Einleitung der Implosion war die These, daß der Cartesische Skeptizismus als eine Familie von Paradoxa angesehen werden müsse, die sich anhand ihrer logischen Struktur klassifizieren lassen. Dabei ist bisher nur gezeigt worden, daß sich die generalisierte logische Struktur *Cartesischer* Paradoxa selbst dialektisch aufhebt: Ihre Motivation ist inkompatibel mit ihrer Durchführung. Ein unmotivierter Cartesischer Skeptizismus ist aber kein Problem für die Erkenntnistheorie. Wird er hingegen motiviert, entsteht ein allgemeines Paradoxon, das die diskursive Rationalität im ganzen bedroht. Dem können wir durch die Implosion nicht entgehen, da diese unser kritisches Sensorium gefährdet, von dem wir als Erkenntnistheoretiker Gebrauch machen.

Die Implosion setzt voraus, daß man einen Cartesischen Skeptizismus nur dann für relevant halten muß, wenn er aus mindestens zwei Momenten besteht: (1) Aus einer Motivationstheorie, in der die Plausibilität einer Reihe von Prämissen etabliert wird, und (2) aus einem Argument mit Prämissen, ausweisbaren Schlußregeln und einer Konklusion. Die Konklusion ist dabei nicht deshalb inakzeptabel, weil wir notwendig irritiert sind, wenn wir hören, daß wir unser Leben auch träumen könnten usw., sondern weil sie uns auf die These verpflichtet, daß wir zu *keiner* Annahme einer gehaltvollen empirischen Proposition berechtigt sind, da für jede Klasse empirischer Propositionen ein entsprechendes skeptisches Szenario besteht, das den Erwerb von guten Gründen für die Klasse unterläuft, zu der die Annahme gehört.

Das Kennzeichnende von Wrights Analyse skeptischer Argumente ist, daß er sie im allgemeinen im Zusammenhang einer Theorie des Berechtigungserwerbs *(acquisition of warrant)* untersucht.[182] Da man schwerlich einen Fall von Wissen diagnostizieren kann, wenn der vermeintlich Wissende die notwendige Rechtfertigung für

---

[181] Wright verteidigt in *Truth and Objectivity* (Cambridge, Ma. 1992) freilich einen Standpunkt, der den zumindest in einigen Interpretationen Wittgenstein zugeschriebenen Quietismus vermeidet, dem zufolge keine signifikante metaphysische Debatte möglich ist. Vgl. *Truth and Objectivity*, 202 ff. Dabei operiert Wright aber selbst unter extremen skeptischen Bedingungen, die er methodologisch akzeptiert.

[182] Vgl. Wright, C.: »Some Reflections on the Acquisition of Warrant by Inference«, in: Nuccetelli, S. (Hrsg.): *New Essays on Semantic Externalism and Self-knowledge*. Cambridge, Ma. 2003, 57–77.

seine Überzeugung prinzipiell nicht erbringen kann (Descartes' Prinzip), liegt es auf der Hand, das Problem des Skeptizismus als Problem der Rechtfertigung oder Berechtigung von Fremd- und Selbstzuschreibungen von Wissen zu behandeln. Dies setzt aber wiederum voraus, daß sich der Erwerb von Rechtfertigungen als problematisch *betrachten* läßt, weil ansonsten überhaupt kein Theoriebildungsprozeß eingeleitet werden könnte. Niemand wird bspw. eine Theorie veridischer Wahrnehmungen konstruieren, der nicht zuvor mit einer Variante des Cartesischen Skeptizismus konfrontiert worden ist. Wirft man aber am Ende der Implosion die Leiter weg, auf der man hinaufgestiegen ist, versperrt man zugleich den Eingang in das positive Unternehmen einer Theorie der Rechtfertigung.

Wrights eigene Konstruktion des Zusammenhangs von Berechtigung, Wahrheit und Objektivität ist folglich nur dann ein verständliches Unternehmen, wenn man nicht zuvor vom Untergang des Cartesischen Skeptizismus informiert worden ist. Die Implosion ist selbst paradox, weil sie aus einer Reihe anscheinend plausibler Prämissen, anscheinend akzeptabler Schlußregeln und der offenkundig inakzeptablen Konklusion besteht, daß wir zu keiner *Motivation* eines Cartesischen direkten oder indirekten skeptischen Arguments *berechtigt* sein können. Wären wir nämlich zur Motivation *eines* Cartesischen skeptischen Paradoxons berechtigt, wären wir *eo ipso* zur Motivation *aller* Cartesischen skeptischen Paradoxa berechtigt. Die Klasse aller Cartesischen skeptischen Paradoxa hat aber die implosive Eigenschaft, epistemisch inkonsistent zu sein, weil einige Cartesische skeptische Paradoxa gar keine Paradoxa sind, sofern Paradoxa immer voraussetzen, daß sie als eine Bedrohung unserer diskursiven Rationalität von dieser registriert werden können. Wright unterstellt, daß die Motivation skeptischer Paradoxa epistemisch transparent sein können muß. Einige Cartesische skeptische Paradoxa berauben uns aber der Registraturen, die notwendig sind, um ein Paradoxon überhaupt nachvollziehen und damit als solches verstehen zu können. Folglich gibt es keine konsistente Klasse Cartesischer skeptischer Paradoxa, gerade weil sie Paradoxa sind. Dies ist das logische Resultat der Implosion, das aber dialektische Fragen der Theoriebildung der Erkenntnistheorie aufwirft, die Wright in neueren Arbeiten wieder aufgenommen hat.[183]

---

[183] Wright hat meines Wissens die Implosion in keiner seiner folgenden Publikationen wiederholt. Statt dessen hat er eine »vereinheitlichte Strategie« *(the unified strategy)*

Der methodologisch notwendige Skeptizismus, vor dessen Hintergrund positive Beiträge zur Erkenntnistheorie allererst Profil gewinnen, kann freilich nicht darin bestehen, daß man gleichzeitig die Motivation der allgemeinen Form des Cartesischen Skeptizismus für plausibel, alle Prämissen für akzeptabel und die Konklusion für wahr und damit ebenfalls akzeptabel hält. Formuliert man das Problem des Cartesischen Skeptizismus als ein Genus skeptischer Paradoxa mit indefinit vielen Instanzen, kann man der scheinbar logischen Konsequenz nicht widerstehen, daß *alle* Instanzen instabil sind, wenn das Genus mindestens eine epistemisch widersprüchliche Instanz hat. Wrights Argumentation der Implosion ist aber nicht nur verdächtig, weil sie uns eines unerläßlichen kritischen Sensoriums beraubt, sondern sie beruht überdies auf der Annahme, daß der Cartesische Skeptizismus die diskursive Rationalität nicht außer Kraft setzen *darf*. Denn die Implosion setzt unter anderem voraus, daß es kein skeptisches Paradoxon geben darf, das mit der Unmöglichkeit diskursiver Rationalität arbeitet, indem sein Szenario unsere Verstandeskompetenz außer Kraft setzt. Wright argumentiert dabei so, daß ein solches Paradoxon nicht motiviert werden könnte, da seine Motivation immerhin die Möglichkeit voraussetzte, daß wir es verstehen. Gelänge es dem Cartesischen Skeptizismus, uns dahin zu bringen, daß wir uns nicht einmal mehr der logischen Kompetenz sicher sein könnten, ihn zu verstehen und uns zuzutrauen, eine nachvollziehbar strukturierte Gedankenfolge gegen ihn einzuwenden, hätte er uns, aber nicht sich selbst, vollends besiegt.

Der Skeptizismus muß *reflexiv* in die Konstruktion der eigenen Erkenntnistheorie eingebaut werden, damit die Erkenntnistheorie auf diese Weise ihre eigenen Voraussetzungen, d. h. ihre Motivation, explizit machen kann. Dies führt im besten Falle dazu, daß sie ihre Voraussetzungen einholt. Der Skeptizismus begegnet nicht nur unter den Objekten der Erkenntnistheorie, d. h. im Bereich aller Theorien erster Ordnung, sondern gehört vorrangig zur Motivation der Erkenntnistheorie selbst.[184]

---

im Umgang mit allen skeptischen Paradoxa vorgeschlagen, die im hier vorgeschlagenen Sinne den Skeptizismus in die Konstruktion der eigenen Theorie einbaut, was unten ausführlich diskutiert werden wird. Vgl. dazu bes. Wright: »Warrant for Nothing«; ders.: »Wittgensteinian Certainties«; ders.: »Hinge Propositions and the Serenity Prayer«, in: Löffler, W./Weingartner, P. (Hrsg.): *Knowledge and Belief*. Wien, 287–306.

[184] Einen ähnlichen Einwand hat Andrea Kern gegen therapeutische Programme erhoben, die versuchen, die Unhaltbarkeit des erkenntnistheoretischen Beobachterstand-

Wenn unsere diskursive Rationalität unter philosophischen Bedingungen Paradoxa generiert und sich auf die irrationale Annahme einer inkonsistenten Voraussetzung von diskursiver Rationalität überhaupt verpflichtet, scheint es unter Umständen rational zu sein, unsere diskursive Rationalität nicht mehr unter philosophische Bedingungen zu stellen.[185] Dies führte aber zum Problem des Quietismus, der auf die Reflexion der Erkenntnistheorie verzichtet. Doch diejenigen, an die der Anspruch des Skeptizismus ergeht, können sich mit diesem extremen Quietismus kaum zufrieden geben, da sie bereits zu tief in die Erkenntnistheorie verstrickt sind, um durch einen Sprung ins Schweigen von ihr abgebracht werden zu können. Man verlangt daher wohl zu Recht entweder eine rationale Auflösung des Paradoxons oder ein Argument dafür, daß wir uns dem Paradoxon nicht stellen müssen.

---

punkts nachzuweisen, was dadurch motiviert ist, daß das Projekt einer rein theoretischen Untersuchung von Erkenntnis bzw. Erkenntniserwerb notwendig in skeptische Paradoxien zu führen scheint. Das therapeutische Programm steht aber selbst auf einem Beobachterstandpunkt, den es zugunsten der Normalfunktion von Wissenszuschreibungen aufzugeben trachtet. Wer die Normalfunktion von Wissenszuschreibungen überhaupt als solche betrachtet, steht selbst bereits auf dem philosophischen Standpunkt. Vgl. Kern: »Understanding Scepticism«, 213–216. Die vermeintliche Therapie der Erkenntnistheorie krankt demnach selbst an der entfremdeten Reflexion. Vgl. dazu auch meine eigenen Ausführungen zu Wittgensteins Therapieprogramm in Gabriel: »Der ästhetische Wert des Skeptizismus«.

[185] Anton Friedrich Koch argumentiert neuerdings dafür, daß die diskursive Rationalität als solche antinomisch verfaßt sei, so daß wir der Antinomie in der äußersten Reflexion des Diskurses auf seine Voraussetzungen prinzipiell nicht entgehen können. Vgl. Koch: *Versuch über Wahrheit und Zeit*, §§ 35–42. Auf seine interessanten Überlegungen werde ich an anderer Stelle noch ausführlicher eingehen. Vgl. bereits in diesem Buch § 15.

II. Der Kontextualismus und die Endlichkeit des Diskurses

In § 6 haben wir Wrights Implosion des Cartesischen skeptischen Paradoxons untersucht. Die Implosion gehört zu denjenigen antiskeptischen Strategien, die dem Skeptiker eine verborgene *epistemische contradictio in se* attestiert. Der antike *terminus technicus* für die andere antiskeptische Strategie, dem Skeptizismus eine *dialektische* Inkonsistenz, d. h. eine Inkonsistenz von Motivation und Konstruktion der Theorie, zu attestieren, lautet περιτροπή (PH, 2.128, 187 ff. u. ö.[1]), zu »Deutsch« *Retorsion*.[2] In der Auseinandersetzung mit Wright hat sich herausgestellt, daß seine Implosion die logische und dialektische Analyse des Cartesischen Skeptizismus kombiniert, da sie u. a. eine Spannung zwischen der *Motivation* und der *Durchführung* der allgemeinsten Form eines Cartesischen skeptischen Paradoxons diagnostiziert. Diese Spannung führt Wright zufolge zur Implosion, in meinen Augen hingegen in einen semantischen Nihilismus, der den Impetus des Paradoxons verstärkt. Da das generelle Cartesische Paradoxon sich mithilfe grundlegender (und unverzichtbarer) epistemologischer Begriffe motivieren läßt, stellt sich nun die Frage, unter welchen Betriebsbedingungen Erkenntnis trotz ihrer Unmöglichkeit funktioniert. Mit anderen Worten wird es im folgenden um eine Analytik der diskursiven Endlichkeit gehen, d. h. um die Frage, wie es dem Diskurs gelingt, seine blinden Fleck (und damit seine potentielle Instabilität) so zu organisieren, daß Bedeutung entsteht.

Weil Wright selbst keine Unterscheidung von logischer und dialektischer Analyse trifft, ergibt sich ein dialektisches Problem für die Implosion selbst, das in ihrer Voraussetzung besteht, die diskursive

---

[1] Eine vollständige Liste aller Stellen findet sich bei Burnyeat, M.: »Protagoras and Self-Refutation in Later Greek Philosophy«, in: *Philosophical Review* 85 (1976), 44–69, hier: 48.

[2] Ein sehr guter Überblick über die Retorsions-Argumente gegen Relativismus und Skeptizismus in der Antike findet sich bei Burnyeat: »Protagoras and Self-Refutation in Later Greek Philosophy«, und ders.: »Protagoras and Self-Refutation in Plato's *Theaetetus*«, in: *Philosophical Review* 85 (1976), 172–195.

Rationalität könne grundsätzlich nicht gegen sich selbst eingesetzt werden. Im letzten § wurde gezeigt, daß diese Voraussetzung eine *petitio principii* gegen das allgemeine Cartesische skeptische Paradoxon begeht, das die unangenehme Eigenschaft hat, die Einsicht zu motivieren, daß wir allein durch die Ausübung unserer rationalen Kräfte nicht sicherstellen können, daß wir uns in deren Vollbesitz befinden. Auf diese Einsicht wird im nun folgenden Kapitel mit einer Diagnose der notwendigen Endlichkeit des diskursiv vermittelbaren Wissens reagiert. Die notwendige Endlichkeit wird sich zuletzt in der Retorsion zu verstehen geben, die sich auf der Ebene der Metatheorie einstellt, sobald diese die Konsequenz aus der *epistemischen* Endlichkeit auch für die *Epistemologie* zieht. Die Metatheorie stellt sich selbst unter die Theoriebedingungen, die für alle diskursiven Projekte als solche gelten. Zu diesen gehört insbesondere, daß sie eine für den Diskurs selbst notwendig intransparente Voraussetzungsstruktur generieren. Deshalb stehen alle diskursiven Projekte unter einem dialektisch begründeten Vorbehalt der Revidierbarkeit: Da ihre Ausgangsbedingungen nicht ohne weiteres in der Durchführung des Diskurses eingelöst werden können (gerade weil der *terminus a quo* der Theoriebildung noch nicht selbst unter den zu etablierenden Theoriebedingungen steht), sind alle diskursiven Projekte und mithin auch die Erkenntnistheorie endlich.

Wir wir im gesamten zweiten Kapitel sehen werden, setzen die Argumente des *Pyrrhonischen Skeptizismus* explizit auf die paradoxe Eigenschaft, daß sie ihren eigenen epistemischen Status im Vollzug ihrer Motivation durchstreichen. Die Argumente des Pyrrhonischen Skeptizismus sind dialektisch instabil, funktionieren aber dennoch als Direktiven der Theoriebildung einer *endlichen Epistemologie.* Diese Eigenschaft ist insbesondere kompatibel mit der *prima-facie*-Plausibilität skeptischer Paradoxa, da diese nicht ausschließt, daß skeptische Paradoxa bei genauerem Hinsehen implodieren. Der Pyrrhonische Skeptizismus wird sich im gesamten folgenden Kapitel als der eigentliche Kandidat für einen integrativen Antiskeptizismus herausstellen. Paradoxerweise wird also der Pyrrhonismus, den Sextus Empiricus entwirft, im folgenden Kapitel II. als *anti*skeptische Strategie umgedeutet, die auf einem selbstreferentiellen Eingeständnis der Endlichkeit beruht.

Oben (§ 1) ist ein Unterschied zwischen *negativem Dogmatismus, methodischem Skeptizismus* und *Cartesischem Skeptizismus* eingeführt worden, der sich folgendermaßen rekapitulieren läßt:

Während der negative Dogmatismus unsere Einstellung zu einer bestimmten Menge vermeintlicher Erkenntnisse ändert, indem er zeigt, daß kein Element dieser Menge vermeintlicher Erkenntnisse für Wissen qualifiziert ist, entwirft der Cartesische Skeptizismus eine logische Struktur, die eine indefinit große Menge von Paradoxa generiert. Ein Cartesisches skeptisches Paradoxon ist dabei so beschaffen, daß wir unmöglich in es einwilligen können bzw. nur um den Preis, daß wir alles Wissen erster Ordnung aufheben, d.h. daß wir bestreiten, etwas zu besitzen, was wir tatsächlich besitzen, nämlich Wissen erster Ordnung. Direkte Cartesische Argumente attakkieren nicht nur Wissen, sondern bestreiten, daß wir gute Gründe für unsere Überzeugungen über die Welt haben können. Damit droht ein semantischer Nihilismus, da wir uns nicht mehr verständlich machen können, wie wir uns auf Gegenstände und Sachverhalte in der Welt auch nur so beziehen können, *als ob* sie von dieser Bezugnahme substantiell unabhängig wären. Man kann den Cartesischen Skeptizismus nicht als Resultat einer motivierten Überlegung akzeptieren, da er eine interne Antinomie im Wissensbegriff ausmacht, die darin gründet, daß objektives Wissen aufgrund einer allgemeinen Verteidigungsverpflichtung auf gute Gründe angewiesen ist. Da diese niemals wahrheitsgarantierend, sondern allenfalls autorisierend sind, droht das Wissen aufgrund der Endlichkeit und Kontingenz guter Gründe zu implodieren. Der Cartesische Skeptizismus ist also keine substantielle Theorieoption, sondern eine unwillkommene Konsequenz des Wissensbegriffs, den die zeitgenössische Erkenntnistheorie deshalb so zu redefinieren versucht, daß die Gefahr des Cartesischen Skeptizismus abgewiesen werden kann.[3]

Der Cartesische Skeptizismus trägt eine Reihe von Überlegungen vor, die in einer unhaltbaren Konklusion resultieren, da sie inkompatibel mit den meisten oder allen Überzeugungen ist, die wir hatten, bevor wir mit dem Cartesischen Skeptizismus konfrontiert worden sind. Gelingt es nun, die logische Struktur des Cartesischen Skeptizismus in einen epistemischen Selbstwiderspruch zu führen, scheint man von ihm befreit worden zu sein. Die Auseinandersetzung mit dem Cartesischen Skeptizismus wird im Namen unserer

---

[3] Daß die grundlegenden theoretischen Optionen der zeitgenössischen Erkenntnistheorie insgesamt als antiskeptsche Strategien rekonstruiert werden können, zeigt v.a. Schiffer: »Skepticism and the Vagaris of Justified Belief«. Vgl. auch meine eigenen Ausführungen in Gabriel: »Die Wiederkehr des Nichtwissens«.

diskursiven Rationalität geführt, deren fundamentale Ausrüstung in Frage steht, wenn Begriffe wie »Wissen«, »Rechtfertigung«, »Berechtigung«, »gute Gründe« und Operationen wie die Induktion, Modus ponens oder das Prinzip der Geschlossenheit als grundlose Annahmen entlarvt werden können. Die Konfrontation mit dem Cartesischen Skeptizismus führt notgedrungen zur Verfeinerung unserer antiskeptischen Strategien, so daß es naheliegt, einen *methodischen Skeptizismus* zu konzipieren, der bewußt skeptische Szenarien einführt, die keinen philosophisch substantiellen Gehalt haben. Denn dies führt zur Reflexion auf die logische Struktur des Cartesischen Skeptizismus: Der Punkt ist nicht, daß wir nicht *wissen* können, ob wir träumen oder ob es einen *genius malignus* geben könnte, sondern: daß die Anwendung des Wissensbegriffs Voraussetzungen generiert, die skeptische Szenarien *e contrario* auffällig machen.

Wenn die Motivation des Cartesischen Skeptizismus in der Tat einen Selbstwiderspruch implizierte und gleichzeitig die fundamentalen Begriffe und Operationen der diskursiven Rationalität vollgültig in Anspruch genommen werden müßten, um die Motivation des Cartesischen Skeptizismus überhaupt durchzuführen, dann wäre man berechtigt, von der Durchführung zu verlangen, daß sie keine Widersprüche impliziert. Sollte sich auf diese Weise herausstellen, daß ein Wesen, das an unserer diskursiven Rationalität teilhat, irrational wäre, wenn es in den Cartesischen Skeptizismus einwilligte, schiene der Cartesische Skeptizismus kein ernsthaftes Problem mehr für unsere diskursive Rationalität darzustellen. Denn wir wüßten immer schon, daß es eine Begleiterscheinung unserer diskursiven Rationalität wäre, niemals in den Cartesischen Skeptizismus einwilligen zu müssen, so daß seine Zurückweisung nicht zu den dringenden Geschäften gehören könnte, die zu erledigen sind, bevor überhaupt ans Erkennen gegangen werden kann.

Nun haben wir aber gesehen, daß der Cartesische Skeptizismus nicht implodieren kann, ohne auf Begriffe und Operationen der diskursiven Rationalität zurückzugreifen, die im Vollzug der Konstruktion der Implosion selbst problematisch *werden* und an denen man dann nicht mehr vorbehaltlos festhalten kann, ohne tendenziell eine *petitio principii* gegen den Skeptiker zu begehen. Dazu gehörte vor allem das Prinzip, daß ein Paradoxon implodiert, wenn einige seiner Instanzen selbstwidersprüchlich sind. Es genügt, daß die *traditionellen* (nicht-implosiven) Instanzen des Cartesischen Paradoxons motiviert werden können, um diese in einem zweiten Schritt durch die

Einführung von Instanzen des Paradoxons zu überbieten, die die diskursive Rationalität überhaupt in Frage stellen: Wenn es ein Paradoxon gibt, das besagt, daß ich seine Motivation möglicherweise nicht einmal verstehen könnte, da ich vielleicht überhaupt *nichts* verstehe, heißt dies nicht, daß das Paradoxon damit verschwindet. Wenn ich seine Motivation nämlich verstehen könnte, könnte ich sie nicht verstehen, und wenn ich sie nicht verstehen könnte, könnte ich sie ohnehin nicht verstehen. Das Paradoxon zeigt also, daß ich möglicherweise gar nichts, nicht einmal das Paradoxon verstehen könnte. Zeigt es dies nicht, da niemandem irgendetwas gezeigt werden kann, der nichts verstehen kann, hat es ohnehin gewonnen, da man niemanden davon *überzeugen* muß, daß er nichts verstehen kann, wenn er nichts verstehen kann. Zeigt es dies aber, dann zeigt es wiederum, daß es überflüssig ist, das Paradoxon zu motivieren, was aber nicht heißt, daß unsere epistemische Situation weniger mißlich ist. Wären wir ohnehin epistemisch so vollständig ruiniert, daß unsere diskursive Rationalität sich prinzipiell nicht ihrer eigenen Tauglichkeit versichern könnte, benötigten wir kein Paradoxon mehr, um uns in einen Abgrund der Vernunft zu stürzen. Die implosive Eigenschaft einiger skeptischer Paradoxa ist also nicht die Achillesferse des Cartesischen Skeptizismus, sondern weist vielmehr auf dessen Epizentrum hin. Dieses Epizentrum manifestiert sich auch und v. a. in einer Form des Skeptizismus, die ich in diesem Kapitel in Erinnerung an die antiken Meisterskeptiker als *Pyrrhonischen Skeptizismus* in die Theoriebildung unserer Metatheorie selbst integrieren werde. Auf diese Weise wird sich herausstellen, daß der Pyrrhonische Skeptizismus das eigentliche Agens der Erkenntnistheorie ist, was auch in der gegenwärtigen Skeptizismus-Debatte immer deutlicher in Erscheinung tritt.[4]

Der negative Dogmatismus und der Cartesische Skeptizismus schöpfen das skeptische Repertoire keinesfalls vollständig aus. Denn der nun zu untersuchende *Pyrrhonische Skeptizismus* stellt eine weitere Variante des Skeptizismus dar. Historisch gesehen ist er der Prototyp des Skeptizismus überhaupt und in systematischer Hinsicht erweist er sich zugleich als die durchdachteste Form des Skeptizismus, die freilich in eine positive (obgleich nicht dogmatische) Theoriekonstruktion integriert werden kann. Da der Pyrrhonische Skep-

---

[4] Vgl. zu dieser Diagnose ausführlicher Gabriel: »Die Wiederkehr des Nichtwissens«; *Antike und moderne Skepsis*, Kap. II.4.

tiker ausdrücklich akzeptiert, daß die *Retorsion* ein gültiger Einwand gegen seine Argumente ist und darin sogar die Pointe seines eigenen Skeptizismus sieht, indem er selbst diesen Einwand erhebt, ist es lohnenswert, den Pyrrhonischen Skeptizismus systematisch genauer zu untersuchen, um zu sehen, wie sich sein Verhältnis zur Möglichkeit der Erkenntnistheorie darstellt.[5] Während der Cartesische Skeptizismus zumindest in der Interpretation seiner logischen Struktur als Paradoxon instabil ist, gleichwohl aber eine Variante des Skeptizismus benötigt wird, damit das Projekt der Erkenntnistheorie nicht selbst dialektisch implodiert, gibt der Pyrrhonische Skeptizismus das Werkzeug an die Hand, um das Verhältnis zwischen der logischen Analyse skeptischer Argumente und ihrer dialektischen Funktion in der Theorieökonomie der Erkenntnistheorie näher zu bestimmen.

§7. Der Pyrrhonische Skeptizismus als Agens der Erkenntnistheorie

Der Blick in die Geschichte des Skeptizismus lehrt, daß das Phänomen des Skeptizismus (in welcher Spielart auch immer) nicht allein auf ein theoretisches Problem reduziert werden darf, das allein in der Gestalt philosophischer Paradoxa auftritt. In der am weitesten entwickelten Gestalt des Skeptizismus als rein theoretisches, ja logisches Problem, hat man es nur noch mit einem Derivat einer ursprüng-

---

[5] Fogelin liegt völlig richtig, wenn er schreibt: »Pyrrhonian skepticism, in its late form, uses self-refuting philosophical arguments, taking philosophy as its target.« (Fogelin, R.: *Pyrrhonian Reflections on Knowledge and Justification*. Oxford 1994, 3) Eine der Stellen, an denen Sextus die περιτροπή diskutiert, findet sich bei Gelegenheit der Erörterung der These, daß es keine Beweise gebe (οὐκ ἔστιν ἀπόδειξις), woraufhin Sextus sich selbst den Einwand macht, daß die These durch einen Beweis begründet werde und sich demnach selbst aufhebe. Darauf antwortet er mit dem Vergleich, daß seine Aussagen mit einer purgativen Medizin vergleichbar seien, die den Körper entgiftet und gleichzeitig mit dem Gift vom Körper ausgeschieden wird. Pyrrhonische Argumente sollen demnach die Eigenschaft haben, mit der beabsichtigten Aufhebung der Möglichkeit einer rationalen Rechtfertigung unserer Überzeugungen auch sich selbst aufzuheben: δύνανται δὲ οἱ λόγοι καὶ καθάπερ τὰ καθαρτικὰ φάρμακα ταῖς ἐν τῷ σώματι ὑποκειμέναις ὕλαις ἑαυτὰ συνεξάγει, οὕτω καὶ αὐτοὶ τοῖς ἄλλοις λόγοις τοῖς ἀποδεικτικοῖς εἶναι λεγομένοις καὶ ἑαυτοὺς συμπεριγράφειν. (PH 1.188) Dieses therapeutische Gleichnis für die befreiende Wirkung skeptischer Argumente wird übrigens in der indischen Tradition dem Buddha zugeschrieben. Vgl. Matilal, B. K.: »Scepticism and Mysticism«, in: *Journal of the American Oriental Society* 105/3 (1985), 479–484 hier: 484.

lichen Fragedimension zu tun, die man nicht dogmatisch als unphilosophisch von der Hand weisen kann, zumal sie historisch gesehen allererst zur Formulierung eines methodischen Skeptizismus und damit zur Begründung der Erkenntnistheorie geführt hat. Diese ursprüngliche Fragedimension zeichnet sich deutlich in der Entwicklung der griechischen Philosophie ab und führt zur Ausbildung des Pyrrhonischen Skeptizismus, dessen Bedeutung für die gegenwärtige Erkenntnistheorie sich allmählich durch wichtige Arbeiten abzeichnet.[6] Die Bedeutung des Pyrrhonischen Skeptizismus für die gegenwärtige Erkenntnistheorie besteht darin, daß mit seiner Hilfe nicht mehr unter den bereits etablierten und akzeptierten Bedingungen unserer diskursiven Rationalität nach der Optimierung ihrer Kohärenz durch Ausschaltung irrationaler Elemente gesucht wird, sondern vielmehr unsere diskursive Rationalität im ganzen unter Druck gerät. Dies geschieht dadurch, daß das *factum brutum* der Rationalität gegen die Rationalität gewendet wird: Es gibt nämlich keine Rechtfertigung unserer diskursiven Rationalität, die als Rechtfertigung unsere diskursive Rationalität nicht bereits voraussetzt. Das *ratio*nalistische Spiel des Gebens und Verlangens von Gründen entpuppt sich selbst als grundlos (ir-*ratio*nal) und daher in letzter Analyse als arbiträr. Mit Schelling gesagt läßt sich die ursprüngliche Fragedimension, die dem Pyrrhonischen Skeptizismus eigen ist, in die folgende Frage fassen: »warum *ist* denn Vernunft, warum ist nicht Unvernunft?« (SW, X, 252; XIII, 247)

Michael Williams hat gar die These aufgestellt, der Pyrrhonische Skeptizismus sei ein »Skeptizismus ohne Theorie«[7], dessen Charakteristikum er darin sieht, den Zweifel nicht innerhalb einer etablierten Disziplin als methodologisch reflektiertes Mittel zur Konstruktion von Wissensbegriffen einzusetzen (methodischer Skeptizismus), sondern vielmehr die Etablierung einer solchen Disziplin *a limine* zu stören. Einer der Eckpfeiler der Auseinandersetzung mit dem Pyrrhonischen Skeptizismus ist die kritische Frage, ob der Zirkel, in den man sich verfängt, wenn man die diskursive

---

[6] Die wichtigste neuere neo-pyrrhonische Arbeit ist Fogelin: *Pyrrhonian Reflections on Knowledge and Justification.* Zur Diskussion von Fogelins Neo-Pyrrhonismus vgl. Sinnott-Armstrong: *Pyrrhonian Skepticism.* Zum Pyrrhonismus im Kontext einer Begriffsbestimmung des Skeptizismus vgl. auch Heidemann: *Der Begriff des Skeptizismus.*

[7] Vgl. Williams, M.: »Scepticism without Theory«, in: *Review of Metaphysics* 41 (1988), 547–588.

Rationalität als solche zu begründen unternimmt, vitiös ist oder nicht. Denn die Grundlosigkeit der Vernunft impliziert noch nicht die Unmöglichkeit der Theorie.

Es ist mehrfach betont, obwohl bisher nicht ausführlich systematisch herausgearbeitet worden, daß es wichtige *systematische* Parallelen zwischen Wittgensteins antiskeptischer Strategie in *Über Gewißheit* und Sextus' Pyrrhonischem Skeptizismus gibt.[8] Beide philosophieren unter extremen skeptischen Bedingungen mit der Absicht, das philosophische Unternehmen in Frage zu stellen, unserer (Sprach-)Praxis bzw. dem Phänomen des Alltäglichen in theoretischer Einstellung gerecht zu werden. Wittgenstein und Sextus sind sich einig in der Absicht, die Philosophie als theoretisches Projekt überhaupt uninteressant, weil prinzipiell unabschließbar erscheinen zu lassen. Beide versuchen, aus der Unmöglichkeit einer allgemeinen philosophischen Theorie auf ein notwendiges Defizit der philosophischen Vernunft als solcher zu schließen.

Was bei Wittgenstein als eine *anti*skeptische Strategie erscheint, die dazu dient, den hyperbolischen Zweifel des Cartesischen Skeptikers zurückzuweisen, deckt sich weitgehend mit dem Pyrrhonischen Skeptizismus, wie wir sehen werden. Wittgensteins antiskeptische Strategie weist unbestreitbar systematische Züge des Pyrrhonischen Skeptizismus auf. In einem bestimmten Sinne ist Wittgenstein deshalb durchaus ein Skeptiker, obwohl er seine überzeugendsten Überlegungen zum Regelfolgen, zur Unmöglichkeit einer Privatsprache sowie zur Grundlosigkeit unserer (Sprach-)Praxis als antiskeptische Strategien vorträgt, indem er v. a. in *Über Gewißheit* zu zeigen sucht, daß der Cartesische Skeptiker sich darum bemüht, Fragen ohne Anhaltspunkt zu formulieren. Wittgenstein wendet sich in diesem Zusammenhang ausschließlich gegen den Cartesischen Skeptizismus, auf den er allerdings nach dem Prinzip der bestimmten Negation gleichzeitig wiederum angewiesen ist, um seine eigene Position zu profilieren.

---

[8] Vgl. zu diesem Zusammenhang Sluga, H.: »Wittgenstein and Pyrrhonism«, in: Sinnott-Armstrong: *Pyrrhonian Skepticism*, 99–117. Vgl. auch Watson, R. A.: »Sextus and Wittgenstein«, in: *Southern Journal of Philosophy* 7/3 (1969), 229–237; Fogelin, R. J.: »Wittgenstein and Classical Scepticism«, in: Ders.: *Philosophical Interpretations*. Oxford 1992, 214–232; Cohen: »Sextus Empiricus: Classical Skepticism as a Therapy«, bes. 417–421. Vgl. auch Michael Williams' Überlegungen in: »The Agrippan Argument and Two Forms of Skepticism«, in: Sinnott-Armstrong: *Pyrrhonian Skepticism*, 121–145, bes. 138–144.

Der gemeinsame Nenner von Pyrrhonischem Skeptizismus und Wittgensteins antiskeptischer Strategie, den ich in diesem Kapitel herausarbeiten werde, ist die Verbindung von *Kontextualismus* und *Naturalismus*. Vorläufig, antizipierend und skizzenhaft kann man Kontextualismus und Naturalismus folgendermaßen charakterisieren.

1. Der *Kontextualismus* (des Pyrrhonischen Skeptizismus und bei Wittgenstein) basiert auf der Überzeugung, daß ein Cartesischer Skeptizismus nur dann formuliert und motiviert werden kann, wenn wir die Kontextsensitivität von Wissenszuschreibungen – oder allgemeiner: von kognitiven Projekten ausblenden, die sich dadurch auszeichnen, Informationen mit objektivem Gehalt zu verarbeiten. Der Cartesische Skeptizismus scheint die *Möglichkeit* einer absoluten Gewißheit unserer Überzeugungen vorauszusetzen. Wenn wir überhaupt irgendetwas wissen, dann wissen wir es auch mit absoluter Gewißheit. Nun verschwindet die absolute Gewißheit der Überzeugung, daß vor mir ein Tisch steht, in mindestens einem Kontext, nämlich dem vermeintlich kontextfreien Kontext der Motivation des Cartesischen Skeptizismus. Der Eindruck der Paradoxie rührt dabei daher, daß die Prämissen des Cartesischen Skeptizismus in einem bestimmten Kontext gültig sind, ihre Gültigkeit aber verlieren, sobald man sich außerhalb der Reichweite des Kontexts befindet. Daraus läßt sich schließen, daß alle unsere Überzeugungen ihre absolute Gewißheit einbüßen, sobald sie in den vermeintlich kontextfreien Kontext der Erkenntnistheorie hineingestellt werden, so daß sich der Cartesische Skeptizismus als ein Epiphänomen der erkenntnistheoretischen Einstellung herausstellt. Läßt sich deren Grundlosigkeit erweisen, ist man gleichzeitig imstande, sich vom Cartesischen Skeptizismus zu befreien, ohne sein Paradoxon zu lösen.

Wer in der New Yorker U-Bahn sitzend weiß, daß die Linie, in der er sich befindet, zur Columbia Universität fährt, weiß auch auf Anfrage aufrichtig anzugeben, daß er es weiß. Sollte er aber auf dem Weg zu einem Descartes-Seminar sein und mit einem Kollegen über Cartesischen Skeptizismus diskutieren, verliert er plötzlich die Berechtigung zu seinem Wissen, da er unter den Bedingungen des erkenntnistheoretischen Kontexts nicht einmal mehr weiß, ob die U-Bahn überhaupt existiert. Denn er weiß nicht, ob er wirklich weiß, was er zu wissen meint, wenn es denn wahr ist, daß etwas zu wissen immer voraussetzt, alles ausschließen zu können, was das Wissen unmöglich machen würde, sobald man auf es aufmerksam geworden ist. Nun ist es aber offenkundig Unsinn, jemandem sein Wissen deswegen ernsthaft und aufrichtig absprechen zu wollen. Folglich stimmt etwas mit dem erkenntnistheoretischen Kontext als solchem nicht. Eine angemessene Berechtigung für die Überzeugung, daß man sich gerade in der U-Bahn-Linie zur Columbia Universität befindet, impliziert nämlich in keiner Weise, daß man seine Berechtigung in allen Kontexten bzw. vor allen systematischen Hintergründen behält. Will man Wissen beschreiben, muß man sich daher tunlichst davor hüten, den Kontext, in dem eine Wissenszuschreibung gültig ist, zu verlassen, weil man sich ansonsten des klassischen Fehlers der *Verwechslung des Gegenstandsbereichs* (μετάβασις εἰς ἄλλο γένος) schuldig machte.

Der Kontextualismus ist eine Variante des *Relativismus*. Er besagt nämlich, daß eine Berechtigung nicht in allen Kontexten gültig ist, weil »Berechtigung« stets nur eine Berechtigung relativ auf einen Kontext ist. Eine *absolute* Rechtfertigung kann folglich nicht sinnvoll gesucht werden. In Sextus' Worten: »Alles ist relativ, so daß wir uns im Hinblick auf die Frage, was es unabhängig von jedem Kontext (ἀπολύτως, d. h. wörtlich: ab-solut) und in Wirklichkeit (ὡς πρὸς τὴν φύσιν) ist, zurückhalten.« (PH 1.135) Sowohl Sextus als auch Wittgenstein dient eine Variante des Kontextualismus zur Zurückweisung eines erkenntnistheoretischen Fundamentalismus, dem zufolge es eine Reihe grundlegender absolut gewisser Überzeugungen gibt, deren absoluter Gewißheit sich die relative Gewißheit aller nicht grundlegenden und abgeleiteten Überzeugungen verdankt. Sextus und Wittgenstein wenden sich gegen die Annahme einer epistemischen Asymmetrie von Geist und Welt. Eine Klasse absolut berechtigter Überzeugungen läßt sich angesichts der apologetischen Dimension des Wissensbegriffs (s. o., 149) nicht aufrechterhalten, da die vermeintlich absolut berechtigten Überzeugungen keine Wissensbestände wären, könnten sie nicht auf kritische Nachfrage hin verteidigt werden. Wissensbestände, die verteidigt werden müssen, sind aber nicht absolut berechtigt, da sie relativ auf einen Kontext sind, vor dessen Hintergrund sie gelten, da alle Rechtfertigung Betriebsbedingungen in Anspruch nimmt, die sich nicht im Vollzug der Rechtfertigung ihrerseits rechtfertigen kann.

2. Der *Naturalismus* ist die (anti-)skeptische Strategie, die am prominentesten von Hume in seinem *Treatise of Human Nature* gewählt worden ist.[9] Die Unhaltbarkeit des Cartesischen Skeptizismus

---

[9] Die immer noch wichtigste Studie zum Naturalismus als antiskeptische Strategie ist Strawson, P. F.: *Skepticism and Naturalism: Some Varieties*. New York 1985.

ergibt sich dort nicht daraus, daß ihm ein logischer oder dialektischer Fehler attestiert werden soll. Hume akzeptiert vielmehr, daß der Skeptizismus das einzig rationale System ist. Allerdings importiert scheinbar niemand seinen Cartesischen Skeptizismus in den Alltag, was schlechthin unmöglich ist, wodurch sich der Cartesische Skeptiker vom Wahnsinnigen unterscheidet, wie Descartes selbst festhält (vgl. AT, VII, 18 f.).

Aufgrund einiger »sehr allgemeiner Naturtatsachen« (PU II, S. 578) gehört es offenkundig zur menschlichen Natur, sich auf eine Reihe von Annahmen felsenfest zu verlassen, für die man keine rationale Rechtfertigung erwerben kann. Endliche epistemische Wesen wie wir sind daher einerseits imstande, skeptische Hypothesen zu formulieren und zu zeigen, daß es keine absolute Rechtfertigung für unsere grundlegenden Überzeugungen geben kann (wie die Gleichförmigkeit der Natur oder die Existenz einer Außenwelt). Andererseits sind wir gezwungen, uns in unserem Leben gegen unsere Argumente zu entscheiden und mehr Überzeugungen in Anspruch zu nehmen, als diejenigen, zu denen wir in der theoretischen Einstellung berechtigt sind.

Der Naturalismus in diesem Sinne findet sich sowohl bei Wittgenstein als auch und vor allem bei Sextus. Wittgensteins Naturalismus gruppiert sich dabei um die Termini »Naturgeschichte«, »Leben« bzw. »Lebensform«. Sextus Empiricus spricht von »Leben« (βίος) sowie von der »Führung der Natur« (ὑφήγησις φύσεως). Eine der berühmtesten naturalistischen Passagen bei Sextus ist PH 1.23 f., ein Passus, der aufgrund seiner programmatischen Klarheit hier in voller Länge zitiert zu werden verdient.

Indem wir uns an die Erscheinungen halten, leben wir ohne rational rechtfertigbare Überzeugungen [ἀδοξάστως], da wir nicht gänzlich untätig sein können. Nun scheint es, daß die Aufrechterhaltung des Lebens vierteilig ist und erstens in der Leitung der Natur [ἐν ὑφηγήσει φύσεως], zweitens in der Notwendigkeit von Affekten [ἐν ἀνάγκῃ παθῶν], drittens in der Überlieferung von Gesetzen und Sitten [ἐν παραδόσει νόμων τε καὶ ἐθῶν] und viertens in der Ein- und Ausübung der Künste [ἐν διδασκαλίᾳ τεχνῶν] besteht. In der Leitung der Natur, sofern wir von Natur aus wahrnehmend und denkend sind; in der Notwendigkeit von Affekten, sofern uns der Hunger zur Speise und der Durst zum Getränk führt; in der Überlieferung von Gesetzen und Sitten, sofern wir im Leben die Frömmigkeit für gut und das Freveln für schlecht halten; in der Ein- und Ausübung der Künste, sofern wir nicht untätig sind und die Fähigkeiten, die wir erwerben, auch anwenden. Dies alles sagen wir aber ohne rational rechtfertigbare Überzeugung [ἀδοξάστως]. (Alle Übersetzungen von mir, M. G.)

Sowohl der Kontextualismus als auch der Naturalismus sind das Resultat einer Reihe skeptischer Argumente, die besonders deutlich bei Sextus hervortreten. Bereits Strawson hat darauf aufmerksam gemacht, daß es eine Parallele zwischen Humes und Wittgensteins Naturalismus gibt, während Kripke und vor ihm Fogelin gezeigt haben, inwiefern Wittgensteins Überlegungen zum Regelfolgen als eine selbst skeptische Lösung eines skeptischen Arguments gelesen werden können.[10]

Der Pyrrhonische Skeptizismus beruht auf einem Heilsversprechen: Am Rande der diskursiven Rationalität soll sich die Sinnlosigkeit der Erkenntnissuche in einem anspruchsvollen philosophischen Sinne und damit eine Art reflektierte *seconde naïvité* einstellen.[11]

---

[10] Vgl. Strawson: *Scepticism and Naturalism*, 14–21. Eine skeptische Lösung eines skeptischen Problems beginnt, so Kripke, »by conceding that the sceptic's negative assertions are unanswerable. Nevertheless our ordinary practice or belief is justified because – contrary appearances notwithstanding – it need not require the justification the sceptic has shown to be untenable.« (Kripke, S. A.: *Wittgenstein on Rules and Private Language. An Elementary Exposition*. Cambridge 1982, 66f.) Kripke sieht darin eine Parallele zwischen Hume und Wittgenstein (ebd., 68), die beide keine direkte Lösung *(straight solution)*, d.h. Widerlegung, sondern eine selbst skeptische Lösung *(sceptical solution)* eines skeptischen Problems anstrebten. Fogelin hat Kripkes Wittgensteindeutung in vielen Punkten bereits vorweggenommen. Bei Fogelin finden sich sowohl »Kripkensteins« skeptisches Paradoxon als auch die skeptische Lösung, die als *community view* in die Literatur eingegangen ist. Auch die Hume-Parallele steht bereits bei Fogelin. Vgl. das Kapitel »Sceptical Doubts and a Sceptical Solution to These Doubts« in Fogelin, R. J.: *Wittgenstein*. London 1976, 138–152.

[11] Die offenkundig soteriologische Dimension des Pyrrhonischen Skeptizismus hat nicht nur seine antiken Interpreten angeregt, eine Verbindung zwischen dem Pyrrhonischem Skeptizismus und der asiatischen Philosophie zu suchen. Es ist natürlich nicht unbemerkt geblieben, daß es auffällige Parallelen zwischen dem griechischen antiken Skeptizismus und erkenntnistheoretischen Überlegungen v.a. im Kontext der indischen Philosophie gibt. Diese Parallelen laden zu Spekulationen über mögliche konkrete Einflüsse ein, zumal eine der Pyrrho-Anekdoten besagt, Pyrrho sei nach Indien gereist und habe »sich unter die Gymnosophisten in Indien und unter die Magoi gemischt (τοῖς γυμνοσοφίσταις ἐν Ἰνδίᾳ συμμῖξαι καὶ τοῖς Μάγοις)« (DL 9.61). Vgl. Flintoff, E.: »Pyrrho and India«, in: *Phronesis* XXV (1980), 88–108. Bezeichnenderweise wird das mundane Nichtwissen in der indischen Philosophie meistens zu spekulativen bzw. mystischen Interessen eingesetzt, was man besonders deutlich bei Nagarjuna sieht, der ausdrücklich behauptet hat, nichts zu wissen, und dies mit einer Version des bekannten Begründungstrilemmas begründet hat. Vgl. Matilal, B. K.: »Scepticism and Mysticism«, in: *Journal of the American Oriental Society* 105/3 (1985), 479–484; Grentier, J: »Sextus et Nagarjuna«, in: *Revue Philosophique de la France et de l'Étranger* 95 (1970), 67–

Nun kann man unter den Bedingungen des Pyrrhonischen Skeptizismus nicht einmal eine beliebige empirische Proposition mit absoluter Gewißheit affirmieren, so daß ein assertorisches Heilsversprechen *a fortiori* außerhalb des Einzugsbereichs der Pyrrhonischen Rede liegt. Daher setzt Sextus auf einen dialektischen Effekt, der sich nach der ermüdenden Auseinandersetzung mit dem Pyrrhonischen Skeptizismus automatisch einstellen soll. Dies drückt er in einem vielzitierten Gleichnis folgendermaßen aus.

Was von dem Maler Apelles erzählt wird, dies ist dem Skeptiker auch widerfahren. Man sagt nämlich, daß jener einst ein Pferd malte und den Schaum vor seinem Mund abbilden wollte. Dabei war er so erfolglos, daß er aufgab und den Schwamm, auf dem er die Farbreste seines Pinsels abgestrichen hatte, gegen das Bild schleuderte. Nachdem der Schwamm aber auf das Bild getroffen sei, habe er den gewünschten Effekt des Schaums hervorgerufen. Und so waren auch die Skeptiker einst voller Hoffnung, die Seelenruhe [ἀταραξία] zu erlangen, indem sie die Widersprüche zwischen den Erscheinungen und unseren Begriffen auszugleichen suchten. Als sie es nicht erreichten, enthielten sie sich des Urteils. Als sie sich aber des Urteils enthielten, folgte ihnen plötzlich die Seelenruhe wie der Schatten dem Körper. (PH, 1.28 f.)

Der Pyrrhonische Skeptizismus ist demnach ein Aussagensystem, das sich im letzten Akt seiner Konstruktion den eigenen Boden entzieht. Es geht dem Pyrrhonischen Skeptizismus nicht darum, ein konstruktives Aussagensystem zu entwickeln, sondern – mit Wittgenstein gesagt – die Welt richtig zu sehen.[12] Die Welt richtig zu sehen, heißt für den Pyrrhonischen Skeptiker aber, jede Form einer rationalen Rechtfertigung unserer grundlegenden Überzeugungen aufzugeben, die den Kontext der (vor-)gegebenen (Sprach-)Praxis

75. Man hat auch Parallelen zur *chinesischen* Philosophie gezogen, ohne dabei aber mit nachweisbaren oder auch nur möglichen Einflüßen zu rechnen. Vgl. Kjellberg, P.: »Skepticism, Truth, and the Good Life: a Comparison of Zhuangzi and Sextus Empiricus«, in: *Philosophy East and West* 44 (1994), 111–133. Kjellbergs Studie zeigt, daß insbesondere das Problem des Kriteriums sowie die Struktur von Agrippas Trilemma auch von Zhuangzi in Anspruch genommen werden.

[12] Vgl. die berühmte vorletzte Proposition des *Tractatus:* »Meine Sätze erläutern dadurch, daß sie der, welcher mich versteht, am Ende als unsinnig erkennt, wenn er durch sie – auf ihnen – über sie hinausgestiegen ist. (Er muß sozusagen die Leiter wegwerfen, nachdem er auf ihr hinaufgestiegen ist.) Er muß diese Sätze überwinden, dann sieht er die Welt richtig.« (TLP, 6.54) Auch Fogelin zieht diese Parallele zwischen der Pyrrhonischen Einwilligung in die Retorsion und Wittgensteins Behauptung (die genau besehen natürlich keine Behauptung sein kann), daß die Sätze des *Tractatus* unsinnig seien. Vgl. Fogelin: »Wittgenstein and Classical Scepticism«, bes. 6–8.

überschreitet. Die Parallele zwischen Wittgenstein und Sextus geht sogar so weit, daß beide das berühmte Gleichnis von der Leiter gebrauchen, auf der man hinaufsteigt, um sie anschließend hinter sich zu lassen. So endet nicht nur der *Tractatus*, sondern auch das achte Buch von *Adversus Mathematicos* mit dem besagten Szenario.[13]

Wie es nicht unmöglich ist, daß derjenige, der auf einer Leiter auf einen hohen Platz gestiegen ist, nach seinem Aufstieg die Leiter mit seinem Fuß wegstößt, so ist es auch nicht unwahrscheinlich, daß der Skeptiker sich eines Beweises wie einer Leiter bedient, um zu zeigen, daß es keinen Beweis gibt. Nachdem er seine These begründet hat, hebt er sein Argument auf. (M 7.481)

Das Wittgenstein und Sextus gemeinsame Projekt einer Purgation der Lebensformen zugunsten einer philosophisch unbelasteten Welteinstellung unterstellt mindestens zweierlei.

(1) Es ist möglich, eine klare Trennlinie zwischen der nichtpropositionalen Hinnahme der gegebenen Lebensformen und ihrer verzerrenden (philosophischen) Interpretation zu ziehen.[14] Die Behauptung dieser Trennlinie impliziert dabei zugleich ein Verdikt, das besagt, daß der größte Teil unserer alltäglichen (Sprach-)Praxis *legitim ist*, während jeglicher anspruchsvolle Versuch, unsere alltägliche (Sprach-)Praxis zu *legitimieren*, dadurch zum Scheitern verurteilt ist, daß er in unlösbare skeptische Paradoxa führt. Dabei stellt sich heraus, daß wir zumeist und zunächst zu vielem berechtigt sind, ohne daß dasjenige, wozu wir berechtigt sind, vorab gerechtfertigt worden sein muß.

(2) Die einzige scheinbar mit einem assertorischen Anspruch verbundene Aussage des Pyrrhonischen Skeptikers, daß es die *Natur* ist, die uns zur Annahme von Überzeugungen zwingt (nicht verpflichtet!), die nicht rational gerechtfertigt werden können, verfällt genau besehen dem in (1) ausgesprochenen Verdikt. Sie ist daher

---

[13] Sluga hat plausibel gemacht, daß in diesem Fall sogar ein Einfluß durch Vermittlung der Schriften von Fritz Mauthner vorliegt. Vgl. Sluga: »Wittgenstein and Pyrrhonism«.

[14] Wittgenstein erklärt mit aller Deutlichkeit selbst: »Das Hinzunehmende, Gegebene – könnte man sagen – seien *Lebensformen*.« (PU II, S. 572) Ein solcher Positivismus der Lebensformen droht aber in die Verabschiedung der kritischen philosophischen Tätigkeit umzuschlagen. Was könnte Wittgenstein als Philosoph sagen, wenn es (wovon Europa geschichtlich nicht sehr weit entfernt war) zu einer Lebensform würde, eine bestimmte Klasse oder Rasse von Menschen mit sadistischer Freude auszurotten? Wäre das hinzunehmen, gegeben? Wittgensteins Problem ist demnach sicherzustellen, daß es überhaupt irgendein kritisches Potential geben kann, um zwischen guten und schlechten Lebensformen zu unterscheiden.

keine gewöhnliche Aussage, da sie auf der einen Seite wie eine anspruchsvolle philosophische Aussage aussieht, aber nur getroffen werden kann, nachdem jeglicher philosophische Anspruch aufgegeben worden ist. Die Behauptung des Naturalismus als antiskeptische Strategie hebt ihren eigenen Status als theoretisch legitimierbare Aussage auf.

Daraus ergibt sich ein Problem. Denn der Pyrrhonische Skeptizismus hat keine geeigneten theoretischen Mittel an der Hand, um eine philosophisch substantielle Aussage über die menschliche Natur zu treffen. Die Natur ist unter kontextualistischen Bedingungen nämlich theoretisch allenfalls als eine Art *Versprechen* verfügbar, auf das man vertrauen muß, wenn man fortfahren will, in gewohnter Weise mit der Welt umzugehen. Es muß von Anfang an bedacht werden, daß dasjenige, was Wittgenstein, Sextus oder andere Naturalisten über den Alltag und das außertheoretische Leben sagen, Element der Theoriekonstruktion ist. Das bedeutet: Auf das *Versprechen* des gelingenden Alltags muß die *Theorie* vertrauen, sonst niemand. Das blinde Vertrauen in das Versprechen, daß die Natur uns den Weg aus dem Skeptizismus weist, ist selbst ein rein theoretisches Heilsversprechen und deckt sich nicht ohne weiteres mit dem vermeintlich reibungslosen Ablauf des Alltäglichen und seiner Rechtfertigungspraktiken. Akzeptiert man den Kontextualismus als die Lektion, die wir in der Auseinandersetzung mit dem Skeptizismus lernen, d. h. als eine Lektion über die notwendige Endlichkeit unserer (justifikatorischen) diskursiven Praktiken, ist man bereits zu weit gegangen, um die Unmittelbarkeit des Natürlichen noch ohne weitere begriffliche Vermittlung einsetzen zu dürfen. Die *Pluralität* der Kontexte, die uns der Skeptizismus aufnötigt, kann nicht mehr durch die *Einheit* der menschlichen Natur aufgefangen werden, wenn diese ihrerseits nur begrifflich (theoretisch) verfügbar gemacht werden kann.[15] Der *status naturalis* der Reflexion liegt uns immer schon im Rücken, wenn wir uns gezwungen sehen, die Natur als Einheitsbegriff einzuführen, um die Widersprüche und unerwünschten Nebeneffekte

---

[15] Mit Adorno, der auf dieses Problem bereits deutlich in seiner *Metakritik der Erkenntnistheorie* aufmerksam gemacht hat, könnte man sagen, daß die Natur des Naturalismus die Rolle des Nicht-Identischen spielt. Die Natur spielt die Rolle des »Nichtidentischen unter dem Aspekt der Identität« (*Negative Dialektik*. Darmstadt 1998, 17) und generiert auf diese Weise einen Widerspruch. Sie kann nicht in der theoretischen Einstellung als dasjenige identifiziert werden, was als Unmittelbares der diskursiven Vermittlung zugrunde liegt.

der Reflexion des Relativismus abzuwehren, der die stets tunlichst zu verdrängende Schattenseite des Kontextualismus darstellt.[16]

Nun soll in diesem gesamten Kapitel vor dem Hintergrund der Annahme, daß der Pyrrhonische Skeptizismus das eigentliche Agens der Erkenntnistheorie darstellt, gezeigt werden, daß Sextus und Wittgenstein beide aus harten begrifflichen Gründen auf die Annahme von (1) und (2), d. h. auf eine Version des Kontextualismus und eine Version des Naturalismus verpflichtet sind. Wittgenstein verschweigt im Unterschied zu Sextus aber die methodische Funktion skeptischer Argumente, um seine Position zu präsentieren, obwohl seine Philosophie, wie Stanley Cavell konstatiert, »überall von einer Antwort auf den Skeptizismus kontrolliert wird.«[17] Dabei entgeht Wittgenstein, daß die Konjunktion von Kontextualismus und Naturalismus *einerseits* und den skeptischen Argumenten, die den Kontextualismus und den Naturalismus allererst ermöglichen *andererseits,* dialektisch inkonsistent ist und in einen paradoxen Naturalismus führt. Weiterhin werde ich dafür argumentieren, daß Wittgenstein weder vermag, eine Trennlinie zwischen der alltäglichen (Sprach-)Praxis und ihrer philosophischen Verzerrung zu ziehen, noch imstande ist, die Paradoxie des Naturalismus zu sehen. Mit anderen Worten versuche ich, Wittgensteins (anti-)skeptischer Strategie eine dialektische Instabilität nachzuweisen, die daraus resultiert, daß er die Funktion des Skeptizismus in der dialektischen Ökonomie der Erkenntnistheorie nicht hinreichend einsieht.

Der ursprüngliche Pyrrhonische Skeptizismus hingegen ist dialektisch reflektiert. Deshalb lag Hegel ganz richtig, als er versuchte, den Pyrrhonischen Skeptizismus als Agens in die Theoriekonstruktion der Dialektik als *metaphysischer* Theorie einzubauen.[18] In der Tat wird sich am Ende herausstellen, daß der Pyrrhonische Skeptizismus

---

[16] Diesen Zusammenhang hat Maria Baghramian in ihrer umfassenden Studie über die Formen des Relativismus deutlich herausgearbeitet. »The point is that while allowing for the context-dependence of all assessments, we should not lose sight of both the commonalities in our interests and, more importantly, the one constant element in meeting these interests – the natural world which of course includes us. Our problem with this suggestion, the relativist will point out, is that the natural world is not available to us in a direct or unmediated form; rather, it presents itself to us through our concepts or conceptual frameworks. This is a serious objection […]. But in our trial to accomodate the conceptual we must not lose sight of the natural.« (Baghramian: *Relativism,* 204)

[17] »Wittgenstein's teaching is everywhere controlled by a response to skepticism« (Cavell: *The Claim of Reason,* 47).

[18] Vgl. dazu ausführlich Gabriel: »Skeptizismus und Naturalismus«.

nicht nur die Reinform des Skeptizismus und somit eine Art »Urbild« des Skeptizismus darstellt, sondern daß er überdies und gegen seine eigene Intention eingesetzt werden kann, um die Konstruktion einer anspruchsvollen Metatheorie zu motivieren, die in die Metaphysik als erste Philosophie zurückführen könnte – was allerdings im Rahmen dieses Buches nurmehr angedeutet werden kann. Der Skeptizismus soll uns dabei helfen, den Primat der Erkenntnistheorie als *prima philosophia* auszuhebeln, ohne deswegen in einen negativen Dogmatismus zu verfallen, der die Unmöglichkeit des *metaphysischen* Wissens behauptet.

Im folgenden sollen nun vorerst die skeptischen Argumente dargestellt werden, die einerseits zum *Kontextualismus* (§ 8) und andererseits zum *Naturalismus* (§ 14) einladen. Anschließend soll gezeigt werden, daß die *Konjunktion* von Kontextualismus und Naturalismus instabil ist, weil die Argumente, die den Kontextualismus motivieren, inkompatibel mit der Formulierung eines Naturalismus sind (§ 14). Es soll also die Unmöglichkeit demonstriert werden, (anti-)skeptischer Kontextualist zu sein und sich gleichzeitig auf die menschliche Natur zu berufen. Dies zeigt sich aber nur, wenn man auf den Pyrrhonischen Skeptizismus zurückgeht, der *bewußt* für diese dialektische Instabilität votiert, während Wittgenstein die Spannung zwischen Kontextualismus und Naturalismus nicht seinerseits zum Anlaß einer metatheoretischen Reflexion auf die Grundlagen seines eigenen Projekts nimmt. Auf diese Weise stellt sich eine Einsicht in die notwendige Endlichkeit des epistemologischen Diskurses ein, der daher prinzipiell nicht weniger fallibel als alles Wissen erster Ordnung ist. Die Epistemologie ist an kontext-sensitive (und historisch variable) Parameter gebunden, die sie diskursintern nicht vollständig einholen kann. Darin unterscheidet sie sich nicht vom Wissen erster Ordnung, dessen Kontext-Sensitivität sie aus der Rechtfertigungsbedingung für Wissen ableitet. Der Pyrrhonische Skeptizismus belehrt uns deswegen über die Endlichkeit des epistemologischen Diskurses, da sein Versuch, die Paradoxie durch die Konjunktion von Kontextualismus und Naturalismus aufzulösen, an der allgemeinen Endlichkeit scheitert, deren Diagnose ihn selbst motiviert. Es wird sich auf diese Weise zeigen, daß alles objektive Wissen endlich ist. Diese Behauptung kann nicht ohne weiteres getroffen werden, da sie sich selbst unter den Vorbehalt der Revidierbarkeit stellt. Es bedarf somit einer methodisch behutsamen Reflexion unserer Endlichkeit, um diese nicht unversehens doch noch an ein absolutes Wissen grenzen zu lassen, das in nichts anderem als in der Einsicht in die Endlichkeit bestünde …

Der Kontextualismus in der Nachfolge Wittgensteins ist sich der paradoxen Struktur des Pyrrhonischen Skeptizismus bewußt, so daß sich seine Vertreter explizit oder implizit auf die akademische Skepsis zurückziehen, da sie immer noch eine Erkenntnistheorie vortragen wollen, die sich nicht selbst im letzten Akt eines epistemologischen Paradoxons durchstreicht.[19] Es geht vielmehr darum zu explizieren, wie alltägliche Wissenszuschreibungen zu verstehen sind, ohne dabei ein Wissen in Anspruch zu nehmen, zu dem wir aufgrund unserer notwendigen Endlichkeit nicht berechtigt sein können. Hier stellt sich natürlich die Frage, ob das mit Wittgensteins Anliegen noch kompatibel ist. Denn Wittgenstein ist schließlich dafür bekannt, Sextus so nahe zu kommen, daß er die Möglichkeit einer philosophischen Theorie und *ipso facto* die Möglichkeit einer Erkenntnistheorie in Frage stellt.[20] Gleichwohl läßt sich auf der Basis von Wittgensteins Überlegungen zum Regelfolgen und seines Feldzugs gegen den Solipsismus eine kontextualistische Position motivieren.

Im folgenden Kapitel wird es auch darum gehen, zunächst sowohl Wittgensteins virtuelle als auch die wirklich von ihm vorgetragenen Argumente für einen Kontextualismus nachzuzeichnen (§§ 8–10). Dabei wird eine Rekonstruktion des Privatsprachenarguments im Vordergrund stehen, insofern dies für die Begründung eines Kontextualismus konstitutiv ist. Anschließend werden die Parallelen bei Sextus untersucht, um letztlich eine möglichst allgemeine Formulierung eines Pyrrhonischen Kontextualismus an der Hand zu haben. Dies erlaubt zu prüfen, ob der Kontextualismus eine angemessene

---

[19] So explizit Williams: *Problems of Knowledge,* 254: »But the Academics develop a fallibilist conception of sceptical assent. They think of sceptical assent as an alternative to knowledge. I think that they offer a glimpse of what we can see today as a better way to understand knowledge itself: contextualism«. Robert Fogelin hat die hier ausgeführte Analogie zwischen Pyrrhonischem Skeptizismus und Wittgensteins Spätphilosophie bemerkt und bezeichnet Wittgensteins Position daher als einen »updated Pyrrhonism« (Fogelin: *Pyrrhonian Reflections on Knowledge and Justification,* 9). Fogelin sieht im Pyrrhonischen Skeptizismus ein Projekt der Grenzziehung, das Wittgensteins Restriktion von Bedeutung auf Züge innerhalb einer Praxis vorwegnimmt. »The point of Pyrrhonian skepticism is to reject all such moves that attempt to transscend – rather than to improve or perfect – our common justificatory procedures.« (ebd., 89)

[20] Vgl. Wittgensteins programmatische Äußerung in PU, § 109: »Und wir dürfen keinerlei Theorie aufstellen. Es darf nichts Hypothetisches in unsern Betrachtungen sein. Alle *Erklärung* muß fort, und nur Beschreibung an ihre Stelle treten.«

antiskeptische Strategie gegen den Cartesischen Skeptizismus in Aussicht stellt. Da der Kontextualismus ursprünglich vom Meisterskeptiker Sextus als alle absoluten Gewißheiten vernichtender Relativismus vorgetragen wurde, ist der Gedanke leitend (und der Verdacht naheliegend), daß der Kontextualismus zu einem neuen systematischen Skeptizismus führt, der genau besehen so alt wie der antike Skeptizismus ist. Gelingt die Begründung dieser These, werden wir sehen, daß sich Schwierigkeiten für die antiskeptischen Therapieprogramme ergeben, die sich an Wittgensteins liberalen Naturalismus anschließen, der die Endlichkeit und Sozialität der Vernunft als zweite Natur auffaßt, die sich in einer ersten Natur realisiert (vgl unten, §14). Die antiskeptische Rolle des liberalen Naturalismus besteht darin, daß die menschliche Natur als Garant der Möglichkeit von Bedeutung eingeführt wird, um die skeptische Bedrohung abzuwehren, die sich aus der Motivation des Kontextualismus ergibt. Nun bedarf es zunächst einer Klärung des hier verwendeten Begriffs von »Kontextualismus«, um anschließend Wittgensteins Argumente für den so verstandenen Kontextualismus herauszuarbeiten.

§8. Kontextualismus, Normativität und die Möglichkeit diskursiver Bestimmtheit

Eine mögliche Antwort auf den Cartesischen Skeptizismus besteht darin zu zeigen, daß das Prinzip der Geschlossenheit restringiert werden kann, was *prima vista* selbst paradox zu sein scheint, da das Prinzip sich allgemein formulieren läßt und keine Ausnahme zuzulassen scheint. Das Prinzip besagt (s. o., 146), daß wenn ein Subjekt S weiß, daß p, und wenn S auch weiß, daß p q impliziert, dann *(ceteris paribus)* weiß S auch, daß q. Nun impliziert jede (noch so alltägliche) Proposition die Negation aller Propositionen, die inkompatibel mit ihrer Wahrheit sind. Aus allen wahren Wahrnehmungsurteilen folgt daher etwa, daß ein solches Urteil zu fällen gleichzeitig impliziert, nicht zu träumen, kein Gehirn im Tank zu sein usw. Für jede Klasse von Propositionen gilt demzufolge entsprechend, daß sie Propositionen einer Kontrastklasse impliziert, deren Wahrheit mit der Behauptung aller Propositionen in der betreffenden ersten Klasse inkompatibel ist. Nun kann man aber unmöglich den absurden Anspruch an Wissen stellen, vor der Behauptung einer Proposition mit epistemischer Absicht alle Implikationen durchzugehen und zu negieren, die mit der Wahrheit der zu behauptenden Proposition inkompatibel sind.[21] Also muß man *a priori* (d.h. ohne Reflexion auf alle Implikationen einer behaupteten Klasse von Propositionen sowie ohne irgendeine empirische Informationsstanderhebung) zu Annahmen berechtigt sein, die bestimmte epistemische Projekte allererst ermöglichen, indem sie ohne ausdrücklichen reflexiven Zugriff auf diese Operation einen logischen Raum in wahre und falsche Propositionen einteilen. Dabei gibt es freilich Annahmen, die in allen epistemischen Projekten vorausgesetzt werden müssen, die auf Informationserweiterung angelegt sind. Dazu gehört bspw. die Annahme, daß der *Solipsismus des Augenblicks* falsch ist, aber auch, daß man Behauptungen über die unmittelbare Zukunft treffen kann, also Anspruch auf Wissen über die unmittelbare Zukunft erheben kann, ohne durch ein Argument oder durch empirische Informationsstanderhebung ausschließen zu können, daß sich die Welt im nächsten Augenblick radikal verändert.

Gelingt es nun zu zeigen, was im folgenden geleistet werden soll, daß wir als epistemische Wesen notwendig endlich sind, dann läßt sich der Cartesische Skeptizismus entkräften, indem er als eine harmlose Lektion über unsere epistemische Endlichkeit verstanden werden kann.[22] Als notwendig endliche epistemische Wesen sind wir darauf angewiesen, unseren informationsverarbeitenden Mechanismen zu vertrauen, solange keine Modifikationen oder Reparaturmaßnahmen notwendig sind. Unsere grundlegenden epistemischen Normen, die festlegen, welche Annahmen prinzipiell ausgeschlossen werden müssen, ohne daß ein Entscheidungsprozeß stattfinden müßte, in dem die Wahrheit der Normen selbst geprüft wird, bilden den Hintergrund unserer Informationsverarbeitung. Zu unserer Endlich-

---

[21] Diesen überzogenen Anspruch an Wissen bezeichnet Michael Williams als »Prior Grounding Requirement«. Vgl. etwa Williams: *Problems of Knowledge,* 24f.

[22] Diese antiskeptische Strategie haben insbesondere Michael Williams und Crispin Wright eingeschlagen. Vgl. Williams: *Groundless Belief;* ders.: *Problems of Knowledge;* Wright: »Wittgensteinian Certainties«; ders.: »Hinge Propositions and the Serenity Prayer«, in: Löffler, W./Weingartner, P. (Hrsg.): *Wissen und Glauben – Knowledge and Belief. Akten des 26. Internationalen Wittgenstein-Symposiums 2003* (Schriftenreihe der Österreichischen Ludwig Wittgenstein-Gesellschaft Bd. 33). Wien 2004, 287–306; ders.: »Warrant for Nothing«. Andrea Kern argumentiert ebenfalls gegen den Cartesischen Skeptizismus unter Berufung auf unsere notwendige Endlichkeit, deren Grenzen dieser zu überschreiten versuche. Vgl. Kern, A.: »Warum kommen unsere Gründe an ein Ende? Zum Begriff endlichen Wissens«, in: *Deutsche Zeitschrift für Philosophie* 52 (2004), 25–43.

keit gehört dabei, daß wir uns *in ipso actu operandi* darauf verlassen müssen, daß die kontingenten Entscheidungen, die uns Informationen verarbeiten lassen, als notwendig vorausgesetzt werden müssen. Genau genommen gibt es für jedes epistemische Projekt eine Klasse von Propositionen, die ihm konstitutiv im Rücken liegen und denen wir genau besehen nicht einmal blind vertrauen, weil wir gar keine Einstellung zu ihnen haben können. Sie erweisen sich nur in der Metatheorie als Betriebsbedingungen des betreffenden epistemischen Projekts, ohne daß dieses jemals imstande wäre, eine theoretische Einstellung zu ihnen aufzubauen. Der Skeptizismus klärt uns demnach lediglich darüber auf, daß wir dazu berechtigt sein müssen, nicht alle Implikationen unserer berechtigten Überzeugungen ernsthaft zu erwägen, um weiterhin in unseren Überzeugungen gerechtfertigt sein zu können. Er wirkt nur dann destruktiv, wenn er uns zu Unrecht davon überzeugt, daß wir mehr zu leisten imstande sein müßten, als wir als notwendig endliche epistemische Wesen imstande sein können, indem er von uns verlangt, unsere Überzeugungen aktiv gegen alle nur denkbaren Einwände verteidigt haben zu müssen, bevor wir uns zu ihnen berechtigt glauben dürfen.[23]

Die antiskeptische Strategie, die sich mit der Endlichkeit des objektiven Wissens zufrieden gibt und diese als Lektion des Skeptizismus auffaßt, kann man im Unterschied zu einer direkten Lösung (also einer Widerlegung in irgendeinem Sinne des Wortes) als eine »skeptische Lösung« des skeptischen Zweifels bezeichnen.[24] Um diese skeptische Lösung allerdings attraktiv finden zu können, bedarf es eines Arguments für die notwendige Endlichkeit epistemischer Wesen, die imstande sind, einen methodischen Skeptizismus zu formulieren. Da *wir* solche Wesen sind, bedarf es folglich eines Arguments für *unsere* notwendige Endlichkeit. Wenn dieses Argument zeigt, daß alles Wissen und alle Rechtfertigung notwendig endlich sind,

---

[23] Der Cartesische Skeptizismus dient Michael Williams daher nur zur Grenzziehung, indem er ihn letztlich einsetzt, um einen Fallibilismus zu begründen. »[A]ll the skeptic's argument shows is that there are limits to our capacity to *give reasons* or *cite evidence*. This is a point about grounding. To get from what he argues to what he concludes, the skeptic must take it for granted that no belief is responsibly held unless it rests on adequate and citable evidence.« (Williams: *Problems of Knowledge*, 148)

[24] Andrea Kern spricht in diesem Zusammenhang von »Positionen der Ermäßigung«, worunter sie alle Positionen begreift, die »das skeptische Argument für gültig erachten und gleichwohl glauben, Wissen begreiflich machen zu können« (*Quellen des Wissens*, 88, 109f. u.ö.).

dann muß freilich darüber hinaus gezeigt werden, daß eine Selbsterkenntnis der Endlichkeit möglich ist, die nicht ihrerseits wieder anfällig für die mit der Endlichkeit unauflöslich verknüpfte Widerrufbarkeit ist.[25] Da »Wissen« und »Rechtfertigung« selbst Begriffe sind, die derjenige in Anspruch nehmen muß, der für unsere notwendige Endlichkeit argumentiert, droht hier ein Paradoxon, da mit einem Argument behauptet wird, daß *alle* Rechtfertigung endlich ist, was folglich auch für das Argument selbst gilt. Wie aber eine allgemeine Behauptung über den Begriff der Rechtfertigung getroffen werden kann, indem man zugleich einräumt, daß diese Behauptung widerrufbar ist, ist schwer einzusehen.

Jedenfalls führt die Selbstreferenz der Endlichkeit und damit unsere epistemologische Selbsterkenntnis zur Retorsion. Die Behauptung über die Endlichkeit des menschlichen Wissens kann deshalb *prima facie* nicht in derselben Weise für endlich gehalten werden wie das Wissen, dessen Endlichkeit konstatiert werden soll.[26] Will man die Epistemologie auf einem solchen paradoxieanfälligen Gerüst errichten, hängt alles am richtigen Begriff der Endlichkeit und mithin an der Frage, ob man eine Dialektik der Grenze vermeiden kann, der zufolge derjenige, der eine epistemologische Grenze zwischen Endlichkeit und Unendlichkeit zieht, beide Seiten der Grenze kennen und demnach über die Grenze hinaussein muß.

Da bei den zeitgenössischen Vertretern der skizzierten antiskeptischen Strategie, die ich in Michael Williams' Sinne als *Kontextualismus* bezeichne, vor allem Wittgensteins *Über Gewißheit* im Hintergrund steht, werde ich im folgenden (§§ 8–10) Wittgensteins Argumente für die notwendige Endlichkeit unserer justifikatorischen Praktiken und mithin des Diskurses nachzeichnen, die sich um das Problem des Regelfolgens und das mit diesem verbundene Problem der Privatsprache konzentrieren.[27] Dabei wird sich herausstellen, daß

---

[25] An dieser Stelle sei darauf hingewiesen, daß sich daraus potentiell das Problem ergibt, wie notwendig endliche Wesen einen Begriff von ihrer Endlichkeit haben können. Die Frage ist also, ob derjenige, der die notwendige Endlichkeit behauptet, nicht *eo ipso* schon über die Endlichkeit hinaussein muß, was bekanntlich Hegels Bedenken gegen die Kantische Erkenntnistheorie war, die ja, wie oben skizziert worden ist, ein negativer Dogmatismus ist, indem sie die Grenzen der menschlichen Vernunft mithilfe der Vernunft selbst zu ziehen sucht und dabei ebenfalls die Selbsterkenntnis der Endlichkeit in Anspruch nimmt. Vgl. unten § 15.

[26] Vgl. dazu ausführlicher Gabriel: »Endlichkeit und absolutes Ich«.

[27] Daß sich für Williams das Problem der Selbstanwendung in der Tat stellt, sieht man an allgemeinen Formulierungen wie dieser: »*all* justification takes place in an inferential

Wittgensteins Kontextualismus *mutatis mutandis* in der Antike bereits von Sextus vertreten worden ist, mit dem einen gewichtigen Unterschied, daß sich Sextus' Position aufgrund der Retorsion als nicht behauptbar erweist, was Sextus als eine Tugend und nicht als Not seiner theoretischen Operationen betrachtet. Damit wendet er sich gegen die von der klassischen griechischen Metaphysik angestrebte absolute Selbsterkenntnis, die sich nicht nur in dem Versuch zeigt, die wahre Wirklichkeit und unseren kognitiven Zugang zu ihr in philosophischer Reflexion zu entdecken, sondern ebenfalls in dem negativ-dogmatischen Versuch nachzuweisen, dieses Unternehmen sei unmöglich, da wir aufgrund unserer Endlichkeit kein metaphysisches Wissen haben können. Sextus wendet sich mit seinem Kontextualismus gegen jegliche Form einer Letztbegründung, sei diese nun positiv (Dogmatismus) oder negativ (negativer Dogmatismus). Sextus argumentiert nämlich für eine unendliche, weil unentscheidbare Meinungsverschiedenheit (ἀνεπίκριτος στάσις), die seine eigene Position einbezieht und Nutzen daraus zieht, daß sie sich selbst aufhebt.[28] Diese Position muß aber immer wieder in der Auseinandersetzung mit philosophischen Positionen gewonnen werden, die konstruktive Angebote machen. Der Pyrrhonische Skeptizismus ist deswegen darauf angewiesen, daß es Dogmatiker (eingeschlossen: negative Dogmatiker) gibt, da er ansonsten sein destruktives Projekt nicht verfolgen könnte.

---

and dialectical context.« (Williams: *Problems of Knowledge*, 179, Hervorhebung von mir, M. G.)

[28] Sextus vergleicht seine Methode ausdrücklich mit der Aufstellung einer semantischen Paradoxie wie »Nichts ist wahr« (οὐδέν ἐστιν ἀληθές) oder »Ich sage nichts Bestimmtes« (οὐδὲν ὁρίζω), d. h. mit einer Position, die auf sich selbst angewendet dazu führt, daß sie aufgehoben wird. (PH 1.14f.) Genau dadurch unterscheide sich der Skeptiker vom (positiven wie negativen) Dogmatiker. Während dieser behaupte, daß dasjenige, was er behauptet, der Fall ist, stellt der Skeptiker eine Position auf, die sich der Möglichkeit nach (δυνάμει) selbst aufhebt. Denn Äußerungen wie »Nichts ist wahr« haben die Eigenschaft, solange etwas Wahres (nämlich über alle anderen Äußerungen) zu sagen, als sie nicht auf sich selbst angewendet werden. Daher heben sie sich der Möglichkeit nach auf. Diese Qualifikation ist zentral, da Sextus ansonsten unfähig wäre, sich überhaupt auszudrücken. Vgl. PH 1.15: εἰ ὁ δογματίζων τίθησιν ὡς ὑπάρχον τοῦτο ὃ δογματίζει, ὁ δὲ σκεπτικὸς τὰς φωνὰς αὐτοῦ προφέρεται ὡς δυνάμει ὑφ' ἑαυτῶν περιγράφεται, οὐκ ἂν ἐν τῇ προφορᾷ τούτων δογματίζειν λεχθείη. Fogelin hebt diesen Aspekt des Pyrrhonischen Skeptizismus zu Recht hervor, wenn er konstatiert: »Pyrrhonism admits of no direct justification. Pyrrhonism seems to have this peculiar feature: If true, it cannot be warrantedly asserted to be true.« (Fogelin: *Pyrrhonian Reflections on Knowledge and Justification*, 10)

Unter *Kontextualismus* wird hier die Behauptung verstanden, daß die Evaluation der Gültigkeit einer Aussage nur dadurch möglich ist, daß man sie vorgängig einer Menge von Unterscheidungen unterstellt hat, die in einigen Kontexten vorausgesetzt werden können und in anderen Kontexten nicht. Da diese Unterscheidungen nicht alternativenlos sind, sind sie kontingent. Der Kontextualismus in diesem Sinne stellt demnach eine *These über die kontingenten Gültigkeitsbedingungen von Aussagen dar.* Er behauptet, daß eine Aussage nur dann prüfbar ist, wenn ein Bezugssystem (ein Kontext) festgelegt ist, vor dessen Hintergrund die betreffende Aussage eingeschätzt werden soll. Der erste Schritt, um den Kontextualismus zu motivieren, ist die Beobachtung, daß es unmöglich ist, eine voraussetzungslose Prüfung einer Aussage einzuleiten. Bereits die Einschätzung, daß man es bei einem gegebenen Ereignis mit einem sprachlichen oder nichtsprachlichen Ausdruck zu tun hat, setzt einen linguistischen Kontext, d. h. eine Sprache voraus. Eine Sprache ist aber immer schon ein komplexes Bezugssystem, wie jeder Blick in die Grammatik einer natürlichen Sprache zeigt. Die Bedeutung der Ausdrücke einer Sprache ist nur unter Rückgriff auf ein komplexes differentielles Regelsystem zu bestimmen, so daß die Einordnung eines Ereignisses als sprachliches Zeichen und damit als *semantisches* Ereignis einschließlich der Möglichkeitsbedingung des Verstehens dieses Ereignisses ein stabiles Bezugssystem voraussetzt. Ohne ein solches Bezugssystem könnte ein Ereignis nicht als sprachlicher Akt *registriert* und sein Gehalt folglich auch nicht geprüft werden. Es versteht sich dabei von selbst, daß nicht jeder Sprecher Zugang zu allen Kontexten hat, die sich im Kontext seiner Sprache ausbilden. Jede lebendige Sprache bietet ebenso wie die Welt stets mehr Möglichkeiten, als man auch nur ahnen kann, und liefert erst recht mehr Möglichkeiten, als sich aktualisieren lassen.[29] Der logische Raum (alles, was möglich ist) ist größer als die Welt (alles, was wirklich ist).

---

[29] In Anlehnung an Foucault kann man diesen Gedanken auch dahingehend formulieren, daß Aussagen diskursive Funktionen sind, die nur dann individuiert werden können, wenn eine diskursive Formation Beziehungsregeln festlegt, durch welche sich Elemente konstituieren. So sind Aussagen im logischen Diskurs Propositionen, im grammatischen Diskurs Sätze, im genealogischen Diskurs Stammbäume, im chemischen Diskurs Zeichen für Elemente und die Gesetze ihrer Konfiguration etc. Es gibt demnach keine Individuationskriterien für Aussagen überhaupt. Eine Aussage kann nur vor dem Hintergrund einer diskursiven Formation als Aussage individuiert werden. Vgl. Foucault, M.: *Archäologie des Wissens.* Frankfurt/Main [8]1997, 115–153. Aussagen

Das Bezugssystem reduziert Komplexität, indem es Unterscheidungen etabliert, die die Welt in dasjenige einteilen, was in einem Kontext verfügbar ist und was nicht. Das Bezugssystem diktiert auf diese Weise die Auswahl der Elemente, aus denen es sich zusammensetzt, und deren Rekombinierbarkeit. Die Elemente gehen dem Bezugssystem nicht vorher, so daß es sich aus ihnen zusammensetzen ließe, sondern sind nur als *bestimmte* Elemente Elemente des Bezugssystems. Was überhaupt als Element zu gelten hat, wird nur durch das Bezugssystem festgelegt. Um die Elemente zu verstehen, bedarf es folglich einer Kenntnis des Bezugssystems, ebenso wie es einer Kenntnis der Elemente bedarf, um das Bezugssystem anzuwenden.[30] Die Sprache etabliert sich demnach als System, das sich von der Welt unterscheidet, die dadurch zur Umwelt des Systems wird. Die Welt wird von der Sprache als dasjenige unterschieden, worüber überhaupt gesprochen werden kann. Auf diese Weise wird die Welt zur Totalität aller Elemente, d.h. zur absoluten Umwelt des Sprachsystems, die nicht umstandslos (sprich: ohne diskursive, paradoxieanfällige Vermittlung) verfügbar ist.

Sprachlich regulierte Kontexte markieren Grenzen zwischen der Welt und möglichen Aussagen über die Welt bzw. möglichen Handlungen in der Welt. Sie ermöglichen also »das Wegarbeiten von Beliebigkeiten, die Verringerung von Informationslasten und das Einschränken von Anschlußmöglichkeiten – und alles das vor dem Hintergrund des Zugeständnisses von Selbstreferenz, also in dem Wissen, daß alles auch anders möglich wäre.«[31] Ein Kontext markiert

---

gibt es Foucault zufolge nicht ohne »Nebenraum« (ebd., 142), d.h. ohne Dispersion anderer Aussagen, die sie voraussetzt oder von der sie vorausgesetzt wird. Dieses Verhältnis der Koexistenz von Aussagen ist kein rein logisches, d.h. es geht nicht um die inferentiellen Implikationsverhältnisse von Propositionen oder die Verkettung von Sätzen, sondern um die Aussagefunktion in diskursiven Praktiken.

[30] Rorty bringt genau diese holistische Struktur aller diskursiven Praktiken mit dem hermeneutischen Zirkel in Verbindung. Vgl. Rorty: *Philosophy and the Mirror of Nature*, 319: »Our choice of elements will be dictated by our understanding of the practice, rather than the practice's being »legitimated« by a »rational reconstruction« out of elements. This holist line of argument says that we shall never be able to avoid the »hermeneutic circle« – the fact that we cannot understand the parts of a strange culture, practice, theory, language, or whatever, unless we know something about how the whole thing works, whereas we cannot get a grasp on how the whole thing works until we have some understanding of its parts.«

[31] Luhmann: *Die Wissenschaft der Gesellschaft*, 25. Bei Luhmann geht es freilich um den Begriff des Verstehens, den er aber im hier verwendeten Sinne des Wortes »kon-

also notwendig Grenzen, einerseits zwischen dem Kontext und der Welt und andererseits zwischen sich selbst und anderen Kontexten. Die Markierung dieser Grenzen kann unmöglich vollständig innerhalb des Kontextes thematisiert werden, da er dadurch einerseits sein Funktionieren unterbräche und andererseits in einen weiteren Kontext führte, der seinerseits Unterscheidungen mit sich führt, die er nicht als Information verarbeiten kann, ohne in einen weiteren Kontext zu führen usw. *in infinitum.*

Jede Prüfung einer Aussage führt also Standards, d. h. Normen mit sich, die bestimmen, was als korrekter und was als inkorrekter Zug unter der Voraussetzung einer Menge von Regeln gelten kann. Ein regelgeleitetes (sprachliches oder nichtsprachliches) Verhalten, das durch eine Menge von Regeln beschrieben werden kann, die bestimmen, was als korrekter und was als inkorrekter Zug gelten soll, kann man eine *Praxis* oder einen *Diskurs* nennen.[32] Im folgenden werden die Begriffe *Praxis* und *Diskurs* jeweils abhängig davon gebraucht, ob es sich bei dem Kontext, über den gesprochen wird, um ein System handelt, das ohne einen *Begriff von Handlung* nicht verstanden werden könnte, oder ob es sich um ein System handelt, das ohne einen *Begriff von Behauptungen* und damit ohne den Begriff epistemischer Ansprüche nicht verstanden werden könnte. In einem noch allgemeineren Sinne werden Handlungen und Behauptungen einfach »Züge« in einem Diskurs heißen. Züge in einem Diskurs sind Elemente, die Zeit in Anspruch nehmen und entweder regelkonform oder -nonkonform sein können.

Derjenige Kontextualismus, der sich als ein zentrales Resultat des Pyrrhonischen Skeptizismus herausstellen wird, muß freilich so-

---

textualistisch« deutet. Zur Differenz von System und Umwelt als Möglichkeitsbedingung der Beobachtbarkeit vgl. ausführlich Luhmann: *Soziale Systeme,* 242–285.

32 Ich schließe mich damit an Crispin Wrights Diskursbegriff in *Truth and Objectivity* an, dem sich größtenteils auch die Überlegungen zum Zusammenhang von Privatsprache und Repräsentationalismus verdanken, die unten (vgl. § 9) angestellt werden. Zur Definition des Diskursbegriffs vgl. Wright: *Truth and Objectivity,* 15: »Let us characterise as a *practice* any form of intentional, purposeful activity, and as a *move* any action performed within the practice, for its characteristic purposes. And now reflect on what is, or might appropriately be meant by the claim that a certain characteristic is *normative* of such a practice. Various proposals are no doubt possible, but we should recognise straight away a distinction between *descriptive* and *prescriptive* claims about normativity. A characteristic of moves in a particular practice is a descriptive norm if, as a matter of fact, participants in the practice are positively guided in their selection of moves by whether a proposed move possesses that characteristic.«

wohl von einem wissensspezifischen als auch von einem trivialen Kontextualismus klar unterschieden werden. Der *wissensspezifische Kontextualismus* behauptet, daß die Semantik von Wissen nichttriviale kontext-sensitive Bedingungen impliziert.[33] Der *triviale Kontextualismus* hingegen macht lediglich darauf aufmerksam, daß alle Wissenszuschreibungen situativ sind, d. h. eine Beziehung auf eine Konstellation von Fakten, also auf einen bestimmten Weltzustand haben. Insofern der triviale Kontextualismus mit keiner durchgreifenden Revision der klassischen wahrheitskonditionalen Semantik einhergeht, sondern in diese eingetragen werden kann, fällt er aus unserer Betrachtung heraus.[34]

---

[33] Der wissensspezifische Kontextualismus wird von vielen seiner Vertreter als Argument für eine antiskeptische Strategie eingesetzt. Vgl. bes. Lewis: »Elusive Knowledge«; DeRose, K.: »Solving the Skeptical Problem«, in: *The Philosophical Review* 104 (1995), 1–52; ders.: »The Ordinary Language Basis for Contextualism and the New Invariantism«, in: *The Philosophical Quarterly* 55/219 (2005), 172–198; Cohen: »Contextualism and Skepticism«; ders.: »Contextualism: problems and prospects«, in: *Philosophical Quarterly* 55/219 (2005), 199–212. Die Arbeiten von Michael Williams gehören nicht in diese Klasse, weil Williams einen Pyrrhonischen und keinen wissensspezifischen Kontextualismus vertritt.

[34] Der triviale Kontextualismus ist freilich in die zweidimensionale Semantik eingebaut, die allerdings lediglich die Einführung kontextueller Parameter (Zeit und Ort) in die klassische wahrheitskonditionale Semantik für indexikalische Ausdrücke vornimmt, was eine Korrektur, aber keine durchgreifende Revision der Semantik darstellt. Vgl. dazu MacFarlane, J.: »The Assessment Sensitivity of Knowledge Attributions«, in: Gendler, T. S./Hawthorne, J. (Hrsg.): *Oxford Studies in Epistemology 1*. Oxford 2005, 197–233; ders.: »Making Sense of Relative Truth«, in: *Proceedings of the Aristotelian Society* 105 (2005), 321–339. Der Kontextualismus, von dem im folgenden die Rede sein wird, ist ungleich radikaler. Seine moderne Formulierung verdankt sich dem späten Wittgenstein und seiner Absage an den Begriff einer Totalität von Fakten (Welt), die von Sätzen richtig oder falsch abgebildet werden können, indem Sätze Propositionen ausdrücken. Der frühe Wittgenstein nimmt noch eine Totalität von Fakten an. Die Relation zwischen Satz und Welt ist dementsprechend binär. Der späte Wittgenstein hingegen versteht »Bedeutung« gar nicht mehr grundsätzlich als eine Relation zwischen Satz und Welt, sondern als einen normativen Begriff, auf den Fakten keine unmittelbare Restriktion ausüben können. Man vergleiche diese Wendung, die Wittgenstein in seinem Denken vollzogen hat, mit der Pyrrhonischen Kritik der griechischen ontologischen Wahrheitsauffassung, der zufolge Wahrheit (ἀλήθεια) bzw. das Wahre (τὸ ἀληθές) keine ausschließlich semantische Größe ist, sondern vielmehr dasjenige bezeichnet, was unabhängig von menschlichem Fürwahrhalten an sich wirklich ist, was seit Parmenides einfach das Seiende *tout court* (τὸ ἐόν; τὸ ὄν) genannt werden konnte. Sextus versucht hingegen in unermüdlichen Argumentationsgängen zu zeigen, daß es keine Wahrheit in diesem Sinne geben kann, da vielmehr kontextuelle Parameter (was er ausdrücklich περιστάσεις, also »Umstände« bzw. »Kontexte« nennt) in unser Welt-

Der wissensspezifische Kontextualismus behauptet, daß die Einschätzung von Wissenszuschreibungen mit den *Standards des Zuschreibers* variiert. Eine Wissenszuschreibung kann demzufolge wahr oder falsch je nach Standard des Zuschreibers sein. Der triviale Kontextualismus behauptet dagegen lediglich, daß die Wahrheit einer behaupteten Proposition mit den *Tatsachen* variiert, was im Falle indexikalischer Ausdrücke zur Einführung der zweidimensionalen Semantik geführt hat, aber keine durchgreifende Revision der Annahme erforderlich macht, daß Wahrheit eine Relation zwischen einem Faktum (der Welt) und einer Proposition ist. Die Einführung kontextueller Parameter dient der zweidimensionalen Semantik vielmehr dazu, den traditionellen Begriff der Proposition und mit seiner Hilfe die Funktion indexikalischer Ausdrücke besser zu verstehen.[35]

Der *Kontextualismus tout court*, vom dem hier die Rede ist, behauptet im Unterschied zum wissensspezifischen und zum trivialen Kontextualismus, daß es keine kontextfreie Evaluation eines Ereignisses und damit irgendeiner Information geben kann. Daraus schließt er, daß der Begriff einer an sich determinierten Welt keinen Beitrag zur Semantik liefern kann, da Bedeutung ein normativer Begriff ist und ohne eine Praxis der Evaluation der Bedeutung eines Ereignisses (einer Aussage, eines Verkehrszeichens, des Jahreszeitenwechsels usw.) überhaupt keine Anwendungsbedingungen hat. Sprachliche Bedeutung kann somit gemäß dem Kontextualismus nicht mehr als *Ausdruck von Propositionen* verstanden werden, die in Ewigkeit, d.h. unabhängig von ihrer Anwendung in einem informativen Kontext und einer Praxis der Evaluation, wahr oder falsch sind deshalb, weil die Totalität aller Fakten in Ewigkeit festgelegt ist. Der Kontextualismus macht auf die *kreative Dimension* aller Praktiken und Diskurse aufmerksam, die darin besteht, daß alle Praktiken und Diskurse zumindest ihre eigenen Betriebsbedingungen *hervorbringen*. Der Diskurs existiert nicht als modal robustes Faktum un-

---

verhältnis eingebaut seien, was es unmöglich mache, irgendein binäres Verhältnis zwischen der Welt (dem Seienden) und dem Denken bzw. der Sprache zu etablieren.

[35] Vgl. dazu die klassische Arbeit von Kaplan, D.: »Demonstratives«, in: *Themes From Kaplan*. Hrsg. von Joseph Almog, John Perry und Howard Wettstein. Oxford 1989, 481–563; vgl. auch Stalnaker, R.: *Context and Content*. Oxford 1999. Einen sehr guten Überblick über die zweidimensionale Semantik gibt Haas-Spohn, U.: *Versteckte Indexikalität und subjektive Bedeutung*. Berlin 1995.

abhängig von den Praktiken endlicher epistemischer Wesen. Diese sind deshalb die Schöpfer des Diskurses, da dieser nicht vorgefunden werden kann.

Der Kontextualismus bildet die direkte Negation des Platonismus im allgemeinen Sinne jeder Theorie, die auf der Überzeugung aufbaut, daß es ein ewig stabiles Reich der Bedeutungen (Freges »Gedanken«, Platons »Ideen«) gibt, zu dem wir einen kognitiven Zugang haben, sofern wir überhaupt irgendetwas Bestimmtes verstehen. Dieses ewige Reich der Bedeutungen enthält alle wahren und falschen Propositionen, die in Ewigkeit denselben Wahrheitswert haben. Sobald feststeht, welche Proposition ein Ausdruck zur Sprache bringt, ist dem Platonismus zufolge sein Wahrheitswert festgelegt, was nicht heißt, daß wir notwendig in der Position sein können müssen, ihn zu evaluieren. Es ist bspw. ewig wahr oder falsch, daß die Anzahl der Sterne zu einem bestimmten Zeitpunkt *t* gerade ist. Wenn wir behaupten, daß die Anzahl der Sterne zu *t* gerade ist, haben wir uns auf die Wahrheit einer Proposition verpflichtet und damit entweder etwas Wahres oder etwas Falsches gesagt, unabhängig davon, ob es jemals irgendein kognitives Wesen geben wird, das imstande ist, den Wahrheitswert der Proposition zu ermitteln, »daß die Anzahl der Sterne zu *t* gerade ist«.

Der Kontextualismus bestreitet den Gebrauchswert der metaphysischen Annahme von Propositionen und einer entsprechenden Totalität von Fakten (der Welt), indem er versucht, dafür zu argumentieren, daß weder Propositionen noch Fakten normative Kraft in dem Sinne haben, daß sie festlegen können, was als korrekter und was als inkorrekter Zug innerhalb eines Diskurses gelten *soll*. Was die Existenz von Propositionen und den Begriff der Welt als absoluter Totalität aller Fakten oder Sachverhalte angeht, enthält er sich des Urteils. Die allgemeine Form des Kontextualismus verpflichtet sich deshalb auf den pragmatistischen Primat des Sollens vor dem Sein, d. h. der Totalität der Normen vor der Totalität der Fakten, was unter anderem einen Primat der Rechtfertigung vor der Wahrheit und allgemein einen Primat der Praxis vor der Theorie impliziert. Der Kontextualismus scheint daher mit einigen Varianten des Naturalismus zu kontrastieren, die Sollen auf Sein, Normen auf Natur reduzieren wollen. Er gilt aus diesem Grunde nicht zufällig als Bollwerk gegen den reduktiven Naturalismus, gegen die naturalisierte Erkenntnistheorie oder den ethischen Naturalismus, die behaupten, daß Erkenntnis bzw. Moralität auf natürliche Vorgänge zu reduzieren sind, die in der Kognitionswissenschaft und Evolutionstheorie besser untersucht werden können als in der Philosophie.[36]

Der Kontextualismus ist eine allgemeine Theorie der Prüfbarkeit unserer sprachlichen und nichtsprachlichen Praktiken sowie unserer Diskurse. Er behauptet, daß kein Zug in irgendeinem Diskurs ohne Normen, d.h. ohne soziale Regeln, eingeschätzt werden könnte.[37] Normen sind dabei *Normen-im-Kontext* in dem Sinne, daß sie abhängig von einem bestimmten Informationsstand eines Subjekts und seiner kommunikativen Gemeinschaft sind, der nicht erhoben werden kann, ohne eine Menge von Regeln vorauszusetzen, die unabhängig von allen Informationsstandserhebungen sind; unabhängig in dem Sinne, als diese Voraussetzungen nicht ihrerseits als Information verarbeitet werden können, ohne daß der Kontext auf einen Metadiskurs hin überschritten würde. Jede Erhebung eines Informationsstandes in einem Diskurs setzt demnach Normen voraus, die nicht innerhalb des Diskurses, oder genauer: auf derselben Ebene des Diskurses mit demselben Kontext, evaluiert werden können, da keine Information des Diskurses zugunsten oder gegen die Gültigkeit der Normen sprechen kann. Ohne die Normen kann nämlich überhaupt keine Informationsstandserhebung, d.h. keine Untersuchung eingeleitet werden. Die Normen ermöglichen die Erhebung des In-

---

[36] Dennoch führt der Kontextualismus auf eine Variante des Naturalismus, was unten (§14) näher ausgeführt wird. Derjenige Naturalismus, der mit dem Kontextualismus kombiniert auftritt, muß dabei streng von dem wissenschaftlichen Naturalismus oder Szientismus unterschieden werden, der eine weitgehend akzeptierte Annahme der Philosophie insbesondere im angelsächsischen Sprachraum darstellt. Eine bedeutende zeitgenössische Sammlung wichtiger Stimmen in der Diskussion um den wissenschaftlichen Naturalismus findet sich in De Caro/Macarthur: *Naturalism in Question.*

[37] Fogelin und Williams begründen ihren Kontextualismus im Ausgang vom Begriff der *Rechtfertigung*. Williams formuliert Kontextualismus als die These, daß »all justification takes place in an informational and dialectical context.« (Williams: *Problems of Knowledge*, 179) Beiden geht es damit allgemein um die Möglichkeitsbedingungen von Untersuchung, d.h. von rational kontrollierter Informationsstandveränderung überhaupt. Der Begriff der Prüfbarkeit ist meines Erachtens allerdings noch grundlegender als der Rechtfertigungsbegriff. Prüfbarkeit bzw. Einschätzbarkeit ist nämlich die Minimalbedingung dafür, daß etwas *als* korrekt oder inkorrekt eingeordnet werden kann. Rechtfertigung ist hingegen lediglich der Versuch, mit Gründen zu zeigen, daß etwas korrekt ist. Damit es aber einen Unterschied zwischen korrekt und inkorrekt geben kann, müssen Normen im Spiel sein, die erlauben, etwas *als* etwas einzuschätzen, das als korrekt oder inkorrekt relativ auf ein Bezugssystem von Normen eingeschätzt werden kann.

formationsstandes und sind insofern Möglichkeitsbedingungen der Erkenntnissuche.

Wer Erkenntnis sucht, muß also eine Reihe *metapragmatischer Präsuppositionen* ins Spiel bringen – um einen Terminus Wolfram Hogrebes aufzugreifen –, ohne die er seine Untersuchung gar nicht starten könnte.[38] Daß man metapragmatischen Präsuppositionen nicht entkommen kann, sieht man daran, daß auch derjenige, der den Versuch unternimmt, ihnen zu entkommen, sein Unternehmen starten und *in ipso actu operandi* einer Menge metapragmatischer Präsuppositionen unterstellen muß. Wesen, die auf Erkenntnissuche angewiesen sind, also endliche epistemische Wesen, denen niemals alle Informationen auf einmal präsent sein können, sind folglich prinzipiell nicht imstande, alle Möglichkeitsbedingungen einer vorgeblichen Erkenntnis zu explizieren, um damit die Erkenntnissicherung zu einem definitiven Abschluß zu bringen. Der Kontextualismus macht diese Endlichkeit geltend und schließt aus ihr, daß es keine absolute Gewißheit geben kann, weshalb er in skeptischen Argumenten zu firmieren vermag.

Der Kontextualismus beruft sich auf eine Möglichkeitsbedingung der Erkenntnissuche endlicher epistemischer Wesen: Nämlich auf die *Notwendigkeit, daß wir stets Voraussetzungen machen müssen, um überhaupt eine begrifflich vermittelbare (und mithin diskursiv verwendbare) Einstellung zu irgendetwas aufnehmen und auf-*

---

[38] Vgl. Hogrebe, W.: »Erkenntnistheorie ohne Erkenntnis«, in: *Zeitschrift für philosophische Forschung* 38 (1984), 545–559, bes. 554, wo es über Kants Als-Ob-Teleologie heißt: »Die nach Prädikaten suchende Urteilskraft kann nur dann fündig werden, wenn sie unterstellt, daß die gegebenen Gegenstände in eben solche natürlichen Kontexte eingebettet sind, die sich unserem kognitiven Zugriff nicht prinzipiell entziehen, mithin für unsere kognitive Kompetenz zweckmäßig strukturiert sind. Diese Annahme läßt sich *innerhalb* des Funktionskreises unserer kognitiven Praxis, mithin empirisch i. e. S. nicht rechtfertigen, logisch schon gar nicht. Insofern handelt es sich nach Kants Sprachgebrauch um ein transzendentales Prinzip, oder [...] um eine meta-pragmatische Präsupposition, die eine sinnvolle Ausübung der Urteilskraft erst möglich macht.« Hogrebes Konzept einer *metapragmatischen* Präsupposition hat meines Erachtens einen wichtigen Vorteil gegenüber ihrem Pendant im Interpretationismus Günter Abels. Abel spricht in einem ähnlichen systematischen Zusammenhang von *interpretatorischen Präsuppositionen*. Vgl. Abel, G.: *Interpretationswelten. Gegenwartsphilosophie jenseits von Essentialismus und Relativismus*. Frankfurt/Main 1993, 129. *Interpretation* ist aber eine kognitive Leistung, während die metapragmatischen Präsuppositionen vielmehr Voraussetzungen dafür sind, daß es überhaupt kognitive Leistungen geben kann. Metapragmatische Präsuppositionen sind im Unterschied zu interpretatorischen Präsuppositionen keine Deutungen, wie Wittgenstein sagen würde.

rechterhalten zu können, ohne daß wir auf diese Voraussetzungen auf derselben theoretischen Ebene Zugriff haben können.[39] Diese Einsicht schließt sich selbst ein, indem sie ihrerseits metapragmatische Präsuppositionen unterstellen muß, die sie nicht vollständig einholen kann, was allein dann möglich wäre, wenn eine Einsicht gefunden werden könnte, die nur erworben werden kann, indem eingesehen wird, daß auch diese Einsicht Voraussetzungen hat. Dazu bedarf es der Konstruktion einer selbstreferentiellen Theorie, die auf einer nicht-vitiösen Zirkelstruktur basiert. Auch in einer selbstreferentiellen Theorie sind freilich basale logische Gesetze nicht begründbar, ohne bereits vorausgesetzt worden zu sein. Daraus folgt nicht, daß die basalen logischen Gesetze unbegründet sind, da sie nicht begründet werden können, ohne bereits vorausgesetzt zu werden.

Der Kontextualismus macht generell darauf aufmerksam, daß jede Praxis (jeder Diskurs) sein Apriori generiert. Wer auch immer einen Zug in einer Praxis oder in einem Diskurs ausführt, generiert dadurch eine Menge von Bedingungen, unter denen der Zug als so-und-so bestimmter eingeschätzt werden kann. Diese Beobachtung kann nur innerhalb einer philosophischen Diskurstheorie getroffen werden, deren Perspektive eigens gerechtfertigt werden muß. Das deskriptive Vokabular, das hier angewendet wird, und dem die Begriffe »Kontext«, »Norm«, »Diskurs« usw. zuzurechnen sind, gehört folglich einer erkenntnistheoretischen Metatheorie an, deren Objekte Diskurse bzw. Praktiken erster Ordnung sind, in denen über irgendetwas gesprochen und/oder in denen irgendetwas getan wird. Objekt der Theorien, die ihrerseits Objekt der Metatheorie sind, ist dabei die Welt, die in allen Diskursen erster Ordnung eine je verschiedene Rolle spielt, die wiederum im erkenntnistheoretischen

---

[39] Was ich unter Kontextualismus verstehe, hat Crispin Wright als die positive Lektion des *Humeschen Skeptizismus* aufgefaßt, die er folgendermaßen auf den Begriff bringt. »Wherever I get in a position to claim justification for a proposition, I do so courtesy of specific presuppositions – about my own powers, and the prevailing circumstances, and my understandings of the issues involved – for which I will have no specific, earned evidence. This is a necessary truth. I may, in any particular case, set about gathering such evidence in turn – and *that* investigation may go badly, defeating the presuppositions that I originally made. But whether it does or doesn't go badly, it will have its own so far unfounded presuppositions. Again: whenever claimable cognitive achievement takes place, it does so in a context [!] of *specific* presuppositions which are not themselves an expression of any cognitive achievement to date.« (Wright: »Warrant for Nothing«, 189)

Diskurs zweiter Ordnung bestimmt werden kann. Auf diese Weise kommen die Begriffe *Repräsentation* und *Wahrheit* ins Spiel. Das Objekt der Metatheorie ist nämlich nicht die Welt, sondern unser Verhältnis zur Welt bzw. das der Theorien erster Ordnung.[40] Unser Verhältnis zur Welt als Subjekte, die Wissensansprüche erheben und Überzeugungen über die Welt haben, wird durch die Möglichkeit der Wahrheit bestimmt.

Die Totalität der Normen-im-Kontext, durch die ein Diskurs jeweils konditioniert wird, kann als solche nicht innerhalb des Diskurses expliziert werden. Dies folgt aus einem bekannten infiniten Regreß, der sich einstellt, wenn man annimmt, daß die Normen-im-Kontext expliziert werden müssen, um zu gelten. In diesem Fall wäre die Geltung von Normen ihre Explikation. Angenommen nun, die Normen eines Aussagensystems müßten *in toto* expliziert werden, um zu gelten. Diese Annahme könnte sich dadurch empfehlen, daß wir durch die Explikation der Normen in den Vorteil gelangen, jede Anwendung einer Norm mit der nunmehr öffentlichen Norm selbst vergleichen zu können, um festzustellen, ob die *vermeintliche* Anwendung eine *wirkliche* Anwendung ist. Da Normen einen Ort im logischen Raum in mögliche Befolgungen und Verstöße einteilen, scheint die Explikation der Normen den Vorteil zu haben, daß wir eine Menge relevanter Ereignisse als Fälle eines konformen oder nonkonformen Verhaltens im Lichte der Norm interpretieren können. Nun interpretieren sich die Normen aber nicht selber. Um eine Norm korrekt zu interpretieren (was notwendig ist, um sie mit einem vermeintlichen Fall ihrer Anwendung zu vergleichen), bedarf es unter der Voraussetzung, daß alle Diskurse durch explizierbare Normen-im-Kontext konditioniert werden, wiederum einer Norm, die bestimmt, was als korrekte und was als inkorrekte Interpretation der ersten Norm gelten soll usw. *in infinitum.* Die Explikation der Normen trägt demnach nicht an sich zur Verbesserung unserer Diskursfähigkeit bei (obwohl limitierte metadiskursive Korrekturmechanismen durchaus funktional sein können). Die Explikation der Normen-im-Kontext ist endlich, was u.a. impliziert, daß sie bestenfalls zu einem Diskurswechsel im Sinne einer Umstellung von

[40] Daß der Wahrheitsbegriff, sofern er in der Erkenntnistheorie verwendet wird, ein Begriff ist, der allererst auf der Ebene einer Beobachtung zweiter Stufe, d.h. auf dem Niveau der Diskurstheorie eingeführt werden kann, zeigt ausführlich Luhmann: *Die Wissenschaft der Gesellschaft*, 167–270.

einer Theorie erster Ordnung auf eine Theorie zweiter Ordnung führt. Diese Umstellung werde ich von nun an als *Metabase* bezeichnen.

Eine *Metabase* liegt vor, wann immer die Explikation von Normen innerhalb eines Diskurses$_1$ in einen anderen Diskurs$_2$ führt, dessen Objekt nicht mehr die Welt *tout court,* sondern die Welt ist, wie sie im Diskurs$_1$ erscheint. Jede Metabase führt demzufolge von der Welt weg, wie sie für einen bestimmten Diskurs *ist,* indem sie die Welt, wie sie für einen bestimmten Diskurs *ist,* als Welt thematisiert, wie sie einem bestimmten Diskurs *erscheint.* Metabasen sind demnach der Grundvollzug aller Distanzkultur, die immer von Sein auf Schein umstellen muß, was im einzelnen zur Folge haben kann, daß wir durch Distanznahme einen kritischen Übersichtsgewinn verzeichnen können. Eine auf Selbstreferenz und damit auf eine unübersteigbare Metabase hin angelegte Theorie strebt daher stets »ein Durchbrechen des Scheins der Normalität«[41] an, was man mit Luhmann auch als *phänomenologische Reduktion* bezeichnen kann, die allen Theorien eignet, die von Sein auf Schein umschalten, und die daher nicht das Eigentum der Transzendentalphilosophie oder der Phänomenologie Husserls ist.

Metabasen können entsprechend leicht skeptische Argumente provozieren, was im Falle des moralischen Skeptizismus (bzw. Relativismus) besonders deutlich ist. Moralische Skeptiker berufen sich meist auf die offenkundige Relativität moralischer Normen in verschiedenen Gemeinschaften oder verschiedenen Gruppen innerhalb einer Gemeinschaft und schließen aus dem Faktum der Pluralität darauf, daß die Geltung moralischer Normen nicht als eine objektive kognitive Beziehung zwischen einer diskursiven Praxis und an sich bestehenden Werten, sondern als eine Beziehung zwischen letztlich arbiträren Werten einer eingeschränkten Gruppe und dem Verhalten ihrer Mitglieder analysiert werden müsse. Sie betrachten das Phänomen der Moral demnach *von außen,* indem sie nicht aus der Perspektive einer der Gruppen heraus dahingehend argumentieren, daß die moralischen Normen der anderen Gruppen nicht nur von den eigenen abweichen, sondern darüber hinaus durch ihre Divergenz der eigenen Überzeugung gegenüber falsch, d. h. selbst moralisch ver-

[41] Luhmann: *Soziale Systeme,* 162. Die Einsicht, daß alle Bestimmtheit (Realität) stets »reality-under-a-certain-desription« ist, verdankt sich auch Rorty zufolge eines »breaking the crust of convention« (*Philosophy and the Mirror of Nature,* 379).

werflich sein müssen. Der scheinbar neutrale moralische Skeptiker vollzieht eine Metabase, indem er die Welt nicht innerhalb eines moralischen Diskurses als so-und-so bestimmt (etwa durch moralische Werte charakterisiert und von dort aus divergierende Diskurse angreift), sondern vielmehr unentschieden darüber bleibt, wie die Welt ist. Er richtet seine Aufmerksamkeit auf die vielen Erscheinungen der Welt in den vielen Diskursen der vielen Gruppen und Gemeinschaften. Hierbei schließt er, daß es keine unabhängige Instanz (*die* moralische Wahrheit im eminenten Singular) gebe, die man zur Entscheidung der Pluralität der Diskurse heranziehen könnte. *Neutralismus* ist die These, daß eine Metabase notwendig zur Neutralisierung der Geltungsansprüche ihrer Objekttheorien führen muß, was aber nicht allgemein gilt, wie insbesondere der Fall des moralischen Relativisten zeigt. Denn der moralische Relativismus ist *nolens volens* selbst ein moralisch engagierter Standpunkt.[42]

Natürlich sind nicht *alle* Metabasen Bausteine eines Skeptizismus. Wer etwa in einer laufenden Kommunikation auf Bedingungen der Kommunikation selbst Bezug nimmt, mag dadurch bspw. beabsichtigen, den Ausbruch eines Streits zu befördern oder umgekehrt ein fundamentales Mißverständnis auszuräumen. Metabasen fungieren folglich auch als harmlose Reflexionsmechanismen. Sie sind jedenfalls eine Form von Selbstreferenz oder Selbstbeobachtung von Praktiken und Diskursen; aber eben nicht die einzig mögliche Form. Nicht jede Form von Selbstbeschreibung ist tauglich, um in einem skeptischen Argument eingesetzt zu werden. Wenn zwar auch nicht alle Metabasen skeptisch sind, so sind doch alle skeptischen Argumente Metabasen, was die zentrale Einsicht der kontextualistischen These ist, daß alle Formen des Skeptizismus sich aufgrund eines Kontextwechsels einstellen. Infolgedessen muß die Auseinandersetzung mit dem Skeptizismus teilweise im Rahmen einer Analyse der allgemeinen dialektischen Struktur von Metabasen geführt werden.

Skeptische Argumente reduzieren grundsätzlich Sein auf Schein, indem sie einen Diskurs erster Ordnung, *für* den die Welt so-und-so *ist*, einer Reihe optionaler Normen überführen, die dafür verantwortlich zeichnen, daß *für* den Skeptiker die Welt im Diskurs erster Ordnung so-und-so *erscheint*. Auf diese Weise halten skepti-

---

[42] Zum Scheitern des Neutralismus am Beispiel des moralischen Relativismus vgl. Dworkin, R.: »Objectivity and Truth: You'd Better Believe It«, in: *Philosophy & Public Affairs* 25 (1996), 87–139.

sche Metabasen »Distanz zu ihrem Objekt und bagatellisieren damit dessen Code.«[43] Metabasen stehen insofern in der Funktion der Freiheit, als sie das Gegebene (das Sein) distanzieren, d. h. zu einem Phänomen machen. Was für einen Diskurs erster Ordnung gegeben (unmittelbar) ist, wird durch die Metabase als eine Funktion der Einsetzung von Normen durchsichtig, die (so zumindest der Skeptiker) optional sind. Denn Normen gelten nur im Modus der virtuellen Realität der Anerkennung. Sie hängen davon ab, daß Ereignisse als Verhalten anerkannt und als Züge evaluiert werden. Normen sind deshalb keine modal robusten Fakten. Dies bedeutet aber, daß die Existenz von Normen von Ereignissen abhängt, die als Verhalten anerkannt werden. Diese Anerkennung beruht auf einer ständigen *creatio continua*, der Entscheidung einer Gemeinschaft, autorisierende Kriterien gelten zu lassen, die einige Ereignisse als Handlungen klassifiziert.[44] Der skeptische Ausdruck bekundet eine Distanz zu einer diskursiven Operation. Die (im philosophischen Sinne) relevante skeptische Reduktion von Sein auf Schein nimmt allenthalben die Operation in Anspruch, die Welt nicht mehr mit einer bestimmten Unterscheidung, d. h. etwa den Bereich von ethischen Aussagen (im Unterschied zu allen anderen Diskursen), zu beobachten. Anstatt also zu beobachten, was *ist*, beobachtet der Skeptiker, was wie *beobachtet* wird und versucht, eine Inkompatibilität des Beobachteten mit der Beobachtung auszumachen. Die epistemischen Bedingungen der Beobachtung sind nicht notwendig identisch mit der ontologischen Struktur des Beobachtbaren, worauf der Skeptiker aufmerksam macht.[45] Sofern wir die Welt mithilfe einer einzigen Registratur beobachten, die nicht alternativenlos und daher kontingent ist, müssen wir damit rechnen, daß die Welt sich uns genau deshalb verschließt, weil wir sie mithilfe einer Registratur beobachten wollen.

---

[43] Luhmann: *Die Wissenschaft der Gesellschaft*, 485.

[44] Vgl. dazu Castoriadis' Modell einer ontologischen Genesis des sozialen Imaginären in *The Imaginary Institution of Society*.

[45] Robert Brandom macht in der ersten seiner Woodbridge Lectures 2007 *(Animating Ideas of Idealism)* zu Recht darauf aufmerksam, daß sich der frühen Neuzeit ein Übergang von Ähnlichkeitsbeziehungen zwischen Geist und Welt hin zu Repräsentationsbeziehungen vollzogen habe. Die Cartesische analytische Geometrie repräsentiert zwar geometrische Figuren in linearer Algebra. Ihre Formeln ähneln den Figuren aber in keinster Weise. Die grundlegende Entdeckung der frühneuzeitlichen Erkenntnistheorie kann man darin sehen, daß die logische Struktur unserer Vorstellungen (Repräsentationen) nicht umstandslos auf die Struktur des Vorstellbaren schließen läßt.

Hegel untersucht in der *Phänomenologie des Geistes* verschiedene Verhältnisbestimmungen von Beobachtbarem und Beobachtung, indem er die verschiedenen Bewußtseinsgestalten (Diskurse, Kontexte, Praktiken) auf die in ihnen implizit vorgenommene Unterscheidung von Wahrheit (An-sich) und Gewißheit (Für-das-Bewußtsein) hin untersucht, wobei er unablässig darauf reflektiert, daß all dies Für-uns, d.h. den mitbeobachtenden und zugleich mitbeobachteten Leser geschieht, der gemeinsam mit dem phänomenologischen Subjekt »rein zusieht« (vgl. TWA, 3, 76). Im Unterschied zum Skeptizismus triumphiert damit aber nicht der Schein über das Sein, weil eigens auf die Konditionierung des Skeptizismus reflektiert wird, womit die »Gedankenlosigkeit des Skeptizismus über sich« (TWA, 3, 162) verschwinden soll. Wie später Luhmann versucht Hegel damit eine universale und mithin selbstreferentielle Theorie zu konstruieren, die nicht durch eine weitere Reflexion auf ihre Konditionierung skeptisch überboten werden kann. Ob ihm dies gelingt und wie er im einzelnen vorgeht, kann hier nicht verfolgt werden.[46] Der Hinweis auf Hegel und Luhmann soll lediglich dazu dienen, daran zu erinnern, daß die Auseinandersetzung mit dem Skeptizismus *qua* Metabase ein verbreiteter Theoriezug ist, was ich als Anlaß dazu verstehe, die dialektische Struktur der Metabase transparent zu machen.

Zwei Beispiele mögen einerseits die Struktur der *Metabase* und andererseits das *Regreßproblem* verdeutlichen, das im gesamten folgenden Kapitel eine ebenso gewichtige Rolle wie die Struktur der Metabase spielen wird.

(1) Metabase: Eine viel diskutierte Metabase ist bspw. der Übergang von der Wissenschaft zur Wissenssoziologie, der einer Reihe von Relativismen die Möglichkeit eröffnet hat, welche die Wissenschaften einer konstitutiven Blindheit anklagen.[47] Im Zentrum steht dabei die *Entdeckung der Latenz* (Luhmann): Die eigentlichen Bedingungen des Wissens sind in der Produktion und Akkumulation von Wissen ebenso latent wie die eigentlichen Bedingungen des Kapitalismus oder die eigentlichen Bedingungen des Bewußtseins dem Mar-

---

[46] Vgl. dazu ausführlich Heidemann: *Der Begriff des Skeptizismus.*

[47] Ein guter Überblick über die v.a. in den siebziger und achtziger Jahren des letzten Jahrhunderts heiß geführte Debatte um die Wissenssoziologie findet sich in Meja, V./ Stehr, N. (Hrsg.): *Der Streit um die Wissenssoziologie.* Zwei Bände. Band 1: *Die Entwicklung der deutschen Wissenssoziologie.* Band 2: *Rezeption und Kritik der Wissenssoziologie.* Frankfurt/Main 1982.

xismus und der Psychoanalyse zufolge latent sind.[48] Untersucht man die historischen und sozialen Entstehungsbedingungen der Wissenschaften und ihres Vokabulars, d. h. mit einem Wort: ihre Genealogie, verschwindet das felsenfeste Zutrauen in die Objektivität der Resultate, was im extremen Fall zu einem haltlosen Relativismus führen kann, den man in unseren Zeiten zu Recht oder zu Unrecht Rorty, Feyerabend oder Kuhn vorgeworfen hat.[49] Der Übergang vom *context of justification* (Geltung) zum *context of discovery* (Genesis), oder: von den Bedingungen der Erkenntnissicherung zu den Bedingungen der Erkenntnissuche, zeigt, daß die gefundenen Ergebnisse teilweise von Parametern abhängen, die historisch kontingent sind und uns ein bestimmtes, mythologieanfälliges Bild von den vermeintlich rein aufgenommenen Fakten präsentieren.

Luhmann ist sich der epistemologischen Probleme des wissenssoziologischen Standpunkts bewußt und schlägt daher eine Korrektur der klassischen oder wie er sagt »akademischen Erkenntnistheorie« vor. Diese Korrektur besteht darin, daß der Beobachterstandpunkt des Erkenntnistheoretikers seinerseits beobachtet wird. Wir haben dies oben (§5) als *dialektische Analyse* bezeichnet. Luhmann geht davon aus, daß jede Beobachtung etwas Bestimmtes beobachtet und dieses von anderem unterscheiden muß, das nicht beobachtet wird, ohne daß *trivialiter* dasjenige beobachtet werden kann, was nicht beobachtet wird. Dasjenige, was nicht beobachtet wird, wird somit auch nicht *als* dasjenige beobachtet, was nicht beobachtet wird, da es eben nicht beobachtet wird. Latenz ist dasjenige, was jeweils nicht beobachtet wird, damit dasjenige beobachtet werden kann, was beobachtet wird. Beobachtung vollzieht sich deshalb allenthalben als die doppelte Operation, eine Unterscheidung *(distinction)* zu treffen und gleichzeitig nur eine Seite dieser Unterscheidung zu bezeichnen *(indication)* und die andere auszublenden. Durch beide Selektionen wird ein Gegenstandsbereich abgegrenzt. Nun kann aber die Unterschei-

---

[48] Vgl. Luhmann: *Die Wissenschaft der Gesellschaft,* 89 ff.; vgl. auch ders.: *Soziale Systeme,* 88 ff., 458 ff.

[49] Hier gilt wie immer, daß niemand eine Theorie vertritt, die so absurd ist, wie seine Kritiker es ihm vorwerfen. Ich glaube, daß man die genannten Autoren durchaus von den meisten Vorwürfen freihalten kann, die gegen sie erhoben wurden. Der simple Einwand, ein Relativist dürfe seine eigene Position nicht wiederum relativieren, ohne seinen Theoriestatus überhaupt einzubüßen, den man gegen die genannten Autoren gerne zitiert, ist oberflächlich, wie sich im folgenden herausstellen wird. Vgl. zur Antinomie der Selbstreferenz die Ausführungen in den §§ 14–15 dieser Arbeit.

dung, welche die Bedingung *aller* Bezeichnung eines Gegenstandsbereichs, mithin der Wahl einer der beiden Seiten einer gewählten Differenz ist, nicht durch diese Beobachtung selbst *in ipso actu operandi* beobachtet werden. Dazu benötigt man einen »Schemawechsel« und eine zweite Beobachtung, d. h. eine Metabase, die sich ihrerseits in der Tätigkeit der Unterscheidung, die *ihr* vorangeht, notwendig opak oder latent ist.[50] So rekonstituiert jede Beobachtung ihren eigenen blinden Fleck. Soll nun *diese* Beobachtung der Unbeobachtbarkeit der Unterscheidung, ohne die es überhaupt keine Beobachtung geben könnte, in keinen infiniten Regreß führen, muß eine Theorie auf eine Weise konstruiert werden können, die sich in ihrer Konstruktion selbst beobachtet, so daß Beobachtung und Theoriekonstruktion koinzidieren. Wie eine solche Theorie aussehen könnte, wird uns unten (§§ 14–15) beschäftigen. Es geht hier lediglich darum, die Gedankenfigur der Metabase zu verdeutlichen, da diese der Diskurstheorie und damit dem Kontextualismus zugrunde liegt dergestalt, daß dieser eine Beobachtung zweiter Ordnung vollzieht und folglich daraufhin geprüft werden kann, ob eine solche Beobachtung möglich ist und inwiefern sie eine antiskeptische Strategie in Aussicht stellt.

Eine Reihe wissenschaftlicher epistemischer Projekte verdankt sich einer Metabase und geriete unter Bedrohung, wenn man Metabasen generell verdächtigte. Die meisten sogenannten Geisteswissenschaften etwa beruhen auf einer Metabase, da sie nicht Diskurse erster Ordnung sind, für welche die Welt so-und-so *ist*, sondern vielmehr Diskurse zweiter Ordnung, die untersuchen, wie die Welt den entsprechenden Diskursen erster Ordnung *erscheint*. Der Kunsthistoriker bspw. kann nicht sagen, welches Kunstwerk zu welcher Zeit notwendig war, was ja Künstler oft von den eigenen Produktionen behaupten. Er kann lediglich untersuchen, was Künstler oder

---

[50] »Alles Beobachten ist Benutzen einer Unterscheidung zur Bezeichnung der einen (und nicht der anderen) Seite. Die Unterscheidung selbst fungiert dabei unbeobachtet; denn sonst müßte sie, um bezeichnet werden zu können, ihrerseits Komponente einer Unterscheidung sein, die dann ihrerseits unbeobachtet eingesetzt werden müßte. Jede Beobachtung ist in ihrer Unterscheidungsabhängigkeit sich selber latent. Genau das kann aber mit Hilfe einer anderen Unterscheidung beobachtet werden. Was nicht beobachtet werden kann, kann beobachtet werden – wenngleich nur mit Hilfe eines Schemawechsels, also mit Hilfe von Zeit. Schon wenn man nicht nur Beobachtungen praktiziert, sondern nach dem Beobachter fragt, also nach dem System fragt, das Beobachtungen sequenzieren und sich dadurch ausdifferenzieren kann, vollzieht man einen solchen Schemawechsel.« (Luhmann: *Die Wissenschaft der Gesellschaft*, 91 f.)

Rezipienten zu einer bestimmten Zeit für ästhetisch notwendig gehalten haben. Der Blick der Theorie zweiter Ordnung verbietet es, sich selbst unmittelbar in Wertungen zu engagieren, was nicht heißt, daß Wertungen in einer Theorie zweiter Ordnung kategorisch ausgeschlossen sind. Oftmals erweist sich der Blick zweiter Ordnung nämlich als Aufklärung, so daß eine Metabase zu dem Ergebnis führen kann, daß all die von ihr in Augenschein genommenen Diskurse erster Ordnung eines massiven Irrtums angeklagt werden müssen. Dieses Ergebnis ist selbst eine Wertung ebenso wie der moralische Relativismus selbst eine moralische Position ist, obwohl er eine Theorie zweiter Ordnung ist. Daraus, daß eine Metabase vollzogen worden ist, folgt keineswegs, daß der derart motivierte Standpunkt zweiter Ordnung neutral gegenüber dem Beobachtungsschema seiner Objekttheorie ist, was Skeptiker allerdings gerne suggerieren, indem sie ihren Positionen den Anstrich der Neutralität bzw. Unparteilichkeit geben.[51]

Einige Metabasen sind auch in den Begriff des Wissenschaftsfortschritts eingebaut. Dies möge wiederum ein einfaches Beispiel illustrieren. Angenommen, zwei Parteien stritten ernsthaft über die Frage, ob sich die Erde um die Sonne oder die Sonne um die Erde dreht. Beide Parteien arbeiteten dabei mit einem elaborierten Aussagensystem, das Argumente und Hintergrundüberzeugungen einbezieht. Nun stellt sich aber im Kontext der gemeinsam angestrebten Beantwortung der Streitfrage heraus, daß Bewegung relativ auf ein Bezugssystem ist, was bedeutet, daß es überhaupt keine absoluten Fakten darüber gibt, was sich bewegt. Denn der Satz »Die Sonne bewegt sich« drückt die Proposition aus, »daß die Sonne sich relativ auf das Bezugssystem X bewegt«, so daß die scheinbar widersprechenden Aussagen (1) »Die Sonne bewegt sich« und (2) »Die Sonne bewegt sich nicht« kompatibel sind, weil (1) und (2) relativ auf verschiedene Bezugssysteme sind. Der Diskurs, der entsteht, wenn die beiden Parteien aufeinandertreffen, enthält daher nur scheinbar widersprüchliche Aussagen, da er eine wichtige Komponente ausblendet, die sich auf der logischen Ebene zweiter Stufe als die Bedingung der Möglichkeit eines genuinen Diskurses über Bewegung entpuppt.

---

[51] Vgl. dazu Williams: *Unnatural Doubts*, 22 ff. Williams schließt sich Stroud an, dem zufolge die erkenntnistheoretische Einstellung zu unserem Wissen im ganzen stets eine Form der Abstandnahme (»detachment«) voraussetze, die alles Wissen als solches nicht gelten läßt, um es neutral auf seine Gültigkeit hin zu untersuchen.

(2) Das Regreßproblem: S trifft im Odenwald auf einen pfeilförmigen Wegweiser, dessen Pfeilspitze nach rechts zeigt.[52] Der Wegweiser trägt die Aufschrift »Heidelberg – 7 Km«. Da S sich auf dem Weg nach Heidelberg befindet, wird er fraglos den Weg nach rechts einschlagen, da dieser ihn dem Wegweiser zufolge nach Heidelberg führt. Nun gibt es aber kein *Faktum* zwischen Himmel und Erde, das festlegt, daß ein Wegweiser, dessen Pfeilspitze nach rechts zeigt, impliziert, daß man sich nach rechts wenden soll, wenn man ihn korrekt interpretieren will. Denn wir können uns problemlos vorstellen, daß bspw. in einer Kultur, in der von rechts nach links gelesen wird, auch die Pfeilrichtung umgekehrt gedeutet wird. Es gibt keine begriffliche Notwendigkeit, die unsere Konventionen notwendig macht. Wiese man S ohne weitere Angabe von Gründen auf die Möglichkeit hin, daß der Wegweiser ihm vielleicht empfehle, nach links zu gehen, erwiderte er zu Recht, daß er nicht verstehe, was dies zu bedeuten habe, und folgte in gewohnter Weise dem Wegweiser nach rechts. S wird sein Handeln nicht am Gedanken der Arbitrarität von Konventionen und damit an ihrer Kontingenz orientieren. Zwar können *wir* auf diese Weise S' Verhalten als regelgeleitet beschreiben, indem wir ein deskriptives Vokabular einsetzen, das die Kontingenz der befolgten Regeln freilegt. Das heißt aber nicht, daß S dem Wegweiser nur folgen kann, indem er ein kompetenter Verwender des deskriptiven Vokabulars ist, ebensowenig wie nur derjenige eine Sprache sprechen kann, der ihre Grammatik studiert hat.

Noch abwegiger wäre es freilich zu postulieren, daß S überhaupt nur dadurch imstande sein könne, dem Wegweiser zu folgen, daß er vorgängig über die Regel informiert worden ist, daß man einen Wegweiser in Heidelberg (oder in der S bekannten Welt) von links nach rechts zu lesen habe. Unterstellt man nämlich, daß das Vermögen, eine Regel zu explizieren, die Bedingung der Möglichkeit ist, einer Regel zu folgen, gäbe es keinen Grund, die Annahme zurückzuweisen, daß *ex hypothesi* auch zum Verständnis des in der formulieren

[52] Das Beispiel des Wegweisers stammt von Wittgenstein. Vgl. PU, §85: »Eine Regel steht da, wie ein Wegweiser. – Läßt er keinen Zweifel offen über den Weg, den ich zu gehen habe? Zeigt er, in welche Richtung ich gehen soll, wenn ich an ihm vorbei bin; ob der Straße nach, oder dem Feldweg, oder querfeldein? Aber wo steht, in welchem Sinne ich ihm zu folgen habe; ob in der Richtung der Hand, oder (z. B.) in der entgegengesetzten? – Und wenn statt eines Wegweisers eine geschlossene Kette von Wegweisern stünde, oder Kreidestriche auf dem Boden liefen, – gibt es für sie nur *eine* Deutung?«

Regel eingesetzten Vokabulars eine weitere Explikation und damit eine weitere Regel erforderlich wäre.[53]

Die Annahme, daß S einer bestimmten *Interpretation* des Wegweisers folgt, leitet demnach einen infiniten Regreß ein. Um ihn zu vermeiden, muß man eine Theorie formulieren, die Raum für die Annahme schafft, daß S dem Wegweiser und nicht seiner Interpretation des Wegweisers folgt. Wer verlangt, daß es eine explizite Norm geben muß, um S' Verhalten als regelkonform verstehen zu können, vergißt, daß diese Norm ihrerseits *ex hypothesi* interpretiert werden müßte. So müßte sie bspw. zunächst *als* Norm anerkannt werden, ihre sprachliche Formulierung setzte wiederum eine Vielzahl linguistischer Präsuppositionen voraus usw. Die Gründe, die einen dazu bewegen zu fordern, daß alle Normen explizit sein müssen, um eine *endgültige* Interpretation sicherzustellen, generieren somit einen infiniten Regreß. Man muß deshalb unter Androhung eines vitiösen infiniten Regresses damit rechnen, daß es »eine Auffassung einer Regel gibt, die *nicht* eine *Deutung* ist« (PU, § 201), worin auch immer diese Auffassung bestehen mag.

Die Grundidee des Kontextualismus im Angesicht der Metabase sowie des Regreßproblems besteht im allgemeinen darin, mit einer Reihe von Rahmenbedingungen zu rechnen, die in unserem assertorischen Verhalten jeweils implizit sind, ohne explizit gemacht werden zu müssen. Diese Rahmenbedingungen legen fest, was mit einer gewissen Aussage überhaupt gemeint sein kann, d. h. was als eine Anwendung bestimmter Regeln gelten soll. Diese Rahmenbedingungen sind dabei nichtpropositional in dem Sinne, daß wir sie, wie Wittgenstein sagt, »*in der Tat* nicht anzweifeln« (ÜG, § 342). Das heißt nicht, daß wir explizit und reflektiert in sie einwilligen. Indem wir uns in der Tat (also: *in actu*) so-und-so verhalten, agieren wir unter Rahmenbedingungen, ohne auf diese irgendeinen willentlichen (propositionalen) Zugriff haben zu müssen, da der Versuch, die Rahmen-

[53] Eine besonders klare systematische Rekonstruktion des Regelregreßarguments bei Wittgenstein findet sich in Brandom: *Making it Explicit,* 18–46. Brandom geht dabei freilich über Wittgensteins (und Kripkes) Fassung des Problems hinaus, indem er mit seinem gesamten *opus magnum* zu zeigen versucht, wie sich alle traditionellen Probleme des Begriffs des Begriffs mithilfe eines sozialen Externalismus im Ausgang von Wittgenstein reinterpretieren lassen. Brandoms Behandlung des Problems zeichnet sich darüber hinaus dadurch aus, daß er Kant und Sellars einbezieht, deren Begriffstheorien sich, wie Brandom zeigt, ebenfalls als eine Antwort auf das Regelregreßargument deuten lassen.

bedingungen zu kontrollieren (zu rechtfertigen oder zu verteidigen) in einen vitiösen infiniten Regreß führt.[54] Mit Wittgenstein kann man somit beobachten, daß alle Diskurse stets vieles implizit hinnehmen müssen, um überhaupt einiges explizit konstatieren zu können. Vieles muß feststehen, damit sich einiges bewegen kann. Die Stabilität garantierenden Voraussetzungen werden dabei durch den Diskurs selbst generiert. Sie sind *qua* Normen-im-Kontext keine modal robusten Fakten, sondern virtuelle Entitäten, die im Modus retroaktiver Kausalität voraus-*gesetzt* werden (vgl. dazu ausführlicher §15). Ihr Sein ist ihre Wiederholung.

Die Individuationsbedingungen eines Kontexts sind die Regeln, die in ihm gelten müssen, damit überhaupt irgendeine Aussage in diesem Kontext auf ihre Gültigkeit hin überprüft werden kann. Diese Regeln sind in dem Sinne *a priori,* daß sie weder empirisch falsifiziert noch verifiziert werden können, da sie eine mögliche Untersuchung der Gültigkeit einer Aussage allererst ermöglichen. Sie sind aber nicht in dem Sinne *a priori,* daß sie eine universale Matrix für alle diskursiv engagierten Subjekte überhaupt bereitstellen, bzw. genauer: Nicht alle Regeln *qua* Normen-im-Kontext sind *a priori* im Sinne von Vollzugsbedingungen theoretischer Subjektivität überhaupt. Damit wird eingeräumt, daß es ein Apriori im klassischen Sinne durchaus geben mag; gleichwohl gibt es aber auch ein kontextuelles Apriori, was durch das Regelproblem manifest wird. Nur dieses kontext-sensitive Apriori interessiert uns hier.

»Empirie«, d.h. eine kontrollierte informationsverarbeitende Untersuchung bzw. ein epistemisches Projekt erster Ordnung kann nur eingeleitet werden, indem einiges relativ auf die angestrebte Untersuchung *a priori* feststeht. Im Kontext *Astrophysik* etwa ist die Annahme, daß die Welt nicht vor fünf Minuten mit den Spuren einer weitreichenden Vergangenheit *ex nihilo* geschaffen worden ist, in

[54] Vgl. Wrights klare Formulierung des Regresses: »one cannot but take certain […] things for granted. By that I don't mean that one could not investigate (at least some of) the presuppositions involved in a particular case. But in proceeding to such an investigation, one would then be forced to make further presuppositions of the same general kinds. Wherever one achieves warrant for a proposition, one's doing so is subject to specific preconditions – about one's own powers and understanding of the issues involved and about the prevailing circumstances – for whose satisfaction one will have no specific, earned warrant. This is a necessary truth.« (»Hinge Propositions and the Serenity Prayer«, 301 f.) Wright bedenkt allerdings nicht, daß die von ihm formulierte notwendige Wahrheit ihrerseits *ex hypothesi* unbegründete Voraussetzungen aufweist, die falsch sein können! Vgl. dazu unten §15.

diesem Sinne *a priori*. Man kann sie nicht bezweifeln, ohne den Kontext *Astrophysik* zu überschreiten. Im Kontext *Reisen* ist es derzeit ausgeschlossen, daß wir in einer Minute von Australien nach Finnland teleportiert werden usw. »D. h. die *Fragen*, die wir stellen, und unsre *Zweifel* beruhen darauf, daß gewisse Sätze vom Zweifel ausgenommen sind, gleichsam die Angeln, in welchen jene sich bewegen.« (ÜG, § 341[55]) Die Rahmenbedingungen eines Kontexts sind demnach seine Angel-Sätze, deren Geltung freilich nicht voraussetzt, daß sie in der Form von Sätzen mit propositionalem Gehalt artikuliert werden müssen, was der pragmatistischen Grundidee des Kontextualismus zuwiderliefe.[56]

Allgemein kann man diesen Gedanken auch so ausdrücken: Als endliche epistemische Wesen verfügen wir über einen gewissen variablen Informationsstand, den wir aufgrund von weiterem Input ständig modifizieren. Wer oder was auch immer Informationen verarbeitet, tut dies aber mithilfe einer bestimmten Registratur, die nicht zur Verarbeitung *aller* Informationen geeignet ist. Es kann keine Registratur geben, die alle Informationen verarbeiten kann. *Registraturen sind notwendig endlich, indem sie dazu dienen, Informationen, die sie aufnehmen müssen und nicht selber produzieren können, selektiv zu verarbeiten.* Was als Information gelten kann, ist abhängig von der jeweiligen Registratur. Nicht allen ist alles die gleiche Information.[57] Damit eine Registratur funktionieren kann,

---

55 Man beachte das Wortspiel, mit dem Wittgenstein hier arbeitet: »*Gewisse* Sätze« sind *einerseits* irgendwelche Sätze und *andererseits* Sätze, die gewiß sind.

56 Ich schließe mich damit einer Idee von Duncan Pritchard an, die dieser im Anschluß an Michael Williams formuliert hat: »what defines a context is its hinges«. (»Wittgenstein's *On Certainty* and Contemporary Anti-Scepticism«, in: Moyal-Sharrock, D./ Brenner, W. H.: *Investigating On Certainty: Essays on Wittgenstein's Last Work*. Basingstoke 2005, 210) Pritchard bringt Wittgensteins antiskeptische Strategie auf diese Weise zu Recht in Zusammenhang mit dem Kontextualismus, indem er zeigt, daß der Begriff des Kontexts sich durch Wittgensteins Angel-Sätze definieren läßt.

57 Es gibt selbstverständlich informationsverarbeitende Systeme, die Informationen allererst produzieren, um sie anschließend zu registrieren. Das gilt zum Beispiel für alle Organismen mit Bewußtsein. Wer Schmerz zur Kenntnis nimmt, registriert eine Information, die der Organismus selbst produziert hat, der mit einer anderen Funktion diesen Schmerz zur Kenntnis nimmt. Es gibt viele in diesem Sinne autopoietische Systeme. Man denke nur an Bewußtsein, das Erinnerungen aktualisiert oder Staaten, die die Größe ihres selbstgewirkten Schuldenbergs evaluieren usw. Geht man von Luhmanns Systemtheorie aus, müßte man sogar sagen, daß alle Systeme ihre Informationen (Sinn) selber produzieren, indem sie eine jeweils spezifische Grenze zwischen System und Umwelt ziehen, die bestimmt, was Information für sie sein kann. Dieses Modell läuft

müssen nun viele Parameter feststehen, die nicht bewegt werden können, ohne die Registratur selbst zu beschädigen. Diese Parameter generieren einen Informationsfilter, der ebenso kontingent, d.h. variabel, wie die Parameter selbst ist.[58]

Ein einfaches Beispiel gibt die Existenz von *Thermometern* an die Hand. Ein Thermometer zeigt die Temperatur und nicht die Uhrzeit an. Es zeigt aber keineswegs an, daß es die Uhrzeit nicht anzeigt, wenn es die Temperatur anzeigt. Wenn wir ein Thermometer lesen, prüfen wir nicht vorher, ob es nicht doch die Uhrzeit anzeigt und also in Wahrheit eine Uhr und kein Thermometer ist. Dies wird vielmehr vorausgesetzt, da wir ansonsten auch prüfen müßten, ob es die Entfernung der Sonne zum Mond oder des Eiffelturms zu meiner Nasenspitze anzeigt. Außerdem muß feststehen, daß das Thermometer nicht ernstlich beschädigt und folglich unzuverlässig ist. Angenommen nun, jemand hätte an einem Augusttag in Barcelona den Eindruck, es sei ungewöhnlich kalt. Er schaut auf ein Thermometer und liest ihm nach allen Regeln der Kunst kompetent ab, daß es 39 Grad Celsius sind. Dies erlaubt ihm entweder zu schließen, daß das Thermometer beschädigt sei, oder irgendwelche Hypothesen darüber aufzustellen, warum es ihm trotz der offenkundig registrierbaren Hitze ein kalter Tag zu sein scheint. Es besteht aber kaum die Möglichkeit, damit zu rechnen, daß 39 Grad Celsius kälter geworden sind als sie vor dem besagten Augusttag waren, oder daß 39 Grad Celsius in Barcelona an sich kälter sind als in Paris oder in Madrid. Der Celsius-Maßstab steht also fest, wenn eine Untersuchung darüber angestellt wird, was schief gelaufen ist, wenn jemand in Barcelona friert, obwohl ein Thermometer 39 Grad Celsius anzeigt.

Oder nehmen wir an, ein Astrophysiker schaut durch ein Teleskop in den Sternenhimmel und entdeckt plötzlich einen neuen Stern, den zuvor noch niemand registriert hat. Nach allen Regeln der Wissenschaft wird er zur Absicherung noch eine zweite Beobach-

---

allerdings Gefahr zu übersehen, daß die Autopoieses keine Authypostasis ist, d.h. die Umwelt nicht in einem kausalen Sinne produziert, eine absurde Annahme, vor der Luhmann selbst warnt. »Autopoiesis besagt nicht, daß das System allein aus sich heraus, aus eigener Kraft, ohne jeden Beitrag aus der Umwelt existiert. Vielmehr geht es nur darum, daß die Einheit des Systems und mit ihr alle Elemente, aus denen das System besteht, durch das System selbst produziert werden. Selbstverständlich ist dies nur auf der Basis eines Materialitätskontinuums möglich, das mit der physisch konstituierten Realität gegeben ist.« (Luhmann: *Die Wissenschaft der Gesellschaft*, 30)

[58] So etwa auch Castoriadis: *The Imaginary Institution of Society*, 232–235.

tung, vielleicht sogar mit einem anderen Teleskop vornehmen. Aber er wird nicht überprüfen, ob Teleskope die angemessene Registratur zur Verarbeitung von Informationen über Sterne sind.[59] Eine solche Revision der astrophysikalischen Praxis könnte nur unter sehr extremen Bedingungen erforderlich werden, wenn sich etwa herausstellte, daß die physikalischen Bedingungen in unserem Sonnensystem dazu führen, daß alle Teleskope in unserem Sonnensystem falsche Informationen über entfernte Sonnensysteme liefern. Ein Datum, das uns zu einer solchen Revision unserer gegenwärtigen Überzeugungen über Teleskope führen könnte, wäre etwa, daß die Materialien, mit denen wir Teleskope bauen, sich in einer relevanten Weise veränderten, wenn sie in ein anderes Sonnensystem transportiert würden, so daß sie in unserem Sonnensystem Informationen über Entfernungen liefern, die nur in unserem Sonnensystem gelten. Wie auch immer wir diese Entdeckung machen könnten, fest steht, daß sie uns dazu bewegen würde, unsere Überzeugungen über die Struktur entfernter Sonnensysteme nicht mehr ohne weiteres auf teleskopische Empirie zu gründen.

Die voranstehende Beobachtung soll wohlgemerkt nur einen diskurstheoretischen Internalismus und keinen Relativismus motivieren. Ein *diskurstheoretischer Internalismus* behauptet, daß jede Modifikation eines Diskurses *intern* motiviert werden muß, wofür es systemimmanente Gründe geben kann, die freilich nicht notwendig absolut in dem Sinne sind, daß sie in jedem Diskurs systemimmanente Gründe wären. Modifikationen eines Diskurses können nicht von außen importiert werden. Ein *diskurstheoretischer Relativismus* hingegen behauptet, daß alle Gründe für die Modifikation eines Diskurses nicht nur systemimmanent, sondern *eo ipso* selbst unbegründet sind, da kein Diskurs begründet gegen einen anderen ausgespielt

[59] Die Annahme einer gelingenden Verwendung von Geräten ist daher selbst normativ konstitutiert. »Physikalische Gesetze können niemals erschöpfend die Funktion von Meßgeräten erklären. Das Kriterium der Ungestörtheit ist nämlich normativ. […] Am Beispiel der Physik, genauer der physikalischen Meßkunst, liegt ein Prototyp der generalisierbaren Tatsache vor, daß Resultate der empirischen Naturwissenschaft nicht ausreichen, die Funktion der Erkenntnismittel in Beobachtung, Messung und Experiment hinreichend zu erklären. Es bleibt immer ein normativer Erklärungsrest, der sich nur aus der Zwecksetzungsautonomie des handelnden Forschers und aus den Geltungsansprüchen der Forschergemeinschaft gewinnen läßt.« (Janich, P.: »Szientismus und Naturalismus. Irrwege der Naturwissenschaft als philosophisches Programm?«, in: Keil, G./Schnädelbach, H. (Hrsg.): *Naturalismus. Philosophische Beiträge*. Frankfurt/Main 2000, 289–309, hier: 297 f.)

werden könne. Die Gründe für und wider einen diskurstheoretischen Relativismus werden im Kontext der Frage zu erörtern sein, inwiefern ein globaler Relativismus motiviert werden kann und was er genau behauptet. Vorerst genügt es, darauf hinzuweisen, daß das Teleskop-Beispiel für Überzeugungs-Revision *(belief-revision)* zwar in der Tat zum Theorieelement einer relativistischen Diagnose werden kann, für diese allein aber noch nicht hinreicht, wenn nicht überdies gezeigt werden kann, daß es systemimmanente Gründe nur dann geben kann, wenn es absolute Gründe gibt. Diese Annahme ist aber fragwürdig.[60] Der diskustheoretische Relativismus behauptet also, daß alle diskursinternen Überzeugungen, die anhand der Rechtfertigungsstandards des Diskurses für gültig gehalten werden, letztlich unbegründet sind, weil es keine absoluten Gründe für die Rechtfertigungsstandards selbst gibt. Der diskurstheoretische Internalismus hingegen bescheidet sich mit dem Funktionieren diskursinterner Rechtfertigungsmechanismen und weist wie der Relativismus auf die Unmöglichkeit absoluter, wahrheitsgarantierender Gründe hin. Wenn absolute, wahrheitsgarantierende Gründe unmöglich sind, wir uns aber dennoch imstande sehen, diskursinterne Rechtfertigungsmechanismen auszuweisen, berechtigt uns dies dem Internalismus zufolge zu der Annahme, daß die internen Rechtfertigungsmechanismen in jedem möglichen Sinne berechtigt sind. Wenn es keine absoluten Gründe gibt, dann kann es auch kein Argument dafür geben, daß *alle* diskursinternen Rechtfertigungsstandards arbiträr sind, da wir dies nur mithilfe absoluter Gründe feststellen könnten. Gibt es nun ohnehin keine absoluten Gründe, können sie auch nicht für unsere Rechtfertigungspraktiken notwendig sein. Alles Begründen ist mithin endlich, was der diskurstheoretische Relativismus nicht bedenkt, da er über alle Diskurse quantifiziert, ohne darauf zu

[60] Paul Boghossian drückt dies bei Gelegenheit seiner Diskussion der Quine-Duhem-These so aus: »The theory of the telescope has been established by numerous terrestrial experiments and fits in with an enormous number of other things that we know about lenses, light and mirrors. It is simply not plausible that, in coming across an unexpected observation of the heavens, a rational response might be to revise what we know about telescopes; one can certainly imagine circumstances under which that is precisely what would be called for. The point is that not *every* circumstance in which something about telescopes is presupposed is a circumstance in which our theory of telescopes is being tested, and so the conclusion that rational considerations alone cannot decide how to respond to recalcitrant experience is blocked.« (Boghossian, P. A.: *Fear of Knowledge. Against Relativism and Constructivism.* Oxford 2006, 128)

reflektieren, daß seine eigene Behauptung *ex hypothesi* innerhalb eines Diskurses getroffen wird und deshalb selbst endlich ist.

Diskurse kann man nun überhaupt als informationsverarbeitende soziale Registraturen betrachten. Dabei produzieren sie u.a. diskursinterne Informationen, die aber ebenfalls verarbeitet werden müssen, so daß sich nichts an dem grundsätzlichen Befund ändert, daß Diskurse Eingangsbedingungen haben, die sie nicht reflexiv *in ipso actu operandi* kontrollieren können. Das bedeutet, daß sowohl in einem Locke'schen empiristischen als auch in einem Berkeley'schen oder Leibniz'schen idealistischen Universum Informationen verarbeitet werden müssen, so daß sich nichts an der Diagnose ändert, daß die Eingangsbedingungen von Diskursen philosophisch untersucht werden müssen. Woher die Informationen stammen, spielt in dieser Untersuchung vorerst keine Rolle, da lediglich verschiedene Mechanismen der Informationsverarbeitung untersucht werden, indem insbesondere die Frage gestellt wird, wodurch sich Diskurse voneinander unterscheiden. Die diskurstheoretische Analyse von Registraturmechanismen verhält sich demnach neutral gegenüber der Frage, wie sich Denken bzw. Erkennen und Sein zueinander verhalten, d.h. insbesondere gegenüber der Frage, ob Erkenntnis voraussetzt, daß es eine Außenwelt im Sinne einer naiven Einzeldingontologie gibt oder nicht (vgl. oben §3). Realismus und Idealismus erscheinen vielmehr selbst als bestimmte Diskurstheorien, deren Konditionierung beobachtet werden kann, ohne daß damit bereits eine Entscheidung über die »Realität der Außenwelt« impliziert würde, was auch immer man von dieser verlangen mag. Die metatheoretische Untersuchung der Endlichkeit des Diskurses ist auf keine bestimmte Ontologie verpflichtet, da sie keine Theorie erster Ordnung darüber aufstellt, was es gibt. Sie untersucht lediglich, was es heißt, daß irgendetwas für Theorien erster Ordnung der Fall ist.

Eine interne Modifikation eines informationsverarbeitenden Systems muß von diesem registriert (im Falle eines Bewußtseins apprehendiert und damit begrifflich bestimmt) werden, um in einer entsprechenden Modifikation des Informationsstands zu resultieren. Nun sind Diskurse und nicht nur Bewußtsein informationsverarbeitende Systeme. Demgemäß haben sie an der allgemeinen Endlichkeit informationsverarbeitender Systeme teil, die darin besteht, daß kein informationsverarbeitendes System bestimmte Prozesse zur Modifikation seines Informationsstands einleiten kann, ohne sich auf die ordentliche Funktion seiner Registraturen immer schon betriebsblind zu verlassen. Dies bedeutet freilich nicht, daß es eine kognitive Relation oder auch nur eine Vertrauensrelation zu seinen Bedingungen aufbauen kann, da diese konstitutiv latent sind. Es kann nämlich unmöglich alle Bedingungen seiner eigenen Funktion kontrollieren, da es keine Informationen verarbeiten kann, die inkompatibel mit der Funktion seiner Registraturen sind. Für Diskurse heißt dies, daß sie Voraussetzungen generieren, die sie niemals restlos thematisieren und auf diese Weise *in actu operandi* einholen können.

Die allgemeinen Betriebsbedingungen von Diskursen, d. h. ihre metapragmatischen Präsuppositionen (Hogrebe), werde ich im folgenden in Anknüpfung an Wittgenstein als die *Angeln eines Diskurses* bezeichnen. Die Angeln eines Diskurses lassen sich in einem bestimmten Umfang in der Diskurstheorie als Angel-Sätze aufzeichnen, was nicht heißt, daß sie innerhalb des Diskurses als ausdrückliche Sätze, Behauptungen oder Aussagen vorkommen müssen, um ihre Funktion auszuüben. Da sie in der Diskurstheorie vielmehr als der notwendige blinde Fleck einer Objekttheorie beobachtet werden können, werden sie allenfalls in der Metatheorie als solche registriert. *Die Angeln eines Diskurses konstituieren einen Diskurs in dem Sinne, daß sie regeln, welche Informationen überhaupt verarbeitet werden können.* Dies mag ein Beispiel verdeutlichen: Angenommen, wir begegneten täglich einigen Außerirdischen, die sich – äußerlich nicht von Menschen unterscheidbar – unter uns gemischt haben, um unser Verhalten zu studieren. Alle Außerirdischen hätten jedoch einige Merkmale gemeinsam, die ihnen helfen, sich untereinander zu identifizieren, z. B. eine bestimmte Art und Weise, ihre Schuhe zu binden. Aufgrund unseres allgemeinen gegenwärtigen Informationsstands sind wir nicht imstande, einen wahrheitsfähigen Diskurs über Außerirdische zu etablieren, da die Angeln unserer Diskurse derzeit inkompatibel damit sind, uns auf Signale einzustellen, die als Information über die Präsenz von Außerirdischen verarbeitet werden. Dasselbe gilt für Wunder, Hexen, das Phlogiston, Zeitreisende, unbekannte Natur- und psychologische Gesetze und vieles andere, obwohl es nicht logisch unmöglich ist, daß es Informationen gibt, die für andere Registraturen eine Bestätigung der Präsenz von Wundern, Hexen usw. wären. Unsere Endlichkeit besteht demnach präzise darin, uns auf gewisse Operationen verlassen zu müssen, um Informationen zu verarbeiten. Ohne die Latenz dieser Operationen könnten wir gar keine Informationsverarbeitung initiieren. Daß wir aber Informationen verarbeiten müssen, daß uns also etwas gegeben wird, das wir in einen umfassenderen Horizont einrücken müssen, der uns seinerseits nicht gänzlich verfügbar sein kann, folgt aus der Grammatik der Registraturen.

Woher wir die Informationen beziehen, ist eine andere Frage, über die Realismus und Idealismus streiten. Weder ein Realist, der *grosso modo* behauptet, daß eine Dingwelt uns kausal mit Informationen versorgt, die uns kraft unserer sinnlichen und damit kausalen Verankerung in der Welt zugänglich sind, noch der Idealist, der einen umfassenden Geist annimmt, an dem wir als endliche Geister teilhaben und der uns unsere Informationen eingibt, bestreiten unsere Endlichkeit im hier bestimmten Sinne.[61] Es wäre nämlich schlichtweg absurd anzunehmen, daß wir über einen unendlichen Informationsstand verfügen könnten. Daß sich unser Informationsstand ändert, bezeugt also, daß wir mit etwas rechnen müssen, das über unseren jeweiligen Informationsstand hinausgeht und verantwortlich dafür zeichnet, daß dieser sich ändert.

Unter »Welt« verstehe ich dasjenige, was für die Modifikation unseres Informationsstands verantwortlich ist. Wie die Welt jeweils ist, läßt sich angesichts des voranstehenden Begründungsgangs *trivialiter* nicht unabhängig von der Operation eines Beobachters beob-

---

[61] Ich halte weder den genannten Realismus noch den genannten Idealismus für eine gut beschriebene philosophische Position. Beide Positionen müßten ausgearbeitet werden, um zu sehen, auf welche Annahmen sie genau verpflichtet sind. Ich führe die Positionen lediglich als Beispiel dafür an, daß man die Frage nach dem Woher der Informationen bzw. Daten stellen kann, die uns dazu nötigen, in jedem Moment unseres bewußten Lebens unseren Informationsstand zu ändern. Es ist wichtig festzuhalten, daß weder der Idealismus noch der Realismus noch irgendein Skeptizismus die Existenz einer Außenwelt im Sinne von irgendetwas leugnet, das über das hinausgeht, was einem Solipsismus des Augenblicks verfügbar ist. Realismus und Idealismus streiten sich allenfalls darüber, woher die Daten kommen, die wir registrieren, d. h. was die Außenwelt ist. Es geht also nicht darum, ob eine Außenwelt existiert und auch nicht darum, ob eine Außenwelt existiert, wenn niemand hinsieht oder sie in Gedanken erfaßt. Daher lautet Berkeleys Credo bekanntlich auch nicht *esse est percipi*, sondern *esse est percipi vel percipi posse*. Weder der Realismus noch der Idealismus dürfen die Objektivitätsbedingung *simpliciter* bestreiten, der zufolge Fürwahrhalten und Wahrheit potentiell divergieren können, so daß sowohl im Falle des Realismus als auch im Falle des Idealismus Raum für ein skeptisches Eindringen in unseren Erkenntnishaushalt besteht. Denn Skeptizismus kann jederzeit auftreten, wenn damit gerechnet werden darf, daß die Wirklichkeit im ganzen völlig von unserem Verständnis der Wirklichkeit im ganzen unterschieden sein könnte. Die einzige Position, die völlig Skeptizismus-resistent ist, ist also nicht der Idealismus, sondern der Solipsismus des Augenblicks, der mit keiner Divergenz von Wahrheit und Fürwahrhalten rechnet, damit aber auch schon nicht mehr theoriefähig ist.

achten, was nicht heißt, daß die Welt referenz-abhängig von der Existenz von Beobachtungsoperationen ist. Aus der Endlichkeit folgt also keineswegs, daß die (epistemologischen) Möglichkeitsbedingungen des Beobachtens zugleich (ontologische) Möglichkeitsbedingungen des Beobachteten sind, wie man von Kant her annehmen könnte.[62] Dabei muß man allerdings unmittelbar in Rechnung stellen, daß das Beobachtete bei Kant »Erscheinungen« und keine »Dinge an sich« sind, so daß seine transzendental-idealistische These von der Interdependenz der Möglichkeitsbedingungen des Beobachtens und derjenigen des Beobachteten keine ontologische Behauptung über die Welt ist, deren So-und-so-*Sein* Inhalt aller Theorien erster Ordnung ist (vgl. oben, § 3).

Aus der Voraussetzungsstruktur der Endlichkeit folgt auch nicht, daß wir in unseren Informationen gefangen sind, die von irgendetwas ausgelöst werden, das in irgendeinem Sinne unabhängig und außerhalb der Informationen ist. Unsere Endlichkeit impliziert lediglich, daß wir keinen semantischen Zugang zur Welt haben können, ohne mit einer Stabilität unserer Operationen zu rechnen, die nicht unabhängig von diesen Operationen garantiert werden kann (und auch nicht muß). Denn der Versuch, unsere kognitiven Operationen auf ein *fundamentum inconcussum* zurückzuführen, muß notwendig scheitern, da dieser Versuch seinerseits Voraussetzungen generiert, ohne die er nicht als epistemisches Projekt und damit als Operation vollzogen werden könnte. Unsere informationsverarbeitenden Operationen sind also notwendig blind gegen ihre eigenen Bedingungen, was zugleich eine Möglichkeitsbedingung ihrer Durchführung ist.[63] Ob unsere epistemische Endlichkeit Konsequenzen für den Begriff der Welt hat, d. h. wie das Verhältnis von Er-

---

[62] »[D]ie Bedingungen der *Möglichkeit der Erfahrung* überhaupt sind zugleich Bedingungen der *Möglichkeit der Gegenstände der Erfahrung*« (KrV, B197).

[63] Luhmann drückt das mit seiner berühmten Lehre vom »blinden Fleck« aller Beobachtung *qua* unterscheidender Operation aus. »Keine beobachtende (unterscheidende und bezeichnende) Operation kann sich selber unterscheiden und bezeichnen. Zur Unterscheidung von Beobachtungen bedarf es einer weiteren Operation, die ihrerseits in der gleichen Weise blind operiert. So wenig wie das Moment der Grenze kann das Moment der Eigenblindheit aus dem Beobachten eliminiert werden. Beide Phänomene sind konstitutive Bedingungen der Operation des Beobachtens. Alles Beobachten erzeugt daher Transparenz und Intransparenz.« (Luhmann: *Die Wissenschaft der Gesellschaft*, 543) Hier stellt sich natürlich bereits die Frage, wie es mit der Einsicht in die notwendige Endlichkeit der Beobachtung steht. Ist diese selbst endlich und wenn ja, welche Konsequenzen hat dies für ihre Behauptbarkeit? Vgl. dazu unten §§ 14–15.

kenntnistheorie und Ontologie bestimmt werden muß, ist eine Frage, der man sich nach Durchsicht der erkenntnistheoretischen Argumente für die Endlichkeit informationsverarbeitender Registraturen im allgemeinen stellen muß. Um aus der Struktur unseres Verstehens auf die Struktur der Welt selbst schließen zu können, bedarf es aber jederzeit eines zusätzlichen Arguments, das über die Analyse der Struktur unseres Verstehens hinausgeht.[64]

Unsere Endlichkeit ist janusköpfig: (1) Einerseits sind wir *a parte ante* darauf beschränkt, nur Informationen zu verarbeiten, die wir registrieren können. Die Einstellung unserer diskursiven Registraturen setzt voraus, daß eine bestimmte Menge von Angeln im Spiel ist, die *a priori* gültige von ungültigen Informationen diskriminiert, indem festgelegt wird, was als eine Informationseinheit gelten soll. (2) Andererseits sind wir *a parte post* darauf angewiesen, aus einem stets unvollständigen Informationsstand auf die in naher oder ferner Zukunft zu erwartenden Informationsstandveränderungen eingestellt zu sein. Als diskursive sind wir daher induktive Wesen, weshalb die skeptischen Attacken auf die Möglichkeit induktiver Schlüsse die allgemeine Struktur unserer diskursiven Rationalität besonders tief treffen.[65] Eine gerechtfertige Überzeugung haben zu können, setzt

---

[64] Dies macht Willaschek: *Der mentale Zugang zur Welt* (127–131) am Beispiel der Vereinbarkeit von Realismus und Relativismus deutlich. Kant hingegen schließt aus der Struktur unseres Verstehens auf die Struktur der Wirklichkeit, die er als die Abwesenheit der Struktur unseres Verstehens deutet. Er behauptet eindeutig, »daß die Dinge, die wir anschauen, nicht das an sich selbst sind, wofür wir sie anschauen, noch ihre Verhältnisse so an sich selbst beschaffen sind, als sie uns erscheinen, und daß, wenn wir unser Subjekt oder auch nur die subjektive Beschaffenheit der Sinne überhaupt aufheben, alle die Beschaffenheit, alle Verhältnisse der Objekte im Raum und Zeit, ja selbst Raum und Zeit verschwinden würden, und als Erscheinungen nicht an sich selbst, sondern nur in uns existieren können.« (KrV, B59) Es wäre aber mit Kants transzendentalem Idealismus kompatibel, wenn das Ding an sich dieselben Strukturen wie die Erscheinungen aufwiese, selbst wenn wir darüber nichts ausmachen könnten. Schließlich kann man nach Kant nichts über das Ding an sich wissen, außer daß man nichts über es wissen kann, so daß auch nicht ausgeschlossen werden kann, daß es eine Welt in Raum und Zeit ist, die den Prinzipien der Kausalität untersteht usw. Kant braucht aber die These, daß Kausalität eine Form des Verstehens ist, die der Wirklichkeit an sich nicht zukommt, um Raum für die freilich nur im Kontext seiner praktischen Philosophie motivierbare These zu schaffen, daß wir uns selbst als intelligibel (d. h. als Ding an sich) frei verstehen können. Es stünde aber schlecht um die intelligible Freiheit, wenn das Ding an sich von denselben Gesetzen wie die Erscheinung regiert würde.

[65] Wright beschreibt dies treffend so: »Cognitive locality is the circumstance that only a proper subset of the kinds of states of affairs which we are able of conceptualizing are directly available, at any given state in our lives, to our awareness. So knowledge of, or

jederzeit voraus, berechtigt zu sein, sich auf Regeln zu verlassen, die ihrerseits nicht gerechtfertigt werden können. Wir benötigen also den Begriff einer nicht-inferentiell erworbenen Berechtigung *(entitlement)*, der darin besteht, daß wir zur Annahme der Gültigkeit einer bestimmten Menge von Regeln berechtigt sein müssen, wenn anders wir überhaupt gerechtfertigte Überzeugungen haben können sollen: »[B]ecause claimants and challengers share justicatory burdens, epistemic questions *always* arise in a rich informational context. This context will be constituted by background beliefs that are currently not up for grabs, some of which will have the status of default entitlements.«[66] Eine nicht-inferentielle Berechtigung haben wir auch und vor allem für die Annahme von Propositionen, von denen wir nicht einmal ahnen, daß sie für unsere Diskurse konstitutiv sein könnten. Die Stabilität des Diskurses hängt demnach entscheidend von seinen potentiell instabilen Parametern ab, so daß man mit Nietzsche geradezu sagen kann, daß der Diskurs als solcher »auf dem Rücken eines Tigers in Träumen hängt«[67].

Was auch immer man über Überzeugungen und ihren propositionalen Gehalt behaupten mag, es scheint jedenfalls festzustehen, daß Überzeugungen nur dann berechtigt sein können, wenn Parameter feststehen, die uns zu Vertrauen auf Stabilität berechti-

---

warranted opinion concerning, the remainder must ultimately be based on defeasible inference from materials of which we are thus aware.« (Wright: »Warrant for Nothing«, 259) Vgl. auch Wright: »Wittgensteinian Certainties«, 52, wo »cognitive locality« definiert wird als »the idea of a range of states of affairs and events existing beyond the bounds of her own direct awareness.« Russell sieht die stärkste Form des Skeptizismus im Solipsismus des Augenblicks, der behauptet, daß es keinen gültigen Schluß von einer Erfahrung auf irgendetwas gibt, was in dieser Erfahrung nicht unmittelbar gegeben ist. Die Grundfrage, auf die der Solipsismus uns aufmerksam macht, formuliert er daher folgendermaßen: »Is there any valid inference ever from an entity experienced to one inferred?« (Russell, B.: »Vagueness«, in: *The Australasian Journal of Psychology and Philosophy* 1 (1923), 84–92, hier: 92) Russell macht es sich allerdings zu einfach, wenn er der skeptischen Philosophie vorwirft, so lakonisch zu sein, daß sie bereits dadurch uninteressant sei. (ebd.) Dadurch verstellt er den Ausblick auf eine methodische Funktion des Skeptizismus von vornherein, was seinem Anliegen einer naturalisierten Erkenntnistheorie dient, die er lange vor Quine gefordert hat: »My own belief is that most of the problems of epistemology, in so far as they are genuine, are really problems of physics and physiology« (ebd.).

66 Williams: »The Agrippan Argument«, 133 f. Zum Begriff des »entitlement« vgl. auch oben, 125, Anm. 124.

67 Nietzsche, F.: »Über Wahrheit und Lüge im aussermoralischen Sinne«, in: Ders.: *Kritische Studienausgabe.* Hrsg. von Giorgio Colli und Mazzino Montinari, Berlin/New York 1988, 875–890, hier: 877.

gen.[68] Wenn sowohl unser Bewußtsein als auch die Welt in völlig unregelmäßigen Abständen immer wieder verschwänden und anschließend mit neuen Vorstellungen bzw. Zuständen wieder in die Existenz kämen, ohne daß wir gute Gründe für einen solchen Verdacht haben könnten, könnte jemand (etwa Gott), der über diese metaphysische Schizophrenie informiert wäre, urteilen, daß die Wesen, die in dieser An-Aus-Welt leben, keine gerechtfertigten Überzeugungen haben können, da ihnen Stabilität nur vorgegaukelt wird. Jeder Diskurs setzt also Regeln voraus, zu deren Annahme alle Diskursteilnehmer berechtigt sein müssen und die nicht expliziert werden können, will man den Diskurs aufrechterhalten. In diesem Sinne hat jeder Diskurs sein Apriori, wobei es wichtig ist festzuhalten, daß es keine Kantische Architektonik des diskursiven Apriori überhaupt geben muß, da Diskurse historisch entstehen und vergehen und sich oftmals für ihre Partizipanten unmerklich ändern, indem Annahmen zum Apriori hinzugefügt oder von ihm abgezogen werden. Dies macht die (bekanntlich von Foucault ausbuchstabierte) Einsicht plausibel, daß es ein historisch wandelbares Apriori gibt, das durchaus aus empirischen Sätzen bestehen kann. Die Unterscheidung von *a priori* und *empirisch* wird in der nach-kantischen Philosophie allmählich selbst zu einer empirischen Frage.

Die Rahmenbedingungen eines Diskurses sind zwar variabel, woraus aber weder folgt, daß sie beliebig sind, noch, daß es keine absoluten Angeln überhaupt gibt, die notwendig dann im Spiel sind, wenn diskursive Rationalität existiert. Ein paradoxie-anfälliger Kandidat für eine absolute Regel wäre die hier formulierte Regel der Endlichkeit, daß es für alle Diskurse nur relative und variable Rahmenbedingungen geben kann. Die Prinzipien der philosophischen diskurstheoretischen Reflexion müssen nämlich *prima vista* selbst dem historischen Fluß entnommen werden, da man ansonsten den eigenen Standpunkt des diskurstheoretischen Beobachters, d. h. den kontextualistischen Diskurs selbst kontextualisieren müßte. Ob es eine systematische Methode gibt, eine Berechtigung *a priori* für die Möglichkeitsbedingungen diskursiver Rationalität überhaupt inner-

[68] Da dieses Vertrauen die diskursive Rationalität ermöglicht, ist es selbst noch nicht rational vermittelt. Zu den nicht schon rationalen, ja irrationalen Betriebsbedingungen der modernen Rationalisierung vgl. natürlich Weber, M.: *Die protestantische Ethik und der Geist des Kapitalismus.* Vollständige Ausgabe, hrsg. und eingeleitet von Dirk Kaessler, 2. durchgesehene Auflage, München 2006.

halb der Erkenntnistheorie zu erwerben, um von dort aus eine kritische Prüfung faktischer Diskurse oder Praktiken einzuleiten, ist eine der Fragen, die uns im folgenden stets beschäftigen wird.

Welche die Angel-Sätze und damit die Regeln sind, die die Rahmenbedingungen eines Kontextes festlegen, könnte nicht festgemacht werden, wenn es nur einen einzigen Kontext gäbe. Denn diese Regeln sind zumeist und zunächst nicht explizit und können nicht betrachtet, d. h. expliziert werden, wenn es nur einen Kontext gibt. Damit die Regeln expliziert werden können, müssen sie nämlich zunächst ihre Selbstverständlichkeit einbüßen. Die Regeln müssen demnach als solche *auffallen.*[69] Die Auffälligkeit der Regeln ist zumeist und zunächst nicht gegeben, da der Regel zu folgen, heißt, ihr »blind« (PU, § 219), d. h. »ohne zu denken« (GPM, S. 422) zu folgen: »Aber *ganz* ohne zu denken? Ohne *nachzudenken.*« (ebd.) Die Regeln eines gegebenen Diskurses zu befolgen, bedeutet hinzunehmen, daß einiges feststeht, vor dessen Hintergrund sich anderes bewegen kann. Was sich bewegt, ist unser Informationsstand, wobei unsere Registraturen immer schon (und ohne unseren Zugriff) eingestellt sind.

Damit die Regeln als solche *auffallen* können, müssen sie überschritten werden, so daß Korrekturmechanismen (z. B. Sanktionen) erforderlich werden. Was die Regel vorschreibt, zeigt sich nur dadurch, wird nur explizit, indem gegen die Regel verstoßen wird. Nur wenn wir auf die Regel stoßen, sind wir imstande, sie als solche zu verstehen. Wittgenstein spricht in diesem Kontext von einem »Verfangen in unseren Regeln« (PU, § 125), worin er die Entstehungsbedingung philosophischer Probleme sieht: »Die fundamentale Tatsache ist hier: daß wir Regeln, eine Technik, für ein Spiel festlegen, und daß es dann, wenn wir den Regeln folgen, nicht so geht, wie wir angenommen hatten.« (PU, § 125)

Skeptizismus und damit Philosophie entsteht erst dort, wo sich die mögliche Unmöglichkeit der Herstellung von Korrekturme-

---

69 »Auffälligkeit« wird hier in Anlehnung an Heidegger verstanden. Bekanntlich entsteht die theoretische Welteinstellung nach Heidegger nur dadurch, daß unser reibungsloser Umgang mit der Welt dadurch unterbrochen wird, daß Zeug unbrauchbar wird. Das Zuhandene muß als Vorhandenes entdeckt werden können, um eine theoretische Welteinstellung zu etablieren. (Vgl. SuZ, § 16). Die Auffälligkeit eines Diskurses lädt ebenso wie Heideggers Auffälligkeit des zuhandenen Zeugs zur Reparatur ein. Die Reparatur wird solange vom Diskurs selbst übernommen, wie sich die Möglichkeit der Unmöglichkeit des Diskurses, d. h. der Skeptizismus noch nicht zeigt.

chanismen zeigt, d. h. mit Hegel gesprochen, in einer Zeit der »Entzweiung« (TWA 2,19 f.) bzw. »Verwirrung« (TWA 18, 465 f.).[70] Charakteristische historische Entstehungsbedingungen für skeptische Bewegungen sind deswegen insbesondere in Zeiten eines maximalen Außendrucks auf bestehende Diskurse gegeben. In unserer Zeit katalysieren vor allem das Aufeinandertreffen vormals weit entfernter Kulturen und weit auseinanderliegender Traditionen sowie die virtuelle Verfügbarkeit einer geradezu unendlichen Anzahl von Kontexten die Ausbildung philosophischer Anstrengungen, die skeptische Tendenzen aller Art nähren. Derrida ist in seinem Aufsatz *Des tours de Babel* sogar soweit gegangen, einen Plural zum berühmten Turmbau zu Babel zu bilden, um das extreme Aufeinanderprallen der Kontexte für seinen eigenen Übersetzungs-Skeptizismus auszunutzen.[71] Die virtuelle Verfügbarkeit einer unüberschaubaren Anzahl von Registraturen, die verschiedene Meßergebnisse und damit verschiedene Informationsstände prozessieren, führt zur Verwirrung und begünstigt Metabasen, um die Verwirrung auf einer metatheoretischen Ebene zu bannen.

Ein Kontext ist der Rahmen eines Diskurses, sein *Bezugssystem*. Ein *Diskurs* ist ein Aussagensystem, in dem jede Aussage eine Reihe von möglichen Nachfolgern und möglichen Vorgängern definiert. Die Menge der möglichen Nachfolger und Vorgänger einer jeden Aussage wird durch Regeln individuiert, die innerhalb des Diskurses implizit sind und welche die Teilnehmer des Diskurses, d. h. diejenigen, die Aussagen treffen, auf einen wie auch immer spezifizierten Unterschied von korrekt und inkorrekt (wahr und falsch; gut und böse; schön und häßlich usw.) verpflichten. Eine Aussage oder ein Zug ist dabei alles, was korrekt oder inkorrekt (wahr/falsch; gut/böse; schön/häßlich usw.) sein kann.[72]

---

70 Hegel schreibt an der zitierten Stelle Sokrates eine Methode der Verwirrung zu, ohne die es überhaupt nicht zur Philosophie kommen könne: »Diese Verwirrung hat nun die Wirkung, zum Nachdenken zu führen; und dies ist der Zweck des Sokrates. Diese bloß negative Seite ist die Hauptsache. Es ist Verwirrung, mit der die Philosophie überhaupt anfangen muß und die sie für sich hervorbringt; man muß an allem zweifeln, man muß alle Voraussetzungen aufgeben, um es als durch den Begriff Erzeugtes wiederzuerhalten.«

71 Vgl. Derrida, J.: »Des tours de Babel«, in: Ders.: *Psyché. Inventions de l'autre.* Paris 1987, 203–235.

72 Zur Beruhigung der Gegner binärer Oppositionen sei hier angemerkt, daß es durchaus *neutrale* Züge in einer Praxis geben kann, die weder korrekt noch inkorrekt sind, d. h. weder belohnt noch bestraft werden. Allerdings gilt für jeden neutralen Zug in

Jeder Zug eines Diskursteilnehmers kann auf seine Gültigkeit hin eingeschätzt und damit geprüft werden. Ein Zug innerhalb eines Diskurses muß dabei keineswegs eine Behauptung sein. Eine Frage, ein stillschweigendes Übereinkommen, ein Wutanfall, ein Befehl oder das abrupte Abbrechen des Gesprächs können ebenso wie eine Geste oder Handlung Teil eines Diskurses sein und als Züge gelten, die entweder korrekt oder inkorrekt sind. Die Rede von Diskursen bzw. Kontexten soll hier demnach keinerlei Primat des Behauptungssatzes (Logozentrismus) implizieren.[73] Die Normativität eines Diskurses ist nämlich keineswegs immer auf Behauptbarkeitsbedingungen festgelegt, da nicht alle Normen ihre Vorschriften durch den wahr/falsch-Code realisieren. Es geht mir folglich auch nicht darum, Wahrheit in irgendeinem Sinne durch *berechtigte Behauptbarkeit* zu ersetzen, da Behauptbarkeit nur eine mögliche Instanz eines Unterschieds ist, der Normativität konstitutiert.

Das Phänomen der intertextuellen Bezüge in der Literatur-

---

einer Praxis, daß es korrekt oder inkorrekt ist, daß er neutral ist, so daß man Neutralität wiederum nicht ohne die binäre Opposition *bestimmen* kann. Es gibt sogar Umstände, die Neutralität gebieten, d.h. die erlauben, daß ein Zug oder eine Reihe von Zügen beliebig ausgeführt werden kann. Neutrale Züge dürfen demnach in keiner Diskurstheorie ausgeschlossen werden. Was aber ausgeschlossen werden kann, ist, daß es eine Praxis geben kann, die ausschließlich aus neutralen Zügen besteht, da dies eine Praxis wäre, in der alles erlaubt ist. Wenn alles erlaubt wäre, wäre es aber auch erlaubt, einen Zug zu machen, der damit inkompatibel ist, daß alles erlaubt ist, d.h. einen Zug, der gebietet, daß einiges nicht erlaubt sein soll.

[73] Dadurch unterscheidet sich die hier vorgeschlagene basale Diskurstheorie von Brandoms Theorie der Normativität, obwohl sie sich in vielem an diese anschließt. Brandom geht nämlich (gegen Wittgenstein!) davon aus, daß alle Züge im Sprachspiel, d.h. alle Aussagen in einem Diskurs, dadurch propositional gehaltvoll sind, daß sie etwas behaupten, was mit anderen Behauptungen inkompatibel ist. »The fundamental [!] sort of move in the game of giving and asking for reasons is making a *claim* – producing a performance that is propositionally contentful in that it can be the offering of a reason, and reasons can be demanded for it.« (Brandom: *Making it Explicit,* 141) Behauptungen sind dabei Verpflichtungen *(commitments)*, die einen Satz zu einer möglichen Prämisse in einer Schlußfolgerung machen (vgl. ebd. 168). Brandoms Inferentialismus behauptet nun, daß der propositionale Gehalt eines Satzes eine Funktion seiner inferentiellen Rolle sei. Daher muß er alles, was propositional gehaltvoll, d.h. korrekt oder inkorrekt sein kann, auf den Behauptungssatz beziehen, der (z.B. im Unterschied zu Fragen oder Handlungen) allein in Konditionale eingesetzt werden kann. Man kann kein Konditional bilden, dessen Antezedenz eine Frage ist. Entsprechend reduziert Brandom die Sprachfunktion der Frage auch auf seinen Primat des Behauptungssatzes: »It is only because some performances function as assertions that others deserve to be distinguished as *speech* acts. The class of questions, for instance, is recognized in virtue of its relation to possible answers, and offering an answer is making an assertion« (ebd.172).

geschichte oder überhaupt jegliche Form von Zitat und alternativer Fortsetzung des Zitats in der Kunst hat nichts mit wahr oder falsch zu tun und untersteht auch keinen Behauptbarkeitsbedingungen. Der Diskurstyp Kunst mit all seinen Subdiskursen ist gleichwohl ein System, in dem einige Züge erlaubt und andere verboten sind.[74] Wer etwa zur Zeit der Abfassung dieses Textes die Tradition des abstrakten Expressionismus oder die impressionistische Großstadtlyrik fortsetzen wollte, stieße allenfalls auf taubes Gehör. Was als Kunstwerk gilt, steht unter den Bedingungen des Kunstdiskurses, die kein Kunstwerk umgehen kann, will es als solches registrierbar sein. Wie Wittgenstein sich ausdrückt, setzt die Institution der Kunst eine »ganze Kultur« voraus, ohne daß diese Kultur sich als Totalität wah-

---

[74] Crispin Wright hat allerdings vorgeschlagen, jedem Diskurs ein Wahrheitsprädikat zuzuschreiben. Einer der Gründe für diese Annahme ist einfach derjenige, daß man in jedem Diskurs eine Aussage bilden kann, die man mit einem Wahrheitsprädikat versehen kann. Ein Beispiel aus dem Bereich der Ästhetik wäre etwa die Aussage »Es ist wahr, daß Picassos *Les demoiselle d'Avignons* schön ist.« Wright optiert daher für ein minimales Wahrheitsprädikat, das sich mit dem basalen Unterschied zwischen korrekt und inkorrekt deckt, wobei jeder Diskurs dem Wahrheitsprädikat neben seiner basalen Norm noch weitere Bestimmungen hinzufügen kann. Demnach muß Wahrheit nicht notwendig an Repräsentation gekoppelt sein, da es Diskurse gibt, die antirealistisch konstruiert werden müssen. Überall, wo es eine Norm gibt, die zwischen korrekt und inkorrekt unterscheidet, gibt es nach Wright ein Wahrheitsprädikat. »Wahrheit« hat entsprechend keine ontologische Natur, sondern läßt sich restlos als eine basale Norm interpretieren, die überall dort am Werk ist, wo es einen Unterschied zwischen korrekt und inkorrekt gibt. Daher ist seine Wahrheitstheorie auch pluralistisch, indem sie mit vielen verschiedenen Wahrheitsprädikaten rechnen kann, die jeweils verschiedene Objektivitätsbedingungen mit sich bringen, die von Diskurs zu Diskurs variieren. Das Urteil »Es ist wahr, daß Rhabarber köstlich ist« hat andere Objektivitätsbedingungen als das Urteil »Es ist wahr, daß der Tisch, den ich sehe, blau ist«. Versteht man »Wahrheit« minimalistisch im Sinne Wrights, deckt sie sich freilich mit dem Unterschied von korrekten und inkorrekten Zügen, wodurch sich die Möglichkeit eröffnet, allen Diskursen ein Wahrheitsprädikat zuzuschreiben und sie auf diese Weise zu untersuchen. Das führt aber unter Umständen für einige Diskurse in die Irre. Man nehme etwa das Urteil »Es ist wahr, daß Picasso ein besserer Künstler als George Braque war«. Es gibt gute Gründe, den Gebrauch des Wahrheitsprädikats im Kunsturteil einzuschränken, da es durchaus suggerieren kann, daß es ästhetische Fakten gibt, die in Urteilen abgebildet werden können, was aber kaum ein reflektierter Kunsttheoretiker unrestringiert akzeptieren wird. Daß hingegen gewisse Kunstwerke zu gewissen Zeiten geradezu geboten sind und daher Epoche machen, ist unumstritten. Es gibt also eine Normativität im Kunstdiskurs, die potentiell nicht mit einem Wahrheitsprädikat eingefangen werden kann, was ein Grund dafür ist, Wrights Diskurstheorie einzuschränken und statt von »Wahrheit« vorerst einen anderen binären Code einzuführen, der allein zwischen korrekten und inkorrekten Zügen in einer Praxis unterscheidet, ohne diesen binären Code von vornherein als wahr/falsch-Distinktion zu bestimmen.

rer Sätze rekonstruieren ließe.[75] Im Unterschied zur Diskurstheorie im Kontext der gegenwärtigen analytischen Philosophie gilt es deshalb zu betonen, daß Wahrheit nicht das Ziel *aller* Diskurse ist, so daß die Grundfunktion der Sprache auch nicht die Behauptung ist.

Eine Aussage kann nun (was unproblematisch ist) in einem Diskurs erlaubt und in einem anderen verboten sein, ohne daß wir durch die Beobachtung dieser Zulässigkeit bereits in einen unzulässigen (weil inkonsistenten) Relativismus abdrifteten. Selbst der propositionale Gehalt einer Behauptung kann (muß aber nicht) kontext-sensitiv sein. Ein simples Beispiel mag das illustrieren: Angenommen, man hörte die Aussage »Ayers Rock ist schön« in einem Londoner Modegeschäft. Vermutlich wird man sie als eine Behauptung über das Kleidungsstück »Rock« einer Person verstehen, die den Namen »Ayer« trägt. Hörte man diese Aussage hingegen, wenn man sich vor *Ayers Rock* in Australien befindet, würde man sie eher als eine Aussage über den betreffenden Felsen deuten. Kompliziert wird es, wenn man die Aussage in einem Bus auf dem Weg zu *Ayers Rock* hört, wobei die Busfahrt kommerziellen Zwecken dient und von einer Londoner Modefirma veranstaltet wird, deren neues Model den Namen »Ayer« trägt. Noch verwirrender wird es, wenn man die Aussage in einem philosophischen Seminar über Ayers Erkenntnistheorie aufschnappt. Behauptet hier etwa jemand, daß Ayer Röcke getragen hat? Die Aussage »Ayers Rock ist schön« ist demnach nicht korrekt oder inkorrekt *tout court*, weil ohne jeglichen Bezug auf einen bestimmten Diskurs nicht einmal ihr propositionaler Gehalt bestimmt werden kann. Das heißt nicht, daß die Proposition versteckt indexikalisch sein muß, indem sie eine Relativität auf einen Kontext impliziert, so daß »Ayers Rock ist schön« je nach Kontext die Proposition ausdrückt, *daß Ayers Rock schön ist relativ auf den Kontext K.* Der Kontext bestimmt zwar den propositionalen Gehalt der Aussage »Ayers Rock ist schön«, woraus aber keine Relativität der Proposition *in* einem Diskurs selbst, sondern lediglich eine Relativität unserer Bestimmung der Proposition *auf* einen Diskurs folgt.

Die Gültigkeit einer Aussage scheint demnach von ihrem Bezug auf einen bestimmten Diskurs abhängig zu sein, weil die Prüfbarkeit der Gültigkeit einer Aussage die Bestimmtheit eines Diskurses voraussetzt. Da keine Aussage gültig sein kann, deren Gültigkeit *prinzi-*

---

[75] Vgl. Wittgenstein, L.: *Vorlesungen und Gespräche über Ästhetik, Pyschoanalyse und religiösen Glauben.* Frankfurt/Main [3]2001.

piell nicht geprüft werden kann, weil man ihr unabhängig von allen Diskursen überhaupt keinen (propositionalen oder assertorischen) Gehalt zuschreiben kann, sind alle Aussagen relativ auf einen bestimmten Diskurs. Alle *Aussagen* (aber nicht die ausgedrückten Propositionen!) sind also in dem Sinne versteckt indexikalisch, daß sie aufgrund ihrer evaluativen Einbettung in einen Diskurs stets einen nicht notwendig expliziten Bezug auf diesen enthalten. Es ist dabei wichtig, einen Unterschied zwischen *Aussagen-Relativismus* und *Propositionen-Relativismus* in Rechnung zu stellen. Ein Aussagen-Relativismus für »Wissen« behauptet lediglich, daß bspw. die Aussage »S weiß, daß p« keine Proposition ausdrückt und ausdrücken kann, ohne daß diese Aussage in einen Kontext eingebettet ist, in dem sie allererst Bedeutung annehmen und evaluiert werden kann. Ein Propositionen-Relativismus für »Wissen« behauptet hingegen, daß die Proposition, welche die Aussage »S weiß, daß p« ausdrückt, in manchen Kontexten wahr, in anderen falsch wäre, daß mithin die Semantik von »Wissen« impliziert, daß alle Sätze der Form »S weiß, daß p« den propositionalen Gehalt haben, *daß S p relativ auf einen (oder in einem) Diskurs weiß.*[76]

Der Bezug eines Zuges auf einen Kontext ist die Minimalbedingung dafür, daß etwas als etwas Bestimmtes registriert werden kann. Allein in einem Diskurs kann man zur Entscheidung stellen, was etwas ist. Zu wissen, was etwas ist, schließt dabei ein, auf Anfrage angeben zu können, daß es irgendetwas Anderes nicht ist.[77] Um diesen Unterschied zwischen irgendetwas und irgendetwas Anderem

---

[76] Zu dieser »hidden-indexical theory of knowledge sentences« vgl. Schiffer, S.: »Contextualist Solutions to Scepticism«, in: *Proceedings of the Aristotelian Society* 96 (1996), 317–333, bes. 326ff. Schiffer wendet gegen die These, daß Wissen versteckt indexikalisch sei, ein, daß wir uns damit auf eine unplausible Irrtums-Theorie verpflichten, die kompetenten Verwendern des Wissensbegriff eine konstitutive Blindheit für ihren eigenen Begriff zuschreibt. Dies bedeutet aber, daß Schiffer von kompetenten Fremd- und Selbstzuschreibern von Wissen verlangen muß, mindestens zu wissen, daß Wissen nicht indexikalisch ist, da sie ansonsten skeptische Paradoxa nicht einmal als paradox empfinden würden. Vgl. zu diesem Einwand auch Brendel, E.: »Was Kontextualisten nicht wissen«, in: *Deutsche Zeitschrift für Philosophische* 51 (2003), 1015–1032.

[77] Es ist hingegen falsch zu verlangen, daß jemand, der etwas weiß, auf Anfrage imstande sein muß anzugeben, was es alles nicht ist. Der Anspruch, Wissen verteidigen zu können, setzt nicht voraus, daß jemand alles von allem unterscheiden kann, was eine absurde Forderung wäre, sondern lediglich, daß er imstande ist, sein Wissen gegen eine vorgetragene Alternative zu verteidigen. Dies bedeutet wiederum nicht, daß er *vor* der Präsentation der Alternative die Alternative in einer Art innerem Beratungsgespräch ausgeschlossen haben muß.

treffen zu können, müssen aber einige Aussagen *qua* diskursinterne Züge erlaubt und andere verboten sein. Begriffliche Bestimmtheit setzt mithin die Prüfbarkeit einer Aussage voraus. Das aber heißt, daß die zu prüfende Aussage korrekt oder inkorrekt sein können muß. Diese Bedingung bezeichne ich als *minimalen Verifikationismus*. Wo diese Bedingung nicht erfüllt ist, d. h. wo wir vor einer prinzipiellen Unentscheidbarkeit stehen, haben wir es mit keinem Gehalt, d. h. mit nichts zu tun.[78] Entscheidbarkeit setzt wiederum die Verarbeitung von Informationen voraus, die nicht unabhängig von Registraturen realisiert werden kann, die ihrerseits endlich sind. Man kann den minimalen Verifikationismus auch von einer *Kontrasttheorie der Bedeutung* aus begründen, die besagt, daß ein Prädikat X nur Bedeutung haben kann, wenn nicht ausgeschlossen ist, daß es sowohl Dinge geben kann, denen X zukommt, als auch Dinge, denen X nicht zukommt.[79] Die Bestimmtheit der Prädikate ist differentiell, weshalb alle Semantik eine Theorie der Differenz ist. Die Differenzen zwischen Prädikaten sind diskursive und mithin keine natürlichen (d. h. keine modal robusten) Eigenschaften. Indem Prädikate in Behauptungen auftreten, Behauptungen aber Züge sind, werden die Differenzen der Prädikate und somit ihre kontrastive Bestimmtheit diskursiv verhandelt. Die korrekten und inkorrekten Züge sind an die Differenzen von Prädikaten dergestalt gekoppelt,

---

[78] Heidemann deutet die pyrrhonische *epochê* als Zustand, in den der Skeptiker »über sein gegenwärtiges Erleben« redet, »ohne *Bestimmtes* zu sagen« (*Der Begriff des Skeptizismus*, 28). Sollte die *epochê* allerdings so weit gehen, den Unterschied zwischen korrekt und inkorrekt aufzuheben, könnte man sie getrost von der Hand weisen, da man denjenigen, der *epochê* praktiziert, nicht einmal verstehen könnte. Der Pyrrhoniker schweigt aber nicht oder faselt, sondern zieht sich auf die Normen zurück, die ihm durch Tradition und Erziehung vorgegeben sind, ohne zu versuchen, sie philosophisch zu rechtfertigen. Dadurch verfügt er über ein Set von Normen, die sein Handeln informieren. Die Bestimmtheit seiner Aussagen kommt ihnen nicht durch philosophische Rechtfertigung, sondern durch die allgemeine Übereinstimmung zu.

[79] Vgl. Fumerton: *Metaepistemology and Skepticism*, 44: »a predicate expression »X« only has meaning if there are things that are both correctly and incorrectly described as being X. Thus, on my reading of Wittgenstein's private language argument, the fundamental objection to private language has nothing much to do with memory. The problem is that a private linguist is the sole arbiter of how similar something must be to a paradigm member of a class to count as similar enough to be described in the same way. But as the sole judge it will not be possible to make a mistake, and where there is no possibility of error there is no possibility of getting it right. It is only meaningful to talk about the correct application of a rule if it can be contrasted with an incorrect application of the rule.«

daß auch die Differenzen von Prädikaten nur in Zügen manifestiert werden können, deren Bestehen davon abhängt, daß sie autorisiert werden.

Die Arbitrarität der Zeichen greift deswegen auf die Ordnung der Begriffe über. Angenommen, der deutsche Ausdruck »Tisch« nähme eigentlich sowohl auf alles Bezug, was in meiner Sprache ein *Tisch* ist, als auch auf alles, was in meiner Sprache ein *Asphodelos* ist. Dieser Umstand ist mir bisher vielleicht nur deshalb nicht aufgefallen, weil ich noch niemals die Gelegenheit hatte, über Asphodeloi zu sprechen, da ich das Wort nur aus meiner Homer-Lektüre kenne und lediglich weiß, daß es sich dabei um eine Blume handelt. Vielleicht gibt es Eigenschaften, die *Tischen* und *Asphodeloi* gemeinsam sind und die es sinnvoll erscheinen lassen, beide mit einem einzigen Ausdruck zu bezeichnen. Die Sprache der Lyrik konfrontiert uns gar dauernd mit diesem Problem, indem sie semantische Dimensionen hervorbringt, die uns bisher verborgen waren. Sie schafft Ausdruckswelten gerade dadurch, daß sie semantische Nuancen in ungeahnte Verbindungen bringt und deshalb *unerwartete Harmonien* erzeugt.[80] Alles Verstehen verdrängt beständig die Möglichkeit eines semantischen Nihilismus, indem es unerwarte Harmonien hervorbringt. Denn jede Äußerung ist völlig neu, bezieht sich auf völlig neue ontische Umstände etc. Deshalb transzendiert jede Äußerung die unüberschaubare Pluralität der sinnlich verfügbaren Informationen auf einen *focus imaginarius*, den Begriff, hin.[81] Die Differenz zwischen dem Gegebenenen und dem Gedachten, die das Signum unserer epistemischen Endlichkeit ist, setzt in Nietzsches Worten unser Vermögen voraus, »ein Bild in einen Begriff aufzulösen«[82].

80 Zum Begriff der »unerwarteten Harmonie« als grundlegendem Ereignis alles Sprechens vgl. Hay Rodgers, K.: *Die Notwendigkeit des Scheiterns. Die Logik des Tragischen in der Entwicklung von Schellings Philosophie.* Diss. Paris/München 2008.

81 Vgl. KrV, B 672–675. Kant beschreibt dort zwar der Intention nach lediglich den regulativen Gebrauch der Ideen. Seine Ausführungen gelten aber für jeden empirischen Begriff. Denn alle empirischen Begriffe sind »lediglich nur *projektierte* Einheit, die man an sich nicht als gegeben, sondern nur als Problem ansehen muß; welche aber dazu dient, zu dem Mannigfaltigen und besonderen Verstandesgebrauche ein Principium zu finden, und diesen dadurch auch über die Fälle, die nicht gegeben sind, zu leiten und zusammenhängend zu machen.« (KrV, B 675) Virtualität ist der modale Status von Begriffen: Sie werden als Einheiten retroaktiv projiziert, um das Mannigfaltige zu organisieren. Das Mannigfaltige generiert aus sich selbst seine virtuelle Grundlage, womit Kant den klassischen *ordo rerum* umkehrt. Das Viele bringt das Eine hervor, das deshalb nicht mehr das Prinzip des Vielen sein kann.

82 Nietzsche: »Über Wahrheit und Lüge im aussermoralischen Sinne«, 881.

Insofern liegt er auch richtig, wenn er konstatiert: »Jeder Begriff entsteht durch Gleichsetzen des Nicht-Gleichen.«[83] Allerdings ist unser Vermögen der begrifflichen Komplexitätsreduktion nicht ausschließlich an unsere je eigene Einbildungskraft gebunden. Es wird vielmehr diskursiv normiert, was zuerst im Spracherwerb und dann in der Teilnahme am Spiel des Gebens und Verlangens von Gründen geschieht.

Obwohl der Kontextualismus nicht als Pragmatismus ausbuchstabiert werden muß, erschüttert er eindeutig die Idee, daß Wahrheit eine Relation zwischen einer bestenfalls rein aufnehmenden (spiegelnden) Registratur *alias* Geist (Bewußtsein, Denken, Sprache usw.) und der Totalität aller Fakten (*alias* die Welt, das Seiende usw.) ist. »Fakten« gibt es nämlich für uns nicht, ohne daß bestimmt werden kann, was sie sind. Selbst wenn wir damit rechnen, daß wir die meisten Fakten weder wissen noch jemals wissen werden – eine Annahme, die jeder teilt, der den Begriff eines Faktums versteht – heißt dies nicht, daß es Fakten gibt, die nichts Bestimmtes sind. Unbestimmte Fakten kann es nicht geben, insofern sie nämlich zumindest dadurch bestimmt wären, daß sie sich von bestimmten Fakten unterschieden. Damit bestimmt werden kann, was unbestimmte und was bestimmte Fakten sind, muß eine Registratur angewendet werden, die wiederum Voraussetzungen erzeugt, die nicht durch die Fakten, die sie registrieren kann, sondern durch ihr kontingentes »Tuning« vorgegeben sind.

Registraturen sind notwendig auf irgendeine Weise eingestellt. Die Einstellungen der Registraturen konditionieren, was sie registrieren können. Sollten Diskurse als Registraturen verstanden werden können, die die allgemeine Eigenschaft haben, metapragmatische Präsuppositionen zu erzeugen, folgte daraus, daß die Annahme einer reinen Aufnahme von Fakten in irgendeinen Diskurs und damit die Vorstellung einer absoluten Objektivität, d. h. der Welt im Sinne der Totalität aller Fakten, unter einen unhaltbaren Druck geriete. Denn wenn es keine mögliche unendliche Registratur geben kann, die nicht nur alle für sie objektiven Fakten, sondern auch alle Fakten über sich selbst registrieren kann, spielt die Welt im Sinne einer Totalität und damit im Sinne eines unmittelbaren Einheitshorizonts keine Rolle mehr in unserer epistemischen Ökonomie.[84]

---

[83] Ebd., 880.

[84] Vor diesem Hintergrund möchte etwa auch Michael Williams das Platonische episte-

Damit will ich zweierlei deutlich machen: Einerseits gerät die Annahme einer Totalität feststehender Fakten ins Wanken, weil je nach Einstellung der Registratur andere Fakten vorliegen. Andererseits wird der Gedanke einer solchen Totalität obsolet, selbst wenn er als Horizont oder Regulativ verstanden wird. Die Annahme einer Totalität muß nämlich selbst in einem Diskurs ausweisbar, d. h. prüfbar sein, wenn sie ein Faktum sein können soll. Die Totalität kann aber kein Objekt irgendeiner Registratur sein, da diese Registratur alle Fakten über ihre eigene Funktion verzeichnen können müßte, was aber prinzipiell unmöglich ist, da keine Registratur aktiv alle skeptischen Alternativen ausschließen kann. Selbst das klassische metaphysische Denken der Totalität kann nicht ausschließen, daß es sich als Denkvollzug eines endlichen Einzelnen in einem Zustand der Täuschung befindet, der nach irgendeinem beliebigen Cartesischen Modell konstruiert werden kann.

Folglich ist es eine höchst fragwürdige Annahme der Metatheorie, daß die Welt alles ist, was der Fall ist. Wittgenstein mußte deshalb im *Tractatus* mit einer Registratur, dem solipsistischen Ich, rechnen, das selbst nicht mehr Teil, sondern nur Grenze der Welt ist (TLP, 5.641), woraus folgt, daß es nichts über es zu sagen gibt, was wahr oder falsch sein kann. Das solipsistische Ich ist daher eine schlechthin eigenschaftslose reine Registratur. »Hier sieht man, daß der Solipsismus, streng durchgeführt, mit dem reinen Realismus zusammenfällt. Das Ich des Solipsismus schrumpft zum ausdehnungslosen Punkt zusammen, und es bleibt die ihm koordinierte Realität.« (TLP, 5.64) Diese Annahme hat der späte Wittgenstein wohl zu Recht aufgegeben, da sie immer noch zu viel darüber sagt, worüber man nicht sprechen kann. Außerdem hat er das Problem entdeckt, daß sich für den Totalitätsbegriff daraus ergibt, daß alle Fakten bestimmt sein können müssen, Bestimmtheit aber nicht faktisch, sondern normativ ist.

Die kontingente Bestimmtheit des Diskurses, sein jeweiliges *Tuning*, macht es unmöglich, die Vorstellung einer absoluten Objektivität oder einer an sich seienden und dennoch durchgängig bestimmten Welt philosophisch, mithin in der Metatheorie zu unter-

---

mologische Ideal ausräumen, demzufolge »someone who really had knowledge would be able to see every individual thing he knew, including things that are generally taken as individually self-evident, as a necessary component in a complete and fully integrated conception of reality.« (*Problems of Knowledge*, 39)

mauern. Unsere diskursive Natur scheint vielmehr zu implizieren, daß ein solcher Weltbegriff fundamental verfehlt ist, da wir keinen Sinn mit der Vorstellung einer absoluten Welt verbinden können, deren Zustände unabhängig davon bestimmte Zustände sind, daß bestimmte Registraturen an die Welt herangetragen werden. Die Unsinnigkeit der Annahme einer absoluten Welt als Ding an sich wird im folgenden durch ein Argument erhärtet werden. Das Argument soll dazu einladen, eine bestimmte Auffassung von Objektivität aufzugeben, die mit einem Dualismus von Welt und Geist, Fakten und Diskursen, Materie und Form usw. einhergeht. Auf diese Weise wird gleichzeitig die Motivation des Antirepräsentationalismus transparent, der sich explizit auf Wittgensteins Privatsprachenargument beruft.[85] Damit gerät freilich auch der Weltbegriff ins Wanken, der im ersten Kapitel dieser Arbeit verteidigt worden ist. Erst am Ende der Arbeit soll versucht werden, die Voraussetzung einer Welt, die von Habermas so genannte »formale Weltunterstellung«[86] wieder einzuholen (vgl. §15).

§9. Privatsprache und assertorischer Gehalt

Bekanntlich hat Wittgenstein in den *Philosophischen Untersuchungen* eine Reihe von Argumenten vorgetragen, mit denen er dem Solipsismus das Fundament entziehen will. Gemeint ist vor allem seine Auseinandersetzung mit den Problemen des Regelfolgens und der Privatsprache. Beide Probleme sind Bestandteil von Wittgensteins elaborierter Zurückweisung des Solipsismus.[87] Der Solipsismus, mit dem Wittgenstein sich auseinandersetzt, ist das skeptische Resultat

---

[85] Vgl. Brandom: *Making it Explicit*, 18–46; vgl. auch Brandom, R. B.: *Articulating Reasons. An Introduction to Inferentialism.* Cambridge, Ma./London 2000, 45–47.

[86] Vgl. Habermas: *Wahrheit und Rechtfertigung*, 24, 37, 46f. Vgl. auch 73: »Ein gemeinsamer Blick auf die Wirklichkeit als ein zwischen den »Weltansichten« verschiedener Sprachen »in der Mitte liegendes Gebiet« ist eine notwendige Voraussetzung für sinnvolle Gespräche überhaupt. Für Gesprächspartner verbindet sich der Begriff der Wirklichkeit mit der regulativen Idee einer »Summe alles Erkennbaren«.« (73)

[87] Vgl. Hacker, P.: *Insight and Illusion: Wittgenstein on Philosophy and the Metaphysics of Experience.* Oxford ²1986, 215–244. Hacker rekonstruiert die Diskussionen im Wiener Kreis über Carnaps methodischen Solipsismus und seinen Zusammenhang mit dem erkenntnistheoretischen Fundamentalismus. Es ist wichtig, im Auge zu behalten, daß auch Wittgensteins spätere Auseinandersetzungen mit dem Problem des Solipsismus methodisch mit den verifikationistischen Programmen des Wiener Kreises und der

des modernen Phänomenalismus, den er selbst bei Kant und Schopenhauer kennengelernt hat.[88] Obwohl Wittgensteins Auseinandersetzung mit dem Solipsismus sich keineswegs auf das Gebiet der Erkenntnistheorie oder Semantik beschränkt, wird im folgenden bewußt nur ein bestimmter argumentativer Kern seiner Stellung zum Solipsismus-Problem berücksichtigt. Damit soll keineswegs suggeriert werden, daß die existenzielle Dimension des Solipsismus-Problems bei Wittgenstein keine Rolle spielt. Es soll auch nicht insinuiert werden, daß sie eine systematisch unwichtigere Rolle spielt. Die thematische Beschränkung des Solipsismus auf ein *skeptisches* Problem dient lediglich dem hier entwickelten Projekt einer dialektischen, d. h. metaepistemologischen Analyse der Erkenntnistheorie.

Ich werde mich hier zunächst ausschließlich mit Wittgensteins Privatsprachenargument beschäftigen, und zwar lediglich unter dem Gesichtspunkt der Zurückweisung des skeptischen Solipsismus, die meiner Meinung nach seine zentrale Absicht ist. Der *skeptische Solipsismus* ist die Annahme, daß die Welt niemandem anders erschiene, als sie ihm erscheint, wenn er metaphysich allein mit seinen Vorstellungen der Welt wäre, d. h. wenn es kein anderes Bewußtsein außer seinem eigenen gäbe, dem die Welt irgendwie erscheint. Der skeptische Solipsismus behauptet demzufolge wohlgemerkt nicht, daß es gute Gründe für die Annahme gibt, daß allein derjenige, der ihn vertritt, existiert und die Vorstellung einer Welt und anderer Subjekte metaphysisch leer ist. Diese absurde Position, zu der man freilich nur im Durchgang durch den skeptischen Solipsismus gelangen kann, kann man im Unterschied zum skeptischen als *metaphysischen Solipsismus* bezeichnen. Der skeptische (oder auch: methodische) Solipsismus, den Wittgenstein zu dekonstruieren sucht, behauptet lediglich die *Möglichkeit* des metaphysischen Solipsismus, nicht seine *Wirklichkeit*. Im folgenden wird der Einfachheit halber stets von demjenigen Solipsismus die Rede sein, der seit Descartes

---

von verschiedenen Mitgliedern vorgetragenen Solipsismus-Kritik untrennbar verknüpft sind.

[88] Zu Wittgensteins »kontemplativen Solipsismus« im TLP und seinen historischen Vorläufern vgl. Gabriel, G.: *Grundprobleme der Erkenntnistheorie. Von Descartes zu Wittgenstein.* Paderborn 1993, 164ff. Wittgenstein hat Monks Auskunft zufolge insbesondere im Gefangenenlager in Como gemeinsam mit Ludwig Hänsel Kants *Kritik der reinen Vernunft* gelesen. Vgl. Monk, R.: *Wittgenstein. The Duty of Genius.* London 1990, 158.

in der Erkenntnistheorie die Funktion eines methodischen Solipsismus übernommen hat.

Der skeptische Solipsismus begründet eine epistemische Asymmetrie. Er läßt es plausibel erscheinen, daß die Annahme einer Welt, die vorgestellt wird, und in ihr kognitiv verankerter, d. h. auf sie bezogener Subjekte, sekundär gegenüber den Vorstellungen ist, die ein gegebenes Subjekt von der Welt und den in ihr verankerten bzw. auf sie bezogenen Subjekten bilden mag. Der skeptische Solipsismus ist demzufolge die These, daß unsere Vorstellungen der Welt epistemisch primär gegenüber der vorstellbaren Welt sind. Wenn wir überhaupt irgendetwas über die vorstellbare Welt wissen, wissen wir dem Solipsismus zufolge alles, was wir über die vorstellbare Welt wissen, nur vermittels unserer Vorstellungen der Welt. Der Solipsismus entspringt einer methodischen Übung, die zwei Operationen in Anspruch nimmt: *Erstens* wird die Welt an sich von der vorgestellten Welt vermittels des Objektivitätskontrastes unterschieden, was zum Begriff einer Welt der Erscheinungen führt. Erscheinungen sind dabei wahrheitsdifferente Gebilde, d. h.Vorstellungen, die entweder dasjenige vorstellen, was der Fall ist, oder nicht. Wären alle Vorstellungen falsch, bliebe immerhin eine reine Welt der Erscheinungen (Schopenhauers »Welt als Vorstellung«) als die Totalität aller intentionalen Korrelate übrig. *Zweitens* setzt der Solipsismus eine bestimmte Metaphysik der Intentionalität voraus, der zufolge sich ein Subjekt auf irgendetwas beziehen kann, ohne daß andere Subjekte im Spiel sind, die eine Rolle bei der Konstitution der Gegenstandsbeziehung spielen. Die soziale Welt wird zur Vorstellung degradiert, da alle Personen, mit denen wir in der sozialen Welt leben, *qua* intentionale Korrelate Erscheinungen sind.

Der Solipsismus beruht auf eine epistemologischen Operation (einer Metabase), die so verschiedenen Positionen wie dem klassischen Empirismus Lockes, einigen Spielarten der Transzendentalphilosophie sowie dem subjektiven Idealismus Berkeleys zugrunde liegt, um nur einige Beispiele zu nennen. Gelingt es, den Solipsismus auszuhebeln, hat man *ipso facto* einen blinden Fleck all jener Positionen entdeckt, die methodologisch nicht auf den Solipsismus verzichten können. Darin liegt der eigentliche Impetus des Privatsprachenarguments.[89] Ob das Argument darüber hinaus ein positives Argument

[89] Vgl. Wright, C.: *Rails to Infinity. Essays on Themes from Wittgenstein's* Philosophical Investigations. Cambridge, Ma. 2001, 226: »A demonstration of the impossibility of

für einen semantischen sozialen Externalismus ist, wird sich im folgenden herausstellen.

Phänomenalismus ist die solipsistische These, daß wir in keinem direkten Kontakt zu einer Dingwelt stehen, auf die wir sprachlich paradigmatisch mit singulären Ausdrücken wie »Haus«, »Katze«, »Stuhl« Bezug nehmen, sondern daß unsere Bezugnahme auf die Welt durch unsere Bezugnahme auf unsere phänomenalen Zustände (Vorstellungen) vermittelt ist.[90] Der Phänomenalismus konzediert dem Cartesischen Skeptizismus demnach, daß wir uns in einem privaten Innenraum befinden, dem möglicherweise kein *esse* unabhängig von seinem *percipi* zukommt. Darin sieht der Phänomenalismus aber keinen Schaden, sondern vielmehr die eigentliche Bedingung der Begründung eines erkenntnistheoretischen Fundamentalismus mit Aussicht auf eine mögliche wissenschaftliche Durchführung. Schließlich führt er eine Klasse von Entitäten ein, mit denen wir in direktem Kontakt stehen und auf die wir mit einer privilegierten Klasse von Sätzen, bspw. den berühmten »Protokollsätzen«, infallibel Bezug nehmen können sollen. Diese Entitäten sind die unbezweifelbar gegebenen Sinnesdaten oder Sinnesinhalte *(sense contents)*. Was auch immer die Welt an sich sein mag, fest steht für den Phänomenalisten, daß sie für uns nichts anderes sein kann als eine logische Konstruktion auf der Basis dessen, was uns unmittelbar gegeben ist. Wenn Protokollsätze demzufolge aufgefaßt werden können als Protokolle, die aufzeichnen, was unmittelbar gegeben ist,

---

private language will therefore be a demonstration that there is error in any philosophy of mind, or epistemology, which has the consequence that the existence of another consciousness is at best a groundless assumption.«

90 Dabei wird die problematische Annahme gemacht, daß unsere phänomenalen Zustände nicht zur Welt gehören. Wenn die Welt aber in irgendeinem Sinne eine Totalität (alles, was der Fall ist; das Ganze des Seienden usw.) ist, dann ist die Aufgabe der Metaphysik, sofern sie die Welt als Welt untersucht, einen Begriff der Totalität zu entwickeln, der unsere phänomenalen Zustände mit integriert. Wird der Weltbegriff auf einen Raum-Zeit-Behälter mit faßbaren mesoskopischen »Dingen« reduziert, auf die wir paradigmatisch mit singulären Ausdrücken Bezug nehmen, wird man dem Weltproblem demnach nur partiell gerecht. Der Phänomenalismus ist nicht imstande, eine Theorie der Welt zu entwickeln, die sich selbst als Teil der Welt betrachtet, so daß sich sein Subjekt unmittelbar aus der Welt ausschließt. Eine metaphysische Theorie der Welt als Welt, die prinzipiell nicht imstande ist, sich selbst mit zu thematisieren, indem sie die Welt thematisiert, verliert sich vollständig an die Welt. Darin besteht ihr blinder Fleck, so daß sie die Welt als Ding an sich hypostasiert, dem unsere Erkenntnis gegenübersteht. Vgl. dazu meine einleitenden Überlegungen in Gabriel, M.: *Das Absolute und die Welt in Schellings »Freiheitsschrift«*.

scheint es aussichtsreich, eine Wissenschaftssprache zu entwickeln, die ein systematisches Weltbild auf der Basis der Protokollsprache konstruiert. Erkenntnistheorie wäre dann diejenige Wissenschaft, die entscheidet, wie die Protokollsätze in eine Wissenschaftssprache übersetzt werden müssen. Eine komplette Beschreibung der Welt wäre demnach ein vollständiger Katalog aller Protokollsätze, wobei die Prinzipien der Übersetzung des unmittelbar Gegebenen in Protokollsätze in der Erkenntnistheorie aufgestellt werden. Dieses Modell kommt offenkundig ohne die Annahme aus, daß irgendein Subjekt aus seiner Vorstellungswelt hinausgeschaut haben muß, um sie mit einer Welt an sich zu vergleichen und vermeidet somit scheinbar das Dilemma eines ontologischen und epistemologischen Grabens zwischen Erkenntnissubjekt und Erkenntnisobjekt, das die neuzeitliche Erkenntnistheorie bestimmt. Die beste Beschreibung der Welt enthielte nämlich nichts anderes als den systematischen Katalog aller Protokollsätze, wodurch keine Rede mehr von einer Kluft zwischen Erkenntnis und Gegenstand sein könnte.[91]

Jeder erkenntnistheoretische Fundamentalismus versucht, ein hierarchisches System der Verteilung von Gewißheit zu etablieren: Es wird eine Klasse unbezweifelbarer und daher absolut gewisser En-

---

[91] Freilich ist der Status der Protokollsätze Gegenstand der Auseinandersetzungen im Wiener Kreis selbst, auf die Wittgenstein im *Tractatus* Bezug genommen hat. Carnap hat seine eigene Position in seiner Erwiderung auf Neuraths Kritik an ihrem scheinbaren methodischen Solipsismus unmittelbar klarifiziert, so daß sie ohne Phänomenalismus auszukommen scheint. Vgl. Carnap, R.: »Über Protokollsätze«, in: *Erkenntnis* 3 (1932), 204–214. In einem Aufsatz aus dem Jahr 1931 hingegen besteht er noch darauf, daß Protokollsätze »einen unmittelbar beobachtbaren Sachverhalt beschreiben« (Carnap, R.: »Die physikalische Sprache als Universalsprache der Wissenschaft«, in: *Erkenntnis* 2 (1931), 432–465, hier: 437). Die Protokollsprache faßt er dort explizit als »Erlebnissprache« bzw. »phänomenale Sprache« (ebd., 438). Besonders deutlich ist seine Definition der einfachsten Sätze der Protokollsprache, die ihn als Phänomenalisten auszeichnet: »Die einfachsten Sätze der *Protokollsprache* sind die Protokollsätze, d. h. die Sätze, die selbst nicht einer Bewährung bedürfen, sondern als Grundlage für alle übrigen Sätze der Wissenschaft dienen. […] [Sie] beziehen sich auf das Gegebene; sie beschreiben die unmittelbaren Erlebnisinhalte oder Phänomene, also die einfachsten erkennbaren Sachverhalte.« (ebd.) Ob Wittgensteins Privatsprachenargument wirklich eine angemessene Kritik von Carnaps Systemaufbau darstellt, ist eine weitreichende Frage. Mir scheint aber, daß dies der Fall ist, da Wittgenstein die argumentative Basis des logischen Positivismus erschüttert, indem er unseren Weltbezug von vornherein als sozial vermittelt, d. h. niemals als unmittelbar auffaßt. Das Resultat des Privatsprachenarguments läßt sich nämlich dahingehend zusammenfassen, daß es kein unvermitteltes Weltverhältnis geben kann, das zwischen Geist und Welt stattfindet, da ein rein privater Geist sich auf gar nichts Bestimmtes beziehen könnte.

titäten, die sogenannten Sinnesdaten, alias *impressions, ideas of sensation, Vorstellungen* usw., ausgezeichnet, wobei diese Entitäten allesamt unter die allgemeine Klasse der Vorstellung überhaupt fallen.[92] Dies setzt die Anwendbarkeit der Operation des skeptischen Solipsismus voraus, der in der Form eines Cartesischen Skeptizismus in einen metaphysischen Skeptizismus umzuschlagen droht, wogegen daher Vorsichtsmaßnahmen getroffen werden müssen. Die Vorsichtsmaßnahmen werden in einer systematischen Philosophie ausgeführt, die sich zur Aufgabe setzt, den »Skandal der Philosophie« (KrV, BXXXIX, Anm.) zu beenden, dem zufolge wir nicht wissen können, ob der metaphysische Solipsismus falsch ist. Alle Philosophien, die sich im Ausgang vom skeptischen Solipsismus gegen diesen profilieren, versuchen deswegen entweder nachzuweisen, daß der metaphysische Solipsismus falsch (etwa Kant) oder daß er unsinnig (etwa Carnap) ist. Auf diese Weise wird durch substantielle Philosophie dafür Sorge getragen, daß der methodische sich nicht zu einem metaphysischen Solipsismus auswächst.

Weil nun Protokollsätze der skizzierten Grundidee des Phänomenalismus gemäß die Präsenz unbezweifelbarer Entitäten protokollieren, sind sie notwendig wahr, indem Sein und Erscheinen im Falle der Sinnesdaten nicht getrennt werden können. Ein Sinnesdatum *ist* genau dasjenige, als was es jedem jeweils *erscheint*, was man mit Anton Friedrich Koch als die Annahme atomarer Ursachverhalte kennzeichnen kann.[93] Wenn ich mich bspw. im phänomenalen Zustand einer Rot-Empfindung befinde, ist es unmittelbar gewiß, daß ich rot sehe, obwohl es keineswegs unmittelbar gewiß ist, daß ich etwas Rotes sehe. Daß ich rot sehe, ist jenseits alles vernünftigen Zweifels. Gelingt es nun, ein Aussagensystem zu etablieren, dessen Fundament die Protokollsätze sind (die selbst-bekundend sind, da sie die Präsenz von etwas anzeigen, das nichts verbergen kann) und dessen Aussagen insgesamt logisch abhängig sind von den Protokollsätzen, vermag man ein Weltbild zu konstruieren, das ohne einen theo-

---

92 Vgl. Kants Stufenleiter der Vorstellungen in KrV, B 376f.: »Die Gattung ist *Vorstellung* überhaupt (repraesentatio). Unter ihr steht die Vorstellung mit Bewußtstein (perceptio). Eine *Perzeption*, die sich lediglich auf das Subjekt, als die Modifikation seines Zustandes bezieht, ist *Empfindung* (sensatio), eine objektive Perzeption ist *Erkenntnis* (cognitio). Diese ist entweder *Anschauung* oder *Begriff* (intuitus vel conceptus). Jene bezieht sich unmittelbar auf den Gegenstand und ist einzeln; dieser mittelbar, vermittelst eines Merkmals, was mehreren Dingen gemeinsam sein kann.«

93 Vgl. dazu Koch: *Versuch über Wahrheit und Zeit*, §13.

retischen Bezug auf eine gegebene, bewußtseinsunabhängige Dingwelt auskommt und damit den Cartesischen Skeptizismus uninteressant, ja, als metaphysischen Humbug erscheinen läßt (was eine der ikonoklastischen Absichten des logischen Positivismus war, der das Paradigma des wissenschaftlichen Phänomenalismus entwickelt hat).

Daß der Phänomenalismus uns auf Abwege bringt, sieht man freilich bereits daran, daß man sich kaum mit der Aussage eines anderen zufrieden geben wird, wir seien für ihn eine logische Konstruktion aus seinen Sinnesdaten. Menschen und andere öffentliche Objekte werden gemeinhin nicht als Konstruktionen aus Sinnesdaten aufgefaßt, so daß der Phänomenalist auf eine globale Irrtumstheorie unserer Dingsprache verpflichtet ist: Alle Sätze über öffentliche Objekte wären in Wahrheit Sätze über unsere Vorstellungen. Insbesondere Wittgenstein ist für die Dimension eines *Problems des Anderen* sensibel geworden, das sich aus dem Phänomenalismus ergibt, da dieser den Anderen als Erscheinung behandeln muß, hinter der sich möglicherweise kein mental begabtes Wesen verbirgt.

Ohne hier auf die Details des modernen Phänomenalismus einzugehen – was Wittgenstein selbst tunlichst vermeidet, um das Solipsismus-Problem nicht auf eine bestimmte historische Konkretion festzulegen – sei festgehalten, daß der wichtigste Zug des Phänomenalismus die Behauptung einer Klasse von Aussagen ist, die notwendig wahr sein sollen, weil es keinen Sinn habe, in ihrem Fall zwischen wahr *und* falsch zu unterscheiden.[94] Wo es nämlich keinen Unterschied zwischen Sein und Schein gibt, scheint komplette Transparenz zu herrschen, so daß jeglicher Irrtum ausgeschlossen ist. Descartes selbst schlägt bekanntlich einen verwandten Weg zur Bekämpfung des von mir sogenannten Cartesischen Skeptizismus ein, wenn er die Existenz einer Entität behauptet, die wir jeweils selbst sind und welche die Eigenschaft hat, nur so sein zu können, wie sie sich erscheint. Was ich in meinem privaten Innenraum erlebe, z. B. meine Schmerzen, ist mir notwendig bekannter *(notior)* als alle Ereignisse in der räumlich angeschauten Welt. »Denn was kann intimer sein als

---

[94] Wittgenstein verzichtet mit guten Gründen auf die detaillierte Besprechung der verschiedenen Ausarbeitungen des solipsistischen Bildes. Bis auf eine einzige Anspielung auf Frege (PU, § 273) sowie den polemischen Anfang der *PU* mit einem freilich verkürzten Bild von Augustinus' Sprachphilosophie verhandelt Wittgenstein das Problem des Solipsismus als eine zeitlose Versuchung. »Wittgenstein's aim was to diagnose a disease of thought to which many have succumbed.« (Hacker: *Insight and Illusion,* 246)

Schmerz?«[95] Die *res cogitantes*, die wir jeweils selbst sind, sind uns Descartes zufolge epistemisch transparenter als die *res extensa*, zu der wir nur als kognitive Wesen und damit durch begriffliche Vermittlung Zugang haben. Die Unmittelbarkeit unseres Selbstbezugs scheint somit einen Vorsprung an Intimität und Gewißheit in Aussicht zu stellen. Dieser Vorsprung verpufft allerdings bei näherem Zusehen. Eine Koinzidenz von Sein und Schein diesseits des Faktums der Wahrheit bestimmt die Koinzidenz von Sein und Schein und damit die vermeintliche Unmittelbarkeit bereits *im* diskursiven Raum gegen den diskursiven Raum. Die unmittelbare Selbstransparenz ist nur eine scheinbare Transzendenz und verweist nur auf einen Punkt in der unendlichen Vermittlung des logischen Raums.

Descartes und die logischen Positivisten verfolgen die gemeinsame antiskeptische Strategie, ein Fundament unseres Wissens aufzuspüren, das seine eigene Wahrheit verbürgt. Ein solches Fundament unseres Wissens muß dabei so beschaffen sein, daß (1) Sein und Schein in seinem Fall koinzidieren und daß wir (2) *a priori*, d.h. durch philosophische Reflexion allein wissen können, daß es ein solches Fundament geben muß. Das Fundament unseres Wissens darf sich uns demnach nicht so entziehen können, daß wir dem methodischen Skeptizismus zum Opfer fallen, dem wir durch den Vorstellungsbegriff methodisch verpflichtet sind.[96] Denn die Motivationstheorie des Vorstellungsbegriffs enthält eine Antwort auf die Frage, wie Sinnestäuschung möglich ist und ob es möglich ist, ein Wahrheitskriterium zu finden, das *a priori* den Unterschied zwischen wah-

[95] »[N]am quid dolore intimius esse potest?« (AT, VII, 77) Es ist kein Wunder, daß Wittgenstein sich mit seiner Interpretation des Schmerzbenehmens gegen die vermeintliche Intimität des Schmerzes richtet. Mir ist leider nicht bekannt, ob Wittgenstein die zitierte Descartes-Stelle vorgeschwebt haben könnte.

[96] Hier sei nur darauf hingewiesen, daß der Vorstellungsbegriff auch so ausgelegt werden kann, daß er nicht zu einem methodischen Skeptizismus verpflichtet. Der Platonisch-Aristotelische Begriff des εἶδος, der in Aristoteles' Theorie der Vorstellung (φαντασία) eine unabdingbare Rolle spielt, setzt noch keinen Unterschied zwischen Vorstellung und Ursache der Vorstellung (im Sinne einer reinen *causa efficiens*) voraus. Entsprechendes gilt für einige mittelalterliche Vorstellungsbegriffe, wie Dominik Perler zeigt in Perler, D.: »Wie ist ein globaler Zweifel möglich? Zu den Voraussetzungen des frühneuzeitlichen Außenwelt-Skeptizismus«, in: *Zeitschrift für philosophische Forschung* 57 (2003), 481–512. Darauf kann hier leidet nicht näher eingegangen werden, zumal dies auch eine ausführliche Auseinandersetzung mit Heideggers These voraussetzte, daß der Platonische εἶδος-Begriff letztlich für die Aporien des neuzeitlichen Vorstellungsbegriffs verantwortlich zeichne. Weder Platon noch Aristoteles vertreten aber einen mentalen Repräsentationalismus.

ren und falschen (gehaltvollen und leeren) Vorstellungen garantiert.[97] Descartes selbst versuchte daher dafür zu argumentieren, daß alle klaren und deutlichen Ideen gehaltvoll seien, was bereits die argumentative Strategie der stoischen Theorie der kataleptischen Vorstellung (καταληπτικὴ φαντασία) war.[98] Die Kombination von Klarheit und Deutlichkeit ist demnach der Kandidat für ein sich selbst transparentes Wahrheitskriterium. Klar und deutlich können aber nur Vorstellungen (Ideen) sein, so daß uns die Suche nach einem Wahrheitskriterium unversehens auf eine zentrale methodologische Funktion des Vorstellungsbegriffs verpflichtet. Damit ist der Grundstein des Solipsismus gelegt, der sich demnach einer skeptischen Operation verdankt. Es ist also nicht so, daß der Vorstellungsbegriff einen Repräsentationalismus und dieser einen Skeptizismus impliziert. Denn der Vorstellungsbegriff verdankt sich bereits einer skeptischen Überlegung, einer Irrtums-Theorie, die ihn in die Theorie einführt, um die Fallibilität des objektiven Wissens erklären zu können.

Descartes und die logischen Positivisten teilen weiterhin die Annahme, daß das Fundament unseres Wissens nicht in dem Sinne öffentlich sein darf, daß es zu einer Meinungsverschiedenheit zwischen zwei Parteien in der Frage kommen kann, was es ist. Denn was auch immer öffentlich ist, kann mithilfe eines methodischen Skeptizismus bestritten werden, so daß ein Meinungskonflikt zwischen Skeptikern und Dogmatikern inszeniert werden kann. Wo nun aber ein genuiner Meinungskonflikt entsteht, da gibt es einen Unterschied zwischen Sein und Schein, insofern die Sache mindestens einer Partei anders erscheint, als sie ist. Folglich muß das Fundament unseres Wissens in einem privaten Innenraum gesucht werden, der sich dadurch auszeichnen muß, nicht öffentlich zu sein, da sich ansonsten die Differenz von Sein und Schein einstellte.

Ohne durch seine Frontstellung gegen den Phänomenalismus umgekehrt in einen Skeptizismus einwilligen zu wollen, hat Wittgenstein bekanntlich mit einer Reihe von Argumenten zu zeigen ver-

---

[97] Hier muß unterstrichen werden, daß man im Unterschied zu Rorty und anderen Kritikern des Repräsentationalismus nicht annehmen muß, daß der Vorstellungsbegriff für den Skeptizismus verantwortlich ist, da es sich vielmehr umgekehrt verhält. Der Repräsentationalismus ist ein Resultat einer skeptischen Überlegung und nicht ihr Ursprung. So zu Recht auch Willaschek: *Der mentale Zugang zur Welt*, 97–119.

[98] Vgl. dazu ausführlich Frede, M.: »Stoics and Skeptics on Clear and Distinct Impressions«, in: Ders.: *Essays in Ancient Philosophy*. Oxford 1987, 151–176.

sucht, daß die Idee eines privaten Innenraums inkompatibel ist mit dem *Gebrauch* unserer Sprache. Sprachliche Wesen, so Wittgenstein, können unmöglich in einem privaten Innenraum eingeschlossen sein, weil ihre Sprache ansonsten gar nicht funktionierte. Unter Wittgensteins Argumenten ragt das viel diskutierte *Privatsprachenargument* hervor. Dessen Intention kann man so verstehen, daß es beweisen soll, daß es keine Sprache geben könnte, mit der wir über einen privaten Innenraum sprächen, »wenn man die Grammatik des Ausdrucks der Empfindung nach dem Muster von »Gegenstand und Bezeichnung« konstruiert« (PU, §293). Tut man dies aber nicht, »dann fällt der Gegenstand als irrelevant aus der Betrachtung heraus« (ebd.), indem es überhaupt keinen Gegenstand, die Empfindung, mehr gibt, da Gegenstände bezeichnet werden können, d.h. da man ihnen »ein Namenstäfelchen umhängen« (PG, S. 97) kann.

Wittgensteins Privatsprachenargument soll darlegen, daß derjenige, der behauptet, mit absoluter Gewißheit Protokoll darüber erstatten zu können, was in seinem privaten Innenraum (Bewußtsein) vorgeht, während er mit nur relativer Gewißheit sagen könne, was in der öffentlichen Welt geschieht, dazu gezwungen wird, über etwas zu sprechen, worüber man gar nicht sprechen kann. Das Argument stellt somit den Versuch dar, den Solipsismus einer semantischen Inkonsistenz zu überführen.[99] Wittgenstein geht dabei so weit zu behaupten, daß man über dasjenige, worüber man nicht mit *Anderen* sprechen könnte, auch nicht mit sich selbst *sprechen* kann, so daß dem Solipsismus endgültig jegliches Fundament entzogen wird.[100] Wenn gezeigt werden kann, daß jede Sprache öffentlich sein muß, ist damit gezeigt worden, daß es keine Privatsprache geben kann. Die Vorstellung eines privaten Innenraums, in dem jeder jeweils mit sich selbst (und mit absoluter Gewißheit) über die privaten Episoden spricht, die sich ihm darbieten (z.B. seine Vorstellungen der Welt), stellt sich als konstitutiv inkonsistent heraus, wenn sich denn zeigen läßt, daß sie auf einem Mißverständnis der Funktionsweise von Sprache beruht.[101]

---

[99] Vgl. Hacker: *Insight and Illusion*, 225.

[100] *Nota bene:* Wittgenstein will nicht zeigen, daß man nicht mit sich selbst sprechen kann, sondern lediglich, daß man nicht so mit sich selbst sprechen kann, daß es keinen Weg gäbe, die Aussagen des Selbstgesprächs einem anderen verständlich zu machen.

[101] Daß Wittgensteins Argument sich gegen den Phänomenalismus wendet, sieht man daran, daß es bereits *in nuce* von Otto Neurath gegen Carnaps Protokollsprache (Privatsprache!) eingesetzt worden ist, wie der folgende Passus zeigt: »Wenn Robinson das, was

Wittgenstein erklärt selbst, daß es das Ziel seiner (Spät-)Philosophie sei, »der Fliege den Ausweg aus dem Fliegenglas [zu] zeigen.« (PU, § 309) Was er damit meint, zeigt eine Bemerkung, die sich in den *Aufzeichnungen für Vorlesungen über »privates Erlebnis« und »Sinnesdaten«* findet: »Der Solipsist flattert und flattert in der Fliegenglocke, stößt sich an den Wänden, flattert weiter. Wie ist er zur Ruhe zu bringen?«[102] Die Fliege, der Wittgenstein mit seiner (Spät-)Philosophie zur Freiheit verhelfen will, ist demnach der Solipsist, der an die Wände seines privaten Innenraums stößt und glaubt, von dort aus zur Welt außerhalb seiner Vorstellungen vordringen zu können. Wittgensteins Ausweg aus dem Fliegenglas besteht nun nicht darin, dem Solipsisten zu zeigen, wie er sich aus seinen Sinnesdaten logisch herausarbeiten kann, indem die gesuchte Eigenschaft der Vorstellungen gefunden wird, die dafür verantwortlich ist, daß es eine hinreichend große Klasse von Vorstellungen mit objektiver Realität und damit eine hinreichende Vermittlung von Welt und Vorstellung gibt. Der Weg aus dem Fliegenglas ist vielmehr »das diametrale Gegenteil des Solipsismus«[103]. Wittgenstein vermehrt dabei nicht etwa den Kanon transzendentaler Argumente, die metaphysische Thesen aus der Struktur unseres Verstehens ableiten wollen, sondern versucht vielmehr, jegliche Form von Phänomenalismus dadurch *ad absurdum* zu führen, daß er den Solipsismus eines konstitutiven Widersinns überführt und eine Position entwirft, die als sein diametrales Gegenteil gelten kann. Sein Argument ist deshalb kein transzendentales Argument, da transzendentale Argumente eine Reflexion auf unser Verstehen einleiten, ohne dabei über die Sphäre der Bedingungen des je eigenen Verstehens hinauszugehen.

---

er gestern protokolliert hat, mit dem, was er heute protokolliert, verbinden, d. h., wenn er sich überhaupt einer Sprache bedienen will, muß er sich der »*intersubjektiven*« Sprache bedienen. Der Robinson von gestern und der Robinson von heute stehen einander ebenso gegenüber, wie der Robinson dem Freitag. […] Das heißt, *jede* Sprache ist *als solche* »intersubjektiv«: die Protokolle eines Zeitpunkts müssen in die Protokolle des nächsten Zeitpunkts aufgenommen werden können, so wie die Protokolle des A in die Protokolle des B. *Es hat daher keinen Sinn, von monologisierenden Sprachen zu reden,* wie dies Carnap tut« (Neurath, O.: »Protokollsätze«, in: *Erkenntnis* 3 (1932), 204–214, hier: 211). Neurath lehnt den »methodischen Solipsismus« (212 f.) Carnaps daher explizit ab.

[102] Wittgenstein, L.: »Aufzeichnungen für Vorlesungen über »privates Erlebnis« und »Sinnesdaten««. In: Ders.: *Vortrag über Ethik und andere kleine Schriften.* Hrsg. von J. Schulte, Frankfurt/Main 1999, 47–100, hier: 76.

[103] Ebd., 55.

Transzendentale Argumente sind Reflexionen des einsam urteilenden Subjekts, sie gehören immer noch in die Cartesische Sphäre des methodischen Solipsismus. Damit unterstellen sie bereits eine bestimmte Metaphysik der Intentionalität, der zufolge sich *ein* Subjekt auf irgendetwas beziehen kann, ohne daß andere Subjekte im Spiel sind, die in irgendeiner Form garantieren, daß die Gegenstandsbeziehung gelingt oder nicht. Genau diese Voraussetzung attackiert Wittgenstein aber, da sie ohne aufwendige Rekonstruktion der Notwendigkeit des praktischen In-der-Welt-Seins der Subjektivität ihrerseits in den Solipsismus führt. Entsprechend muß das Privatsprachenargument als ein Argument für »das diametrale Gegenteil des Solipsismus« interpretiert werden. Was auch immer es genau zeigen mag; wenn es irgendetwas zeigt, dann zeigt es jedenfalls, daß das diametrale Gegenteil des Solipsismus wahr sein muß, wie man dieses letztlich auch immer spezifizieren mag (vgl. § 10).

Die bisherigen Überlegungen zur strategischen Option des Phänomenalismus sollten plausibel gemacht haben, daß das Gelingen von Wittgensteins Argument davon abhängt, ob es dem Solipsismus das logische Fundament einer Klasse von Aussagen entziehen kann, welche die folgenden Eigenschaften haben: (1) Sie sind notwendig wahr; (2) ihre Wahrheit kann deshalb nicht bezweifelt werden, weil ihr Inhalt gar nicht anders *sein* kann, als er *erscheint*. Aufgrund der vollkommenen Transparenz ihres Inhalts sind sie unbezweifelbar. Sie sind also unbezweifelbar, weil es keinen Sinn hat, sie zu bezweifeln, indem nichts bezweifelt werden kann, was nicht anders erscheinen kann, als es ist.

Jede Rekonstruktion des Privatsprachenarguments muß stets der Anforderung genügen, daß ihm selbst keine solipsistischen Prämissen attestiert werden können. Im Kontext meiner Überlegungen zum Begriff des Kontextualismus ist es natürlich von besonderer Relevanz, daß Wittgensteins diametrales Gegenteil des Solipsismus (das man meistens als *sozialen Externalismus* auffaßt) eine unabdingbare Verpflichtung auf den Kontextualismus der Sprachspiele impliziert.[104] Die Bestimmtheit einer Aussage und damit ihr asserto-

[104] Habermas liegt daher tendenziell richtig, wenn er ausführt, daß bei Wittgenstein »die interne Beziehung von Bedeutung und Geltung unabhängig vom Weltbezug der Sprache« sei: »deshalb bringt er die Bedeutungsregeln von Worten nicht mit der Wahrheitsgeltung von Sätzen zusammen. Er vergleicht die Gültigkeit von Bedeutungskonventionen stattdessen mit der sozialen Geltung von Gebräuchen und Institutionen und gleicht die grammatischen Regeln von Sprachspielen an soziale Handlungsnormen an.

rischer Gehalt ist nach Wittgenstein nämlich keine Funktion der Korrespondenz von Sprache und Welt, sondern eine Funktion der Sprache selbst, in der allein ein Unterschied zwischen korrekt und inkorrekt und damit die Bestimmtheit eines Gehaltes etabliert werden kann.[105] Die Welt kann demnach alles sein, was *für uns* der Fall sein kann, so daß die Annahme einer Welt an sich, die aus der Totalität aller Fakten besteht, gehaltlos wird. Denn unabhängig davon, was der Fall oder nicht der Fall sein kann, d. h. was affirmiert oder negiert werden kann, kann es für uns nichts Bestimmtes geben. Die Rede von einer Welt an sich, in der alles *simpliciter* der Fall ist, ist demnach für uns metaphysisch leer. Es gibt nämlich für uns keine Welt, in der alle Fakten ausgemacht sind, da Fakten stets etwas Bestimmtes sein

---

Damit gibt er freilich jeden *sprachspieltranszendierenden Geltungsbezug* preis. Gültig oder ungültig sind Äußerungen nur nach Maßgabe des zugehörigen Sprachspiels. So geht denn auch der Wahrheitsbezug der tatsachenfeststellenden Rede fast unbemerkt verloren.« (Habermas, J.: *Zur Kritik der Bedeutungstheorie,* in: ders.: Nachmetaphysisches Denken, Suhrkamp 1988, 118). Habermas übersieht damit aber, daß Wittgenstein gar nicht unter den Bedingungen des Solipsismus, mithin auch nicht unter den Bedingungen eines Solipsismus des Wir arbeitet, dem zufolge die Gemeinschaft in der Sprache gefangen ist. Genau dies versucht Wittgenstein mit seinem Rekurs auf die zweite Natur zu vermeiden, was allerdings in ein Problem führt, das der Diagnose Habermas' nahe kommt. Vgl. dazu unten § 14. Daß Wittgenstein einen internen Realismus vertrete und daß »the idea of truth as an objective of empirical enquiry«, d. h. der Weltbezug der Sprache damit bedroht sei, der im TLP im Zentrum stand, moniert auch Crispin Wright in »Hinge Propositions and the Serenity Prayer«, 298 ff.

105 Der Ausdruck »propositionaler Gehalt« wird hier bewußt durchgängig durch »assertorischer Gehalt« ersetzt. Der Grund dafür ist, daß Wittgensteins Analyse der Möglichkeit der Bestimmtheit eines Diskurses meines Erachtens inkompatibel mit der Annahme von Propositionen oder Frege'schen Gedanken als ewig wahrheitswertdifferenten Entitäten ist, was unten (322 ff.) ausführlicher besprochen wird. Ich enthalte mich hier aus Raumgründen des Urteils darüber, ob Wittgenstein den Begriff der Proposition polemisch verzerrt bzw. ob es auch dann noch möglich ist, mit Propositionen zu rechnen, wenn man Wittgensteins Grundannahmen teilt. Crispin Wright hat mich in einem Gespräch darauf hingewiesen, daß man den Begriff der Proposition mit Wittgenstein als »assertorischen Gehalt« bestimmen müßte, was zwar inkompatibel mit einem Platonismus ist, der annimmt, daß Propositionen unabhängig von allen Diskursen an sich bestehen, wobei ein solcher Platonismus aber nicht notwendig mit dem Begriff der Proposition assoziiert sein muß. Die Frage, wie man eine Proposition verstehen oder erfassen kann, kann zur Ablehnung eines Platonismus führen, was bei Wittgenstein der Fall ist, muß aber nicht zur Ablehnung von Propositionen überhaupt führen. Daß Wittgenstein aufgrund seiner Analyse des Begriffs der Behauptung dazu geführt wurde, den Begriff der Proposition abzulehnen und Gehalt an die Funktion einer Behauptung in Kontexten und nicht an die Erfassung an sich bedeutender Propositionen zu binden, konstatiert auch Stanley Cavell. Vgl. Cavell: *The Claim of Reason,* 208 f.

müssen. Da wir nicht verstehen können, wie es Bestimmtheit geben kann, wenn es keine Diskurse gibt, die festlegen, was als korrekt und was als inkorrekt gelten soll, hat es auch keinen Sinn, von einer an sich bestimmten Welt zu *sprechen* und diese gar zu den Wahrheitsbedingungen unserer Aussagen zu rechnen. *Da wir nicht über Unbestimmtes sprechen können, und da alle Bestimmtheit für uns diskursive Bestimmtheit ist, hat es keinen Sinn, von einer an sich bestimmten Welt zu sprechen. Wenn die Welt alles ist, was der Fall ist, und wenn dasjenige, was der Fall ist, jeweils nur für einen Diskurs Etwas sein kann, der festlegt, was für ihn der Fall sein kann, dann gibt es keinen Grund mehr dafür, die Welt als die Totalität aller modal robusten Fakten zu verstehen, die unabhängig von unseren diskursiven Praktiken immer schon festlegen, was objektiv wahr und falsch ist, selbst wenn es sich unserem Zugriff entziehen mag.*[106] Oder genauer: Die Welt als die Totalität aller Fakten mag etwas sein, worüber wir sprechen. Wenn wir sie aber auf diese Weise als Gegenstand der Sprache bestimmen, ist sie *ipso facto* ein bestimmter Gegenstand eines Diskurses und damit nicht die Welt an sich. *Die Welt-an-sich ist deswegen immer schon die Welt-an-sich-für-uns, woraus nicht folgt, daß es die Welt an sich nicht gibt, sondern lediglich, daß sie für uns nur bestimmt ist, wenn sie etwas für uns sein kann.*

Der Begriff der Welt als Totalität aller Fakten ist folglich potentiell inkompatibel mit Wittgensteins Ansatz in seiner Spätphilosophie, wo er vielmehr zu zeigen versucht, daß assertorische Bestimmtheit eine Funktion eines normativen Spiels ist, das Menschen spielen. Das heißt nicht, daß Fakten ein soziales Konstrukt sind und daß es daher etwa nicht wahr ist, daß es Berge gegeben hat, bevor es kompetente Verwender des Begriffs »Berg« gab. Es gehört vielmehr zu den Besitzbedingungen des Begriffs »Berg«, daß jeder, der den Begriff kompetent verwendet, imstande ist zu verstehen, daß der Berg dem Begriff des Bergs genau so vorhergeht wie unsere eigene Existenz unserem Verständnis dieser Existenz. Dennoch ist es kein absolutes Faktum, daß es bspw. den Himalaya gibt, wenn man unter einem »absoluten Faktum« ein solches versteht, zu dem man am besten Zugang hätte, wenn man seine Begriffe nach den Vorgaben der Welt modellierte. Versetzten wir uns nämlich hypothetisch in die

[106] Vgl. dazu auch Putnams Kritik der metaphysisch leeren Annahme einer »ready-made world« in: Putnam, H.: »Why There Isn't a Ready-made World«, in: Ders.: *Realism and Reason. Philosophical Papers*, Bd. 3, Cambridge, Ma. [6]1992, 205–228.

Welt der absoluten Fakten und versuchten auszumachen, ob es den Himalaya gibt, würden wir kaum fündig werden. In der hypothetischen absoluten Welt ist es nämlich kaum einsichtig, daß überhaupt eine Grenze zwischen Berg und Tal besteht. Außerdem könnte man aus einer anderen kosmischen Perspektive durchaus auch den Berg als Tal und das Tal als Berg sehen. Berg und Tal sind demnach relativ auf unsere räumliche Stellung auf der Erde und insbesondere auf unsere Interessen, die Sachlage so-und-so zu bestimmen und demnach festzulegen, was als Berg gelten soll und was als Tal. Die kompetente Verwendung der Relationsbegriffe Berg und Tal setzt also voraus, daß ihre Verwendungsbedingungen normativ festgelegt sind, so daß deviantes semantisches Verhalten sanktioniert werden kann. Wer den Berg als Tal bezeichnet, ist nicht einfach objektiv im Irrtum, sondern versucht, die Grenzen des Sprachspiels zu verschieben, d. h. die Grammatik im Sinne Wittgensteins zu verändern. Die Annahme einer an sich durchgängig bestimmten Welt, die genau so ist, wie die Totalität aller wahren Urteile sie repräsentierte, ist also für Wittgenstein auch deshalb unsinnig, weil es keine Totalität aller wahren Urteile geben kann, ohne daß diskursive Praktiken bestehen, deren Grammatik aber arbiträr, wenn auch keineswegs in allen oder auch nur den meisten Fällen in der Tat austauschbar ist.[107]

Wenn wir aber fragen, ob es ein absolutes Faktum ist, daß der Himalaya *hic et nunc* an seinem Platz stünde, auch wenn niemand einen Begriff von einem Berg hätte, so ist die Antwort: »Ja und Nein«. »Ja«, insofern es zum Begriff des Bergs gehört, daß er unabhängig von unserem Willen und Gutdünken existiert. »Nein«, insofern man jeglichen Weltbezug verliert, wenn man einen Blick von Nirgendwo anstrebt. Offensichtlich sind Begriffe normativ, indem man sie im Kontext eines Sprachspiels und dessen Grammatik korrekt oder inkorrekt verwenden kann. Diese Normativität muß allen Begriffen eingeschrieben sein, was Wittgensteins Gedankenexperiment einer privaten Empfindungssprache zeigen soll. Aus der durchgängigen Normativität aller Begriffe folgt aber, daß es zwar zum Begriff des Bergs gehört, unabhängig von unserem Dafürhalten zu existieren, was aber nicht bedeutet, daß er gleichsam *in rerum natura* als Berg unabhängig davon existiert, daß er von uns vom Tal unterschieden wird.

---

[107] Zur Arbitrarität der Grammatik bei Wittgenstein vgl. Forster, M. N.: *Wittgenstein on the Arbitrariness of Grammar.* Princeton 2004.

Nun kann anhand von Wittgensteins Analyse des Regelfolgens gezeigt werden, daß ein adäquates Verständnis von Regelfolgen bereits eine Zurückweisung des Solipsismus enthält. Damit wird zugleich die Möglichkeit einer Privatsprache zurückgewiesen, wie wir nun sehen werden. In §258 der *Philosophischen Untersuchungen* entwickelt Wittgenstein das berühmte Gedankenexperiment, in dem jemand (sagen wir S) versucht, eine private Empfindungssprache zu etablieren, indem er immer dann, wenn er eine bestimmte Empfindung E hat, einen Eintrag in ein Empfindungstagebuch macht, das nur er alleine verstehen kann. Denn ausschließlich S hat Zugang zu seinen Empfindungen, so daß niemand außer S sagen kann, ob S an einem bestimmten Tag wirklich die Empfindung E gehabt hat, die er in sein Tagebuch einträgt. Alle anderen außer S können bestenfalls erraten, was in S wirklich vorgeht, während S mit unerschütterlicher Gewißheit weiß, ob und wann er E hat oder hatte und was für ein Gefühl E ist.

Doch wie kann S wissen, daß sein Zeichen »E« wirklich *E* bedeutet? Wie kann er seine unbenennbare Empfindung überhaupt mit einem Zeichen verknüpfen dergestalt, daß er das Zeichen bei jedem E-Ereignis korrekt verwendet? Wie kann S wissen, daß er gerade wirklich *E* und nicht E^2 hat? Dazu reicht es natürlich nicht hin, auf eine weitere Empfindung hinzuweisen, die S mit absoluter Gewißheit sagt, daß er gerade *E* und nicht E^2 hat. Wenn die Empfindung E^3, die hilft, zwischen *E* und E^2 zu unterscheiden, nämlich wiederum rein privat, unmittelbar und nur für S transparent und inkorrigibel ist, hilft die Ausflucht zu E^3 nicht, da es wiederum keine Sicherheit dafür gibt, daß E^3 nicht E^4 ist. Wenn S seine absolute Gewißheit, daß *E* heute nicht E^2 bezeichnet, darauf stützt, daß er eine weitere Empfindung (etwa eine untrügliche Intuition oder innere Anschauung) hat, die wiederum nur ihm zugänglich ist usw., verstrickt er sich somit in einen infiniten Regreß.[108]

Das Problem ist demnach, daß S »kein Kriterium für die Richtigkeit« (PU, §258) seiner Behauptung hat, daß er gerade *E* und nicht E^2 empfindet.[109] Daraus folgt aber, daß es keinen Unterschied zwi-

[108] Die Berufung auf die Intuition hat nach Wittgenstein schlechte Erfolgsaussichten. »Nur Intuition könnte diesen Zweifel heben? – Wenn sie eine innere Stimme ist, – wie weiß ich, *wie* ich ihr folgen soll? Und wie weiß ich, daß sie mich nicht irreleitet? Denn, kann sie mich richtig leiten, dann kann sie mich auch irreleiten. ((Die Intuition eine unnötige Ausrede.))« (PU, §213)

[109] Das gilt allerdings nur solange, als S *ausschließlich* auf der Basis seiner privaten

schen der Präsenz von *E (Sein)* und dem Eindruck *(Schein)* gibt, daß *E* und nicht E^2 vorliegt. Der Unterschied von Sein und Schein ist nämlich *ex hypothesi* für den privaten Innenraum außer Kraft gesetzt. Das aber heißt: »richtig ist, was immer mir als richtig erscheinen wird. Und das heißt nur, daß hier von »richtig« nicht geredet werden kann.« (PU, § 258) Da es im privaten Innenraum keinen Unterschied zwischen der *richtigen* Anwendung einer Regel, nämlich des Ausdrucks »E«, und der *scheinbar richtigen* Anwendung dieser Regel geben kann, ist jeder Eindruck der Befolgung einer Regel *ipso facto* auch schon das Befolgen einer Regel. Gäbe es aber den Unterschied zwischen einer allgemeinen Regel und einzelnen Fällen ihrer Anwendung, müßte es auch Raum für eine falsche Anwendung der Regel geben, weil nicht alles Anwendungsfall einer bestimmten Regel sein kann.[110] Die Regel *unter*scheidet nämlich zwischen korrekt und inkorrekt, aber sie *ent*scheidet nicht über ihre Anwendung, so daß ihr inkorrekter Gebrauch nicht ausgeschlossen werden kann.

Der scheinbare epistemologische Vorsprung der Privatsprache wird von denjenigen, die sie postulieren, darin gesehen, daß sie nur wahre Aussagen enthalten kann. Der Phänomenalist beabsichtigt, sich genau diesen Vorteil zunutze zu machen. Doch eine Sprache, die nur wahre Aussagen enthält, kann keine Regeln enthalten, da jede Abweichung von einer Regel in dieser Sprache ebenfalls eine wahre Aussage darstellt. Die Privatsprache ist demnach niemandem und nichts verantwortlich, auch nicht den in ihr bezeichneten Empfindungen. Sie ist schlechterdings regellos. Daraus folgt aber eine totale semantische Anarchie in der Anwendung ihrer Begriffswörter, da die Anwendung niemals fehlgehen kann. Es ist demnach gleichermaßen

---

Empfindungen eine Sprache etablieren will. Das Privatsprachenargument soll nicht beweisen, daß wir keine Empfindungen haben oder daß wir über unsere Empfindungen nicht sprechen können. Es soll nur zeigen, daß wir nicht über unsere privaten Empfindungen sprechen könnten, wenn wir nicht auch über anderes sprechen könnten, das öffentlich ist, da der Unterschied zwischen privat und öffentlich selbst öffentlich ist.

[110] Sätze wie »alles ist mit sich selbst identisch« oder »alles unterscheidet sich von allem, das es nicht selbst ist«, sind keine Regeln, da sie keine Normen sein können, die sagen, was korrekt und was inkorrekt ist. Solange man nichts bestimmen kann, was *nicht* Fall der Regel ist, hat man es folglich mit keiner Regel zu tun. Regeln steuern nämlich die Informationsverarbeitung doxastischer Systeme, indem sie einen Unterschied zwischen einer festzuhaltenden und einer aufzugebenden Information etablieren. Regeln, die jede Information verarbeiten können, sind demnach gar keine Regeln, da sie keine Informationen verarbeiten können. Die genannten Sätze sind daher auch nicht informativ.

richtig, eine vorliegende Empfindung als *E* wie als E^2 zu klassifizieren; – *anything goes.* Ihr vermeintlicher epistemologischer Vorsprung surrt auf diese Weise zu ihrer völligen Beliebigkeit zusammen.

Der vermeintliche epistemologische Vorsprung einer privaten Empfindungssprache gegenüber der öffentlichen Rede entpuppt sich daher selbst als Schein, der nicht einmal öffentlich und damit als seiender Schein konstatiert werden kann, ohne dadurch bereits durch die öffentliche Rede als ihr Anderes bestimmt zu sein. Der Schein ist die scheinbare Koinzidenz von Sein und Schein für eine Klasse vermeintlich repräsentational gehaltvoller Vorstellungen, d. h. Empfindungsbegriffe, die nur wahrheitsgemäß angewendet werden können, da kein möglicher Regelverstoß denkbar ist. Eine Sprache, in der man aber kein Wissen formulieren kann, da man jedes beliebige Wissen formulieren kann, hebt sich selbst auf. Es ist in einer privaten Empfindungssprache somit nicht einmal möglich, auf irgendetwas Bezug zu nehmen, da man jederzeit auf alles Beliebige Bezug zu nehmen glauben kann und damit auch noch richtig liegt, da es keine Differenz zwischen Wahrheit und Fürwahrhalten gibt. Es kann also allein aus den Ressourcen der Privatsprache kein Unterschied zwischen irgendetwas und irgendetwas Anderem (*E* und E^2) getroffen werden, da alles jederzeit zu Recht beliebig als *E* oder als E^2 aufgefaßt werden kann. Der Privatsprachler kann demzufolge aber nicht einmal sagen, daß *E* »Etwas« sei, da »Etwas« bereits »zur allgemeinen Sprache« (PU, § 261) gehört. Wenn der Privatsprachler demnach versichert, er habe etwas, das er als *E* bezeichne, worauf er irrtumsimmun Bezug nehme, wozu allerdings niemand außer ihm einen kognitiven Zugang haben könne, befindet er sich bereits im Einzugsbereich der allgemeinen Sprache, da er annimmt, daß er etwas hat, was er identifizieren kann, indem er es u. a. von allem unterscheidet, das auch andere identifizieren könnten. Nun sind die Bedingungen möglicher identifikatorischer (und mithin begrifflicher) Bezugnahme aber nicht erfüllt, wenn alles, was jeweils registriert wird, sie erfüllt. So wie derjenige, der hungrig alles für Speise hält, was ihm begegnet, nicht satt würde, sondern vermutlich krank, da selbst die animalische Referenzstruktur des Hungers diskriminatorische Fähigkeiten voraussetzt.[111]

Die Annahme einer begrifflich ununterscheidbaren und in die-

---

111 Zur diskriminatorischen Struktur des Hungers vgl. Brandom, R.: »The Structure of Desire and Recognition. Self-consciousness and Self-constitution«, in: *Philosophy & Social Criticism* 33 (2007), 127–150.

sem Sinne völlig privaten Empfindung scheitert Wittgenstein zufolge demnach an der sozialen Allgemeinheit der Sprache, die er im folgenden so auslegen wird, daß sie in ihrer Normativität besteht. Die Normativität der Sprache impliziert aber, daß Regelverstoß und Regelanwendung unterschieden werden können müssen, was für die Privatsprache nicht gilt. Diese verstößt demnach aufgrund ihres vermeintlichen Intimitätsvorsprungs vor der allgemeinen Sprache gegen die Möglichkeitsbedingung eines beobachtbaren Unterschieds von *E* und irgendetwas Anderem, so daß *E* nicht einmal Etwas, aber auch nicht Nichts ist, wie Wittgenstein sich ausdrückt.[112] »So gelangt man beim Philosophieren am Ende dahin, wo man nur noch einen unartikulierten Laut ausstoßen möchte. – Aber ein solcher Laut ist ein Ausdruck nur in einem bestimmtem Sprachspiel, das nun zu beschreiben ist.« (PU, § 261)

Wittgenstein bestreitet wohlgemerkt nicht, daß wir mit uns selbst über unsere Empfindungen sprechen können. Er behauptet lediglich, daß dies nicht möglich wäre, ohne daß wir vorgängig in eine allgemeine, öffentliche Sprache initiiert worden sind. Das Privatsprachenargument erhebt auch nicht den nihilistischen (und absurden) Anspruch zu beweisen, daß es keine privaten Episoden gibt. Es soll vielmehr gezeigt werden, daß unsere privaten Episoden Teil eines öffentlichen Dramas sind, weil unser eigenes Verhältnis zu unseren privaten Episoden sprachlich vermittelt ist (wir gebrauchen Empfindungswörter). *Da sprachliche Vermittlung unter den Bedingungen einer ausschließlich privaten Sprache unmöglich wäre, steht unser Verhältnis zu unseren Empfindungen immer schon in einem Verhältnis zu unserem Verhältnis zu Anderen.* Da es keine Sprache geben kann, gegen deren Regeln prinzipiell nicht verstoßen werden kann (in welchem Fall jede Anwendung jeder Regel auf jeden Fall erlaubt

[112] Vgl. PU § 304: »»Und doch gelangst du immer wieder zum Ergebnis, die Empfindung selbst sei ein Nichts.« – Nicht doch. Sie ist kein Etwas, aber auch kein Nichts! Das Ergebnis war nur, daß ein Nichts die gleichen Dienste täte wie ein Etwas, worüber sich nichts aussagen läßt.« Wittgenstein will seiner eigenen Auskunft zufolge nicht behaupten, die Empfindung sei Nichts, sondern will darauf hinaus, daß sich das Paradoxon einer Empfindungssprache nur durch die Annahme des Nichtpropositionalen vermeiden läßt, d. h. unter Rekurs auf die Einsicht, daß die Funktion der Sprache ausschließlich Behauptung sei. Die Empfindung ist insofern weder Etwas noch Nichts, als die Empfindungssprache und die Intimität des Schmerzes nicht in einem epistemologischen und damit assertorischen Kontext eingesetzt werden können, da die Empfindung auf diese Weise bereits als Gegenstand, d. h. als Etwas oder Nichts, behandelt würde, das wir thematisieren und bezeichnen, als wäre es ein Objekt unter möglichen anderen.

wäre, indem jede Formulierung jeder Regel erlaubt wäre), kann die Sprache, mit der wir über unsere Empfindungen sprechen, mithin nicht privat sein. Das bedeutet aber, daß der private Innenraum, aus dem der Solipsist sich wie die Fliege im Fliegenglas befreien will, überhaupt nur dadurch ein *privater* Innenraum ist, daß er sich im Medium der allgemeinen Sprache einen privaten Innenraum abgrenzt.

Der Privatsprachler könnte auf der Basis seiner Privatsprache allein nicht einmal den Unterschied zwischen seinen Aussagen über seine Empfindungen und seinen Aussagen über öffentliche Objekte verstehen, da seine Empfindungen so privat sind, daß er von ihnen auch nicht behaupten könnte zu wissen, daß sie nicht öffentlich sind. Der Unterschied zwischen privaten und öffentlichen Objekten ist nämlich selbst öffentlich. Die Einführung des Unterschieds in den erkenntnistheoretischen Diskurs, die uns hier allein interessiert, bedient schließlich das epistemologische Interesse einer Grundlegung unserer Überzeugungen unter Rekurs auf eine vermeintliche epistemische Asymmetrie von privatem und öffentlichem Zeichengebrauch. Dieser Unterschied muß aber allgemein verständlich sein, so daß es unsinnig ist, darauf zu pochen, daß man von einer Seite des Unterschieds nichts sagen könne, was irgendein Anderer prinzipiell verstehen könnte.

Es ist seit Kripke weitgehend *communis opinio*, daß das Privatsprachenargument eine Anwendung von Wittgensteins allgemeinen Überlegungen zum Problem des Regelfolgens ist, die er vor allem in den §§ 143–243 der *Philosophischen Untersuchungen* entwickelt, die den Paragraphen des Privatsprachenarguments unmittelbar vorangehen. Das Privatsprachenargument läßt sich nämlich als ein Argument gegen die Möglichkeit einer Regel auslegen, gegen die nicht verstoßen werden kann. Kripke hat dafür argumentiert, daß Wittgenstein das allgemeine skeptische Paradoxon formuliert und auflösen will, daß jede Anwendung jeder Regel beliebig sein könnte, was natürlich eine Implosion des Regelbegriffs zur Folge hätte. Für Kripkes Deutung spricht, daß Wittgenstein selbst *expressis verbis* davon spricht, daß seine Überlegungen zum Regelfolgen ein Paradoxon hervorbringen.

Unser Paradox war dies: eine Regel könnte keine Handlungsweise bestimmen, da jede Handlungsweise mit der Regel in Übereinstimmung zu bringen sei. Die Antwort war: Ist jede mit der Regel in Übereinstimmung zu bringen, dann auch zum Widerspruch. Daher gäbe es hier weder Übereinstimmung noch Widerspruch. (PU, §201)

Was Wittgenstein damit in Kripkes Augen meint, kann man durch Wittgensteins eigenes berühmtes Beispiel illustrieren. Angenommen, wir wollten ermitteln, welcher Regel eine Person S folgt, wenn sie die Reihe 2, 4, 6, 8, 10 gebildet hat und verspricht, sie fortzusetzen, sobald wir herausgefunden haben, welcher Regel S folgt. Eine gute Hypothese wäre anzunehmen, daß S der Regel +2 folgt. Allerdings spricht nichts dagegen, daß S der Regel *+2 bis 10000 und anschließend +4* folgt, so daß er nach 10000 mit 10004 und nicht mit 10002 fortsetzte. Es gibt keinen Grund, dies auszuschließen.[113] Doch wie, wenn S uns sagte, er folge der Regel »+2« und setzte dennoch nach 10000 mit 10004 fort? Wie können wir wissen, daß er mit »die Regel +2« nicht *die Regel* +2* meint, die besagt, »+2 bis 10000 und dann +4«? Nun, S könnte uns sagen, daß er nicht »+2*« meine, aber woher kann er das wissen, wenn er noch niemals bis 10000 gekommen ist? Wie kann er im voraus bestimmen, daß er nach 10000 doch 10002 sagen wird? Außerdem, wie können wir uns sicher sein, daß er nicht jeden unserer Zahlausdrücke ab 10000 anders versteht als wir, so daß er etwa unter »10004« genau dasjenige versteht, was wir mit »10002« meinen?

Nehmen wir an, S sei alleine und spreche zu sich selbst. Er nehme sich fest vor, mit »+2« +2 und nicht +2* zu meinen. Das Problem ist nun, daß S nicht wissen kann, was er bei 10000 mit »+2« meinen wird, da er noch niemals so weit gezählt hat. Denn er kennt nicht die »ganze Anwendung« (PU, §264) seiner Regel, selbst wenn er weiß, wie man jeweils 2 zu einer gegebenen geraden Zahl hinzuaddiert. Seine aufrichtige Intention, die Regel »+2« zu verwenden, allein kann nicht bestimmen, daß er wirklich +2 verwenden wird. Anders gewendet: Die Richtigkeit seiner Anwendung der Regel, die Übereinstimmung mit seiner Regel, hängt nicht nur von seiner Intention ab. Ansonsten geriete er in das Fahrwasser einer Privatsprache, so daß

---

[113] Genaugenommen ist die Information, daß S die Reihe »2, 4, 6, 8, 10« bildet, sogar eine Bestätigung der Hypothese, daß S der Regel *+2 bis 10000 und anschließend +4* folgt. Eine wichtige Regel der Formulierung skeptischer Paradoxa arbeitet mit der Bestätigungstheorie, die ein Zweig der Wahrscheinlichkeitstheorie ist. Skeptische Paradoxa argumentieren nämlich *grosso modo* so, daß sie behaupten, daß eine gegebene Information nicht nur unsere Hypothese H, sondern auch ihre Negation bestätigt, indem sowohl H als auch ~H unsere Information implizieren. Unsere Hypothese erscheint auf diese Weise als arbiträr.

alles das richtig wäre, was ihm als richtig erscheint. Dies gilt aber im Falle der Algebra bekanntlich keineswegs, so daß es einer anderen Erklärung des Regelfolgens als derjenigen bedarf, die sich auf eine Intention beruft.

Es hilft auch nicht weiter, sich auf das Wesen der Regel selbst zu berufen. Denn selbst wenn es einen platonischen überhimmlischen Ort gäbe, an dem alle Regeln aufbewahrt würden, könnte S sich im Alleingang niemals sicher sein, welche Regel er gerade aus dem überhimmlischen Ort »heruntergeladen« hat, da er als einsam urteilendes Subjekt keinen Unterschied zwischen einer richtigen und einer falschen Anwendung der Regel treffen kann. Woher weiß er nämlich, was er in Zukunft mit »+2« meinen wird oder was er in der Vergangenheit mit »+2« gemeint hat, wenn seine Meinung ausschließlich ein privates Erlebnis der Art *E* ist? S kann schließlich aus eigenen Reserven an keine »unabhängige Stelle appellieren« (PU, §265), da er ihren Richtspruch wiederum beliebig auslegen könnte.

Die platonistische Annahme einer geistigen Erfassung der Regel (Intuition) hilft uns hier nicht weiter, da auch die Erfassung platonischer Ideen von endlichen Subjekten vollzogen wird, so daß sich das skeptische Spiel wiederholt, indem wiederum unsicher ist, welche Idee gerade von einem endlichen Subjekt erfaßt worden ist, was diskursiv vermittelt werden muß.[114] Denn wie kann man wissen, daß

---

114 Es hilft hier auch nicht weiter, davon auszugehen, daß die Erfassung platonischer Ideen in endlichen Subjekten von einem unendlichen Geist vollzogen wird, an dem die endlichen Subjekte immer dann teilhaben, wenn sie einsehen, wie man einer bestimmten Regel folgen soll. Denn wie kann man bestimmen, welcher Vorgang in einem endlichen Geist eine Manifestation des unendlichen Geistes ist und welcher nicht? Beriefe man sich darauf, daß jede Manifestation eines unendlichen Geistes sich selbst indiziert, beginge man eine simple *petitio principii*, da man dem endlichen Geist das Vermögen vindizierte, die Manifestation eines sich selbst indizierenden Geistes zu erfassen, das zur Erklärung der Möglichkeit des Regelfolgens angenommen worden ist. Diese Erklärung des Regelfolgens hätte nämlich keinen Vorsprung vor der Erklärung, daß man immer dann wisse, daß man einer Regel folge, wenn man sich sicher sei, ihr zu folgen. Sollte diese Sicherheit inkorrigibel wie die Erfassung platonischer Ideen sein, landete man unversehens in einer Privatsprache, in der alles wahr ist, was einem als wahr erscheint. Auf diese Weise hätte man aber keinen explanatorischen Fortschritt gemacht, so daß die Annahme der Manifestation eines unendlichen Geistes in einem endlichen Geist denselben argumentativen Zug wie die Berufung auf die Sicherheit oder Gewißheit macht, mit der wir einer Regel folgen. Das Problem des Regelfolgens war aber, daß zwischen einer Befolgung und einem Verstoß gegen die Regel unterschieden werden können muß. Wäre jede Befolgung der Regel die Erfassung ihrer Idee in einem endlichen Geist durch die Manifestation eines sich selbst indizierenden unendlichen Geistes, könnte sich

man die Idee der Regel +2 und nicht vielmehr die Idee der Regel +2* erfaßt hat? Selbst wenn die Ideen sich selbst interpretierten und die Erfassung der Idee »+2« implizierte, daß die Idee wirklich die Idee +2 und nicht +2* ist, könnten wir mit dieser Information nichts anfangen, da durch die Erfassung der Idee allein für uns nicht ausgemacht ist, was wir tun werden, sobald wir, sagen wir, bei 10000 ankommen. Die Erfassung der Idee +2 impliziert für einen endlichen Geist ebenso wenig die Erfassung der Idee 22222 wie die Erfassung der Idee *Tisch* die Erfassung der Idee *Tisch mit drei Beinen*. Die Erfassung einer Idee kann unmöglich einen Überblick über ihre gesamte Anwendung implizieren, weshalb die Welt der Regelanwendung bei Platon wohl kaum zufällig als der Bereich des nicht wißbaren Scheins, der Doxa, diskreditiert wird. Die Erfassung einer Idee kann nämlich weder im Voraus determinieren, wie wir als endliche Denker an einem bestimmten Punkt unserer Begriffshistorie verfahren werden, noch, was wir an diesem Punkt darüber denken werden, was wir in unserer begrifflichen Vergangenheit getan haben. Sofern die Idee in meinem Geist ist, ist sie ein endlicher Inhalt, dem alsbald ein anderer folgen wird. Kripke hat diesen wichtigen Punkt klar gesehen. »For Wittgenstein, Platonism is largely an unhelpful evasion of the problem of how our finite minds can give rules that are supposed to apply to an infinity of cases. Platonic objects may be self-interpreting, or rather,

---

jeder in jedem Fall darauf berufen, die Regel *qua* Manifestation erfaßt zu haben, was damit kompatibel wäre, daß zwei Subjekte dieselbe Regel zu befolgen glauben, obwohl sie verschiedene Resultate hervorbringen. Denn zwei Subjekte könnten den Eindruck haben, einer entsprechenden Manifestation beizuwohnen, so daß nicht entschieden werden könnte, welchem Subjekt sie wirklich zuteil geworden ist. Da die Manifestation eines sich selbst indizierenden Geistes wiederum ein privater Vorgang ist, der von anderen nicht eingeschätzt werden kann, unterscheidet sich diese Annahme also in nichts von der trockenen Versicherung, einer Regel (und überdies infallibel) gefolgt zu sein. Außerdem: Wer nicht nur annimmt, daß wir Ideen erfassen, sondern darüber hinaus, daß wir Ideen vermittels der Manifestation eines unendlichen Geistes in einem endlichen Geist erfassen, erzeugt sichtlich einen übermäßigen explanatorischen Aufwand, um zu erklären, wie wir imstande sein können, simple Additionen zu vollziehen oder auf die Präsenz eines Hundes mit dem Wort »Hund« zu reagieren. Die Annahme einer Manifestation eines unendlichen Geistes in einem endlichen Geist erklärt also entweder gar nichts oder sie erklärt dasjenige, was sie erklären soll, auf eine übermäßig aufwendige und unplausible Weise. Vgl. Rorty: *Philosophy and the Mirror of Nature*, 374: »The dilemma created by this Platonic hypostatization is that, on the one hand, the philosopher must attempt to find criteria for picking out these unique referents, whereas, on the other hand, the only hints he has about what these criteria could be are provided by current practice (by, e.g., the best moral and scientific thought of the day).«

they may need no interpretation; but ultimately there must be some mental entity involved that raises the sceptical problem.«[115] Mit Wittgenstein kann man demnach nicht gegen die Existenz von Ideen argumentieren, sondern lediglich dagegen, daß die Annahme von Ideen irgendeinen Beitrag zur Lösung des Regelproblems darstellt, da wir Ideen *anwenden* müssen, wobei uns die mentale Erfassung der Ideen nicht hilft. Wir können Regeln nicht *uno intuitu* erfassen, da sie nicht von der potentiellen Unendlichkeit ihrer Anwendung unabhängig sind. Das Allgemeine der Regel wird durch die Einzelfälle mit bestimmt. Welcher Regel man folgt, weiß man nur, indem man sich in einer Situation dafür entscheidet, so oder so zu urteilen bzw. zu handeln.

Die Regel, die S *privatim* (etwa durch intellektuelle Intuition einer Idee) zu erfassen meint, kann ihm unmöglich alle Fälle ihrer Anwendung auf einmal zeigen, da sie potentiell unendlich sind und kein endlicher Geist unendliche Anwendungsfälle einer Regel überblicken bzw. antizipieren kann; eine Annahme, die man auch nicht zu begründen suchen sollte, nur um sich etwa das Vermögen, korrekt zu addieren, zuschreiben zu können. Eine eidetische Manifestation im Erfassen einer Regel kann einem endlichen Subjekt also unmöglich die Totalität aller Anwendungsfälle vorführen, da die Regel für einen endlichen Geist nicht im Voraus ihre Anwendungsfälle bestimmen kann. Um in einer gegebenen Situation zu entscheiden, womit man es zu tun hat und auf welche Weise man fortfahren sollte, genügt es nicht, auf eine vorformulierte Regel zurückzugreifen, da die Formulierung der Regel nicht bestimmen kann, wann man es mit einem Anwendungsfall der Regel zu tun hat.

Unser Regelgebrauch ist deshalb notwendig unterbestimmt, weil wir jederzeit mit völlig neuartigen Konstellationen, d. h. mit Regelinstanzen konfrontiert werden, die von der Regel selbst nicht antizipiert werden können. Deswegen sind wir selbst dort ständig genötigt, formulierte Regeln zu ändern oder sie innovativ zu interpretieren, wo ein Regelkanon vorliegt, der von einer autorisierten Expertengruppe oder einer Kommission aufgestellt worden ist. Die Praxis der Rechtsprechung etwa ist ohne adäquate Korrekturmechanismen gar nicht zu denken, die dann ins Spiel kommen, wenn ein Anwendungsfall eine überraschende Eigenschaft einer formulierten Regel ans Tageslicht bringt, die nicht vorhergesehen werden konnte.

---

115 Kripke: *Wittgenstein on Rules and Private Language*, 54.

Dasselbe gilt auch für die Mathematik, die ebenfalls zur Ausbildung von Korrekturmechanismen tauglich sein muß, um Inkonsistenzen zu beheben, die eine erweiterte inferentielle Praxis offenbar machen kann. Es kann daher prinzipiell keine eisernen Regeln geben (also keine »bis ins Unendliche gelegten Geleise« (PU, §218), wie Wittgenstein sagt), die jeglicher Korrektur enthoben sind, da sich unser Informationsstand stets so verändern kann, daß wir zu einer teilweisen Revision unseres Regelsystems oder unserer Praxis gezwungen werden.[116] Die Unmöglichkeit eines eisernen Regelkanons, der uns Orientierung in der Welt verschafft, folgt aus der Normativität der Regeln, die garantiert, daß es Regeln nur unter der Bedingung eines binären Codes gibt, der jeweils zwischen korrekt und inkorrekt unterscheidet. Dabei sind die Normen, die die Realisierung des Codes bestimmen, aufgrund unserer Endlichkeit immer Normen-im-Kontext, denen wir prinzipiell nicht entrinnen können.[117]

Zur Erklärung des Regelfolgens hilft es auch nicht weiter, sich auf die Kantische Urteilskraft zu berufen. Deren Funktion ist bekanntlich zu *bestimmen*, welche Regel in einem gegebenen Fall angewendet werden muß bzw. darauf zu *reflektieren*, welche Regel in einem gegebenen Fall angewendet worden ist.[118] Denn die Annahme

---

[116] Neurath drückt dies in einem berühmten Gleichnis folgendermaßen aus: »*Es gibt kein Mittel, um endgültig gesicherte saubere Protokollsätze zum Ausgangspunkt der Wissenschaften zu machen.* Es gibt keine tabula rasa. Wie Schiffer sind wir, die ihr Schiff auf offener See umbauen müssen, ohne es jemals in einem Dock zerlegen und aus festen Bestandteilen neu errichten zu können. Nur die Metaphysik [verstanden als die Suche nach einem archimedischen Punkt, M. G.] kann restlos verschwinden. Die unpräzisen »Ballungen« sind immer irgendwie Bestandteil des Schiffes. Wird die Unpräzision an einer Stelle verringert, kann sie wohl an einer anderen Stelle verstärkt wieder auftreten.« (Neurath: »Protokollsätze«, 206)

[117] Der Begriff von Normen-im-Kontext geht auf Crispin Wright zurück. Vgl. Wright, C.: »Hinge Propositions and the Serenity Prayer«, in: Löffler, W./Weingartner, P. (Hrsg.): *Knowledge and Belief.* Wien 2004, 287–306, hier 293 f.; ders.: »Wittgensteinian Certainties«, 37.

[118] »Urteilskraft überhaupt ist das Vermögen, das Besondere als enthalten unter dem Allgemeinen zu denken. Ist das Allgemeine (die Regel, das Prinzip, das Gesetz) gegeben, so ist die Urteilskraft, welche das Besondere darunter subsumiert […] *bestimmend.* Ist aber nur das Besondere gegeben, wozu sie das allgemeine finden soll, so ist die Urteilskraft bloß *reflektierend.*« (KU, BXXVf.) Kants Definition der bestimmenden Urteilskraft ist zumindest problematisch, da sie *a limine* davon ausgeht, daß ein Allgemeines (die Regel) und ein Besonderes (ein Anwendungsfall) vorliegen, um durch die Urteilskraft in einen Zusammenhang gebracht werden zu können. Ein Aspekt des Problems des Regelfolgens ist aber, daß wir gerade nicht imstande sind, unmittelbar anzugeben, wie es möglich ist, daß wir einen Anwendungsfall einer Regel *als* solchen erkennen, woraufhin

einer allgemeinen Regel, unter die ein besonderer Fall nach dem Modell eines *modus ponens* gebracht werden muß, löst als solche bereits den Regelregreß aus, der dann durch die Annahme der Urteilskraft *ad hoc* unterbrochen werden muß, wenn anders man nicht in einen instabilen Regelregreß abdriften will. Kant selbst ist sich des Regelregresses freilich bewußt, wie aus einer berühmten Stelle über die Urteilskraft hervorgeht, an der er das Regelregreßargument ausdrücklich formuliert, um ihm mit der Einführung eines besonderen Talents, der Urteilskraft, zu entgehen. Die Stelle verdient wegen ihrer Relevanz für unseren Kontext, *in extenso* zitiert zu werden.

Wenn der Verstand überhaupt als das Vermögen der Regeln erklärt wird, so ist Urteilskraft das Vermögen, unter Regeln zu subsumieren, *d.i. zu unterscheiden, ob etwas unter einer gegebenen Regel (casus datae legis) stehe, oder nicht. Die allgemeine Logik enthält gar keine Vorschriften für die Urteilskraft, und kann sie auch nicht enthalten. Denn da sie von allem Inhalte der Erkenntnis abstrahiert; so bleibt ihr nichts übrig, als das Geschäfte, die bloße Form der Erkenntnis in Begriffen, Urteilen und Schlüßen analytisch auseinander zu setzen, und dadurch formale Regeln alles Verstandesgebrauchs zu Stande zu bringen. Wollte sie nun allgemein zeigen, wie man unter diese Regel subsumieren, d.i. unterscheiden sollte, ob etwas darunter stehe oder nicht, so könnte dieses nicht anders, als wieder durch eine Regel geschehen. Diese aber erfordert eben darum, weil sie eine Regel ist, aufs neue eine Unterweisung der Urteilskraft, und so zeigt sich, daß zwar der Verstand*

---

wir dann das Besondere allererst unter das Allgemeine subsumieren können, wie Kant sich ausdrückt. Es sieht so aus, als ob Kant mit einem stabilen Allgemeinen (dem Reich der Regeln oder Begriffe) rechnet, das mit einer variablen Welt von Anwendungsfällen verglichen werden müsse. Wittgensteins Problem des Regelfolgens stellt aber gerade die Annahme einer stabilen Begriffswelt in Frage, wenn es denn wahr ist, daß Begriffe als Regeln aufgefaßt werde müssen, die angewendet werden müssen, um bestimmt zu sein. Wenn Begriffe aber allgemein in dem Sinne wären, daß alle Anwendungsfälle aus ihnen folgten, so daß Regelfolgen die Einsicht in die inferentielle Relation zwischen dem Allgemeinen und dem Besonderen mithilfe der Urteilskraft wäre, hätten wir uns wiederum die Annahme von superlativen, unendlichen Fakten (dem Allgemeinen) eingehandelt, die in einen Zusammenhang mit den schwachen, empirischen und endlichen Fakten gerückt werden müßten. Ein solcher Graben zwischen Unendlichkeit und Endlichkeit kann aber nicht überbrückt werden und sollte nicht aufgerissen werden, um zu erklären, wie wir zu kompetenten Verwendern simpler Begriffe wie »Hund«, »Stuhl« oder »Berg« werden können. Wittgenstein untergräbt Kants Versuch, unsere normative Natur in einem *mundus intelligibilis* zu gründen, indem Wittgenstein die Grenze zwischen Sein und Sollen anders zieht. Das Sollen gehört nach Wittgenstein nämlich zur menschlichen *Natur* und bezeugt für ihn kein Hinaussein des Menschen über die Sinnenwelt. Das Problem des Regelfolgens soll letztlich zur freilich paradoxen Einsicht in einen Naturalismus führen, wie unten (§ 14) ausführlich dargetan wird.

einer Belehrung und Ausrüstung durch Regeln fähig, Urteilskraft aber ein besonderes Talent sei, welches gar nicht belehrt, sondern nur geübt sein will. (KrV, B171 f.[119])

Kant führt mithin ein Vermögen, die Urteilskraft, ein, um den infiniten Regreß zu vermeiden, der droht, wenn man Regelfolgen als Subsumtion betrachtet. Das *Subsumtions-Modell des Regelfolgens* beruht auf der problematischen Annahme, daß alles Regelfolgen wie ein *modus ponens* funktioniert: Eine Regel impliziert alle ihre Anwendungsfälle, so daß jeder Anwendungsfall einer Regel ein einfaches Konditional der Form: P (Regel) → Q (Anwendungsfall) voraussetzt: Wenn die Regel besteht, sind alle Instanzen der Regel als solche immer schon bestimmt, da es wahrheitsdifferente Urteile darüber gibt, was eine Instanz der Regel ist, wenn die Instanzen unter die Regel subsumiert sind. Alle Anwendungsfälle einer Regel werden von der Regel demnach wie das Besondere vom Allgemeinen impliziert, wodurch sie allererst zu Anwendungsfällen werden. Jede Erkenntnis setzt nun voraus, daß etwas *als* Fall einer Regel erfaßt werden kann, weshalb Denken für Kant Urteilen, d. h. die Verbindung von Einzelnem (Subjekt) und Allgemeinem (Prädikat) ist. Urteile sind aber Regeln, so daß alle Erkenntnis für Kant Subsumtion eines gegebenen Gegenstandes unter Regeln ist.[120]

Dem Subsumtions-Modell des Regelfolgens zufolge läßt sich eine Regel als eine Menge von Bedingungen analysieren dergestalt, daß ein Anwendungsfall der Regel genau dann vorliegt, wenn alle Bedingungen erfüllt sind, welche die Analyse der Regel zu Tage fördert. Der Urteilskraft kommt dabei die Aufgabe zu, das Allgemeine und Besondere zusammenzubringen, indem sie in einer Tatsache den

---

119 Die Parallele zwischen Kant und Wittgenstein unterstreicht auch Brandom: *Making it Explicit*, 657. Brandom geht sogar von einem direkten Einfluß Kants auf Wittgenstein aus, was durchaus plausibel ist. Kant identifiziert im Anschluß an die zitierte Stelle die Urteilskraft mit dem »Mutterwitz«. Dies könnte als Anklang in Wittgensteins Gebrauch von »Witz« in seiner Spätphilosophie herausgehört werden. Vgl. etwa PU, §§ 62, 142, 564, 567.

120 »Die Sache der Sinne ist, anzuschauen; die des Verstandes, zu denken. Denken aber ist Vorstellungen in einem Bewußtsein vereinigen. […] Die Vereinigung der Vorstellungen in einem Bewußtsein ist das Urteil. Also ist Denken soviel, als Urteilen, oder Vorstellungen auf Urteile überhaupt beziehen. […] Urteile, sofern sie bloß als die Bedingung der Vereinigung gegebener Vorstellungen in einem Bewußtsein betrachtet werden, sind Regeln. Diese Regeln, sofern sie die Vereinigung als notwendig vorstellen, sind Regeln a priori« (*Prolegomena*, § 22 f.).

Anwendungsfall einer Regel erkennt. Sind alle Bedingungen erfüllt (P), können wir nach *modus ponens* schließen, daß wir es mit einem Anwendungsfall der Regel (Q) zu tun haben. Kants Problem ist nun aber, wie es möglich ist, die richtigen Bedingungen (P) und damit die Regel zu identifizieren. Dies erfordert wiederum Regeln, die spezifizieren, welche Metabedingungen erfüllt sein müssen, um die Bedingungen zu identifizieren, die erfüllt sein müssen, damit wir zur Behauptung von P und damit zum *modus ponens* des Regelfolgens berechtigt sind. Damit das Konditional aufgestellt werden kann, das als erste Prämisse für den *modus ponens* dient, muß das Konditional folglich selbst *modo ponente* erschlossen werden, wobei das grundlegende Konditional die Form P* (Metaregel) ⟶ [P (Regel) ⟶ Q (Anwendungsfall)] hat. Dasselbe gilt *ex hypothesi* wiederum für dieses Konditional, da auch die Metaregel unter Bedingungen ihrer Anwendbarkeit steht usw. *in infinitum*. Die Annahme, daß die Identifikation eines Anwendungsfalls als eine Einsicht in den inferentiellen Zusammenhang des Allgemeinen und des Besonderen verstanden werden sollte, führt also in einen infiniten Regreß. Um den Regreß zu vermeiden, führt Kant die Urteilskraft ein, der die Funktion zukommt, Umstände als Anwendungsfälle von Regeln ohne begriffliche Vermittlung unmittelbar zu identifizieren. Die Urteilskraft identifiziert also prädiskursiv die Umstände, die erfüllt sein müssen, damit wir es mit einem Fall einer Regel zu tun haben können. Wenn die Urteilskraft aber ohne Urteil, d.h. ohne Spezifikation von Metaregeln für die Urteilskraft imstande sein soll, Anwendungsfälle von Regeln zu erkennen, dann schuldet Kant uns eine Erklärung dafür, wie die Urteilskraft, ohne zu urteilen, einen Anwendungsfall einer Regel *als* solchen unmittelbar erkennen kann. Die Annahme der Urteilskraft scheint demnach *ad hoc* zu sein, jedenfalls dann, wenn sie dem Abbruch des Regelregresses dient. Das Problem liegt darin, daß wir Kant zufolge etwas nur im Urteil bestimmen können. Wenn alles nur im Urteil bestimmbar ist, dann gilt dies *ex hypothesi* auch für die Wahrheitsbedingungen des Urteils, die u.a. an die Bedingungen dafür geknüpft sind, daß die Elemente des Urteils, d.h. im einfachsten Falle Subjekt und Prädikat, bestehen oder nicht bestehen. Diese Bedingungen können ihrerseits nur im Urteil bestimmt werden, was ein Urteil über die Wahrheitsbedingungen des ersten Urteils erforderlich macht usw. *in infinitum*. Um diesen Regreß zu verhindern, nimmt Kant eine unmittelbare Registratur der allgemeinen Bedingungen eines Begriffs bzw. der einzelnen Instanzen an, die unter einen Begriff subsumiert werden sollen. Die unmittelbare Registratur, die Urteilskraft, kann dabei nicht selbst urteilen, was den Regreß auslöste, sondern muß etwas als etwas erfassen können, ohne zu urteilen. Dies ist aber unmöglich, wenn gilt, daß alle Bestimmtheit auf Urteile zurückzuführen ist.

Kants Modell besitzt für sich betrachtet eine hohe Plausibilität und wird einem bekannten Phänomenbestand gerecht. Man denke etwa an den Fall eines mathematischen Talents. Der Grad eines mathematischen Talents bemißt sich u. a. daran, daß es die Lösung eines Problems, und damit eine Regel, unmittelbar oder auf einen Schlag erfaßt, ohne wiederum auf Regeln zur Erfassung der Regel angewiesen zu sein. Daher ist das mathematische Talent auch die einzige Erfolg ermöglichende inventorische Ausrüstung, um in ein bisher noch unbekanntes mathematisches Terrain vorzustoßen. In ähnlicher Weise spricht man im Schach-Jargon davon, daß ein Spieler einen Zug *gesehen* hat, was man in Schachkreisen auch als *Intuition* bezeichnet. Ein Meisterspieler zeichnet sich u.a. dadurch aus, daß er die gegebenen Regeln intuitiv brechen kann, um eine neue Regel zu institutionalisieren.[121] Darin besteht der Fortschritt in der Schachtheorie. Die Einführung einer neuen Variante in eine bestimmte Eröffnung (am Ende der berechneten Pfade) geschieht meist durch eine spontane »Eingebung«, die erst nachträglich durch Regeln eingeholt werden kann. In all diesen Fällen ist eine spezifische lokale Intelligenz am Werk, die nur beschränkt (und keinem Beschränkten) gelehrt werden kann. Der kreative Vorstoß ins offene Noch-nicht kann nicht regelgeleitet vollzogen werden, so daß es naheliegt, mit einem Vermögen zu rechnen, das solche Vorstöße *post actum* ins Netz des Regelwerks einfängt. Die kreative Energie selbst verfährt aber nicht nach Regeln, was nicht ausschließt, daß sich ihre Manifestationen nachträglich rational einholen lassen.[122] Indem nun jede Anwendung einer Regel eine Projektion ins Noch-Nicht darstellt, da jede Situati-

---

[121] Der Meisterspieler bricht natürlich nicht die grundlegenden Regeln des Schachspiels, die festlegen, wie sich die Figuren bewegen dürfen, sondern Regeln der Form, daß Türme auf offenen Linien stark sind oder daß man in einer bestimmten Eröffnung rochieren muß oder daß man in einer bestimmten vieldiskutierten Stellung keinen Turm opfern darf usw.

[122] Auf dieser Überlegung beruht Wolfram Hogrebes Theorie des Nichtpropositionalen, die er als Mantik bezeichnet. Die Mantik macht dabei darauf aufmerksam, daß das Nichtpropositionale nicht vom Propositionalen aus gedacht werden könne, was man Kant attestieren kann, der das Nichtpropositionale immer noch als Urteilskraft und daher vom Urteil aus denkt. Vgl. dazu Gabriel, M.: »Zum philosophischen Ansatz Wolf-

on für uns neu ist, ist Kant zufolge alles Regelfolgen von der skizzierten Art und demnach stets nur *post festum* explizierbar. Dennoch nimmt Kant an, daß alle inferentiellen Zusammenhänge auch unabhängig davon festgelegt sind, daß wir sie erfassen, d. h. daß Regeln Begriffe sind, die ihre Instanzen (das Besondere) implizieren. Zwar ist die Aktivität der Urteilskraft selbst nicht durch explizite Regeln geleitet. Dennoch entdeckt die Urteilskraft intuitiv inferentielle Zusammenhänge.

Kehrt man zur argumentativen Ausgangslage im Kontext des Problems des Regelfolgens zurück, scheint Kant die Strategie einzuschlagen, ein Vermögen einzuführen, um das Problem des Regelfolgens zu lösen, dem er sich ebenso wie Wittgenstein konfrontiert sieht, weil er Begriffe als Regeln versteht.[123] Diese Strategie vergleicht Wittgenstein an anderer Stelle einem Sprachgebrauch, »in welchem nicht gesagt wird, »es ist nicht bekannt, wer dies getan hat«, sondern: »Herr Unbekannt hat es getan« – um nicht sagen zu müssen, man wisse es nicht.«[124] Es scheint demnach, als führe Kant zunächst das problematische Subsumtions-Modell des Regelfolgens ein, um den infiniten Regreß, den er sich damit einhandelt, anschließend durch das Postulat eines Vermögens abzufangen, zu dessen Annahme er durch einen offenkundigen Phänomenbestand berechtigt ist. Die Schwäche dieser Strategie liegt darin, daß sie sich auf das Subsumtions-Modell des Regelfolgens überhaupt einläßt, um alles Regelfolgen als Subsumtion (oder Kantischer: um alles Denken als Urteilen) verstehen zu können. Elementare Fälle des Regelfolgens, wie der Gebrauch von Farbwörtern, können aber nicht nach diesem Modell verstanden werden. Denn welche Bedingungen müssen erfüllt sein, damit wir zu Recht urteilen können, daß ein Farbfleck grün ist? Welche Relation besteht zwischen irgendeiner allgemeinen Regel, die den Gebrauch des Prädikats »ist grün« steuert, und dem Grün-Sein eines gegebenen Farbflecks, das jemand konstatiert? Aus

---

ram Hogrebes«, in: Hogrebe, W.: *Die Wirklichkeit des Denkens.* Vorträge der Gadamer-Professur 2006, Heidelberg 2007, 79–101.

[123] Das nähert Kant, wie Terry Pinkard anmerkt, Brandoms These an, daß Subjekte ein normativer Status und keine Substanzen oder sonstigen Entitäten sind, die wie Objekte *Gegenstand* von Erkenntnis sein können. Vgl. Pinkard, T.: »Der sich selbst vollbringende Skeptizismus und das Leben in der Moderne«, in: Hüppauf, B./Vieweg, K. (Hrsg.): *Skepsis und literarische Imagination.* München 2003, 45–62, bes. 48–50. Pinkard konstatiert zu Recht, daß Begriffe für Kant »Urteilsregeln« (ebd., 51) sind.

[124] Wittgenstein, L.: »Ursache und Wirkung. Intuitives Erfassen«, in: Ders.: *Vortrag über Ethik und andere kleine Schriften*, 101–139, hier: 113.

keiner allgemeinen Regel folgt, daß ein gegebener Farbfleck grün ist, so daß wir das Grün-Sein des Farbflecks auch nicht regelgeleitet dadurch konstatieren können, daß wir es im inferentiellen Gesamtzusammenhang aller Prädikate lozieren.

Freilich darf man umgekehrt auch nicht den Fehler begehen, den Gebrauch von Farbwörtern oder einfachen Prädikaten zu atomisieren: Wer nämlich berechtigt ist zu behaupten, daß ein gegebener Farbfleck grün ist, ist *eo ipso* berechtigt zu behaupten, daß er nicht rot ist; daß Farben existieren; daß Formen existieren usw. Wer überhaupt ein kompetenter Sprecher ist, steht daher immer schon in einem holistischen Zusammenhang, in dem er Unterschiede treffen kann. Wer überhaupt irgendein Prädikat anzuwenden weiß, ist *ipso facto* imstande, auch andere Prädikate anzuwenden.[125] Versteht man nun unter »das Allgemeine« eine Menge von Begriffen, die durch ihre wechselseitigen Inklusions- und Exklusionsverhältnisse bestimmbar sind, könnte man Kants Urteilskraft als das Vermögen verstehen, eine gegebene empirische Episode in einen größeren begrifflichen Zusammenhang zu rücken, ein Vermögen, das wir in der Tat in jedem Moment unseres bewußten Lebens in Anspruch nehmen. Die Urteilskraft macht das Einzelne zum Besonderen, indem sie es als Fall einer Regel bestimmt. Nackte Daten, die wir rezeptiv aufnehmen, verraten uns ohne unser Zutun nichts Allgemeines und demnach nichts Bestimmtes; sie haben mithin an sich keinen Informationswert. Wir sind daher genötigt, in jedem Moment unseres bewußten Lebens damit zu rechnen, daß die Dinge, die wir wahrnehmen, nicht nur die Vorderseite haben, die sie uns darbieten oder daß sie fortfahren zu existieren, auch wenn wir uns ihnen nicht zuwenden usw. Kein empirischer Test kann uns diese Allgemeinheit nachträglich rechtfertigen, obwohl wir ohne sie nicht imstande wären, uns überhaupt in einer Welt, d.h. im Allgemeinen zu orientieren. Die Dinge ragen stets über ihr aktuelles *percipi* in einen virtuellen Raum hinaus, in die Möglichkeit, auch anders gesehen werden zu können.

Kants Philosophie operiert im Modus einer Analytik der Endlichkeit, indem sie untersucht, wie wir uns auf eine allgemeine Welt

---

125 Ich beziehe mich hier natürlich auf Sellars' Position in *Empiricism and the Philosophy of Mind:* »[O]ne can have the concept of green only by having a whole battery of concepts of which it is one element.« (Sellars: *Empiricism and the Philosophy of Mind,* 44; vgl. auch 75)

beziehen können, obwohl wir stets nur mit Einzelnem konfrontiert werden. Grundsätzlich ist dies möglich, weil wir besondere Episoden registrieren können, die das Einzelne zum Anwendungsfall erklären. Unsere Endlichkeit besteht nach Kant dabei präzise darin, daß wir über alles einzelne Gegebene jeweils hinaussein müssen, um es überhaupt *als etwas* registrieren zu können. Ohne unsere transzendierende begriffliche Intervention käme eine stabile Welt für uns überhaupt nicht zustande.[126] Die Urteilskraft spielt in diesem Bild gleichsam die Rolle, zwischen den besonderen Episoden und dem allgemeinen Drama zu vermitteln, in dem sie sich abspielen. Sie ermöglicht auf diese Weise unser *szenisches Wissen* über die Welt, indem sie allererst einen Zusammenhang stiftet, in dem die Episoden stehen.[127] Präsentiert man die Einführung der Urteilskraft aber als eine allgemeine Antwort auf das Problem des Regelfolgens und reißt sie aus ihrer Stellung im Kontext der Kantischen Philosophie heraus, so erweist sie sich als wenig ergiebig, will man erklären, worin Regelfolgen im allgemeinen besteht. Regelfolgen ist nicht identisch damit, etwas als etwas zu registrieren, d. h. *Regelfolgen ist nicht Urteilen*. Denn im Urteil, das uns helfen soll, etwas als etwas zu bestimmen, werden Bestimmungen gebraucht, die wir nicht ihrerseits als etwas bestimmen können. Es muß demnach eine »Auffassung einer Regel« geben, »die *nicht* eine *Deutung* ist; sondern sich, von Fall zu Fall der Anwendung, in dem äußert, was wir »der Regel folgen«, und was wir »ihr entgegenhandeln« nennen. Darum besteht eine Neigung, zu sagen: jedes Handeln nach der Regel sei ein Deuten. »Deuten« aber sollte man nur nennen: einen Ausdruck der Regel durch einen anderen ersetzen.« (PU, § 201) Wittgensteins Punkt ist also, daß Regelfolgen nicht deuten und mithin auch nicht Urteilen sein kann. Wenn wir urteilen, wir seien dieser oder jener Regel gefolgt, folgen wir wiederum Regeln, die wir wiederum deuten können, denen wir aber nicht dadurch folgen, daß wir sie deuten. An irgendeinem Punkt müssen wir deshalb aufhören, unser Regelfolgen als Urteilen aufzufassen. Unsere Orientierung in der Welt ist demnach nicht durchgängig diskursiv, sondern weist ständig auf eine nicht- bzw. prädis-

---

[126] Ich stimme hiermit grundsätzlich Heideggers Deutung zu in Heidegger, M.: *Kant und das Problem der Metaphysik (1929)*. In: *Martin Heidegger Gesamtausgabe*. Bd. 3: Hrsg. v. Friedrich-Wilhelm von Herrmann. Frankfurt am Main 1991.

[127] Vgl. dazu Hogrebe, W.: »Das dunkle Du«, in: Ders.: *Die Wirklichkeit des Denkens*, 11–35.

kursive Dimension hin. Diese können wir allerdings nicht erfassen, da ihre Erfassung sie notwendig unter den Bedingungen der Endlichkeit des Diskurses bestimmen würde.

Wittgenstein, der i. ü. ein guter Kenner der ersten *Kritik* war, sucht nach einer alternativen Lösung des Problems, die erst dann wirklich dringlich wird, wenn man das Problem als ein Paradoxon präsentiert. Denn Paradoxa haben nur selten eine *ad-hoc*-Lösung und lassen sich nur bedingt durch substantielle Philosophie beantworten, wie bei Gelegenheit der Analyse des Cartesischen Skeptizismus dargetan worden ist (vgl. § 6).[128] Kants Theorie der Urteilskraft ist aber ein Stück substantieller Philosophie und kann daher nur bedingt als eine adäquate (Auf-)Lösung des Paradoxons des Regelfolgens rekonstruiert werden.

Der zentrale Unterschied zwischen Kants und Wittgensteins Lösung des Regelproblems besteht darin, daß Kant Regeln als etwas Allgemeines begreift, unter das die einzelnen Anwendungsfälle subsumiert werden müssen. Die Regel ist für Kant deshalb im Voraus bestimmt, so daß die bestimmende Urteilskraft einen gegebenen Fall nur noch als unter die Regel fallend bestimmen muß. Selbst die reflektierende Urteilskraft, die umgekehrt die Regel sucht, die ein Anwendungsfall instantiiert, *findet* das Allgemeine, *erfindet* es aber nicht etwa. Das Allgemeine steht für Kant somit fest, so daß er die Variabilität ausschließlich auf der Seite der Anwendungsfälle verortet, die unter einen Begriff gebracht werden müssen. Nun hat die Einführung der Urteilskraft nur Sinn im Kontext des globalen Projekts einer Kritik der reinen Vernunft, dessen Aufgabe bekanntlich

---

[128] Unter *substantieller Philosophie* verstehe ich eine Philosophie, die nicht von vornherein eine (Auf-)Lösung eines oder mehrerer vorgegebener Paradoxa anstrebt, sondern ihre operativen Begriffe als Antworten auf Probleme einführt, die dringlich sind oder dringlich zu sein scheinen. Paradoxa generieren den Anschein dringlicher Probleme und laden daher zu substantieller Philosophie ein, wie der Fall des methodischen Skeptizismus zeigt. Sobald sich aber zeigen läßt, daß ein philosophisches Problem lediglich eine Instanz eines Paradoxons ist, ist es zumindest im Falle skeptischer Paradoxa unangemessen, sie durch substantielle Philosophie lösen zu wollen. Substantielle Philosophie reagiert auf die Präsenz eines Paradoxons meist mit dem, was Stephen Schiffer eine *happy-face solution to a paradox* nennt: »A *happy-face* solution to a paradox does two things, assuming that the propositions comprising the set [of the premisses and the conclusion of the paradox, M. G.] really are mutually incompatible: first, it identifies the odd-guy-out, the member of the set that's not true; and second, it shows us why this spurious proposition deceived us, strips from it its patina of truth, so that we're not taken in by it again.« (Schiffer: »Skepticism and the Vagaries of Justified Belief«, 178 f.)

darin besteht, die Grenzen der Vernunft mit Hilfe der Vernunft selbst zu ziehen. Die Grenzen sind für Kant dabei notwendig und allgemein, d.h. *a priori*.[129] Das aber bedeutet, daß Kant *a limine* zur Einwilligung in ein Subsumtions-Modell des Regelfolgens und damit auf ein Regelproblem verpflichtet ist, das er nur durch Stipulation eines Vermögens lösen kann. Denn es gibt Kant zufolge transzendentale Diskursivitätsbedingungen überhaupt, die vorab feststehen und die in der transzendentalphilosophischen Reflexion entdeckt, aber nicht erst hervorgebracht werden. Unser kategoriales Equipment verändert sich Kant zufolge nicht, da es *a priori* ist. Wittgenstein kehrt die Erklärungsrichtung demgegenüber um, indem er die Explikation von Regeln als *cura posterior* des Regelfolgens selbst begreift, womit er den Regelregreß anhalten kann, so daß nun nicht mehr das Regelfolgen, sondern die Notwendigkeit der Explikation der Regeln unter Verdacht gerät. Das Allgemeine wird durch das Einzelne, die Regel durch die Art ihrer Befolgung generiert. Oder noch einmal anders gewendet: Die vielen Erscheinungen begründen die Einheit ihres Sinns.

Wittgenstein trifft einen wichtigen Unterschied zwischen dem *Befolgen einer Regel* und dem *Wissen darum, welcher Regel man folgt*. Dieser Unterschied ist konstitutiv dafür, daß wir überhaupt diskursive Praktiken ausüben können, da es keine Anforderung an eine Praxis sein darf, daß ihre Regeln vorgängig expliziert werden müssen, um zu gelten. Da Praktiken informationsverarbeitende Systeme sind, die ihre metapragmatischen Präsuppositionen nicht vollständig einholen können, ohne unter dieser nicht einholbaren Informationslast zusammenzubrechen, ist der Versuch ein problematisches Unterfangen, ein absolutes Netzwerk von Regeln zu entdecken, das *alle*

[129] Kants Begriff des *a priori* unterscheidet sich u.a. dadurch von der gegenwärtigen Debatte um das *a priori*, daß die beiden Kriterien für Erfahrungsunabhängigkeit im Kantischen Sinne strenge Notwendigkeit und Allgemeinheit sind: »Es kommt hier auf ein Merkmal an, woran wir sicher ein reines Erkenntnis von empirischen unterscheiden können. Erfahrung lehrt uns zwar, daß etwas so oder so beschaffen sei, aber nicht, daß es nicht anders sein könne. Findet sich also *Erstlich* ein Satz, der zugleich mit seiner *Notwendigkeit* gedacht wird, so ist er ein Urteil a priori [...]. *Zweitens:* Erfahrung gibt niemals ihren Urteilen wahre oder strenge, sondern nur angenommene und komparative *Allgemeinheit* (durch Induktion), so daß es eigentlich heißen muß: so viel wir bisher wahrgenommen haben, findet sich von dieser oder jener Regel keine Ausnahme. Wird also ein Urteil in strenger Allgemeinheit gedacht, d.i. so, daß gar keine Ausnahme als möglich verstattet wird, so ist es nicht von der Erfahrung abgeleitet, sondern schlechterdings a priori gültig.« (KrV, B3 f.)

Praktiken organisiert, und ihnen vorhergehen muß, damit diese überhaupt funktionieren können.[130] Der Kontextualismus ist also selbst mit einer Transzendentalphilosophie der Endlichkeit jedenfalls dann inkompatibel, wenn diese *erstens* nicht ohne das Subsumtions-Modell des Regelfolgens auskommt und dieses *zweitens* durch die Entdeckung eines begrifflichen Bezugsrahmens lösen will, der konstitutiv für Subjektivität überhaupt sein soll.

Wittgensteins Unterschied zwischen implizitem und explizitem Wissen bzw. zwischen Wissen als Können (Wissen, wie) und Wissen als kognitivem, transparentem Zustand (Wissen, daß) dienen ihm unter anderem dazu, das sogenannte *Paradoxon der Analyse* aufzulösen, das sich hinter dem Problem des Augustinus verbirgt: nämlich nur dann zu wissen, was die Zeit ist, wenn niemand ihn fragt.[131] Das Paradoxon läßt sich folgendermaßen formulieren: Wie kann es der Philosophie so große Schwierigkeiten bereiten, die korrekte Begriffsbestimmung oder Analyse eines Begriffs X zu finden, wenn man immer schon wissen muß, was X ist, um überhaupt die Frage stellen zu können, was X ist? Wüßte man nämlich nicht, was X ist, wie könnte man fragen, was X ist, da man sich nicht sicher sein könnte, was es ist, das in Frage steht. Das Paradoxon läßt sich also folgendermaßen formulieren.

(1) Entweder S weiß, was X ist, oder S weiß es nicht.
(2) Wenn S weiß, was X ist, warum hat S dann Schwierigkeiten anzugeben, was X ist? Wer etwas weiß, weiß doch wohl immerhin anzugeben, was es ist, das er weiß.
(3) Wenn S nicht weiß, was X ist, dann kann S sich nicht sicher sein,

---

[130] Meredith Williams ist daher zuzustimmen, wenn sie in Wittgensteins Kontextualismus eine Umkehrung der Kantischen Erklärungsrichtung sieht: »Wittgenstein inverts the Kantian order of priority. On the Kantian view, our particular applications of a concept are derivative. They are the applications of the schematized concept itself. Thus, the concept as providing or generating the rule of use is prior to particular applications in practice. For Wittgenstein, this representative role is realized only in the context of an ongoing practice of use. Thus, the practice of use is prior to the concept or rule as representative or guiding« (Williams, M.: *Wittgenstein, Mind and Meaning. Toward a Social Conception of Mind*. London/New York 1999, 76).

[131] Zum Paradoxon der Analyse und der hier vorgeschlagenen Lösung vgl. Fumerton, R. A.: »The Paradox of Analysis«, in: *Philosophy and Phenomenological Research* 43 (1983), 477–497. Das Paradoxon ist alt und geht auf Platons *Menon* zurück, wo es als Paradoxon des Wissenserwerbs formuliert worden ist (vgl. Men. 80d4-e6). Wie die meisten klassischen Paradoxa findet es sich auch bei Sextus. Vgl. M 8.331a.

daß seine Frage, was X ist, sich überhaupt auf irgendetwas bezieht.

(4) Folglich weiß S bereits, was X ist, wenn S sich fragt, was X ist.

Wenn X ein Prädikat (z. B. »(…) ist ein Schatten«) ist, dann heißt zu wissen, was X ist, seine Bedeutung zu kennen. Das heißt aber nicht, immer schon eine Definition oder eine Analyse von X mitbringen zu müssen, da man sich ansonsten nicht auf X beziehen könnte, ohne explizit angeben zu können, was X ist. Damit wäre aber jeglicher Erkenntnisfortschritt unmöglich, da wir Erkenntnis über Sachverhalte oder Gegenstände nur erwerben können, von denen wir nicht immer schon wissen, was sie sind, obwohl wir uns dennoch mit unserer Frageintention auf sie beziehen. Das Paradoxon löst sich leicht auf, sobald man damit rechnet, daß wir implizit wissen können, was etwas ist, was also die Bedeutung eines Prädikats ist. Zu wissen, was die Bedeutung eines Prädikats ist, bedeutet lediglich, es kompetent verwenden zu können. Aufgrund des Regelregresses kann es keine Anforderung an die kompetente Verwendung von Prädikaten sein, sie als Allgemeines festhalten zu können, um ihnen sodann das Einzelne als Besonderes unterzuordnen. Um ein Prädikat kompetent verwenden zu können, muß man nicht imstande sein, es explizit zu definieren oder es mithilfe logischer Analyse durch ein anderes, evtl. fundamentaleres oder einfacheres Prädikat zu ersetzen. Das Regelregreßargument zeigt vielmehr, daß die Annahme, wir müßten die Regeln kennen, denen wir folgen, um ihnen folgen zu können, ein inkohärentes Ideal darstellt. Die Beschreibung des Befolgens einer bestimmten Regel ist nicht in allen Fällen der Aktus der Regelbefolgung selbst.

Wenn man (wie Kant) sagen wollte, dass alles Beobachten (Denken) das Befolgen einer Regel (Urteilen) ist, dann wäre demgegenüber die explizite Definition der Regel, die in Anwendung gebracht worden ist, eine Beobachtung zweiter Ordnung, mithin die Beobachtung einer Beobachtung (der Regelanwendung), d. h. eine Deutung im Sinne Wittgensteins. Diese Beobachtung wäre natürlich *ex hypothesi* selbst die Befolgung einer Regel, was wiederum nicht von ihr selbst, sondern von einer höherstufigen Beobachtung konstatiert werden müßte (Metabase). Es ist die je höherstufige Beobachtung, die das Regelsystem beschreibt, das kompetente Regelanwender beherrschen. Einen absoluten Standpunkt erreicht man auf diese Weise prinzipiell nicht, da man stets Regeln folgen muß, um überhaupt eine bestimmte Operation auszuüben, ohne daß man imstande ist, die

Regeln auf der Beobachtungsebene ihrer Anwendung *in ipso actu operandi* zu spezifieren.

Regelfolgen ist also ein praktischer Vollzug und kein interesseloses Denken. Die theoretische Analyse eines Begriffs kann deshalb auch lediglich dasjenige explizieren, was in unserer Praxis implizit ist, wobei die Explikation freilich zur Modifikation der Praxis führen kann. Denn die Theorie ist selbst eine diskursive Praxis, die Regeln etabliert, autorisierende Kriterien auszeichnet usw. Ohne diese Möglichkeit könnte es keinen wissenschaftlichen Fortschritt in dem minimalen Sinne geben, daß wir etwas über die Welt herausfinden können, was nicht immer schon implizit in unserer Praxis war. Bis zu einem gewissen Zeitpunkt wußte niemand, daß Wasser mit H_2O identisch ist, obwohl es viele kompetente Verwender des Ausdrucks »Wasser« gab. Die theoretische Explikation des Begriffs gepaart mit geeigneten wissenschaftlichen Tätigkeiten der Untersuchung der Welt hat dazu geführt, daß wir herausgefunden haben, daß wir mit »Wasser« auf H_2O Bezug nehmen. Kompetente Verwender eines Ausdrucks müssen deshalb keine vollständige Übersicht über die Bedeutung des Ausdrucks erlangen, was nicht nur *de facto* unmöglich ist. Müßte alles expliziert werden, so kämen wir vor lauter Regelexplikation nicht mehr zur Regelanwendung.

Wir müssen also über ein implizites, prädiskursives Wissen verfügen. Daher muß jede Theorie des Regelfolgens Raum schaffen für den Unterschied zwischen dem Befolgen einer Regel und dem Wissen darüber, welcher Regel man folgt. Aus diesem Unterschied folgt, daß es keine endgültige Explikation der Regeln geben kann, denen alle folgen müssen, um überhaupt irgendeiner Regel folgen zu können. Denn jeder Versuch, eine solche Explikation auszuführen, setzt wiederum eine Menge von Regeln voraus, die nicht ihrerseits wiederum expliziert werden können, damit die erste Explikation unternommen werden kann. Dieses Problem ist eine der Einbruchsstellen des Skeptizismus in die Architektonik jeder Erkenntnistheorie, die darauf besteht, ein absolutes Fundament oder die endgültige Explikation der fundamentalen Regeln alles Regelfolgens überhaupt zu suchen. Die notwendige Endlichkeit des objektiven Wissens betrifft demnach auch die Theoriestruktur der Transzendentalphilosophie. Da sie das kategoriale Equipment der anonymisierten Subjektivität überhaupt zu thematisieren sucht, stellt sie sich selbst unter Bedingungen der Explikation von Regeln. Diese ist wesentlich offen und unabschließbar, weil alles Verstehen (auch das vermeintlich transzendentaler Regeln) endlich ist. *Endliche epistemische Wesen transzendieren ihre Endlichkeit nicht einmal in der Explikation ihrer Endlichkeit. Dies kann man als eine Einsicht festhalten, die uns von der Auseinandersetzung mit dem Skeptizismus auferlegt wird.*

Besteht man dennoch auf einem fundamentalphilosophischen Ansatz, muß man eine Theorie konstruieren, die das anscheinend Unmögliche leistet, indem sie ihre eigenen Bedingungen unter maximalem skeptischen Drucks vollständig einholt. Diesen Weg hat Hegel mit seinem »sich vollbringenden Skeptizismus« (TWA, 3,71) eingeschlagen.

Neben den genannten Divergenzen zwischen Kants und Wittgensteins Lösung des Problems des Regelfolgens muß natürlich unterstrichen werden, daß Kants Theorie im von Wittgenstein abgelehnten Rahmen eines methodischen Solipsismus operiert, indem sie das Problem des Regelfolgens oder vielmehr der Anwendung von Regeln im Kontext einer Theorie der vorstellenden Subjektivität entwickelt.[132] Kant untersucht an erster Stelle das anonymisierte einsam urteilende Subjekt. Denn er beschäftigt sich im Unterschied zu Wittgenstein mit der systematischen Frage, wie es möglich ist, daß wir uns mit unseren Vorstellungen auf eine Welt beziehen können, ohne diese Welt selbst vorstellen zu können, da sie immer mehr ist als jede unserer Vorstellungen.[133] Kant drückt dies freilich so aus, daß die Welt (wie alle anderen regulativen Ideen auch) in keiner einzelnen Anschauung gegeben werden kann, wobei Anschauungen empirische Vorstellungen sind, die zwar bestimmte Weltzustände, aber niemals die Welt qua *omnitudo realitatis* repräsentieren (vgl. oben, §3–4). Dabei untersucht Kant insbesondere die synthetischen Mechanismen, die den Übergang von einer Vorstellung zur nächsten in

---

[132] Zur Differenz von Wittgenstein und einer Kantischen Metaphysik der Erfahrung vgl. Williams: *Wittgenstein, Mind and Meaning*, 60–81.

[133] In Kants ursprünglicher Definition der Urteilskraft in der ersten Einleitung in die KU ist der Bezug auf den Vorstellungsbegriff noch explizit: »Die Urteilskraft kann entweder als bloßes Vermögen, über eine gegebene Vorstellung, zum Behuf eines dadurch möglichen Begriffs, nach einem gewissen Prinzip zu *reflektieren,* oder als ein Vermögen, einen zum Grunde liegenden Begriff durch eine gegebene empirische Vorstellung zu *bestimmen,* angesehen werden. Im ersten Falle ist sie die *reflektierende,* im zweiten die *bestimmende Urteilskraft. Reflektieren* (Überlegen) aber ist: gegebene Vorstellungen entweder mit andern, oder mit seinem Erkenntnisvermögen, in Beziehung auf einen dadurch möglichen Begriff, zu vergleichen und zusammen zu halten.« (*Erste Fassung der Einleitung in die Kritik der Urteilskraft,* in: Kant, I.: *Werke in sechs Bänden.* Hg. von W. Weischedel, Darmstadt 1998, Bd. V, 188)

der reinen Anschauung der Zeit regeln. Diese dürfen freilich keine psychologischen (und mithin an unser kontingentes *Make-up* gekoppelten) Gesetze sein, da man ansonsten zum Opfer des Humeschen Skeptizismus würde, der behauptet, daß unsere Vorstellungsverknüpfungen zufällige Produkte der von der Natur gesteuerten Gewohnheitsbildung des Menschen sind. Kant untersucht deshalb kein empirisches, psychologisch individuiertes Subjekt, sondern die anonyme transzendentale Subjektivität, die – einer der wichtigsten Thesen Kants zufolge – in die moralische Dimension des Sollens, d. h. in die Dimension der Normativität hineinragt. Auf diese Weise ließe sich Intersubjektivität durchaus in Kants Vorstellungsbegriff integrieren, wenn man denn zeigen könnte, daß Moralität im Kantischen Sinne Intersubjektivität impliziert. Die Aussicht, dem Einwand begegnen zu können, daß Kants methodischer Solipsismus angesichts des Regelproblems scheitert, ist daher zumindest besser, als eine erste Konfrontation mit dem Problem erwarten läßt.[134]

Das Problem des Regelfolgens kann man zusammenfassend folgendermaßen formulieren: Eine Regel besteht nur dort, wo ein Unterschied zwischen korrekt und inkorrekt getroffen wird. Wo dieser Unterschied nicht bestehen kann, kann es demnach auch keine Regel geben. Eine Privatsprache genügte dieser minimalen Anforderung nicht, da in ihr jeder Zug erlaubt wäre. Will man erklären, wie es möglich ist, daß S einer Regel folgt, darf man folglich keine Prämisse investieren, welche die Möglichkeit einer Privatsprache impliziert. Das aber heißt, daß man Regelfolgen nicht als die triadische Relation zwischen einem privaten Innenraum (Bewußtsein, Geist, Seele) einer abstrakten Entität (Regel, Idee, Wesen) und irgendeiner faktischen Konstellation (Anwendungsfall) auffassen darf. Fügt man nämlich keinen weiteren Parameter hinzu, ist man gezwungen, die Möglichkeit einer Privatsprache einzuräumen, in der S in seinem privaten Innenraum bestimmt, daß er mit einer Situation konfrontiert ist, die als der Fall einer Regel bestimmt werden soll.

---

[134] Zur fremden Vernunft bei Kant vgl. Simon, J.: *Kant. Die fremde Vernunft und die Sprache der Philosophie.* Berlin/New York 2003.

§ 10. Das diametrale Gegenteil des Solipsismus

Nun soll gezeigt werden, daß Wittgensteins eigene Lösung des Problems des Regelfolgens auf der Einsicht beruht, daß Regeln Normen voraussetzen und mithin stets Teil einer Praxis sind, die nur besteht, wenn mehrere Personen an ihr teilnehmen können. Diese Bedingung ist für eine Privatsprache nicht erfüllt, weshalb sie keine Praxis ist. Gelingt es zu zeigen, daß es ohne Praktiken kein Regelfolgen gäbe, ist auch der methodische Solipsismus ausgehebelt, da dieser die Regeln für eine Subjektivität überhaupt explizieren möchte. Gibt es aber keine Regeln ohne Praktiken, dann gibt es auch keine Regeln für eine möglicherweise metaphysisch einsame Subjektivität. Das einsam urteilende Subjekt muß nicht mehr nachträglich zur Welt kommen. Daraus folgt für Wittgenstein das diametrale Gegenteil des Solipsismus, das letztlich darin besteht, daß alles private Regelfolgen (was nicht mit dem Befolgen privater Regeln zu verwechseln ist!) im Kontext einer Praxis und damit unter den Bedingungen eines öffentlichen In-der-Welt-seins stattfindet.

Man kann Wittgensteins Argument zum Problem des Regelfolgens als eine Anwendung des folgenden plausiblen Bestätigungs-Theorems rekonstruieren:

Minimaler Verifikationismus: *Wenn wir wissen, daß eine gegebene Registratur keine Widerlegung einer bestimmten Annahme verzeichnen kann, dann kann auch kein Resultat eines Tests, den wir mithilfe dieser Registratur unternehmen, diese bestimmte Annahme bestätigen.*[135]

Das folgende Beispiel mag die Anwendung des Theorems auf das Problem des Regelfolgens veranschaulichen. Angenommen, S wolle die Zuverlässigkeit seiner Farbwahrnehmung testen. Seine Farbwahrnehmung betrachtet S dabei als eine Registratur, die einen Input verarbeitet, den sie nicht selbst erzeugt. Der Test besteht darin, daß S sich eine Reihe von bunten Karten mit verschiedenen Farben vorhält, um sich bei jeder Karte durch Introspektion zu fragen, welche Farbe

[135] Das Prinzip des minimalen Verifikationismus stammt von Roger White. Er bezeichnet es selbst als »disconfirmability« und formuliert es folgendermaßen: »If we know that a certain test cannot yield disconfirmation of our hypothesis, then no result of the test can confirm the hypothesis either.« (White, R.: »Problems for Dogmatism«, in: *Philosophical Studies* 131/3 (2006), 525–557, hier: 544) Das im Haupttext folgende Beispiel stammt ebenfalls von White: »Problems for Dogmatism«, 543 ff. Die Anwendung auf das Problem des Regelfolgens findet sich allerdings nicht bei White.

sie zu haben scheint. S verfaßt auf diese Weise den doxastischen Bericht »Karte 1 ist rot und sie scheint mir, rot zu sein; Karte 2 ist grün und sie scheint mir, grün zu sein …« Daraus schließt S induktiv, daß seine Farbwahrnehmung zuverlässig ist, indem die Farbe jeder Karte ihm genau so zu sein scheint, wie sie ist.

Das von S veranstaltete Experiment hat offensichtlich keinerlei heuristischen Wert, obwohl es mit großem Erfolg wahre Resultate liefert und die Annahme, daß S' Farbwahrnehmung zuverlässig ist, infallibel erscheinen läßt. Dennoch wird niemand S einräumen, eine infallible Farbregistratur zu besitzen und dies durch sein Experiment dargetan zu haben. Ein Phänomenalist, der alle Überzeugungen auf eine infallible Registratur gründen will, verstößt demnach gegen den minimalen Verifikationismus, da er wie das einsam urteilende Subjekt im Farbexperiment ist. Daraus zieht Roger White den richtigen Schluß, es sei unmöglich zu entdecken, daß die Erscheinungen nicht mit der Wirklichkeit übereinstimmen, wenn unser einziger Weg zur Wirklichkeit die Erscheinungen selbst sind.[136] Daraus folgt aber, daß der Unterschied von Sein und Schein nicht aus der privaten Konfrontation mit Erscheinungen erschlossen werden kann, da auf diese Weise keine Korrekturmechanismen ausgebildet werden können, so daß man keinerlei Anhaltspunkte für eine mögliche Objektivitätsbedingung hätte. Der Unterschied von Sein und Schein kann dem Schein nicht abgelesen werden. Der Versuch, unseren Weltbezug durch ein infallibles Fundament von Sinnesdaten (also durch potentiellen Schein) zu vermitteln, gleicht dem Test, den S anstellt, um die Zuverlässigkeit seiner Farbregistratur zu prüfen, was bedeutet, daß er zum Scheitern verurteilt ist, weil er gar keine Informationen mit objektivem Gehalt (also nichts Bestimmtes) liefert.

Die Situation ändert sich entscheidend, wenn man das Experiment um den zusätzlichen Parameter erweitert, daß *jemand Anderes* S die Karten zeigt und seine Zeigegeste jeweils mit einem entsprechenden Farbnamen begleitet, wobei S gute Gründe hat anzunehmen, daß ihn derjenige, der ihm die Karten zeigt, nicht irreführen will und daher aufrichtig jede Karte mit dem Farbausdruck bezeichnet, der in seinen Augen auf den Farbeindruck paßt, den er hat. Da S ein normaler Sprecher ist, d. h. bereits in den kompetenten Gebrauch von Farbnamen initiiert ist, wird er seine Überzeugungen korrigieren

---

136 »[I]t is impossible to discover that appearances don't match reality when my only guides to reality are those very experiences.« (White: »Problems for Dogmatism«, 546)

müssen, wenn er selbst bei jeder Karte, die von dem Ausruf »rot« begleitet gezeigt wird, zu sich selbst sagen würde, daß die Karte grün ist und sie ihm grün zu sein scheint. Die Erweiterung des ursprünglichen Experiments um den Parameter eines zusätzlichen Sprechers neben S ermöglicht es demnach der getesteten Registratur allererst, korrekte und inkorrekte Resultate zu verzeichnen. Auf diese Weise sieht man, wie die Einführung des Anderen dabei helfen kann, der Aporie einer Privatsprache zu entkommen, indem der Andere potentiell verschiedene Reaktionen auf das Vorzeigen der Farbkarten an den Tag legen kann, so daß ein Dissens möglich wird, der die Bedingung der Möglichkeit der Ausbildung von Korrekturmechanismen ist.[137] Werden aber Korrekturmechanismen ausgebildet, entsteht *ipso facto* die Institution von Normen-im-Kontext und damit der Unterschied von korrekt und inkorrekt. Die Möglichkeit des Widerspruchs ist demnach ein entscheidendes Evolutionspotential für Diskurse.[138] Ohne die Möglichkeit des Widerspruchs gäbe es keine Objektivität. Objektivität setzt also potentiellen Dissens voraus, so daß es keine Objektivität gäbe, wenn alle Subjekte allererst ihre privaten Eindrükke auf die Welt hin transzendieren müßten.

Man kann demzufolge auch so argumentieren, daß der Unterschied zwischen Fürwahrhalten und Wahrheit und damit die Möglichkeit des Irrtums überhaupt erst dadurch verständlich wird, daß andere nicht mit uns übereinstimmen. Der »Diskurs des Anderen« (Castoriadis) *ist eine Möglichkeitsbedingung von Objektivität.*[139] Meinungsverschiedenheit ist insofern eine Möglichkeitsbedingung der Erfassung des Unterschieds von Fürwahrhalten und Wahrheit. Mit anderen Worten ist *Dissens eine Intelligibilitätsbedingung des Begriffs der Objektivität*. Dem Begriff der Objektivität liegt mithin die Möglichkeit eines Dissenses zugrunde. Objektivität verpflichtet folglich nicht so sehr auf die Annahme einer immer schon, d. h. ontisch durchgängig determinierten Welt des Seienden. Sie verpflichtet uns vielmehr zur Auseinandersetzung mit Anderen, da ihr Dissens

---

137 So verstehe ich auch Kripkes skeptische Lösung des Problems des Regelfolgens. »The solution turns on the idea that each person who claims to be following a rule can be checked by others. Others in the community can check whether the putative rule follower is or is not giving particular responses that they endorse, that agree with their own.« (Kripke: *Wittgenstein on Rules and Private Language,* 101)

138 Vgl. dazu ausführlich Luhmann: *Soziale Systeme*, 488–550.

139 Vgl. dazu Castoriadis' Begriff des Sozialen in *The Imaginary Institution of Society,* bes. 101–108.

ein Indiz der Objektivität ist. Wir hätten überhaupt keinen epistemischen Zugang zur Objektivität, wenn wir nicht damit rechnen könnten, daß uns jemand widerspricht. Deshalb gibt es Objektivität nur im Diskurs, der Normen-im-Kontext ausbildet, die selbst nicht vollständig objektiviert werden können.

Freilich darf man Objektivität auch nicht darauf reduzieren, daß ein vollständiges Bild der Objektivität genau dann gegeben wäre, wenn wir alle korrekten assertorischen Züge, die eine Gemeinschaft zuläßt, katalogisieren könnten. Die Wahrheit darf nicht auf den Regelgebrauch der Mitglieder einer Gemeinschaft restringiert werden. Ansonsten übertrüge man den Fehler der Privatsprache auf die Gemeinschaft, deren Dispositionen dann ebenso infallibel wie die Dispositionen des Privatsprachlers wären.[140] Worin der Unterschied zwischen Wahrheit und Fürwahrhalten genau besteht, ist eine andere Frage. Es kann aber festgehalten werden, daß wir ihn jedenfalls in der ersten Person nicht treffen könnten, könnten wir nicht korrigiert werden. Unsere Vorstellungen allein können uns nicht korrigieren, da sie *unsere* Vorstellungen sind. Folglich muß es irgendetwas Öffentliches geben, dessen Anerkennung mit der Anerkennung des Unterschieds von Wahrheit und Fürwahrhalten einhergeht. Das heißt nicht, daß jemand, der bereits imstande ist, Überzeugungen über die Welt auszubilden, nicht dadurch bereits imstande ist, seine Überzeugungen über die Welt allein zu korrigieren, ohne daß jemand seine informationsverarbeitenden Operationen aktiv beeinflußte. Wer der Überzeugung ist, daß er durch Mauern laufen kann, wird seine Überzeugung korrigieren müssen, wenn sie ihn zur Tat motiviert, auch wenn niemand anwesend ist, um ihn darauf hinzuweisen, daß er eine inkorrekte Überzeugung hat. Das Privatsprachenargument fragt daher nicht, ob Selbstgespräche möglich sind, worauf man nur mit »Ja!« antworten kann, sondern es fragt, ob es jemand gelingen könnte, überhaupt zu Überzeugungen über die Welt zu kommen, wenn ihm keine anderen Daten als private Empfindungen zur Verfügung stünden. Dies ist aber unmöglich, da seine Überzeugungen über seine privaten Empfindungen keinen assertorischen Gehalt haben könn-

---

140 Dieses Problem ist Brandom zufolge eine Konsequenz der Überschätzung der Ich-Wir-Sozialität, die zu der überzogenen Forderung einer Übereinstimmung der Gemeinschaft in allen grundlegenden Urteilen führe. Daher müsse man einer Ich-Du-Sozialität so Rechnung tragen, daß es Autoritäten in der Gemeinschaft geben können müsse, die entscheiden, was es heißt, einer bestimmten Regel korrekt zu folgen. Vgl. Brandom: *Making it Explicit*, 39.

ten, weil sie für ihn nicht unabhängig davon wahr oder falsch sein könnten, ob sie für wahr gehalten werden. Wo es keine Möglichkeit der Kritik gibt, die zeigt, daß etwas für wahr gehalten wird, was nicht wahr ist, gibt es demnach auch keine Möglichkeit der Wahrheit.[141]

Es kann in einer Privatsprache keinen Regelverstoß geben, da ihre Regeln keinen objektiven Gebrauch haben. Jede Regel kann auf jeden Fall angewendet werden, da es *per definitionem* unmöglich ist, einen Fehler zu begehen. Alles ist jeweils genau das, als was es sich präsentiert. Der Kontrast von Sein und Schein ist aber die Möglichkeitsbedingung eines Diskurses, dessen Aussagen einen gelingenden epistemischen Zugang zur Welt in Anspruch nehmen. Aussagen, die beanspruchen, wahr zu sein, sind Behauptungen, insofern es eine Platitüde ist, daß Behaupten, daß p, impliziert, p als wahr zu präsentieren.[142] Eine Praxis, für die dieser Kontrast nicht besteht, kann folglich keinen assertorischen Gehalt haben. Crispin Wright hat diese Überlegung auf die Objektivitätsbedingung gebracht, daß es assertorischen Gehalt nur dort geben kann, wo es empirisch und nicht analytisch oder *a priori* erlaubt ist, von

(a) X glaubt, was »p« ausdrückt. (Fürwahrhalten)

auf

(b) Was »p« ausdrückt, ist wahr. (Wahrheit)

zu schließen.[143] Wo es *a priori* ist, daß man in einer Klasse von Aussagen, deren Instanzen für »p« eingesetzt werden können, für jede Instanz von p in (a) auf (b) schließen kann, ist es demnach ausgeschlossen, daß ein entsprechendes Subjekt X in einer kognitiven Relation zu Fakten steht. Formuliert man die Objektivitätsbedingung auf diese Weise, sieht man sogleich, warum der Privatsprachler sich nicht darauf zurückziehen kann, daß die Privatsprache den Vorsprung hat, daß (a) und (b) in ihr für alle Sätze koinzidieren. Der Privatsprachler akzeptiert nämlich die Objektivitätsbedingung, behauptet aber, daß es eine Einsetzung für X und p gibt, die die Koinzi-

---

141 »To believe involves a commitment to its being the case that one's truth-taking is regulated by what is in fact true. What performs this regulative function is the answerability of belief to rational criticism. Of course, we sometimes accept something on faith, without any evidence or reasons. But our entitlement to think of any given belief as true, including a belief accepted on faith, depends on its being answerable to rational criticism should we acquire sufficient reason or evidence to suggest it may be false.« (Macarthur: »Naturalism and Skepticism«, 122)

142 Vgl. Wright: *Truth and Objectivity*, 23.

143 Wright: *Rails to Infinity*, 245 f.

denz von (a) und (b) zur Folge hat und somit die Objektivitätsbedingung in epistemisch privilegierter Weise erfüllt. Das bedeutet aber, daß der Privatsprachler behaupten muß, daß X eine propositionale Einstellung zu p, nämlich »Glauben« oder »Fürwahrhalten« hat. Diese muß nach (b) Wahrheitsbedingungen erfüllen, was allerdings den Kontrast von (a) und (b) voraussetzt, den der Privatsprachler unterminiert. Wenn für p die Aussagen der Privatsprache eingesetzt werden, kann p keine Wahrheitsbedingungen haben, da Wahrheitsbedingungen nicht notwendig erfüllt sein können. Wenn (a) und (b) koinzidieren, spielt (b) folglich keine Rolle mehr, so daß (a) und (b) auch nicht koinzidieren können. »Das heißt: Wenn man die Grammatik des Ausdrucks der Empfindung nach dem Muster von »Gegenstand und Bezeichnung« konstruiert, dann fällt der Gegenstand als irrelevant aus der Betrachtung heraus.« (PU, § 293)

Der Privatsprachler kann also keine propositionale Einstellung zu seinen Empfindungen etablieren und diese folglich auch nicht als *Objekte* interpretieren, die er nach arbiträren Regeln bezeichnet, die er vor anderen Bewohnern der Welt jederzeit verborgen hält, indem diese keinen epistemischen Zugriff auf seine Informationen und damit keine Kontrolle über den assertorischen Gehalt seiner Aussagen gewinnen können. Die Objektivitätsbedingung ist demnach im Falle der Privatsprache nicht nur nicht notwendig erfüllt, sondern kommt gar nicht zur Anwendung. Dies untergräbt den vermeintlichen epistemischen Vorsprung der Privatsprache endgültig.[144]

Mit Kant, dem die Sozialität der Überzeugungsbildung keineswegs entgangen ist, kann man sagen, daß der Privatsprachler gar keine *Überzeugungen*, sondern nur *Überredungen* hat, die man prinzipiell nicht mitteilen kann. Die Möglichkeit, ein Fürwahrhalten, also (a) auszudrücken, das potentiell wahr ist, also (b), beruht Kant zufol-

---

[144] Wright bemerkt daher, daß es für die Schlagkraft von Wittgensteins Argument nicht einmal notwendig ist zu zeigen, daß eine Privatsprache unmöglich ist, sondern nur, daß sie keine epistemische Qualifikation hat. »What will follow, if Wittgenstein is correct, is not, strictly, that private language is impossible, but that it cannot provide a medium for the formulation of genuine statements, commands, questions, wishes, the framing of hypotheses or any kind of speech act which presupposes the availability in the language of the means for depicting genuine state of affairs. It is a further question whether anything so impoverished as to lack all these expressive ressources could qualify as a language […]. However, since all the lines of thought which attract or pressure, towards the possibility of private language involve regarding it as a medium for expression of knowledge, there is no comfort for anyone in such a possibility, if possibility it be.« (Wright: *Rails to Infinity*, 244 f., Anm. 14)

ge nämlich auf der Möglichkeit, das Fürwahrhalten »mitzuteilen und das Fürwahrhalten für jedes Menschen Vernunft gültig zu befinden« (KrV, B 848). Darin sieht Kant den »Probierstein des Fürwahrhaltens, ob es Überzeugung oder bloße Überredung sei« (ebd.), »denn alsdenn ist wenigstens eine Vermutung, der Grund der Einstimmung aller Urteile, ungeachtet der Verschiedenheit der Subjekte unter einander, werde auf dem gemeinschaftlichen Grunde, nämlich dem Objekte beruhen, mit welchem sie daher alle zusammenstimmen und dadurch die Wahrheit des Urteils beweisen werden.« (KrV, B 848f.) Ohne die Möglichkeit der Präsenz einer »fremden Vernunft« (KrV, B 849), d.h. ohne einen anderen, komme man von der »bloßen *Privat*gültigkeit [!, meine Hervorhebung, M. G.] des Urteils« (ebd.) nicht weg, so daß kein Kontrast zwischen (a) und (b) bestünde und damit nicht einmal die minimale Objektivitätsbedingung eines Diskurses erfüllt sein könnte. Eine Privatsprache bestände für Kant ausschließlich aus Überredungen, die man nicht mitteilen kann. Das bedeutet zugleich, daß sie keinen assertorischen Gehalt haben könnte. Denn: »Ich kann nichts *behaupten*, d.i. als ein für jedermann gültiges Urteil aussprechen, als was Überzeugung wirkt.« (ebd.) Auch nach Kant gibt es also keine wahrheitsfähige eigene Vernunft ohne fremde Vernunft, da ohne diese nicht garantiert werden kann, daß es einen Kontrast zwischen (a) und (b) für eine Klasse von Aussagen gibt. Ohne einen solchen Kontrast gibt es aber überhaupt keine Objektivität, so daß eine Klasse von Aussagen, für die *a priori* gilt, daß für jede ihrer Aussagen (a) und (b) koinzidieren, überhaupt keine objektive Realität beanspruchen kann. Objektivität gibt es deshalb nur dort, wo es einen potentiellen Dissens gibt, der die potentielle Divergenz von Wahrheit und Fürwahrhalten anzeigt.

Es ist wichtig festzuhalten, daß das Prinzip des minimalen Verifikationismus und damit die minimale Objektivitätsbedingung für Diskurse mindestens eine Ich-Du-, meistens aber auch eine Ich-Wir-Sozialität der Gemeinschaft ins Spiel bringt. Sozialität und damit der Andere als Kontrollinstanz ist unerläßlich für die Institution von Regeln, deren Anwendungsbedingungen durch ein privates Subjekt allein nicht erfüllt werden können. Der Andere ist also notwendig für unseren Zugang zum *Begriff* der Objektivität und damit für unseren epistemischen Zugang zur Welt. Sozialität und Objektivität sind demnach sinn-abhängige Begriffe, die man mit Brandom von referenz-abhängigen Begriffen unterscheiden muß. Die Begriffe P, Q (usw.) sind genau dann sinn-abhängig, wenn man P nur dann versteht, wenn man auch Q versteht und *vice versa.* Die Begriffe P, Q (usw.) sind hingegen genau dann referenz-abhängig, wenn nur dann etwas unter einen Begriff fällt, wenn auch etwas unter den anderen Begriff fällt.[145] Nun ist Sozialität keine ontische Bedingung der Existenz von Objekten, sondern eine ontologische Voraussetzung für unseren epistemischen Zugang zur objektiven Welt. Wittgensteins These von der Sozialität der Objektivität ist demnach kein referenzabhängiger Idealismus, der behauptet, daß es keine Bestimmtheit in der Welt gäbe, wenn es keine Wesen gäbe, die die Zustände der Welt bestimmen. Es geht ihm lediglich darum zu fragen, auf welche Weise wir einen epistemischen Zugang zur Welt etablieren können, über den wir alle offenkundig verfügen, was aber durch die solipsistische Asymmetrie von erster und dritter Person tendenziell verstellt wird.

Crispin Wright hat gegen eine verifikationistische Lesart des Privatsprachenarguments eingewandt, daß sie nicht berücksichtige, daß Regeln sich nicht selbst interpretieren, so daß zum Verifikationismus noch die Dimension der Sozialität hinzukommen müsse.[146] In der Tat ist Regelfolgen Wittgenstein zufolge eine Praxis, die eine Stabilität voraussetzt, die nicht ontologisch gegeben ist, d.h. eine normative und keine natürliche Stabilität, die auf ein Sollen und kein Sein zurückzuführen ist. Die Praktiken erschaffen aber nicht die Fakten, die sie registrieren können, sondern sind darauf angewiesen, daß sich einiges von anderem *de facto* unterscheidet. Und selbst wenn die Praktiken die Fakten allererst hervorbrächten, müßten sie von den Praktiken registriert werden können, so daß sie wiederum eine Unabhängigkeit von der Registratur der Praktiken erhielten, was in der Grammatik von »Registratur« liegt. Denn die Fakten wären immerhin unabhängig davon, ob sie *hic et nunc* registriert werden, da sie der Inhalt sind, der registriert wird, was nicht bedeutet, daß es sie unabhängig vom Vollzug einer bestimmten Registratur nicht gäbe.

Die normative Stabilität der Praktiken ermöglicht demnach allererst einen epistemischen Zugang zu Fakten. Fakten sind insofern immer nur Fakten *für* eine Praxis oder einen Diskurs. Denn ohne die Reduktion der unendlichen strukturellen Komplexität der Welt auf

---

145 Vgl. Brandom, R.: *Tales of the Mighty Dead,* 50: »Concept P̲ is *sense dependent* on concept Q̲ just in case one cannot count as having grasped P̲ unless one counts as having grasped Q̲. Concept P̲ is *reference dependent* on concept Q̲ just in case P̲ cannot apply to something unless Q̲ applies to something.« S. o., S. 45 f.

146 Wright: *Rails to Infinity,* 231–233, 242 f.

beschränkte, registrierbare Muster gäbe es keine registrierbare Welt *für uns*. Das heißt aber nicht, daß wir die Fakten hervorbringen, die wir registrieren. Wenn wir etwa die Komplexität der Welt darauf reduzieren, daß es Lebewesen gibt, die Säugetiere sind, so gibt es Säugetiere nicht nur deshalb, weil wir die Welt so eingeteilt haben, daß wir imstande sind, Säugetiere zu registrieren. Diese Annahme wäre eine schiere Absurdität.

Wenn es demzufolge Registrierbares geben können soll, muß mit einem Unterschied von Fürwahrhalten und Wahrheit gerechnet werden, ohne daß die Möglichkeit dieses Unterschieds implizieren darf, daß die Regeln, die uns einen kognitiven Weltzugang ermöglichen, und damit unsere Praktiken selbst unabhängig von den Regeln und damit von unseren Praktiken sind, was ebenfalls eine absurde Annahme wäre. Denn unsere Praktiken sind abhängig von ihren Regeln, da die Regeln sie *als* solche konstitutieren, wodurch die Praktiken sich von anderen Praktiken bzw. von allem anderen unterscheiden. Umgekehrt sind auch unsere Regeln abhängig von unseren Praktiken, da die Regeln nicht unabhängig davon existieren, daß sie zur Anwendung kommen. Damit unterscheiden sich die Regeln von natürlichen Entitäten wie Bergen. Es gibt also durchaus einiges, was nur existiert, wenn Praktiken existieren, d. h. *trivialiter* die Praktiken und ihre Regeln. Dennoch sind die Regeln der Praktiken von den Praktiken insofern unabhängig, als es innerhalb der Praktiken wahre und falsche Urteile über ihre Regeln geben kann. Welche Regeln einen Kontext, d. h. eine Praxis konstituieren, wird von den Teilnehmern der Praxis intradiskursiv verhandelt, wobei sie fallibel in der Frage sind, welchen Regeln sie folgen. Das sieht man etwa im Falle des Rechts leicht ein: Man ist nämlich für Unwissenheit strafbar. Wer ohne gültigen Fahrausweis Straßenbahn fährt, muß Strafe zahlen, wenn er erwischt wird, selbst wenn er versichert, er habe die Regel nicht gekannt, der alle nicht strafbaren Passagiere folgen. Explizite Regelerkenntnis ist für die Geltung von Regeln nicht konstitutiv. Der Kontextualismus behauptet demnach nicht, daß die Regeln unabhängig von unseren Praktiken sind, sondern lediglich, daß wir allein durch unsere Praktiken einen kognitiven Weltzugang haben können, da wir ohne normative Stabilität keine Intentionalität haben könnten, d. h. auch keinen mentalen Bezug zu etwas *als* etwas. Diese Position kann man getrost als *das diametrale Gegenteil des Solipsismus* bezeichnen.

Welchen Regeln wir folgen, hängt auch davon ab, was wir für

die Regeln halten, denen wir folgen. Doch ist der Diskurs über die Regeln, die eine Praxis konstituieren, ein weiterer Diskurs und mithin an die Geltung von Regeln gebunden, die innerhalb dieses Diskurses nicht notwendig wahrheitsgemäß konstatiert werden. Welche Normen-im-Kontext einen Kontext konstitutieren und ob die Normen-im-Kontext selbst wahr oder falsch sind, läßt sich nur in einem weiteren Kontext ausmachen, in den wir nur mithilfe einer Metabase gelangen. Dies gilt jedenfalls für alle Diskurse, die nicht ausschließlich selbst-referentiell sind, d.h. die nicht lediglich in der Rekonstruktion ihrer eigenen Normen-im-Kontext und damit in der Reflexion ihrer latenten Konditionierung bestehen.

Unsere Diskurse vermitteln uns die Fähigkeit, Eigenschaften der Welt zu markieren und zu klassifizieren. Das tut etwa ein Zoologe, der das Tierreich nach den Regeln seiner taxonomischen Praxis einteilt. Dabei sind mannigfaltige Konventionen und Verhaltensmuster im Spiel, die dem Zoologen erlauben, sich auf das Tierreich zu beziehen. Die Klassifikation der Tiere ist aber nicht willkürlich, sondern entspricht dem, was der Fall ist. Die Einteilung des Tierreichs in Amphibien, Säugetiere, Fische usw. gelingt zwar nur Wesen, die Praktiken mit einer entsprechenden normativen Stabilität ausgebildet haben. Es wäre aber Unsinn anzunehmen, daß die Einteilung des Tierreichs von diesen Praktiken ontisch (etwa kausal) abhängig ist.

Es gibt also normative Restriktionen im semantischen Raum, die allerdings keine ontischen Bedingungen der Dinge sind. Sie dienen uns vielmehr dazu, uns einen kognitiven Zugang zur Welt zu eröffnen, die freilich immer nur Welt für uns ist, indem wir sortieren müssen, worauf wir unsere Aufmerksamkeit richten. Fakten sind insofern immer Fakten für uns. Die Fakten, die Fakten für uns sind, sind aber Fakten für uns nur so, daß wir wissen, daß sie unabhängig von unserem Fürwahrhalten wahr sind.[147] Es gehört daher bspw. zur kompetenten Verwendung des Begriffs »Berg« zu wissen, daß Berge auch unabhängig davon existieren, daß wir den Begriff »Berg« verwenden, um über Berge zu sprechen. Dasselbe gilt für »Löwe«, »Mond« usw.[148]

[147] Dies gilt uneingeschränkt. Natürlich gibt es keine absoluten Fakten dahingehend, was ein Individuum über sich denkt, die unabhängig davon sind, was es über sich denkt. Dasselbe gilt für eine Gruppe oder Gesellschaft. Es gibt aber gleichwohl ein absolutes Faktum dahingehend, was das Individuum über sich denkt.

[148] Natürlich gibt es auch Artefakte bzw. Gebilde wie Staaten, Familien oder Lebensentwürfe, die nicht in demselben Sinne objektiv wie Tische oder Sterne sind. Dennoch gilt auch hier, daß wir uns auf diese Gebilde nur dann beziehen können, wenn wir wahre

Der Versuch, die Objektivitätsbedingung ins Fürwahrhalten einzuholen, indem man Objektivität für eine verborgene Subjektivität hält, ist eine bekannte idealistische Option, die allerdings das ebenfalls bekannte Problem hat, daß die Inhalte unserer Informationsverarbeitung nicht von dieser hervorgebracht werden können. Was sich in der Welt wirklich vorfindet, hängt eben nur begrenzt von unserem Gutdünken ab. Wir sind somit rezeptive, also endliche epistemische Wesen, selbst wenn sich herausstellen sollte, daß der *Begriff* der Objektivität sich als notwendiges Ingrediens einer normativ stabilen Subjektivität aus dieser ableiten läßt. Zwar ist der Unterschied von Subjekt und Objekt an die Präsenz von Subjekten gebunden. Das heißt aber nicht, daß die Objekte, die Subjekte in ihrem näheren oder ferneren Umkreis entdecken, von der Existenz dieser Subjekte abhängen.[149]

Wittgensteins Lösung des Problems des Regelfolgens besteht in der Einführung eines entscheidenden Parameters, der Regelfolgen verständlich machen soll, ohne die untilgbaren Schwächen des Solipsismus zu teilen. Seine Lösung besagt, daß die unabhängige Stelle oder das Kriterium der Richtigkeit, das wir benötigen, um den Unterschied zwischen korrekt und inkorrekt zu etablieren, die (wirkliche oder unterstellte) *Übereinstimmung* einer Gemeinschaft in der Frage ist, ob jemand eine Regel befolgt hat. »Richtig und falsch ist, was Menschen *sagen;* und in der *Sprache* stimmen die Menschen überein. Dies ist keine Übereinstimmung der Meinungen, sondern der Lebensformen.« (PU, § 241) Ohne die Übereinstimmung der Lebensformen wäre es demnach nicht möglich, irgendeine Regel zu etablie-

---

und falsche Urteile über sie fällen können. Es geht hier nicht darum, verschiedene ontologische Regionen durch verschiedene Objektivitätsbedingungen zu individuieren, sondern lediglich darum, einen *notwendigen Zusammenhang zwischen Sozialität und Objektivität* herzustellen.

[149] So auch Koch, A. F.: »Absolutes Wissen?«, in: *Prima Philosophia* 12 (1999), 29–40, hier: 32: »Bestünde diese Unabhängigkeit der Sachverhalte von meinen Meinungen nicht, so wäre, was immer ich meine, auch schon wahr, entgegen jener Platitüde [des Objektivitätskontrasts, M. G.]. Und umgekehrt: Wenn ich nicht irrtumsanfällig wäre bezüglich einer Meinung, so wäre deren Gegenstand nichts von meinem Meinungsakt Unabhängiges, nichts Objektives. Meine durchgängige Fehlbarkeit in meinen Urteilen ist demnach kein Zeichen menschlicher Schwäche, sondern ein Zeichen der Objektivität dessen, worauf ich im Urteilen bezogen bin. Die Welt ist eben nicht bloß meine Vorstellung. Jedenfalls beanspruche ich das, indem ich objektive Wahrheitsansprüche erhebe. Die Cartesischen Meinungen vom Typ »Es scheint mir, daß p« betreffen, sofern ich in ihnen überhaupt unfehlbar bin, demzufolge keine objektiven Sachverhalte.«

ren, gegen die verstoßen werden kann, weil die Übereinstimmung oder Nichtübereinstimmung einen Unterschied zwischen korrekt und inkorrekt festlegt. Korrekt ist dabei alles, dem (wirklich oder unterstelltermaßen) allgemein zugestimmt wird, alles andere inkorrekt.[150]

Diese minimale Praxis der Bestätigung oder Widerlegung (bzw. der Belohnung und Bestrafung) allein ermöglicht die Funktion von Registraturen. Diese Praxis wird aber nicht durch die Einführung *expliziter* Regeln ermöglicht. Vielmehr ermöglicht die Praxis allererst die Stabilität von Regeln, so daß erstere nicht auf letztere gegründet werden darf. Die »Lebensformen« werden von Wittgenstein nicht als ein substantielles Philosophem, sondern als Teil seiner Auflösung des Problems des Regelfolgens eingeführt, so daß sich ihre explanatorische Rendite daran bemißt, ob sie das Problem des Regelfolgens lösen können. Es ist wichtig festzuhalten, daß Wittgenstein auf den phänomenalen Bestand der »Naturgeschichte des Menschen« und seiner »Lebensformen« (PU, §415) nur dadurch Zugriff hat, daß dieser erst durch das Problem des Regelfolgens freigelegt wird. Es wäre daher von Nachteil für Wittgensteins Überlegungen, wenn sich herausstellte, daß seine Lösung des Problems auf eine dogmatische Berufung auf die Naturgeschichte hinausliefe (vgl. unten §14). Denn damit wäre seine Lösung nicht besser als Kants Einführung der Urteilskraft, da beide sich lediglich als *ad-hoc*-Maßnahmen erwiesen, den Regreß zu stoppen.

Wittgensteins Lösung des Problems des Regelfolgens ist also meines Erachtens durchaus eine Gemeinschaftssicht *(community view)*, der zufolge Regelfolgen eine gemeinschaftliche Tätigkeit oder eine Gepflogenheit ist, die niemand einsam urteilend hervorbringen kann. Die Gemeinschaftssicht soll erklären, wie Irrtum und damit Wahrheit registriert werden kann, indem sie erklärt, wie es zur Ausbildung einer normativen Praxis kommen kann, die korrekte Züge belohnt und inkorrekte bestraft. Der wichtigste Einwand gegen die sogenannte Gemeinschaftssicht, die insbesondere von Krikpe und

---

[150] Damit soll nicht gesagt sein, daß korrekt/inkorrekt mit wahr/falsch zusammenfällt. Korrekt/inkorrekt ist zwar eine Möglichkeitsbedingung von wahr/falsch, aber so, daß wahr/falsch zugleich von korrekt/inkorrekt unterschieden werden muß. Aus der Sozialität der Objektivität darf man nicht ableiten, daß alles wahr ist, was eine Gemeinschaft für wahr hält, weil man auf diese Weise lediglich einen kollektiven Solipsismus begründet hätte. Dies schließt aber nicht aus, daß Gemeinschaft eine Zugangsbedingung zur Objektivität ist.

Wright vertreten worden ist, besagt, daß sie nicht erklären kann, wie eine Gemeinschaft sich insgesamt irren könne. Wenn das ultimative Wahrheitskriterium die Übereinstimmung einer Gemeinschaft wäre, dann wäre alles richtig, was diese Gemeinschaft zu tun oder zu denken beschließt.[151] Die Gemeinschaft wäre ebensowenig imstande, den Objektivitätskontrast von Fürwahrhalten und Wahrheit zu beachten wie das solipsistisch isolierte Subjekt. Man kann sich ausdenken, wel-

---

[151] Vgl. Baker, G. P./Hacker, P. M. S.: »Critical Study: On Misunderstanding Wittgenstein: Kripke's Private Language Argument«, in: *Synthese* 58 (1984), 407–450; Blackburn, S.: »The Individual Strikes Back«, in: *Synthese* 58 (1984), 281–301. Während Blackburn lediglich einwendet, daß eine Gemeinschaft sich ebenso irren könne wie ein Individuum, was die Gemeinschaftssicht wiederum auf dieselbe Weise wie eine Privatsprache Skeptizismus-anfällig mache, hat Paul Boghossian in »The Rule-Following Considerations« (in: *Mind* 98 [1989], 507–549) einen noch einleuchtenderen Einwand gemacht. Boghossian unterscheidet zwischen einem *intensionalen* und einem *extensionalen* Anspruch an das Regelfolgen. Der *intensionale Anspruch* bestehe darin, ein Kriterium der Normativität, d. h. eine Korrektheitsbedingung zu definieren, die zwischen einer korrekten und einer inkorrekten Anwendung einer Regel unterscheidet. Diese Bedingung könne durch die Übereinstimmung einer Gemeinschaft erfüllt werden, zumal man sich auf unsere Praxis berufen könne, unserem eigenen Urteil zu mißtrauen, wenn wir uns in einem Meinungskonflikt mit allen (oder sehr vielen) anderen befänden, und umgekehrt unserem Urteil zu trauen, wenn wir es mit einer hinreichend großen Gemeinschaft teilen. Das Problem der Gemeinschaftssicht bestehe aber darin, den *extensionalen Anspruch* nicht zu erfüllen, der darin besteht, daß unsere korrekten und inkorrekten Züge nicht völlig unabhängig von der Welt sind. Angenommen, jemand sei stets dazu geneigt, Kühe auf einer Wiese bei Nacht für Pferde zu halten. Da er tagsüber auf derselben Wiese stets Kühe sieht, kommen ihm Zweifel, ob er nachts nicht dieselben Kühe sieht und sie fälschlich für Pferde hält. Nun versammelt er eine Gruppe von 17000 Beobachtern, die nachts gemeinsam zur Frage Stellung beziehen, ob Kühe oder Pferde auf der Wiese stehen. Nichts steht der Annahme im Wege, daß sie alle der Überzeugung sein könnten, Pferde zu sehen, wo in Wirklichkeit Kühe stehen. »The point is that many of the mistakes we make are *systematic:* they arise because of the presence of features – bad lightning, effective disguises, and so forth – that have a generalizable and predictable effect on creatures with similar cognitive endowments. (This is presumably what makes ›magicians‹ possible.) But, then, any of my dispositions that are in this sense systematically mistaken, are bound to be duplicated at the level of the community.« (536) Da dieser Einwand in der Tat gegen eine unqualifizierte Gemeinschaftssicht entscheidend ist, hat Wittgenstein selbst einen weiteren Faktor hinzugefügt, nämlich die »Umstände« oder »Umgebung« der Anwendung einer Regel. Ohne dieses kontextualistische Plus scheitert die Gemeinschaftssicht tatsächlich am Einwand der Möglichkeit eines extensionalen systematischen Irrtums. Auf diese Weise kommt die Welt ins Spiel, ohne die die Wahrheit zum *consensus gentium* zusammenschrumpfen würde. Denn auch Wittgenstein kann Objektivität nicht gänzlich ohne Rekurs auf etwas verstehen, was unabhängig von unserem, und sei es gemeinschaftlichen Fürwahrhalten ist.

che Konsequenzen diese These nach sich zöge, wenn die Weltgemeinschaft sich bis auf wenige Ausgeschlossene darauf einigte, eine greuelhafte Praxis irgendeiner Art einzuführen. Es ließe sich nicht nur nichts mehr gegen Orwells dystopische Welt in *1984* mit ihrem diktatorisch beschlossenen und kommunitarisch ratifizierten Sprachgebrauch einwenden. Schlimmere Szenarien sind denkbar, in denen moralische Greueltaten gesetzlich vorgeschrieben sind, worauf sich alle Mitglieder einer Gemeinschaft einigen. Darüber hinaus ist es unklar, wie man bestimmen soll, was genau die Gemeinschaft sein soll, die letztlich entscheidet. Sollte sich herausstellen, daß der größte Teil sprachlicher Wesen im Universum und damit die absolute globale Gemeinschaft diskursiver Wesen den Brauch pflegt, 50 % ihrer Neugeborenen in einem Götzendienst zu opfern, dürfte es keineswegs klar sein, daß daraus geschlossen werden müßte, daß wir uns dem anschließen sollten. Es muß demnach ein Unterschied getroffen werden können zwischen der empirisch allgemeinen Aussage darüber, was die meisten Menschen *tun*, und der normativen Aussage, was alle Menschen *tun sollen*.[152] Die Gemeinschaftssicht wird schließlich eingeführt, um diesem Unterschied (in Kripkes Terminologie: dem Unterschied zwischen Dispositionen und Normen) Rechnung zu tragen.

Jede Wahrheitstheorie muß logischen Raum schaffen für den Unterschied zwischen der *Wahrheit eines Urteils* und der *Übereinstimmung einer Gemeinschaft in der Frage, ob ein Urteil wahr ist*. Ansonsten höbe sie die Idee der Objektivität auf, was die unangenehme Konsequenz nach sich zöge, daß alles wahr wäre, was eine bestimmte Gemeinschaft für wahr hält. Das wäre nicht nur ein empirisch unerfreuliches, sondern ein inkonsistentes Resultat. Denn der Gemeinschaft stiftende Unterschied von korrekt und inkorrekt, ohne den es keine Normativität geben könnte, muß auf die gemeinschaftlich beschlossene Urteilspraxis anwendbar sein. Dies bedeutet, daß Mitglieder der Gemeinschaft inkorrekte Züge ausführen können müssen. Wenn alle Mitglieder der Gemeinschaft aber inkorrekte Züge ausführen können müssen, so besteht die Möglichkeit eines globalen Irrtums: Die Gemeinschaft kann sich über ihre eigenen Normen und deren Implikationen unklar sein, ihr explizites Wissen kann

---

152 Vgl. Williams: *Wittgenstein, Mind and Meaning*, 165: »An empirical generalization about what most people do is not the same as a norm standing for what people ought to do.«

mit ihren impliziten Normen-im-Kontext inkompatibel sein. *De facto* rechnen wir damit, daß Gemeinschaften sich irren können, was nicht nur im moralischen Fall offensichtlich ist, sondern jeder noch so eingeschränkten Annahme eines wissenschaftlichen Fortschritts zugrunde liegt. Sollte es wirklich jemals eine Gemeinschaft gegeben haben, die der festen Überzeugung war, daß die Erde flach ist, und die darauf eine physikalische Theorie gegründet hat, sollte es große Schwierigkeiten bereiten, die Behauptung zu verteidigen, daß sich die betreffende Gemeinschaft mitsamt ihrer Physik nicht geirrt hat, obwohl alle Mitglieder im Urteilen über die Welt grundsätzlich miteinander übereingestimmt haben mögen. Und selbst der radikalste Relativist, der in einem entsprechend wohlhabenden Staat des 21. Jahrhunderts lebt, wird lieber seinen Zahnarzt als *den* Zahnarzt konsultieren, der Aristoteles zur Verfügung stand.[153]

Das heißt nicht, daß Objektivität als eine binäre Relation der *Entdeckung* verstanden werden muß, der zufolge eine vorgegebene Welt immer schon so war, wie sie der besten Theorie über die Welt erscheint. Objektivität muß nicht *von außen,* sondern kann ebenfalls *von innen* heraus verstanden werden, indem der Begriff der Objektivität als ein notwendiges Element genuiner Diskurse erschlossen wird. Welche ontologischen Verpflichtungen auf einen bestimmten Weltbegriff man damit eingeht, daß man den Objektivitätskontrast zwischen Wahrheit und Fürwahrhalten etabliert, hängt vom jeweiligen Diskurs ab.

Wittgensteins These, daß die Registratur von Wahrheit eine Relation auf eine Gemeinschaft impliziert, schließt nicht aus, daß Überzeugungen von innen heraus korrigiert werden können, da die Übereinstimmung, von der Wittgenstein spricht, keine Übereinstimmung in *allen* Urteilen impliziert. Die Gemeinschaft wird umgekehrt eingeführt, um zu erklären, wie es möglich ist, daß wir zwischen einer korrekten und einer inkorrekten Regelanwendung *unterscheiden* können. Die Einführung der Gemeinschaft setzt demnach keine absolute Harmonie in allen Urteilen voraus und peilt auch keinen Konsens als Diskurstelos an, sondern stellt umgekehrt eine *Dissens-*

[153] Wahrheit hat demnach sowohl eine epistemische als auch eine nicht-epistemische Facette, was Kochs Unterschied zwischen einem phänomenalen und normativen (sprich: epistemischen) auf der einen und einem realistischen (sprich: nicht-epistemischen) Aspekt auf der anderen Seite entspricht. Vgl. Koch: *Versuch über Wahrheit und Zeit,* §§5, 71.

bedingung dar.[154] Die Gemeinschaft ist eine Gemeinschaft potentiell Dissentierender und nur als solche Objektivitäsgarant. Die Sanktionen der Gemeinschaft werden *innerhalb* der Gemeinschaft diskutiert, so daß Raum für die Möglichkeit von Abweichungen und damit für die Möglichkeit eines Wandels der Gemeinschaft von innen heraus geschaffen wird. Das Privatsprachenargument verschiebt demnach die Infallibilität nicht vom Einzelnen auf eine Gemeinschaft, was man gegen Kripkes Version des Regel-Kommunitarismus eingewandt hat, sondern erklärt vielmehr die Bedingung der Möglichkeit eines Diskurses mit der Möglichkeit genuiner Meinungskonflikte innerhalb einer Gemeinschaft.

Was Wittgenstein damit verabschiedet, ist die Vorstellung einer an sich festgelegten, immer schon vorgefundenen Welt, deren Zustände im Alleingang festlegen, was wahr oder falsch ist. Mit anderen Worten wendet sich Wittgenstein gegen einen Positivismus der Fakten, indem er zeigt, daß Fakten im Alleingang unmöglich bestimmen können, welche Regel oder ob überhaupt eine Regel angewendet worden ist. *Fakten können nicht festlegen, wie sie registriert werden.* Da Wahrheit nur sprachlich festgestellt werden kann, und da Sprache ein normatives, d. h. regelgeleitetes Verhalten ist, muß Normativität in den Wahrheitsbegriff eingeführt werden, ohne daß dadurch die Idee einer Objektivität unabhängig vom Fürwahrhalten eines Einzelnen oder einer Gemeinschaft bedroht wird. Wittgenstein versucht daher, die Kritikfähigkeit von innen heraus zu erklären, ohne einen standpunktfreien Ort zu beziehen, der einen Überblick über die Totalität aller Fakten ermöglicht.[155] Denn ein solcher Überblick kann uns nicht

---

[154] Vgl. dazu Cavells Kripke-Kritik, die seine Lösung in Frage stellt, da aus dieser ein autoritäres Abrichtunsmodell folge, an dessen Stelle aber ein Anerkennungsmodell gesetzt werden müsse, so daß der Regel-Skeptizismus letztlich über sich hinaus auf die Dimension des Praktischen verweise. Vgl. etwa Cavell, S.: *Philosophy the Day After Tomorrow.* Cambridge, Ma./London 2006, 112 ff.

[155] Diese Überlegung steht im Zentrum von Cavells Wittgenstein-Deutung in *The Claim of Reason.* Cavell faßt es als eine wichtige Lektion des Skeptizismus *(the truth or moral of skepticism)* auf, daß unsere Einstellung zur Welt im ganzen nicht die des (propositionalen) Wissens sei (vgl. etwa ebd., 48). Das bedeutet für ihn letztlich, daß »es kein Alles, keine Totalität von Fakten oder Dingen gibt, die man wissen kann *(there is no everything, no totality of facts or things, to be known)*« (239). Die Annahme einer so-und-so bestimmten Totalität ist inkompatibel damit, daß Wissen immer nur diskursiv bestimmtes Wissen ist. Der Skeptizismus begrenzt also unseren Ausgriff auf das Ganze, indem er verhindert, daß wir überhaupt ernsthaft glauben können, gerechtfertigte Überzeugungen darüber zu haben, was das Ganze ist. Daraus ergibt sich allerdings kein Ein-

helfen zu bestimmen, was wir tun *sollen*, weil keine uns mögliche Kenntnisnahme von Fakten die Normativität unserer Praktiken verändert, ohne daß die Praktiken bereits festgelegt haben, was eine mögliche Modifikation der Praktiken bewirken könnte, d.h. was ein Faktum für eine Praxis ist. Diskursive Praktiken bestimmen ihre Grenzen demnach selbst, indem sie einen Unterschied zwischen sich und allem anderen markieren, ein Unterschied, der durch ihre Normen-im-Kontext, d.h. ihre Angeln, festgelegt wird. Diskursive Praktiken legen bestimmte Eingangsbedingungen fest, die Fakten im Alleingang nicht erfüllen können. Deswegen können Diskurse nur Fakten registrieren, die mit ihren Registraturen kompatibel sind.

Man kann Wittgensteins Kriterium der Gemeinschaft auf eine minimale Öffentlichkeit restringieren, so daß die Gemeinschaftssicht uns nicht auf einen absurden Solipsismus der Gemeinschaft verpflichtet. Die »Gemeinschaft« ist demnach keine wirkliche soziale Gruppe mehr, sondern lediglich eine Dimension der Alterität, in der sich jedes Gespräch bewegt, der »Diskurs des Anderen« (Castoriadis). Allerdings erhält man auf diese Weise allein die Fähigkeit zur Kritik noch nicht zurück, die freilich in Wittgensteins Bild besonders dadurch gefährdet ist, daß die Gemeinschaft nicht nur als Prüfstein fungiert, sondern jedes ihrer Mitglieder zunächst auf bestimmte Verhaltensmuster *abrichtet*, indem sie auf das Verhalten des Einzelnen mit positiven oder negativen Sanktionen reagiert, so daß aus Verhalten (also bloßen Ereignissen) Handlungsmuster werden. Was man tun soll, gründet nach Wittgenstein demnach letztlich darin, was die anderen tun. Eine unabhängige Instanz mit ontologischer Qualität kann in Wittgensteins Bild keine Rolle spielen, weil sie nicht *bestimmen* kann, was man tun *soll*. Auf diese Weise läuft man allerdings Gefahr, das Sein vor lauter Sollen vollständig aus dem Blick zu verlieren.[156]

Aus Wittgensteins Überlegungen zum Regelfolgen folgt ein radikaler Regel-Antirealismus. Das Privatsprachenargument impliziert nämlich, daß die Wahrheit oder Falschheit von Behauptungen nicht

---

wand gegen die Metaphysik klassischer Provenienz, da diese gerade damit operiert, daß die Totalität kein Gegenstand ist. Vgl. dazu ausführlich Gabriel: »Die metaphysische Wahrheit des Skeptizismus«.

[156] Es droht wie in Fichtes Theorie der Anerkennung ein Anerkennungs-Idealismus, der den Status von Personen völlig entmaterialisiert und an die Einstellung anderer Personen knüpft. Vgl. dazu Bernstein, J. M.: »Recognition and Embodiment (Fichte's Materialism)« (unveröffentlichtes Manuskript).

auf eine Geist-Welt-Beziehung reduziert werden kann. Denn »Wahrheit« fungiert als ein normativer Begriff und kann nicht auf eine natürliche Eigenschaft von Sätzen zurückgeführt werden. Wenn anerkannt wird, daß S die Regel +2 anwendet, liegt dies nicht daran, daß S irgendetwas Seiendes erfaßt, sondern einfach daran, daß er aus der Gemeinschaft der Addierenden ausgeschlossen würde, wenn er erklärte, die Regel +2 anzuwenden und dennoch hartnäckig darauf bestände, nach 10000 mit 10004 fortzusetzen. »Daß es falsch ist, daß 10004 der Nachfolger von 10000 in der Reihe 2 + 2 + 2 usw. ist«, ist also keine ontologische Aussage, sondern eine Aussage darüber, was diejenigen für wahr halten, die als kompetent Addierende eingestuft werden können. Die Tatsachen liefern hier keine orientierende Zuflucht.

Glaub nicht immer, daß du deine Worte von Tatsachen abliest; diese nach Regeln in Worte abbildest! Denn die Anwendung der Regel im besondern Fall müßtest du ja doch ohne Führung machen. (PU, §292)

Was auch immer die ontologische Struktur der Welt sein mag, jede Behauptung, mit der wir etwas über sie bestimmen wollen, setzt voraus, daß die Behauptung auch falsch sein könnte. Damit eine Behauptung aber falsch sein kann, muß sie eingeschätzt werden können. Die Fähigkeit, eine Behauptung einzuschätzen, kann dabei niemand *privatim* erwerben. Jede einsame, private Ausübung dieser Fähigkeit ist deshalb bereits auf die allgemeine, öffentliche Ausübung der Fähigkeit bezogen. Sind die Minimalbedingungen der Einschätzbarkeit einer Aussage nicht gegeben, kann man nicht mehr von einer Aussage sprechen. Eine Privatsprache im Sinne Wittgensteins erfüllt diese Bedingungen nicht, so daß sie gar keine Aussagen enthalten kann. Eine Privatsprache hat folglich keinerlei assertorischen Gehalt und kann demnach auch keine wahren Sätze enthalten, obwohl ihre Einführung dadurch motiviert werden sollte, daß sie ein epistemologisches Grundlegungsprojekt in Aussicht stellt.

Ein anderer Grund für die Unmöglichkeit einer Privatsprache besteht einfach darin, daß der Privatsprachler seine Privatsprache im Ausgang von der öffentlichen Sprache konstruieren muß, in die er bereits initiiert ist. Denn welchen Schritt ein Privatsprachler auch immer unternimmt, um seine Sprache zu etablieren und mit ihrer Hilfe Unterschiede zu markieren, sie bleiben immer auf die Sprache bezogen, die er vor seinem Experiment erlernt hat. Wer einmal zu einer Sprachgemeinschaft gehört, kann sich nie mehr von ihr befreien. Das zeigt die Erfahrung freilich ebenso gut wie das Privatsprachenargument. Wer schon spricht, kann die vermeintliche Intimität der Privatsprache nicht mehr erreichen.[157]

Nimmt man aber an, daß jemand *ab initio* versuchen wollte, eine Privatsprache zu etablieren, so kann man nicht verstehen, wie er überhaupt auf die Idee kommen sollte, ein rein privates Wörterbuch seiner Empfindungen aufzustellen. Warum sollte er seine privaten Episoden der öffentlichen Welt entgegensetzen, von deren Öffentlichkeit er noch nichts weiß, wenn er bisher mit niemandem gesprochen hat? Selbst wenn ein Kind, das im Dschungel von Löwen und Tigern erzogen worden ist, versuchte, seine Erlebnisse in Sprache zu fassen, hieße das nicht, daß das Kind damit eine Privatsprache kreieren wollte. Das Projekt einer Privatsprache hat nämlich nur Sinn unter den Bedingungen einer bereits etablierten öffentlichen Sprache, z. B. als epistemologisches Projekt der antiskeptischen Begründung der Transparenz des *Cogito*. Die Idee einer Privatsprache ist demnach keineswegs natürlich, sondern ein artifizielles Produkt einer erkenntnistheoretischen Überlegung. Sie zu verabschieden, heißt demnach auch nicht, sich von einer Intuition zu verabschieden, die wir alle teilen.

§ 11. McDowells Disjunktivismus als antiskeptische Strategie?

Das Problem des Regelfolgens darf, wie gesagt, nicht dadurch gelöst werden, daß solipsistische Annahmen in die Lösung investiert werden. Wir machen daher keinen Fortschritt, wenn wir eine *unmittelbare* Offenheit des Geistes für die Welt annehmen, wie dies McDowell vorschwebt.[158] McDowell schlägt vor, den Cartesischen Skeptizismus durch den Nachweis zu verabschieden, daß er sich nur unter der Bedingung einstellt, daß wir einen *gemeinsamen Nenner* von *bloßen* Erscheinungen (*mere* appearances), als ob *p*, und veridischen Erscheinungen (Vorstellungen), daß *p*, annehmen. Nur die Theorie der Erscheinung, die einen gemeinsamen Nenner annehme,

---

[157] Deshalb verweisen alle sprachlichen Ausdrücke auf ein symbolisches Immer-Schon, das wir nicht unmittelbar transzendieren können. So auch Castoriadis: *The Imaginary Institution of Society*, 121.

[158] Vgl. v. a. McDowell: *Mind and World;* »Criteria, Defeasibility and Knowledge«, in: *Proceedings of the British Academy* 55 (1982), 455–479.

so McDowell, provoziere den Cartesischen Skeptizismus.[159] Diese Theorie des gemeinsamen Nenners rechnet damit, daß alle Erscheinungen möglicherweise leer sind, wenn es denn wahr ist, daß einige leer sind, obwohl sie gehaltvoll erscheinen. Das führt zur bekannten repräsentationalistischen Annahme einer Vorstellungswelt dergestalt, daß jede einzelne Vorstellung, die sich uns präsentiert, möglicherweise nichts *re*präsentiert. Die Theorie des gemeinsamen Nenners eliminiert auf diese Weise die Möglichkeit, daß der Gehalt einer Erscheinung ein Zustand der Welt jenseits der Erscheinungen sein könnte.[160]

McDowells Zurückweisung der Theorie des gemeinsamen Nenners beabsichtigt also, einen direkten Realismus als Ausgangsposition aller Theorien über das Verhältnis von Geist und Welt festzulegen. Will man prüfen, ob McDowells Versuch, dem Cartesischen Skeptizismus einen direkten Realismus entgegenzusetzen, eine Option ist, wenn man die Theorie des gemeinsamen Nenners umgehen will – ohne die das generelle Paradoxon des Cartesischen Skeptizismus in der Tat nicht motiviert werden könnte –, so genügt es, sich die Überlegung noch einmal ins Gedächtnis zu rufen, welcher der Cartesische Skeptizismus seine *prima-facie*-Plausibilität verdankt.[161]

McDowells Disjunktivismus stellt in expliziter Anlehnung an Wittgenstein ein therapeutisches Projekt dar. Die Achillesferse des Cartesischen Skeptizismus ist McDowell zufolge der klassische Vorstellungsbegriff, sofern dieser zum motivierenden Theorieelement eines mentalen Repräsentationalismus wird. Unter einem *mentalen Repräsentationalismus* kann man die grundsätzliche These verstehen, daß endlichen, intentionalen Wesen die Welt nur als *vorgestellte* Welt zugänglich ist.[162] Der repräsentationale Zugang zur Welt ist

---

[159] McDowell: »Criteria, Defeasibility and Knowledge«, 470 ff.

[160] »Indeed, it is arguable that the ›highest common factor‹ model undermines the very idea of an appearance having as its content that things are thus and so in the world ›beyond‹ appearances (as we would have to put it).« (McDowell: »Criteria, Defeasibility and Knowledge«, 474)

[161] Vgl. dazu ausführlich § 6, 13.

[162] Wilhelm Dilthey behauptet im Anschluß an Reinholds Satz des Bewußtseins, daß der ›Satz der Phänomenalität‹ der »oberste Satz der Philosophie« sei: »nach diesem steht alles, was für mich da ist, unter der allgemeinsten Bedingung, Tatsache meines Bewußtseins zu sein; auch jedes äußere Ding ist mir nur als eine Verbindung von Tatsachen oder Vorgängen des Bewußtseins gegeben; Gegenstand, Ding ist nur für ein Bewußtsein und in einem Bewußtsein da.« (Dilthey, W.: »Beiträge zur Lösung der Frage vom Ursprung unseres Glaubens an die Realität der Außenwelt«, in: Ders., *Gesammelte Schriften,*

dabei durch eine Menge von Erfolgsbedingungen vermittelt, die erfüllt sein müssen, damit wir als intentionale Wesen überhaupt auf irgend etwas so Bezug nehmen können, *als ob* dieses Etwas unabhängig davon wäre, *daß* wir als intentionale Wesen auf es Bezug nehmen. Jedem Fall einer veridischen Wahrnehmung, d. h. jedem Fall eines erfolgreichen mentalen Zugangs zur Welt, geht demnach zunächst eine *repräsentationale Absicht (representational purport)* vorher, die nicht notwendig gelingen kann, da ansonsten Illusion und Täuschung überhaupt *a priori* ausgeschlossen wären. Charakteristisch für die Theorie des mentalen Repräsentationalismus ist also der Primat der repräsentationalen Absicht vor dem repräsentationalen Erfolg.[163] Diese theoretische Einstellung muß offenkundig gut begründet werden. Denn es versteht sich kaum von selbst, daß die Welt für uns immer nur die Welt als Vorstellung ist, die wiederum nur dadurch zugänglich ist, daß die Vollzugsbedingungen für Vorstellungen *a parte subiecti* erfüllt sind.

Und genau an diesem Punkt knüpft McDowells Disjunktivismus an. Im Unterschied zum klassischen Vorstellungsbegriff bestreitet McDowell, daß es eine neutrale Präsentation von Etwas überhaupt, d. h. Vorstellungen gibt, die auch dann so erschienen, wie sie uns erscheinen, wenn sie kein ontologisches Korrelat hätten. Mit anderen Worten bestreitet McDowell die Gültigkeit des Prinzips der Aparallaxie (vgl. oben, 159). Die Position, die er attackiert, bezeichnet er selbst als Theorie des größten gemeinsamen Nenners *(highest common factor)*. Eine solche Theorie findet man etwa in Kants berühmter »Stufenleiter der Vorstellungsarten« in der *Kritik der reinen Vernunft* (B 376 f.). Dort heißt es:

> *Die Gattung ist* Vorstellung *überhaupt (repraesentatio). Unter ihr steht die Vorstellung mit Bewußtsein (perceptio). Eine* Perzeption, *die sich lediglich auf das Subjekt, als die Modifikation seines Zustandes bezieht, ist* Empfindung *(sensatio), eine objektive Perzeption ist* Erkenntnis *(cognitio). Diese ist entweder* Anschauung *oder* Begriff *(intuitus vel conceptus). Jene bezieht sich unmittelbar auf den Gegenstand und ist einzeln; dieser mittelbar, vermittelst eines Merkmals, was mehreren Dingen gemein sein kann.*

---

hrsg. von K. Gründer (Göttingen 1957), Bd. 5, 90–138, hier: 90) Dilthey bringt damit die Theorieanlage des mentalen Repräsentationalismus bestens auf den Punkt.

163 Zur grundlegenden Unterscheidung zwischen ›representational purport‹ und ›representational success‹ vgl. Brandom: *Making it Explicit*, 72.

Die Theorie des gemeinsamen Nenners besagt, daß es einen intentionalen Zustand oder einen intentionalen Akt gibt, der sowohl einer veridischen Wahrnehmung als auch einer Halluzination bzw. Illusion gemeinsam ist dergestalt, daß es stets legitim ist zu fragen, ob unser intentionaler Akt epistemisch gelingt oder mißlingt. Die Theorie nimmt also eine Differenz zwischen intentionalen und ontologischen Korrelaten an und behauptet, daß wir uns nur vermittels intentionaler Korrelate auf ontologische Korrelate beziehen können. McDowell bestreitet nun, daß es die »Vorstellung überhaupt« gibt und bestreitet damit, daß es mentale Repräsentationen gibt. Der Vorstellungsbegriff werde allein durch den Cartesischen Skeptizismus motiviert, indem dieser uns an unsere Fallibilität erinnert. Dies führe zu der Annahme, daß letztlich alle unsere Vorstellungen ohne ontologische Korrelate sein könnten bzw. ein ganz anderes ontologisches Korrelat haben könnten, als uns die Vorstellung vermuten läßt, selbst wenn ideale epistemische und diskursive Bedingungen *a parte subiecti* erfüllt sind. Die Theorie des gemeinsamen Nenners sei demnach auf die Annahme verpflichtet, daß alle Erscheinungen möglicherweise metaphysisch leer sind, wenn es denn wahr ist, daß einige Vorstellungen metaphysisch leer sind, obwohl sie gehaltvoll erscheinen. Dies führt zur bekannten repräsentationalistischen Annahme einer Vorstellungswelt dergestalt, daß jede einzelne Vorstellung, die sich uns präsentiert, möglicherweise nichts *re*präsentiert. Die Theorie des gemeinsamen Nenners eliminiert auf diese Weise die Möglichkeit, daß der Gehalt einer Erscheinung ein uns erscheinender Zustand der Welt selbst sein könnte.[164] Und so tut sich die berühmte Kluft zwischen dem *logischen Raum der Natur (logical space of nature)*, in dem es lediglich Ursachen und Wirkungen gibt, und dem *logischen Raum der Gründe (logical space of reasons)* auf, in dem es lediglich Wissensansprüche und ihre Verteidigung im Spiel des Gebens und Verlangens von Gründen gibt. Natur und Normativität drohen auseinander zu fallen.

McDowell schlägt nun vor, den Cartesischen Skeptizismus durch den Nachweis zu verabschieden, daß er sich nur unter der Bedingung einstellt, daß wir einen *gemeinsamen Nenner* von *bloßen*

[164] »Indeed, it is arguable that the ›highest common factor‹ model undermines the very idea of an appearance having as its content that things are thus and so in the world ›beyond‹ appearances (as we would have to put it).« (McDowell: »Criteria, Defeasibility and Knowledge«, 474)

Erscheinungen (*mere* appearances), *als ob* p, und *veridischen* Erscheinungen, *daß* p, annehmen. Nur die Theorie der Erscheinung, die einen gemeinsamen Nenner annehme, so McDowell, produziere den Cartesischen Skeptizismus.[165]

> *[S]uppose we say – not at all unnaturally – that an appearance that such-and-such is the case can be* either *a mere appearance* or *the fact that such-and-such is the case making itself perceptually manifest to someone. As before, the object of experience in the deceptive cases is a mere appearance. But we are not to accept that in the non-deceptive cases too the object of experience is a mere appearance, and hence something that falls short of the fact itself.*[166]

Unsere Gedanken hören demnach nicht kurz vor der Welt auf, wie McDowell mit Wittgenstein immer wieder einschärft.[167] Vielmehr beziehen wir uns mit allen wahren Wahrnehmungsurteilen auf die Welt an sich und nicht auf unsere Vorstellungen der Welt, die sich als Vorstellungsschleier *(veil of perception)* zwischen uns und die Welt schieben. In Wittgensteins Worten: »Wenn wir sagen, *meinen*, daß es sich so und so verhält, so halten wir mit dem, was wir meinen, nicht irgendwo vor der Tatsache: sondern meinen, daß *das und das – so und so – ist.*« (PU, § 95) Wenn uns die Welt überhaupt offenbar ist – so McDowell – so ist sie uns *ipso facto* unmittelbar offenbar, und zwar in allen wahren Urteilen über die Welt. Denn an irgendeinem Punkt der Argumentation müsse uns die Welt ohnehin unmittelbar offenbar sein, da wir ansonsten in einen infiniten Regreß gerieten.[168] Denn zumindest ist uns die Welt als Vorstellung unmittelbar offenbar, da sich keine intentionalen Korrelate zwischen unsere intentionalen Korrelate und unsere repräsentationalen Absichten schieben usw. *ad infinitum*. Die skeptische Annahme phänomenal ununterscheidbarer Zustände, deren Wahrheitswert wir nicht ermitteln können, da wir keinen Zugriff auf die Totalität aller Propositionen haben,

---

165 McDowell: »Criteria, Defeasibility and Knowledge«, 470 ff.

166 McDowell: »Criteria, Defeasibility and Knowledge«, 472.

167 McDowell, J.: *Mind and World*. Cambridge, Ma./London 1994, 27 u. ö.

168 Anton Friedrich Koch spricht in diesem Zusammenhang von einem präsentationalen Moment der Wahrheit: »Weil die Wahrheit einen anschaulich-präsentationalen Aspekt hat, weil sie – *auch* – Unverborgenheit, veridischer Anschein, ist, sind wir prinzipiell berechtigt, Regresse der epistemischen Rechtfertigung irgendwann abzubrechen.« (*Versuch über Wahrheit und Zeit,* 156) Zu seiner These, daß der Wahrheitsbegriff neben dem anschaulich-präsentationalen Moment noch zwei weitere Moment enthält, vgl. insgesamt *Versuch über Wahrheit und Zeit,* § 20.

die inkompatibel mit den Erfolgsbedingungen für Vorstellungen sind, verschwindet auf diese Weise scheinbar.

McDowell setzt der seines Erachtens grundlegenden Schwäche des Cartesischen Paradoxons, der Theorie des gemeinsamen Nenners, eine *disjunktive Konzeption von Erscheinungen (disjunctive conception of appearances)* entgegen.[169] Die disjunktive Konzeption unterscheidet zwei Bedeutungen von »erscheint«, die McDowell mit einem Hinweis auf den altgriechischen Sprachgebrauch illustriert. Das Verb φαίνεσθαι, das »erscheinen, sich darstellen/manifestieren« bedeutet, kann nämlich *einerseits* mit einem attributiven Partizip und *andererseits* mit einem Infinitiv konstruiert werden, wodurch es verschiedene Bedeutungen annimmt. Die Konstruktion mit einem Infinitiv gibt zu verstehen, daß jemand oder etwas bloß so-und-so zu sein *scheint*. So bedeutet φαίνεται σοφὸς εἶναι »Er scheint, weise zu sein«. Die partizipiale Konstruktion hingegen zeigt an, daß etwas sich so-und-so darstellt, präsentiert oder manifestiert. So bedeutet φαίνεται σοφὸς ὤν »Er ist offensichtlich weise«.[170] Diese letztere Bedeutung des Offen-Sichtlichen, um es mit einem Wortspiel auszudrücken, liegt etwa der Aristotelischen Forderung zugrunde, »die

[169] McDowell: »Criteria, Defeasibility and Knowledge«, 475; vgl. außerdem McDowell, J.: »Singular Thought and the Extent of Inner Space«, in: Ders.: *Meaning, Knowledge, and Reality.* Cambridge, Ma./London 1998, 228–259; ders.: »Knowledge and the Internal«, in: Ders.: *Meaning, Knowledge, and Reality,* 395–413. Die disjunktive Theorie der Wahrnehmung geht auf Hinton, J. M.: »Visual Experiences«, in: *Mind* 76 (1967), 217–227; ders.: *Experiences.* Oxford 1973, zurück, der sie meines Wissens als erster formuliert hat. Hinton behauptet, daß jede Behauptung, daß einem Subjekt S etwas so-und-so zu sein scheint, entweder die Behauptung sei, daß S etwas wahrnimmt, oder die Behauptung, daß S eine Illusion hat, wobei es keinen gemeinsamen Faktor gebe, der einer Wahrnehmung und einer Illusion gleichermaßen zukomme, etwa ein visuelles Erlebnis. Gelinge es, den Disjunktivismus widerspruchsfrei zu formulieren, sei der Annahme der Boden entzogen, daß es sinnliche Vorstellungen gibt, die entweder leer oder gehaltvoll sind, wobei sie im ersten Falle Illusionen und im zweiten Falle Wahrnehmungen wären. Die Abschaffung der Annahme sinnlicher Vorstellungen ermöglicht die Konstruktion einer antiskeptischen Strategie genau dann, wenn gezeigt werden kann, daß der Skeptizismus eine Implikation des Vorstellungsbegriffs ist, was zumindest für den Cartesischen Skeptizismus zu gelten scheint. Einen guten Überblick über die von vielen Autoren vertretene Position findet sich neuerdings in Hawthorne, J./Kovakovich, K. (Hrsg.): *Disjunctivism,* in: *Supplement to the Proceedings of The Aristotelian Society* 80 (2006), 145–183; vgl. auch Kern: *Quellen des Wissens,* 157 ff.; Willaschek: *Der mentale Zugang zur Welt,* 207–288.

[170] Die Beispielsätze stammen von McDowell selbst. Vgl. McDowell: »Criteria, Defeasibility and Knowledge«, 472, Anm. 2.

Erscheinungen anzugeben (ἀποδοῦναι τὰ φαινόμενα)«[171], d.h. das Offen-Sichtliche nicht durch theoretische Konstruktionen zu verstellen, von woher sich bekanntlich auch der Erscheinungs-Begriff der Phänomenologie versteht.[172] Nach McDowell bedeutet die Disjunktion von bloßer Erscheinung und offen-sichtlicher Manifestation der Welt, daß nicht alle Erscheinungen *bloße* Erscheinungen sein können. Die meisten Erscheinungen seien vielmehr Erscheinungen im Sinne des Offen-Sichtlichen. Die Welt sei offen-sichtlich, so daß man auch den Begriff »externer Dinge« oder »Dinge an sich« komplett verabschieden könne, um davon auszugehen, daß die Welt sich unseren Begriffen unmittelbar, d.h. ohne Vermittlung von Vorstellungen, präsentiert.[173]

Den Disjunktivismus führt McDowell folgerichtig als *realistischen Immediatismus* aus, der die »Idee eine unvermittelten Offenheit des erfahrenden Subjekts für die ›externe‹ Wirklichkeit«[174] behauptet. Der Disjunktivismus versucht auf diese Weise, die skeptische Prämisse zu unterminieren, daß der Erwerb perzeptueller Berechtigungen für unsere Überzeugungen (über die Außenwelt, das Fremdpsychische usw.) durch Erscheinungen vermittelt ist. Dies scheint *prima facie* eine effektive Strategie gegen den Skeptiker zu sein, für den *looks-talk* epistemisch primär ist gegenüber *is-talk*. Sätze der Art »Mein gegenwärtiger Bewußtseinszustand scheint in allen Hinsichten der zu sein, daß p« liegen dem Vorstellungsmodell der neuzeitlichen Erkenntnistheorie zufolge allen Sätzen der Art »Ich sehe, höre usw., daß p« zugrunde. Gelingt es nun zu zeigen, daß man nicht behaupten kann, eine Vorstellung, *als ob* p, zu haben, ohne mindestens einige Vorstellungen, *daß* p, zu haben, scheint man die paradoxie-anfällige skeptische Reduktion von Sein auf Schein umgangen zu haben.[175] Und genau dies ist McDowells Anspruch, an

---

[171] Met. 1073b36f. Vgl. etwa auch die programmatische Verpflichtung auf die Phänomene in EN 1145b2–7.

[172] Vgl. dazu Heidegger: *Sein und Zeit*, 28–31.

[173] »When someone has a fact manifest to him, the obtaining of the fact contributes to his epistemic standing on the question. But the obtaining of the fact is precisely not blankly external to his subjectivity, as it would be if the truth about that were exhausted by the highest common factor.« (McDowell: »Criteria, Defeasibility and Knowledge«, 476)

[174] »If we adopt the disjunctive conception of appearances, we have to take seriously the idea of an unmediated openness of the experiencing subject to ›external‹ reality« (McDowell: »Criteria, Defeasibility and Knowledge«, 478).

[175] Im Hintergrund von McDowells Disjunktivismus steht Sellars' Analyse des Er-

dem man das Gelingen seines Disjunktivismus demnach bemessen darf.

McDowells Versuch, dem Cartesischen Skeptizismus einen direkten Realismus entgegenzusetzen, muß sich einem skeptischen Grundproblem stellen, das McDowell meines Erachtens nicht adäquat behandelt. Um nicht wieder auf die ausgetretenen Pfade des Traum-Arguments zu geraten, sei hier ein anderes Beispiel für den skeptischen Grundgedanken gewählt, der sich im oben (§§5–6) formulierten Paradoxon inkarniert. Denn der skeptische Grundgedanke, der sich als generelles Paradoxon ausbuchstabieren läßt, hängt nicht von bestimmten Szenarien ab, in denen es keine Außenwelt gibt. Ohnehin gibt es, wenn überhaupt, eigentlich nur *ein* skeptisches Szenario, das gänzlich ohne Außenwelt in jedem Sinne auskommt, nämlich den Solipsismus des Augenblicks, dem zufolge die Welt aus genau einem denkenden Subjekt in jeweils nur einem Augenblick bestünde, in dem das denkende Subjekt den leeren Eindruck hätte, eine Vergangenheit und Zukunft zu haben, sich zu erinnern, ja überhaupt: zu existieren. Die Pointe des Cartesischen Skeptizismus hat demnach weder irgendetwas mit dem Außenweltproblem im engeren Sinne noch mit der Frage zu tun, ob das Leben ein Traum, oder auch nur der Schatten eines Traums ist, da das Traumargument lediglich *eine* Instanz eines skeptischen Szenarios darstellt. Und genau dies entgeht McDowell, was insbesondere Crispin Wright gegen McDowell eingewandt hat.[176]

Es ist offenkundig, daß wir uns eine *perfekte Halluzination* denken können, die insofern *perfekt* ist, als sie uns etwas Unwirkliches

---

scheint-Sagens *(looks-talk)* in Sellars: *Empiricism and the Philosophy of Mind,* 32–53. Sellars zeigt, daß Erscheint-Sagen ein sekundärer Akt ist, indem es die Zurückhaltung eines Urteils anzeige. Wer sagt, daß ihm etwas so-und-so erscheint, sagt damit, daß es möglich ist, daß er eine Vorstellung, *als ob* p, hat, ohne *daß* p. Was auf diese Weise behauptet wird, ist aber komplexer als die Aussage, daß irgendetwas so-und-so ist, d.h. komplexer als jedes Ist-Sagen. Sellars will damit zeigen, daß Ist-Sagen primär ist gegenüber Erscheint-Sagen, da es kein Erscheint-Sagen geben kann, ohne daß es irgendein Ist-Sagen gibt. Ist-Sagen ist daher irreduzibel auf Erscheint-Sagen, woraus folgt, daß die empiristische Annahme eines Vorstellungsschleiers, der uns von der vorstellbaren Welt trennt, jedenfalls nicht durch einen Primat des Erscheint-Sagens begründet werden kann.

[176] Vgl. dazu neuerdings zusammenfassend Wright, C.: »Comment on John McDowell's ›The disjunctive conception of experience as material for a transcendental argument‹«, erscheint in: Haddock, A./MacPherson, F. (Hrsg.): *Disjunctivism: Perception, Action, Knowledge.* Oxford 2007.

präsentiert, das für uns ununterscheidbar von etwas Wirklichem ist, zu dem wir auch einen gewöhnlichen perzeptuellen Zugang haben könnten. Für diese Überlegung reicht es hin, an eine Fata Morgana oder die bekannten Spiegelungen auf heißem Asphalt zu erinnern, die man im Sommer sehen kann, und von den Bedingungen dafür zu abstrahieren, eine Fata Morgana als solche durchschauen zu können. Man stelle sich etwa vor, Teile des Münchener Hauptbahnhofes bestünden aus Hologrammen, die allerdings räumlich so weit unserem Zugriff entzogen wären, daß wir niemals auf den Gedanken verfielen, zu überprüfen, ob sie Hologramme sind. Es könnte also mindestens einige perfekte Halluzinationen geben, wobei nicht gesagt ist, daß wir nicht entdecken können, daß sie Halluzinationen sind. Ob wir aber *alle* perfekten Halluzinationen entdecken können oder nicht, ist eine *empirische* Frage. Daher kann nicht *a priori* ausgeschlossen werden, daß es perfekte Halluzinationen gibt, die wir niemals entdecken können.

Timothy Williamson hat eine bestimmte Sorte perfekter Halluzinationen in seiner Auseinandersetzung mit McDowell als »elusive objects«, d.h. als Objekte bezeichnet, die sich verändern, sobald wir uns ihnen zuwenden, so daß wir sie unmöglich registrieren können.[177] Perfekte Halluzinationen haben die allgemeine Eigenschaft, daß wir unmöglich einen direkten Zugang zu demjenigen haben können, was sie uns präsentieren, da es dasjenige, was sie uns präsentieren, nicht gibt. Wo wir in der Wüste eine spiegelnde Wasseroberfläche zu sehen meinen, befindet sich einfach kein Wasser. Nun gibt es nichts, das (1) einen kriteriellen Unterschied anzeigt zwischen einer perfekten Halluzination und einer veridischen Wahrnehmung und zu dem man (2) einen direkten Zugang hat.[178] Wenn man aber keinen direkten Zugang zu einem Faktum hat, welches einen kriteriellen

[177] Vgl. dazu den Einwand von Timothy Williamson in: »Past the Linguistic Turn«, in: Leiter, B. (Hrsg.): *The Future for Philosophy*. Oxford 2004, 106–128, hier: 110: »for all that McDowell has shown, there may be necessary limitations on all possible thinkers. We do not know whether there are elusive objects [wie z.B. perfekte Halluzinationen, M. G.]. It is unclear what would motivate the claim that there are none, if not some form of idealism. We should adopt no conception of philosophy that on methodological grounds excludes elusive objects«.

[178] Unter Umständen kann man einen indirekten Zugang zu etwas haben, das einen Unterschied zwischen Halluzination und Wahrnehmung anzeigt. Dies ist im Fall der Fata Morgana deutlich genug. Es genügt, dort hinzugehen, wo man die Wasseroberfläche zu sehen glaubte, um festzustellen, daß man das Opfer einer perfekten Halluzination war. Allein daraus, daß man eine perfekte Halluzination hat, folgt aber nicht direkt,

Unterschied zwischen Halluzination und Wahrnehmung anzeigt, und wenn man keinen Zugang zu irgendetwas hat, das in einer Halluzination präsentiert wird, dann folgt, daß man keinen direkten Zugang zu Fakten hat, die in einer veridischen Wahrnehmung präsentiert werden.[179] Diese Überlegung motiviert bereits die Theorie des gemeinsamen Nenners, die lediglich behauptet, daß es einen neutralen phänomenalen Zustand gibt, in dem irgendetwas so-und-so zu sein scheint, der einer Halluzination und einer veridischen Wahrnehmung gemeinsam ist. Dies heißt freilich nicht, daß Wahrnehmung auf diesen phänomenalen Zustand-cum-aliquo zurückgeführt werden kann.

Wir verstehen also, was es heißt, daß uns die Welt auch in einer perfekten Halluzination so erscheinen könnte, wie sie uns erscheint, da einer veridischen Wahrnehmung und einer Halluzination immerhin gemeinsam sein muß, daß sich in ihnen irgendetwas präsentiert. Diese Präsentation ist aber bereits der gemeinsame Nenner, den McDowell eliminieren will. Sollte sich McDowell nur gegen die Reifikation dieses gemeinsamen Nenners zu einer mentalen Entität irgendeiner Art wenden, wäre der Cartesische Skeptizismus allein damit noch nicht tangiert, da dieser nur einen gemeinsamen Nenner sucht, der die Möglichkeit einer perfekten Halluzination einräumt, ohne deshalb schon eine bestimmte Theorie mentaler Entitäten zu formulieren. Der gemeinsame Nenner besteht lediglich darin, daß niemand eine perfekte Halluzination *in ipso actu operandi* von einer veridischen Wahrnehmung unterscheiden kann. Diese Ununterscheidbarkeit geht darauf zurück, daß jeder in allen Fällen, in denen er berechtigt ist zu sagen, daß p, *eo ipso* dazu berechtigt ist zu sagen, daß sein gegenwärtiger Bewußtseinszustand in allen Hinsichten der zu sein scheint, daß p. Der Punkt ist also, daß es zwar sein mag, daß wir entweder etwas wahrnehmen oder etwas halluzinieren, daß das eigentliche Problem aber darin besteht, daß wir nicht entscheiden können, ob wir etwas wahrnehmen oder etwas halluzinieren, so daß wir wiederum annehmen müssen, uns präsentiere sich zwar jederzeit

---

daß man entdecken kann, daß man eine solche Halluzination hat, da es perfekte Halluzinationen geben könnte, die wir nicht entdecken können.

[179] So auch Fumerton: *Metaepistemology and Skepticism*, 186: »If I can reason that there would be nothing to reveal a distinction between what I am acquainted with in hallucinatory and veridical experience, and I can reason that I am not directly acquainted with facts about the physical world in hallucinatory experience, then I can conclude that I am not directly acquainted with such facts in veridical experience.«

irgendetwas, ohne daß wir daraus aber schließen könnten, welches Glied der Disjunktion erfüllt ist. Auf diese Weise sucht der gemeinsame Nenner den Disjunktivismus auf Umwegen wieder heim.

David Macarthur hat einen ähnlichen Einwand gegen den Disjunktivismus erhoben, sofern dieser beansprucht, als erfolgreiche antiskeptische Strategie zu fungieren. Macarthur weist dabei darauf hin, daß zur Motivation des Cartesischen Skeptizismus bereits ein minimales *kausales Modell der Erfahrung* hinreicht, das die beiden folgenden Aspekte aufweist: (1) Eine innere Komponente (subjektive Erfahrung), aus der unmöglich eine bestimmte Metaphysik dessen folgen kann, was als intentionales Korrelat der subjektiven Erfahrung auftritt. Ansonsten könnte man aus dem Gegebensein eines intentionalen Korrelats jederzeit auf sein ontologisches Korrelat schließen, woraus *per impossibile* folgte, daß es weder Halluzinationen noch Sinnestäuschungen gäbe. (2) Eine relevante, d. h. identifizierbare effiziente Ursache, die die subjektive Erfahrung hervorbringt, wie auch immer man diese Kausalrelation spezifizieren mag.[180]

Da (1) uns keineswegs auf die Annahme von Sinnesdaten oder sonstigen mentalen Entitäten verpflichtet, sondern lediglich dem Faktum Rechnung trägt, daß es Halluzinationen und Sinnestäuschungen gibt und perfekte Halluzinationen geben könnte, vertritt man mit der minimalen Annahme eines kausalen Modells der Erfahrung noch keine anspruchsvolle und problematische philosophische Theorie des Geistes. Das minimale kausale Modell der Erfahrung ist vielmehr geradezu eine natürliche Vorstellung. Nun ist der Schluß von einer Wirkung (subjektive Erfahrung) auf eine Ursache stets problematisch. Diese Einsicht ist ebenso natürlich wie die Annahme eines kausalen Modells der Erfahrung. Jede Wirkung kann nämlich durch viele verschiedene Ursachen hervorgerufen werden, so daß eine eindeutige, infallible Zuordnung unmöglich ist. Das kausale Modell der Erfahrung führt daher geradewegs in den Cartesischen Skeptizismus. Denn (1) ist von (2) logisch unabhängig, so daß es für jeden Fall eines mentalen Zustands, der ein Kandidat für eine Wahrnehmung ist, eine empirische Frage ist, ob wir (1) *und* (2), also eine Wahrnehmung, oder *nur* (1), also etwa eine perfekte Halluzination haben. Darüber hinaus ist das kausale Modell der Erfahrung auch mit einem direkten Realismus kompatibel, da auch der direkte Realist

[180] Macarthur: »Skepticism and Naturalism«, 111.

einräumen muß, daß unsere sinnlichen Erfahrungen von existierenden Dingen kausal hervorgerufen werden müssen. Man kann nur deshalb ein Glas sehen, weil das Glas die Ursache dafür ist, daß man es sieht, obwohl man ein Glas durchaus halluzinieren kann, ohne daß das »Glas« dabei etwas anderes als ein intentionales Korrelat wäre. Nun ist eine veridische Wahrnehmung *ex hypothesi* phänomenal von einer perfekten Halluzination ununterscheidbar, da (1) von (2) logisch unabhängig ist, so daß eine veridische Wahrnehmung zwar voraussetzt, daß (2) erfüllt ist, was aber nichts an (1) ändert. Deswegen können wir durch keine Analyse der Phänomene die Annahme rechtfertigen, daß es falsch ist, daß große Teile unseres vermeintlich wachen Lebens halluzinogen sind.

Es stellt auch keine rettende Option für den Disjunktivismus dar, sich darauf zu berufen, daß wir eine Aussage der Form (a) »Mein gegenwärtiger Bewußtseinszustand scheint in allen Hinsichten der zu sein, daß p« nur dann im Spiel des Gebens und Verlangens von Gründen treffen können, wenn wir bereits gelernt haben, Aussagen der Form (b) »Ich sehe, höre usw., daß p« zu treffen. Der Skeptizismus stellt uns nämlich vor keine *quid-facti-*, sondern vor eine *quid-juris*-Frage. Es geht nicht darum zu zeigen, daß der Zweifel phylo- oder ontogenetisch nach der Gewißheit kommt, sondern darum zu fragen, wie und ob man aus dem Zweifel herauskommt, sobald er aufgekommen ist. Der einmal aufgekommene Zweifel kann aber nicht dadurch *ad hoc* zur Ruhe gebracht werden, daß die Empfehlung ausgesprochen wird, zu einem direkten Realismus zurückzukehren.[181] McDowells Konzeption des logischen Raums der Gründe, in dem wir uns erkennend immer schon bewegen und der nach außen hin grenzenlos ist, löst das Paradoxon des Cartesischen Skeptizismus nicht, sondern versucht es zu umgehen – was für McDowells antiskeptische Strategie im allgemeinen gilt.[182] »The aim here is not to

[181] »[W]hat we pretheoretically assume is the cause of our subjective experiences may be quite different from what actually causes them. The existence of a causal law is no help either if our only basis for its existence presupposes that some of our appearances are caused by the objects that they are apparently about. For what is in question is precisely what justifies such a presupposition.« (Macarthur: »Skepticism and Naturalism«, 113)

[182] McDowells Konstruktion des logischen Raums als grenzenlos wendet sich gegen die Annahme einer Grenze zwischen Subjekt und Objekt, weshalb McDowell *Mind and World* auch als »prolegomenon to a reading of the *Phenomenology [of Spirit]*« (McDowell: *Mind and World*, IX) bezeichnet. In der Tat erinnert insbesondere der Entwurf der zweiten Vorlesung *(The Unboundedness of the Conceptual)* in vielem an Hegel.

answer sceptical questions, but to begin to see how it might be intellectually respectable to ignore them, to treat them as unreal, in the way that common sense has always wanted to.«[183]

McDowells antiskeptische Strategie einer Verdrängung der skeptischen Frage macht eine fragwürdige Voraussetzung, wenn sie dem Common Sense unterstellt, die skeptischen Fragen stets als unwirklich behandelt zu haben. Wie kann der Common Sense aber überhaupt von den skeptischen Fragen informiert werden, die er *ex hypothesi* nicht einmal verstehen kann, ohne aufzuhören, der Common Sense zu sein? Wie kann er die skeptischen Fragen ignorieren, ohne auf sie bezogen zu sein? Und selbst wenn er sie ignorierte, wem stellen sich dann die skeptischen Fragen, wenn nicht demjenigen, der seine Naivität durch die skeptischen Fragen durchbrochen hat und demnach als Common Sense ausgezogen ist, um *post festum* als Skeptiker heimzukehren? Der Rekurs auf den Common Sense ist daher nicht nur ein Kategorienfehler, indem an die Stelle einer Rechtfertigung die Berufung auf ein Faktum tritt. Denn der Rekurs auf den Common Sense rekurriert auf nichts Bestimmtes, da es den Common Sense im eminenten Singular überhaupt nicht gibt. Der Common Sense wird bei genauerer Betrachtung lediglich als theorie*internes* Schlupfloch empfohlen, um die Schwierigkeiten der Theorie selbst durch Bezug auf einen vermeintlich festen *Außen*halt der Theorie zu umgehen. Überdies operieren die skeptischen Fragen ausschließlich mit Annahmen, in die der sogenannte Common Sense ohne Gewissensbisse einwilligen kann, da sie aus unseren grundlegenden epistemischen Begriffen wie »Wissen«, »Grund«, »Rechtfertigung« usw. abgeleitet werden können. Ansonsten wäre es unmöglich, daß uns die Paradoxa und Antinomien, die in unseren Begriffen liegen, überhaupt zu irritieren vermöchten (vgl. unten §14).

Selbst wenn man trotz der dargestellten erheblichen theoretischen Schwierigkeiten des Disjunktivismus als antiskeptische Strategie einräumte, daß die disjunktive Konzeption eine erfolgreiche an-

[183] McDowell: *Mind and World*, 113; ebenso McDowell: »Knowledge and the Internal«, 408, Anm. 19. David Macarthur unterscheidet zwischen einer Widerlegung des Skeptizismus und einer quietistischen Antwort, die darin bestehe, Gründe dafür anzugeben, warum man sich dem Skeptizismus nicht stellen müsse. Die quietistische Strategie sei aber schwach, wenn sie in nichts mehr bestehe, als in der Weigerung, ein Paradoxon aufzulösen. Vgl. Macarthur: »Skepticism and Naturalism«, 107. Vgl. auch Macarthur, D.: »McDowell, Scepticism, and ›The Veil of Perception‹«, in: *Australasian Journal of Philosophy* 81 (2003), 175–190.

tiskeptische Strategie gegen den Cartesischen Skeptizismus darstellt, ist es unwahrscheinlich, daß sie das zusätzliche Problem des Regelfolgens lösen kann. Wie begrüßenswert McDowells Renaissance der alten Einheit von Sein und Denken auch sein mag, sie hilft jedenfalls nicht, das Problem des Regelfolgens zu lösen, obwohl McDowell auch in diesem Kontext einen phänomenologischen Vorschlag gemacht hat. Wittgensteins Regelfolgen, das keine Deutung ist (PU, §201), versteht McDowell nämlich als eine hermeneutische »Horizontverschmelzung« *(a meeting of minds)*, in der dem regelfolgenden Subjekt unmittelbar vor Augen stehe, was der Andere mit seinen Worten meint, so daß man keinen Umweg über die explizite Formulierung einer Regel (oder eines Übersetzungshandbuchs) nehmen müsse.[184] Entsprechend geht McDowell davon aus, daß die Transparenz der gemeinschaftlichen Praxis die Transparenz der Welt selbst ermögliche. Die Initiation in eine Praxis, die McDowell im Anschluß an die hermeneutische Tradition als »Bildung«[185] denkt, aktualisiere lediglich die nur scheinbar übernatürlichen Vermögen des *animal rationale*. McDowell will damit einen Antirealismus vermeiden, dem zufolge Wahrheitsbedingungen vollständig durch Behauptbarkeitsbedingungen ersetzt werden können. Daher muß er die Welt in sein Modell einbauen und der Welt selbst Normativität zuschreiben, die ihr auch unabhängig davon zukommen soll, ob erkennende Wesen in epistemische Praktiken initiiert worden sind oder nicht.

Dagegen stellt sich das Regel-Problem, wie wir unsere Aussagen über Tatsachen *evaluieren* können. Dazu reicht es nicht hin, mit McDowell anzunehmen, daß unsere Begriffe unmittelbar an die Welt heranreichen, wenn man mit dem frühen Wittgenstein davon ausgeht, daß die Welt alles ist, was der Fall ist.[186] Selbst wenn alles, was der Fall ist, in irgendeinem Sinne begrifflich ist, wie McDowell annimmt, können diese rein faktischen Begriffe keine Restriktion auf unseren Regelgebrauch ausüben. McDowells »naturalisierter Platonismus« *(naturalized platonism*[187]*)*, d.h. im Grunde genommen: sein

---

[184] McDowell, J.: »Wittgenstein on Following a Rule«, in: Ders.: *Mind, Value, and Reality.* Cambridge, Ma./London 1998, 221–262, hier: 253.

[185] McDowell: *Mind and World*, 84–88. Vgl. dazu Bubner, R.: »*Bildung* and Second Nature«, in: Smith, N. S. (Hrsg.): *Reading McDowell on Mind and World.* London 2002, 209–216.

[186] Wie McDowell selbst in *Mind and World*, 27.

[187] McDowell beschreibt seine Position selbst als »naturalized platonism« (*Mind and World*, 91). Darunter versteht er die These, daß es kein Außerhalb des Begrifflichen

»Aristotelismus«, muß daher dem allgemeinen Einwand gegen den Platonismus begegnen, der sich aus Wittgensteins Spätphilosophie ergibt.[188] Der beste Weg, dies zu tun, scheint in der Tat eine neue Konzeption der Faktizität der Fakten zu sein, die erlaubt, Fakten so zu bestimmen, daß sie eine Rolle im wesentlich sozialen Spiels des Gebens und Verlangens von Gründen zugewiesen bekommen, welche Strategie Brandom im Unterschied zu McDowell eingeschlagen hat.[189] Dies setzt aber voraus, nicht mehr vom Bewußtsein auszugehen und ihm eine unmittelbare Beziehung zur Welt zu attestieren, eine Beziehung, die gleichursprünglich mit dem Bewußtsein ist und folglich immer schon vorliegt, sobald ein Bewußtsein sich fragt, was seine Beziehung zur Welt ist. Auf diese Weise will McDowell dem Cartesischen Skeptizismus das Fundament entziehen, indem er versucht zu zeigen, daß der Skeptiker etwas in Frage stellt, was er als Bewußtsein bereits in Anspruch nehmen muß, nämlich die Gewißheit, als epistemisches Wesen in der Welt zu sein. Dieser Ausgangs-

---

gebe, so daß Natur und Begriff letztlich nicht getrennt werden dürften. Dies führt zu der Annahme, daß wir als Begriffswesen in einer Welt von Begriffen leben, zu der wir dank unserer (zweiten) Natur Zugang haben, ohne daß diese Begriffswelt deswegen in irgendeinem Sinne transzendent sein müsse. McDowells Begriffswelt *(the logical space of reasons)* ist vielmehr die Totalität aller Fakten, daß p. Fakten, daß p, lassen sich aber genau dadurch von begrifflichen Wesen erfassen, daß sie keine bloß natürlichen (im Sinne der ersten Natur) Ereignisse sind, die ausschließlich einen kausalen Einfluß auf die Sinnlichkeit begrifflicher Wesen ausüben könnten. Daher nimmt McDowell an, daß wir immer schon in einem unmittelbaren Kontakt mit einer propositional strukturierten Welt stehen, die nicht aus kausal-nomologisch verknüpften Gegenständen, sondern aus begrifflich erfaßbaren Fakten besteht.

[188] McDowell selbst ist der Überzeugung, daß Wittgensteins Spätphilosophie am besten nach dem Modell seines naturalisierten Platonismus verstanden werden sollte. Vgl. McDowell: *Mind and World,* 92. McDowells naturalisierter Platonismus impliziert aber ein Immer-schon, das Wittgenstein gerade ablehnt: »The idea is that the dictates of reason are there anyway, whether or not one's eyes are opened to them; that is what happens in a proper upbringing.« (*Mind and World,* 91) Wittgensteins Spätphilosophie richtet sich nicht bloß gegen die Annahme eines transzendenten Reichs der Begriffe, sondern gegen jegliche *ontologische* Annahme eines Reichs der Begriffe, auf das wir mental zugreifen, sofern diese Annahme zur Erklärung von Regelfolgen eingeführt wird. So wie das Privatsprachenargument und die mit ihm verbundenen Überlegungen zum Regelfolgen hier präsentiert werden, steht McDowells naturalisierter Platonismus nicht weniger in Frage als jeder andere semantische Platonismus auch.

[189] Zu einer Neubesinnung auf die Faktizität der Fakten im Lichte der sozialen Dimension des Wahrheitsbegriffs vgl. die Ausführungen Wrights in: »Facts and Certainty«, in: *Proceedings of the British Academy* 71 (1985), 429–472 sowie seine überarbeitete Version der Thesen in »Warrant for Nothing«.

punkt verbleibt allerdings durchaus im Rahmen des neuzeitlichen Vorstellungsbildes, demzufolge sich das einsam urteilende Subjekt auf die Welt beziehen kann.

Das Regelproblem stellt sich für McDowells Metaphysik der Intentionalität von neuem, indem er die soziale Dimension des Regelfolgens nicht in seine disjunktive Konzeption der Erscheinung einbaut, so daß er das Problem nicht lösen kann, das sich mit Kripke für den Platonismus und jede Form des Realismus oder Idealismus stellt, die auf der Annahme aufbaut, daß wir *Fakten* unter Regeln bringen müssen. Um die Möglichkeit des Irrtums zu erklären und damit die Geltung von Normen zu garantieren, darf die soziale Dimension aber nicht umgangen werden. »Damit der Mensch sich irre, muß er schon mit der Menschheit konform urteilen.« (ÜG, §156) »Irrtum« kann demnach ebensowenig wie »Wahrheit« eine binäre Relation zwischen einem Denker und einem Faktum bezeichnen, über das der Denker ein Urteil fällt. Wittgensteins nicht leicht hintergehbare Einsicht besteht darin, daß wir niemals mit der Welt allein sind, weil Intentionalität nur dadurch möglich ist, daß man sich auf etwas Bestimmtes beziehen kann. Intentionalität ist *qua* begrifflich bestimmte Struktur immer schon sozial. Bestimmtheit und damit assertorischer Gehalt kommt nämlich nicht unabhängig von Normen zustande, da ansonsten nicht garantiert werden könnte, daß der Regelgebrauch (die Anwendung von Begriffen auf vermeintliche Fakten) nicht völlig willkürlich und damit immer »wahr«, und d.h. weder wahr noch falsch ist. Die Bestimmtheit des assertorischen Gehalts verdankt sich demnach der Normativität der Begriffe, die wiederum einen sozialen Parameter erforderlich macht, der in McDowells Metaphysik der Intentionalität allerdings keine theoriebegründende Rolle spielt.[190]

Fakten sind keine Normen, obwohl es selbstverständlich ein Faktum ist, welche Normen eine Gemeinschaft definieren. Wenn es richtig ist, daß Begriffe Regeln sind, dann sind sie Normen. Denn

---

[190] Allerdings spielt der soziale Parameter eine eminente Rolle in McDowells Wittgenstein-Interpretation, da McDowell Brauch und Praxis eine transzendentale Funktion zuschreibt, da ohne diese Funktion Bedeutung nicht möglich sei. In *Mind and World* ist es aber nicht klar, auf welche Weise dieser kommunitaristische Aspekt des Regelfolgens in die Konzeption einer Welt eingebaut werden kann, die an sich so-und-so ist, wie sie in unseren Urteilen erfaßt wird. Mit anderen Worten ist der Kantianismus von *Mind and World* inkompatibel mit der Einsicht, die McDowell aus seiner Wittgenstein-Interpretation gewinnt.

eine Norm konstituiert einen allgemeinen Unterschied zwischen einer Befolgung und einem Verstoß, indem sie zwischen korrekt und inkorrekt unterscheidet. Eine Norm sagt daher, was geschehen *soll*. Sie sagt aber nicht voraus, welche Anwendungen sie haben wird. Ansonsten wäre ihre Formulierung unendlich, so daß die Norm wiederum keinen bestimmten Gehalt haben könnte. Deswegen ist sie auch keine »übermäßige Tatsache« (PU, § 192), die für eine Unendlichkeit von Anwendungsfällen im Voraus festlegt, welche Anwendung der Regel als erlaubt und welche als verboten gelten wird. In jedem Fall der Anwendung der Regel ist vielmehr eine erneute Entscheidung darüber erforderlich, was als erlaubt und was als verboten betrachtet werden soll (vgl. PU, § 186). Die nächste Aussage (Handlung, Behauptung, Frage usw.) in einem Aussagensystem, oder allgemeiner: der nächste Zug in einer Praxis, setzt somit immer einen Akt der Entscheidung voraus, da die Regel nicht im Voraus determinieren kann, was an einer bestimmten Stelle im Aussagensystem geschehen soll. »Die Regel arbeitet nicht, denn, was immer der Regel nach geschieht, ist eine Deutung der Regel.« (BGM, S. 249[191])

Der Kontrast, mit dem Wittgenstein arbeitet, ist der einer eminenten intellektuellen Leistung einerseits, eines »sozusagen nichtdiskursiven Erfassens der Grammatik« (PG, S. 49), das uns einen unvermittelten kognitiven Kontakt zu übermäßigen Tatsachen (absoluten Fakten, platonischen Ideen, Frege'schen Gedanken) verspricht, und andererseits einer letztlich grundlosen Entscheidung, die durch nichts als durch die menschliche Praxis allein getragen wird. Der Kontrast von *Intuition* und *Entscheidung* arbeitet dabei im Dienste der Erklärung der Endlichkeit unseres Verstehens, indem er aus der notwendigen Endlichkeit der Anwendungen unserer Regeln folgt. Das logische Problem der Berufung auf die Intuition wird demnach von Wittgenstein als das Grundproblem des Solipsismus formuliert. Was die Intuition zeigte, wäre notwendig wahr. Erschei-

[191] Wittgenstein scheint sich hier selbst zu widersprechen, da er in den *PU* gerade darauf besteht, daß es »eine Auffassung einer Regel gibt, die *nicht* eine *Deutung* ist« (PU, § 201). Ich werde hier keinen Versuch unternehmen, den Widerspruch zu beheben, wenn denn wirklich einer vorliegt. Nach dem *principle of charity* gehe ich davon aus, daß »Deutung« in den beiden zitierten Passagen eine verschiedene Bedeutung hat, die ich darin sehe, daß die Aussage aus den *BGM* gegen die Vorstellung einer vorgegebenen, begrifflich vollbestimmten Regel gerichtet ist, während die Aussage in den *PU* sich umgekehrt gegen das Regelregreßargument richtet, das entsteht, wenn man Regelfolgen stets als Interpretation versteht.

nung (Präsentation) und Sein koinzidieren im rein aufschließenden Blick, der immer mehr sieht, als er sagen kann. Daraus folgt nach Wittgenstein aber, daß die vermeintliche Weitsicht der Intuition letztlich blind ist, weil man dort nichts sehen kann, wo man alles zu sehen glauben könnte.[192]

Da jede Deutung der Regel mit der Regel in Übereinstimmung gebracht werden könnte, wenn es lediglich in der Hand des einsam urteilenden Subjekts läge zu entscheiden, welche Aussage ein gültiger Nachfolger im Aussagensystem ist, wäre jede Aussage erlaubt. Um die Regel korrekt anwenden zu können, muß sie aber auch inkorrekt angewendet werden können, was niemand *privatim*, obgleich sehr wohl in physikalischer Isolation garantieren kann. Man muß deshalb zwischen einem *privaten Regelfolgen* und dem *Befolgen einer privaten Regel* unterscheiden.[193] Während es durchaus und *trivialiter* ein privates Regelfolgen (Selbstgespräche, Lektüre, einsame Waldspaziergänge usw.) gibt, wäre das Befolgen einer privaten Regel kein Regelfolgen, da es keinen Unterschied zwischen korrekt und inkorrekt etablieren könnte. Wittgensteins Privatsprachenargument ist demnach nicht als eine Theorie der faktischen Genese von Sprache im Kontext einer gemeinschaftlichen Praxis zu verstehen, sondern vielmehr als ein durchgreifendes Argument gegen den Solipsismus,

---

192 Ähnlich äußert sich schon Kant über den vermeintlichen Vorsprung der Intuition vor dem diskursiven Begreifen: »Die leichte Taube, indem sie im freien Fluge die Luft teilt, deren Widerstand sie fühlt, könnte die Vorstellung fassen, daß es ihr im luftleeren Raum noch viel besser gelingen werde. Eben so verließ Plato die Sinnenwelt, weil sie dem Verstande so enge Schranken setzt, und wagte sich jenseit derselben, auf den Flügeln der Ideen, in den leeren Raum des reinen Verstandes.« (KrV, B8 f.)

193 Die Debatte um die Frage, ob Robinson Crusoe (d. h. ein Subjekt in physischer Isolation) einer Regel folgen könne, obwohl niemand anwesend ist, um ihn zu korrigieren, ist demnach zwar *empirisch* interessant, aber nicht relevant für die Beantwortung der Frage, ob eine Privatsprache möglich ist. Denn ich glaube nicht, daß Wittgenstein mit dem Privatsprachenargument die Frage aufwirft, was jemand sprachlich tut, wenn er physisch isoliert ist, da diese Frage, so interessant sie auch sein mag, den Unterschied von öffentlich und privat bereits voraussetzt, der dem Privatsprachler gar nicht zur Verfügung steht. Weder Robinson Crusoe noch Kaspar Hauser sind Phänomenalisten, die ihren privaten Regelgebrauch, wenn sie denn einen pflegen, auch gegen die öffentliche Welt verteidigen würden, sobald sie mit ihr konfrontiert würden. Um den Impetus von Wittgensteins Argument korrekt zu bestimmen, darf man folglich seine dialektische Frontstellung gegen den Phänomenalismus nicht ausblenden. Robinson Crusoe ist für Wittgenstein kein wirkliches Problem, da Wittgenstein einen Unterschied zwischen dem *privaten Befolgen einer Regel* und dem *Befolgen einer privaten Regel* macht, worin Hacker zu Recht den Schlüssel zur Lösung des Robinson-Crusoe-Problems sieht. Vgl. Hacker: *Insight and Illusion*, 252 f.

sofern er Ansprüche auf eine Grundlegung der Erkenntnistheorie erhebt.

§12. Die Inszenierung des Diskurses – Die Gemeinschaft im Kontext

Das Befolgen einer privaten Regel, das Wittgenstein attackiert, ist ein rein begriffliches Konstrukt, das gleichwohl überall dort Anhänger hat, wo mit einem Subjekt operiert wird, das in seiner Innenwelt gefangen ist und versucht, seinen Vorstellungen objektive Realität zu geben. Wittgenstein kehrt die Erklärungsrichtung des Solipsismus um und arbeitet sich nicht von innen nach außen durch, sondern erklärt das Innen als eine Funktion des Außen. Auch unser privates Innenleben, dessen Existenz Wittgenstein nicht bestreitet, steht in einem öffentlichen Kontext und ist durch diesen geprägt, sofern wir Mitglieder einer Sprachgemeinschaft sind. S kann kompetent zwischen E und E* (sagen wir Magen- und Kopfschmerzen) unterscheiden, weil er imstande ist, unter Umständen anzugeben, welche Empfindung er gerade hat. Schmerzen zu haben, heißt nach Wittgenstein deshalb nicht, daß man ein logisch privates Objekt wahrnimmt oder intellektuell anschaut, sondern daß man imstande ist, jemandem mitzuteilen, daß man Schmerzen hat. Wenn S sich bewußt ist, daß er E hat, dann bedeutet dies nicht, daß er nach einem Wort-Gegenstand-Modell imstande ist, ein privates Objekt korrekt zu identifizieren (ihm den richtigen Namenszettel anzuheften), sondern daß er unter Umständen ein Schmerzbenehmen an den Tag legen kann, das andere als Indikator für empfundene Schmerzen verstehen können, und das einem Arzt dabei helfen kann, eine Krankheit oder eine innere Verletzung korrekt zu diagnostizieren.

Der Begriff des »Umstands« bzw. der »Situation« spielt in Wittgensteins Lösung des Regelfolgen-Paradoxons eine eminente Rolle, die von Kripke einseitig zugunsten des Begriffs einer Gemeinschaft und ihrer Übereinstimmung vernachlässigt worden ist. Es ist aber Wittgenstein zufolge nicht bloß eine Gemeinschaft, die bestimmt, ob S in einem gegebenen Fall eine gültige Aussage gemacht hat. Denn damit die Gemeinschaft S' Verhalten einen bestimmten assertorischen Gehalt zuschreiben kann, muß sie S' Verhalten in einen bestimmten Kontext (Sprachspiel) einordnen. Ob S eine Regel korrekt anwendet, ist nicht nur eine Funktion der Übereinstimmung eines hinreichend großen sozialen Verbunds, sondern auch eine Funktion der Umstände des jeweiligen Anwendungsfalls. Besonders deutlich äußert sich Wittgenstein dazu bei Gelegenheit des Problems der *Erziehung* bzw. in seinem Jargon: der *Abrichtung*. So heißt es an einer Stelle in den *Bemerkungen über die Grundlagen der Mathematik*.

> *Aber wie deutet denn also der Lehrer dem Schüler die Regel? (Denn der soll ihr doch gewiß eine bestimmte Deutung geben.) – Nun, wie anders als durch Worte und Abrichtung?*
>
> *Und der Schüler hat die Regel (so gedeutet) inne, wenn er so und so auf sie reagiert.*
>
> Das *aber ist wichtig, daß diese Reaktion, die uns das Verständnis verbürgt, bestimmte Umstände, bestimmte Lebens- und Sprachformen als Umgebung, voraussetzt. (Wie es keinen Gesichtsausdruck gibt ohne Gesicht.)*
>
> *(Dies ist eine wichtige Gedankenbewegung.)* (BGM, S. 414)

Es ist unerläßlich festzuhalten, daß Wittgenstein die Umstände, d. h. den Kontext, im Zusammenhang seines unablässig wiederholten Hinweises auf die Praxis des Sprachunterrichts einführt. Die These, daß Wittgensteins Kontextualismus untrennbar mit seiner Theorie des Spracherwerbs bzw. des Sprachunterrichts verknüpft ist, ist besonders vehement von Meredith Williams verteidigt worden.[194] Sie hat gezeigt, daß ein gewisses »stage setting«, das sie auch als »the right kind of context« bezeichnet, unabdingbar für die Einschränkung des Erwartungshorizontes sowohl des Lehrers als auch des Schülers ist: »[T]he classificatory work of language cannot take place without stage setting, without the right kind of context. One can't name an object or property without providing the logical space for individuating that which is to be named.«[195] Ohne diese Einschränkung kann nicht erklärt werden, warum ein Kind trotz der unendlichen Möglichkeiten, die Handlungen und Aussagen des Lehrers zu verstehen, d. h. trotz der Unendlichkeit möglicher Fehler, nur einige auswählt, so daß der Lehrer in der Regel wissen kann, welchen Fehler

[194] Vgl. Williams: *Wittgenstein, Mind and Meaning*, 188–215.

[195] Ebd., 191. Die Metapher des *stage-setting* findet sich bereits in John Rawls' Aufsatz »Two Concepts of Rules«, in dem es heißt: »That punishment and promising are practices is beyond question. In the case of promising this is shown by the fact that the form of words »I promise« is a performative utterance which presupposes the stage-setting of the practice and the proprieties defined by it.« (Rawls, J.: »Two Concepts of Rules«, in: *The Philosophical Review* 64 (1955), 3–32, hier: 30) Rawls spielt damit auf Wittgenstein an (vgl. ebd., 29). Den Hinweis auf Rawls' Aufsatz verdanke ich Thomas Nagel.

ein Kind begeht, wenn es der Regel nicht so folgt, wie der Lehrer es will.

Leider ergibt sich hier ein Problem, das für Chomskys Annahme eines begrenzten Innatismus (einer Sprache des Geistes/einer angeborenen Grammatik) spricht: Wenn die Umstände dazu beitragen, die Bedeutung einer Äußerung zu individuieren, setzt dies auf der Seite des Kindes bereits voraus, daß es kompetent ist, Umstände zu unterscheiden. Diese diskriminatorische Fähigkeit soll es aber *ex hypothesi* erst durch die Initiation in eine Sprachgemeinschaft erwerben, da Unterscheiden Regelfolgen ist und Regelfolgen normativ und folglich sozial ist. Das Kind kann daher keine *tabula rasa* sein. Mit Chomsky eine adäquate biologische, also natürliche Ausstattung anzunehmen, hilft aber auch nicht, da die Natur *per definitionem* nicht normativ sein kann.[196] Williams' Lösung besteht darin, zwischen Verhalten und Regelfolgen (Handeln) zu unterscheiden, wobei Regelfolgen ein normiertes Verhalten ist. Ein reines Verhalten hat dabei auch schon Zugang zu einer diskreten Welt, wird aber durch die Initiation in eine Sprachgemeinschaft normativen Zwängen, also Regeln ausgesetzt und auf diese Weise diszipliniert und strukturiert. Ohne die Annahme einer natürlichen Verhaltensbasis für das Regelfolgen, d.h. ohne einen qualifizierten Naturalismus führte der Kontextualismus ins Bodenlose, da nicht erklärt werden könnte, wie ein stabiler logischer Raum der Gründe, in dem wir uns als kompetente Sprecher immer schon bewegen, überhaupt zustande kommen könnte. Das Problem des Regelfolgens führt ohne den Naturalismus in einen bodenlosen semantischen Skeptizismus, der sowohl den Spracherwerb als auch seine natürlichen (biologischen) Grundlagen völlig unverständlich macht.[197] Das Problem des Regelfolgens führt

---

[196] Das gilt natürlich nur solange, wie man unter »Natur« die an sich völlig bedeutungslose raumzeitliche Verteilung von Partikeln versteht, deren Geschichte am besten durch eine Funktion (die Weltformel) beschrieben würde, die für jeden Zeitpunkt genau angibt, wo sich alle Partikeln des Universums befinden. Naturgesetze wären in diesem Modell die Prinzipien, die die Partikelverteilung im bedeutungslosen Universum regeln. »Natur« muß man allerdings nicht physikalistisch verstehen. Nicht jeder Naturalismus ist reduktionistisch. McDowell hat in *Mind and World* gezeigt, daß der Naturbegriff des Physikalismus durch den Begriff einer normativen Natur, nämlich der menschlichen Natur ergänzt werden müsse, wenn wir verstehen wollen, wie es möglich ist, den Menschen als *animal rationale* zu verstehen, dessen intellektuelle Kapazitäten ihm von Natur aus zukommen, ohne daß wir das Subjekt als ausdehnungslose Grenze der Welt verstehen müssen.

[197] Leider ergibt sich aus einer genaueren Konfrontation des Skeptizismus – der nötig

demnach auf einen liberalen Naturalismus der »menschlichen Natur« (vgl. etwa PG, S. 14, 94), die nicht mit der bedeutungslosen Natur des Physikalismus identisch sein kann. Auf diese Weise führt Wittgensteins zentrales Thema der Normativität zu einer Selbsterkenntnis der menschlichen Natur, die freilich inkompatibel mit der Metaphysik des Physikalismus ist. Die Hoffnung, Bedeutung auf physikalisch beschreibbare Ereignisse zurückzuführen, scheitert, und »Natur« wird zu einem Phänomen, das uns durch eine argumentative Strategie, nämlich das Problem des Regelfolgens und den logischen Raum seiner möglichen Lösungen aufgeschlossen wird. Der Naturalismus, den man auf diese Weise gewinnt, kann »Natur« nicht als den Inbegriff des Gegebenen, d. h. als die Welt begreifen, aus der uns die Informationen entgegenkommen, die wir als endliche epistemische Wesen zu einem Ganzen, einem Weltbild, ergänzen müssen. Natur wird vielmehr selbst zum Namen für jenes Ganze, in dem wir uns selbst wissen und zu dessen Zustandekommen wir als normative Wesen beitragen. Die »Natur« wird gleichsam in den Bereich der Normativität, d. i. den Bereich des Sozialen eingeholt.

Die menschliche (zweite) Natur gehört demnach selbst zur (ersten) Natur, so daß unsere Praktiken weder transzendent noch bloße Illusionen sein können. Denn die soziale Welt ist nicht extramundan, so daß sie mit ihrer biologischen Vorgeschichte auch nicht unvereinbar ist. Unsere Praktiken wären aber transzendent, wenn die Natur nichts anderes als ein kausal-nomologisch geschlossenes Partikeluniversum wäre, in dem erkennende Wesen keinen Platz finden können, so daß sie über die Natur hinausragen müssen – ein Modell, das Wittgenstein im *Tractatus* zu empfehlen scheint.[198] Bloße Illusionen

---

ist, um dem Naturalismus überhaupt die explanatorische Rolle zuschreiben zu können, die ihm zukommen muß, damit er einen Regelskeptizismus zu vermeiden helfen kann – mit dem Naturalismus selbst, daß der Naturalismus unter den skeptischen Ausgangsbedingungen nicht behauptet werden kann. Wittgenstein oszilliert daher zwischen den beiden Tendenzen, einerseits »Bemerkungen über die Naturgeschichte des Menschen« (PU, § 415; BGM, S. 92, S. 352) liefern zu wollen, andererseits aber genau das abzulehnen: »wir betreiben nicht Naturwissenschaft; auch nicht Naturgeschichte, da wir Naturgeschichtliches für unsere Zwecke auch erdichten könnten.« (PU II, S. 578) Vgl. dazu unten § 14.

[198] »Das Subjekt gehört nicht zur Welt, sondern es ist eine Grenze der Welt.« (TLP 5.632) Eine deutliche Sprache spricht auch TLP 5.64: »Hier sieht man, daß der Solipsismus, streng durchgeführt, mit dem reinen Realismus zusammenfällt. Das Ich des Solipsismus schrumpft zum ausdehnungslosen Punkt zusammen, und es bleibt die ihm koordinierte Realität.«

wären sie, wenn die Reduktion unserer Praktiken auf evolutionäre Strategien der Selbsterhaltung und diese wiederum auf die Geschichte des kausal-nomologisch geschlossenen Partikeluniversums durchführbar wäre.

Die v. a. von McDowell stark gemachte Annahme einer zweiten, menschlichen Natur läßt sich als Konsequenz des Kontextualismus einführen. Dieser fungiert nämlich als eine antiskeptische Strategie gegen den Cartesischen Skeptizismus, den er als eine harmlose Lektion über unsere epistemische Endlichkeit (und mithin nicht als einen epistemologischen Schaden) verstehen kann. Dabei führt das Problem des Regelfolgens, das sich ergibt, sobald wir diskursive Praktiken als Systeme verstehen, die durch ihre jeweiligen Normen-im-Kontext individuiert werden, zur Drohung des Regelskeptizismus und konfrontiert uns auf diese Weise mit dem semantischen Nihilismus. Dieser kann nur abgewehrt werden, indem unserer normativen Natur, die trotz der Arbitrarität der Grammatik historisch invariabel ist, Rechnung getragen wird. Der solcherart motivierte *liberale Naturalismus der zweiten Natur*, mit dem man die Gefahr eines verheerenden semantischen Nihilismus abwehren kann, muß aber unter den skeptischen Bedingungen behauptbar sein, auf die man sich mit dem Kontextualismus verpflichtet. Denn nur im Durchgang durch den Kontextualismus entdeckt sich die Notwendigkeit einer zweiten Natur, die eingeführt wird, um zu vermeiden, daß unsere Praktiken uns als transzendent erscheinen. In diesem Zuge ergibt sich aber das Problem, daß wir *ex hypothesi* keine Theorie einer zweiten Natur entwickeln können, die kontextfreie Behauptungen enthält, so daß die zweite Natur zu einer bloßen Annahme wird, die getroffen werden muß, damit die Grundlosigkeit der Regeln nicht in einen semantischen Nihilismus kollabiert.[199]

Im Zusammenhang des Spracherwerbs zeigt sich, daß die Einübung in den Gebrauch elementarer Ausdrücke bereits eine *stabile Praxis der Übereinstimmung*, also einen Brauch oder eine Gepflogenheit voraussetzt, die Teil unserer Naturgeschichte sind. Die Assoziation von Zeichen und Wort kann Wittgensteins Einsicht zufolge kein schon komplexer sprachlicher Vorgang sein, wie Augustinus' Theorie des Spracherwerbs nahelegt, die am Eingang der *Philosophischen Untersuchung* zitiert wird. Denn die Initiation in eine Sprache

---

[199] Diesen Punkt arbeitet besonders deutlich Maria Baghramian heraus in Baghramian: *Relativism*, 170, 204.

kann nicht schon voraussetzen, daß das Kind eine gleichsam wortlose Sprache des Geistes mitbringt, die es in die Sprache der Erwachsenen übersetzt.[200] Daher gebraucht Wittgenstein bewußt den kruden Ausdruck »Abrichtung«, um zu unterstreichen, daß die ersten Schritte in einer Sprache nicht durch Einsicht in Gründe gemacht werden können, da diese erst möglich sind, wenn ein ganzes Netzwerk von Begriffen aufgebaut ist.[201] Die Initiation in die Sprachgemeinschaft und damit in das Spiel des Gebens und Verlangens von Gründen kann sich selbst noch nicht auf Gründe berufen. Der Ersterwerb einer Sprache vollzieht sich nicht – ebensowenig wie alle anderen Initiationsriten in die Gepflogenheiten einer Gemeinschaft – dadurch, daß dem Partizipanten *in statu nascendi* Gründe beigebracht werden, so und nicht anders zu handeln. Bevor dieser sich entscheiden kann, so und nicht anders zu handeln, muß sein natürliches Verhalten abgerichtet worden sein, um sodann als korrekt oder inkorrekt gehandelt zu werden, da sich allererst auf diese Weise die Möglichkeit eines

---

200 »Und nun können wir, glaube ich, sagen: Augustinus beschreibe das Lernen der menschlichen Sprache so, als käme das Kind in ein fremdes Land und verstehe die Sprache des Landes nicht; das heißt: so als habe es bereits eine Sprache, nur nicht diese. Oder auch: als könne das Kind schon *denken*, nur noch nicht sprechen. Und »denken« hieße hier etwas, wie: zu sich selber reden.« (PU, § 32) Damit richtet sich Wittgenstein, der ein aufmerksamer Leser platonischer Dialoge war, wie seine vielen versteckten und offenen Hiebe gegen Platon zeigen, gegen die platonische Auffassung des diskursiven Denkens als Selbstgespräch der Seele. Vgl. *Tht.* 189e6–190a7; *Soph.* 263e3–15.

201 Darin sieht Meredith Williams zu Recht die Funktion der Kritik am ostensiven Unterricht, die sich im ersten Teil der *PU* findet, für das spätere Privatsprachenargument. Denn das Privatsprachenargument richtet sich gegen die Idee einer privaten ostensiven Definition, mit deren Hilfe der Privatsprachler sich die elementaren und epistemisch vermeintlich eminenten Ausdrücke für seine privaten Erlebnisse beibringt. »[O]stensive teaching is a causal process which brings about an association between an object and a sign. Animals as well as human beings are susceptible to this kind of teaching. The result of this teaching (or conditioning) is the ability to parrot, but it does not (in itself) effect an understanding of the sign. For this, ostensive teaching must be coupled with a training in the use of a sign. And the use of a sign is determined by the practice or custom in which the sign is embedded. Thus, ostensive teaching, which helps effect understanding, also presupposes a public language, thought the child does not know it.« (Williams: *Wittgenstein, Mind and Meaning,* 21) Williams erweitert die Gemeinschaftssicht daher im hier vorgeschlagenen Sinne ebenfalls um die holistische bzw. kontextualistische Dimension der Einbettung des Regelfolgens in eine Praxis, zu der wir nur durch Unterricht Zugang haben können. »[T]his [sc. Colin McGinn's] reading ignores Wittgenstein's commitment to the holistic and contextualist features of language mastery and use, the stage setting. Moving a piece on a checkered board only counts as the movement of a pawn – indeed only *is* the movement of a pawn – within the practice of chess.« (ebd., 170 f.)

devianten Verhaltens und damit die Möglichkeit von Handlungen ergibt.

Um die Frage zu beantworten, welcher Regel jemand folgt, ist das Urteil einer Gruppe von Experten, die in bezug auf die Wahrheit einer Aussage übereinstimmen, allein nicht hinreichend. Zur Bestimmung des assertorischen Gehalts einer Aussage ist darüber hinaus eine Menge von Umständen (ein *stage setting*) erforderlich, das bestimmt, welche Reaktion desjenigen, dessen Regelfolgen auf dem Spiel steht, als Anzeichen eines verständnisvollen, d. h. regelgeleiteten Verhaltens gelten *soll*.[202] Die Umstände begrenzen auf diese Weise den Erwartungshorizont der Gemeinschaft. Denn damit eine Aussage überhaupt einen assertorischen Gehalt haben kann, können ihr aus der unendlichen Menge ihrer möglichen Gehalte lediglich einige zugeschrieben werden, um anschließend einzuschätzen, ob die Aussage gültig ist. Welche Gehalte in Betracht gezogen (selektiert) werden, hängt dabei von den Umständen der Äußerung der Aussage ab.

Dasselbe gilt *mutatis mutandis* nicht nur für Behauptungen, sondern für alle Züge (Gesten, Handlungen usw.) in einer Praxis, die sich als Nachfolger in eine kontextuell begrenzte Serie von Zügen einreihen. Der assertorische Gehalt einer Aussage läßt sich deswegen ohne den doppelten Bezug (1) auf eine minimale Konformität und (2) einen Kontext nicht einschätzen. Damit der Begriff des Kontextes aber nicht trivial ausfällt und lediglich besagt, daß man mit einer bestimmten Konfiguration von Dingen (oder Fakten) konfrontiert sein muß, um bestimmte Aussagen treffen zu können, bedarf es weiterer Spezifikationen. Denn Fakten oder Dinge können unter den Bedingungen des Problems des Regelfolgens ohnehin nicht unmittelbar einen Kontext bilden, da sie erst zum System gerechnet werden müssen, das von seiner Seite her ein Betriebssystem, d. h. eine normative Software, bereitstellt. Die Minimalbedingung für einen Kontext ist nämlich die Geltung von Normen, die zwischen korrekt und inkorrekt unterscheiden. Diese Normen sind ohne Rekurs auf eine Praxis aber gar nicht zu bestimmen. Das heißt keineswegs, daß Praktiken völlig weltlos (transzendent) sind, sondern impliziert lediglich,

202 Vgl. Wittgensteins Beispiel einer Königskrönung: »Eine Königskrönung ist das Bild der Pracht und Würde. Schneide eine Minute dieses Vorgangs aus ihrer Umgebung heraus: dem König im Krönungsmantel wird die Krone aufs Haupt gesetzt. – In einer anderen Umgebung aber ist Gold das billigste Metall, sein Glanz gilt als gemein. Das Gewebe des Mantels ist dort billig herzustellen. Die Krone ist die Parodie eines anständigen Huts. Etc.« (PU, §584; vgl. BGM, S. 95)

daß sie ihre Teilnehmer in ein Verhältnis zur Welt setzen, das ohne Vermittlung der Normen nicht spezifiziert werden könnte und mithin überhaupt kein bestimmbares Verhältnis zu Bestimmtem wäre, wenn wir die Normen nicht in Betracht zögen. Wie die Welt im Einzelnen ist, spielt in der Bestimmung des assertorischen Gehalts einer Aussage erst dann eine Rolle, wenn die kontextuellen Parameter feststehen, die bestimmen, welche Gehalte überhaupt in Frage kommen. Was den Kontext aufrechterhält, ist demnach nicht seine Beziehung auf eine stabile Wirklichkeit oder Welt, sondern das ununterbrochene, Dissens generierende Gespräch aller Teilnehmer eines entsprechenden Diskurses. Der Kontext sorgt also für einen Holismus, indem er ein System kreiert, innerhalb dessen eine Einschätzung von Aussagen allererst möglich ist.

Wittgenstein bedient sich übrigens selbst des Systembegriffs, den man nicht erst aus der Systemtheorie an ihn herantragen muß.

> *Alle Prüfung, alles Bekräften und Entkräften einer Annahme geschieht schon innerhalb eines Systems. Und zwar ist dies System nicht ein mehr oder weniger willkürlicher und zweifelhafter Anfangspunkt aller unsrer Argumente, sondern es gehört zum Wesen dessen, was wir ein Argument nennen. Das System ist nicht so sehr der Ausgangspunkt, als das Lebenselement der Argumente.* (ÜG, § 105; vgl. auch §§ 140–144)

Argumente, d. h. Gründe, sind Momente eines Systems, das ihr Lebenselement darstellt. Sie bewegen sich im »Fluß des Lebens« (*Zettel*, § 173), d. h. in der *creatio continua* der Diskurse, die ihre eigenen Bedingungen *post actum* generieren, ohne sie jemals einholen zu können.

Wittgensteins Überlegungen zum Regelfolgen münden in einer Antwort auf die Frage, wie Normativität, Bedeutung und Objektivität zusammenhängen. Ein gewichtiger Einwand gegen die gesamte Überlegung könnte sich darauf berufen, daß sie ohne die Annahme von Propositionen auskommen will, obwohl die Annahme von Propositionen *trivialiter* unumgänglich zu sein scheint, wenn wir den propositionalen Gehalt propositionaler Einstellungen erklären wollen. Damit Überzeugungsberichte der Art »S glaubt, daß p« verstehbar sind, muß man S eine Einstellung zu einer Proposition zuschreiben, die mindestens folgende Eigenschaften hat:

1. *Begriffliche Identität:* Eine Proposition ist dasjenige, was macht, daß alle Übersetzungen eines Satzes in andere Sprachen (oder andere Genera verbi usw.) dasselbe bedeuten. »Er ist groß«, »He is

tall«, »É alto« usw. haben dieselbe Bedeutung, weil sie dieselbe Proposition ausdrücken. Dasselbe gilt für Übersetzungen eines Satzes innerhalb einer Sprache, wenn man etwa »Peter liebt Petra« durch »Petra wird von Peter geliebt« ersetzt.

2. *Ontologische Qualität:* Propositionen sind unabhängig davon wahr oder falsch, ob wir sie für wahr oder falsch halten.

3. *Eindeutigkeit:* Propositionen haben notwendig stets dieselben Wahrheitsbedingungen, wodurch sie sich von Sätzen unterscheiden. Die Proposition, daß er groß ist, ist genau dann wahr, wenn er groß ist, während der Satz »Er ist groß« erst dann wahr oder falsch sein kann, wenn feststeht, welche Proposition er ausdrückt. Denn die Zeichenfolge »Er ist groß« kann unendlich Vieles bedeuten, je nachdem, in welcher Sprache und in welchem Kontext sie geäußert wird.

4. *Absolutheit:* Propositionen sind im Unterschied zu Sätzen absolut in dem Sinne, daß ihnen ihr Wahrheitswert nicht dadurch zukommt, daß sie in einem bestimmten Kontext geäußert werden.[203]

Wittgensteins Überlegungen zum Regelfolgen zeigen nun, daß Propositionen im Kontext des Regelproblems keine sinnvolle theoretische Funktion ausüben, um den assertorischen Gehalt von Aussagen zu erklären. Wittgensteins Überlegungen sollen nicht zeigen, daß es keine Propositionen gibt, sondern daß ihre Annahme überflüssig ist. Das Urteilsspiel funktioniert nur unter der Bedingung, daß Zügen ein assertorischer Gehalt zugeschrieben wird.

Propositionen sind gleichsam die säkularisierten Nachfahren der Platonischen Ideen. Dabei war es einer der wichtigsten Gründe für Platons Annahme von Ideen, daß er auf diese Weise den assertorischen Gehalt von Aussagen erklären konnte, den er im *Sophistes* als eine Beziehung (λόγος) zwischen Ideen auffaßte. Dabei haben Ideen u. a. die Eigenschaften, die Propositionen haben.[204] Die Annah-

---

[203] Vgl. dazu Schiffer, S.: »Propositional Content«, in: Lepore, E./Smith, B. (Hrsg.): *Oxford Handbook of Philosophy of Language.* Oxford 2006, 267–294.

[204] Platonische Ideen unterscheiden sich freilich in wichtigen Hinsichten von Propositionen. Ein wichtiger Unterschied ist darin zu sehen, daß Ideen in allem Endlichen anwesend sind und dies nicht dadurch, daß wir alles Endliche so auffassen, *als ob* Ideen in ihm anwesend wären. Umgekehrt sind wir Platon zufolge nur dadurch imstande, einen kognitiven Zugang zur empirischen Wirklichkeit zu haben, daß diese selbst von Ideen strukturiert wird, die wir nicht etwa in sie hineinlegen. Platonische Ideen sind daher logisch-ontologische Entitäten in dem Sinne, daß sie gleichermaßen das Reich des Erkennens wie das Reich des Seins strukturieren. Deshalb schreibt ihnen Platon auch Eigenschaften zu, die niemand Propositionen attestieren würde, wie die Eigenschaft der Selbsterkenntnis, die Platon vor allem im *Sophistes* dem Ideenganzen zuspricht.

me der Existenz von Propositionen kann man daher als *Platonismus* bezeichnen, ohne damit suggerieren zu wollen, daß der moderne Platonismus (z. B. in Freges Philosophie der Mathematik) alle Annahmen des Platonischen Platonismus teilt.

Wittgensteins Kontextualismus ist radikal antiplatonistisch und reiht sich demnach in das seit Nietzsche die Philosophie bestimmende Programm einer Umkehrung des Platonismus ein. Während Platon die Erscheinungen, d. h. die Einzelfälle, das Einzelne, als Simulakrum des Allgemeinen, des Begriffs, auffaßt, hat Nietzsched deutlich gesehen, daß das Allgemeine ein Simulakrum des Einzelnen ist: Die Einzelfälle bestimmen das Allgemeine und nicht umgekehrt. Deshalb kann unsere Orientierung im Einzelnen nicht unter Rekurs auf unsere Orientierung im Allgemeinen sichergestellt werden. Das Privatsprachenargument zeigt, daß die Annahme einer intuitiven Beziehung zwischen dem Geist und einem mentalen Objekt (Idee, Proposition, Sinnesdatum usw.) nicht erklären kann, wie der Unterschied zwischen korrekt und inkorrekt zustande kommen und in der Rekreation einer Praxis eine sinnvolle Rolle spielen kann. Damit eine Aussage aber überhaupt einen bestimmten Gehalt haben kann, muß sie korrekt oder inkorrekt sein können. Wenn unsere Sätze nur dadurch assertorischen Gehalt haben könnten, daß sie eine Proposition ausdrücken, die wiederum nur intuitiv erfaßt werden kann, da jede Versprachlichung bereits einen Schritt zu weit in die Sinnenwelt darstellt (Propositionen sollen schließlich rein geistige Entitäten sein), dann haben unsere Sätze ein privatsprachliches Fundament. Zunächst wären wir demnach als einsam urteilende Subjekte mit unseren Vorstellungen beschäftigt und tauschten diese in der Kommunikation mit anderen lediglich aus, was man als *Transportmodell des Verstehens* bezeichnen kann. »Das Paradox [der Privatsprache, M. G.] verschwindet nur dann, wenn wir radikal mit der Idee brechen, die Sprache funktioniere immer auf *eine* Weise, diene immer dem gleichen Zweck: Gedanken zu übertragen – seien diese nun Ge-

Platons Gründe für die Hypothesis des Eidos können hier nicht ausführlich gewürdigt werden. Es soll hier nur darauf hingewiesen werden, daß eine exegetisch vollständige Betrachtung des platonischen Platonismus gewiß eine viel höhere Rendite für einen Platonismus gegen Wittgenstein abwürfe. Es bedürfte darüber hinaus einer ausführlichen Analyse von Wittgensteins Argumenten dafür, daß Familienähnlichkeit ohne den Begriff einer Ähnlichkeit auskommt, den wir schon mitbringen, wenn wir überhaupt Ähnlichkeiten und Unterschiede bemessen wollen.

danken über Häuser, Schmerzen, Gut und Böse, oder was immer.« (PU, §304)

Die Pointe des Privatsprachenarguments besagt, daß wir mit unseren Vorstellungen gar nicht semantisch allein sein können, da es ansonsten niemals zur Ausbildung von Objektivität kommen könnte. Um das Paradoxon des Regelfolgens zu lösen, hilft es folglich nicht weiter, die Existenz von Propositionen anzunehmen, da wir ohne unsere Sprache gar nicht an Propositionen herankommen könnten, selbst wenn es sie gäbe. Denn die Funktion unserer Sprache *in actu* ist unvereinbar mit der begrifflichen Identität, der ontologischen Qualität, der Eindeutigkeit und der Absolutheit von Propositionen. Objektivität kann es nach Wittgenstein ohne Sozialität nicht geben, wobei Sozialität eine notwendige, aber noch keine hinreichende Bedingung für Objektivität ist, da wir ansonsten keinen Objektivitätskontrast mehr hätten. Aus diesem Grund muß ein kontextueller Parameter ins »Urteilsspiel« (ÜG, §131) eingebaut werden, der festlegt, relativ auf welchen Diskurs ein Faktum ein Faktum ist. Verabschiedet wird auf diese Weise nicht die Objektivität *tout court*, sondern die Idee einer Welt, die aus absoluten Fakten besteht, die unabhängig von allen Diskursen immer schon an sich bestimmt sind.[205]

Insofern ist Davidson nicht vorbehaltlos zuzustimmen, wenn er seine Annahme einer semantischen Triangulation als eine Wittgenstein'sche Einsicht beschreibt. Denn bei Davidson geht es nicht darum, die Idee einer an sich seienden Welt absoluter Fakten in Frage zu stellen, sondern zu zeigen, daß wir zu einer solchen Welt nur dadurch Zugang haben, daß sich die dafür notwendige Idee der Objektivität nur in der Kommunikation ausbildet.[206] Wittgenstein hingegen wen-

---

[205] Es ist allerdings wichtig, gegen Wittgenstein darauf zu insistieren, daß es zwar keine absoluten Fakten in der Welt geben kann, da Fakten immer nur Fakten für einen Diskurs sind, ohne den es überhaupt keinen assertorischen Gehalt und demnach auch keine Möglichkeit gäbe, sich auf Fakten zu richten, d.h. Erkenntnis zu suchen. Diese Einsicht führt aber absolute Fakten zweiter Ordnung ein, indem es wohl immerhin ein Faktum ist, daß Diskurse so-und-so funktionieren. Es ist unmöglich, den Kontextualismus auf sich selbst anzuwenden und seine philosophischen Einsichten diskurstheoretisch zu formulieren, ohne wiederum nur einen Standpunkt zu vertreten, der gleichwertige Alternativen generiert. Die Frage ist also, ob man Kontextualist im hier beschriebenen Sinne sein kann, ohne eine inkonsistente Position zu vertreten, die keinen absoluten assertorischen Gehalt hat. Vgl. dazu unten §§14–15.

[206] »The ultimate source (not ground) for objectivity is, in my opinion, intersubjectivity. If we were not in communication with others, there would be nothing on which to base the *idea* of being wrong, or, therefore, being right, either in what we say or in what we

det sich gegen die Vorstellung, unsere Einstellung zur Welt drücke sich in Äußerungen aus, deren Gehalt Propositionen sind, die entweder wahr oder falsch sind. Wittgenstein bestreitet vielmehr, daß uns die Welt durch reine Gedanken aufgeschlossen ist, die entweder erfassen, was der Fall ist und damit wahr sind oder dies nicht tun und damit falsch sind. Da Bedeutung die normative Stabilität einer Praxis voraussetzt, so die Einsicht des späten Wittgenstein, kann es nicht mehr wie im *Tractatus* ein Schopenhauer'sches »rein erkennendes Subjekt« geben, das als »klares Weltauge«[207] die Welt rein geistig erfaßt.[208] In genau diesem Sinne will seine Spätphilosophie *das diametrale Gegenteil des Solipsismus* darstellen.

Wittgenstein verficht damit keinen negativen Dogmatismus, der die Existenz von Propositionen (oder von abstrakten Gegenständen im allgemeinen) bezweifelt, sondern einen Agnostizismus, der besagt, daß wir aufgrund unserer sprachlichen Natur nichts von Propositionen wissen können und daß es eine alternative Erklärung des assertorischen Gehalts unserer Aussagen allein aus den Ressourcen des Urteilsspiels geben können muß. Die Frage nach der Existenz von Propositionen ist Wittgenstein zufolge aus diesem Grunde sowohl unentscheidbar als auch irrelevant. Objektivität kann und muß nämlich nicht auf einen privaten intentionalen Zugang des erkennenden Subjekts zu Propositionen gegründet werden, die unabhängig vom Fürwahrhalten des Subjekts in Ewigkeit wahr oder falsch sind.

Wittgensteins Regel-Antirealismus funktioniert freilich nur unter extremen skeptischen Bedingungen. Im Zentrum der Begründung seiner Theorie stehen nicht zufällig Überlegungen zum Regelfolgen, die ein skeptisches Paradoxon generieren. Das Paradoxon nö-

---

think. The possibility of thought as well as of communication depends, in my view, on the fact that two or more creatures are responding, more or less simultaneously, to input from a shared world, and from each other. […] Without a second person there is, as Wittgenstein powerfully suggests, no basis for a judgement that a reaction is wrong or, therefore, right.« (Davidson, D.: »Indeterminism and Antirealism«, in: Ders.: *Subjective, Intersubjective, Objective.* Oxford 2002, 69–84, hier: 83)

[207] Vgl. Schopenhauer: *Die Welt als Wille und Vorstellung,* 212.

[208] So auch McDowell: »Wittgenstein on Following a Rule«, 254: »Wittgenstein's reflections on rule-following attack a certain familiar picture of facts and truth, which I shall formulate like this. A genuine fact must be a matter of the way things are in themselves, utterly independently of us. So a genuinely true judgement must be, at least potentially, an exercise of pure thought; if human nature is necessarily implicated in the very formation of the judgment, that precludes our thinking of the corresponding fact as properly independent of us, and hence as a proper fact at all.«

tigt uns konsequent die Einsicht ab, daß das Verstehen einer Regel nicht notwendig eine Deutung sein muß. Wer nämlich diesen Anspruch an das Regelfolgen erhebt, verstrickt sich damit in einen infiniten Regreß. »Das Deuten hat ein Ende.« (BGM, S. 342) Das Ende des Deutens ist dabei ein Tun, eine letztlich grundlose Entscheidung. Jeder Versuch, eine Rechtfertigung für das Tun am Ende des Deutens zu suchen, muß scheitern. »Habe ich die Begründungen erschöpft, so bin ich nun auf dem harten Felsen angelangt, und mein Spaten biegt sich zurück. Ich bin dann geneigt zu sagen: »So handle ich eben.«« (PU, § 217) Widerspricht das Tun den Bräuchen der Gemeinschaft, zu der jemand gehört, wird er von der Gemeinschaft sanktioniert, ohne daß die Gemeinschaft ihrerseits Gründe dafür anführen können muß, warum sie ihre Bräuche pflegt. Das bedeutet nicht, daß der Ausgeschlossene *ipso facto* auch von der Wahrheit ausgeschlossen ist, da er schließlich (in bewährter Weise) beginnen kann, eine neue Fraktion zu bilden.

Wittgensteins Regelproblem und damit auch seine Lösung des Problems beruht insgesamt auf den folgenden ausgesprochen plausiblen Prämissen.

(1) Jeder Begriff ist eine Regel.

(2) Wo es eine Regel gibt, gibt es einen Unterschied zwischen ihrer korrekten und inkorrekten Anwendung.

(3) Fakten, Propositionen, Seiendes, Wesen oder Ideen können nicht sagen, ob jemand eine Regel korrekt oder inkorrekt angewendet hat. Sie können nicht einmal sagen, *welche* Regel in Betracht gezogen werden muß, um zu bestimmen, ob jemand eine Regel korrekt oder inkorrekt angewendet hat. Die Welt (alles, was der Fall ist) spricht nicht. Die Fakten haben daher keine normative Kraft *in sensu stricto*.[209]

(4) Um zu bestimmen, was jemand meint oder denkt, d. h. damit Zuschreibungen von Einstellungen mit assertorischem Gehalt möglich sind, müssen Begriffe eingesetzt werden können. Da Begriffe Regeln sind und da Fakten nicht bestimmen können, ob jemand über-

[209] Es gehört, wie gesagt, zu einigen Praktiken, mit der Welt zu interagieren. Was es aber ist, womit sie interagieren, d. h. was die Fakten sind, die eine Rolle in der Praxis spielen, kann nicht unabhängig von der Praxis bestimmt werden, da es Bestimmungen nur in einer Praxis geben kann, in der es Normen gibt. Die Vorstellung einer vorhandenen Welt mit an sich determinierten Zuständen findet keinen Platz in Wittgensteins Antirealismus.

haupt eine Regel anwendet, können Fakten auch nicht bestimmen, was jemand meint oder denkt.

(5) Um zu verstehen, was jemand meint oder denkt, hilft es daher nicht weiter, eine private Beziehung zwischen seinem Bewußtsein und der Welt anzunehmen. Denn eine private Beziehung zwischen Bewußtsein und Welt garantiert keinen Unterschied zwischen korrekt und inkorrekt.

(6) Genau besehen kann es gar keine Beziehung zwischen einem Bewußtsein und einer Welt geben, wenn die Welt nicht bestimmt werden kann. Eine Beziehung zwischen dem Bewußtsein und nichts Bestimmtem oder Unsagbarem ist gar keine Beziehung.[210]

(7) Um einschätzen zu können, ob eine Regel angewendet worden ist, bedarf es einer Gemeinschaft, die entscheidet, welche Regel angewendet worden ist und ob sie korrekt angewendet worden ist. Ein prinzipiell deviantes Verhalten (eine Privatsprache) ist nur um den Preis eines vollständigen Bestimmtheitsverlustes möglich.[211]

(8) Die Gemeinschaft, die entscheidet, welche Regel mit welchem Erfolg angewendet worden ist, stellt ihre Mitglieder auf eine Reihe von Handlungsmustern ein, die sie in jedem gegebenen Fall eine Regel anwenden lassen, um mit ihrem Tun fortfahren zu können. Sie richtet ihre Mitglieder ab. Sie muß daher nicht im wörtlichen Sinne jederzeit als Gremium präsent sein, das evaluiert, welche Regel mit welchem Erfolg angewendet worden ist.[212] Begriffe sind vielmehr ein nichtpropositionales Know-How, zu dessen erfolgrei-

---

[210] Wittgenstein führt den Privatsprachler dazu, ihm zu konzedieren, daß seine privaten Objekte weder Etwas noch Nichts sind. Etwas können sie nicht sein, da sich ansonsten sagen ließe, was sie sind. Nichts sollen sie nicht sein, da die Privatsprache ansonsten völlig leer wäre. Die private Empfindung ist demnach »kein Etwas, aber auch nicht ein Nichts! Das Ergebnis war nur, daß ein Nichts die gleichen Dienste täte wie ein Etwas, worüber sich nichts aussagen läßt.« (PU, §304)

[211] Das scheint die Botschaft von PU, §237 zu sein: »Denke dir, Einer folgte einer Linie als Regel auf diese Weise: Er hält einen Zirkel, dessen eine Spitze er der Regel-Linie entlang führt, während die andre Spitze die Linie zieht, welche der Regel folgt. Und während er so der Regel entlang fährt, verändert er die Öffnung des Zirkels, wie es scheint mit großer Genauigkeit, wobei er immer auf die Regel schaut, als bestimme sie sein Tun. Wir nun, die ihm zusehen, sehen keinerlei Regelmäßigkeit in diesem Öffnen und Schließen des Zirkels. Wir können seine Art, der Linie zu folgen, nicht von ihm lernen.«

[212] Vgl. Williams: *Wittgenstein, Mind and Meaning*, 177: »The community is not required in order to police the actions and judgments of all members, but in order to sustain the articulated structure within which understanding and judging can occur and against which error and mistake can be discerned.«

cher Anwendung *ceteris paribus* keine Reflexion auf die Anwendung notwendig ist. Um dieses Know-How zu erwerben, bedarf es aber eines Lehrers, der nach Wittgenstein freilich jedenfalls eher ein Trainer als ein Pädagoge im klassischen Sinne ist.

(9) Die Anwendung von Regeln (das Tun) geschieht nicht im luftleeren Raum, sondern unter bestimmten Umständen. Die Umstände beschränken die Auswahl der Regeln (den Handlungsspielraum) der Mitglieder der Gemeinschaft. Die Umstände bestimmen mit anderen Worten die relevanten Alternativen, die einem Mitglied der Gemeinschaft jeweils zur Verfügung stehen, um festzulegen, welche Regeln zur Bestimmung der Situation in Frage kommen.

Der Kontextualismus ist eine Form von Relativismus. Er behauptet, daß ein weiterer Parameter in die bloß scheinbar dyadische Relation: Geist (Sprache, Bewußtsein, Seele, Subjekt …) – Welt (Natur, Seiendes, Totalität, Objekt …) eingeführt werden muß, so daß wir eine mindestens triadische Relation erhalten. Der dritte Parameter ist der *Kontext der Einschätzung (context of assessment*[213]), der freilich ganz verschieden spezifiziert werden kann. Der Kontextualismus kontrastiert daher mit dem Repräsentationalismus, sofern dieser die Erfassung der Wahrheit als eine dyadische Relation versteht, die ohne Relativität auf einen dritten Parameter eingeschätzt werden kann.

Es ist freilich eine realistische Platitüde (R), daß »propositionale Wahrheit« eine Relation zwischen Geist und Welt bezeichnet, die sich mindestens in der folgenden Äquivalenz ausdrückt:

(R) P ist wahr ↔ Es (die Welt) ist so, wie p sagt.

Dabei ist noch nichts darüber gesagt, was die Welt ist oder in welchem Sinne sie »außerhalb« des diskursiven Systems besteht. (R) ist zwar eigentlich metaphysisch neutral. Dennoch gerät man leicht in die Versuchung (R) so auszulegen, daß »Wahrheit« eine dyadische Relation zwischen der Welt und einem doxastischen System ist, dessen Weltbezug durch die Welt festgelegt wird: Liegt ein dyadischer Weltbezug vor, ist ein Zustand des doxastischen Systems entweder wahr oder falsch, d. h. propositional. Daß es aber einen dya-

---

[213] Vgl. dazu die Arbeiten von John MacFarlane, der versucht zu zeigen, daß die Einführung eines Kontexts der Einschätzung zumindest für einige Diskurse notwendig ist. Vgl. MacFarlane: »The Assessment Sensitivity of Knowledge Attributions«; »Making Sense of Relative Truth«; »Future Contingents and Relative Truth«, in: *The Philosophical Quarterly* 53 (2003), 321–36.

dischen Weltbezug gibt, ist in der Formulierung von (R) vorausgesetzt, welche Voraussetzung durch den Kontextualismus um einen zusätzlichen Parameter erweitert wird.

Wenn man Wahrheit *a limine* als eine dyadische Relation ansetzt, läuft man Gefahr, die Platitüde (R) zu einer metaphysischen These aufzublasen. Denn (R) erscheint dann als eine Platitüde, die den Begriff einer durchgängig bestimmten Welt voraussetzt, die aus Fakten besteht, die ihrer Bestimmung in einem Diskurs *immer schon* vorhergehen.[214] Genau dieses Weltbild wird vom späten Wittgenstein attackiert. Denn nach Wittgenstein spielt die Welt *(qua* durchgängig bestimmte *omnitudo realitatis)* keine Rolle in der Einschätzung einer Aussage. Versteht man die Welt nämlich als alles, was der Fall ist, d. h. als die Totalität aller wahren Propositionen, verkennt man das Problem des Regelfolgens, das zeigen soll, daß Propositionen keinen relevanten Beitrag zu unserer epistemischen Ökonomie erbringen können, da diese restlos normativ und damit kontra-faktisch ist. Die Vorstellung einer an sich seienden Welt, die als die zeitlos vollständige Menge aller wahren Propositionen aufgefaßt wird, zu denen wir unter günstigen kognitiven Bedingungen einen repräsentationalen Zugang haben, gerät unter den Bedingungen, die uns das Problem des Regelfolgens auferlegt, in ernsthafte Schwierigkeiten.

Die Motivation von Wittgensteins Prämissen setzt voraus, daß unsere alltäglichen justifikatorischen Praktiken unter skeptischen Druck gesetzt werden. Wittgensteins Überlegungen zum Regelfolgen verdanken ihre Plausibilität einem bestimmten Bild unserer justifikatorischen Praktiken, das die Philosophie in seinen Augen gefangen hielt (vgl. PU, § 115). Dieses Bild besteht darin, einen privaten Innenraum einer öffentlichen Welt entgegenzusetzen, so daß sich die Frage aufdrängt, wie es möglich ist, den privaten Innenraum zu transzendieren oder wie es umgekehrt möglich ist, daß die öffentliche Welt in den privaten Innenraum hineinreicht. Wittgensteins Korrektur dieses Bildes zeigt, daß der private Innenraum in Wahrheit nur innerhalb des öffentlichen und sozialen Mediums der Sprache, mithin innerhalb der öffentlichen Welt der öffentlichen Welt entgegengesetzt wird. Die Distinktion von privat und öffentlich ist selbst öf-

[214] Koch macht darauf aufmerksam, daß das Immer-schon der Objektivität ein temporaler Modus ist, der der Vergangenheit als einer der Ekstasen der Zeitlichkeit entspricht. Das Immer-schon verabsolutiere »die Herrschaft des realistischen Aspekts« der Wahrheit und bringe deshalb »die besondere Gefahr der Naturalisierung des Seienden unter dem Leitgedanken der Objektivität« (*Versuch über Wahrheit und Zeit*, 537) mit sich.

fentlich und nicht privat. Es ist nicht das einsam urteilende Subjekt, das die Objekte in sich von sich unterscheidet. Umgekehrt ist das private Subjekt (wie der privative Ausdruck schon anzeigt) nur gegen die Öffentlichkeit und von dieser her bestimmt. Die Geschichte der Subjektivität ist deshalb immer auch eine öffentliche Geschichte.

§ 13. Die Vorstellungen des Solipsismus und der Cartesische Skeptizismus

Es ist wichtig, noch einmal hervorzuheben, daß Descartes selbst durch seine antiskeptische Strategie vor dem Solipsismus geschützt zu sein glaubte, der durch die Motivation seines methodischen Skeptizismus nahegelegt wird. Die Lage ändert sich aber drastisch, sobald Descartes' *anti*skeptische Strategie nicht mehr akzeptiert wird. Historisch gesehen führt genau dies auf den empiristischen *new way of ideas*, dessen Theorie der Intentionalität ohne den Cartesischen (wenig überzeugenden) Rekurs auf einen benevolenten Gott auszukommen sucht. Der vielgescholtene mentale Repräsentationalismus des postcartesischen Empirismus ist demnach eine *Konsequenz* der Cartesischen Philosophie, nicht aber ihre *Voraussetzung* – eine Konsequenz des Cartesischen methodischen Skeptizismus, die sich erst dann einstellt, wenn man Descartes' antiskeptische Strategie nicht mehr teilt, eben durch Rekurs auf einen benevolenten Gott die Existenz einer Außenwelt und die Gewißheit der mathematischen Wahrheiten wieder sicherzustellen. Der Cartesische Skeptizismus scheint dann die Einwilligung in den Solipsismus zu erzwingen.

Deshalb greift Wittgenstein den Cartesischen Skeptizismus zu Recht an der Wurzel an – nämlich an der Annahme, daß man einen Zweifel an der Existenz einer Außenwelt und damit den Begriff einer Außenwelt daran festmachen kann, daß wir zwar über unsere privaten Episoden (Sinnesdaten, Empfindungen, Vorstellungen, intentionale Akte) notwendig und in privilegierter Weise informiert sind, während die Ursachen unserer privaten Episoden nur durch eine genaue Analyse der privaten Episoden erschlossen werden können. Wittgenstein bestreitet mit anderen Worten, daß es eine epistemische Asymmetrie zwischen Geist und Welt gibt. Er attackiert das Gewißheitsgefälle zwischen *res cogitans* und *res extensa*, das konstitutiv für den mentalen Repräsentationalismus überhaupt ist. Ohne die Frontstellung gegen den Repräsentationalismus verliert Wittgensteins Regelproblem seinen Anhaltspunkt, da es offenkundig an den Solipsismus adressiert ist, der eine fortwährende theoretische und existentielle Versuchung Ludwig Wittgensteins war.[215]

Der methodische Skeptizismus operiert bei Descartes mit dem Vorstellungsbegriff, d.h. mit dem Begriff einer Vorstellung überhaupt, der lediglich der generelle Terminus für die wahrheitsindifferente Präsentation eines intentionalen Korrelats ist.[216] Der Vorstellungsbegriff und das gesamte Idiom der Intentionalität, das sich in der Nachfolge Descartes' zur Sprache der Bewußtseinsphilosophie ausgewachsen hat, stellt dabei keine beliebige philosophische Erfindung dar, sondern tritt selbst als Resultat einer skeptischen Überlegung auf. Um uns selbst als intentionale Subjekte auffassen zu können, die zur Welt nur einen durch ihre Vorstellungen der Welt vermittelten Zugang haben, bedarf es der vorgängigen Operation eines Cartesischen Skeptizismus.[217] Die Subjekt-Objekt-Spaltung ist ein philosophisches *Artefakt* und keine *Entdeckung* der ontologischen Struktur der Welt, die aus Geist (Subjekt) einerseits und Natur (Objekt) andererseits besteht. Wittgensteins Gedankengang setzt

---

215 Vgl. dazu Gabriel: *Grundprobleme der Erkenntnistheorie*, 164ff.

216 Daher ist der Vorstellungsbegriff bzw. der Begriff des Denkens als Vorstellen Heidegger zufolge der Ursprung der Subjekt-Objekt-Dichotomie und damit der Entfremdung des Daseins von seiner Welt. Heideggers gesamte Philosophie seit *Sein und Zeit* läßt sich als eine Abwendung vom Vorstellungsbegriff verstehen. Dagegen empfiehlt er eine genauere Besinnung auf die griechische Philosophie, um von der frühesten griechischen Philosophie aus einen Weg der Überwindung des Weltbegriffs als eines Inbegriffs des Vorstellbaren zu finden. Dabei will er noch hinter den platonisch-aristotelischen εἶδος-Begriff zurück, in dem er »die weit vorausgeschickte, lang im Verborgenen mittelbar waltende Voraussetzung dafür« sieht, »daß die Welt zum Bild werden muß« (Heidegger: »Die Zeit des Weltbilds«, in: Ders.: *Gesamtausgabe. Bd. 5: Holzwege.* Frankfurt/Main 1977, 75–113, hier: 91; vgl. auch Heidegger, M.: *Platons Lehre von der Wahrheit. Mit einem Brief über den »Humanismus«.* Bern ²1954, bes. 41–50). Gegen Heidegger muß allerdings festgehalten werden, daß der Vorstellungsbegriff zumindest auch als *Resultat* eines skeptischen Begründungsgangs motiviert werden kann, und daher nicht notwendig die *Voraussetzung* der Subjekt-Objekt-Dichotomie sein muß.

217 Vgl. dazu Russells berühmte Argumentation des Sinnesdatenschlusses in Russell, B.: *The Problems of Philosophy.* London 1964, Kap. I-V. Zum Sinnesdatenschluß in der Antike und antiken Versionen des Vorstellungsbegriffs vgl. Fine, G.: »Sextus and External World Skepticism«, in: *Oxford Studies in Ancient Philosophy* XXIV (2003), 341–385; dies.: »Descartes and Ancient Skepticism: Reheated Cabbage?«, in: *The Philosophical Review* 109 (2000), 195–234; dies.: »Subjectivity, Ancient and Modern: The Cyrenaics, Sextus, and Descartes«, in: Miller, J./Inwood, B. (Hrsg.): *Hellenistic and Early Modern Philosophy.* Cambridge 2003, 192–231. Vgl. außerdem meine eigenen Ausführungen in Gabriel: »Zum Außenweltproblem in der Antike«.

nun nicht nur die Motivation eines methodischen Skeptizismus voraus, um den Vorstellungsbegriff einführen zu können, der anschließend attackiert wird, sondern überbietet diesen Skeptizismus durch eine neue Form des Skeptizismus, den Regelskeptizismus.[218] Diese neue Form des Skeptizismus besteht darin, das solipsistische Fundament des tradierten Vorstellungsbegriffs freizulegen, um anschließend zu zeigen, daß dieses auf die Möglichkeit einer Privatsprache verpflichtet ist. Diese Möglichkeit wird aber durch das Privatsprachenargument destruiert, woraus folgt, daß dieses seinerseits nur verständlich ist, wenn man es im Zusammenhang des Regelproblems sieht und das Regelproblem wiederum auf Wittgensteins Projekt einer grundständigen Destruktion des Solipsismus bezieht.

Ein Blick in die Geschichte des Skeptizismus zeigt, daß es immer schon nicht nur einen Skeptizismus gab, der innerhalb einer, mehrerer oder gar aller philosophischen Disziplinen Verwirrung stiftet (philosophischer Skeptizismus), sondern auch einen Skeptizismus, der sich gegen die Philosophie selbst wendet (antiphilosophischer Skeptizismus).[219] In der Neuzeit hat bspw. Descartes einen philosophischen Skeptizismus durchgeführt, indem er das Skeptizismus-Problem in die methodologisch durchdachte Konstruktion der eigenen Theorie eingebaut hat. Hume hingegen vertritt einen antiphilosophischen Skeptizismus, indem er versucht, einen Widerspruch zwischen unseren gewöhnlichen, erfolgreichen Fremd- und Selbstzuschreibungen von Wissen einerseits und unserer philosophischen Einstellung zu Wissenszuschreibungen und ihrer Rechtfertigung andererseits auszumachen. Humes berühmte »skeptische Lösung« des skeptischen Problems besteht darin, sich auf die *Natur* zu verlassen, die ihn und uns früher oder später von philosophischen Reflexionen ab- und den Dingen des gewöhnlichen Lebens zuwenden

---

[218] Kripke sieht Wittgensteins eigentliche Leistung darin, eine neue Form von Skeptizismus mitsamt einer antiskeptischen Strategie entworfen zu haben. »Wittgenstein has invented a new form of scepticism. Personally I am inclined to regard it as the most radical and original sceptical problem that philosophy has seen to date« (Kripke: *Wittgenstein on Rules and Private Language*, 60).

[219] Vgl. Fogelin: *Pyrrhonian Reflections on Knowledge and Justification*, 3. Bereits Eusebius kam zu dem Schluß, daß der Pyrrhonische Skeptizismus keine Philosophie, sondern eine antiphilosophische Bewegung sei. Vgl. *Praep. Evang.* XIV 18, 30 (763d): »Ich meine nämlich nicht, daß man die skeptische Haltung überhaupt als Philosophie bezeichnen dürfe, da sie die Grundlagen des Philosophierens aufhebt (ἐγὼ μὲν γὰρ οὐδὲ φιλοσοφίαν οἴομαι δεῖν ὀνομάζειν αὐτὴν [sc. τὴν σκεπτικὴν ἀγωγήν, M. G.], ἀναιροῦσάν γε δὴ τὰς τοῦ φιλοσοφεῖν ἀρχάς).«

werde, so daß keine Gefahr eines dauerhaften mentalen Schadens drohe, wenn man sich hin und wieder von der Philosophie skeptisch verwirren ließe (vgl. dazu unten § 14).

In der Antike kann man Platon einen philosophischen Skeptizismus zuschreiben. Nicht nur, daß sich das Traum-Argument in aller Deutlichkeit in der Urschrift der Erkenntnistheorie, Platons *Theaitetos*, findet (*Tht.* 158b8-d6).[220] Auch die Auseinandersetzung mit den skeptischen Positionen der Sophisten gehört wesentlich zum Begründungsprogramm der Platonischen Philosophie in all ihren Dimensionen. So verdankt sich Platons Erkenntnistheorie etwa in erheblichem Umfang seiner Auseinandersetzung mit dem Skeptizismus (der Sophisten, der Herakliteer und Eleaten), was wiederum der *Theaitetos* besonders deutlich zeigt. Und auch seine Theorie der Gerechtigkeit in der *Politeia* wäre ohne ihre kritische Frontstellung gegen den »Sozialdarwinismus« eines Thrasymachos vermutlich nicht zustande gekommen. Ähnlich wie Descartes baut Platon dabei skeptische Argumente in seine eigene Position ein, was ihm (wie Descartes) insbesondere dazu dient, die Sinnlichkeit in epistemologischer Absicht zu desavouieren, um das reine Denken auf ihre Kosten auszuzeichnen. In diesem Zusammenhang kommt es bei Platon zu einer epistemologischen wie ontologischen Asymmetrie zwischen dem wahren Sein (dem Intelligiblen) und den Simulakren (dem Sensiblen). Was ihm damit entgeht, ist freilich die genuin moderne Umkehrung dieser Asymmetrie, die bei Heidegger als Seinsgeschichte und bei Wittgenstein als Regelproblem gedacht wird: Die begrifflichen Einheiten (das Intelligible) werden von ihren Instanzen aus retroaktiv generiert, indem wir unser Verhalten regulieren und es deuten. Diese Deutung repräsentiert nicht, was vor der Deutung der Fall war, son-

---

[220] Zu Platons Traumargument vgl. Gabriel: *Antike und moderne Skepsis*, I.2. Das Traumargument erfüllt im *Theaitetos* allerdings lediglich die Funktion, die These zurückzuweisen, daß Wissen und Wahrnehmung identisch seien, d. h. daß es nur Wissen durch Wahrnehmung gebe. Das Traumargument soll lediglich zeigen, daß wir uns in der Frage täuschen können, ob wir gerade überhaupt etwas wahrnehmen, so daß wir ein Kriterium benötigten, das zwischen Träumen und Wachen unterscheidet. Da dieses nicht selbst wahrgenommen werden könne, dennoch aber Inhalt eines Wissens sein müsse, damit wir garantieren können, daß wir einiges durch Wahrnehmung wissen, stellt sich heraus, daß es zumindest eine nicht-empirische Kenntnis (bzw. Erkenntnis) des Kriteriums geben müsse, um sicherzustellen, daß es Wissen durch Wahrnehmung gibt. Daraus folgt, daß es nicht nur Wissen durch Wahrnehmung gibt, weil Wissen durch Wahrnehmung auf eine selbst nicht-empirische Erkenntnis seiner Bedingungen angewiesen ist.

dern setzt nachträglich die Bedingungen der Ordnung, die wir akzeptieren wollen.[221]

Der klassische Widerpart zu Platons philosophischem Skeptizismus ist der *Pyrrhonische Skeptizismus*, der sich gegen die Philosophie überhaupt wendet, insofern diese versucht, das Leben (βίος) zum *Gegenstand* der Theorie zu machen.[222] Bereits die akademische Skepsis argumentiert unermüdlich gegen die Möglichkeit, garantierende Kriterien dafür festzulegen, daß eine bestimmte Vorstellung klar und deutlich ist dergestalt, daß aus ihrem intentionalen Korrelat auf das Vorliegen (ὑπάρχειν) eines extramentalen Gegenstands geschlossen werden kann. Insbesondere Sextus stellt den Pyrrhonischen Skeptizismus so dar, daß er nicht nur den Solipsismus des stoischen mentalen Repräsentationalismus dekonstruiert, sondern darüber hinaus die Verabschiedung des antiken Projekts eines Primats der Theorie darstellt. Sextus' antiphilosophischer Skeptizismus stellt dabei Reflexionen an, die wie bei Wittgenstein letztlich zur Einwilligung in die »Gepflogenheiten«, »Bräuche« und »Institutionen«, d. h. in die νόμοι, führen. »Einer Regel folgen, eine Mitteilung machen, einen Befehl geben, eine Schachpartie spielen sind *Gepflogenheiten* (Gebräuche, Institutionen).« (PU, § 199)

Damit vertreten Sextus und Wittgenstein die direkte Negation des Platonischen Projekts, dessen Absichten in der allegorischen Konfiguration des Höhlengleichnisses gleichsam in kondensierter Form zum Ausdruck kommen. Die Gepflogenheiten und Institutionen, die die Menschen aneinander binden, sind im Platonischen Höhlengleichnis geradezu die Fesseln, welche die Mitglieder der Höhlengemeinschaft in ihrem gemeinsamen Vorhaben verbinden, den szenischen Ablauf im Höhlenkino induktiv zu meistern. Der Philosoph muß sich von der Gemeinschaft losreißen, den Schein ihrer Normalität durchbrechen, um das Wesen der Höhle als solches in den Blick zu nehmen. Die Philosophie ist für Platon daher das

---

[221] Vgl. dazu ausführlicher meine Überlegungen in: »Der »Wink Gottes« – Zur Rolle der Winke Gottes in Heideggers *Beiträgen zur Philosophie* und bei Jean-Luc Nancy«, in: *Jahrbuch für Religionsphilosophie* 7 (2008) (i. Ersch.); »Unvordenkliches Sein und Ereignis – Der Seinsbegriff beim späten Schelling und beim späten Heidegger«, in: Hühn, L./Jantzen, J. (Hrsg.): *Heideggers Schelling-Seminar (1927/28)*. Die Protokolle von Martin Heideggers Seminar zu Schellings *Freiheitsschrift* (1927/28) und die Akten des Internationalen Schelling-Tags 2006, Stuttgart-Bad Cannstatt 2008 (i. Ersch.).

[222] Diese Lesart des Pyrrhonischen Skeptizismus habe ich an anderer Stelle (in *Skeptizismus und Idealismus in der Antike*) ausführlich begründet.

Außergewöhnliche *sensu eminenti*, weil sie an die Stelle der Gewohnheiten die theoretische Einsicht treten läßt.[223] Theoretisch wird die Eremitage des Philosophen durch seine Einsicht motiviert, daß man den assertorischen Gehalt der Sprache als propositionalen Gehalt auffassen muß, auf welche Weise die Ideenannahme eingeführt wird. Diese tritt nämlich u.a. als eine Theorie des Begriffs auf, die erklärt, wie Aussagen einen propositionalen Gehalt ausdrücken können, obwohl dieser unabhängig davon wahr oder falsch ist, daß er *hic et nunc* behauptet wird. Die Ideenannahme beruht somit (wie alle theoretische Philosophie) auf einer Semantik, auf einer Theorie des begrifflichen Gehalts.

Wittgenstein wendet dagegen umgekehrt ein, daß die Illusion nicht in der Höhle liegt, sondern durch den Versuch erzeugt wird, die Höhle zu übersteigen. Es gibt keine Metabase, die nicht ihrerseits Bedingungen ihrer selbst generierte, die sie nicht vollständig einholen kann, ohne eine weitere Metabase zu vollziehen. Indem Wittgenstein eine alternative Analyse des assertorischen Gehalts anbietet, will er uns von dem Bild (des Repräsentationalismus) befreien, das uns gefangen hielt (PU, §115). Wittgenstein behauptet gegen Platon, daß wir nicht aus der Höhle heraustreten müssen, um zu garantieren, daß unsere Aussagen einen stabilen assertorischen Gehalt haben können. Es reiche vielmehr hin, so Wittgenstein, das Verhältnis der Höhlenbewohner zueinander sowie zu den Höhlenbildern richtig zu analysieren. Aus dieser Analyse folgt dann nach Wittgenstein letztlich sogar, daß wir gar nicht aus der Höhle heraustreten *können*.[224] Wittgenstein argumentiert dafür, daß die Annahme plato-

---

223 Wie insbesondere Stanley Cavells Arbeiten zu Wittgenstein und über den Skeptizismus gezeigt haben, verteidigt Wittgenstein gerade das Gewöhnliche gegen das Außergewöhnliche. Vgl. dazu neben *The Claim of Reason* auch Cavell, S.: *In Quest of the Ordinary: Lines of Scepticism and Romanticism.* Chicago 1988. Vgl. etwa die Zusammenfassung seiner Einstellung zum Gewöhnlichen in *The Claim of Reason,* 463: »The wish to be extraordinary, exceptional, unique, thus reveals the wish to be ordinary, everyday. (One does not, after all, wish to become a monster, even though the realization of one's wish for uniqueness would make one a monster.) So both the wish for the exceptional and for the everyday are foci of romanticism. One can think of romanticism as the discovery that the everyday is an exceptional achievement. Call it the achievement of the human.«

224 Daß der Pyrrhonische Skeptizismus ein platonisches Bild von der Stellung unserer Rationalität in der Welt attackiert, zeigt ausführlich Hiley, D.: *Philosophy in Question: Essays on a Pyrrhonian Theme.* Chicago 1988. Vgl. etwa ebd., 174: »The organizing theme of these essays has been the Platonic notion that we can realize our true selves

nischer Ideen (sowie ihrer ontologisch reduzierten Nachfahren wie Wesen, Sinnesdaten, Fakten) keinen explanatorischen Fortschritt in der Frage bedeutet, wie es möglich ist, einen regelgeleiteten Kontakt mit der Welt und den anderen herzustellen. Der Platonischen »Flucht (φυγή)« (vgl. *Tht.* 176a8-b1) aus der Endlichkeit soll ihr semantisches Fundament entzogen werden. Wenn unsere alltäglichen Praktiken in Ordnung sind und keine standpunktfreie Rechtfertigung durch einen Blick von außen (den sonnenbeschienenen Höhlenvorplatz) erfordern, dann ist es auch absurd, sich von ihnen abwenden zu wollen, da man in dieser Abwendung gar kein Ziel anpeilen kann. Daß dem so ist, soll das Regelproblem zeigen, das uns untrennbar an die Gemeinschaft schmiedet.

Die Abwendung von der Endlichkeit und nicht die Endlichkeit selbst führt demnach zu der ultimativen Verwirrung, daß wir nicht mehr imstande sind zu wissen, was wir meinen, wenn Meinen in der postulierten Weise mit Regelfolgen zusammenhängt. Der Regelskeptizismus ist eine Konsequenz der Annahme, wir müßten einen Überblick über die Regel haben, um sie anwenden zu können, obwohl dieser Überblick prinzipiell nicht erreicht werden kann. Wittgenstein macht somit gegen Platon geltend, daß es keine Intuition ohne Regelfolgen, d.h. kein nicht-diskursives Erfassen propositionaler Gehalte (Ideen) geben könnte, das nicht diskursiv bestimmt wäre. Wer beansprucht, eine Idee erfaßt zu haben, erhebt einen falliblen Wissens*anspruch,* den er diskursiv vermitteln muß. Da die Bestimmtheit der Ausdrücke, die er bei seiner sprachlichen Vermittlung verwendet, durch die Gepflogenheiten der Gemeinschaft normiert wird, bzw. da alle Züge, die er macht, intradiskursiv ausweisbar sein müssen und mithin Angeln des Diskurses voraussetzen, kann er sich der Sprachgemeinschaft nicht entziehen. Denn was eine Intuition (das *wirkliche* Erfassen einer Idee) ist, unterscheidet sich nur innerhalb des Diskurses von einem Irrtum (dem *scheinbaren* Erfassen einer Idee). Das Kriterium dafür, daß jemand wirklich eine Idee erfaßt hat, ist nicht

---

and achieve the good life only by the philosophical project of escape from the contingent and finite into the necessary and eternal, and the Pyrrhonian challenge to that notion which aims to break the connection between knowledge and virtue and return us to the appearances and values of the customary and traditional.« Hiley zufolge sind insbesondere Rorty und Wittgenstein Pyrrhonische Skeptiker unserer Zeit, da sie nicht nur philosophische Argumente präsentieren, um das philosophische Wissen auszuzeichnen und zu bereichern, sondern den axiologischen Vorsprung des philosophischen gegenüber dem gewöhnlichen Wissen zurücknehmen wollen.

sein Eindruck, die Idee erfaßt zu haben, was in die Privatsprache zurückführte, sondern dies, daß er imstande ist, seine Erfassung diskursiv (im Platonischen Sinne dialektisch) zu vermitteln. Was als Erfassung gilt und was nicht, darüber entscheidet der Diskurs, so daß auch Intuitionen als solche nur diskursiv bestimmbar sind. Da es keinen Sinn hat, einen propositionalen Gehalt anzunehmen, der nicht behauptet werden kann, weil Propositionen im Diskurs als Behauptungen vorkommen, ist aller propositionale Gehalt immer daran gebunden, assertorisch eingelöst werden zu können, was nur in der apologetischen Dimension des Wissens möglich ist (vgl. oben, 149, 185). Selbst wenn wir wirklich Ideen erfaßten, hälfe uns diese Erfassung nichts, wenn wir nicht imstande wären, auf kritische Nachfrage hin einen diskursiven Nachweis dafür zu erbringen, daß wir nicht bloß *meinen*, eine Idee erfaßt zu haben. Wer sagt, welche Idee er erfaßt hat, bewegt sich bereits im Logos und damit in der Vermittlung.

Während der späte Wittgenstein ausschließlich die semantische Grundlage des Platonismus/Cartesianismus angreift, geht es Sextus freilich darüber hinaus darum, den Nachweis zu erbringen, daß das Platonisch-Aristotelische Streben nach Wissen entgegen der ursprünglichen Annahme nicht zur Eudämonie, sondern zur Unruhe und Unzufriedenheit führt. Dazu muß er zeigen, daß gerade dort, wo Platon und Aristoteles die absolute Einheit vermuteten, nämlich im rein theoretischen Denken, ein Zwist darüber entsteht, was die Einheit ist, die wir im reinen Denken erfassen. Sextus attackiert den Platonismus deshalb nicht bloß als semantische bzw. epistemologische Position, sondern als Lebensform, die ein theoretisch raffiniertes Glücksrezept anbietet. Gelinge es, so Sextus, die basalen theoretischen Operationen der kontemplativen Philosophie zu verwirren, stelle sich unversehens der Effekt ein, daß das Streben nach Wissen zunehmend verschwindet.

Dieselbe Operation wendet Wittgenstein mit seinem Pragmazentrismus gegen Descartes' »Projekt einer reinen Untersuchung«[225] unserer theoretischen Welteinstellung an. Freilich vermeidet es Wittgenstein seit dem *Tractatus*, diese *ethische* Dimension seines Denkens in die Konstruktion seiner Argumente einzubauen.[226] Witt-

[225] Vgl. dazu Williams: *Descartes: The Project of Pure Enquiry.*

[226] Wie wichtig ihm die Ethik aber wirklich war, zeigt sein kleiner *Vortrag über Ethik (Lecture on Ethics)*, der zum ersten Mal 1965 in *The Philosophical Review* (3–12) pu-

gensteins Versuch, »Wesen« und »Intuition« durch »Regel« und »Regelfolgen«, d.h. Theorie durch Praxis zu ersetzen, hängt dabei mit seinen Argumenten für die Unmöglichkeit zusammen, unser Wissen philosophisch zu begründen. Der Grund, auf den wir stoßen, wenn wir das philosophische Fragen an seine äußerste Grenze treiben, ist deswegen nach Wittgenstein keine absolute Einheit, die wir theoretisch erschauen, sondern das menschliche Handeln, das stets Teil einer Tradition, einer Lebensform ist.

Die Begründung aber, die Rechtfertigung der Evidenz kommt zu einem Ende; – das Ende aber ist nicht, daß uns gewisse Sätze unmittelbar als wahr einleuchten, also eine Art Sehen *unsrerseits, sondern unser* Handeln, *welches am Grunde des Sprachspiels liegt.* (ÜG, §204[227])

Wittgensteins Projekt kann man grundsätzlich als Fortschreibung der Tradition des Pyrrhonischen Skeptizismus auffassen. Dieser bezweifelt nicht, daß wir im alltäglichen Sinne des Wortes etwas wissen oder berechtigte Überzeugungen haben können, sondern versucht vielmehr zu zeigen, daß weder das menschliche Wissen noch unsere Rechtfertigungen auf eine philosophische Begründung angewiesen sind.[228] Allerdings schulden uns damit sowohl Sextus als auch Wittgenstein eine Erklärung dafür, wie es zu substantieller, konstruktiver Philosophie, d.h. zu Theorie überhaupt unter den Bedingungen der Praxis kommen konnte. Ohne diese Erklärung wirkt ihr Skeptizismus kraftlos im Angesicht der klassischen Vernunftansprüche, die auch heute noch mit der philosophischen Theorie verbunden werden.

Anhand des Pyrrhonischen Skeptizismus läßt sich das *Grundproblem des Quietismus* besonders deutlich formulieren, das sich einstellte, sobald die Philosophie endgültig zur Ruhe gebracht wor-

---

bliziert worden ist. Es ist auffällig, wie nah Wittgenstein in seinem Vortrag Heidegger kommt, was ihm übrigens selbst bewußt war, wie ein Gespräch mit Moritz Schlick vom 30.12.1929 zeigt: »Ich kann mir wohl denken, was Heidegger mit Sein und Angst meint. Der Mensch hat den Trieb, gegen die Grenzen der Sprache anzurennen. Denken Sie z.B. an das Erstaunen, daß etwas existiert. Das Erstaunen kann nicht in Form einer Frage ausgedrückt werden, und es gibt auch keine Antwort. Alles, was wir sagen mögen, kann a priori nur Unsinn sein. Trotzdem rennen wir gegen die Grenze der Sprache an. Dieses Anrennen hat auch Kierkegaard gesehen und es sogar ganz ähnlich (als Anrennen gegen das Paradoxon) bezeichnet. Dieses Anrennen gegen die Sprache ist die *Ethik.*« (In Waismann: *Ludwig Wittgenstein und der Wiener Kreis,* 68)

[227] Vgl. auch Wittgensteins Faustzitat: »Im Anfang war die Tat.« (ÜG, §402)

[228] Zu dieser Lesart vgl. Williams: »Scepticism without Theory«.

den wäre.[229] Das Problem besteht nicht darin, daß der Quietismus durch argumentative Therapien die Versuchungen des Solipsismus abwenden möchte. Die Frage ist vielmehr, woher die Krankheit »Philosophie« kommt, die er durch reflektiertes Schweigen zu therapieren verspricht. Wenn die Versuchung der Philosophie nämlich in den diskursiven Praktiken des Alltags selbst angelegt ist, hilft es nicht, zu diesen zurückzukehren, da die philosophischen Probleme auf diese Weise perpetuiert würden. Der Quietismus kann also nicht nur die Philosophie therapieren, sondern muß zugleich eine Purgation des Alltags anstreben. Ließe er sich aber darauf ein, eine Theorie darüber anzubieten, welche Elemente des Alltags therapiert werden müssen, böte er selbst eine philosophische Theorie des Alltags an. Damit verstieße er aber gegen sein Anliegen, eine *philosophische* Begründung des Alltäglichen, d.h. alle Ideale, vermeiden zu wollen. Das Heilsversprechen der Therapie krankt also selbst daran, daß es nur theoretisch, als ein Ideal eingelöst werden kann. Der Rückzug in die Praxis führt *nolens volens* zu einer Reformation der Gepflogenheiten, die sich selbst im Akt ihrer Durchführung den Theoriestatus absprechen muß und daher nicht imstande ist anzugeben, wie gelebt werden *soll*, um ihr zu genügen. Sextus zieht sich deshalb einfach auf die »Gebräuche des Vaterlands (τὰ πάτρια ἔθη)« (PH 1.17; M 9.49) zurück, während Wittgenstein freilich versucht hat, die Paradoxie seines therapeutischen Philosophieverständnisses existenziell auszutarieren und der Pluralität möglicher Lebensformen Rechnung zu tragen.

---

229 Der *locus classicus* für den zeitgenössischen Quietismus sind Wittgensteins *Philosophische Untersuchungen*. »Die eigentliche Entdeckung ist die, die mich fähig macht, das Philosophieren abzubrechen, wann ich will. – Die die Philosophie zur Ruhe bringt, so daß sie nicht mehr von Fragen gepeitscht wird, die *sie selbst* in Frage stellen. [...] Es gibt nicht *eine* Methode der Philosophie, wohl aber gibt es Methoden, gleichsam verschiedene Therapien.« (PU, §133) In Wittgensteins Hoffnung, die Philosophie zur Ruhe zu bringen, klingt die skeptische *Ataraxie* an. Nicht zufällig versteht sich der Mediziner Sextus Empiricus auch als Seelenarzt, »der als Philanthrop den Selbstbetrug und die Voreiligkeit der Dogmatiker nach Möglichkeit mit den Mitteln des Denkens heilen (ἰᾶσθαι λόγῳ) will.« (PH 3.280). Zu einer konsequenten therapeutischen Lesart des antiken Skeptizismus vgl. Nussbaum, M.: »Skeptic Purgatives: Therapeutic Arguments in Ancient Skepticism«, in: *Journal of the History of Philosophy* 29 (1991), 521–557; Cohen, A.: »Sextus Empiricus: Classical Skepticism as a Therapy«, in: *Philosophical Forum* 15/4 (1984), 405–424; Voelke, A.-J.: »Soigner par le *logos:* la thérapeutique de Sextus Empiricus«, in: Voelke, A.-J.: *Le scepticisme antique. Perspectives historiques et systématiques.* Actes du Colloque international sur le scepticisme antique, Université de Lausanne, 1–3 juin 1988, Genève/Lausanne/Neuchâtel 1990, 181–194.

Es ist bekannt, daß Sextus ein Grundproblem des Empirismus diskutiert, das man folgendermaßen formulieren kann.[230] Da wir uns hinreichend oft in einer Meinungsverschiedenheit über die Dinge befinden, zu denen wir nur vermittels unserer sensorischen Registraturen Zugang haben, muß angenommen werden, daß wir nicht in einem unmittelbaren Kontakt zu ihnen stehen können. Stünden wir nämlich alle in einem unmittelbaren Kontakt zu den Dingen, die sich uns sinnlich präsentieren, könnte kein Meinungskonflikt aufkommen, weil es keine potentielle bzw. aktuelle Differenz zwischen dem *Sein* der Sache selbst und ihrer Präsentation für uns, d. h. ihrer *Erscheinung* geben könnte. Um die Möglichkeit der Täuschung und damit eines genuinen Meinungskonflikts über die Dinge, die sich uns sinnlich präsentieren, garantieren zu können, muß also angenommen werden, daß es zwei Parteien (Subjekte) geben kann dergestalt, daß sich dieselbe Sache beiden Parteien unterschiedlich präsentiert.

Zwischen den zwei Parteien und den präsentierten Dingen werden Vorstellungen oder Repräsentationen eingeschoben, die bei Sextus mit einem klassischen Ausdruck πάθη (Affektionen/Impressionen) oder φαντασίαι (Vorstellungen) heißen.[231] Was außerhalb der

---

[230] Daraus darf man allerdings nicht darauf schließen, daß Sextus selbst einen Empirismus oder Phänomenalismus begründen wollte. Zu dieser These vgl. Chisholm, R. M.: »Sextus Empiricus and Modern Empiricism«, in: *Philosophy of Science* 8 (1941), 371–384. So auch Stough, C.: *Greek Skepticism: A Study in Epistemology.* Berkeley 1969, bes. 107. Chisholms und Stoughs These, daß der skeptische Phänomenalismus einen erkenntnistheoretischen Phänomenalismus impliziere, ist von Bailey überzeugend zurückgewiesen worden. Siehe Bailey, A.: *Sextus Empiricus and Pyrrhonean Scepticism.* Oxford/New York 2002, bes. 214–255. Daß Sextus eine metaphysikfreie Empirie und damit durchaus so etwas wie »empirische Wissenschaften« an die Stelle der Metaphysik setzen wolle, ist eine alte These, die sich bereits bei Goedeckemeyer findet. Vgl. Goedekkemeyer, A.: *Die Geschichte des griechischen Skeptizismus.* Neudruck der Ausgabe Leipzig 1905, Aalen 1968, bes. 283 ff.

[231] Es ist wichtig festzuhalten, daß Sextus den Ausdruck εἶδος (Form, Struktur) nicht verwendet, da er nicht ohne weiteres repräsentationalistisch interpretiert werden kann. Der klassische Ideenbegriff ist mit einem subjektiven Idealismus inkompatibel, sofern eine klassische Idee niemals irgendetwas ist, was nur ins uns präsent sein und uns die Wirklichkeit gar verstellen könnte. Platons Ideenannahme soll vielmehr das Faktum der Erkennbarkeit der Welt erklären. Dadurch unterscheiden sich Platonische Ideen auch von Lockeschen *ideas,* die nichts anderes als Bewußtseinsgehalte sind. Platonische Ideen sind hingegen weder ausschließlich subjektiv noch objektiv. Sie sind logische, d. h. durch das Denken erfaßbare, und zugleich ontologische Formen der Wirklichkeit selbst. Das Denken vermag die Wirklichkeit zu erfassen, weil die Formen des Denkens die Formen der Wirklichkeit sind. Diese These kann man getrost »objektiven Idealismus« oder auch

Affektionen existiert und diese verursacht (τὸ ἐκτὸς καὶ τοῦ πάθους ποιητικόν [M 7.194]), bezeichnet Sextus im Unterschied dazu grundsätzlich als »das außerhalb [sc. unserer Affektionen] an sich Seiende (bzw. Zugrundeliegende) (τὰ ἐκτὸς ὑποκείμενα)«. Bekanntlich stellt sich unter empiristischen Bedingungen das skeptische Problem ein, garantieren zu müssen, daß nicht *alle* Vorstellungen objektiv gehaltlos sind, was Sextus als »Affektion im Leerlauf (κενοπαθεῖν)« (PH 2.49) bezeichnet. Es muß demnach eine Eigenschaft von Vorstellungen überhaupt gefunden werden, die es unmöglich macht, daß alle Vorstellungen objektiv gehaltlos sind. Eine solche Eigenschaft nennt Sextus in Aufnahme der stoischen Erkenntnistheorie ein »Wahrheitskriterium« (κριτήριον τῆς ἀληθείας).[232] Die epistemologische Funktion des Wahrheitskriteriums besteht einerseits darin zu garantieren, daß es mindestens einige gehaltvolle Vorstellungen gibt, und andererseits darin zu distinguieren, welche Vorstellungen objektiv gehaltvoll sind und welche nicht. Das Wahrheitskriterium der Stoiker ist im allgemeinen die sogenannte »erfassende Vorstellung« (καταληπτικὴ φαντασία), die sich von der »nicht-erfassenden Vorstellung (ἀκατάληπτος φαντασία)« *per definitionem* dadurch unterscheidet, daß sie ein faktiver mentaler Zustand ist. Dies bedeutet, daß daraus, daß S eine erfassende Vorstellung, daß p, hat, folgt, daß p. Zenons berühmte Definition der erfassenden Vorstellung besteht daher darauf, daß derjenige, der eine erfassende Vorstellung hat, stets imstande sein muß zu wissen, daß er eine erfassende Vorstellung hat, da diese durch einen kausalen Prozeß zustande komme, dessen Ursache nur die Sache selbst sein

---

Ideenrealismus nennen, da platonische Ideen an sich dasjenige sind, als was sie sich dem Denken zeigen. Platons Problem ist daher weniger, wie Wissen, sondern vielmehr wie Irrtum (ψεῦδος) möglich ist. Wenn die Formen des Denkens die Formen der Wirklichkeit selbst sind, dann stellt sich nämlich unmittelbar die Frage, wie es möglich ist, daß und wie wir die Wirklichkeit verfehlen können.

232 Zum Problem des Wahrheitskriteriums vgl. den herausragenden und unüberholten Aufsatz von Striker, G.: »ΚΡΙΤΗΡΙΟΝ ΤΗΣ ΑΛΗΘΕΙΑΣ«, in: Dies., *Essays on Hellenistic Epistemology and Ethics*. Cambridge, Ma. 1996, 22–76; vgl. auch dies.: »The Problem of the Criterion«, in: Everson, S. (Hrsg.): *Epistemology*. Companions to Ancient Thought 3, Cambridge 1990, 150–169. Zum systematischen Problem vgl. auch Huby, P./Neal, G. (Hrsg.): *The Criterion of Truth*. Liverpool 1989. Zur Diskussion bei Sextus vgl. Long, A. A.: »Sextus Empiricus on the Criterion of Truth«, in: *Bulletin of the Institute of Classical Studies* 25 (1978), 35–49; Brunschwig, J.: »Sextus Empiricus on the *kriterion*: the Skeptic as Conceptual Legatee«, in: Dillon, J. M./Long, A. A. (Hrsg.): *The Question of ›Eclecticism‹*. Berkeley 1988, 145–175.

könne.[233] Eine erfassende Vorstellung muß sich also intrinsisch von einer nicht-erfassenden Vorstellung unterscheiden lassen. Nun gibt es aber keine *logische* Verknüpfung zwischen Vorstellungen und Weltzuständen derart, daß *a priori* ausgemacht werden kann, welche unserer Vorstellungen erfassend sind und welche nicht. Deshalb geben die Stoiker auch kein weiteres, materiales Wahrheitskriterium an, das zwischen erfassenden und nicht-erfassenden Vorstellungen *a priori* unterscheidet. Sie bestehen darauf, daß wir mit absoluter Gewißheit wissen, wenn wir eine erfassende Vorstellung haben, was Antioch zu einem Vergleich zwischen dem Licht, das sich selbst und das Beleuchtete zeigt, und der erfassenden Vorstellung veranlaßt hat, die sich selbst und ihre Ursache anzeige.[234]

Diese Überlegung gehört aber in den Einzugsbereich des Cartesischen Skeptizismus, wobei sich grob gesagt zwei Wege auftun, die Aporien des Vorstellungsbegriffs zu umgehen, die zur Einführung des Prinzips der Aparallaxie führen (vgl. dazu oben, 159). Die erste, *antirealistische* Strategie, die besonders im nachkantischen Idealismus prominent vertreten worden ist, besteht darin, die Annahme einer potentiell unerkennbaren Welt an sich zu eliminieren, die in unseren Vorstellungen vorgestellt wird.[235] Die andere, *realistische* Strategie versucht, die Vorstellungen zu naturalisieren, indem ge-

---

[233] Die Definition lautet wörtlich: Eine erfassende Vorstellung »wird durch etwas Wirkliches und so, wie das Wirkliche ist, geformt und eingedrückt derart, wie keine Vorstellung möglich ist, die durch etwas Unwirkliches bewirkt wird (ἀπὸ ὑπάρχοντος καὶ κατ' αὐτὸ τὸ ὑπάρχον ἐναπομεμαγμένη καὶ ἐναπεσφραγμένη, ὁποία οὐκ ἂν γένοιτο ἀπὸ μὴ ὑπάρχοντος).« (PH 2.4; M 7.248, 426; D.L. VII 50)

[234] ὥσπερ οὖν τὸ φῶς ἑαυτό τε δείκνυσι καὶ πάντα τὰ ἐν αὐτῷ, οὕτω καὶ ἡ φαντασία, ἀρχηγὸς οὖσα τῆς περὶ τὸ ζῷον εἰδήσεως, φωτὸς δίκην ἑαυτήν τε ἐμφανίζειν ὀφείλει καὶ τοῦ ποιήσαντος αὐτὴν ἐναργοῦς ἐνδεικτικὴ καθεστάναι. (M 7.163)

[235] Einer der Gründe des nachkantischen Idealismus, einen transzendentalen Idealismus ohne Ding an sich zu konstruieren, ist das Problem des Skeptizismus, wie eine programmatische Bemerkung Schellings aus den *Abhandlungen zur Erläuterung des Idealismus der Wissenschaftslehre* zeigt: Es »läßt sich historisch erweisen, daß die erste Quelle alles Skepticismus die Meinung war, es gäbe einen ursprünglichen Gegenstand *außer uns*, dessen Wirkung die Vorstellung sey. Denn die Seele mag sich gegen den Gegenstand völlig leidend oder zum Theil thätig verhalten, so ist gewiß, daß der Eindruck vom Gegenstand verschieden und durch die Receptivität der Seele schon modificirt sein muß. Also muß der Gegenstand, der auf uns wirkt, von dem, den wir anschauen, völlig verschieden seyn. Der gesunde Verstand aber bleibt dem allem zum Trotz unverrückt bei seinem Glauben, der vorgestellte Gegenstand sey zugleich auch der Gegenstand an sich, und der Schulphilosoph selbst vergißt, sobald er ins wirkliche Leben tritt, den ganzen Unterschied zwischen Erscheinungen und Dingen an sich.« (SW, I, 378)

zeigt werden soll, daß es Bedeutung und damit Sprache und Denken nur unter Voraussetzungen gibt, die nicht durch das Denken allein, sondern durch die natürliche Welt gegeben werden, die adäquat durch die besten naturwissenschaftlichen Theorien beschrieben wird.[236] Die antirealistische Strategie entwickelt das Vorgestellte aus der Vorstellung, während die realistische die Vorstellung aus dem Vorstellbaren entwickelt. Dieser Gegensatz, der sich in verschiedenen Fassungen der Debatte um Internalismus und Externalismus erhalten hat, ist freilich nicht neu, sondern wurde im Ausgang der skeptischen Einwände gegen die Transzendentalphilosophie unter dem Titel *Kritizismus* (Antirealismus) gegen *Dogmatismus* (Realismus) diskutiert.[237] Doch bevor diese Debatten angemessen in den Blick genommen werden können, muß ihr skeptischer Ursprung hinreichend deutlich herausgearbeitet werden, damit wir über eine Motivation verfügen, eine bestimmte Lösung des Problems der Vorstellung anzustreben. Sollte sich nämlich herausstellen, daß die Einführung des Vorstellungsbegriffs durch eine Form des Skeptizismus allein motiviert werden kann, fällt die Entscheidung über den Vorstellungsbegriff nicht mehr notwendig in einer bestimmten antiskeptischen Strategie, sei es daß die Vorstellung, sei es daß das Vorstellbare ein explanatorisches Privileg genießt, sondern in der Auseinandersetzung mit der Motivationstheorie des Skeptizismus. Läßt sich also zeigen, daß ein skeptisches Paradoxon für den Vorstellungsbegriff verantwortlich zeichnet und nicht umgekehrt, so ist es sinnvoll, einen Schritt hinter die antiskeptischen Großtheorien zurückzutreten und die Frage nach der Motivation des Vorstellungsbegriffs zu klären.[238]

Der Vorstellungsbegriff verdankt nun seine *prima-facie*-Plausi-

---

[236] Diesen Weg hat insbesondere Quine durch seinen Vorschlag einer naturalisierten Erkenntnistheorie empfohlen. Vgl. natürlich Quine, W. v. O.: »Epistemology Naturalized«, in: Ders.: *Ontological Relativity and Other Essays.* New York 1969, 69–90.

[237] Vgl. dazu insbes. Schellings *Philosophische Briefe über Dogmaticismus und Kriticismus.* Zur Behandlung des Skeptizismus-Problems im nachkantischen Idealismus vor Hegel vgl. die herausragende Studie von Paul Franks: *All or Nothing. Systematicity, Transcendental Arguments, and Skepticism in German Idealism.* Cambridge, Ma. 2005.

[238] Vgl. dazu oben § 6. Der Vorstellungsbegriff läßt sich einerseits durch den Sinnesdatenschluß motivieren und dient in diesem Kontext als eine antiskeptische Strategie, da er erklären soll, wie es möglich ist, daß wir wahre und falsche Vorstellungen von der Welt haben können, indem nämlich Vorstellungen neutrale Präsentationen von etwas überhaupt sind, denen ein extramentales Korrelat entsprechen kann, aber nicht muß. Auf welche Weise der Vorstellungsbegriff jeweils in die Konstruktion einer philosophi-

bilität der Notwendigkeit, die Möglichkeit alternativer Repräsentationen derselben Sache einzuräumen. Das heißt aber, daß es keine logische Verbindung zwischen Vorstellungen und bestimmten Fakten geben kann, die auf einem Prinzip beruht, daß objektiv gehaltlose von gehaltvollen Vorstellungen *a priori* unterscheidet. Gegeben also die Notwendigkeit des Vorstellungsbegriffs, um die Möglichkeit alternativer Repräsentationen zu erklären, so folgt, daß gezeigt werden muß, daß es mindestens einige Vorstellungen gibt, die etwas repräsentieren. In stoischer Terminologie heißt dies, es muß gezeigt werden, daß es mindestens einige erfassende Vorstellungen (καταλήψεις) geben muß. Gelingt dieser Nachweis nicht, steht den Paradoxa des Cartesischen Skeptizismus Tür und Tor offen. Diese werden nämlich auf der Basis des Prinzips der Aparallaxie motiviert, das besagt, daß wir uns jederzeit in einem Zustand befinden könnten, der von unserem vermeintlichen Zustand phänomenal ununterscheidbar ist, allerdings impliziert, daß wir den Wahrheitswert keiner bestimmten Proposition aus einer Klasse von Propositionen ermitteln können, da der phänomenal ununterscheidbare Zustand unter Bedingungen erfüllt ist, die mit unserem Zugang zu der besagten Klasse von Propositionen inkompatibel sind.

Daraus folgt freilich niemals, daß der Cartesische Skeptizismus wahr ist (denn er bezeichnet keine substantielle philosophische Position), sondern nur, daß der Repräsentationalismus inkonsistent ist. Denn er impliziert das generelle Cartesische Paradoxon. Die allgemeine Spielregel in der Auseinandersetzung mit einem Paradoxon besagt, daß jede Auflösung eines Paradoxons mißlingt, die das Paradoxon als ein Argument versteht, dessen Konklusion *faute de mieux* als wahr akzeptiert werden muß, da das Argument aus wahren Prämissen besteht, die zusammengenommen die Konklusion implizieren (vgl. oben, § 6). Wer sich von Zenons Paradoxa davon überzeugen läßt, daß es keine Bewegung, sondern nur ein ewig stillstehendes monistisches Seiendes gibt, hat keine Einsicht gewonnen, sondern zeigt lediglich, daß er über keine hinreichende Lösung des Paradoxons verfügt. Es ist somit ein legitimer Anspruch, den man an jede Erkenntnistheorie adressieren darf, zu vermeiden, daß der Cartesische Skeptizismus zu einem Argument mit dem Effekt gerät, daß

schen Großtheorie integriert wird, hängt davon ab, auf welche Weise das Problem des Cartesischen Skeptizismus angegangen wird.

wir zu keiner substantiellen Annahme berechtigt sind, die über einen Erscheinungsbericht hinausgeht.

Die skeptische Argumentationsstrategie gegen die Stoiker besteht spätestens seit der Zeit des akademischen Skeptikers Karneades darin, einen Cartesischen Skeptizismus aus den stoischen Prämissen abzuleiten. Dabei bedient sich Karneades des klassischen Problems der alternativen Repräsentation, das die antike Wahrnehmungstheorie seit ihren Anfängen begleitet hat.[239] Karneades' Argument geht dabei davon aus, daß zu jeder gehaltvollen Vorstellung mit einer relevanten kausalen Herkunft eine alternative leere Vorstellung erfunden werden kann, die phänomenal ununterscheidbar von der gehaltvollen Vorstellung ist. Dies ist die Bedeutung des *Prinzips der Aparallaxie*. Denn jede gehaltvolle Wahrnehmung könnte etwa auch durch eine perfekte Halluzination simuliert werden. Daraus folgt aber, daß es perfekte Halluzinationen geben könnte, die ununterscheidbar von erfassenden Vorstellungen wären. Dies zeigt wiederum, daß das Wahrheitskriterium der erfassenden Vorstellung ungeeignet ist, da es nicht leistet, was es leisten soll, nämlich zwischen leeren und gehaltvollen Vorstellungen *a priori* zu unterscheiden.[240]

Da Sextus sich gegen alle dogmatischen Ansprüche wendet, muß er zeigen, daß es kein befriedigendes Wahrheitskriterium gibt. Dies heißt nicht, daß er zeigen muß, daß es prinzipiell überhaupt kein befriedigendes Wahrheitskriterium geben *kann*. Dieser Nachweis nämlich wäre ein negativer Dogmatismus, den Sextus *ex hypothesi* nicht vertreten darf, ohne aufzuhören, sich auf skeptischer Erkenntnissuche (ἐπιμονὴ ζητήσεως [PH 1.1]) zu befinden, die niemals in einem positiven Resultat terminieren darf. Das bedeutet aber nicht, daß Sextus keine Argumente gegen bestimmte Fassungen des Wahrheitskriteriums vorträgt, worin der für uns interessanteste Aspekt seines Unternehmens besteht. Es bedeutet lediglich, daß er kein allgemeines destruktives Super-Argument anbieten kann, das auf alle Fassungen des Wahrheitskriteriums überhaupt anwendbar ist. Die Struktur seiner Argumente paßt er daher seinem jeweiligen Gegner an, so daß die Pyrrhonischen Argumente je nach Gegner stärker oder schwächer ausfallen.[241]

---

239 Vgl. dazu Burnyeat: »Conflicting Appearances«, in: *Proceedings of the British Academy* 65 (1979), 69–111.

240 Vgl. Striker: »ΚΡΙΤΗΡΙΟΝ ΤΗΣ ΑΛΗΘΕΙΑΣ«, 53–57.

241 Dies verbirgt sich hinter Sextus' Aussage, daß der Pyrronische Skeptiker bisweilen

Entsprechend konstruiert er eine Reihe von Argumenten gegen den Repräsentationalismus, die mittlerweile kanonisch sind und sich in der einen oder anderen Form auch durch die postcartesische Literatur zum Repräsentationalismus ziehen. Sextus operiert dabei in aller wünschenswerten Deutlichkeit mit dem Außenweltproblem, das eine Folge des empiristischen Vorstellungsbegriffs ist, der zwischen das Bewußtsein und die Welt eine vermittelnde Welt der Vorstellungen, Impressionen bzw. Ideen *(ideas)* einschiebt, was entgegen geläufiger Vorurteile keine moderne Erfindung ist, sondern sich bereits in der Antike findet.[242] Man sehe sich etwa folgende Passage aus Sextus' Diskussion des stoischen Vorstellungsbegriffs an, die in voller Länge zitiert zu werden verdient.

Selbst wenn wir einräumen, daß es eine erfassende Vorstellung gibt, kann man aus ihr nicht die Dinge [τὰ πράγματα] *beurteilen. Denn nicht durch sich selbst erfaßt sie die externen Dinge* [τὰ ἐκτὸς ὑποκείμενα] *und stellt sie vor, wie sie* [sc. die Stoiker; M. G.] *selbst sagen, sondern durch die Sinne. Die Sinne erfassen aber nicht die Außendinge, sondern nur, wenn überhaupt, ihre eigenen Affektionen* [τὰ ἑαυτῶν πάθη]. *Die Vorstellung ist demnach Vorstellung der Affektion eines Sinnes, was sich von dem externen Ding unterscheidet. So ist der Honig nämlich nicht dasselbe wie der Zustand der Süße, in dem ich mich befinde, und die Galle nicht dasselbe wie der Zustand der Bitterkeit, in dem ich mich befinde. Wenn es aber einen Unterschied zwischen der Affektion und dem externen Ding gibt, dann ist die Vorstellung nicht Vorstellung des externen Dings, sondern von irgendetwas, das sich von ihm unterscheidet. Wenn das Denken nun die Vorstellung zum Maßstab nimmt, urteilt es schlecht und nicht gemäß dem externen Ding.* (PH 2.72 f.[243])

---

offenkundig schwache Argumente vortrage, da diese hinreichten, um schwache Positionen in Frage zu stellen (vgl. PH 3.280 f.).

242 Zur bereits stoischen Subjektivierung des Ideenbegriffs vgl. etwa SVF, I, 65: »Sie sagen, daß die Inhalte des Denkens weder irgendetwas Bestimmtes noch Qualia seien, sondern gleichsam irgendetwas Bestimmtes und gleichsam qualitative Vorstellungen der Seele. Diese wurden von den Alten »Ideen« genannt. Die Stoiker sagen seit Zenon, daß die Ideen unsere Vorstellungen seien (τὰ ἐννοήματά φασι μήτε τινὰ εἶναι μήτε ποιά, ὡσανεὶ δέ τινα καὶ ὡσανεὶ ποιὰ φαντάσματα ψυχῆς ταῦτα δὲ ὑπὸ τῶν ἀρχαίων ἰδέας προσαγορεύεσθαι. […] οἱ ἀπὸ Ζήνωνος Στωικοὶ ἐννοήματα ἡμέτερα τὰς ἰδέας ἔφασαν).« Zum Außenweltproblem in der Antike vgl. meine Ausführungen in *Skeptizismus und Idealismus in der Antike* (Frankfurt/Main 2009).

243 Vgl. auch M 7.357, 383 ff. u. ö. Es ist bemerkenswert, daß Sextus nicht nur aus dem mentalen Repräsentationalismus der Stoiker, sondern auch aus dem Unterschied von primären und sekundären Qualitäten, der dem antiken Atomismus bereits geläufig war, skeptische Konsequenzen zieht. Insbesondere Demokrit schreibt Sextus die These zu, »daß das Wahrnehmbare nicht einmal an ihm selbst ein Anzeichen seiner selbst sei.

Akzeptiert man die repräsentationalistische Prämisse, daß wir niemals über Dinge, sondern stets nur über unsere Vorstellungen der Dinge urteilen können, da die Vorstellungen zwischen uns und den Dingen vermitteln, ist uns unmittelbar die Ausflucht verwehrt, eine Ähnlichkeitsbeziehung (ὁμοίωσις) zwischen den Vorstellungen und den Dingen an sich annehmen zu können.[244] Denn woher soll das einsam urteilende Subjekt wissen, daß tatsächlich eine solche Beziehung besteht, wenn es wirklich nicht aus den Vorstellungen heraustreten kann, um sie mit demjenigen zu vergleichen, was in den Vorstellungen vorgestellt wird (vgl. PH 2.74)?

Ein Ausweg könnte darin bestehen, eine Ähnlichkeitsbeziehung nach dem Modell eines Schlusses auf die beste Erklärung *(inference to the best explanation)* zu *postulieren,* um erklären zu können, wie Vorstellungen überhaupt Vorstellungen *von etwas* sein können, was Wilfrid Sellars »hypothetisch-deduktiven Realismus« *(Hypothetico-Deductive Realism)* genannt hat.[245] Das Grundproblem des hypothe-

---

Denn von denjenigen, die sich mit dem Wahrnehmbaren beschäftigt haben, haben einige, wie wir oftmals gezeigt haben, gesagt, daß dieses von der Wahrnehmung nicht so erfaßt werde, wie es an ihm selbst ist [οἷόν ἐστι φύσει]. Weder nämlich sei es weiß noch schwarz, weder warm noch kalt, weder süß noch bitter, oder habe sonst eine solche Qualität. Unsere Wahrnehmung hat also einen leeren Eindruck [solcher Qualitäten; M. G.] und geht in die Irre, wenn sie glaubt, daß dergleichen [solche Qualitäten; M. G.] an sich existieren.« (M 8.213; vgl. M 7.135; PH 1.213 f.) Es ist also falsch anzunehmen, der Konflikt zwischen dem *manifest image* und dem *scientific image* der Welt sei ein modernes Produkt. Die antike Philosophie rechnet vielmehr stets damit, daß die Wirklichkeit radikal anders sein könnte, als sie uns erscheint, wobei es wichtig ist festzuhalten, daß sie außer im Skeptizismus damit rechnet, daß die Wirklichkeit uns im Denken aufgeschlossen werden kann.

[244] Die lateinische Übersetzung von ὁμοίωσις ist *adaequatio.* Man sieht hier, daß Sextus' Argumente gegen die Vorstellung von Wahrheit als einer dyadischen Relation zwischen dem Subjektiven und dem Objektiven gerichtet sind, insofern letzteres als eine Außenwelt verstanden wird, zu der wir nur vermittels unserer mentalen Repräsentationen Zugang haben können. Freilich ist die Annahme einer Kausal- oder Ähnlichkeitsbeziehung zwischen Repräsentation und Repräsentat nicht die einzige Möglichkeit, den Vorstellungsbegriff zu interpretieren. Eine andere Möglichkeit ist die Aristotelische Annahme einer Quasi-Identität, der zufolge die Repräsentation dasselbe wie das Repräsentat, nur in einer anderen, nämlich immateriellen Seinsweise ist. Was dabei dasselbe ist, ist das εἶδος, das materiell und immateriell realisiert sein kann. Bekanntlich ist es bei Aristoteles die Aufgabe der Einbildungskraft (φαντασία), die Formen der materiellen Wirklichkeit in die immaterielle Seinsweise aufzunehmen. Vgl. *De an.* 430a3–5; 432a10. Daran sieht man, daß der Begriff des εἶδος nicht unvermittelt mit denselben skeptischen Argumenten attackiert werden kann wie der Begriff des kausal gewirkten Sinneseindrucks (πάθος).

[245] Sellars, W.: »Phenomenalism«, in: Ders.: *Science, Perception and Reality.* Atascadero

tisch-deduktiven Realismus liegt darin, daß er die Annahme einer an sich bestehenden Außenwelt kausal miteinander interagierender *res extensae* zu einer *Hypothese* erklärt. Darauf läßt sich besonders leicht mit einer skeptischen Alternative kontern, die darauf aufmerksam macht, daß kein Schluß auf die beste Erklärung der natürlichen Gewißheit gerecht wird, die den Schluß auf die beste Erklärung motiviert.[246] Außerdem ist die beste Erklärung *für uns* nicht notwendig die beste Erklärung *an sich*, zumal wenn man sie selbst als eine falsi-

---

²1991, 60–105, bes. 85 f. Sellars charakterisiert den hypothetisch-deduktiven Realismus folgendermaßen: »Just as it is reasonable to suppose that there are molecules although we don't *perceive* them, because the hypothesis that there are such things enables us to explain why perceptible things (e. g. balloons) behave as they do, so [...] it is reasonable to suppose that physical objects exist although we do not *directly perceive* them, because the hypothesis that there are such things enables us to understand why our sense contents occur in the order in which they do.« (ebd., 85) Zur antiskeptischen Strategie eines Schlusses auf die beste Erklärung vgl. Vogel, J.: »Cartesian Skepticism and Inference to the Best Explanation«, in: *The Journal of Philosophy* 87 (1990), 658–666. Vogel unterscheidet verschiedene Strategien, die Annahme einer Außenwelt als beste Erklärung des kausalen Verhaltens der Erfahrungen auszuweisen, indem er versucht, allgemeine Kriterien anzuführen, welche die axiologische Gradation von Erklärungen ermöglichen. Seine antiskeptische Strategie besteht entsprechend darin, skeptische Hypothesen als schlechtere Theorien der Kausalität gegenüber der nicht-skeptischen Annahme einer kausal-nomologisch geschlossenen Dingwelt auszuweisen. Vogel behauptet dabei, daß die Annahme einer Dingwelt *(real-world hypothesis)* einen explanatorischen Vorsprung vor skeptischen Alternativen habe, den er darin sieht, daß skeptische Alternativen »gekünstelt und übermäßig indirekt« *(contrived and unduly indirect)* seien (ebd., 666). Daraus folgt umgekehrt, daß die Annahme einer Dingwelt weder gekünstelt noch übermäßig indirekt sein darf, was aber nicht der Fall ist, da auch die Annahme einer Dingwelt bereits eine philosophisch alles andere als unbelastete Annahme ist. Die naive Einzeldingontologie (vgl. oben, § 3) ist ebenfalls keine natürliche Annahme unserer naiven Welteinstellung. Die scheinbar natürliche und unmittelbar einleuchtende Annahme einer Dingwelt ist keineswegs so naiv, wie die meisten ihrer Vertreter glauben machen möchten. Das sieht man im übrigen daran, daß sie von der Naturwissenschaft in Frage gestellt wird. Die vermeintlich beste kausale Erklärung der Erscheinungen, d. h. die beste physikalische Theorie der Welt, ist mit der Annahme einer Dingwelt, in der es Tische, Stühle und Katzen gibt, tendenziell inkompatibel. Die wissenschaftliche Methode eines Schlusses auf die beste Erklärung kann aus diesem Grunde nicht für die Rechtfertigung einer scheinbar natürlichen (naiven) Annahme herangezogen werden, was Wasser auf des Skeptikers Mühlen ist.

[246] Im Ausgang von Hume und Kant stellt sich freilich neben dem Hypothesen-Problem auch noch die Frage, wie es möglich sein soll, die Annahme einer kausal auf uns einwirkenden Außenwelt als Resultat eines Schlusses aufzufassen. Vgl. dazu Kerns Argumente gegen jede inferentialistische Wahrnehmungstheorie, die annimmt, daß ein Schluß *sotto voce* notwendig ist, um zu erklären, wie wir Wahrnehmungswissen haben können: *Quellen des Wissens*, 136–140.

fizierbare Hypothese einführt. Selbst wenn es die beste Erklärung wäre, die uns zur Verfügung steht, mit einer kausal aktiven Dingwelt zu rechnen, die unsere Vorstellungen *qua* Affektionen unserer Sinnlichkeit bewirkt, bedeutete dies nicht, daß die Erklärung beschreibt, was der Fall ist. Darüber hinaus wird sie nicht jeder für die beste Erklärung halten, insbesondere diejenigen nicht, die etwa aus religiösen Überzeugungen die Welt ohnehin für ein Simulakrum halten.

Wer annimmt, daß die Außenwelt eine Hypothese ist, deren Plausibilität durch Argumente gestärkt oder geschwächt werden kann, weil sie *a limine* nur durch einen Schluß von den Erscheinungen auf ihr Sein begründet werden kann, der die Form eines Schlusses auf die beste Erklärung hat, opfert dem Cartesischen Skeptizismus die Überzeugung, daß wir uns mit wahren Urteilen direkt auf die Welt beziehen. Darüber hinaus gibt es ein einfaches probabilistisches Argument gegen den hypothetisch-deduktiven Realismus. Dieser akzeptiert nämlich, daß die Wahrscheinlichkeit der Außenwelthypothese (AH) durch die Akkumulation phänomenaler Daten (d. h. durch Erfahrung) erhöht wird. Leider erhöht sich aber nicht nur die Wahrscheinlichkeit von AH durch die Akkumulation phänomenaler Daten, sondern gleichzeitig auch die Wahrscheinlichkeit jeder skeptischen Hypothese.

Ein Beispiel kann dies leicht illustrieren. Angenommen etwa, Gilles verläßt eines Morgens seine Wohnung in Paris und stellt fest, daß der Boden naß ist. Mithilfe eines Schlusses auf die beste Erklärung formuliert er die Hypothese, daß es in der Nacht geregnet hat, zumal Wolken am Himmel zu sehen sind und die Jahreszeit mit häufigen Regenfällen rechnen läßt. Derselbe phänomenale Bestand ist aber auch mit der Hypothese vereinbar, daß in der vorigen Nacht eine Regenszene in einem Liebesfilm vor seinem Haus gedreht worden ist und der nasse Boden sich also keinem Naturereignis verdankt. Die Wahrscheinlichkeit *beider* Hypothesen steigt durch die phämonenalen Daten, so daß auf diese Weise nicht ausgemacht werden kann, daß Gilles zu der Annahme berechtigt ist, daß es geregnet hat und daß mithin keine künstliche Regenszene vor seinem Haus gedreht worden ist. Sollte unsere epistemische Welteinstellung mit Gilles' Einstellung zu den phänomenalen Daten der nassen Straße, seines Hintergrundwissens über Jahreszeiten sowie über den bewölkten Himmel vergleichbar sein, befänden wir uns in einer mißlichen Lage, sobald uns der Cartesische Skeptizismus vorgeführt würde, da alles dasjenige, was für die Annahme einer extramentalen Dingwelt spricht, zugleich auch gegen sie spricht. Optiert man für die Strategie eines hypothetisch-deduktiven Realismus, erzeugt man demnach eine skeptische Aporie, indem man die Annahme einer Dingwelt, die in den Vorstellungen vorgestellt wird, *bon gré mal gré* zu einer bloßen Hypothese zusammenschrumpfen läßt, zu der sich alsbald mit ein wenig Phantasie Alternativen ersinnen lassen. Auf diese Weise liefert man sich folglich schutzlos dem Cartesischen Skeptizismus aus.

Der naheliegende Versuch, *gewöhnliche* Hypothesen von *skeptischen* Hypothesen zu unterscheiden, gelingt auch nicht, da man einen Cartesischen Skeptizismus auch mit gewöhnlichen Hypothesen formulieren kann. Es gibt nämlich gewöhnliche skeptische Hypothesen.[247] Eine Graduierung der Bedrohlichkeit skeptischer Hypothesen mag zwar psychohygienisch hilfreich sein, ist aber epistemologisch irrelevant. Ein Beispiel gibt uns der Film *The Truman Show* an die Hand. Der Protagonist des Films lebt in einer amerikanischen Kleinstadt und führt ein ganz normales Leben. Ohne es zu wissen, spielt sein Leben aber in einer Fernsehsendung, in die er hineingeboren worden ist. Alle Menschen, denen er begegnet, sind Schauspieler, die nur für einen szenischen Moment in sein von ihm und von ihm allein für wirklich gehaltenes Leben treten, um seine Illusion zu nähren. Da alle anderen Menschen Schauspieler sind, wird auch Truman *nolens volens* zum Schauspieler, da er von allen anderen eine Rolle zugewiesen bekommt. Truman selbst, dessen Name wohl anzeigt, daß die *conditio humana*, der wahre Mensch (true man), im Film porträtiert wird, der immer nur in seinen Beschränkungen lebt, kommt aus seiner Illusion nicht heraus, da die Inszenierung ihm weismacht, daß es keinen Anlaß gibt, seine enge Welt zu verlassen. Es würde zwar bereits genügen, den Versuch zu unternehmen, in den Nachbarort zu reisen, um festzustellen, daß es gar keinen Nachbarort in Trumans eng gezogener Studiowelt gibt. Da die Welt, in der Truman lebt, ihm aber alles bietet, was er sich wünschen kann und da seine Wünsche durch das Fernsehteam psychologisch konditioniert worden sind, das ihm alle Informationen vorspielt, über die er verfügt und verfügen möchte, kommt er aus eigener Überlegung nicht aus ihr hinaus.

In der Tat würden wir es für eine paranoide Einstellung halten,

---

[247] Vgl. oben §6 zur Beliebigkeit der konkreten Hypothesen für die Formulierung des generellen Cartesischen Paradoxons.

wenn wir uns jederzeit fragten, ob wir in einer *Truman-Situation* lebten. Wer sich etwa ernsthaft fragt, ob alle Personen um ihn herum geschickt verkleidete Außerirdische sind, die für eine außerirdische Fernsehagentur arbeiten, ist mit Sicherheit von Sinnen. Die Truman-Show ist also eine skeptische Hypothese, die aber mit gewöhnlichen Mitteln operiert, indem sie nicht prinzipiell, sondern schwach kontingent evidenz-transzendent ist.[248] Nun werden alle Informationen, die Trumans Theorien erster Ordnung darüber, wie die Welt ist, in seinen Augen bestätigen, von der an sich besten Erklärung impliziert, daß Truman in der Truman-Show lebt, obwohl diese Erklärung aus der Perspektive Trumans ebensowenig die für ihn beste ist wie für uns die Annahme, daß wir Gehirne im Tank sind. Solange keine *objektive* Wahrscheinlichkeit zur Verfügung steht, die von unseren *subjektiven* Wahrscheinlichkeitsüberlegungen unterschieden werden kann, hilft es also nicht weiter, sich auf die Wahrscheinlichkeit der Außenwelthypothese zu berufen. Cartesische skeptische Szenarien führen aber dazu, daß wir in die Not versetzt werden, diesen Unterschied nicht ohne *petitio principii* gegen den Cartesischen Skeptizismus namhaft machen zu können. Folglich ist der Unterschied einer objektiven von einer subjektiven Wahrscheinlichkeit als antiskeptische Strategie nicht verfügbar, da wir niemals in der Position sein können, gewöhnliche skeptische Szenarien *a priori* auszuschließen (daß wir uns bspw. inmitten irgendeiner Weltverschwörung befinden), so daß die meisten oder alle unsere Überzeugungen falsch wären. Der Cartesische Skeptizismus belehrt uns zugleich darüber, daß wir keine guten Gründe dafür haben, ein beliebiges skeptisches Szenario für wahr zu halten. Wer nämlich *ein* skeptisches Szenario grundlos für wahr hält, ist dadurch verpflichtet, *alle* skeptischen Szenarien für wahr zu halten, was unmöglich ist, weil einige inkompatibel sind (vgl. oben, § 6). Überzeugt uns der Cartesische Skeptizismus demnach davon, daß die Außenwelt eine Hypothese ist, verstricken wir uns bei dem Versuch, aus dem Skeptizismus herauszukommen, in eine *petitio principii,* wenn wir Gründe für die Behauptung suchen, daß die Außenwelthypothese besser als alle anderen Hypothesen ist. Denn die Qualität einer Hypothese kann nur an unserer Informationsverarbeitung bemessen werden, die aber ihrerseits im Angesicht des Skeptizismus nicht einfach für zuverlässig gehalten werden darf.

---

248 Zu dieser Distinktion, s. o., 118.

Sellars selbst versucht dagegen, einen wissenschaftlichen Realismus zu entwerfen, der uns zur Einwilligung in die Existenz einer Außenwelt zwingt, da seiner Theorie zufolge unsere Sinnlichkeit in einem nicht-inferentiellen, d. h. eben nicht-theoretischen Kontakt mit der Welt steht. Unsere Begrifflichkeit komme erst dann ins Spiel, wenn wir über unsere Sinnlichkeit *sprechen*. Unser kausaler Weltkontakt gehört demzufolge der kausal-nomologisch beschreibbaren natürlichen Ordnung an, die aber in unseren Beschreibungen dieser Ordnung für uns immer nur im logischen Raum der Gründe thematisierbar ist.[249] Was wir beschreiben, divergiert insofern von unserer Beschreibung, so daß wir nach Sellars auf der einen Seite eine kausal affizierte Sinnlichkeit haben, die nicht inferentiell, sondern kausal mit der Außenwelt zusammentrifft, während wir auf der anderen Seite den logischen Raum der Gründe haben, in dem es Schlüsse gibt, auf die wir normativ verpflichtet sein können.

Sellars weitert den Unterschied zwischen *Ursachen* und *Gründen* auf diese Weise zu einem Dualismus von Natur und Geist aus. Damit handelt er sich aber das Problem ein zu erklären, wie wir von einer Natur wissen können, die eine rein natürliche Ordnung darstellt, in der es nur ein Sein und kein Sollen gibt, obwohl unser Wissen von dieser Ordnung *qua* Wissen bereits eine Normativität ins Spiel bringt, die voraussetzt, daß unser Wissen fallibel sein können muß. Denn unser Wissen um die Existenz und Funktionsweise der natürlichen Ordnung kann nach Sellars nicht *a priori* sein, sondern kann allein in den Naturwissenschaften erworben und erweitert werden. Sellars' Metaphysik unterscheidet sich ja mindestens dadurch von den naturphilosophischen Projekten des Deutschen Idealismus, daß er die natürliche Ordnung nicht als eine notwendige Funktion des logischen Raums der Gründe versteht, die zur Erklärung des Programms einer Selbstvermittlung des Geistes angenommen werden muß. Vereinfacht gesagt nehmen sowohl Schelling als auch Hegel an, daß die Natur das Andere des Geistes ist, das aber bereits auf den Geist bezogen ist und aus diesem Grunde die natürliche Teleologie aufweist, sich im Geist durchsichtig zu werden.[250] Denn das Andere des Geistes wird vom Geist als *sein* Anderes gedacht und steht daher in einer Beziehung zum Geist, der diese Beziehung annehmen

---

[249] Vgl. Sellars: *Empiricism and the Philosophy of Mind*, 64.

[250] Vgl. dazu die Studie von Hoffmann, Th. S.: *Philosophische Physiologie*. Stuttgart-Bad Cannstatt 2003.

muß, um so etwas wie seinem epistemischen Kontakt zur natürlichen Ordnung überhaupt Rechnung zu tragen. Diese Annahme ist aber nicht selbst natürlich, indem sie uns nicht von der Natur *in propria persona* empfohlen werden kann. Die Natur kann nämlich *per definitionem* keine Gründe geben und somit auch keine Gründe dafür, daß sie keine Gründe geben, sondern nur Ursachen und Wirkungen produzieren kann. Die objektiv-idealistische Annahme einer Natur, die im Geist zu sich selbst kommt, wird dann plausibel, wenn man einräumt, daß wir uns als denkende Wesen (und als solche verhalten wir uns im Philosophieren) niemals kausal, sondern stets nur inferentiell und damit normativ verhalten. Daraus ersieht man, daß der reduktive Naturalismus der natürlichen Ordnung selbst eine Theorie ist und uns nicht von der Natur aufgezwungen werden kann, zu der wir keinen natürlichen, sondern stets nur einen theoretischen Zugang haben können. Mit anderen Worten bewegt sich die Distinktion von Natur und Geist (Theorie) im Medium des Geistes. Wenn das Medium des Geistes aber durch die Normativität des Spiels des Gebens und Verlanges von Gründen charakterisiert ist, dann ist die Distinktion von Natur und Geist eine fallible Annahme, die eine diskursive Operation voraussetzt, die ihrerseits *qua* Diskurs durch kontingente Angeln konstitutiert ist.

Unseren naiven Weltzugang büßen wir also jedenfalls dann ein, wenn wir im Kontext der Philosophie Gründe dafür anzugeben suchen, daß der wissenschaftliche Realismus über den Cartesischen Skeptizismus triumphieren kann. Dialektisch gesprochen muß man daher darauf bestehen, daß die Unmittelbarkeit selbst nicht unmittelbar, sondern vermittelt ist. Dem entspricht die gängige Beobachtung, daß der Begriff des Gegebenen selbst nicht gegeben ist. Das Gegebene ist eine theoretische Konstruktion, ein Postulat. Wenn das Gegebene z. B. sinnesdatentheoretisch expliziert wird, ergibt sich das bekannte Dilemma, daß man Sinnesdaten entweder durch eine infallible Introspektion entdecken können muß oder damit rechnet, daß sie gegeben werden können, obwohl sie selbst theoretische Konstruktionen sind.[251] Der reduktive Naturalismus ist selbst kein natür-

[251] So auch Williams: *Groundless Belief*, 48: »The upshot of this is that the sense-datum theorist is caught in a dilemma. The view that sense-data are simply discovered by introspecting one's perceptual consciousness is highly implausible. But the alternative view – that they are postulated theoretical entities – seems to conflict with the requirement that they be *given*.«

liches Ereignis, sondern ein Reflexionsprodukt und verdient daher als solches durchsichtig gemacht zu werden. Ansonsten droht ein »intransparenter Objektivismus«[252], der seine eigene reflexive Operation hypostasiert und an die Stelle seiner totalisierenden Abstraktion die ontologische Fiktion einer Totalität rein kausaler Dinge setzt.

Ein anderer von Sextus *in extenso* attackierter Ausweg versucht, den Vorstellungsbegriff so anzureichern, daß die Vorstellungen als zuverlässige Indikatoren oder Anzeichen (ἐνδεικτικὰ σημεῖα) einer Dingwelt interpretiert werden (vgl. PH 2.100–133). Nun besteht die *raison d'être* des Vorstellungsbegriffs aber genau darin, Raum zu schaffen für die Möglichkeit der Täuschung und damit für die Möglichkeit einer genuinen Meinungsverschiedenheit. Das heißt wiederum, daß nicht allen Vorstellungen objektive Realität zukommen kann, so daß sich das Problem ergibt, wie man zwischen gehaltvollen *Vorstellungen (representational success)* und leeren *Vorstellungsabsichten (representational purport)* unterscheiden kann.[253] Der Vorstellungsbegriff büßte seinen Zweck ein, wenn *alle* Vorstellungen gehaltvoll wären. Demnach muß es einige korrekte und einige inkorrekte Vorstellungen geben, zwischen denen unterschieden können werden muß, wenn anders man sich nicht erneut dem Cartesischen Skeptizismus ausliefern will. Doch wie soll man den Unterschied zwischen gehaltvollen und leeren Vorstellungen treffen, ohne aus den Vorstellungen heraustreten und sie mit den Dingen an sich vergleichen zu können? Wie kann man überhaupt gerechtfertigt behaupten, daß Vorstellungen Indikatoren von Dingen an sich sein können, wenn es *ex hypothesi* keinen unmittelbaren Zugriff auf die Dinge an sich geben kann?

Sextus bringt das Problem auf die folgende Struktur (vgl. M 8.162–170): Wenn die Vorstellung wirklich ein Anzeichen des Vorgestellten ist, das unabhängig von der Vorstellung, d. h. an sich bestehen soll, dann ergibt sich die Aporie, daß wir annehmen müssen, daß wir (1) entweder allein aus dem Anzeichen wissen können, daß es etwas anzeigt oder (2) das Anzeichen zugleich mit dem Angezeigten erfassen können müssen oder (3) das Anzeichen erst nach dem

[252] Hogrebe: *Die Wirklichkeit des Denkens*, 30, 33.

[253] Ich schließe mich hier allgemein an Brandoms Analyse des Repräsentationalismus an. Wie Brandom gehe ich davon aus, daß es das erste Anliegen des Repräsentationalismus sein muß, den Unterschied zwischen *representational purport* und *representational success* erklären zu können. Vgl. Brandom: *Making it Explicit*, 72.

Angezeigten erfassen können. Nun ist »Anzeichen« ein Relationsbegriff, weil Anzeichen immer Anzeichen von etwas sind, das sie anzeigen. Es gibt keine Anzeichen, die nichts anzeigen. (1) Wenn wir aus dem Anzeichen allein wissen können, daß es etwas anzeigt, können wir das Anzeichen aber unabhängig oder vor dem Angezeigten erfassen, um aus dem Anzeichen auf das Angezeigte zu schließen, was unmöglich ist, da wir das Anzeichen nur als Anzeichen auffassen können, wenn wir zugleich ein Angezeigtes erfassen. (2) Wenn wir Anzeichen und Angezeigtes aber zugleich erfassen, dann hilft es nicht, uns auf das Anzeichen zu verlassen, um einen Zugang zum Angezeigten zu finden. (3) hingegen ist ohnehin absurd, da wir ja nicht das Anzeichen durch das Angezeigte, sondern umgekehrt erfassen wollen. Es ist also unsinnig, die Vorstellungswelt als ein Anzeichen einer vorstellbaren Welt aufzufassen, da auf diese Weise die Welt an sich bereits erfaßt würde, was aber ausgeschlossen sein soll, da eine potentielle Divergenz zwischen Vorstellung und Vorstellbarem aufrechterhalten werden muß, um die Möglichkeit des Irrtums zu erklären, was allererst zur Einführung des Vorstellungsbegriffs geführt hat.

Sollte es möglich sein, ohne Rekurs auf eine bestimmte Vorstellung den Unterschied zwischen objektiv leeren und gehaltvollen Vorstellungen zu treffen, dann wäre es möglich, ohne Vermittlung von Vorstellungen über Dinge an sich zu sprechen, was der ursprünglichen Annahme widerspräche. Wenn man aber eine bestimmte, vermeintlich gehaltvolle Vorstellung zum Maßstab nimmt, setzt man entweder voraus, daß die gewählte Vorstellung gehaltvoll ist, was einer simplen *petitio principii* gleichkommt; oder man gewinnt keinen Boden unter den Füßen, da man die vermeintlich paradigmatische Vorstellung wiederum vorerst und ohne Rekurs auf Vorstellungen evaluieren müßte. Es scheint also unmöglich zu sein, allein durch Vorstellungen aus den Vorstellungen herauszukommen. Bedient man sich aber des Denkens, um bspw. zu beweisen, daß es mindestens einige gehaltvolle Vorstellungen geben muß, damit es überhaupt Vorstellungen geben kann, nimmt man entweder an, daß das Denken einen Zugriff auf die Dinge an sich hat, welcher der Sinnlichkeit verwehrt ist. Oder man strengt das Denken an, um eine repräsentationalistische Theorie zu entwerfen, die Argumente *a priori* dahingehend etablieren soll, daß es mindestens einige gehaltvolle Vorstellungen geben muß. Auf diese Weise reduziert man die alltäglich gelingende Repräsentation wiederum auf eine *Theorie* der

Repräsentation, zu der sich mit geringem Erfindergeist skeptische Alternativen ersinnen lassen. Die vermeintliche Unmittelbarkeit der sinnlichen Gewißheit löst sich folglich entweder in eine Gewißheit des Denkens oder in eine Theorie der Repräsentation auf, die unglücklicherweise anfällig für den Cartesischen Skeptizismus ist.

Freilich kann man transzendentale Argumente konstruieren, die zeigen sollen, daß es Vorstellungen überhaupt nur so geben kann, daß mindestens einige oder gar der größte Teil gehaltvoll sind. Diesen Weg hat etwa Kant mit seiner *Widerlegung des Idealismus* in der *Kritik der reinen Vernunft* und der dabei im Hintergrund stehenden Analyse der Objektivitätsbedingungen von Vorstellungen eingeschlagen (vgl. dazu oben, § 1–4). Kant untersucht dabei nicht lediglich, auf welche Weise unsere Vorstellungen von etwas *de facto* gehaltvoll sind, sondern wie es möglich ist, daß sie überhaupt gehaltvoll sein können.[254] Im Unterschied zu Descartes geht es ihm nicht mehr um die Wahrheit der Vorstellungen, sondern prinzipieller: um ihre Wahrheits*fähigkeit*. Demnach geht es bei Kant primär nicht mehr um die Frage, wie wir *a priori* sicherstellen können, daß eine hinreichend große Menge unserer Überzeugungen über die Welt *de facto wahr* ist. Vielmehr geht es an erster Stelle darum zu garantieren, daß unsere Überzeugungen überhaupt *de iure* wahrheits*fähig* in dem Sinne sind, daß sie sich auf Gegenstände so beziehen können, *als ob* sie von dieser Beziehung unabhängig wären. Die Kantische Problematik fragt demnach nach den Bedingungen der Wahrheits*fähigkeit* unserer Vorstellungen: Wie können sich Vorstellungen und mithin Überzeugungen überhaupt auch nur auf etwas richten, was von diesen potentiell unabhängig ist.

Für Descartes scheint es zumindest kein Problem darzustellen, daß er sich als denkendes Wesen auf sich selbst als denkendes Wesen richten kann. Die Selbstreferenz des Denkens garantiert dem berühmten *Cogito* zufolge gar ihre eigene Wahrheit. Diese Operation

---

[254] Darin sieht James Conant zu Recht die Möglichkeit angelegt, einen genuin Kantischen Skeptizismus zu konstruieren, der die Möglichkeitsbedingungen von Gehalt/Bedeutung überhaupt attackiert und nicht, wie Descartes selbst, den Gehalt unserer Vorstellungen stabil sein läßt und ihn lediglich seiner vermeintlichen weltlichen Herkunft beraubt. Vgl. Conant: »Varieties of Scepticism«. Daher ist nach Conant »Kripkensteins« Regelskeptizismus ein anderes skeptisches Genus als der Cartesische Skeptizismus, da er die Möglichkeit von Bedeutung und damit von propositionalem Gehalt unserer Vorstellungen (bzw. unserer Äußerungen) schlechthin in Frage stellt.

setzt voraus, daß es eine epistemische Asymmetrie zwischen Überzeugungen über die Welt und Überzeugungen über unsere mentalen Zustände gibt. Wenn ich auch nicht ohne weiteres wissen kann, ob die Vorstellung eines Gegenstandes, sagen wir eines Tisches, wirklich die Repräsentation genau desjenigen Gegenstandes ist, den sie mir präsentiert, so kann ich mir doch immerhin gewiß sein, daß ich eine Vorstellung habe, die mir einen Tisch präsentiert. Diese Präsentation verbürgt nicht, daß sie eine *Re*präsentation ist. Doch wie steht es um die Repräsentation des Denkenden selbst? Wenn der Denkende eine Substanz ist, wie Descartes annimmt, wie kann ich dann sicher sein, daß ich mich auf eine denkende Substanz beziehe, wenn ich mich auf eine denkende Substanz zu beziehen beabsichtige? Denn offenkundig kann diese denkende Substanz ihrer Existenz nach ebensowenig davon abhängen, daß jemand sich *hic et nunc* auf sie bezieht, wie die ausgedehnte Substanz, also etwa ein Tisch, in einem unverdächtigen Sinne davon abhängen kann, daß jemand sich auf sie bezieht. Wenn alles, was denkt, eine Substanz ist, dann ist unsere Bezugnahme auf alles, was denkt, uns selbst eingeschlossen, ebenso fallibel wie unsere Bezugnahme auf alle anderen Gegenstände. Kant bringt diese Problematik auf den Punkt, wenn er annimmt, daß auch unsere Überzeugungen über uns selbst als denkende Substanzen auf Erscheinungen und nicht auf Dinge an sich Bezug nehmen. Denn *qua* intentionale Korrelate einer Bezugnahme sind wir uns selbst keineswegs anders gegeben als unverdächtigere Objekte wie Tische, Bäume und Flüsse.[255]

Auf diese Weise wird die Einheit des vorstellenden Subjekts und folglich die Einheit eines intentionalen Korrelats, einer stabilen mentalen Repräsentation überhaupt bei Kant zum Problem. Damit droht zum ersten Mal ein semantischer Nihilismus, d.h. die Annahme einer möglichen Unmöglichkeit von Bedeutung und damit von »Be-

---

[255] Vgl. etwa KrV, B 68: »Alles, was durch einen Sinn vorgestellt wird, ist so fern jederzeit Erscheinung, und ein innerer Sinn würde also entweder gar nicht eingeräumt werden müssen, oder das Subjekt, welches der Gegenstand desselben ist, würde durch denselben nur als Erscheinung vorgestellt werden können, nicht wie es von sich selbst urteilen würde, wenn seine Anschauung bloße Selbsttätigkeit, d.i. intellektuell, wäre.« Vgl. auch KrV, B 155 f. Vgl. dazu die präzise Argumentation bei Sturma, D.: *Kant über Selbstbewußtsein. Zum Zusammenhang von Erkenntniskritik und Theorie des Selbstbewußtseins*. Hannover 1984, 66 f. Sturma kommt zu dem Resultat: »Descartes' These, daß die Natur des menschlichen Geistes besser zu erkennen sei als die der gegenständlichen Welt, ist demnach genau so falsch wie deren Alternative.« (67)

ziehung aufs Objekt« (KrV, B 300) überhaupt. Der *Cartesische Skeptizismus* fragt lediglich, ob es ein *ontologisches* Korrelat unabhängig davon gibt, daß es intentionale Korrelate gibt bzw., wie wir wissen können, ob dies der Fall ist, bzw. ob wir berechtigt sind, dies anzunehmen. Er entwickelt ein dialektisches Terrain im Umkreis der Frage, ob es in der Außenwelt vorstellbare Objekte gibt, deren Dasein unabhängig davon ist, daß wir sie vorstellen. Der *Kantische Skeptizismus* hingegen problematisiert die in der Cartesischen Frage implizierte Annahme, wir könnten uns immerhin sicher sein, daß wir einen stabilen semantischen Bezug auf unsere eigenen Vorstellungen, d.h. stabile *intentionale* Korrelate haben. Die epistemische Bezugnahme auf Gegenstände der Innenwelt, d.h. auf Zustände des Subjekts, ist Kant zu Recht nicht minder verdächtig als die epistemische Bezugnahme auf äußere Gegenstände.

Das radikalisierte skeptische Problem Kants ist demnach, wie wir sicherstellen können, daß die Vorstellungen, die wir zu haben meinen, überhaupt jeweils »*meine* Vorstellungen« (KrV, §16) sind?[256] Wie können wir mit anderen Worten (und gegen Humes *Bündeltheorie*) sicherstellen, daß wir nicht zum Opfer einer Art semantischer Schizophrenie werden und »ein so vielfärbiges verschiedenes Selbst haben, als ich Vorstellungen habe, deren ich mir bewußt bin« (KrV, B 134)? Denn wir können uns nicht mit einer direkten Intention auf uns selbst als denkende Instanzen beziehen, ohne dadurch einen falliblen Zugang zu uns selbst zu etablieren. Wäre die Einheit des denkenden Subjekts substantiell, d.h. die Einheit eines epistemisch und ontologisch ausgezeichneten Gegenstandes, wie Descartes annimmt, dann würden unsere Vorstellungen, so Kant, insgesamt »zu keiner Erfahrung gehören, folglich ohne Objekt, und nichts als ein blindes Spiel der Vorstellungen, d.i. *weniger, als ein Traum* sein.« (KrV, A 112, meine Hervorhebung) Die epistemische Grenze, die Descartes aufgrund der Annahme einer epistemischen Asymmetrie zwischen Geist und Welt zieht, wird von Kant also konsequenterweise nach innen verlagert. Denn die Asymmetrie folgt aus einer Theorie unserer epistemischen Absichten. Sofern wir uns mit

[256] »Die mannigfaltigen Vorstellungen, die in einer gewissen Anschauung gegeben werden, würden nicht insgesamt *meine* Vorstellungen sein, wenn sie nicht insgesamt zu einem Selbstbewußtsein gehörten, d.i. nicht als meine Vorstellungen (ob ich mich ihrer gleich nicht als solcher bewußt bin) müssen sie doch der Bedingung notwendig gemäß sein, unter der sie allein in einem allgemeinen Selbstbewußtsein zusammenstehen *können*, weil sie sonst nicht durchgängig mir angehören würden.« (KrV, B 132 f.)

einer epistemischen Absicht auf ein intentionales Korrelat beziehen, haben wir keine wahrheitsgarantierenden Gründe dafür, daß dem *intentionalen* Korrelat ein *ontologisches* Korrelat, eine Substanz, entspricht, welche der von der Semantik der epistemischen Absicht festgelegte Wahrmacher der Absicht wäre. Dies gilt *ex hypothesi* aber auch für alle Projekte im Bereich der Selbsterkenntnis, so daß die Annahme einer denkenden Substanz die vermeintliche Selbstgewißheit des Denkens aufhebt. Kant bringt dieses Reflexionsproblem an einer vielzitierten Stelle folgendermaßen auf den Punkt:

Durch dieses Ich, oder Er, oder Es (das Ding), welches denket, wird nun nichts weiter, als ein transzendentales Subjekt der Gedanken vorgestellt = x, welches nur durch die Gedanken, die seine Prädikate sind, erkannt wird, und wovon wir, abgesondert, niemals den mindesten Begriff haben können; um welches wir uns daher in einem beständigen Zirkel herumdrehen, indem wir uns seiner Vorstellung jederzeit schon bedienen müssen, um irgend etwas von ihm zu urteilen (KrV, B 404).

Damit sind wir im Auge des Kantischen Wirbelsturms angelangt. Kant wendet die Cartesische Problematik gegen Descartes auf die vermeintlich infallible Selbstbeziehung der denkenden Substanz an. Kant erkennt, daß der Cartesische Skeptizismus anders funktioniert, als Descartes selbst dies eingesehen hat. Er widerspricht demnach Descartes' eigener theoretischer Diagnose der Cartesischen Problematik, indem er die epistemische Asymmetrie zwischen Geist und Welt auf den Geist selbst anwendet und darauf aufmerksam macht, daß der Geist selbst zumindest dann zur Welt gehört, wenn er sich auf sich selbst bezieht. Das Problem läßt sich nicht durch den Cartesischen Dualismus lösen, da dieser lediglich behauptet, daß die Welt aus zweierlei bestehe: Aus denkender und ausgedehnter Substanz. Das Problem des Cartesischen Skeptizismus ist aber, wie wir gewährleisten können, daß wir uns auf die Welt beziehen. Wenn nun derjenige, diejenige oder dasjenige, was sich auf die Welt bezieht, *qua* Substanz selbst zur Welt gehört, führt die epistemische Asymmetrie in die Sackgasse eines semantischen Nihilismus. Wir können nicht mehr sicherstellen, daß es überhaupt Bezugnahme auf Gegenstände gibt. *Denn die Bezugnahme auf Gegenstände wird selbst zum Gegenstand eines Wissensanspruchs, der in seiner Eigenschaft als Wissensanspruch seine eigene Wahrheit nicht* a priori *verbürgen kann.*

Kant entwickelt nun eine Theorie des Selbstbewußtseins, der zufolge Selbstbewußtsein als synthetische Einheit stets eine Differenz von *Gegebenem* und *Gedachtem* voraussetzt.[257] Die vielen analytischen Einheiten werden von einer synthetischen Einheit umfaßt, die ohne diese gar nichts sein könnte. Daraus schließt Kant, daß Selbstbewußtsein nur unter der Voraussetzung einer Außenwelt möglich ist. Die prinzipielle Wahrheitsfähigkeit unserer Bezugnahme auf Einzeldinge garantiere die Wahrheit hinreichend vieler wahrer Urteile über die Welt.

Im selben Geist läßt sich mit Davidsons Kritik am (Kantischen) Form-Inhalt-Dualismus ein Argument entwerfen, das ausschließt, daß alle oder auch nur ein großer Teil unserer Vorstellungen leer sind, womit Davidson ein Philosophieren jenseits des Repräsentationalismus anstrebt. Allerdings geht Davidson grundsätzlich davon aus, daß es eine kausale Beziehung zwischen der Welt und einigen unserer Überzeugungen gibt, so daß auch er sich explizit dem Cartesischen skeptischen Problem stellt, wie es möglich ist sicherzustellen, daß die meisten unserer Überzeugungen wahr sind, obwohl ihre Wahrheit nicht darin begründet sein kann, daß wir aus unseren Überzeugungen aussteigen, um sie mit der Welt an sich zu vergleichen. Dies führt ihn aber nicht mehr zur Einwilligung in einen Repräsentationalismus, sondern zur Begründung einer Kohärenztheorie von Wahrheit und Wissen.[258]

Davidson argumentiert gegen den Cartesischen Skeptizismus auf der Basis eines Argumentes dafür, daß unsere besten Versuche, eine fremde Sprache in unsere eigene zu übersetzen, nicht vollständig scheitern können. Das Argument dient der Absicht auszuschließen, daß es auf der einen Seite einer »schlechthin scheidenden Grenze« (Hegel: TWA 3, 57) eine reine, ungedeutete Welt und auf der anderen Seite eine Reihe begrifflicher interpretativer Anstrengungen gibt, durch die der reine Weltstoff allererst strukturiert wird. Davidsons Argument hebt mit der Überlegung an, daß unter der Voraussetzung eines solchen *Form-Inhalt-Dualismus* die Möglichkeit

---

257 Hier ist allerdings sogleich Sturma zuzustimmen: »Kant argumentiert mit der Differenz von Gegebenem und Gedachtem, nicht für sie.« (*Kant über Selbstbewußtsein*, 52) Kant setzt voraus, daß es Gegebenes und Gedachtes gibt.

258 »[O]f course we can't get outside our skins to find out what is causing the internal happening of which we are aware. Introducing intermediate steps or entities into the causal chain, like sensations or observations, serves only to make the epistemological problem more obvious.« (Davidson, D.: »A Coherence Theory of Truth and Knowledge«, 144) Das aber heißt, daß Davidson das epistemologische Dilemma akzeptiert, um ihm allerdings eine anti-repräsentationalistische Interpretation zu geben.

einer prinzipiellen Unübersetzbarkeit zweier Sprachen ineinander eingeräumt werden müßte, indem Sprachen nach einer prominent von Benjamin Lee Whorf vertretenen These strukturelle begriffliche Muster bereitstellen, durch welche die rein gegebene Materie zu einer Welt allererst strukturiert wird.[259] Da die Welt Sprechern weit auseinanderliegender Sprachen gemäß der Whorf'schen These des *linguistischen Relativismus* vollständig verschieden erscheint, können sie einander möglicherweise gar nicht verstehen, da keiner der Sprecher die Worte des anderen mit seiner Welt in Verbindung bringen kann. Wenn Sprachen sich im Extremfall wirklich dadurch voneinander unterschieden, daß sie völlig verschiedene begriffliche Muster bereitstellten, und wenn die Strukturen der Welt nur Projektionen der Strukturen dieser verschiedenen begrifflichen Muster wären, dann bestünde die Gefahr, daß man prinzipiell keinen Weg zur Übersetzung einer Sprache in die andere einschlagen könnte, da kein

[259] Whorf drückt das Verhältnis von Sprache und Wirklichkeit in Gleichnissen wie dem folgenden aus: »It is the grammatical background of our mother tongue, which includes not only our way of constructing propositions but the way we dissect nature and break up the flux of experience into objects and entities to construct propositions about.« (Whorf, B. L.: *Language, Thought, and Reality: Selected Writings of Benjamin Lee Whorf*. Cambridge, Ma. 1956, 239) Das fundamentale Problem dieses Form(Grammatik)-Inhalt-Dualismus ergibt sich unmittelbar, wenn man bedenkt, daß der Fluß der Erfahrung (an anderer Stelle heißt es »Fluß der Existenz« [ebd., 253]) immerhin eine *Struktur* haben muß, um in verschiedene Objekte eingeteilt zu werden. Man kann nichts einteilen, das nicht strukturiert ist, und sei es in dem minimalen Sinne eines raum-zeitlichen Außereinanders *(partes extra partes)*. Whorf muß eben auch mit einer strukturierten Welt außerhalb der Sprache rechnen, um behaupten zu können, daß diese durch die Sprache strukturiert wird. Woher weiß er aber, daß sie an sich unstrukturiert ist und nicht etwa, sagen wir, genau so ist, wie die Grammatik des Hopi sie repräsentiert? Whorfs linguistischer Relativismus ist dadurch problematisch, daß er zu viel objektives Wissen über den Unterschied von Form und Inhalt beansprucht. Vgl. etwa die folgende, wohl berühmteste Passage seines Werks: »[W]e dissect nature along lines laid down by our native languages. The categories and types that we isolate from the world of phenomena we do not find there because they stare each observer in the face; on the contrary, the world is presented in a kaleidoscopic flux of impressions which has to be organised by our minds – and this means largely by the linguistic systems in our minds. We cut nature up, organise it into concepts, and ascribe significances as we do, largely because we are parties to an agreement to organise in this way – an agreement that holds throughout our speech community and is codified in the patterns of our language.« (ebd., 213) Eine simple Operation der Selbstanwendung problematisiert auch die Annahme, daß unsere Grammatiken den Impressionsflux strukturieren, da diese Annahme selbst einer bestimmten Grammatik angehört und demnach bereits eine Einteilung des Impressionsfluxes voraussetzt. Dieser ist selbst *ex hypothesi* nur unter bestimmten Bedingungen beobachtbar.

Ausdruck in der einen Sprache sich auf ein Objekt in der anderen Welt bezöge, da die Sprachen *ex hypothesi* keine gemeinsamen Ausdrücke haben.

Davidsons Argument operiert mit zwei Parametern: (1) Dem Form-Inhalt-Dualismus und (2) der daraus resultierenden Situation radikaler Übersetzung. (2) folgt aus (1), da der Form-Inhalt-Dualismus die Möglichkeit zuläßt, daß zwei Formen völlig voneinander verschieden sein können. Da der Inhalt sich je nach Form völlig verschieden darstellt, kann eine Übersetzung von Überzeugungen, die unter Voraussetzung einer Form F gebildet werden, in Überzeugungen, die unter Voraussetzung einer Form F* gebildet werden, sich nicht darauf verlassen, daß die beiden Überzeugungssysteme F und F* sich in irgendeiner Form auf dieselben Gegenstände beziehen. Die Übersetzung von F-Überzeugungen in F*-Überzeugungen ist also radikal, da man nicht sicher sein kann, daß F-Überzeugungen und F*-Überzeugungen irgendetwas gemeinsam haben.

Um dennoch unter den Bedingungen radikaler Übersetzung eine gangbare Verständigungsstrategie zwischen F- und F*-Überzeugungen einschlagen zu können, muß Davidson zufolge jeder kompetente Sprecher von F* annehmen, daß die meisten F-Überzeugungen wahr sind. Ansonsten könnte keine einzige durchführbare Hypothese darüber formuliert werden, was jemand, dem wir F-Überzeugungen zuschreiben, mit seinen Worten, Gesten und Handlungen (d.h. mit seinen Aussagen) meint. »Charity is forced on us; whether we like it or not, if we want to understand others, we must count them right in most matters.«[260] Angenommen nämlich, ein Übersetzer Ü befände sich in der Lage, die Äußerungen eines Sprecher S übersetzen zu müssen. S äußert dabei eine Lautfolge, die Ü's bestem Wissen nach die Begriffe X, Y und Z ausdrückt. Wenn S nun sowohl X, Y und Z so gebraucht, daß er damit völlig andere Überzeugungen zum Ausdruck bringt als diejenigen, die einem einschlägigen Wörterbuch zufolge mit X, Y und Z ausgedrückt werden können, wäre es Ü unmöglich, S's Äußerung überhaupt zu verstehen. Ü muß davon ausgehen, daß S ein hinreichend kompetenter Sprecher seiner Sprache ist und über eine hinreichend große Menge wahrer Überzeugungen verfügt, die er sprachlich wohlgeformt auszudrücken imstande ist. Ansonsten müßte Ü nämlich Hypothesen dahingehend formulie-

260 Davidson, D.: »On the Very Idea of a Conceptual Scheme«, in: Ders.: *Inquiries Into Truth and Interpretation.* Oxford 2001, 183–198, hier: 197.

ren, daß S mit seiner Äußerung »X Y Z« statt *X Y Z* auch entweder *X* Y Z* oder *X Y* Z* oder *X Y Z** oder *X* Y* Z* usw. *in indefinitum* ausdrücken könnte. Die Äußerung »X Y Z« hätte dann aber für Ü vorerst gar keinen assertorischen Gehalt und wäre demnach nicht verständlich, da sie im Grunde genommen alles und nichts bedeuten könnte. Um die unendliche Menge der Interpretationsmöglichkeiten der ersten Äußerung hinreichend zu reduzieren, müßte er wiederum damit rechnen, daß S in einer weiteren, der Verständigung dienenden explikativen Äußerung der Form »Unter X verstehe ich P, unter Y Q und unter Z R«, nicht wiederum P, Q und R falsch oder radikal anders verwendete, was Ü wiederum nur dadurch erklären könnte, daß er S falsche Überzeugungen zuschreibt, was ihn wiederum zu einer weiteren Reduktion unendlicher Interpretationen auf ein plausibles Set an Kandidaten nötigt usw. An irgendeinem Punkt muß Ü S also wahre Überzeugungen zuschreiben, da er ansonsten niemals anheben könnte, ihn zu verstehen.[261]

Dasselbe gilt in potenzierter Form unter den Bedingungen radikaler Übersetzung. Denn der berühmte Quine'sche Eingeborene könnte mit seinem Ausruf »Gavagai« zu Unrecht auf Hasengespenster Bezug nehmen, die nicht einmal dem Überzeugungssystem seiner eigenen Gemeinschaft zufolge existieren. Wer weiß, was er eigentlich sieht, wenn er in die Richtung eines Ereignisses zeigt, das wir aufgrund der Form unserer Überzeugungen als das Vorbeihoppeln eines Hasens interpretieren?[262] Wenn Verstehen also überhaupt möglich sein können soll, muß an irgendeinem Punkt angenommen werden, daß derjenige, der verstanden werden soll, wahre Überzeugungen hat. Dies schließt freilich nicht aus, daß man jemanden ver-

---

[261] Man vgl. Borges' berühmte Erzählung *Die Bibliothek zu Babel.* An einer Stelle reflektiert der Erzähler auf seinen eigenen Sprachgebrauch, indem er sich auf das Faktum besinnt, daß alle Worte und Sätze, die er gebraucht, in irgendeinem Buch der Bibliothek bereits geschrieben stehen und daß sie ebenfalls in irgendeinem Buch eine völlig andere Bedeutung als in seinem Mund haben. Allerdings geht er an dieser Stelle sogar so weit, den Leser dadurch zu beunruhigen, daß er darauf hinweist, daß alle Worte, die er zur Beschreibung dieser Möglichkeit einsetzt, Worte einer anderen Sprache sein könnten. »Eine Zahl *n* möglicher Sprachen verwendet den gleichen Wortschatz; in einigen erlaubt das Symbol *Bibliothek* die korrekte Definition *überall vorhandenes und fortdauerndes System sechseckiger Galerien,* aber *Bibliothek* ist *Brot* oder *Pyramide* oder irgend etwas anderes, und die sieben Wörter, die sie definieren, haben einen anderen Bedeutungswert. Bist du, Leser, denn sicher, daß du meine Sprache verstehst?« (Borges, J. L.: *Fiktionen.* Frankfurt/Main [9]2004, 75)

[262] Vgl. dazu bekanntlich Quine: *Word und Object,* §7.

stehen kann, der falsche Überzeugungen ausdrückt, sofern man überhaupt auf eine gemeinsame Welt Bezug nimmt. In Wittgensteins Worten: »Damit der Mensch sich irre, muß er schon mit der Menschheit konform urteilen.« (ÜG, § 156)

Transferiert man Davidsons Argument in unsere Problemlage, könnte man sagen, daß die meisten Vorstellungen (Davidson spricht freilich von Überzeugungen [*beliefs*]) des Anderen gehaltvoll sein müssen. Wenn wir nämlich seine Handlungen interpretieren wollen, müssen wir nach demselben *principle of charity* damit rechnen, daß er nicht dauernd aufgrund von Halluzinationen, Illusionen oder völlig falschen Überzeugungen handelt. Um ihn als Akteur ernstnehmen zu können, müssen wir notwendig annehmen, daß die meisten seiner Vorstellungen veridisch sind. Denn ein jeder handelt seinen Vorstellungen gemäß, da er auf die Welt keinen unmittelbaren Zugriff hat. Jede Hypothese darüber, warum jemand so-und-so handelt, ist daher zugleich eine Hypothese über seine Vorstellungen und deren Relation zur Welt. Um jemand Anderen als Wesen verstehen zu können, das Vorstellungen hat und ihnen gemäß handelt, müssen wir demnach annehmen, daß einige seiner Vorstellungen gehaltvoll sind.

Davidson akzeptiert, daß wir dem Skeptizismus zum Opfer fallen, sobald wir annehmen, daß die Wahrheit unserer Überzeugungen nur dadurch geprüft werden könne, daß wir sie mit einer Welt an sich vergleichen, die sich außerhalb der Totalität unserer Überzeugungen befindet. Seine antiskeptische Strategie besteht darin zu zeigen, daß die Kohärenz unseres Überzeugungssystems impliziert, daß die meisten unserer Überzeugungen wahr sind.[263] Davidson versucht mit anderen Worten, ein *transzendentales Argument* zu konstruieren, das die durchaus klassische Absicht hat zu zeigen, daß wir überhaupt keine Überzeugungen haben könnten, wenn nicht einige (oder gar die meisten) wahr wären. »Wahrheit« muß dabei so verstanden werden, daß keine Überzeugung wahr sein könnte, wenn wir uns in einem skeptischen Szenario befänden. In unsere Diskussion zurück übersetzt bedeutet dies, daß mindestens einige Vorstellungen gehaltvoll sein können müssen, wenn anders es überhaupt Vorstellungen

263 »What is needed to answer the skeptic is to show that someone with a (more or less) coherent set of beliefs has a reason to suppose his beliefs are not mistaken in the main. What we have shown is that it is absurd to look for a justifying ground for the totality of beliefs, something outside this totality which we can use to test or compare with our beliefs.« (Davidson: »A Coherence Theory of Truth and Knowledge«, 146)

geben können soll. Wie weit Davidson auch von Kant entfernt sein mag, gemeinsam ist beiden die allgemeine antiskeptische Strategie transzendentaler Argumente, die zeigen sollen, daß wir auch unter den Bedingungen der Annahme, daß wir aus unseren Überzeugungen nicht aussteigen können, dennoch vieles wissen.

Sextus schließt in seiner Diskussion des stoischen Vorstellungsbegriffs die Möglichkeit transzendentaler Argumente nicht aus, die zeigen sollen, daß es mindestens einige gehaltvolle Vorstellungen geben können muß, wenn anders es überhaupt Vorstellungen geben können soll. Das hat seinen Grund einfach darin, daß die Stoiker diesen Weg aufgrund ihres radikalen Empirismus nicht eingeschlagen haben, so daß Sextus ihnen nicht auf transzendentalem Boden begegnen muß. Außerdem vertreten die Stoiker nicht bloß einen Kantischen empirischen Realismus, der mit einem transzendentalen Idealismus bekanntlich kompatibel ist, sondern einen metaphysischen Realismus, d. h. eine realistische Ontologie, der zufolge es wirklich Dinge an sich gibt, mit denen wir kausal interagieren. Die Stoiker nehmen also nicht an, daß Dinge an sich notwendige Grenzbegriffe sind, die untilgbare Parameter in der Erklärung der objektiven Realität unserer Vorstellungen sind. Kombiniert man den Empirismus mit einer realistischen Ontologie, d. h. mit einem metaphysischen Realismus, genügt es nicht, die Außenwelt zu einer denknotwendigen Annahme zu erklären, da es eine kausale Beziehung zwischen den Dingen an sich und unseren Vorstellungen geben muß, die nicht bloß vorgestellt sein kann. Die kausale Beziehung zwischen Vorstellungen und Dingen an sich darf nicht zu einer bloßen Hypothese (oder gar einer weiteren Vorstellung) degradiert werden, da man ansonsten in einen radikalen Cartesischen Skeptizismus (und letztlich in einen semantischen Nihilismus) verstrickt würde.

Transzendentale Argumente sind aber nicht imstande, die Gefahr des Cartesischen Skeptizismus zu bannen, wenn sie dem Skeptiker einräumen, daß die Welt an sich uns prinzipiell entzogen sein könnte, obwohl sie zu zeigen versuchen, daß daraus kein epistemologischer Mißstand folgt. Denn sowohl Kant als auch Putnam und Davidson sind sich darin einig, daß es etwas gibt, das kausal auf unsere Sinnlichkeit einwirkt und dadurch Vorstellungen in uns erzeugt, die freilich nicht identisch mit dem sein können, was sie dadurch vorstellen, daß sie in einem kausalen Kontakt mit ihm stehen. Die Vorstellung eines Baums ist die Wirkung eines Baums in Kombination mit entsprechenden Umweltfaktoren auf der Objektseite und entsprechenden diskriminatorischen Fähigkeiten (also begrifflichen Fähigkeiten) auf der Subjektseite. Da die Vorstellung eines Baums nicht selbst ein Baum ist, muß es etwas geben, das von der Vorstellung kausal unabhängig ist. Viele unserer empirischen Begriffe könnten wir nicht haben, wenn wir nicht in kausalem Kontakt mit unserer Umwelt stünden. Dadurch hängt der Gehalt vieler Begriffe aber davon ab, worauf sie sich beziehen und was die Ursache dafür ist, daß wir diese Begriffe überhaupt besitzen. Nur so kann eine genauere Untersuchung der Welt uns dazu führen einzuräumen, daß wir unsere eigenen Begriffe nicht immer vollständig verstehen, da ihr Gehalt davon abhängt, wie die Welt ist und es uns oftmals lange verborgen ist, wie sie ist. Bekannte Beispiele für den semantischen Externalismus sind natürliche Substanzen wie »Wasser«, deren chemische Struktur (zumindest Putnam zufolge) zu ihrem Begriff gehört, obwohl wir nicht immer dann schon wissen, was die chemische Struktur von Wasser ist, wenn wir kompetente Verwender des Begriffs »Wasser« sind.

Diese semantische Überlegung könnte als antiskeptische Strategie aber nur dann eingesetzt werden, wenn sie inkompatibel damit wäre, daß wir uns als semantische Externalisten in einem skeptischen Szenario befinden. Antiskeptischen Strategien, die mit transzendentalen Argumenten operieren, haftet aber stets ein allgemeiner Mangel an. Was sie bestenfalls zeigen, ist nämlich lediglich, daß es notwendig ist *anzunehmen*, daß eine bestimmte Überzeugung oder eine Klasse von Überzeugungen, die Barry Stroud die »privilegierte Klasse« *(privileged class)* nennt, wahr ist.[264] Damit ist nicht bewiesen, daß irgendein Kandidat p für eine betreffende Überzeugung oder Klasse von Überzeugungen wahr ist, sondern nur, daß es notwendig ist anzunehmen, daß p wahr ist. Daraus folgt zwar, daß wir berechtigt sind anzunehmen, daß p wahr ist, und folglich, daß wir berechtigt sind anzunehmen, daß p. Doch wie gut auch immer unsere Rechtfertigung dafür ist, daß p, dem Skeptiker bleibt stets Raum für die Konstruktion skeptischer Szenarien, in denen die Annahme, daß p, für uns immer noch notwendig wäre, obwohl p falsch ist.[265] Der Skepti-

---

[264] Stroud, B.: »Transcendental Arguments«, in: *The Journal of Philosophy* 65 (1968), 241–256, hier 253: »[T]here is a genuine class of propositions each member of which must be true in order for there to be any language, and which consequently cannot be denied truly by anyone, and whose negations cannot be asserted truly by anyone. Let us call this the »privileged class«.«

[265] So auch Stroud: »Transcendental Arguments«, 255: »[F]or any candidate S, proposed

ker bedient sich hier (wie so oft) selbst eines Kandidaten für ein Mitglied der privilegierten Klasse, nämlich der Überzeugung, daß Fürwahrhalten und Wahrheit in allen Fällen potentiell divergieren können müssen, in denen es so etwas wie einen Anspruch auf Objektivität geben kann, was oben als Objektivitätskontrast bezeichnet worden ist (s. o., 45). Der Skeptiker bedient sich also der potentiellen Divergenz von Wahrheit und Fürwahrhalten, ohne die es gar kein Für*wahr*halten geben könnte. Diese potentielle Divergenz wendet er auf transzendentale Argumente an, die er also mit ihren eigenen Mitteln schlägt. Denn es ist selbst ein transzendentales Argument zu zeigen, daß wir etwas nur für wahr halten können, wenn wir verstehen, was es heißt, daß etwas wahr ist. Zu verstehen, was es heißt, daß etwas wahr ist, bedeutet zu verstehen, daß wir es für wahr halten können und es bedeutet auch, daß wir etwas für wahr halten können, was nicht wahr ist, da Wahrheit und Fürwahrhalten ansonsten nicht (potentiell) verschieden wären. Das destruktive Unterfangen des Skeptikers glückt dann auf der Basis des Objektivitätskontrasts allein, wenn es skeptische Szenarien gibt, die kompatibel mit der Möglichkeit sind, daß wir transzendentale Argumente formulieren, die beweisen, daß wir eine privilegierte Klasse von Überzeugungen haben, die wir für wahr halten müssen, ohne daß daraus folgen kann, daß sie wahr sind. Wenn es Erkenntnis, und damit eine Koinzidenz von Wahrheit und Fürwahrhalten, geben können soll, dann müssen Wahrheit und Fürwahrhalten zumindest potentiell divergieren, da ansonsten nichts Wahres für wahr gehalten werden könnte. Wie auch immer die Struktur unseres Verstehens beschaffen sein mag, aus ihr kann nicht *mehr* folgen, als daß die Bedingungen unseres Verstehens erfüllt sind, woraus nicht notwendig folgt, daß die Objekte, die wir verstehen können, so beschaffen sind, wie wir annehmen. Transzendentale Argumente verpflichten nicht notwendig auf einen referenzabhängigen Idealismus.[266]

---

as a member of the privileged class, the sceptic can always very plausibly insist that it is enough to make language possible if we *believe* that S is true, or if it looks for all the world as if it is, but that S needn't actually be true. Our having this belief would enable us to give sense to what we say, but some additional justification would still have to be given for our claim to *know* that S is true. The sceptic distinguishes between the conditions necessary for a paradigmatic or warranted (and therefore meaningful) use of an expression or statement and the conditions under which it is true.«

[266] Vgl. dazu gegen Bernard Williams' These, daß alle transzendentalen Argumente einen Idealismus im Sinne der These einer Referenz-Abhängigkeit von Subjekt und

Also selbst wenn die kausale Beziehung zwischen unseren Vorstellungen und einer Welt an sich eine notwendige Annahme ist, die man ohne Rekurs auf Erfahrung, also *a priori* begründen kann, muß der Cartesische Skeptiker antworten können, daß diese notwendige Annahme durchaus kompatibel damit ist, daß wir Gehirne im Tank sein könnten, da dies eine empirische Möglichkeit ist, die man durch kein Argument *a priori* von der Hand weisen kann. Gehirne im Tank könnten solche Wesen sein, deren Überzeugungen nur dadurch kohärent sein können, daß sie eine kausale Beziehung zwischen ihren Überzeugungen und der Welt voraussetzen müssen. Außerdem könnten Wesen wie wir so miteinander verknüpft werden, daß sie imstande wären zu kommunizieren, indem bspw. die Ereignisse, die in der Vorstellungswelt von Gehirn A ablaufen, so auf die Ereignisse in der Vorstellungswelt von Gehirn B abgestimmt wären, daß B immer dann die Vorstellung von A hat, der mit ihm kommuniziert, wenn A die Vorstellung hat, mit B zu kommunizieren.[267]

Objekt voraussetzen, Harrison, R.: »Transcendental Arguments and Idealism«, in: Vesey, G. (Hrsg.): *Idealism. Past and Present.* Cambridge 1982, 211–224. Eine umfangreiche kritische Rekonstruktion der Struktur transzendenaler Argumente findet sich bei Grundmann, T.: *Analytische Transzendentalphilosophie. Eine Kritik.* Paderborn 1994.

[267] Davidson selbst meint durch einen doppelten Externalismus den Cartesischen Skeptizismus abwehren zu können. Einerseits vertritt er einen *perzeptuellen Externalismus,* dem zufolge der Inhalt unserer Wahrnehmungen und aller daraus abgeleiteten Urteile über die Welt davon abhängt, welche Objekte in der Welt kausal auf uns einwirken. Zweitens vertritt er einen *sozialen Externalismus,* dem zufolge der Begriff der Objektivität nur durch die triadische Struktur der Kommunikation *(triangulation)* zustande kommt, indem der *Begriff* einer objektiven (öffentlichen) Welt (nicht aber die Welt selbst) das Produkt der Kommunikation von Sprechern ist, deren interpretatives Verhalten sie auf die Annahme einer öffentlichen Welt verpflichtet, die den Gehalt ihrer jeweiligen sprachlichen Reaktionen systematisch determiniert. Vgl. etwa Davidson, D.: »Epistemology Externalized«, in: Ders.: *Subjective, Intersubjective, Objective,* 193–204. Damit läßt sich der Cartesische Skeptizismus aber nicht umgehen, wie das im Haupttext folgende Leibniz-Beispiel illustrieren soll. Einen ähnlichen prinzipiellen Einwand gegen externalistische antiskeptische Strategien erhebt Willaschek: *Der mentale Zugang zur Welt,* 199f. Ein anderer gewichtiger Einwand besteht darin, daß es uns ohnehin nicht weiter bringt zu wissen, daß wir annehmen müssen, daß die meisten unserer Überzeugungen wahr sind, wenn wir nicht zugleich wissen können, *welche* unserer Überzeugungen die wahren sind (so etwa Kern: *Quellen des Wissens,* 144). Da wir kein Kriterium *a priori* dafür haben können, unsere Überzeugungen in wahre und falsche einzuteilen, hilft es uns im Einzelfall nicht zu wissen, daß die meisten unserer Überzeugungen wahr sind, ebensowenig wie es uns hälfe zu wissen, daß die meisten Losnummern einer Lotterie gewinnen, wenn wir nicht wissen können, welche diese Losnummern sind. Im Falle unserer Überzeugungen können wir dabei auch keine probabilistischen Überlegungen

Die reflexive Thematisierung der Möglichkeitsbedingungen von Kommunikation mag zwar in der philosophischen Analyse die Notwendigkeit der *Annahme* einer gemeinsamen objektiven Welt erweisen. Daraus folgt aber nicht ohne *petitio principii* gegen den Skeptiker, daß es eine gemeinsame objektive Welt in irgendeinem Sinne außerhalb der Kommunikation oder unserer Annahmen über Kommunikation gibt. Aus der von Habermas so genannten »formalen Weltunterstellung«[268] folgt nicht notwendig, daß die Welt so ist, wie wir sie kommunikativ unterstellen. Der semantische Externalismus setzt die Negation skeptischer Szenarien entweder voraus oder befördert wider Willen die Konstruktion neuer skeptischer Szenarien, indem er mit einer potentiellen Kluft von Innen- und Außenwelt rechnet, die in einer kausalen direkten Verbindung stehen. Davidsons Analyse der Triangulation von Sprecher A, objektiver Welt und Sprecher B bietet deshalb keinen unmittelbaren Anhalt für eine erfolgreiche antiskeptische Strategie. Umgekehrt dient seine These, daß Intersubjektivität die Quelle von Objektivität ist, der Konstruktion skeptischer Szenarien, in denen die Phänomenologie der Kommunikation kompatibel mit der völligen Abwesenheit einer wirklichen Welt außerhalb der kommunikationstheoretisch notwendigen *Annahme* einer wirklichen Welt ist.[269]

Es dürfte kaum überraschen, daß sich skeptische Szenarien konstruieren lassen, in denen Kommunikation möglich ist. Ein solches Modell ist von Leibniz mit seinem *Uhrengleichnis* sogar selbst als die beste Antwort auf den Cartesischen Substanzendualismus empfohlen worden, wobei Leibniz eine Variante des Cartesischen Skeptizismus entworfen hat, die er für vertretbar hielt. Ihr zufolge sind be-

---

anstellen, da es unklar ist, was es heißt, daß die meisten unserer Überzeugungen wahr sind. Diese Annahme beruht nämlich auf keiner Statistik und kann auch durch keine statistische Erhebung konkretisiert werden.

[268] Vgl. Habermas, J.: *Wahrheit und Rechtfertigung. Philosophische Aufsätze.* Frankfurt/Main 1999, 24, 37, 46f. u.ö. Habermas spricht auch von der »Unterstellung der unverfügbaren Welt« (ebd., 56). »Ein gemeinsamer Blick auf die Wirklichkeit als ein zwischen den »Weltansichten« verschiedener Sprachen »in der Mitte liegendes Gebiet« ist eine notwendige Voraussetzung für sinnvolle Gespräche überhaupt. Für Gesprächspartner verbindet sich der Begriff der Wirklichkeit mit der regulativen Idee einer »Summe alles Erkennbaren«.« (73)

[269] »The ultimate source (not ground) of objectivity is, in my opinion, intersubjectivity. If we were not in communication with others, there would be nothing on which to base the *idea* of being wrong, or, therefore, of being right, either in what we say or in what we think.« (Davidson: »Indeterminism and Antirealism«, 83)

kanntlich alle Vorstellungswelten (Monaden) wie Uhren aufeinander abgestimmt, deren Takt durch die Maschinerie ihres Uhrwerks programmiert wird, was Leibniz als *prästabilierte Harmonie (harmonie pré-établie)* bezeichnet.[270] Wenn ich einen Sprecher A wahrnehme, gibt es nach Leibniz demnach kein externes Objekt (den Sprecher A), das meine Sinnlichkeit affiziert, sondern lediglich eine weitere Vorstellung in der Reihe meiner Vorstellungen. Nun sind die Vorstellungsreihen aller Vorstellenden (d.h. aller Monaden) so programmiert, daß sie jeweils sowohl genau dasjenige vorstellen, worüber sie kommunizieren, als auch genau denjenigen, mit dem sie zu kommunizieren glauben. Ein Gespräch zwischen zwei Personen über einen blauen Würfel ist nach Leibniz demnach kein öffentlicher Vorgang in einer öffentlichen Welt, sondern besteht aus zwei Vorgängen, indem in der Vorstellungsreihe jedes Sprechers die Vorstellung eines blauen Würfels, einer entsprechenden Situation und eines anderen Sprechers auftauchen. Dabei beeinflussen sich weder die Sprecher untereinander noch beeinflußt eine an sich seiende Welt die Sprecher. Da Monaden keine Fenster haben, können sie auch keine Informationen verarbeiten, die von außen (sei es aus der Welt, sei es von anderen Monaden) kommuniziert werden.[271] Monaden produzieren daher die Informationen, die sie verarbeiten, selbst, wobei sie diese so produzieren, daß sie unter Normalbedingungen sich nicht dessen bewußt sein, *daß* sie sie produzieren.

Ohne hier für die monistische Hypothese der prästabilierten Harmonie werben zu wollen, sei nur darauf hingewiesen, daß sie als ein skeptisches Szenario mißbraucht werden kann, um die Schwäche transzendentaler Argumente in antiskeptischen Strategien durchsichtig zu machen. Wenn nämlich die kausale Beziehung zwischen unseren Überzeugungen und der Welt nur eine weitere, obgleich von allen notwendig geteilte, Überzeugung wäre, kämen wir aus unseren Überzeugungen in der Tat nicht heraus, so daß der Skeptiker uns mit einer erschlagend großen Zahl skeptischer Szenarien konfrontieren könnte, die prinzipiell evidenz-transzendent sind, wodurch wir dem Cartesischen Skeptizismus wieder einmal schutzlos

270 Das Uhrengleichnis findet sich in der *Dritten Erläuterung* zum *Neuen System (Système nouveau de la nature et de la communication des substances, aussi bien que de l'union qu'il y a entre l'âme et le corps).*

271 Vgl. *Monadologie*, §7: »Les monades n'ont point de fenêtres, par lesquelles quelque chose y puisse entrer ou sortir.«

ausgeliefert wären. Transzendentale Argumente gegen den Cartesischen Skeptizismus kommen daher der Situation gefährlich nahe, daß die Waage, auf der man seine Eindrücke wiegt, zum bloßen Eindruck einer Waage degradiert wird (vgl. PU, § 259). Denn sie versuchen zu zeigen, daß die Annahme eines kausalen Einflusses der Welt auf unsere Vorstellungen eine notwendige Annahme ist, die ihrerseits eine Vorstellung sein muß, da wir aus unseren Vorstellungen *ex hypothesi* nicht aussteigen können. Eine Vorstellung wird so zum Wahrheitskriterium der Vorstellungen, wodurch man sich nur andersartigen Mutationen des Cartesischen Skeptizismus, wie der Leibniz'schen Monadologie, ausliefert.

Natürlich steht der Weg eines Berkeley'schen Idealismus jederzeit offen, also den Empirismus mit einer *idealistischen* Ontologie zu kombinieren, der zufolge es gar keine *Dinge* gibt, die unsere Sinnlichkeit affizieren, sondern nur Gott, der in irgendeinem gewichtigen Sinne kein »Ding« sein darf. Diese selbst skeptische Position scheint aber nur dann als Theorie der Repräsentation überhaupt plausibel zu sein, wenn man sich aus dem philosophischen Geschäft zurückgezogen hat zu erklären, wie es möglich ist, daß uns die Informationen, die wir als endliche epistemische Wesen verarbeiten müssen, von einer an sich seienden Welt gegeben werden, zu der wir in einem kausalen Kontakt stehen, der unter anderem in der Physiologie der Wahrnehmung beschrieben werden kann. Die Erklärungslast, die man sich damit aufbürdet, eine andere Informationsquelle, zumal Gott oder irgendeine Weltseele oder einen Weltgeist als Objekte einer Theorie erster Ordnung anzunehmen, um das Problem der Vermittlung von Natur und Geist zu vermeiden, ist allerdings gewaltig, obwohl nicht ausgemacht ist, daß ein solches Projekt undurchführbar wäre.[272]

[272] John Foster hat vor einiger Zeit versucht, einen Berkeleyschen Idealismus (ohne Gott) zu verteidigen. Vgl. Foster, J.: *The Case for Idealism*. London 1982. Die Aussichten der Kombination einer idealistischen Ontologie mit dem Empirismus sind aber ausgesprochen schlecht. Woher auch immer wir die Informationen beziehen, die wir verarbeiten, sie sind der Verarbeitung gegenüber notwendig operativ extern. Man kann daher auch nicht wahrnehmen, was man will. Selbst wenn unser Geist die Informationen, die er verarbeitet, von einem anderen Geist bezöge, stellte sich wiederum die Frage, worin das Verhältnis der beiden Geister zueinander besteht und auf welche Weise wir Informationen verarbeiten. Denn auch ein unendlicher Geist könnte uns keine vorgeformten Informationen eingeben, die wir unabhängig von den Bedingungen unserer informationsverarbeitenden Registraturen erfassen könnten. Mit einer Außenwelt, die von unserem situativ jeweils verfügbaren Informationsstand unabhängig ist, rechnet

Führt man den Cartesischen Skeptizismus hingegen (wie oben, §6, empfohlen) als ein *Paradoxon* und nicht als ein *Argument* ein, das dazu dient, revisionäre Überzeugungen zu motivieren, sieht man, daß eine *skeptische* Erkenntnistheorie im Sinne einer Theorie der Repräsentation keine ernstzunehmende Alternative ist. Sie ist vielmehr mit Zenons eigener Reaktion auf seine Paradoxa zu vergleichen, die darin bestand, das Wort »Bewegung« aus der Ontologie zu streichen und eine Welt zu ersinnen, in der Achill die Schildkröte nicht überholen kann! Die Behauptung des modernen subjektiven Idealisten, daß es keine *res extensa* gebe, ist mit der Behauptung Zenons zu vergleichen, daß es keine Bewegung gibt. Beide resultieren daraus, daß man ein Paradoxon für ein Argument hält, das eine entsprechende Überzeugungskraft besitzt.

Wittgensteins diametrales Gegenteil des Solipsismus, d.h. sein Kontextualismus, weist einen Ausweg aus dem Problem einer skeptischen Theorie der Repräsentation, indem es begrifflichen (propositionalen) Gehalt als assertorischen Gehalt rekonstruiert und zeigt, daß es diesen nur unter Behauptbarkeitsbedingungen gibt. Behauptbarkeitsbedingungen setzen aber die Stabilität eines Diskurses voraus, die ihrerseits nur dadurch etabliert und aufrechterhalten werden kann, daß *bestimmte* Züge gemacht werden, die einem Diskurs angehören. Dieses Geschehen ist immer schon öffentlich und ereignet sich in einer interpersonal geteilten gemeinsamen Welt. Wir müssen demnach nicht aus unseren Vorstellungen und Überzeugungen aussteigen oder die Frage beantworten, ob wir mit ihnen alleine sind, da unser mentaler Innenraum durch die Gemeinschaft definiert wird, von welcher er sich abgrenzt. *Die Distinktion von privat und öffentlich ist öffentlich und nicht privat, sie wird nicht von vorstellenden Subjekten vollzogen, sondern gemeinschaftlich verhandelt.* Um die Wahrheit allerdings nicht in der Rechtfertigung aufzulösen und eine inkommensurable Pluralität von Diskursen zu erzeugen

also jede Philosophie außer einem Solipsismus des Augenblicks unabhängig davon, in welchem Sinne sie idealistisch oder realistisch ist. Die skeptischen Paradoxa lassen sich also nicht dadurch (auf-)lösen, daß man den Begriff der Außenwelt in einer scheinbar informationsfreundlicheren Fassung einer Kommunikation reiner Geister vertritt. Die skeptischen Paradoxa entstehen dadurch, daß epistemisch endliche Wesen einen Bezug zu einer Welt nur so haben, daß sie Annahmen über den Verlauf ihrer Informationsstanderhebungen treffen müssen, die über den minimalen Augenblick hinausreichen und einen Weltvorgriff auf das Ganze ermöglichen. Diese Struktur ist zunächst neutral gegenüber einer idealistischen oder realistischen Ontologie.

dergestalt, daß die Gemeinschaft uns wiederum entgleitet, da wir nicht sicher sein können, ob es überhaupt noch ein gemeinsames Fundament unserer Bedeutungen, also eine öffentliche Beziehung auf die Welt gibt, führt Wittgenstein die *zweite Natur* ein. Dies führt allerdings unter den Bedingungen des Kontextualismus zu Theorieschwierigkeiten, die Wittgenstein selbst nicht mehr eigens thematisiert hat, und denen wir uns nun widmen wollen.

§14. Das Scheitern des liberalen Naturalismus – Die Selbstreferenz der Endlichkeit und ihre Retorsion

Im Laufe dieses zweiten Kapitels sollte bisher deutlich geworden sein, daß der Kontextualismus jeglichen Anhaltspunkt in der Welt verliert, wenn er nicht sicherstellen kann, daß die Normativität des Diskurses, und damit alles diskursiv vermittelbare Wissen, imstande ist, Fakten zu registrieren. Die Schwierigkeit besteht darin, die These von der Sinn-Abhängigkeit der Objektivität von der Subjektivität so zu begreifen, daß sie nicht unversehens in eine Referenz-Abhängigkeit der Objekte von den Subjekten umschlägt. Wittgenstein etwa wird bisweilen eines linguistischen Idealismus in dem Sinne bezichtigt, daß die Welt völlig aus seinem Bild der diskursiven Praktiken (Lebensformen) verschwinde, die in McDowells berühmter Metapher zu einem »reibungslosen Sich-Drehen in einem luftleeren Raum«[273] zusammenzuschrumpfen drohen.[274] Äußerungen, die in diese Richtung weisen, finden sich vor allem in der *Philosophischen Grammatik*, in der »die Sprache in sich geschlossen, autonom, bleibt.« (PG, S. 97) Wittgenstein ist sich der Gefahr des Solipsismus wohl bewußt, die er allerdings dadurch abzuwehren sucht, daß der Diskurs sozial verankert wird. Alle Diskurse setzen gemeinschaftliches Handeln voraus, das es nicht gäbe, wenn es keine *Personen* (d.h. mindestens: handelnde Subjekte in Raum und Zeit) außerhalb des vermeintlichen solipsistischen Ichs gäbe. Zwar wehrt er auf diese Weise den Solipsismus ab, läuft aber Gefahr, eine Art *Solipsismus*

[273] McDowell: *Mind and World*, 11, 42, 66.

[274] Zum Vorwurf eines linguistischen Idealismus vgl. Williams, B.: »Wittgenstein and Idealism«, in: Ders.: *The Sense of the Past. Essays in the History of Philosophy.* Princeton 2006, 361–379. Dagegen vgl. Malcolm, N.: »Wittgenstein and Idealism«, in: Vesey, G. (Hrsg.): *Idealism. Past and Present.* Cambridge 1982, 249–267.

des Wir zu konstruieren, indem er die sozialsemantische Dimension verabsolutiert, so daß Wahrheit letztlich doch auf gemeinschaftliches Fürwahrhalten reduziert würde.[275] Wittgenstein »löst« dieses Problem ebenso wie Sextus durch seinen Rekurs auf eine »menschliche Natur«[276]. Diese zeigt sich darin, daß Menschen sich selbst unter den Bedingungen radikaler Übersetzung verständigen können, da es »sehr allgemeine Naturtatsachen« (PU II, S. 578) gibt, die eine Vermittlung möglich machen.

Der Rückzug auf die Natur erweist sich vom Standpunkt der Metatheorie allerdings als problematisch, da die Natur selbst nur ein theoretisches Konstrukt des Kontextualismus ist, der die Pluralität der Kontexte letztlich in einem Einheitsprinzip: der Natur, fundieren will, damit die Kontexte nicht schlechthin inkommensurabel werden. Die natürliche Grundlage aller Diskurse garantiert den Weltbezug der Sprache, da Sprache selbst durch die Natur hervorgebracht worden ist.

Ich will den Menschen hier als Tier betrachten; als ein primitives Wesen, dem man zwar Instinkt, aber nicht Raisonnement zutraut. Als ein Wesen in einem primitiven Zustande. Denn welche Logik für ein primitives Verständigungsmittel genügt, deren brauchen auch wir uns nicht zu schämen. Die Sprache ist nicht aus einem Raisonnement hervorgegangen.« (ÜG, §475[277]*)*

Um nicht in einen diskurstheoretischen Relativismus abzudriften, meinen Wittgenstein und Sextus ebenso wie Hume auf die Natur vertrauen zu dürfen, die ohne Reflexion, also blind und ohne nachzudenken, dafür Sorge trage, daß alles trotz der metatheoretischen Ungewißheit seinen gewohnten Gang nimmt. Um die berühmten Worte Humes zu zitieren:

---

275 Genau dies ist Bernard Williams' Kritik in »Wittgenstein and Idealism«, 376: »Leaving behind the confused and confusing language of relativism, one finds oneself with a *we* which is not one group rather than another in the world at all, but rather the plural descendant of that idealist *I* who also was not one item rather than another in the world.«

276 Vgl. etwa PG, S. 14: »»Irgend ein Gesetz des Lesens der Tabelle muß es doch geben. – *Wie soll man denn wissen,* wie die Tabelle zu gebrauchen ist?« – Es liegt in der menschlichen Natur, das Zeigen mit dem Finger *so* zu verstehen. Die Tabelle zwingt mich nicht, sie immer gleich zu gebrauchen.« Vgl. auch PG, S. 94.

277 Vgl. a. ÜG, §359: »Das heißt doch, ich will sie [sc. unsere Sicherheit im Handeln und Urteilen, M. G.] als etwas auffassen, was jenseits von berechtigt und unberechtigt liegt; also gleichsam als etwas Animalisches.«

Nature, by an absolute and uncontroulable necessity has determin'd us to judge as well as to breathe and feel; nor can we any more forbear viewing certain objects in a stronger and fuller light, uppon account of their customary connexion with a present impression, than we can hinder ourselves from thinking as long as we are awake, or seeing the surrounding bodies, when we turn our eyes towards them in broad sun-shine.[278]

Wittgenstein vermeidet es zwar offenkundig, eine *Theorie* der Natur und des Lebens zu entwickeln. Daß er es aber vermeiden muß, ist ein Resultat seiner Theoriekonstruktion, die *zeigt*, daß der »Fluß des Lebens« (Zettel, §173) nicht durch explizite Regeln zum Stillstand gebracht werden könne. Die Endlichkeit des Diskurses, die darin besteht, daß allein durch die Operation der Selektion historisch instabile (d.h. kontingente) Angeln als Voraussetzungen seiner relativen Stabilität erzeugt werden, ereignet sich bei Wittgenstein immer noch im gegebenen Rahmen der Natur, ja einer »Naturgeschichte des Menschen«[279]. Diese kann allerdings in keinem Diskurs so untersucht werden, daß wir sie gleichsam theoretisch unbefleckt beobachten können. Die Natur ist und bleibt vielmehr der blinde Fleck alles Beobachtens, der ultimative Einheitshorizont, den Luhmann einfach als »Welt« anspricht.[280] Wittgenstein drückt dies so aus, daß es »immer von Gnaden der Natur« sei, »wenn man etwas weiß.« (ÜG, §505). Will sagen: Ein Sprachspiel und damit auch ein Diskurs, in dem Wissensansprüche erhoben werden können, ist nur möglich, »wenn man sich auf etwas verläßt« (ÜG, §509), was Wittgenstein *expressis verbis* von der Gewißheit unterscheidet, sich »auf etwas verlassen« (ebd.) zu *können*. Worauf sich das Sprachspiel verläßt, ist nichts, worauf man sich nachweisbar verlassen kann, da man aufgrund des Regreßproblems (s.o., 216f.) keinen vollständigen Zugriff auf die Voraussetzungen des Sprachspiels haben kann, ohne damit aus dem Sprachspiel herauszutreten und ein neues zu generieren, das seinerseits Voraussetzungen aufweist usw. *in infinitum*.

Wittgenstein reflektiert allerdings (im Unterschied zu Luh-

---

[278] Hume, D.: *A Treatise of Human Nature*. Ed. by David Fate Nortan and Mary J. Norton, Oxford 2000, 123.

[279] Vgl. die berühmte Bemerkung in PU, §415: »Was wir liefern, sind eigentlich Bemerkungen zur Naturgeschichte des Menschen; aber nicht kuriose Beiträge, sondern Feststellungen, an denen niemand gezweifelt hat, und die dem Bemerktwerden nur entgehen, weil sie ständig vor unseren Augen sind.« Vgl. auch PU II, S. 578; BGM, S. 92, 352.

[280] Vgl. Luhmann: *Soziale Systeme*, 105ff. sowie 283ff.

mann) nicht noch einmal auf die Theoriebedingungen *dieser* Beobachtung, was ihn dazu führen würde, hinter dem blinden Vertrauen auf die Natur einen weiteren blinden Fleck zu vermuten, den er *ex hypothesi* nicht mehr im Kontext seiner Theorie beobachten kann. Der liberale Naturalismus, der die Natur als unerkennbaren, aber Stabilität garantierenden Einheitsgrund auf dem Umweg des Kontextualismus einführt, verstößt gegen die Grenzen seiner eigenen Theorie. Er behauptet mehr zu erkennen, als er erkennen kann, weshalb Wittgenstein vom Leben und von der Natur immer nur in vorsichtigen Ausdrücken spricht und bemüht ist, seinen *naturalisme caché* nicht ins Zentrum seiner Theoriekonstruktion zu rücken.

Der liberale Naturalismus, der eine zweite Natur zuläßt, die sich als menschliche Naturgeschichte artikuliert, kann aufgrund seiner Motivation, die durch den Kontextualismus hindurchgegangen ist, nicht mehr *direkt*, d.h. im Sinne einer Theorie erster Ordnung, auf die Natur zugreifen. Die Natur, das Gewöhnliche und Alltägliche zeigen sich nur *ex negativo* als unerkennbare Garanten aller diskursiven Stabilität. Es gibt keine Möglichkeit, den Kontextualismus vom Vorwurf des Relativismus freizusprechen, es sei denn, man postuliert eine Einheit aller Kontexte: die Natur oder die Welt. Doch diese Einheit ist nicht ihrerseits theoretisch greifbar, da sie *ex hypothesi* nur *in* einem Kontext thematisierbar wäre. Das Thema der Einheit wäre damit an die Bedingungen *eines* Kontexts gebunden, die nicht absolut sind, da sie ihrerseits einen blinden Fleck, nämlich ihre eigene Voraussetzungsstruktur generieren. Was die Natur oder die Welt ist, kann nur innerhalb eines Diskurses rekonstruiert werden. Die Natur schrumpft somit auf eine Annahme, eine regulative Idee der Metatheorie zusammen.[281]

Auf diese Weise wird die strikte Trennung der Beobachtungen erster Ordnung und der Metatheorie aufgehoben. Die Theorien er-

---

[281] Die Natur bzw. die Welt als Einheitsthema ist daher ein Ursachverhalt in Anton Friedrich Kochs Terminologie, d.h. der »Begriff eines vorpropositionalen (prädiskursiven), unmittelbar gegebenen, ursprünglichen Sachverhalts« (*Versuch über Wahrheit und Zeit*, 105). Koch zeigt durchaus im Sinne der hier vertretenenen Beobachtung, daß alle Ursachverhalte bloße Reflexionsbegriffe sind, »darin dem Aristotelischen Begriff der ersten Materie gleich, der Begriff von etwas nicht Isolierbarem am wirklich Vorliegenden ist – eben ein Reflexions- und Grenzbegriff, der einen unerreichbaren Fluchtpunkt der Erklärung oder Analyse, keinen je erreichten Haltepunkt markiert.« (ebd.) Zu seiner Theorie der Ursachverhalte vgl. den gesamten §13 von *Versuch über Wahrheit und Zeit*.

ster Ordnung erweisen sich als Konstruktionen der Metatheorie, da sie *als bestimmte* dadurch bestimmt sind, daß ein bestimmter Diskurs mit einer bestimmten Einstellung sie thematisiert. Der Diskurs, der die Theorien erster Ordnung thematisiert, also die Metatheorie, steht selbst unter Betriebsbedingungen und kann deshalb stets nur unter dem Vorbehalt der Kontingenz und Revidierbarkeit sagen, was den Diskursen erster Ordnung erscheint. *Die Metatheorie ist selbst endlich.* Es gibt viele Metatheorien, die alle dieses gleiche Schicksal teilen. Der vermeintlich sichere Unterschied von Welt und Weltzugang verschwindet auf diese Weise. Denn die bloße Sinn-Abhängigkeit der Objektivität von Subjektivität ist ihrerseits relativ auf einen Kontext und damit kein vorgefundenes Faktum mehr. Der Begriff der Sinn-Abhängigkeit und damit die Einsicht in die Unabhängigkeit der Welt an sich, die wir in allen wahren Urteilen beschreiben, erweist sich als referenz-abhängig von der Metatheorie. Insofern diese sich als endlich begreift, da sie keinen Theoriezug an der Hand hat, der ihr erlaubte, sich von den endlichen Bedingungen des Diskurses freizusagen, erweist sich die Welt als referenz-abhängig von der Metatheorie. Die Einsicht der bloßen Sinn-Abhängigkeit der Welt gilt *für* die Metatheorie, die damit die Betriebsbedingungen aller Theorien erster Ordnung bezeichnet, deren Objekt die Welt ist. Es kann demnach nicht ausgeschlossen werden, daß die Welt referenz-abhängig von der Subjektivität, d.h. nun: relativ auf einen Kontext ist, in diesem Fall: relativ auf den Kontext einer bestimmten Metaphysik, der Metaphysik des Naturalismus. Die Natur und die Welt, ja das Leben scheint in der Theorie zu verschwinden, was eine Konsequenz der Motivation des Kontextualismus ist. Der absolute Idealismus, den wir bisher zu vermeiden suchten, droht Einzug zu halten.

Nun scheint der Kontextualismus aus der Rechtfertigungsbedingung für Wissen zu folgen. Diese kann man allerdings nicht absolut setzen, da Wahrheit potentiell von Rechtfertigung unterschieden sein muß. Ansonsten müßte der Kontextualismus Wahrheit als gemeinschaftliches Fürwahrhalten definieren, so daß sich das Privatsprachenproblem auf der Ebene der Gemeinschaft erneut einstellte. Um dieses Problem eines Solipsismus des Wir zu vermeiden, muß die Wahrheit vom Diskurs unterschieden werden, was den liberalen Naturalismus dazu bewegt, die Wahrheit in die Natur zu setzen. Er bestimmt die sozialsemantische Dimension, in der Wahrheit und Rechtfertigung unterschieden werden, als Konfiguration der Natur und des Lebens. Darin kann man mit Wolfram Hogrebe einen Kategorienfehler ausmachen. An die Stelle einer Reflexion auf die kategorial noch nicht bestimmte »Distinktionsdimension« tritt eine Bestimmung der Distinktionsdimension: Sie wird als Natur verfügbar gemacht, um die potentielle Instabilität der Voraussetzungsstruktur des Diskurses (die aus ihrer epistemischen Intransparenz folgt) in einem Einheitbegriff aufzufangen.[282]

Doch die Konjunktion von Kontextualismus und Naturalismus ist unhaltbar, weil die Rede von einer menschlichen Natur, dem »Fluß des Lebens« usw. unter kontextualistischen Bedingungen nicht einholbar ist. Sie erweist sich als selbst kontext-relative Beobachtung, die nicht beanspruchen kann, die begriffliche Relativität auf die Einheit der Welt hin zu transzendieren. Sextus ist sich dessen im Unterschied zu Wittgenstein sehr wohl bewußt, weshalb er auch nichts über die Natur *behauptet*, sondern seinen Naturalismus unter den Vorbehalt der Revidierbarkeit stellt. Sextus geht über die Endlichkeit demnach nicht hinaus, während Wittgenstein stets zu versuchen scheint, das Absolute, Unendliche, von dem sich unsere Endlichkeit unterscheidet, als Natur und Leben anzusprechen, um sicherzustellen, daß unsere Diskurse letztlich kommensurabel und übersetzbar bleiben. Wittgenstein bestimmt demnach die Einheit der Diskurse als Natur.

Die reflektierte Naivität, die Wittgensteins therapeutische Philosophie anstrebt, scheitert also an ihrer Motivation, d.h. am Kontextualismus. Dieser ist nämlich inkompatibel mit der dogmatischen Behauptung eines bestimmten Absoluten (Unmittelbaren), sei dies nun die Natur, das Leben oder schließlich doch wieder: Gott. Was bleibt, ist eine paradoxe Einsicht in unsere Endlichkeit, die einfach darin gründet, daß wir uns *qua* diskursive Wesen auf Bestimmtes beziehen. Die Bestimmtheit unserer Bezugnahmen ist ohne den stabilen Hintergrund einer diskursiven Praxis nicht zu garantieren, da sie ohne stabilen Hintergrund in die berühmte Quine'sche Unbestimmtheit der Referenz kollabierte. Unsere Worte müssen irgendetwas bedeuten können, und dies setzt voraus, daß sie in einem be-

---

282 »Die Distinktionsdimension wird zwar von jeder Distinktion in Anspruch genommen, aber diese läßt sich ebendeshalb gegen nichts mehr distinguieren. Sie bleibt der völlig diaphane Hintergrund aller semantischen Kontraste, der selber gegen nichts mehr kontrastierbar ist. […] Man verbaut sich jedenfalls den Zugang dazu, wenn man sich durch Rückgang auf das ›Leben‹ jene kategorialen Distinktionen gleichsam naturwüchsig einspielen läßt. Aber auch das Leben und seine handwerklichen Elementarpraxen nehmen diese Distinktionsdimenion schon in Anspruch.« (*Echo des Nichtwissens*, 339)

stimmten Kontext gebraucht werden. Wodurch sich Kontexte voneinander unterscheiden, kann aber nur in einem weiteren Kontext bestimmt werden, der seinerseits so-und-so konditioniert ist. Es ist also unmöglich, die Totalität aller Bedingungen absolut einzuholen. Dies impliziert dennoch keine Fragmentierung des Wissens im berüchtigten Sinne der *condition postmoderne*. Die Instabilität der Bedingungen des Diskurses garantiert nämlich zugleich sein stabiles Funktionieren.[283] Mehr kann man von Wissen nicht erwarten, als daß es etwas ist, das zu haben wir *beanspruchen*, ohne jeweils sicherstellen zu können, daß wir damit die Wahrheit erfaßt haben. Wissensansprüche stehen unter dem Vorbehalt ihrer Revidierbarkeit, weil wir keine wahren Überzeugungen haben können, ohne etwas Bestimmtes für wahr zu halten. Was aber etwas Bestimmtes für uns ist, setzt die Stabilität einer diskursiven Praxis voraus, worin die Endlichkeit des objektiven Wissens begründet ist.[284]

Auf dem hiermit bezeichneten Standpunkt der Metatheorie verlieren wir den Zugriff auf Objekte, weil wir allein über Objektivität sprechen, die selbst kein Objekt ist. Wir können daher auch nicht sagen, daß der alltägliche reibungslose Ablauf unserer Rechtfertigungspraktiken trotz der epistemologischen Paradoxien weiterhin von Gnaden der Natur funktionieren wird. Die Natur wäre ansonsten das Objekt unserer Metatheorie. Die Metatheorie hat aber selbst keine Objekte, sie bezieht sich nicht auf die Welt, wie sie *ist*, sondern wie sie Diskursen unter bestimmten Bedingungen *erscheint*. Das generelle Cartesische Paradoxon, das uns in den Kontextualismus geführt hat, bedroht also letztlich doch noch unseren Alltag, da es unseren Begriff des Alltags zu einer bloßen Annahme degradiert. Was der Alltag an sich sein mag bzw. was alltägliche Wissenszuschreibungen sind, können wir demnach nicht unabhängig von metatheoretischen Voraussetzungen wissen. Damit ist das neuzeitliche Projekt der Erkenntnistheorie als *prima philosophia* ernsthaft bedroht. Denn sie

283 Dies ist freilich auch Lyotards Punkt in Lyotard, J.-F.: *La Condition Postmoderne. Rapport sur le Savoir.* Paris 1979, bes. 88–97.

284 Diese verweist auf paradoxe, weil begrifflich nicht einholbare Weise, aus sich heraus auf die »Energie, die das ›Mobile‹ unserer Explikationen beweglich hält« (Hogrebe: *Echo des Nichtwissens*, 336). Nur wenn wir an diese »unvermeidliche Explikationsgrenze« stoßen, sehen wir ein (ohne dies diskursiv einlösen zu können), »daß das gesamte semantische Feld unserer Selbstexplikation in Alltag und Wissenschaft etwas außer sich hat, das nicht in ihm zur Klärung gebracht werden kann und das wir dennoch als Kraftquelle in Anspruch nehmen. Es sorgt dafür, daß der Zusammenhalt unserer Explikate gewahrt bleibt.« (ebd., 337)

hebt ihren Objektbereich, d.h. alle Diskurse erster Ordnung, in sich selbst auf, indem sie ihre Objekte als Konstruktionen, d.h. als referenz-abhängige Gebilde erkennt. Zwar sind die Objekte, welche die Objekt-Diskurse der Metatheorie thematisieren, keine Kreationen der Metatheorie, wohl aber gilt dies für die Objekt-Diskurse. Diese sind keine modal robusten Fakten, sondern Beobachtungen der Metatheorie.

Die *Natur* bietet jedenfalls keinen Schlupfwinkel der Reflexion, um in die Unmittelbarkeit zu entkommen. Wir haben kein absolutes Wissen mit dem bestimmten Inhalt, daß die Natur der Einheitshorizont aller Kontexte ist. Die Beanspruchung dieses Wissens steht selbst unter der kontextualistischen Bedingung der Endlichkeit. Dennoch muß die Erkenntnistheorie fortfahren zu untersuchen, was Wissen eigentlich ist, da sie sich ansonsten selbst aufhöbe. Die Einsicht in die Endlichkeit impliziert zwar die Einsicht in die Endlichkeit des epistemologischen Diskurses. Dies bedeutet aber nicht, daß es unmöglich ist, ihn fortzusetzen. Umgekehrt garantiert seine Endlichkeit sein Funktionieren, worin er sich nicht von allen anderen Diskursen unterscheidet. Die Wahrheit fungiert zwar als regulative Idee, die wir womöglich mit vielen wahren Urteilen bereits erreicht haben. Wir können nur nicht unabhängig von allem Fürwahrhalten und damit unabhängig von unserer Endlichkeit wissen, was wir wissen. Wir mögen vieles wissen und ich glaube, daß dies tatsächlich der Fall ist. Was wir wissen, können wir aber nur in bestimmten Kontexten feststellen. Da diese endlich sind, sind auch unsere Wissensansprüche endlich – auch *dieser.*

Die Annahme des liberalen Naturalismus überschreitet die Grenze der Endlichkeit, die im metaepistemologischen Diskurs gezogen wird, indem ein Absolutes, die Natur, behauptet wird, auf das wir aber keinen Zugriff haben können. Wir rühren zwar in allen epistemologischen Paradoxa *ex negativo* an ein Absolutes, können dieses aber nicht bestimmen. Dies ist allerdings kein Mangel unserer Erkenntnisfähigkeiten, sondern gehört zu den Möglichkeitsbedingungen der Erkenntnissuche. Die heuristischen Bedingungen der Erkenntnis zeigen ein Absolutes an, da sie uns über unsere Endlichkeit unterrichten, die sich vom Unendlichen, einem unmöglichen absoluten Wissen unterscheiden.[285] Indem wir im metaepistemologischen

[285] Vgl. dazu Hogrebes Ansatz der Metaphysik als Fundamentalheuristik in *Prädikation und Genesis.*

Diskurs ein absolutes Wissen für unmöglich erklären, wissen wir zugleich, daß die Annahme einer absoluten Welt notwendig ist, die wir in allen wahren Urteilen beschreiben. Ansonsten wüßten wir nicht um unsere Endlichkeit, die darin besteht, daß wir nicht kontextfrei bestimmen können, welche Urteile wahr sind. All dies ist freilich bereits zu viel gesagt. –

Unsere Überlegungen haben im ersten Kapitel u.a. mit der Beobachtung angehoben, daß es einen Unterschied zwischen alltäglichen Wissenszuschreibungen und ihrer philosophischen Reflexion, d.h. der Erkenntnistheorie gibt. Dabei wurde stets zwischen Theorien erster Ordnung und der erkenntnistheoretischen Metatheorie unterschieden: Während Theorien erster Ordnung darüber quantifizieren, was der Fall ist, und sich somit auf die Welt beziehen, reflektiert die Metatheorie auf die Konditionierung von Theorien erster Ordnung. Die Einstellung der Metatheorie wurde kurzerhand als »Dialektik« bezeichnet, deren Aufgabe es ist, Theorien erster Ordnung auf ihre dialektische Konsistenz hin zu prüfen. In diesem zweiten Kapitel wurde der Kontextualismus motiviert und nunmehr gezeigt, daß unsere Rechtfertigungspraktiken uns keinen unmittelbaren Zugriff auf die Welt erlauben, obgleich sie auch nicht ausschließen, daß wir die Welt an sich erkennen. In diesem Kontext ergibt sich nun, daß die Grenze zwischen alltäglichen Wissensansprüchen und ihrer erkenntnistheoretischen Thematisierung selbst nur innerhalb des erkenntnistheoretischen Diskurses gezogen werden kann. Die alltäglichen Wissensansprüche sind somit als Theorieelement der Erkenntnistheorie bestimmt, was zur Folge hat, daß sie vor dem Hintergrund der beiden Tendenzen der Erkenntnistheorie gesehen werden müssen. Diese beiden Tendenzen bestehen darin (s.o., 112f.), daß die alltäglichen Wissenszuschreibungen und -ansprüche *einerseits* garantiert werden müssen, da die Erkenntnistheorie sie erklären will, und *andererseits* dadurch unter Druck geraten, daß der Skeptizismus zur Motivation der Erkenntnistheorie gehört. Im dialektischen Spiel der Erkenntnistheorie wird der Alltag als ein Zug eingesetzt. Indem er als solcher bestimmt und vom erkenntnistheoretischen Kontext unterschieden wird, wird er allererst *als solcher* generiert. Dies haben wir bereits am Beispiel des Common Sense bei Gelegenheit der Diskussion von Moores naiver Einzeldingontologie gesehen (vgl. §3).

Die Konjunktion von Kontextualismus und Naturalismus ist also zumindest Paradoxie-anfällig, wenn es denn wahr ist, daß die Natur als Einheitshorizont (und damit als Weltbegriff) relativ auf den Kontext des Kontextualismus und daher nicht unvermittelt beobachtbar ist. Unsere Endlichkeit kann deshalb auch nicht als unsere Natur aufgefaßt werden, wenn sie uns auch im Kontext dieser Reflexionstheorie als notwendig erscheint. Das eigentliche Agens der Erkenntnistheorie, der Pyrrhonische Skeptizismus, wendet in der Operation der Retorsion die Einsicht in die Endlichkeit auf die Metatheorie selbst an. Damit stellen wir uns unter den Vorbehalt der Revidierbarkeit und räumen ein, daß uns – in Wittgensteins Worten – irgendein »Bild« gefangen hält. Die Mythologie, die uns im Rücken liegt, können wir allerdings nicht vollständig einholen – so die Einsicht des Pyrrhonischen Skeptizismus, die man mit Stanley Cavell als die »Wahrheit des Skeptizismus« bezeichnen kann. Diese besteht darin, daß unsere Einstellung zur Welt und zum Wissen im ganzen nicht ihrerseits die des (propositionalen, assertorisch bestimmten) Wissens sein kann.[286] Die ultimative All-Einheit von Welt und Wissen, d. h. die Totalität, bleibt uns konstitutiv entzogen, da wir nichts bestimmen können, ohne daß die Bedingungen der diskursiven Rationalität im Spiel sind. Totalität ist jeweils nur über Negation und Ausschluß anzustreben. Damit werden aber sogleich Angeln eines Diskurses generiert, die selektieren, was als ein Zug gelten soll und was nicht. Auf diese Weise werden Alternativen ausgeblendet, von denen wir diskursintern nichts ahnen, da der Diskurs nur registrieren kann, was er als potentielles Element zuläßt. Alles andere verschwindet im Hintergrund. Versuchen wir, die Grenzen des Diskurses zu überschreiten, gelangen wir nur in einen anderen Diskurs. Wie Thomas Nagel zu Recht gezeigt hat, bleibt uns ein Blick von Nirgendwo verwehrt, da man nichts sieht, wenn man nirgends steht.[287] Doch diese Einsicht in die Endlichkeit gehört selbst einem Diskurs an, nämlich dem der Metatheorie, zu dessen Motivation der Pyrrhonische Skeptizismus gehört. Ohne die Metabase vom Wissen erster Ordnung (dem Weltwissen) zum Wissen des Wissens von der Welt, das versucht, alles Weltwissen als solches zu thematisieren, gelänge uns die Einsicht in die diskursive Relativität der Rechtfertigung nicht. Die skeptische (Paradoxie-anfällige) Einsicht, daß alles relativ ist (πάντα ἐστὶ πρός τι [PH 1.135]), verdankt sich – in Heideggers

[286] »[…] that our relation to the world as such is not one of knowing« (Cavell: *The Claim of Reason*, 48; vgl. auch 45, 241 u. ö.).

[287] Vgl. dazu natürlich Nagel: *The View From Nowhere.*

Worten – unserer Transzendenz.[288] Diese Relativität hat allerdings nicht zur Folge, daß wir unter anderen Bedingungen als den hiesigen nichts wissen können. Wir können nur unter den Bedingungen der Reflexionstheorie nicht wissen, ob wir irgendetwas wissen. Wir wissen demnach im Einzelfall nicht, *ob* wir etwas wissen. Um herauszufinden, was wir wissen, müssen wir die Welt untersuchen und uns auf bestimmte Rechtfertigungspraktiken einlassen. Ob und welche zur systematischen Akkumulation wahrer Urteile und mithin zu Wissen führen, läßt sich seinerseits nur vor Ort entscheiden und liegt nicht im Ermessen der Erkenntnistheorie.

Anton Friedrich Koch hat in seinem *Versuch über Wahrheit und Zeit* die »antinomische Natur des Diskurses« (§§ 35–42) herausgearbeitet. Koch weist nach, daß die Kombination von Selbstreferenz und Negation und damit jedes negative Selbstverhältnis (Endlichkeit) eine Antinomie erzeugt. Diese zeige sich etwa in der Antinomie des Lügners, komme aber letztlich in allen Antinomien zum tragen. Die generelle Formulierung der Antinomie ergibt sich bei Koch aus dem Begriff einer selbstbezüglichen Negation. Gäbe es eine selbstbezügliche Negation (nennen wir sie mit Koch ν), dann wäre diese *qua* Negation ihrer selbst so definiert, daß: $\nu \leftrightarrow_{\text{def.}} {\sim}\nu$. Da der Ausdruck ν auf der rechten Seite der Gleichung wiederkehrt, folgt aufgrund der Selbstanwendung der Definition: $\nu \leftrightarrow {\sim}({\sim}\nu)$, woraus wiederum durch dieselbe Anwendung folgt, daß $\nu \leftrightarrow {\sim}({\sim}({\sim}\nu))$ usw. *in infinitum*. Die selbstbezügliche Negation generiert also das Paradigma aller Antinomien, obwohl wir sie nicht verstehen können, ohne eine bestimmte Antinomie, wie etwa die des Lügners, zu formulieren.

Eine andere Möglichkeit, dieselbe Antinomie zu generieren, läßt sich mit Brandom formulieren, wobei Brandom freilich versucht, die Antinomie aufzulösen (vgl. § 15). Hegel ist berühmt für seine Rezeption von Spinozas grundlegendem Bestimmungsaxiom, dem zufolge *omnis determinatio est negatio.*[289] Diesem Axiom nach ist alles genau dadurch dasjenige, was es ist, daß es alles andere nicht ist. Diese Position bezeichnet Brandom als »starken semantischen Individuationsholismus«.[290] Angenommen nun, es gäbe eine Welt, die

---

[288] Vgl. dazu meine Ausführungen in Gabriel: »Endlichkeit und absolutes Ich«.

[289] Bekanntlich ist dieses von Spinoza übernommene Prinzip für Hegel »von unendlicher Wichtigkeit« (TWA, 5, 121). In seiner Deutung besagt das Prinzip, daß die »Bestimmtheit […] die Negation als affirmativ gesetzt« (ebd.) ist.

[290] Brandom: *Tales of the Mighty Dead*, 183 f.

aus zwei Elementen, A und B, bestünde. Da für diese Welt (wie für alle Welten) das Bestimmungsaxiom gälte, stünde A in einer Exklusionsrelation zu B. Wäre dies nicht der Fall, so gäbe es auch keine Welt, da es überhaupt nichts gäbe, wenn es nur Eines gäbe.[291] Denn jenes Eine müßte *ex hypothesi* von einem Anderen unterschieden sein. A und B schließen einander also aus. Sind sie aber Relata einer Exklusionsrelation, so stellt sich die Frage, ob die Relation ihrerseits bestimmt ist. Diese Frage muß natürlich positiv beantwortet werden, da ansonsten nicht ausgeschlossen werden könnte, daß die Exklusionsrelation eine Inklusionsrelation ist, womit die kaum geschaffene Welt auch schon wieder implodierte. Die Relation von A und B muß also ihrerseits bestimmt sein. Ist sie aber bestimmt, so fragt sich sogleich, wovon sie sich unterscheidet. In unserer minimalen Welt kann sie sich nicht von der Inklusionsrelation unterscheiden, da es diese dort noch nicht gibt. Also unterscheidet sie sich von ihren Relata. Unterscheidet sie sich aber von ihren Relata, so gibt es mindestens wiederum zwei Relationen: Die Metarelation (R_2) der Relation (R_1) plus A sowie die Metarelation (R_3) von (R_1) plus B. Da alles durch sein Anderes bestimmt ist, müssen sich (R_1), (R_2) und (R_3) unterscheiden, da sie in Relationen zu jeweils Verschiedenem stehen und dadurch verschieden bestimmt sind. Auf diese Weise ergeben sich aber unendlich viele Relationen, da die drei Relationen ihrerseits in sie bestimmenden Relationen zueinander stehen usw. *in infinitum*. Man kann diese Antinomie des Bestimmungsaxioms nicht dadurch abwehren, daß man sagt, daß alle Relationen dieselbe, nämlich die Exklusionsrelation sind, da diese selbst in einer Exklusionsrelation vorkommt, durch die sie gegen ihr Anderes bestimmt ist. Die gegen eines ihrer Relata bestimmte Exklusionsrelation ist aber nicht identisch mit der gegen das andere ihrer Relata bestimmten Exklusionsrelation, da die beiden Relationen verschiedene Relata haben und dadurch gegeneinander durch die Exklusionsrelation bestimmt sind. Der starke Individuationsholismus wird also durch die Kombination von Selbstreferenz und Negation, mithin als negatives Selbstverhältnis zur Antinomie.

Schließlich läßt sich eine weitere, dritte Version der Antinomie auf der Basis des Bestimmungsaxioms formulieren. Dazu genügt es,

---

[291] Vgl. dazu ausführlicher Gabriel, M.: »Chôra als *différance*. Derridas dekonstruktive Lektüre von Platons *Timaios*«, in Fitzi, G. (Hrsg.): *Platon im Diskurs*. Heidelberg 2006, 51–66.

eine einfache Welt einzuführen, in der es genau zweierlei, sagen wir: P und Q, gäbe. Wenn P dadurch definiert wäre, daß es nicht Q ist, und Q dadurch definiert wäre, daß es nicht P ist, so ergäben sich die folgenden Definitionen:

(1) $P \leftrightarrow_{def.} {\sim}Q$

(2) $Q \leftrightarrow_{def.} {\sim}P$

Nun ist es leicht einzusehen, daß die Kombination von (1) und (2) darauf verpflichtet, (1) folgendermaßen aufzufassen:

(3) $P \leftrightarrow_{def.} {\sim}({\sim}P)$ [Da Q und ~P äquivalent sind]

Dies ist leider kein Beweis der Gültigkeit der Eliminationsregel für die doppelte Negation, da schließlich P äquivalent mit ~Q ist. Denn bedenkt man dies wiederum, so ist man aufgrund von (1) und (2) verpflichtet, (3) folgendermaßen aufzufassen:

(4) $P \leftrightarrow_{def.} {\sim}{\sim}({\sim}Q)$

Da man auf beiden Seiten der Definitionen unendlich viele Anwendungen der definitorisch festgelegten Äquivalenzen durchführen kann, verliert man jeglichen Halt unter den Füssen. An dieser Stelle könnte es sinnvoll scheinen, diese letzte Version der Antinomie dadurch vermeiden zu wollen, daß man darauf besteht, daß P zunächst P und dann auch noch von Q unterschieden ist. Diese Annahme wäre dadurch motiviert, daß sie die Vermeidung der Antinomie ermöglichen könnte. In diesem Falle behauptete man aber, daß irgend etwas einfach nur dadurch das sein kann, was es ist, daß es dasjenige ist, was es ist. Ein solches An-sich, das der klassischen Unterscheidung von Substanz (= An-sich) und Akzidenz (= Relation) zugrunde liegt, ist aber selbst nur dadurch bestimmt, daß es sich *qua* Substanz von den akzidentellen Relationen unterscheidet. Die Substanz ist demnach im logischen Raum der Distinktion von Substanz (S) und Akzidenz (A) selbst ein Element, das sich so verhält wie P zu Q in der P-Q-Welt. Dies bedeutet, daß es einen logischen Raum der Distinktion, die Akzidenz-Substanz-Welt gibt, für die sich auf einer logisch höherstufigen Ebene dasselbe Problem einstellt wie für die P-Q-Welt. Da wir uns auf A, S, P und Q jeweils nur dann identifizierend beziehen können, wenn wir imstande sind, einen Unterschied zu treffen, gelten jeweils Differenzrelationen, die zur Fortschreibung der Antinomie auf jeder logischen Ebene nötigen. Die Annahme einfacher Elemente (Wittgenstein'scher »Gegenstände« aus dem *Tractatus*, Platonischer Ideen oder Aristotelischer ἁπλᾶ, Russell'scher Sinnesdaten usw.), mit anderen Worten: der Mythos des Gegebenen scheitert an der Antinomie, die sich immer wieder einstellt, da wir als diskursive Wesen nichts identifizierend erfassen können, ohne es im Medium der Vermittlung von anderem zu unterscheiden.

Wenn jedes negative Selbstverhältnis ein Fall der allgemeinen antinomischen Natur des Diskurses ist, wie sie sich mit Koch und Brandom formulieren läßt, nimmt es nicht wunder, daß dies auch für die selbstreferentielle Endlichkeit gilt, bei der wir nun angelangt sind. Unsere gesamte Reflexion erzeugt demnach eine Antinomie, die wir im Verlauf der Theoriekonstruktion schrittweise explizit gemacht haben. Auf diese Weise ist die Retorsion, d. h. die endgültige Selbstanwendung vollstreckt, die zum Pyrrhonischen Skeptizismus gehört. An der Grenze des Diskurses bricht alles unter uns zusammen, was der frühe Wittgenstein mit seiner paradoxen Behauptung zum Ausdruck gebracht hat, daß die Sätze des *Tractatus* dadurch erläutern, daß sie (den durch sie selbst definierten Standards zufolge) unsinnig sind (TLP 6.54). Bevor wir auf dem skeptischen Ton der selbstreferentiellen Endlichkeit und damit als Dasein im Sinne Heideggers enden wollen, sei noch ein letzter Versuch unternommen, die Welt mit Brandom zu retten, obwohl Rorty schon vor Jahrzehnten festgestellt hat, sie sei »well lost«.[292]

§ 15. Ein letzter Versuch, die Welt zu retten: Brandom mit Hegel

Brandoms prominenter Versuch, die analytische Philosophie, genauer: die *Semantik qua* Theorie des begrifflichen Gehalts von einem Kantischen in ein Hegelsches Stadium zu überführen, verweist auf einen konstitutiven blinden Fleck, dessen Beseitigung im Zentrum von Hegels Konstruktion eines absoluten Idealismus steht. Dieser blinde Fleck ist der Begriff der Totalität bzw. der Welt, den Brandom stets nur *en passant* erwähnt, wobei er ihn allein *ex negativo* bestimmt. Ihm geht es nämlich nicht darum, eine Ontologie im Sinne einer Theorie erster Ordnung darüber aufzustellen, was die Welt ist, sondern vielmehr darum, die Paradoxie-anfällige Frage zu *lösen*, wie wir überhaupt einen mentalen, und d. h. semantisch vermittelten, Zugang zu einer Welt haben können, die unseren begrifflichen Anstrengungen durch diese unvermittelt vorhergeht. Dabei könne man,

[292] Vgl. Rorty, R.: »The World Well Lost«, in: *The Journal of Philosophy* 69/19 (1972), 649–665.

so Brandom, von Hegel lernen, daß die Zugangsbedingungen zur objektiven Welt im Rahmen eines »objektiven Idealismus« expliziert werden sollten. Unter einem »objektiven Idealismus« versteht Brandom aber wiederum keine Ontologie, die etwas der Form behauptet, daß Sein eigentlich Geist ist. »Objektiver Idealismus« sei vielmehr die These, daß der Begriff einer objektiven Welt für uns ein Implikat unserer Begriffe »Irrtum« und »Überzeugungsrevision« sei. Unser epistemischer *trial-and-error*-Prozeß, den Brandom mit Hegels Begriff der »Erfahrung« in der *Phänomenologie des Geistes* identifiziert,[293] sei so angelegt, daß er auf eine Welt an sich, unabhängig von unseren semantischen Selbstexplikationen verweise. Idealismus *at its best* sei demnach keine Behauptung einer Referenz-Abhängigkeit *(reference dependence)*, d.h. keine Theorie, die behauptet, daß es irgendetwas, in diesem Falle die Welt, nicht gäbe, wenn es irgendetwas anderes, in diesem Falle »semantisch kompetente Wesen«, nicht gäbe.[294] Hegel wolle also nicht behaupten, daß der Begriff »Welt« auf nichts zuträfe, wenn der Begriff »Welterkenntnis« auf nichts zuträfe. Der objektive Idealismus sei die viel harmlosere, aber immer noch interessante Behauptung, daß unser Spiel des Gebens und Verlangens von Gründen darauf aus sei, intersubjektiv vermittelbar zu entdecken, was immer schon der Fall ist. Der objektiven Welt kommt so eine unvertretbare Funktion in der Konstitution der sozialsemantischen Dimension zu, innerhalb derer Ansprüche auf Objektivität und damit auf Erkenntnis dessen, was ohnehin der Fall ist, angemeldet und geprüft werden können. Die objektive Welt ist

---

[293] Brandom: *Tales of the Mighty Dead*, 207, 221, 225; ders.: »Sketch of a Program for a Critical Reading of Hegel. Comparing Empirical and Logical Concepts«, in: *Internationales Jahrbuch des Deutschen Idealismus* 3 (2005), 131–161, hier: 141, 146, 150 u.ö. »Erfahrung« ist Brandom zufolge »the process of resolving incompatible commitments.« (*Tales of the Mighty Dead*, 207) Damit beraubt er die *PhdG* ihrer historischen Dimension. Weder die französische Revolution noch die Gestalten der Religion oder der (Kantischen) Moralität sind empirische Theorien, die zu weiteren Theorien fortschreiten, nachdem sie eingesehen haben, daß sie mit Fakten der objektiven Welt im Sinne Brandoms inkompatibel sind. Brandoms Hegel-Deutung wagt eigentlich nirgends den Schritt über die Ontologie der Wahrnehmung hinaus, für welche die Welt aus Dingen mit Eigenschaften besteht. Geschichte, wie sie als Inhalt einer Wissenschaft von der Erfahrung des Bewußtseins gedacht wird, kann unter Brandoms Prämissen nicht ontologisch thematisiert werden.

[294] »Concept P is *sense dependent* on concept Q just in case one cannot count as having grasped P unless one counts as having grasped Q. Concept P is *reference dependent* on concept Q just in case P cannot apply to something unless Q applies to something.« (*Tales of the Mighty*, 50)

dabei genau dasjenige, was unabhängig davon der Fall ist, daß es in einer Relation auf die sozialsemantische Dimension vorkommt.[295]

Nun ist Brandom zufolge die sozialsemantische Dimension allein inferentiell artikulierbar, da jede Behauptung semantische Verpflichtungen eingeht, die prinzipiell dadurch expliziert werden können, daß man sich dessen bewußt wird, was aus der Behauptung wirklich folgt und woraus sie wirklich folgt.[296] Unsere diskursive Rationalität im ganzen besteht nach Brandom daher in nichts anderem als einem unablässigen Prozeß der semantischen Explikation und wechselseitigen diskursiven Kontrolle der Verpflichtungen der Bewohner der sozialsemantischen Dimension, deren Weltumgang im Unterschied zu dem von Papageien und Thermometern nicht an Reiz-Reaktion-Schemata gebunden ist. Denn sie können bestimmen, was es ist, das sie jeweils affiziert und worauf sie sich festlegen, wenn sie es als ein so-und-so bestimmen. Zu bestimmen, was etwas ist, heißt aber, ihm in einer Aussage ein Prädikat zuzuschreiben. Alle Prädikate bilden dabei dadurch eine Prädikatentotalität, die Kantische *omnitudo realitatis*, daß sie durch Exklusion und damit Negation aller Prädikate, mit denen sie inkompatibel sind, das sind, was sie sind. Daß somit alles mit allem in prädikativ nachvollziehbaren Inklusions- und Exklusionsrelationen steht, sieht Brandom in Hegels Lehre von der »bestimmten Negation« zum Ausdruck gebracht, die damit allerdings auf Spinozas Determinationsprinzip reduziert und somit ihrer eigentlich antiskeptischen Pointe in der *Phänomenologie des Geistes* beraubt wird.[297]

---

[295] Für eine kritische Diskussion von Brandoms Begriff eines »objektiven Idealismus« vgl. Pippin, R. B.: »Brandom's Hegel«, in: *European Journal of Philosophy* 13/3 (2005), 381–408.

[296] Dies identifiziert Brandom einmal mit der Unmittelbarkeit und folglich mit der Welt, wenn er »immediacy« folgendermaßen glossiert: »how things really are, what is really incompatible with what, and what really follows from what« (»Sketch of a Program for a Critical Reading of Hegel«, 141).

[297] Vgl. etwa *Tales of the Mighty Dead*, 223; »Sketch of a Program for a Critical Reading of Hegel«, 140. Brandom läßt sich daher auch zu einem eindeutig verfälschenden Zitat aus der *Einleitung* in die *PhdG* hinreißen, der er entgegen der Auskunft des Texts attestiert, *kein* »Weg der Verzweiflung« (TWA, 3, 72) des natürlichen Bewußtseins zu sein (vgl. »Sketch of a Program for a Critical Reading of Hegel«, 148). Hegel beabsichtigt aber *expressis verbis* nachzuweisen, daß das natürliche Bewußtsein am Ende seiner Erfahrung zur Einsicht in seine eigene »Unwahrheit« (TWA, 3, 72) gelangt, die darin besteht, daß ihm »dasjenige das Reellste ist, was in Wahrheit nur der nicht realisierte Begriff ist.« (ebd.) Diese Unwahrheit besteht nicht etwa darin, daß das Bewußtsein glaubt, ein kohärentes System von Überzeugungen über die Welt ausbilden zu können,

Der semantische Holismus, dem zufolge alle Prädikate zu einer inferentiell artikulierbaren Prädikatentotalität gehören, ist nach Brandom für uns nur unter der Voraussetzung *behauptbar*, daß wir damit rechnen, daß die Welt objektiv – und damit meint er: referenz-*unabhängig* von ihrer Relation auf semantisch kompetente Wesen – durchgängig bestimmt ist. Wer imstande sei, seine Überzeugungen in dem Augenblick zu revidieren, in dem er einsieht, daß seine Überzeugungen ihn gleichzeitig auf die Zuschreibung zweier inkompatibler Prädikate zu derselben Sache verpflichten, sei *ipso facto* imstande zu verstehen, was eine objektive Welt ist. Denn eine objektive Welt sei nichts anderes als ein Bereich, in dem nichts inkompatible Eigenschaften haben *kann*, während die subjektive Welt, d. h. die sozialsemantische Dimension, ein Bereich ist, in dem niemand inkompatible Überzeugungen haben *soll*, was gerade nicht aus-, sondern vielmehr einschließt, daß er sie haben *kann*.[298] Diese *deontologische Differenz* von subjektiven und objektiven Inkompatibilitäten bezieht beide zugleich so aufeinander, daß sie sich wechselseitig bestimmen. Nur wer versteht, was die deontologische Differenz ist, versteht, was es heißt, seine Überzeugungen mit Absicht auf Wahrheit zu revidieren. Der Begriff einer objektiven Welt steht zu unserem semantischen Selbstbewußtsein demnach in einer Sinn-Abhängigkeit, wobei diese begriffliche, d. h. semantische Wechselbestimmung sich nicht in der Welt als ein kausales Ereignis, sondern lediglich in unserem se-

---

sondern daß das Bewußtsein der Überzeugung ist, daß sich seine Überzeugungen auf etwas richten, das ihm ontisch vorhergeht. Brandom hingegen tritt von vornherein als ein Advokat des natürlichen Bewußtseins auf, dessen Weltbegriff er selbst übernimmt. In der *PhdG* steht die bestimmte Negation nicht für einen Holismus, sondern wird *expressis verbis* als ein operativer Begriff, ja, geradezu als der Motor der Geschichte des Bewußtseins eingeführt. »Der Skeptizismus, der mit der Abstraktion des Nichts oder der Leerheit endigt, kann von dieser nicht weiter fortgehen, sondern muß es erwarten, ob, und was ihm etwa Neues sich darbietet, um es in denselben leeren Abgrund zu werfen. Indem dagegen das Resultat, wie es in Wahrheit ist, aufgefaßt wird, als *bestimmte* Negation, so ist damit unmittelbar eine neue Form entsprungen, und in der Negation der Übergang gemacht, wodurch sich der Fortgang durch die vollständige Reihe der Gestalten von selbst ergibt.« (TWA, 3, 74; vgl. TWA, 5, 49).

[298] »The *process* on the *subjective* side of *certainty* that corresponds to the *relation* of incompatibility of facts or properties on the *objective* side of *truth* is resolving incompatible *commitments* by revising or relinquishing one of them. […] *[O]bjectively* incompatible properties *cannot* characterize the same object (objectively incompatible facts cannot characterize the same world), while *subjectively* incompatible commitments merely *ought not* to characterize the same subject.« (Brandom: *Tales of the Mighty Dead*, 193)

mantischen Selbstbewußtsein vollzieht. Auf diese Weise meint Brandom, den Begriff eines objektiven Idealismus ohne Hypostasierung eines weltsetzenden Subjekts oder einer absoluten Subjektivität definieren zu können.

Es ist offenkundig, daß Brandom Hegel damit vom Vorwurf eines vulgär verstandenen *esse est percipi* freisprechen will, dem zufolge es etwa nur Berge gibt, wenn es semantisch kompetente Wesen gibt, die den singulären Terminus »Berg« korrekt verwenden können. Doch die einzige Alternative zu einem solchen in der Tat abwegigen und kaum ernstzunehmenden subjektiven Idealismus, den in dieser Minimalform wohl niemand, auch nicht der vielgescholtene Berkeley, ernsthaft vertreten hat, ist seines Erachtens die Annahme, daß die Welt immer schon und ohne notwendige Relation auf ihr Gewußtwerden da ist. »Der Gedanke, daß diese Welt immer schon ohnehin da ist *(always already there anyway)*, ohne Rücksicht auf irgendwelche Aktivitäten wissender und handelnder Subjekte, galt immer als die fundamentalste Entgegnung auf jede Art von Idealismus.«[299] Die Negation eines so verstandenen Idealismus ist demnach die These, daß es für jeden Weltinhalt kontingent ist, daß er ein Gegenstand des Wissens ist, wenn er zum Gegenstand eines Wissens geworden ist. Alles, was in der objektiven Welt der Fall ist, wäre auch dann modal robust der Fall gewesen, wenn es niemals jemanden gegeben hätte oder geben würde, der es feststellt.

Doch die Welt selbst wird von Brandom als eine Zugangsbedingung zum Begriff der Objektivität und damit als Theorieelement eingeführt. Es kann demnach zunächst festgehalten werden, daß Brandom den Weltbegriff nur als Moment einer semantischen Triangulation sich widersprechender Subjekte bzw. widerstreitender Überzeugungen und der objektiven Welt einführt, die alle Widersprüche von sich weist, da sie keine widersprüchlichen Zustände annehmen kann. Die Welt tritt schließlich nicht als Selbstverständlichkeit in die Theorie ein, sondern wird von der Theorie als ihr Anderes vorausgesetzt, zu dem *a priori* ein diskursiver Zugang garantiert werden soll.

Diese Konstruktion dürfte bei jedem Hegel-Leser zumindest

---

[299] »The *thought* [meine Hervorhebung, M. G.] that that world is always already there anyway, regardless of the activities, if any, of knowing and acting subjects, has always stood as the most fundamental objection to any sort of idealism.« (Brandom: *Tales of the Mighty Dead*, 208)

den Verdacht erregen, daß Brandoms Weltbegriff ein Index einer »Zärtlichkeit für die Dinge« ist. »Die gewöhnliche Zärtlichkeit für die Dinge aber, die nur dafür sorgt, daß diese sich nicht widersprechen, vergißt hier wie sonst, daß damit der Widerspruch nicht aufgelöst, sondern nur anderswohin, in die subjektive oder äußere Reflexion geschoben wird« (TWA, 6, 55). Offenkundig sollte sich Hegels Geringschätzung der Zärtlichkeit für die Dinge, die Brandoms deontologische Differenz zum Ausdruck bringt, kaum nur in eine äußerliche, polemische Beziehung zu Brandoms Weltbegriff bringen lassen. Denn Hegel behauptet schließlich nicht ohne Grund, daß der Widerspruch eine *ontologische* Struktur ist. Im großen systematischen Rahmen seines absoluten Idealismus geht es nämlich darum zu zeigen, daß die einzige adäquate »Definition des Absoluten« (TWA, 5, 73; 8, 180; 8, 366 f., u. ö.) in einer Theorie, ja einem »System der Totalität« (TWA, 6, 569) erbracht werden muß. Ein System der Totalität wäre aber in nicht nachvollziehbarer Weise unvollständig, wenn es lediglich die sozialsemantische Dimension untersuchte, außerhalb derer sich die eigentliche Totalität, nämlich die durchgängig bestimmte objektive Welt befände. Eine solche Welt wäre nur *e negativo* charakterisierbar, was in letzter Konsequenz jederzeit auf ein an sich unerkennbares Ding an sich führte, das sich zuletzt durch nichts als seine absolute deskriptive Leere auszeichnete und damit zum Sein am Anfang der Logik zurückkehrte.

Brandom selbst trägt dem Totalitäts-Aspekt des Hegelschen Projekts lediglich beiläufig Rechnung, wenn er an einer Stelle eine »Welt von Fakten« (world of *facts*) von der Hegelschen »Unendlichkeit« unterscheidet, wobei Brandom unter Unendlichkeit wiederum nichts anderes als eine holistische relationale Struktur versteht.[300] Diese bedarf Brandom zufolge aber eines Anhalts an der Unmittelbarkeit, da sie ansonsten in eine Relation ohne Relata implodierte (vgl. § 14).[301] Demzufolge muß alles zunächst dasjenige sein, was es

[300] Brandom: *Tales of the Mighty Dead*, 185.

[301] »Strong individuational semantic holism asks us to think of conceptual contents – that is, for Hegel, whatever is in any coherent sense *determinate* – as forming a *holistic relational structure*. Such a structure would consist of a domain and set of relations of material exclusion defined on that domain. But, further, it asks us to understand the domain elements themselves as constituted by the relations of material exclusion it stands in to other domain elements. The relata are in a sense dissolved into the relations between them. […] The intelligibility of the relations themselves is threatened.« (Brandom: *Tales of the Mighty Dead*, 187)

ist, um sodann gegen alles andere bestimmt zu sein. Daher müsse die holistische Struktur, die Brandom mit Hegels *Begriff* im eminenten Singular identifiziert, aus Einzeldingen *(objects)* bestehen, auf die wir uns mit singulären Ausdrücken beziehen. Wenn alles nur dadurch bestimmt ist, daß es sich von allem anderen, das es nicht ist, prinzipiell prädikativ nachvollziehbar unterscheiden läßt, dann muß alles zunächst etwas sein, das als Relat einer Inklusions- oder Exklusionsrelation auftreten *kann*, aber nicht muß.

Doch Hegel selbst mutet uns bekanntlich den Widerspruch einer freischwebenden Relation, der berühmt-berüchtigten »Bewegung von Nichts zu Nichts und dadurch zu sich selbst zurück« (TWA, 6, 24) zu, um diese durch den Widerspruch zugrunde, d. h. zum Grunde (zurück-)gehen zu lassen. Ohne den Durchgang durch die konstitutiv labilen reflexionslogischen Kategorien kann man gar nicht beim Begriff des Begriffs anlangen. Dieser wird freilich so eingeführt, daß Allgemeines, Besonderes und Einzelnes Momente seiner Totalität sind. Doch ist bei Hegel gerade nicht das Einzelne, d. h. die Funktionsstelle für singuläre Termini, die aufgehobene Unmittelbarkeit des Seins, sondern vielmehr das Allgemeine. In diesem Sinne argumentiert Hegel bekanntlich auch gegen die »sinnliche Gewißheit«, daß ihr Versuch, sich auf Einzelnes zu beziehen, dieses vielmehr immer schon in ein Allgemeines transformiere. Hegels Begriff des Allgemeinen läßt sich (in erneuter Anlehnung an Hogrebe) als Distinktionsdimension übersetzen: Diese ist das Allgemeine, der logische Raum, in dem Unterschiede getroffen werden können. Das Sein ist deshalb das Allgemeine, weil es der Name für die noch unbestimmte Distinktionsdimension, die Allgemeinheit des Begriffs ist.

Brandom hingegen scheint vorzuschweben, daß Hegel wie er selbst eine Einzeldingontologie vertritt, für deren Notwendigkeit Brandom ein semantisches Argument entwickelt hat. Die Welt ist diesem Argument zufolge die Totalität aller Objekte oder Einzeldinge, auf die wir individuierend mit singulären Termini Bezug nehmen können. Die Verwendung singulärer Termini setzt voraus, daß der jeweilige Gegenstand, auf den sie Bezug nehmen, eine Substanz im Aristotelischen Sinne, d. h. ein Zugrundeliegendes ist, dem bestimmte Eigenschaften an sich zukommen, die wir prädikativ artikulieren und inferentiell in Begründungen einsetzen können. Zwar haben wir zu diesen nur einen begrifflichen und, gemäß der inferentiellen Semantik, holistischen Zugang. Doch hebt dies die Unmittelbarkeit der Welt keineswegs auf, die in der totalen Vermittlung der sozialsemantischen Dimension nur als »brute thereness«[302] bzw. als Immer-schon erscheint, das als ontischer Grund unseren begrifflichen Aktivitäten zugrundeliegt. Diese *brute thereness* identifiziert Brandom *expressis verbis* mit der Hegel'schen Unmittelbarkeit.

Die Unmittelbarkeit (das Sein der *Seinslogik*) ist bei Brandom im Unterschied zu Hegel allerdings kein Begriff, sondern das Gegebene *sensu stricto*, d. h. das Faktum einer Welt, in die wir als semantische Wesen hineingestellt werden, ohne zu wissen, woher und warum. Doch dieser Welt- bzw. Seinsbegriff ist genau dasjenige, was Hegel – *that great foe of »immediacy«*[303], wie Sellars pointiert formuliert hat – mit seinem absoluten Idealismus ablösen will. Die Welt ist gerade nicht irgendetwas, das unserem Weltbegriff ontisch unvermittelt vorhergeht, da diese Annahme ihrerseits ein *Gedanke* ist, wie Brandom an der oben (391) zitierten Stelle übrigens selber schreibt. Das bedeutet zwar nicht, daß die Welt *nur* ein Gedanke ist, was eine unsinnige These wäre, sondern lediglich, daß der Weltbegriff in eine Theorie eingeführt und mithin in ihrem Kontext motiviert werden muß. Das heißt aber wiederum nichts anderes, als daß eine Theorie der *Totalität*, die damit rechnet, daß die Welt als das Immer-schon eine Voraussetzung des Begriffs ist, immer auch schon eine *Theorie* der Totalität ist. In diesem Sinne argumentiert Hegel in der *Wesenslogik* eindeutig dafür, daß das Sein im terminologischen Sinne eine *Voraussetzung* des Wesens sei (vgl. TWA, 6, 26–30). Dies nimmt auch Brandoms Theorie in Anspruch, obwohl sie diese Facette, die eine Voraussetzung ihrer selbst ist, im Unterschied zu einigen ihrer Grundbegriffe nicht zu semantischem Selbstbewußtsein erhebt und damit in kritische Distanz bringt.

Brandoms Theorie weist demnach einen blinden, weil nicht eigens thematischen Fleck, nämlich seinen Weltbegriff, auf, in dem man einen Restnaturalismus vermuten darf.[304] Dieser Restnaturalis-

---

[302] Brandom: *Tales of the Mighty Dead*, 204, 206.

[303] Sellars: *Empiricism and the Philosophy of Mind*, 14.

[304] Dieser zeigt sich besonders deutlich etwa an der folgenden Stelle, an der Brandom die Welt und die sozialsemantische Dimension im Sinne eines ontologischen Naturalismus entgegensetzt: »Our activity *institutes* norms, *imposes* normative significances on a natural world that is intrinsically without significance for the guidance or assessment of action. A normative significance is imposed on a nonnormative world, like a cloak thrown over its nakedness, by agents performing preferences, issuing orders, entering into agreements, praising and blaming, esteeming and assessing.« (Brandom: *Making it explicit*, 48)

mus führt in einem neueren Aufsatz Brandoms zur Formulierung einer Adaptionstheorie der Erfahrung bzw. von empirischen Begriffen, die Brandom Hegel attestieren möchte.[305] Brandom behauptet, daß die Welt als das Immer-schon verstanden werden müsse, an das wir mit unseren Begriffen heranreichen wollen, obwohl diese konstitutiv unerschöpflich seien. So bleibt die Welt einerseits immer dasjenige, was wir niemals vollständig in unsere Begriffe einholen können; andererseits aber zeigt sich dies dadurch, daß wir aus diskursiven Widersprüchen auf eine objektive Welt schließen dürfen, die vom Widerspruch freizusprechen ist. Andernfalls könnten wir nicht fortfahren, unser Begriffsnetz *ad infinitum* immer feinmaschiger zu knüpfen, damit es sich der Welt anpaßt.

In der *Wesenslogik*, insbesondere in seiner Theorie der Reflexion, entwickelt Hegel eine Theorie der *Voraussetzung*, der zufolge das Sein die Voraussetzung des Wesens ist. Voraussetzung nimmt dabei eine doppelte Bedeutung an. *Einerseits* ist das Sein eine *Voraus*setzung des Wesens und damit der Reflexion in dem von Brandom in Anspruch genommenen Sinne: Die Reflexion kann sich nur am Sein vollziehen, das ihr daher konstitutiv als ihr Anderes erscheint. Das Sein ist also eine ontische *Voraus*setzung der Reflexion. Wer oder was reflektiert, findet sich bereits einer Welt gegenüber vor, die sie, er oder es sich nicht unmittelbar als eigenes Produkt zuschreibt. *Andererseits* ist das Sein aber auch eine ontologische Voraus*setzung* des Wesens, d. h. das Wesen selbst, das sich in sich reflektiert und dadurch seine eigene Ausgangsbasis generiert. Indem das Wesen die »Bewegung von Nichts zu Nichts und dadurch zu sich selbst zurück« (TWA, 6, 24) und damit absolute Negativität ist, ist es zugleich es selbst. Es ist Identität und Unterschied in eins. Diese Gleichheit des Wesens mit sich in seinem Unterschied besteht nur darin, daß es sein Setzen aufhebt, das *a limine* Nichts als sich selbst setzt. Doch indem es Nichts als sich selbst setzt, hebt es sein Setzen überhaupt auf, das ursprünglich darauf aus ist, etwas vorzufinden, das unabhängig davon ist, daß es gesetzt wird (ein *Voraus*gesetztes). Diese logische Struktur der Reflexion nennt Hegel »Voraussetzen«, das er *expressis verbis* als »das Aufheben des Setzens in ihrem [d. h. der Reflexion] Setzen« (TWA, 6, 27) bestimmt. Doch was soll dies bedeuten?

Ich schlage vor, Hegels logische Matrix folgendermaßen anhand des Weltbegriffs zu konkretisieren, von wo aus sich m. E. ein Pfad zu

[305] Vgl. Brandom: »Sketch of a Program for a Critical Reading of Hegel«.

einer Transformation Brandoms *(malgré lui)* in einen absoluten Idealisten auftut. Propositionales Wissen ist eine faktive intentionale Einstellung. Wenn ein Fall von Wissen, daß p, vorliegt, dann ist es zumindest der Fall, daß p, und ebenso der Fall, daß es jemand für wahr hält, daß p. Ein propositionaler Gehalt muß demnach dergestalt etwas für jemanden sein können, daß dieser sich immerhin so auf ihn bezieht, *als ob* er unabhängig davon vorläge, *daß* er sich auf ihn bezieht. Diese Annahme ist notwendig, um den Objektivitätskontrast zwischen Wissen und Fürwahrhalten zu garantieren.[306] Der Begriff des Wissens setzt also zumindest voraus, daß sich jemand so auf einen begrifflich bestimmten Gehalt beziehen kann, *als ob* dieser von dieser Bezugnahme freigesprochen werden könnte. Denn nichts anderes heißt es, etwas mit epistemischer Absicht für wahr zu halten. Das bedeutet aber, daß jemand in epistemischer Absicht etwas, d. h. einen begrifflichen Gehalt, so setzen muß, daß er die dadurch hergestellte Beziehung dem Gehalt selbst zugleich abspricht, da dieser unabhängig davon der Fall sein soll, daß er in Relation auf ein Wissen vorkommt. Die Faktivität oder Objektivität von Wissen setzt demnach voraus, daß es etwas gibt, das gewußt werden kann, aber nicht notwendig in Relation auf ein Wissen vorkommt. Damit ist aber ein Grenzbegriff der Objektivität in den Wissensbegriff eingebaut, den Kant als »Noumenon in negativer Bedeutung« (KrV, B309 ff.; vgl. oben, 84 f.) bezeichnet hatte und der bei Brandom als »Unmittelbarkeit« bzw. »brute thereness« wiederkehrt, an der sich unsere begrifflichen Anstrengungen orientieren müssen, ohne sie jemals begrifflich vollständig einholen zu können. Doch läßt sich diese Unmittelbarkeit schlecht zu einer objektiven Welt (und damit einem positiven Noumenon) hypostasieren, da diese als Inbegriff objektiver durchgängiger Bestimmtheit und nicht als das unbestimmt Unmittelbare gedacht werden soll.

Mit Hegel kann man somit gegen Brandom prinzipiell einwenden, daß dieser nur *einen* Sinn von Voraussetzung berücksichtigt, nämlich den ersten. Damit trägt er aber metatheoretisch seiner eigenen Theoriekonstruktion nicht hinreichend Rechnung. Diese setzt

---

306 Vgl. Koch, A. F.: »Sein – Wesen – Begriff«, in: Ders./Oberauer, A./Utz, K. (Hrsg.): *Der Begriff als die Wahrheit. Zum Anspruch der Hegelschen »Subjektiven Logik«*. Paderborn 2003, 17–30, hier: 18: »Es ist eine realistische »Platitüde«, daß unser Fürwahrhalten keine Wahrheit verbürgt. Sofern unsere Wahrheitsansprüche Ansprüche auf objektive Geltung sind, schließen sie die Unabhängigkeit des Der-Fall-Seienden von unseren Urteilsakten ein, folglich auch unsere Fehlbarkeit im Urteilen«.

nämlich voraus, daß die Semantik eine objektive Welt voraussetzt, an der die Widersprüche abprallen. Diese Voraussetzung einer objektiven Welt, die Habermas als »formale Weltunterstellung«[307] bezeichnet, kann aber nicht dadurch gerechtfertigt werden, daß man innerhalb des bereits etablierten Spiels des Gebens und Verlangens von Gründen einen jederzeit revidierbaren Anspruch auf Wissen erhebt, da die objektive Welt diese Ansprüche ermöglicht und nicht in ihnen auftreten kann. Die Welt wird zu einer Präsupposition der Theorie *in* der Theorie und damit zu einem Apriori von Weltlichkeit überhaupt, das in der reinen Negativität totaler semantischer Vermittlung die Unmittelbarkeit der Reflexion selbst bezeichnet. Daran erkennt man, daß Brandoms Begriff der Unmittelbarkeit in die Aporien der Wesenslogik verstrickt ist, die nicht zufällig in deutlichem Anklang an Fichte einen paradoxen »*absoluten Gegenstoß* in sich selbst« (TWA, 6, 27) entwirft, in dem eigentlich nichts weiter als das Setzen im Modus der Voraussetzung gesetzt wird.

Die Antinomie des Wesens, die in diesem Buch immer wieder zum Vorschein kam, besteht darin, etwas als nichtgesetzt und damit als unmittelbar oder gegeben zu setzen, was nur *innerhalb* einer Theorie geschehen kann, die das Verhältnis von Geist und Welt bzw. von Sollen und Sein bestimmt. Bei Brandom stellt sich dies aber so dar, als ob das Gegebene oder Unmittelbare selbst gegeben oder unmittelbar wäre, womit er sichtlich bemüht ist, Hegels idealistischen Anspruch auf die Selbstexplikation der Totalität in der philosophischen Theorie der Totalität auszublenden, um unter dem Namen eines »objektiven Idealismus« einen *pragmatistischen Adaptionismus* zu vertreten. Daher reduziert er Hegels Begriff der Erfahrung konsequent auf eine naturalisierte Anpassungsstrategie des sozialen Tiers »Mensch« an die unbarmherzig eindeutige Welt, die »brute thereness«.

Hegel selbst bleibt freilich auch nicht bei der Antinomie der reinen Negativität stehen, sondern macht einen entscheidenden Schritt

---

[307] Vgl. etwa Habermas, J.: *Wahrheit und Rechtfertigung. Philosophische Aufsätze.* Frankfurt/Main 1999, 24, 37, 46 f. »Ein gemeinsamer Blick auf die Wirklichkeit als ein zwischen den »Weltansichten« verschiedener Sprachen »in der Mitte liegendes Gebiet« ist eine notwendige Voraussetzung für sinnvolle Gespräche überhaupt. Für Gesprächspartner verbindet sich der Begriff der Wirklichkeit mit der regulativen Idee einer »Summe alles Erkennbaren«.« (ebd., 73) Bei Brandom wird die regulative Idee der Welt allerdings selbst zu einem *Gegenstand,* der objektiven Welt, an dem sich unsere Erkenntnisanstrengungen abmühen.

in die *Begriffslogik*, in der die Natur seines eigenen Projekts erst deutlich wird. Dieses besteht, mit Anton Friedrich Koch zu sprechen, darin, eine »Evolutionstheorie des logischen Raums«[308] zu liefern. Im Zuge dieses Projekts, d. h. in der Entwicklung von Sein und Wesen zum Begriff, stellt sich heraus, daß das Reale in der Tat ein objektiver logischer Raum ist, der unserem Denken nicht nur affin, sondern die Objektivität seiner fundamentalen Struktur der Selbstbeziehung ist. Die Selbstbeziehung des Denkens behauptet sich dabei vorrangig in der Einsicht, daß alle seinslogischen Theorien der Totalität erster Ordnung daran scheitern, daß sie das Ganze als ein Gegebenes ausgeben, das in einer Theorie der Totalität erfaßt werden kann, ohne auf diese bereits immer schon bezogen zu sein. Die scheinbare Selbständigkeit des Seins, die Brandoms Weltbegriff hartnäckig festschreibt, entpuppt sich als die Negation der Negation, d.h. als ein Denken, dem das Sein als sein Anderes von diesem Denken selbst vorausgesetzt wird. Diese Beobachtung wird freilich vom Standpunkt einer Theorie der Totalität zweiter Ordnung aus getroffen, deren Inhalte alle Theorien der Totalität erster Ordnung, in Hegels Ausdruck: eine Abfolge von Definitionen des Absoluten ist. Alles, was einer Theorie der Totalität erster Ordnung als Sein gilt, stellt sich für eine Metatheorie, die nichts als ihren eigenen Theoriestatus genealogisch rekonstruiert, als eine Voraussetzung der Theorie erster Ordnung dar.

Hegels letztes Wort über das Sein lautet freilich, daß es die Allgemeinheit des Begriffs ist.[309] Dies läßt sich wohl tentativ so übersetzen, daß das Sein das Bestehen des logischen Raums ist. Das Sein ist der Ursachverhalt, daß es möglicherweise Sachverhalte gibt, von denen einige der Fall und damit Tatsachen sind.[310] Welche Sachverhalte, also welche möglichen Bestimmungen und damit Inklusions- und Exklusionsrelationen, der Fall sind, kann und muß eine *Wissen-*

---

308 Koch, A. F.: »Die Selbstbeziehung der Negation in Hegels Logik«, in: *Zeitschrift für philosophische Forschung* 53 (1999), 1–29, hier: 15.

309 »Das *Sein* als die ganz *abstrakte, unmittelbare Beziehung auf sich selbst* ist nichts anderes als das abstrakte Moment des Begriffs, welches abstrakte Allgemeinheit ist, die auch das, was man an das Sein verlangt, leistet, *außer* dem Begriff zu sein; denn sosehr sie Moment des Begriffs ist, ebensosehr ist sie der Unterschied oder das abstrakte Urteil desselben, indem er sich selbst sich gegenüberstellt. […] Wenn ein Philosophieren sich beim Sein nicht über die Sinne erhebt, so gesellt sich dazu, daß es auch beim Begriff nicht den bloß abstrakten Gedanken verläßt; dieser steht dem Sein gegenüber.« (TWA, 6, 404)

310 So Koch: »Die Selbstbeziehung der Negation in Hegels Logik«, 10.

schaft der Logik nicht untersuchen. Die empirische Untersuchung *intentione recta* kann sich auf das Bestehen des logischen Raums bereits verlassen, so daß ihr das Bestehen des logischen Raums als das letztlich niemals vollständig erkennbare Andere erscheint, da sich die Allgemeinheit des Begriffs *qua* logischer Raum empirisch nicht ausschöpfen läßt. Alles, was der Fall ist, ist nämlich eine Teilmenge alles dessen, was möglich ist. Die Menge aller Sachverhalte ist größer als die Menge aller Tatsachen. Dieses Faktum, das uns in der Tat damit rechnen läßt, daß von zwei inkompatiblen Überzeugungen, die sich auf Sachverhalte richten, nur eine wahr sein kann, weil ihr Sachverhalt besteht, ist aber selbst nicht als Tatsache gegeben. Das Vorliegen des logischen Raums ist keine Tatsache neben anderen, weshalb der logische Raum sich auch nicht von anderem, und damit auch nicht von der sozialsemantischen Dimension unterscheiden läßt, deren Struktur Brandom zufolge bestenfalls die Zugangsbedingungen zu einer ohnehin vorliegenden objektiven Welt garantiert.

Der logische Raum kann sich nur selbst besondern, indem einiges der Fall ist, was nicht unvermittelt der logische Raum selbst ist. Doch alles Besondere *qua* Besonderung des logischen Raums kann nur ein Fall seiner Binnendifferenzierung sein, weshalb es der logische Raum auch nicht nötig hat, aus sich herauszugehen, wie Hegel in seiner Eigenschaft als radikaler Denker der Immanenz gegen Schelling und den Neuplatonismus eingewandt hat.[311] So spielt der Begriff des Gegebenen (des Seins) zwar eine wichtige Rolle in der Konstitution des logischen Raums. Doch ist das Gegebene selbst nicht gegeben, wie wir in der *Wesenslogik* lernen, sondern eine Voraussetzung der Reflexion. Diese Voraussetzung der Reflexion kann das Wesen nicht meistern, ohne im Widerspruch der Voraussetzung zu Grunde zu gehen.

Brandom faßt den logischen Raum als eine inferentiell explizierbare sozialsemantische Dimension auf und baut seine Semantik auf der Einsicht auf, daß alles Wissen diskursiv vermittelbar sein muß, um bestimmt zu sein (minimaler Verifikationismus, s. o., 279 f.). Dabei nimmt Brandom an, daß eine absolute Relationalität, d. h. die selbständige Existenz der sozialsemantischen Dimension, nicht gedacht werden könne, ohne die notwendige Selbständigkeit von Relata

---

[311] Vgl. dazu Gabriel, M.: »Hegel und Plotin«, in: Heidemann, D. H./Krijnen, C. (Hrsg.): *Hegel und die Geschichte der Philosophie.* Darmstadt 2007, 70–83; ders.: »The Dialectic of the Absolute«.

überhaupt durchzustreichen. Ohne die Selbständigkeit von Relata könnte auch keine Relation als bestimmt gedacht werden, ohne ihrerseits in Relation auf eine Relation zu stehen, welche Metarelation wiederum in Relation auf eine Relation usw. *in infinitum* stünde. Ein so verstandener starker Individuationsholismus kollabierte demnach in seiner »Bewegung von Nichts zu Nichts und damit zu sich selbst zurück«. Die absolute Relationalität bedarf daher eines Anhaltspunktes. Der Anhaltspunkt der Reflexion wird von Brandom aber als objektive Welt bestimmt und damit zum Gegebenen reifiziert, worin ich Brandoms unfreiwilligen Rückfall in die Seinslogik sehe. Dieser ließe sich vermeiden, wenn man das Gegebene zu einem selbst nicht gegebenen Theoriestück der Semantik erklärte, die immer schon als Metatheorie ihre eigenen Möglichkeitsbedingungen rekonstruiert, womit sie das vermeintlich Gegebene aber konsequent zur Voraussetzung der sozialsemantischen Dimension erklärte. Räumte man dies allerdings ein und erhöbe man auf diese Weise die Welt vom Ding an sich zum Moment des logischen Raums selber, würde Brandoms Restnaturalismus zumindest fragwürdig. Warum sollte man noch damit rechnen, daß semantisch kompetente Wesen sich primär praktisch und bisweilen epistemisch an eine objektive Welt anpassen, die zwar immer schon so ist, wie sie ist, ohne deshalb auch immer schon auf Selbsterkenntnis und damit Normativität hin angelegt zu sein? Die wahre Versöhnung von Geist und Welt jenseits des Naturalismus, d. h. mit dem Slogan Rortys: *The World Well Lost*, wäre demnach erst dann möglich, wenn die Metatheorie sich in jeder Theorie erster Ordnung immer schon am Werk erkennen könnte, womit ein veritables Bei-sich-selbst-im-Andern-Sein erreicht wäre. Dies bedeutete freilich nicht, die in der Tat abwegige These zu vertreten, daß jeder von uns *qua* semantisch kompetentes Wesen mit der magischen Energie ausgestattet zur Welt kommt, die Dinge *e nihilo* hervorzubringen. Die Schöpfung einer Welt *e nihilo* ereignet sich vielmehr ausschließlich in der sozialsemantischen Dimension.

Auf diese Weise ist der Pyrrhonische Skeptizismus vollbracht, da wir ihn zur Methode gemacht haben. Diese Methode bezeichnet die unendliche Aufgabe einer Diskurstheorie, die gegebene Diskurse auf ihre dialektische Konsistenz hin prüft. Implizit oder explizit üben alle gegenwärtigen Disziplinen der Philosophie dieses Geschäft aus, da sie die grundlegenden Begriffe gegebener Diskurse untersuchen, seien diese nun geisteswissenschaftliche, alltägliche oder naturwissenschaftliche Diskurse. Die Methode besteht also darin, die Grundlagen für das systematische Projekt einer Methodologie der Philosophie zu legen, ein Projekt, das nicht versucht, vermeintlich ernsthafte Probleme zu lösen, sondern allein die dialektische Topographie möglicher Lösungen absteckt, um deren Erfolgsaussichten evaluieren zu können. Da der Diskurs nicht aufhört, bedeutet die Selbstreferenz der Endlichkeit auch, daß sie niemals stillstehen wird. Es bleibt somit bei Hegels dionysischer Einsicht: »Das Wahre ist so der bacchantische Taumel, an dem kein Glied nicht trunken ist; und weil jedes, indem es sich absondert, ebenso unmittelbar sich auflöst, ist er ebenso die durchsichtige und einfache Ruhe.« (TWA, 3,45)

Literaturverzeichnis

Abel, G.: *Interpretationswelten. Gegenwartsphilosophie jenseits von Essentialismus und Relativismus.* Frankfurt/Main 1993.

Adorno, T. W.: *Negative Dialektik.* Darmstadt 1998.

–: *Zur Metakritik der Erkenntnistheorie. Studien über Husserl und die phänomenologischen Antinomien.* Darmstadt 1998.

Aristoteles: *De anima.* Ed. W. Jaeger, Oxford 1956.

Baghramian, M.: *Relativism.* London 2004.

Bailey, A.: *Sextus Empiricus and Pyrrhonean Scepticism.* Oxford/New York 2002.

Baker, G. P./Hacker, P. M. S.: »Critical Study: On Misunderstanding Wittgenstein: Kripke's Private Language Argument«, in: *Synthese* 58 (1984), 407–450.

Bernstein, J. M.: *The Fate of Art. Aesthetic Alienation from Kant to Derrida and Adorno.* Cambridge 1992.

–: »Hegel's Ladder: The Ethical Presuppositions of Absolute Knowing«, in: *Dialogue* XXXIX (2000), 803–818.

–: »Recognition and Embodiment (Fichte's Materialism)« (unveröffentlichtes Manuskript).

Blackburn, S.: »The Individual Strikes Back«, in: *Synthese* 58 (1984), 281–301.

Boghossian, P. A.: *Fear of Knowledge. Against Relativism and Constructivism.* Oxford 2006.

–: »The Rule-Following Considerations«, in: *Mind* 98 (1989), 507–549.

Borges, J. L.: *Fiktionen.* Frankfurt/Main [9]2004.

Brandom, R.: *Articulating Reasons. An Introduction to Inferentialism.* Cambridge, Ma./London 2000.

–: *Making it Explicit. Reasoning, Representing, and Discursive Commitment.* Cambridge, Ma. 1994.

–: »Sketch of a Program for a Critical Reading of Hegel. Comparing Empirical and Logical Concepts«, in: *Internationales Jahrbuch des Deutschen Idealismus* 3 (2005), 131–161.

–: *Tales of the Mighty Dead: Historical Essays in the Metaphysics of Intentionality.* Cambridge, Ma./London 2002.

–: »The Structure of Desire and Recognition. Self-consciousness and Self-constitution«, in: *Philosophy & Social Criticism* 33 (2007), 127–150.

Brendel, E.: »Was Kontextualisten nicht wissen«, in: *Deutsche Zeitschrift für Philosophie* 51 (2003), 1015–1032.

Brunschwig, J.: »Sextus Empiricus on the *kriterion:* the Skeptic as Conceptual Legatee«, in: Dillon, J. M./Long, A. A. (Hrsg.): *The Question of ›Eclecticism‹.* Berkeley 1988, 145–175.

Bubner, R.: »*Bildung* and Second Nature«, in: Smith, N. S. (Hrsg.): *Reading McDowell on Mind and World.* London 2002, 209–216.
Burge, T.: »Perceptual Entitlement«, in: *Philosophy and Phenomenological Research* 67 (2003), 503–548.
Burnyeat, M.: »Can the Sceptic Live His Scepticism«, in: Schofield, M./Burneat, M. F./Barnes, J. (Hrsg.): *Doubt and Dogmatism. Studies in Hellenistic Epistemology.* Oxford 1980, 20–53.
–: »Conflicting Appearances«, in: *Proceedings of the British Academy* 65 (1979), 69–111.
–: »Protagoras and Self-Refutation in Later Greek Philosophy«, in: *Philosophical Review* 85 (1976), 44–69.
–: »Protagoras and Self-Refutation in Plato's *Theaetetus*«, in: *Philosophical Review* 85 (1976), 172–195.
–: »The Sceptic in His Place and Time«, in: Burnyeat, M. F./Frede, M. (Hrsg.): *The Original Sceptics: A Controversy.* Indianapolis 1997, 92–126.
Burnyeat, M. F./Frede, M. (Hrsg.): *The Original Sceptics: A Controversy.* Indianapolis 1997.
Carnap, R.: »Die physikalische Sprache als Universalsprache der Wissenschaft«, in: *Erkenntnis* 2 (1931), 432–465.
–: »Über Protokollsätze«, in: *Erkenntnis* 3 (1932), 204–214.
Cassam, Q.: *The Possibility of Knowledge.* Oxford 2007.
Castoriadis, C.: *The Imaginary Institution of Society.* Cambridge, Ma. 1987.
–: »The Logic of Magmas and the Question of Autonomy«, in: *The Castoriadis Reader.* Translated and Edited by David Ames Curtis, Oxford 1997, 290–318.
Cavell, S.: *The Claim of Reason. Wittgenstein, Skepticism, Morality, and Tragedy.* New York 1979.
–: *Disowning Knowledge in Six Plays of Shakespeare.* Cambridge, Ma. 1987.
–: *In Quest of the Ordinary: Lines of Scepticism and Romanticism.* Chicago 1988.
–: *Philosophy the Day After Tomorrow.* Cambridge, Ma./London 2006.
Chisholm, R. M.: »Sextus Empiricus and Modern Empiricism«, in: *Philosophy of Science* 8 (1941), 371–384.
Cohen, A.: »Sextus Empiricus: Classical Scepticism as a Therapy«, in: *The Philosophical Forum* 15/4 (1984), 405–424.
Cohen, S.: »Contextualism and Skepticism«, in: *Noûs* 34 (2000), 94–107.
Conant, J.: »The Search for Logically Alien Thought: Descartes, Kant, Frege, and the *Tractatus*«, in: *Philosophical Topics* 20/1 (1991), 115–180.
–: »Varieties of Scepticism«, in: McManus, D.: *Wittgenstein and Scepticism.* London 2004, 97–135.
Davidson, D.: »A Coherence Theory of Truth and Knowledge«, in: Ders.: *Subjective, Intersubjective, Objective.* Oxford 2001, 137–157.
–: »On the Very Idea of a Conceptual Scheme«, in: Ders.: *Inquiries into Truth and Interpretation.* Oxford/New York 2001, 183–198.
–: »Indeterminism and Antirealism«, in: Ders.: *Subjective, Intersubjective, Objective.* Oxford 2002, 69–84.
–: »Epistemology Externalized«, in: Ders.: *Subjective, Intersubjective, Objective,* 193–204.

Derrida, J.: »Des tours de Babel«, in: Ders.: *Psyché. Inventions de l'autre.* Paris 1987, 203–235.

Descartes, R.: *Oeuvres.* Publiées par Charles Adam et Paul Tannery, Paris 1897–1913.

DeRose, K.: »Solving the Skeptical Problem«, in: *The Philosophical Review* 104 (1995), 1–52

–: »The Ordinary Language Basis for Contextualism and the New Invariantism«, in: *The Philosophical Quarterly* 55/219 (2005), 172–198.

Diels, H.: *Die Fragmente der Vorsokratiker.* Griechisch und Deutsch, 3 Bd., mit Nachträgen hg. von W. Kranz, Berlin [10]1961.

Dretske, F.: »Entitlement: Epistemic Rights without Epistemic Duties«, in: *Philosophy & Phenomenological Research 60 (2000)*, 591–606.

–: »Epistemic Operators«, in: *The Journal of Philosophy* 67/24 (1970), 1007–1023.

–: »The Case against Closure«, in: Steup, M./Sosa, E. (Hrsg.): *Contemporary Debates in Epistemology,* Oxford 2005, 13–26.

Dworkin, R.: »Objectivity and Truth: You'd Better Believe It«, in: *Philosophy & Public Affairs* 25 (1996), 87–139.

Engelhard, K.: *Das Einfache und die Materie. Untersuchungen zu Kants Antinomie der Teilung.* Berlin/New York 2005.

Fichte, J. G.: *Gesamtausgabe der Bayerischen Akademie der* Wissenschaften, hrsg. von R. Lauth, E. Fuchs und H. Gliwitzky, Stuttgart-Bad Cannstatt 1962 ff. (= GA).

Fine, G.: »Descartes and Ancient Skepticism: Reheated Cabbage?«, in: *The Philosophical Review* 109 (2000), 195–234.

–: »Sextus and External World Skepticism«, in: *Oxford Studies in Ancient Philosophy* XXIV (2003), 341–385.

–: »Subjectivity, Ancient and Modern: The Cyrenaics, Sextus, and Descartes«, in: Miller, J./Inwood, B. (Hrsg.): *Hellenistic and Early Modern Philosophy.* Cambridge 2003, 192–231.

Flintoff, E.: »Pyrrho and India«, in: *Phronesis* XXV (1980), 88–108.

Fogelin, R.: »Contextualism and Externalism: Trading in One Form of Skepticism for Another«, in: *Noûs* 34 (2000), 43–57.

–: *Pyrrhonian Reflections on Knowledge and Justification.* Oxford 1994.

–: »The Skeptics Are Coming! The Skeptics Are Coming!«, in: Sinnott-Armstrong, W. (Hrsg.): *Pyrrhonian Skepticism.* Oxford 2004, 161–173.

–: »Wittgenstein and Classical Scepticism«, in: Ders.: *Philosophical Interpretations.* Oxford 1992, 214–232.

–: *Wittgenstein.* London 1976.

Forster, M. N.: *Wittgenstein on the Arbitrariness of Grammar.* Princeton 2004.

–: *Kant and Skepticism.* Princeton 2008.

Foster, J.: *The Case for Idealism.* London 1982.

Foucault, M.: *Archäologie des Wissens.* Frankfurt/Main [8]1997.

Franks, P.: *All or Nothing. Systematicity, Transcendental Arguments, and Skepticism in German Idealism.* Cambridge, Ma. 2005.

Frede, M.: »Stoics and Skeptics on Clear and Distinct Impressions«, in: Ders.: *Essays in Ancient Philosophy.* Oxford 1987, 151–176.

Fumerton, R. A.: *Metaepistemology and Skepticism.* Lanham 1995.
–: »The Paradox of Analysis«, in: *Philosophy and Phenomenological Research* 43 (1983), 477–497.
Gabriel, M.: »Chôra als *différance.* Derridas dekonstruktive Lektüre von Platons *Timaios*«, in Fitzi, G. (Hrsg.): *Platon im Diskurs.* Heidelberg 2006, 51–66.
–: *Das Absolute und die Welt in Schellings »Freiheitsschrift«.* Bonn 2006.
–: *Der Mensch im Mythos. Untersuchungen über Ontotheologie, Anthropologie und Selbstbewußtseinsgeschichte in Schellings »Philosophie der Mythologie«.* Berlin/New York 2006.
–: »Die Wiederkehr des Nichtwissens – Perspektiven der zeitgenössischen Skeptizismus-Debatte«, in: *Philosophische Rundschau* 2007, 149–178.
–: »Hegel und Plotin«, in: Heidemann, D. H./Krijnen, C. (Hrsg.): *Hegel und die Geschichte der Philosophie.* Darmstadt 2007, 70–83.
–: »Die metaphysische Wahrheit des Skeptizismus bei Schelling und Hegel«, in: *Internationales Jahrbuch des Deutschen Idealismus* 5 (2007) (i. Ersch.).
–: »Zum Außenweltproblem in der Antike. Sextus' Dekonstruktion des mentalen Repräsentationalismus und die skeptische Begründung des Idealismus bei Plotin«, in: *Bochumer philosophisches Jahrbuch für Antike und Mittelalter* 12 (2007), 15–43.
–: *Skeptizismus und Idealismus in der Antike.* Frankfurt/Main 2009 (i. Ersch.)
–: *Antike und moderne Skepsis – Zur Einführung.* Hamburg 2008.
–: »Kunst und Metaphysik bei Malewitsch – Das schwarze Quadrat als Kritik der platonischen Metaphysik der Kunst«, in: Gabriel, M./Halfwassen, J. (Hrsg.): *Kunst, Metaphysik und Mythologie.* Heidelberg 2008, 257–277.
–: »Der »Wink Gottes« – Zur Rolle der Winke Gottes in Heideggers *Beiträgen zur Philosophie* und bei Jean-Luc Nancy«, in: *Jahrbuch für Religionsphilosophie* 7 (2008) (i. Ersch.).
–: »Unvordenkliches Sein und Ereignis – Der Seinsbegriff beim späten Schelling und beim späten Heidegger«, in: Hühn, L./Jantzen, J. (Hrsg.): *Heideggers Schelling-Seminar (1927/28).* Die Protokolle von Martin Heideggers Seminar zu Schellings *Freiheitsschrift* (1927/28) und die Akten des Internationalen Schelling-Tags 2006, Stuttgart-Bad Cannstatt 2008 (i. Ersch.).
–: »The Art of Skepticism and the Skepticism of Art«, erscheint in: *Philosophy Today* 52 (2008).
–: »Der ästhetische Wert des Skeptizismus beim späten Wittgenstein«, in: Gebauer, G./Goppelsröder, F./Volbers, J. (Hrsg.): *Philosophie als Lebensform.* München 2009 (i. Ersch.).
–: »The Dialectic of the Absolute – Hegel's Critique of Transcendent Metaphysics«, in: Limnatis, N. (Hrsg.): *Hegel's Dialectic.* Chicago 2009 (i. Ersch.).
–: »Endlichkeit und absolutes Ich – Heideggers Fichtekritik«, erscheint in *Fichte-Studien.*
Gabriel, G.: *Grundprobleme der Erkenntnistheorie. Von Descartes zu Wittgenstein.* Paderborn 1993.
Goedeckemeyer, A.: *Die Geschichte des griechischen Skeptizismus.* Neudruck der Ausgabe Leipzig 1905, Aalen 1968.

Goodman, N.: *Ways of Worldmaking.* Indianapolis 1978.
Grentier, J: »Sextus et Nagarjuna«, in: *Revue Philosophique de la France et de l'Étranger* 95 (1970), 67–75.
Grundmann, T.: *Analytische Transzendentalphilosophie. Eine Kritik.* Paderborn 1994.
Grundmann, T./Stüber, K.: *Philosophie der Skepsis.* Paderborn 1996.
Haas-Spohn, U.: *Versteckte Indexikalität und subjektive Bedeutung.* Berlin 1995.
Habermas, J.: »Handlungen, Sprechakte, sprachlich vermittelte Interaktion und Lebenswelt«, in: ders.: *Nachmetaphysisches Denken.* Frankfurt/Main 1988.
–: *Wahrheit und Rechtfertigung. Philosophische Aufsätze.* Frankfurt/Main 1999.
–: »Zur Kritik der Bedeutungstheorie«, in: Ders.: *Nachmetaphysisches Denken.* Frankfurt/Main 1988.
Hacker, P.: *Insight and Illusion: Wittgenstein on Philosophy and the Metaphysics of Experience.* Oxford [2]1986.
Harrison, R.: »Transcendental Arguments and Idealism«, in: Vesey, G. (Hrsg.): *Idealism. Past and Present.* Cambridge 1982, 211–224.
Hay Rodgers, K.: *Die Notwendigkeit des Scheiterns. Die Logik des Tragischen in der Entwicklung von Schellings Philosophie.* Diss. Paris/München 2008.
Hawthorne, J.: »The Case for Closure«, in: Steup, M./Sosa, E. (Hrsg.): *Contemporary Debates in Epistemology.* Oxford 2005, 26–43.
Hawthorne, J./Kovakovich, K.: »Disjunctivism«, in: *Supplement to the Proceedings of The Aristotelian Society* 80 (2006), 145–183.
Hegel, G. W. F.: *Werke in zwanzig Bänden. Theorie-Werkausgabe.* Hg. von E. Moldenhauer und K. M. Michel, Frankfurt 1970 ff. (Hegels Werke werden mit Band- und Seitenangabe und der Abkürzung *TWA* zitiert).
Heidegger, M.: *Der deutsche Idealismus (Fichte, Schelling, Hegel) und die philosophische Problemlage der Gegenwart.* Frankfurt/Main 1997.
–: »Die Zeit des Weltbilds«, in: Ders.: *Gesamtausgabe. Bd. 5: Holzwege.* Frankfurt/Main 1977, 75–113.
–: *Platons Lehre von der Wahrheit. Mit einem Brief über den »Humanismus«.* Bern [2]1954.
–: *Kant und das Problem der Metaphysik (1929).* In: *Martin Heidegger Gesamtausgabe.* Bd. 3: Hrsg. v. Friedrich-Wilhelm von Herrmann. Frankfurt am Main 1991.
–: *Sein und Zeit.* Tübingen [17]1993.
Heidemann, D. H.: *Der Begriff des Skeptizismus. Seine systematischen Formen, die pyrrhonische Skepsis und Hegels Herausforderung.* Berlin/New York 2007.
–: »Metaphysik und Realismus in der Erkenntnistheorie«, in: Gloy, K. (Hrsg.): *Unser Zeitalter – ein postmetaphysisches?* Würzburg 2004, 277–290.
Hiley: *Philosophy in Question: Essays on a Pyrrhonian Theme.* Chicago 1988.
Hinton, J. M.: *Experiences.* Oxford 1973.
–: »Visual Experiences«, in: *Mind* 76 (1967), 217–227.
Hoffmann, Th. S.: *Philosophische Physiologie.* Stuttgart-Bad Cannstatt 2003.
Hogrebe, W.: *Ahnung und Erkenntnis. Brouillon zu einer Theorie des natürlichen Erkennens.* Frankfurt/Main 1996.

–: *Die Wirklichkeit des Denkens.* Vorträge der Gadamer-Professur 2006. Hrsg. von J. Halfwassen und M. Gabriel, Heidelberg 2007.
–: *Echo des Nichtwissens.* Berlin 2006.
–: »Erkenntnistheorie ohne Erkenntnis«, in: *Zeitschrift für philosophische Forschung* 38 (1984), 545–559.
–: *Prädikation und Genesis. Fundamentalheuristik im Ausgang von Schellings »Die Weltalter«.* Frankfurt/Main 1989.
Huby, P./Neal, G. (Hrsg.): *The Criterion of Truth.* Liverpool 1989.
Hume, D.: *A Treatise of Human Nature.* Ed. by David Fate Nortan and Mary J. Norton, Oxford 2000.
Hüppauf, B./Vieweg, K.: *Skepsis und literarische Imagination.* München 2003.
Husserl, E.: *Die Krisis der europäischen Wissenschaften und die transzendentale Phänomenologie. Eine Einleitung in die phänomenologische Philosophie.* Hamburg 1992.
Janich, P.: »Szientismus und Naturalismus. Irrwege der Naturwissenschaft als philosophisches Programm?«, in: Keil, G./Schnädelbach, H. (Hrsg.): *Naturalismus. Philosophische Beiträge.* Frankfurt/Main 2000, 289–309.
Jaspers, K.: *Allgemeine Psychopathologie.* Berlin [4]1946.
Kant, I.: *Werke in sechs Bänden.* Hg. von W. Weischedel, Darmstadt 1998.
Kaplan, D.: »Demonstratives«, in: *Themes From Kaplan.* Hrsg. von Joseph Almog, John Perry und Howard Wettstein. Oxford 1989, 481–563.
Kern, A.: *Quellen des Wissens. Zum Begriff vernünftiger Erkenntnisfähigkeiten.* Frankfurt/Main 2006.
–: »Understanding Scepticism: Wittgenstein's Paradoxical Reinterpretation of Sceptical Doubt«, in: McManus: *Wittgenstein and Scepticism,* 200–217.
–: »Warum kommen unsere Gründe an ein Ende? Zum Begriff endlichen Wissens«, in: *Deutsche Zeitschrift für Philosophie* 52 (2004), 25–43.
Kersting, W.: »Plädoyer für einen nüchternen Universalismus«, in: *Information Philosophie* 1 (2001), 8–22.
Kjellberg, P.: »Skepticism, Truth, and the Good Life: a Comparison of Zhuangzi and Sextus Empiricus«, in: *Philosophy East and West* 44 (1994), 111–133.
Koch, A. F.: »Absolutes Wissen?«, in: *Prima Philosophia* 12 (1999), 29–40.
–: »Die Selbstbeziehung der Negation in Hegels Logik«, in: *Zeitschrift für philosophische Forschung* 53 (1999), 1–29.
–: »Sein – Wesen – Begriff«, in: Ders./Oberauer, A./Utz, K. (Hrsg.): *Der Begriff als die Wahrheit. Zum Anspruch der Hegelschen »Subjektiven Logik«.* Paderborn 2003, 17–30.
–: *Versuch über Wahrheit und Zeit.* Paderborn 2006.
Kripke, S. A.: *Wittgenstein on Rules and Private Language. An Elementary Exposition.* Cambridge 1982.
Leibniz, G. W.: *Philosophische Schriften.* 4 Bd., Frankfurt/Main 1996.
Leiter, B. (Hrsg.): *The Future for Philosophy.* Oxford 2004.
Lewis, D.: »Elusive Knowledge«, in: *Australasian Journal of Philosophy* 74 (1996), 549–567.
Long, A. A.: »Sextus Empiricus on the Criterion of Truth«, in: *Bulletin of the Institute of Classical Studies* 25 (1978), 35–49.

Luhmann, N.: *Die Wissenschaft der Gesellschaft.* Frankfurt/Main 1992.
–: *Soziale Systeme. Grundriß einer allgemeinen Theorie.* Frankfurt/Main 1984.
Lyotard, J.-F.: *La Condition Postmoderne. Rapport sur le Savoir.* Paris 1979.
MacArthur, D.: »McDowell, Scepticism, and ›The Veil of Perception‹«, in: *Australasian Journal of Philosophy* 81 (2003), 175–190.
–: »Naturalism and Skepticism«, in: De Caro, M./Macarthur D. (Hrsg.): *Naturalism in Question.* Cambridge, Ma. 2004, 106–124.
MacFarlane, J.: »Future Contingents and Relative Truth« in: *The Philosophical Quarterly* 53 (2003), 321–36.
–: »Making Sense of Relative Truth«, in: *Proceedings of the Aristotelian Society* 105 (2005), 321–339.
–: »The Assessment Sensitivity of Knowledge Attributions«, in: Gendler, T. S./ Hawthorne, J. (Hrsg.): *Oxford Studies in Epistemology 1.* Oxford 2005, 197–233.
Mackie, J. L.: *Ethics. Inventing Right and Wrong.* Harmondsworth 1977.
Malcolm, N.: »Wittgenstein and Idealism«, in: Vesey, G. (Hrsg.): *Idealism. Past and Present.* Cambridge 1982, 249–267.
Marquard, O.: *Skeptische Methode mit Blick auf Kant.* Freiburg u. a. 1978.
Matilal, B. K.: »Scepticism and Mysticism«, in: *Journal of the American Oriental Society* 105/3 (1985), 479–484.
McDowell, J.: »Criteria, Defeasibility and Knowledge«, in: *Proceedings of the British Academy* 68 (1982), 455–479
–: »Having the World in View: Sellars, Kant, and Intentionality«, in: *The Journal of Philosophy* XCV/9 (1998), 431–491.
–: »Knowledge and the Internal«, in: Ders.: *Meaning, Knowledge, and Reality.* Cambridge, Ma./London 1998, 395–413.
–: *Mind and World.* Cambridge, Ma. 1996.
–: »Singular Thought and the Extent of Inner Space«, in: Ders.: *Meaning, Knowledge, and Reality.* Cambridge, Ma./London 1998, 228–259.
–: »Wittgenstein on Following a Rule«, in: Ders.: *Mind, Value, and Reality.* Cambridge, Ma./London 1998, 221–262.
McManus, D. (Hrsg.): *Wittgenstein and Scepticism.* London 2004.
Meja, V./Stehr, N. (Hrsg.): *Der Streit um die Wissenssoziologie. Zwei Bände. Band 1: Die Entwicklung der deutschen Wissenssoziologie. Band 2: Rezeption und Kritik der Wissenssoziologie.* Frankfurt/Main 1982.
Monk, R.: *Wittgenstein. The Duty of Genius.* London 1990.
Moore, G. E.: »Proof of an External World«, in: Ders.: *Philosophical Papers.* London/New York 1959, 127–150.
–: »A Defence of Common Sense«, in: Ders.: *Philosophical Papers,* 32–59.
Nagel, Th.: *The View from Nowhere.* Oxford 1986.
Neurath, O.: »Protokollsätze«, in: *Erkenntnis* 3 (1932), 204–214.
Nietzsche, F.: *Kritische Studienausgabe.* Hrsg. von Giorgio Colli und Mazzino Montinari, Berlin/New York 1988.
Nozick, R.: *Philosophical Explanations.* Oxford 1981.
Nussbaum, M.: »Skeptic Purgatives: Therapeutic Arguments in Ancient Skepticism«, in: *Journal of the History of Philosophy* 29 (1991), 521–557.

Palmer, A.: »Scepticism and Tragedy: Crossing Shakespeare with Descartes«, in: McManus: *Wittgenstein and Scepticism*, 260–277.

Peacocke, C.: *The Realm of Reason*. Oxford 2004.

Perler, D.: *Repräsentation bei Descartes*. Frankfurt/Main 1996.

–: »Wie ist ein globaler Zweifel möglich? Zu den Voraussetzungen des frühneuzeitlichen Außenwelt-Skeptizismus«, in: *Zeitschrift für philosophische Forschung* 57 (2003), 481–512.

–: *Zweifel und Gewissheit. Skeptische Debatten im Mittelalter*. Frankfurt/Main 2006.

Pindari carmina cum fragmentis. Ed. B. Snell et H. Maehler, 2 Bd., Stuttgart/Leipzig 1987–1989.

Pinkard, T.: »Der sich selbst vollbringende Skeptizismus und das Leben in der Moderne«, in: Hüppauf, B./Vieweg, K. (Hrsg.): *Skepsis und literarische Imagination*. München 2003, 45–62.

Pippin, R. B.: »Brandom's Hegel«, in: *European Journal of Philosophy* 13/3 (2005), 381–408.

Platonis opera. Ed. J. Burnet, 5 Bd., Oxford 1979–1982.

Prauss, G.: *Kant und das Problem der Dinge an sich*. Bonn [2]1977.

Pritchard, D.: »Scepticism and Dreaming«, in: *Philosophia* 28 (2001), 373–390.

–: »Wittgenstein's *On Certainty* and Contemporary Anti-scepticism«, in: Moyal-Sharrock, D./Brenner, W. H. (Hrsg.): *Readings of Wittgenstein's On Certainty*. Basingstoke 2005, 189–225.

Pryor, J.: »The Skeptic and the Dogmatist«, in: *Noûs* 34 (2000), 517–49.

–: »There is Immediate Justification«, in: Steup, M./Sosa, E. (Hrsg.): *Contemporary Debates in Epistemology*. Oxford 2005, 181–201.

–: »What's Wrong with Moore's Argument«, in: *Philosophical Issues* 14 (2004), 349–378.

Putnam, H.: »Why There Isn't a Ready-made World«, in: Ders.: *Realism and Reason. Philosophical Papers*, Bd. 3, Cambridge, Ma. [6]1992, 205–228.

Quine, W. v. O.: *Word and Object*. Cambridge, Ma. 1960.

–: »Epistemology Naturalized«, in: Ders.: *Ontological Relativity and Other Essays*. New York 1969, 69–90.

Rawls, J.: »Two Concepts of Rules«, in: *The Philosophical Review* 64 (1955), 3–32.

Rorty, R.: »The World Well Lost«, in: *The Journal of Philosophy* 69/19 (1972), 649–665.

–: *Philosophy and the Mirror of Nature*. Princeton 1979.

Russell, B.: *The Problems of Philosophy*. London 1964.

–: »Vagueness«, in: *The Australasian Journal of Psychology and Philosophy* 1 (1923), 84–92.

Schaffer, J.: »Contrastive Knowledge«, in: Gendler, T. S./Hawthorne, J. (Hrsg.): *Oxford Studies in Epistemology* 1, Oxford 2005, 235–71.

–: »From Contextualism to Contrastivism in Epistemology«, in: *Philosophical Studies* 119 (2004), 73–103.

–: »Skepticism, Contextualism, and Discrimination«, in: *Philosophy and Phenomenological Research* 69 (2004), 138–155.

Schelling, F. W. J.: *Sämmtliche Werke*. Hg. v. K. F. A. Schelling, Bde. I-XIV (urspr.

in zwei Abteilungen erschienen: I. Abt., Bd. 1–10 und II. Abt., Bd. 1–4), Stuttgart 1856–1861.
Schiffer, S.: »Contextualist Solutions to Scepticism«, in: *Proceedings of the Aristotelian Society* 96 (1996), 317–333.
–: »Propositional Content«, in: Lepore, E./Smith, B. (Hrsg.): *Oxford Handbook of Philosophy of Language.* Oxford 2006, 267–294.
–: »Skepticism and the Vagaries of Justified Belief«, in: *Philosophical Studies* 119 (2004), 161–184.
Schopenhauer, A.: *Sämtliche Werke.* Hg. von A. Hübscher, Wiesbaden 1949.
Sellars, W.: *Empiricism and the Philosophy of Mind.* With an Introduction by R. Rorty and a Study Guide by R. Brandom. Cambridge, Ma./London 2000.
–: »Phenomenalism«, in: Ders.: *Science, Perception and Reality.* Atascadero [2]1991, 60–105.
–: »Philosophy and the Scientific Image of Man«, in: Ders.: *Science, Perception and Reality*, 1–40.
Sextus Empiricus: *Opera*, 4 Vols. ed. and tr. by R. G. Bury, Cambridge/MA. 1933–1949 (PH = Pyrrhonische Hypotyposen; M = Adversus Mathematicos).
Simon, J.: *Kant. Die fremde Vernunft und die Sprache der Philosophie.* Berlin/New York 2003.
Sinnott-Armstrong, W.: *Pyrrhonian Skepticism.* New York 2004.
Sluga, H.: »Wittgenstein and Pyrrhonism«, in: Sinnott-Armstrong: *Pyrrhonian Skepticism*, 99–117.
Stack, M.: »Self-refuting Arguments«, in: *Metaphilosophy* XIV (1983), 327–335.
Stalnaker, R.: *Context and Content.* Oxford 1999.
Stoicorum Veterorum Fragmenta, hrsg. von H. v. Arnim, Leipzig 1903–1924 (= SVF).
Stough, C.: *Greek Skepticism: A Study in Epistemology.* Berkeley 1969.
Strawson, P. F.: *Skepticism and Naturalism: Some Varieties.* New York 1985.
–: *The Bounds of Sense: An Essay on Immanuel Kant's Critique of Pure Reason.* London 1966.
Striker, G.: »ΚΡΙΤΗΡΙΟΝ ΤΗΣ ΑΛΗΘΕΙΑΣ«, in: Dies., *Essays on Hellenistic Epistemology and Ethics.* Cambridge, Ma. 1996, 22–76.
–: »The Problem of the Criterion«, in: Everson, S. (Hrsg.): *Epistemology.* Companions to Ancient Thought 3, Cambridge 1990, 150–169.
Stroud, B.: *The Significance of Philosophical Scepticism.* Oxford 1984.
–: »Transcendental Arguments«, in: *The Journal of Philosophy* 65 (1968), 241–256.
Sturma, D.: *Kant über Selbstbewußtsein. Zum Zusammenhang von Erkenntniskritik und Theorie des Selbstbewußtseins.* Hannover 1984.
Tymoczko, T./Vogel, J.: »The Exorcist's Nightmare: A Reply to Crispin Wright«, in: *Mind* 101 (1992), 543–552.
Unger, P.: *Ignorance: A Case for Scepticism.* Oxford 1975.
Voelke, A.-J.: »Soigner par le *logos:* la thérapeutique de Sextus Empiricus«, in: Voelke, A.-J.: *Le scepticisme antique. Perspectives historiques et systématiques.* Actes du Colloque international sur le scepticisme antique, Université de Lausanne, 1–3 juin 1988, Genève/ Lausanne/Neuchâtel 1990, 181–194.

Vogel, J.: »Cartesian Skepticism and Inference to the Best Explanation«, in: *The Journal of Philosophy* 87 (1990), 658–666.
Waismann, F.: *Ludwig Wittgenstein und der Wiener Kreis.* Hrsg. von B. McGuiness, Oxford 1967.
Watson, R. A.: »Sextus and Wittgenstein«, in: *Southern Journal of Philosophy* 7/3 (1969), 229–237.
Weber, M.: *Wissenschaft als Beruf.* Stuttgart 2006.
–: *Die protestantische Ethik und der Geist des Kapitalismus.* Vollständige Ausgabe, hrsg. und eingeleitet von Dirk Kaessler, 2. durchgesehene Auflage, München 2006.
Willaschek, M.: *Der mentale Zugang zur Welt. Realismus, Skeptizismus und Intentionalität.* Frankfurt/Main 2003.
Williams, B.: *Descartes: The Project of Pure Enquiry.* Sussex 1978.
–: »Wittgenstein and Idealism«, in: Ders.: *The Sense of the Past. Essays in the History of Philosophy.* Princeton 2006, 361–379.
Williams, M.: *Groundless Belief.* Princeton 1999.
–: *Unnatural Doubts. Epistemological Realism and the Basis of Scepticism.* Princeton 1996.
–: *Problems of Knowledge. A Critical Introduction to Epistemology.* Oxford 2001.
–: »Scepticism Without Theory«, in: *Review of Metaphysics* 41 (1988), 547–588.
–: »The Agrippan Argument and Two Forms of Skepticism«, in: Sinnott-Armstrong: *Pyrrhonian Skepticism*, 121–145.
Williams, M.: *Wittgenstein, Mind and Meaning. Toward a Social Conception of Mind.* London/New York 1999.
Williamson, T.: *Knowledge and its Limits.* Oxford 2000.
–: »Past the Linguistic Turn«, in: Leiter, B. (Hrsg.): *The Future for Philosophy.* Oxford 2004, 106–128.
Wittgenstein, L.: »Aufzeichnungen für Vorlesungen über »privates Erlebnis« und »Sinnesdaten««. In: Ders.: *Vortrag über Ethik und andere kleine Schriften.* Hrsg. von J. Schulte, Frankfurt/Main 1999, 47–100.
–: »Ursache und Wirkung. Intuitives Erfassen«, in: Ders.: *Vortrag über Ethik und andere kleine Schriften*, 101–139.
–: *Vorlesungen und Gespräche über Ästhetik, Pyschoanalyse und religiösen Glauben.* Frankfurt/Main ³2001
–: *Werkausgabe in 8 Bänden.* Frankfurt a. M. 1989.
Wright, C.: »(Anti-)sceptics Simple and Subtle: G. E. Moore and John McDowell«, in: *Philosophy and Phenomenological Research* 65 (2002), 331–349.
–: »Comment on John McDowell's ›The disjunctive conception of experience as material for a ranscendental argument‹«, erscheint in: Haddock, A./MacPherson, F. (Hrsg.): *Disjunctivism: Perception, Action, Knowledge.* Oxford 2007.
–: »Contextualism and Scepticism: Even-Handedness, Factivity and Surreptitiously Raising Standards«, in: *The Philosophical Quarterly* 55/219 (2004), 236–262.
–: »Hinge Propositions and the Serenity Prayer«, in: Löffler, W./Weingartner, P. (Hrsg.): *Wissen und Glauben – Knowledge and Belief. Akten des 26. Internatio-*

nalen Wittgenstein-Symposiums 2003 (Schriftenreihe der Österreichischen Ludwig Wittgenstein-Gesellschaft Bd. 33). Wien 2004, 287–306.
–: »On Putnam's Proof that we are not Brains-in-a-Vat«, in: Clark, P./Hale, R. (Hrsg.): *Reading Putnam*. Oxford 1994, 216–241.
–: *Rails to Infinity. Essays on Themes from Wittgenstein's* Philosophical Investigations. Cambridge, Ma. 2001.
–: »Scepticism and Dreaming: Imploding the Demon«, in: *Mind* 100 (1991), 87–116.
–: »Some Reflections on the Acquisition of Warrant by Inference«, in: Nuccetelli, S. (Hrsg.): *New Essays on Semantic Externalism and Self-knowledge*. Cambridge, Ma. 2003, 57–77.
–: *Truth and Objectivity*. Cambridge, Ma. 1992.
–: »Warrant for Nothing (and Foundations for Free)?«, in: *Aristotelian Society Supplementary* 78/1 (2004), 167–212.
–: »Wittgensteinian Certainties«, in: McManus: *Wittgenstein and Scepticism*, 22–55.
–: »Facts and Certainty«, in: *Proceedings of the British Academy* 71 (1985), 429–472.
White, R.: »Problems for Dogmatism«, in: *Philosophical Studies* 131/3 (2006), 525–557.
Whorf, B. L.: *Language, Thought, and Reality: Selected Writings of Benjamin Lee Whorf*. Cambridge, Ma. 1956.
Zimmermann, R.: *Der »Skandal der Philosophie« und die Semantik. Kritische und systematische Untersuchungen zur analytischen Ontologie und Erfahrungstheorie*. Freiburg/München 1981.

Sachregister

Personenregister